『存在と時間』講義
―― 統合的解釈の試み ――

ジャン・グレーシュ

杉村靖彦／松本直樹／重松健人／関根小織
鶴　真一／伊原木大祐／川口茂雄／訳

法政大学出版局

Jean Greisch
ONTOLOGIE ET TEMPORALITÉ
　Esquisse d'une interprétation intégrale
　de *Sein und Zeit*

©1994, Presses Universitares de France

This book is published in Japan by arrangement
with les Presses Universitares de France, Paris
through le Bureau des Copyrights Français, Tokyo.

目　次

序言 ……………………………………………………………………………………1

　　歴史的序論——事実性の解釈学から基礎的存在論まで

　　（1919–1928 年） ………………………………………………………………3

第一章　1910–1918 年——修業時代・初期講義時代 ……………………………6

　第 1 節　幼年期の思い出——「鐘楼の秘密」　6

　第 2 節　「青年期神学著作」？　7

　第 3 節　最初期の哲学諸論文　11

第二章　1919–1923 年——事実的生の発見

　　（現象学の開始と事実性の解釈学） ……………………………………16

　第 1 節　最初の父殺し——新カント主義との絶縁　17

　第 2 節　哲学の地位——「世界観」と「学問」の間で　22

　第 3 節　「見るすべを知ること」——「フッサールの眼」あるいは

　　　　　現象学の開始　28

　第 4 節　「事実的生」——生の哲学との出会い　36

　　　a）「生を考える」という課題　36

　　　b）事実性の解釈学　41

　　　c）環境世界，共世界，自己世界——「生活世界」の三つの相貌　46

　第 5 節　存在論的問題設定の素描——「我在り」の「存在意味」　48

第三章　1923–1928 年——マールブルク，存在論の開始 ………………………50

　〔1〕ハイデガーによる現象学の解釈 ……………………………………………52

　　A．現象学による突破 ……………………………………………………………53

　第 1 節　志向性　54

　第 2 節　眼差しの拡大——感性的直観からカテゴリー的直観へ　59

a）意義と充実作用　　61
　　　b）直観と明証性　　62
　　　c）直観と表現——言語の問題　　62
　　　d）感性的直観とカテゴリー的直観　　64
　　　e）綜合作用とイデア視作用　　66
　　　f）存在論的帰結　　67
　　第3節　「アプリオリ」の根源的意味　　69
　B．「怠り（*Versäumnis*）」と現象学の第二の出発の必要性 …………71
〔2〕「時間を時間から理解すること」
　　　——「存在論」から「存在時（*Ontochronie*）」へ …………………75

第Ⅰ部　存在の問いと現存在の分析

『存在と時間』読解への全般的序論 ……………………………………81

序論　存在の意味への問いの提示と内在平面の見取図 …………83
　序言 ……………………………………………………………………83

第一章　存在の問い——必然性，構造，優位性 ……………………87
　第1節　忘却の諸理由　　87
　第2節　存在の問いの形式的構造　　88
　第3節　領域的存在論から基礎的存在論へ。
　　　　　存在の問いの存在論的優位　　93
　第4節　存在の問いと問う存在者——存在の問いの存在的優位　　98

第二章　いかにして存在の問いを仕上げるか
　　　　——二重の課題と方法的諸問題 ……………………………104
　第5節　実存論的分析論の最初の課題——存在一般の意味を解釈するため
　　　　　の地平を露わにすること　　104
　第6節　第二の課題——存在論の歴史の「解体」　　109

1. 時間の図式性に関するカントの教説　113

　　　2. デカルトにおけるコギト・スムの存在論的基礎と

　　　　中世的存在論の捉え直し　114

　　　3. アリストテレスにおける時間の問題――古代存在論の内的限界　114

　　第7節　存在論と現象学　116

　　　1.「現象」とは何か？　117

　　　2. ロゴスの「顕わにする」という本質　119

　　　3. 現象学と解釈学――現象学の準備概念　121

　　（『存在と時間』）第一部第一篇　現存在の準備的基礎分析 ……… 127

第一章　現存在の準備的分析という課題の提示 …………………… 127

　　第9節　実存論的分析論の基本的主題　127

　　　1. 各私性，あるいは一人称の存在論　127

　　　2.「実存する」という動詞の二つの意味

　　　　――「目前性（*Vorhandenheit*）」と実存　129

　　　3. 本来性と非本来性　130

　　　4. 日常的「現存在」――平均性　130

　　　5. 実存疇とカテゴリー――実存はさまざまな仕方で語られる　131

　　第10節　実存論的分析論と隣接諸科学　132

　　第11節　日常性と原始性――民族学の位置づけ　135

第二章　現存在の根本体制としての世界内存在 …………………… 138

　　第12節　序論――「世界内存在」という現象の一般的特徴づけ　138

　　第13節　「認識論的」困難

　　　　――「世界認識」にどのような地位を与えるべきか？　143

第三章　世界の世界性 ………………………………………………… 146

　　第14節　世界から世界性へ

　　　　――用語決定とそれに賭けられているもの　146

　A．環境世界と「世界」………………………………………………… 148

第15節　環境世界に直接する諸「事物」——「道具」　148

第16節　世界は自らを告知する　153

第17節　指示と記号。現象学的記号論の素描　154

第18節　世界性と有意義性　158

B. 世界の世界性の問いの怠りの例——デカルト　…………………………162

第19節　「延長シテイルモノ」としての世界　162

第20節　デカルト的世界概念の存在論的前提——実体性　163

第21節　「世界」のデカルト的存在論に関する解釈学的論議　164

C. 環境世界の環境性——空間化としての現存在　…………………………166

第22節　世界内部的な諸道具に固有の空間性——「環境」　168

第23節　現存在を構成する空間性　169

 1. 距離を‐取ること（*Ent-fernung*）　170

 2. 布置（*Ausrichtung*）　172

第24節　現存在の空間性から客観的空間へ　174

第四章　自己，他者，ひと——自己の解釈学の素描 …………176

第25節　自我から自己へ——問題　178

第26節　共実存と他者の共存在。日常における間主観性　181

第27節　自己と「ひと」　188

 1.「現象学的」反論（フッサール，シュッツ）　191

 2.「対話論的」反論（レーヴィット）　191

 3.「エロス的」反論（ビンスヴァンガー）　192

 4.「倫理的」反論（レヴィナス）　193

第五章　内存在そのもの ……………………………………………196

第28節　内存在を主題的に分析する意義　196

A. 現の実存論的構成 ……………………………………………………………200

第29節　「状況における」現存在——情態性　200

第30節　例証——情態性の様態としての恐れ　210

第31節　情態性から理解へ——可能的なものの意味　213

第32節　理解と説明——「解釈学的循環」　221

第33節　「解釈学的な〈…として〉」から「命題論的な〈…として〉」。
　　　　言明の地位　229

第34節　「話」，あるいは言うための言葉　233
　1．言語学および解釈学的現象学の対象としての言語
　　　——認識論的問題　（*SZ* 165-166）　236
　2．完全な発話行為の再発見　240
　3．聞くことと黙すること　242
　　a）　言うことと聞くこと　242
　　b）　言うことと黙すること（Schweigen）　245

B．日常性の体制における「現」——頽落　246

第35節　日常生活における話——空話（*Das Gerede*）　246

第36節　日常における理解——好奇心　250

第37節　曖昧さ，あるいは日常における情態性　253

第38節　頽落としての被投性　256

第六章　現存在の根源的全体性——気遣いと不安　260

第39節　現存在の構造的全体性の根源的統一性という問題　260

第40節　根本的情態性としての不安——現存在に特権的な開示性　261

第41節　現存在の存在——気遣い　268
　1．気遣いの存在論的構造——自らに先立っていること　268
　2．衝動と性向——気遣いの相補的な二側面　271
　3．存在の多義性の番人としての気遣い　273

第42節　気遣いと，現存在の前存在論的自己解釈　274

第43節　存在理解と「実在性の問題」　276
　1．「外界」の存在と証明可能性——誤った問題　278
　2．存在論的問題としての実在性——抵抗という現象　280

3. 実在性と気遣い　　281

第44節　「真理という現象」
　　　　──論理学的真理から実存論的な真理概念へ　283
　　1. 真理の伝統的概念における存在論的な不十分性
　　　　──合致真理から明証真理へ　284
　　2. 真理の実存論的意味，および伝統的な真理概念の派生的性格　286
　　3. 前提から贈与へ──「真理が存在する／与えられる
　　　　（es gibt Wahrheit）」　295

第Ⅱ部　現存在と時間性（『存在と時間』第一部第二篇）

　第45節　総括と新たな課題　301

第一章　死への存在 …………………………………………305

　第46節　現存在の全体存在を存在論的に規定すること
　　　　──不可能な課題？　305
　第47節　他人の死──誤ったアプローチ？　306
　第48節　未済，終わり，全体性　312
　第49節　死の実存論的分析と実存的解釈　313
　第50節　死の存在論的‐実存論的構造の最初の下図　316
　第51節　日常性における死　317
　第52節　死の日常的「確実性」と死の十全な実存論的概念　319
　第53節　本来的な死への存在の実存論的企投　320

第二章　良心の呼び声 ………………………………………326

　第54節　新たな問題──本来的な実存論的可能性は
　　　　いかにして証しされるか？　326
　第55節　良心の存在論的‐実存論的な諸基礎　328
　第56節　良心の呼び声性格。呼び声の構造　329
　第57節　呼びかける審級──気遣い　331

第58節　呼び声の理解——「責め（*Schuld*）」　334
第59節　良心の実存論的解釈と通俗的な良心解釈　340
　1.「安らかな」良心と「やましい」良心の区別を
　　どのように説明するのか　340
　2. 良心の日常的経験は責めある存在の〈呼びかけられている〉
　　というあり方を見落としていないか　341
　3. 良心とはなされた行為や意志された行為に必ず関わるものなのか　342
　4. 良心の批判機能は実存論的解釈によってどのように説明されるのか　342
第60節　証しと覚悟性　343
　1. 証しの三重構造——情態性，理解，話　343
　2. 証しから覚悟性へ　345
　　a）開示性（*Erschlossenheit*）と覚悟性（*Entschlossenheit*）
　　　（存在論的次元）　345
　　b）覚悟性と決断——実存論的なものと実存的なものとの接合　346
　　c）覚悟性と状況（行為の問題）　347

第三章　気遣いの存在論的意味としての時間性　350

第61節　現存在の本来的な全体存在と時間性の現象　350
第62節　先駆的覚悟性としての現存在の実存的に
　　本来的な全体存在可能　351
第63節　気遣いの存在の意味の解釈のために獲得された解釈学的状況と，
　　実存論的分析論一般の方法論的性格　356
第64節　気遣いと自己性　360
第65節　気遣いの存在論的意味としての時間性　364
　1. 時間と本質　365
　2. 時間の「脱自的」三重展開　365
　3. 根源的時間性と有限性　372
第66節　諸々の新たな課題——実存論的分析をより根源的に

　　　　反復するという必要性　373

第四章　時間性と日常性 …………………………………………377

　　第67節　現存在の実存論的体制の時間的解釈に関する暫定的素描　377

　　第68節　開示性一般の時間性　378

　　　1．将来のしるしのもとに――理解の時間性（*SZ* 336-339）　378

　　　2．既在のしるしのもとで――情態性の時間性　382

　　　3．現在のしるしのもとに――頽落の時間性　385

　　　4．話の時間性　387

　　第69節　時間性と超越――世界内存在　389

　　　1．目配り的配慮の時間性　389

　　　2．配慮から認識へ　393

　　　3．世界の超越の時間的問題　395

　　第70節　現存在に適った空間性の時間性　399

　　第71節　日常性の時間的意味　401

第五章　時間性と歴史性 …………………………………………403

　　第72節　歴史の問題の実存論的‐存在論的提示　403

　　第73節　通俗的な歴史理解と現存在の生起　411

　　第74節　歴史性の根本体制　417

　　第75節　第一次的な歴史性から第二次的な歴史性へ

　　　　　　――「世界歴史」の地位　422

　　第76節　歴史学の認識論的地位と，現存在の歴史性に基づく

　　　　　　歴史学の実存論的起源　427

　　第77節　以上の問題系がディルタイの諸研究

　　　　　　ならびにヨルク伯の諸構想ともつ関係　433

第六章　時間性と時間内部性 ……………………………………437

　　第78節　現存在についてのこれまでの時間的分析の不完全性　437

　　第79節　現存在の時間性と時間の配慮　440

1. 時間内部性を言い表す言葉　441
　　2. 日付の付与と日付可能性　442
　　3. 延び広がりと伸張性　444

第80節　配慮の時間と時間内部性　449
　　1. 公開性——共通な時間としての公開的時間　449
　　2. 有意義性と世界時間　452
　　3. 有意義性と他性　454
　　4. 考慮に入れることと測定すること　457

第81節　時間内部性と，時間の通俗的概念の発生　460

第82節　時間と精神——ヘーゲルを断念する　468
　　1. ヘーゲルの時間概念　468
　　　a)「時間としての空間」　469
　　　b)「今のもつ法外な権利」　470
　　2. 時間と精神との連関についてのヘーゲルの解釈　474

第83節　現存在の実存論的‐時間的分析論と，
　　　　存在一般の意味の基礎的存在論的問い　476

第Ⅲ部　時間と存在——存在論的差異の発明

一般的序論 …………………………………………………………481

第一章　間奏——現象学と神学 …………………………………485
　第1節　キリスト教からキリスト教性へ——神学に独自の実証性　498
　第2節　神学の学問性　505
　第3節　哲学と神学——必然的に対立的な関係　511

第二章　志向性と超越 ……………………………………………519
　第1節　志向性再考——存在的超越から存在論的超越へ　520
　第2節　原超越と時間性の問題　526

第三章　基礎的存在論とその主題——存在論的差異 …………534

第 1 節　存在論の現象学的地位　534

第 2 節　「存在論的差異」の多様な側面　538

第 3 節　基礎的存在論とメタ存在論——方向転換　548

    a)　存在から存在者へ——打ち返し　549

    b)　変更（*die Verwandlung*）　550

    c)　反転（*Umschlag*）　550

第四章　時間性から存在の時的解釈へ——アプリオリの問題 ………552

第 1 節　プラトンによる「アプリオリ」の発見に関する現象学的解釈　553

    a)　「われわれが求めているもの、それは実有ノ彼方である」（*GA* 24, 404）　554

    b)　「源泉の超力（*Übermacht der Quelle*）」　556

第 2 節　超越論的な学としての存在論（カント）　558

    a)　超越論的なものと存在論的なもの　559

    b)　カントの「現象学的解釈」　560

    c)　直観と能与——統与（*Syndosis*）　561

    d)　論理学と存在論　564

    e)　現存在の超越とアプリオリ——超越論的統覚の時間的解釈　567

    f)　形像的総合——根源的時間性と超越論的産出の構想力　568

第五章　「『存在と時間』という問題」（最初の自己解釈） …………570

原注　581　　　　「コラム」出典一覧　632

    仏語訳注　620　　　解説　637

訳注　627

人名索引　645　　　事項索引　649

凡　例

一．本文中で用いた記号について
  1. 原文中でイタリックによって強調されている箇所は，著者による強調の場合は傍点で，著者が引用した文章における強調の場合はゴチック体で表した。
  2. 訳者による強調は〈　〉で表した。
  3. 本文中の引用については下記の符号を用いた。
      a．著作の場合は『　』
      b．普通の文章の場合は「　」
      c．引用文中の引用・強調のカッコの場合は《　》
  4. (a) 著者が仏語以外の語句を直接用いている場合，(b) 著者が仏語の語句に括弧で仏語以外の原語を付している場合，(c) 訳者が著者の用いた語を括弧によって付記する場合，のそれぞれによって，語句を指示するための括弧の性質は少しずつ異なるが，それらを区別するとあまりにも煩雑になるので，いずれのケースについても訳語に丸括弧で原語を付すという形をとった。また，(a) のケースでは，*Dasein* や *Vorhandenheit* をはじめとして，繰り返しドイツ語の原語が用いられているものがかなりあるが，それらについては，文脈上必要な場合に限って丸括弧で原語を記し，その他の場合には訳語のみを記した。

二．引用テキストの訳出について
  1. 著者が引用しているテキストの訳出は，その仏語訳の文面に依拠して論が展開されている場合を除いて，原則として原語版から行った。その際，既存の訳を大いに参考にしつつ，基本的には訳者自身の手によって訳出した。既存の訳をそのまま借用したものについては，その旨訳注で記しておいた。
  2. ハイデガーのテキストからの引用については，その出典を次のような略号で示した。
      SZ ── 『存在と時間』（*Sein und Zeit,* Tübingen, M.Niemeyer, 15. Auflage, 1984.）
      GA ＋巻番号── 独語版ハイデガー全集 （Martin Heidegger *Gesamtausgabe*, Frankfurt, V. Klostermann.）
      Zoll.Sem. ── 『ツォリコーン・ゼミナール』（*Zollikoner Seminare,* Medard Boss（Ed.）, Frankfurt, V. Klostermann, 1987.）
      ZSD ── 『思索の事柄へ』（*Zur Sache des Denkens,* Tübingen, M.Niemeyer, 1969.）
      NB ── 「ナトルプ報告（アリストテレスの現象学的解釈）」（„Phänomenolo-

gische Interpretationen zu Aristoteles", *Dilthey Jahrbuch,* Bd. VI, Vandenhoeck & Ruprecht, 1989.）

 QIV ── *Questions IV,* Paris, Gallimard, 1976.（フランスで行われたハイデガーのゼミナールなどを収録）

3. 聖書からの引用の翻訳は，新共同訳に全面的に依拠している。

三．章立てについて
1. 著者自身による章立ては，ローマ数字とアラビア数字の使い分けなど，形式上の統一を欠いた箇所が見受けられたので，必要に応じて訳者の手によって整えた。全体を部‐章‐節‐小見出しという組み立てで統一し，部の番号はローマ数字，章の番号は漢数字，節の番号はアラビア数字とした。第Ⅰ部と第Ⅱ部では，『存在と時間』の章立てに合わせるために，章と節の間にA，B，C等の区分が挟まれていることもあるが，これについてはそのまま残した。

四．注について（注番号は行間に小字で表示）
1. 原注は各部ごとに（1）から番号を起こし，巻末に一括しておいた。また，第Ⅰ部と第Ⅱ部で行われている，ハイデガーの術語の仏訳に関する議論は，本文から切り離して，「仏語訳注」として（ⅰ）から番号を付した上で，巻末にまとめておいた（ただし，前後の議論と切り離し不可能な形で結びついているものについては，そのまま残した）。
1. 字数を要する訳注については，「＊1」「＊2」の全巻通し番号とし，巻末に一括しておいた。短い訳注，および訳者による簡単な補足は，亀甲括弧（〔　〕）によって本文中に示しておいた。
1. 「コラム」（枠で囲まれた箇所）に関する文献情報は，巻末にまとめておいた。

序　言

　この著作は，パリカトリック学院哲学部で1991／92年度に行った「存在論」の講義がもとになっており，それに手を入れて展開したものである。この講義は，以前から行ってきた存在論研究に関する講義（その第Ⅰ部はアンドレ・ロベール協会〔パリカトリック学院の講義録を刊行している機関〕から講義録の形で出版されている）(1)に引き続くものである。時間の問題については，西洋哲学の議論の主要な論点に関する歴史的研究が必要だが，それは今後の著作に委ねることにして，この著作では，一人の思想家との対話を試みることにしたい。それは，時間の問題にかつてないほど濃密な表現を与え，そこに存在論研究の全重量をかけた現代の思想家，すなわちマルティン・ハイデガーである。

　私は意図して本書の考察の範囲に制限を加えた。ここで扱うのは，1919年から1928年という，きわめて限定された期間のハイデガー哲学である。それは，『存在と時間』を（最初は間接に，次いで直接に）仕上げていく時期にあたる。本書で提示する解釈は，1927年に刊行されたハイデガーの主著『存在と時間』のみに関わるのではなく，いわば「『存在と時間』の作業場」を理解させようとするものである。すなわち，『存在と時間』に至って正式な表現を得た哲学的諸問題の総体を理解させようとするものである。いくつかの理由から——それをどう評価するかは読者の方々に委ねるが——，この「作業場」を提示するには，現在利用できる初期フライブルク講義の読み直しから始めるのが有益であると思われた。そこでハイデガーは「事実性の解釈学」の計画を開始したのであるが，この計画が1923年からは存在論へと転じるのである。だがその一方で，『存在と時間』の刊行以後についても検討し，1928年にハイデガーが行った最初の重要な自己解釈を，『存在と時間』という著作の「論理的」な終極点とすることが不可欠であるとも思われた。こうして，本書のハイデガー解釈の年代上の枠となるのは，ハイデガーの「現象学時代の10年」だということになる。

　本書はもともと単なる第二課程（修士課程）の講義であり，それゆえ本書の分析は教育的な狙いとスタイルをもっているが，論述にあたって，私はそれを隠そうとはしなかった。相当数の図表を用いているのもそのためであり，実存

論的分析論を〈幾何学的様式ニヨッテ証明サレタ (*more geometrico demonstrata*)〉形で解釈し直そうなどというつもりは毛頭ない。「コラム」に登場する哲学内外のテキストに関しても同じことが言える。それらを引いたのは、単にハイデガーのあれこれの主張を「例解」するためではなく、同時にたえず「事象そのものへ」向かわねばならないことを想起させるためである。本書が注解というスタイルをとったのは、一方では『存在と時間』を考えながら読むために必要不可欠な解釈上の鍵を提供するためであるが、他方では、いくつかの問題について、問われている「事象そのもの」に関わる議論を引き起こすことを目指しているからである。

　私はこの注釈を、最初の聞き手であったパリカトリック学院の哲学および神学の学生たちに捧げたい。また、同僚であるジュヌヴィエヴ・エベールの助力にはとくに感謝している。彼女が「演習」の時間に示した熱意と教育的才能がなければ、私がこのような難事業に乗りだすこともなかったであろう。

歴史的序論
事実性の解釈学から基礎的存在論まで（1919-1928 年）

　私が『存在と時間』の「注釈」をどのように進めるつもりかは後ほどはっきりさせねばならないことであるが，まず最初に一つの基本的な仮説を導入することにしたい。その仮説とは，1927 年に刊行された『存在と時間』は，1920 年代のハイデガーが講義や数少ない出版物のなかで手がけていた諸々の問いの作業場に結びつける場合にのみ本当に理解できるようになる，というものである。もちろん，この著作が未完成に終わったことの意味を問う必要はあるだろう。さまざまな違いはあるものの，『存在と時間』は，アリストテレスの『形而上学』と少々似たやり方で，すなわち巨大な作業場として扱われねばならないのである。

　この作業場はどのような性格のものであろうか。その点については，ハイデガーその人からお墨付きを得た非常に強力な解釈の伝統がある。それによると，この作業場には一つの問いしか読みとってはならないことになる。すなわち，存在の意味への問いである。たしかに，ハイデガー自身が自分の思索の歩みをそのように解釈するよう求めたのだし，そのような読み方が提示されることには十分な理由がある。だが，ハイデガー全集の出版が進んだ現在では，このような解釈を問い直し，ハイデガー自身の体系的解釈と実際の思索の生成過程との間のズレを確認しなければならない。後者は前者よりもはるかに複雑なのである。ハイデガーの問題設定への導入を図るこの序論では，歴史的な分析を優先することにしたい。すなわち，現在利用できる講義録等のテキストを考慮に入れて，『存在と時間』が書かれる時期までにハイデガー思想が実際に辿ってきた生成過程を一歩ずつ追跡することに意を注ぎたい。そうすることで，最初の「作業場訪問」が実現することになる。この最初の訪問によって，その後の厳密な意味での注釈作業に取り組む際は，より「くつろいだ」態度を取ることができるであろう。

　最初の課題は，若きハイデガーの思想が実際にどのようにして生成してきたかについて，十分明確に理解することである。ここでは，権威のあるいくつかの研究に依拠することができる。オットー・ペゲラー[2]，トーマス・シーハン[3]，

カール・レーマン等の古典的研究に加えて，私はディーター・トーメの記念碑的ともいうべき調査についてとくに言及しておきたい。それは，1910年から1976年の間にハイデガーが残したテキストの歴史に関する調査であり，『自己の時間とその後の時間——マルティン・ハイデガーのテキスト史（1910-1976）批判のために』と題されている。厳密な注釈に入る前に「作業場訪問」を行うにあたって，私はたびたびこの著作を参照することになるであろう。著者トーメは，ハイデガー研究において広く行きわたった紋切り型の見解を激しく——ときには少々論争的に過ぎる態度で——攻撃する。それは，その思想の揺籃期に，というよりも，年若くしてアリストテレスの存在の多義性に関するブレンターノの学位論文を読んだときに，事実上すでにハイデガーは存在の問いを見出していたのだとする見解である。コンラート・グレーバーから贈られたこの著作から得た恩恵について，時にハイデガーはあたかも秘義参入の光景を語るようにして語っているが，たしかにこれは一定の根拠のある事柄である。しかし，だからといって，ハイデガーは最初から最後まで存在論の大義だけに身を捧げていたのだ，と結論するならば間違いになるであろう。

　トーメは，最初からあった「存在」の問いがたえず純化されて，ついには「性起（*Ereignis*）」へと変容した，といった解釈を否定するが，私も彼の意見に全面的に賛成である。この紋切り型の見解が全面的に誤りだというわけではないが，現在利用できるテキストによって再構成されたハイデガー思想の実際の生成過程を検討するならば，この見解を保持することはできない。したがって，今日の解釈者たちには，存在の問いがハイデガー思想の内に時間をかけて徐々に現れてきた過程を骨折って再構成するという作業が求められる。「ハイデガーの諸テキストはハイデガーの思索ではない」という確信を頼りに，トーメはハイデガーが残した諸テキストの系譜を提示し，その中でハイデガーがたえず自己解釈を行っていることを強調する。そうしてハイデガーの「諸テキストの内部を貫く時間」を明示しようとするのである。その際トーメが依拠する年代区分は，フーゴ・オットの伝記に相当影響されたものである。

　本書のハイデガー読解においてたえず前提されることになる年代区分について，最初に一言述べておくことにしよう。まずそれは二つの外的境界によって区切られている。すなわち，ハイデガーが最初の諸論文を発表し始めた1910年から，員外教授としてマールブルク大学で講義した最後の年である1928年——その後フライブルク大学の教授になった——までだけが，ここでわれわれ

の関心事となるであろう。もちろん，このような区切り方が，単に自伝的な意味で重要なだけではなく（新たなポストを得たことや住居を移したことは必ずしも形而上学的な出来事ではない），知的な意味でも重要であることを説明しなければなるまい。知的な意味での重要性に関して，とりあえず一つだけ指標を示しておこう。それは，講義題目に「形而上学」という語が登場するのがもっぱら1928年以降だということである。それまでおもに用いられてきた「現象学」という語が，「形而上学」に取って代わられるのである。このことは，必ずしも単に形而上学が現象学や存在論に取って代わったということではない。この三つの術語の間の関係はもっと複雑である。だが，『存在と時間』を書き上げるやいなや，ハイデガーが——おそらくシェーラーの影響で——厳密な意味での形而上学の諸問題にあえて手を出すようになったことは確かである。このような観点に立てば，1929年7月24日に行われた有名なフライブルク大学教授就任講演「形而上学とは何か」は，いわば新たな問いの出発点であったように見えてくるであろう(10)。

したがって，本書の研究はもっぱら「形而上学期以前」のハイデガーに関わることになる。それは，大体において「基礎的存在論」のハイデガーである。こうして，ハイデガーの現象学理念と基礎的存在論の概念とがどのように結びつくのかということが，最初にわれわれの注意を引く問題になるであろう。

もちろん，この時期はさらに細かく区分されねばなるまい。私は次のような下位区分を提案する。

1／1910～1918年：修業時代・初期講義時代
2／1919～1923年：初期フライブルク講義時代（事実性の解釈学の練り上げ）
3／1923～1928年：マールブルク講義時代（おもに『存在と時間』の執筆）

以後の論述では，各時期に対応する哲学上の問題を特徴づけていくことになるが，『存在と時間』解釈という点でおもに注意を引くのは二番目と三番目の時期である。この二つの時期をハイデガーの「現象学時代」と呼んでもよい。それを象徴するかのように，第2期の最初と第3期の終わりは，ともに『現象学の根本（諸）問題』と題される二つの講義によって区切られている*1。1919／20年の冬学期に行われた最初の講義（『現象学の根本問題』(11)）が事実性の解釈

学というテーマに集約されるのに対して，1927年の夏学期に行われた講義（『現象学の根本諸問題』）では，『存在と時間』の地平となる基礎的存在論のプログラムがはじめて提示されている。この二つは，いずれも現象学についてのハイデガーの考え方を提示したプログラムであるが，まさしく両者を隔てている時間を，これから行う解釈は踏破していこうとしているのである。このような作業を通して，後から自分の仕事を唯一の思索の道として読み直そうとするハイデガーの自己解釈はどこまで認められるかという問いが，かならず出てくるであろう。O. ペゲラーは，ハイデガーの思想にもっとも魅惑された解釈者の一人であり，比類ない立派な入門書『マルティン・ハイデガーの思索の道』によって，ハイデガーの自己解釈に保証を与える上で最大の貢献をなした人物である。そのペゲラーが，この著作の第三版に付した長い「後書き」で，題名の「思索の道」という語を複数形にすることを提案している。すでにこの事実から，現在のハイデガー解釈者にとって，いま述べた困難な問いが避けられないものになっていることがわかる。ならばそれに正面から立ち向かわねばならない。1910年から1928年にハイデガーが残した諸々のテキストを通時的に辿ることによって，われわれは彼の思想の内的展開を捉えるための諸々の標識を立てることを目指したい。実際，それらの標識は〔ハイデガーの思索の〕複数の道に対応しているのである。

第一章　1910-1918年──修業時代・初期講義時代

　手始めに，トーメが「諸前提」の時代と名づけた最初の時期〔1910-1912年〕をざっと特徴づけておこう。ごく最近まで，この時期に属するテキストをかなり意図的に無視する解釈者もいた。今日ではそんな留保は通用しない。

第1節　幼年期の思い出──「鐘楼の秘密」

　ハイデガーが自分の子供時代に思いを馳せた自伝的な文章から話を始めよう。それは1954年に書かれた文章であるが，そこでハイデガーは，堂守の子であり聖歌隊のメンバーであった子供時代を情感たっぷりに思い起こしている。そこでは，決まった時間に鳴る鐘の音が重要な位置を占めていた。鐘はそれぞれ特有の音をもっており，一つ一つ固有の名をもっていること，楽しい時と悲し

い時では鳴らし方も異なり，それぞれに細かい技があること，そういったことが長々と思い起こされる。この文章では，子供の頃の時間が，典礼の年のフーガを主音調とする「一片の音楽」として回顧されている。それは，メスキルヒ村の鐘の音が刻む時間なのである。

> コラム①　ハイデガーの幼年期の思い出——「鐘楼の秘密」
> 　秘密に満ちた接合〔仏訳ではフーガ（fugue）〕によって，教会の祭り，その前夜の徹夜課，季節の移り行き，朝，昼，晩の時が接合しあっていた。そうしていつでも，ただ一打ちの鐘の音（Läuten）が，若者たちの心，夢，祈り，遊戯を貫いていった。おそらくこの接合こそが，塔のもっとも魅惑的で，不壊の，存続する秘密の一つを共に蔵しているのであり，その秘密をつねに変化し反復できない仕方で，最後の響きに至るまで原存在（Seyn）の山並みへと贈るのであろう。
> （GA 13, 115-116）

　この子供時代の話の一断片では，メスキルヒのザンクト・マルティン教会の堂守の息子であったハイデガーが，子供のころの「環境世界」の内にいる自分をくっきりと描いている。この思い出の「フィナーレ」がわれわれの興味を引くのは，自伝的な意義のためだけではなく，それがハイデガー思想のいくつかの決定的なモチーフを秘かに喚起するものだからである。すなわち，体系の一貫性とは異なる特別な集摂力をもつ「フーガ」というモチーフ，「存在の聖柩」としての死，時間的経験——ある「カイロス」に基づいて分節された時間の経験——の重要性，それから「響き（Läuten）」というドイツ語である。このドイツ語は，もちろん鐘の鳴る音を指すのであるが，語源的には，もっとも根源的な言語現象である「声（Laut）」を指している。それは，集摂する力によって人間たちに語りかける存在の大いなる声，「幸いなる言葉」なのである。

第2節　「青年期神学著作」？

　この幼年期の情景は神学的情景でもある。すなわち，カトリックの世界観であり，「由来の信仰」である。青年時代のハイデガーは，アブラハム・サンタ＝クララに倣って，この「由来」を守ろうという熱意に燃えていた。ハイデガーは，このフランシスコ会説教師がもっていた「現世を過大に評価する地上的な生概念の全てを弾劾する」能力を評価していた。そのような生の捉え方では，

「究極的で超越的な必然性に服従する」ことはできないのである。したがって，学生時代のハイデガーの最初の著述はおおむね「青年期神学著作」である，と言っても驚くべきではあるまい。この表現は少し行き過ぎであるとして異議を唱える解釈者もいるが，少なくとも幾人か（ガダマーやトーメ）はそれを用いているのである。[16]

どんな表現によって特徴づけるにせよ，F. オットが詳細に示したように，これらの著述がハイデガー思想の生成にあたって重要な役割を果たしたことは異論の余地がない。それゆえ，若きハイデガーを理解するためには，郷土メスキルヒ村の「鐘楼の精神」から出発するだけでなく，鐘楼がその徴となるような超越観念から出発しなければならない。それは，カトリックの世界観によって担われる超越観念である。トーメの言い方によれば，「ハイデガーのテキスト史の真の出発点は，黒い森(シュヴァルツヴァルト)ではなくカトリック的なるものなのである」[17]。

1916年までの初期ハイデガーの著述は，このようなカトリック的背景から切り離し難いものである。アビトゥア（大学入学資格試験）に合格した1908年に，ハイデガーはフライブルク大学の教義学教授カール・ブライクの手による『存在について──存在論概説』に出会った。またその前年には，後にフライブルクの大司教になるコンラート・グレーバーから，フランツ・ブレンターノの学位論文『アリストテレスによる存在者の多様な意味について』(1863)[18]を贈られていた。この書物とそれを贈られたときの情景は，ハイデガーの自己解釈において中心的な役割を果たすことになる。

神学の勉強を中断してからも，ハイデガーはブライクの教義学講義には出席しつづけていた。そのことからハイデガーのブライクに対する結びつきの強さがわかるが，この時期のブライクは，カトリックの大義──すなわち反近代主義──の熱心な闘士であった。[19] ハイデガーがカトリックの学術雑誌『アカデミカー』に発表した最初の著述には，このブライクの影響がはっきりと見てとれる。そこでは，シュライアーマッハー流のロマン主義的感傷主義が激しく攻撃されている。それは，「自己自身ではないもの，自己自身に従わないもの」が一切見えなくなった主観主義だというのである。これに反対して，ハイデガーは主観的な自我に先立ちそれを超越する歴史的真理を擁護しようとする。この点からすれば，ハイデガーの「青年期神学著作」は，大部分ブライクの反近代主義的主張のヴァリエーションである。師同様，ハイデガーは，「教会は，その永遠なる真理の宝庫に忠実でありつづけるために，近代主義の破壊的影響に

対して反抗すべきである」と主張する。[*2] それはつまり，異教主義の肉的意志と世界理解に対して戦いを挑むということである。教会の宗教的で道徳的な権威に無条件に従う限りは，倒すべき偶像は沢山あるのである。

コラム② 「取りて読め」——ハイデガーが「哲学への召命」を語るさまざまなテキスト

　それよりももっと昔，ギムナジウムの最後の数年間に，正確に言うと1907年の夏に，存在への問いが私を襲いました。それは具体的にはフランツ・ブレンターノの学位請求論文という姿をしていました。この人はフッサールの先生です。その論文は『アリストテレスにおける存在者の多様な意味について』といい，1862年に書かれたものです。当時この本を私に贈ってくれたのは，私の父の同郷の友人であったコンラート・グレーバー博士でした。博士は後にフライブルクの大司教になりますが，当時はコンスタンツの三位一体教会の主任司祭でした。(「言葉についての対話より」(GA 12, 88))

　私の思考の全体に衝撃を与えたのは，もとはと言えば，アリストテレスのある命題でした。つまり「存在者は多様な仕方で言明される」というのです。この命題はまさしく稲妻でした。それはただちに次のような問いを呼び覚ましました。すなわち，これらの多様な存在の意味の統一性とはいったいどのようなものか。そもそも存在とは何をいうのか。(『ツォリコーン・ゼミナール』(Zoll. Sem., 155))

　ハイデガーは笑いながら言った。私にとってのブレンターノはアリストテレス論のブレンターノだ，と。(GA 15, 386)

　1907年，私と同郷の，父のような一人の友人，後にフライブルク大司教となるコンラード・クレーバー博士が，ブレンターノの学位請求論文『アリストテレスによる存在者の多様な意味について』を私に与えてくれた。ギリシャ語原典から豊富な，たいていは長い引用が幾つもあって，私がまだ手に入れていなかったアリストテレスの著作の代わりをしてくれたが，1年後には，それらも寄宿舎の図書館から借り出されて，私の勉強机の上に並んでいた。存在における多様なものをとりまとめる単純なものへの問いは，当時はまだ曖昧で頼りなく，手のつけようもない有り様で生じただけであったが，何度も考え方を変えたり，思い違いをしたり，途方にくれたりしながらも，この問いこそが，20年後に公刊された論考『存在と時間』にとっての唯一の絶えざる原動力でありつづけたのである。

> (*GA* 1, 56)
>
> 　いくつもの哲学雑誌で何度も指摘されている事柄であったから，私はフッサールの思考様式がフランツ・ブレンターノによって規定されていることは知っていた。ところで，ブレンターノの学位請求論文『アリストテレスによる存在者の多様な意味について』は，1907 年以来，哲学を究めようとする私の最初の不器用な試みを支える杖であった。きわめて漠然とした形で，次のような考えが私を動かしていた。存在者が多様な意味で語られるとすれば，それを主導する根本の意味は何であろうか。存在とは何を意味するのであろうか。(「現象学への私の道」〔『思索の事柄へ』所収〕)

「真理の光の輝きに照らされた，真実の，心底からの，しっかりした基礎をもつ脱我（*Entselbstung*）」，それが，自己の崇拝，すなわち限りない自律を求める個人主義に対するカトリック側からの反撃である。この場合，トーメとともにこう問うこともできる。自己を放棄，譲渡（*Selbstentäußerung*）して自らの生を永遠の秩序に従せるというこの神学的で霊的なモチーフは，哲学における心理主義との戦いに呼応するのではなかろうか，と。かつてブレンターノはこう言っていた。心理主義という「新たに登場した言葉を耳にすると，敬虔な哲学者は，正統派のカトリック教徒の多くが近代主義という名を聞いた場合と同様，まるで悪魔の化身に出会ったかのように十字を切るものである」[20]。この場合，彼岸と此岸という宗教的な対置と，論理的意味の理念的秩序と事実の実在的秩序の対照とが，機能的に対応関係にあるということになろう。論理的意義の理念性は，主体の経験の意識に宿る心的表象とは何の関係もない。主体は自らを判断作用へと譲渡するのである。

加えてハイデガーは，超越的で反主観主義的な真理を弁護するために論理学を持ちだすものの，アリストテレス‐スコラ的な実在論によって新カント派的な現象概念を批判していた。こうした文脈では，生の「事実性」が割り込んでくることはありえないだろうし，そんなものは軽蔑さえされかねない。だからこそハイデガーは，「世界観」と生の概念の混合を危険視し，それを論駁しようとするのである。「今日では，生が世界観に従属するのではなく，反対に世界観が生に従属してしまっている」。ハイデガーが「カトリック哲学者」にもなりえた人物であることが分かるであろう。実際フッサールは，初対面の時にハイデガーをそのように見なそうとしたのだし，E. プルジワラは，ハイデガ

ーを新たなドゥンス゠スコトゥス，精妙博士として称えたのである。しかし，すでに早いうちから，哲学に関するハイデガー自身の考え方は，「カトリック的秩序」に不安定要因を入り込ませるものであった。哲学とはけっして安んじて真理を所有することではなく，真理を探究し続けることだというのである。彼の思索のこのような展開を，トーメは皮肉で乱暴な言い方で要約している。「メスキルヒを離れるとき，ハイデガーは『メスキルヒの彼岸』をも離れたのである[21]」と。すでに1914年に，修道参事会員 E. クレブスへの手紙で，ハイデガーは哲学教育に関する教皇親書に書かれたローマ教会の指針への軽蔑を露わにしている。こんな指針は，「自分の頭で考えようとする者の脳味噌を空にして，代わりにイタリアのサラダを詰め込もうとするようなものだ[22]」と。

それ以降，ハイデガーはカトリック世界からだんだんと遠ざかっていく。1917年には，まだフッサールによって「信仰へと真摯に関わるカトリック哲学者」と見なされていたが[23]，1920年になると，ハイデガーはカトリックとの絶縁を公言するようになる。だが，彼はすでに1916年ごろにはカトリックと縁を切っており，その2年後には，「全く独立した人間」としてカトリックを描写しているのである。幼児期からのカトリック信仰とのこのような絶縁を証言するものとして，ハイデガー自身による文書がある。1919年に，クレブス宛の手紙で，ハイデガーはフライブルク大学の神学部での哲学の講義を止めるつもりだと告げて，次のように語っているのである。「僕にはカトリックの体系が疑わしく受け入れられないものになった。けれどもそれは，キリスト教や形而上学（もちろん新しい意味での）が受け入れられなくなったということではない[24]」。2年後のゲオルク・ミッシュ宛の手紙では，この絶縁の動機となったものが示されている。すなわちそれは，反近代主義による〔カトリック精神の〕硬直化である。

第3節　最初期の哲学諸論文

トーメによれば，由来の信仰との絶縁という困難を経験したことは，この時期のハイデガーの知的活動にも痕跡を残している。トーメは，ハイデガーの最初期の哲学諸論文を，「分断の思考」と「根本経験の思考」との分裂として解読することを提案する。この見地から，彼はそれらの論文の結論部にとくに注意を向ける。そこには，それらを個々の論を超えて「全体化」し，将来の展開を告げるような方向性が読みとれるのである。

これらの論考に共通する調子を理解するために，まず最初に誤解を取り除いておかねばならない。それは，存在の多義性という問題が象徴的な役割を担うからといって，ハイデガーが最初からすぐにアリストテレス形而上学の研究に向かったわけではないということである。まだ神学の学生であった1909年に，ハイデガーはフッサールの『論理学研究』に出会っている。むしろこの著作の巨大な影の下で，ハイデガーは哲学の勉強を進めていった。指導教授は，バーデンの新カント学派の巨匠の一人，ハインリッヒ・リッカートであった。フッサールと新カント派の側にくみして，ハイデガーは心理主義と激しく戦った。それは，彼の学位請求論文の題名『心理主義の判断論——論理学への批判的・積極的寄与』(1913) (*GA* 1, 66-188) が示している通りである。ここでの心理主義批判の意味は明快である。論理的なものを心的なものに還元する心理主義は，論理的意義の真の性質を理解できないのであり，論理的意義は判断作用を実際に行う主体の心的偶然性を超える妥当性をもっている，というのである。心理主義が論理的対象の独立した実在性を捉えそこなっているのであれば (*GA* 1, 161)，心理主義を克服するためには，「厳密に論理的な判断論」(*GA* 1, 165) をうち立てることに成功しなければなるまい。それは，意味＝妥当性という等式を全面的に認可するような判断論である (「論理学の判断とは意味である (*Das Urteil der Logik ist Sinn*)」(*GA* 1, 172))。

　新カント派の師たちから，ハイデガーは認識論的問題の重要性をも学んだ。これは存在論的な問いかけとは少ししか関係のない事柄である。存在の多様な意味のうち，考慮されるのは真ナルモノトシテノ存在 (*ens tamquam verum*)，すなわち意味−妥当性としての存在だけである。論理的真理論に関する検討が終わる頃になって，ようやくハイデガーは別の地平を切り出してくる。彼の主張によれば，純粋論理学に基づくことによってのみ，「存在の全領域 (*Gesamtbereich des Seins*) をさまざまな現実性の様式に区分し，それらの様式の固有性をはっきりととり出す」ことが可能になる。「本研究は，究極的な全体に奉仕するべく (*im Dienste des letzten Ganzen*) 企てられたもの」(*GA* 1, 186-187) なのである。

　この結語部〔『心理主義の判断論』の本文最後の段落〕では，「全体」なるものが二つの形で描かれている。「存在の全領域」という表現は，いまだ形をとらない「存在論」へと合図を送っている。「究極的な全体に奉仕する哲学」という表現は，第一哲学に固有の根元性への要求を示している。

判断的認識は，対象把握（Gegenstandsbemächtigung）と対象規定（Gegenstandsbestimmung）をその特性とする。それは判断的認識の力であると同時に，その弱さでもある。そこでは「意味」は全く静的な現象であって，それゆえ論理的判断の諸法則は形而上学の手前に留まるのである。心理主義に反対して妥当性の論理学を選びとることによって，ハイデガーは，意味を現実の実在とは全く異質な超越の王国に位置づけた。「現実に存在することは，意義にとってはまったく無縁なことである（Es ist der Bedeutung völlig fremd, zu existieren）」（GA 1, 243）。こうして，論理的で理念的な意義と実際に存在する文法的な記号とは，深淵によって隔てられることになる。『存在と時間』に至ってはじめて，ハイデガーは文法を論理のくびきから解放しようとするであろう。とはいえトーメのように，ハイデガーにとっての新カント主義とは「超越論的哲学の枠組内で神学的図式に従おうとする最後の試み[25]」であった，と結論してよいものであろうか。

　教授資格請求論文の主査となったリッカートを通じて，ハイデガーは論理学者ラスクを発見したのであるが，彼を新カント派から現象学へと移らせるキーパーソンとなったのがこのラスクである。リッカートの考えでは，諸「価値」の秩序の内に「存在を超える非実在的な意味の構造」が存するのであったが，ラスクはこのような価値秩序をなお仮定的なものと見なしていた。この論文を書いて以来，ハイデガーはリッカート流の「価値の観念論」からひそかに遠ざかっていき，ラスクと共に，「形相」と「質料」を架橋する「内在の思考」にくみしていくのである。

　1915年の教授資格請求論文（『ドゥンス・スコトゥスの範疇論と意義論』）は，思弁的文法学におけるカテゴリーの問題と意義理論を論じたものである。[26]この論文は新しい問題へと向かう最初の一歩であった。そこでハイデガーは，思弁的文法学という新たな領域に取り組んだのであるが，最初の計画では，数の問題に関する論文（フッサールの教授資格請求論文のように！）を書くつもりであった。ハイデガーがこの計画を放棄したのは，フライブルク大学のポストに応募したいと考えたからである。[27]

　この論文では，カテゴリーの問題と意義理論とが強く結びつけられている。実在が多様な領域からなっていること，まずはそれを認めねばならない。すなわち一者，数学的実在，経験的で自然な実在，形而上学的実在，といった諸領域である。アリストテレスのカテゴリー論は，この多様性を考えようとした

最初の試みではあるが,それは単に領域的な意味しか持たない(*GA* 1, 211)。それゆえ,中世の学者たちのようにカテゴリーの問題を一から考え直さねばならない。ハイデガーがとくに関心をもったのは,超越疇に関する中世の理論,すなわち存在自体と「置換可能」な諸属性に関する教説である。この教説を通して,ハイデガーは,同一性と多様性,同と異を同時に立てる「異定立」の普遍的妥当性を発見した。それは,あらゆる対象把握(*Gegenstandsbemächtigung*)の究極の基準となるのである。[28]

ハイデガーの分析は,徐々にさまざまな次元の実在性を引き出していく。まずは数学的実在性であるが,これは数の原理である「1」によって支配されている。それは本質的に連続する等質の実在であり,量のカテゴリーに対応する。それに対して,感性的で経験的な実在の領域がある。この領域の弁別特徴は多様性と絶対的な異質性である。ここでハイデガーは,ドゥンス゠スコトゥスの「コノモノ性(*haecceitas*)」という概念の重要性を想起させる。それは,現実性の根本規定としての個物の特異性に関わる概念である。[29] だが,ハイデガーによれば,類比原理によって,[30] この感性的実在の上にはなお超感性的で形而上学的な実在がそびえているのである。

〔真理の問題を扱う〕『存在と時間』の第44節を視野に入れて,真なるものと存在との置換可能性を扱った長い章(*GA* 1, 265-289)にも注意を向けておこう。あらゆる対象は,認識の対象となりうる限りにおいて真なる対象と呼ばれるのであり,真なるものは認識自体の領域に関係する(*GA* 1, 266)。認識には二つの根本形式がある。一つは「単ナル把捉(*simplex apprehensio*)」であり,もう一つは「論理学の細胞」(*GA* 1, 268)たる判断である。ここでもまた,心理主義的還元に反対して,「妥当する意味の絶対的優位」が宣告される。このように真なる存在というのが妥当性の類義語であるとすれば,さまざまなレベルの実在性の区別よりももっと根本的な意味をもつ差異を立てねばならない。「現実性の諸様式のもっとも根本的な差異は,意識と実在との,もっと厳密に言えば,妥当性という型をとらないが,つねに妥当性の意味連関を通して,この意味連関においてのみ与えられる実在との差異である」(*GA* 1, 279)。この時期のハイデガーはまだ用いていない表現だが,これは存在論的と特徴づけてもよいくらい根本的な差異である。現実存在に対する意味の絶対的優位がはっきりと主張されているのである。[31]

まさしくここにおいて,言語的で文法的な意味の地位はどうなるのかという

ことが大きな問題になってくる。論理的意義がその言語的で文法的な基体に対して絶対的に優越していることを認めるべきであろうか。この問いに答えるためには，「意義と意味はさまざまな語および語の複合（命題）に結びつく」という事実に問いを向けねばならない。もちろん，語は全く異なるさまざまな次元に属しているが，それでも言語的‐文法的な記号において交わりあう。それゆえ問題になるのは，それぞれ対応する意義様態（*modus signigficandi*）をもつ様々な言説部位（名詞，代名詞，動詞等）があって，たがいに言語的‐文法的に連結している場合，その連結は事物ノ内ノ基礎（*fundamentum in re*）をもつのかどうかということ，そして，それぞれの意義様態には存在様態（*modus essendi*）が対応するのかどうかということである。こうして要請された対応関係によって規定されるのが，アプリオリな思弁的文法学である。当然，現に存在する文法はこの文法学に従属しなければならない。もちろんハイデガーには，存在論と文法学の並行関係というこの問題には，第3項の導入が必要であることが分かっていた。この第3項が「知解様態（*modus intelligendi*）」である。対象の知性的な規定を介してのみ，事物の存在論的規定（*modus essendi*）と意義の規定（*modus signigficandi*）が対応するのである。

こうして「論理学」は，普通に考えられる以上に広大な哲学的意味を受けとることになる。それは「論理的意味」の理論として，次の三部門を含んでいる。すなわち，意義の構成要素の理論（*Bedeutungslehre*），意味の連結理論（判断理論（*Urteilslehre*）），意味の体系的諸形式の構造的差異化に関する理論（知識論（*Wissenschaftslehre*））である。

この教授資格申請論文は，最後の章さえなければ，全て新カント派の哲学者に認可されうるような内容であるといえよう。だが，「形而上学的結論」というべき形をとる奇妙な最終章がある。そこでハイデガーは，論理学の問題は「超論理学」（GA 1, 405）的文脈で解釈されねばならないと述べて，意図的に論理学の領域を超えていく。「内在的命題」には最終的な正当化，形而上学的な正当化が必要である。われわれにとって「非実在的」で「超越的」であるような意味がどうやって真の実在性と客観性を保証するのか，という問いは避けて通れないものである。まさしくここにおいて，ハイデガーは別の「光学」の必要性を要請する。「哲学はそれに固有の光学，すなわち形而上学を長らく欠いたままでいることはできない」（GA 1, 406）のである。

この言明がハイデガーの思索の道全体を理解する上で重要な意味をもつもの

であることは，後ほど明らかになるであろう。教授資格申請論文の「形而上学的結論」というべき文脈では，この言明は新たな課題の指示という意味をもってくる。それは，諸作用の唯一性，個別性と，意義の普遍妥当性，自体存在性を「生きた統一」の中で結びつけるという課題である。これを実行できるのは，「生きた精神」——必要とあらば「神の絶対精神の生きた把握」（*GA* 1, 408）と言ってもよい——のみである。この文脈で呼び出される証人たちを列挙すれば，印象的で示唆的な一覧表ができあがる。そこでは，ヘーゲル，ノヴァーリス，シュレーゲルといったロマン主義の花形たちが呼び出されるのである。ハイデガーはこう言っている。「精神が把握されるのは，そのさまざまな営為の豊かさ全体，すなわち精神の歴史が精神自身の内に止揚（*aufgehoben*）される時のみである。そして，それとともにつねに増し加わる豊かさが哲学的に把握される時，神の絶対精神を生き生きと把握するためのつねに増し加わる手だてが得られるのである」（*GA* 1, 408）。驚くべきことに，今や妥当性と実在性の亀裂を乗り越えて，ラスクの夢見た「超対立（*Übergegensätzlichkeit*）」の実現を保証するように思われるのは，他でもない歴史なのである。だが，それはもっぱら思弁的で形而上学的な見地から考えられた歴史である。そのために，価値の歴史的形成（*Wertgestaltung*）と価値の（永遠的）妥当性（*Wertgeltung*）の差異は，一瞬垣間見られただけですぐにかき消されてしまう。ここではまだ，第二期の軸となる概念が欠けている。それは歴史的生の事実性という概念である。

第二章　1919–1923 年——事実的生の発見
　　　　（現象学の開始と事実性の解釈学）

　第二期の始まりは，フライブルク大学でハイデガーが講義を再開した時（1919 年）である。伝記的な意味では，この時期にははっきりとしたまとまりがある（フライブルク大学で私講師として教え，フッサールの助手をしていた時期）。この時期を特徴づけるための出発点として，まずは二つのことを確認しておこう。

　1／『存在と時間』の重要な注記（*SZ* 72, n.1）によれば，「環境世界」と「事実性の解釈学」に関する分析は，1919／20 年度にまで遡るものである。このことから，少なくともハイデガー自身の自己解釈では，『存在と時間』へと

至る新たな作業場が開けたのは第一次世界大戦の直後であったと考えられていることが分かる。この観点からすると、実際に執筆が始まったという意味で、1924年以降を『存在と時間』の近い前史と呼ぶとすれば（ハイデガー自身は、1924年から1928年のテキストを「『存在と時間』の圏域にあるもの (im Umkreis von *Sein und Zeit*)」と呼んでいる）、1919年から1923年という時期は、『存在と時間』の遠い前史として特徴づけられる。付け加えて言えば、この時期の諸論考は、『存在と時間』を解釈する上で決定的に重要であるだけでなく、「20世紀哲学のそれまで知られていなかった主要な源泉[32]」でもある。実際、その重要性を算定しようと思えば、この時期のハイデガーの講義を聴いた20世紀の重要な哲学者たちを思い起こしてみればよい。H. アーレント、O. ベッカー、H.-G. ガダマー、M. ホルクハイマー、H. ヨナス、K. レーヴィット、J. リッターといった人々が、講義を聴講していたのである。

　2／この時期のハイデガーが、哲学の地位に関する問い、とりわけ哲学の概念性に関する問いに強い関心をもっていたことは驚きである。講義を通して、ハイデガーは真の「哲学的準備教育」を作り上げようとしていた。この時期を特徴づけるための導きの糸として、私は哲学の概念的地位という問題を取り上げることにしたい。この見地から、次の五つのテーマに注意を向けてみよう。

　1／最初の父殺し：新カント主義との絶縁
　2／「世界観」と「学問」：「根源学」という哲学固有の地位
　3／「見るすべを知っていること」：「フッサールの眼」あるいは現象学の開始
　4／「生を考える」（ディルタイの遺産）：生の哲学に対する現象学からの反論としての事実性の解釈学
　5／事実性の解釈学と存在論：「我在り」の「存在意味」

第1節　最初の父殺し——新カント主義との絶縁

　「眼を閉じて下さい」。父親が死んだ夜、フロイトは夢の中でこの奇妙な文句を記した掲示板を見た[*3]。これからわれわれが検討するハイデガーの人生の二つの時期に関しても、同じ文句が特筆大書されているといえよう。事実、この二つの時期は、二つの父殺し——まずは公言された父殺し、次いで隠された父殺し——が刻印されている。公言された父殺しの方から始めよう。すなわち、新カント主義の代表者たち、とくに教授資格申請論文の主査であったリッカート

との断絶である。論文の冒頭で，ハイデガーは「私が現代論理学の諸問題を理解したのはリッカートのおかげである」と記していた。1919年に講義を再開するやいなや，彼はまずこの人物に「眼を閉じて下さい」と言うのである。この父殺しの光景は，1919年度のいくつかの講義を収録した全集第56／57巻ではっきりと読みとれる。ちなみにこれは，ハイデガーの現存する講義録のうちでもっとも古いものである。

　リッカート，ヴィンデルバント，ロッツェといった新カント主義の代表者たちにとって，哲学の根本問題は公理の妥当性である。自分の師をも含むこれらの人物に対して，ハイデガーは批判的問いを向ける。すなわち「公理の直接的な明証性はどのようにして提示されるべきか」（GA 56/57, 33）と問うのである。このように公理の明証性の地位を問うことには，個別諸科学の問いに対する哲学的問いの根源性を尊重するという意味がある。個別諸科学が「多様で特殊な諸々の認識に分かれている」（GA 56/57, 33）のに対して，「哲学が対象とするのは，それらの統一であり，それらが認識としてもつ統一的意味である」（GA 56/57, 33）。この意味で，新カント主義の哲学者たちは本物の哲学者であって，だからこそ父殺しは劇的な様相を帯びることになる。哲学者を殺すのはソフィストを殺すのと同じではないのだ！　プラトンはパルメニデスを父と（そして同輩と）見なしたからこそ，父殺しを企てることができたのである。生きるか死ぬかの闘いなのだ！　まさしくそのような光景が，ハイデガーにおいて繰り返されるのである。

　優れた認識論者であったリッカートは，科学的説明の原理である「自然法則」と判断の原理である規範との区別をうち立てた。いわゆる目的論的‐批判的な方法の核心にあるのはこの区別である。こうした方法が，単純な生成論的方法（単なる科学史のような）よりも進歩したものであることは容易に見てとれる。だが，それによって公理系の哲学的な基礎づけにとって十分な基準が得られるかどうかは定かではない（GA 56/57, 37）。というよりも，この方法によって事実の領域と妥当性の普遍性との危険な溝が乗り越えられるのは，それがフィヒテの知識学（Wissenschaftslehre）のようなきわめて特殊な定式化を得る場合に限られる。すなわち「当為は存在の根拠である（Das Sollen ist der Grund des Seins）」という定式化である（GA 56/57, 37）。だがフィヒテにしても，それをなしえたのはひとえに目的論的方法から構成的弁証法に転換したからであった。弁証法を信用しなかったことが新カント派の不幸である。「必然

的な諸々の理性事行と理性形態の体系を弁証法的‐目的論的な仕方で演繹することの内的不可能性」（GA 56/57, 40）を発見したことが，新カント主義の力であると同時に弱さでもあった。弁証法の不毛と非生産性を明らかにすると，新カント派の哲学者たちはすぐさま弁証法を認識論の祭壇上で犠牲に捧げた。そうして彼らは，哲学自体の「土台（Unterkellerung）」をあらためて見出すために，心理学や歴史学といった経験科学に頼らねばならなくなったのである。

　ハイデガーにとって決定的な問題は，このような認識論的土台がいかなる価値をもつのかということであった。超越論的経験論によって，本当に公理系の哲学的な基礎づけが果たされるであろうか。それとも，そこでは自ら基礎づけようとしているものがひそかに前提されているのであろうか。当為所与性（Sollengegebenheit）＝原対象性（Urgegenständlichkeit）という基礎的等式は一体どこから出てくるのか。決定的な現象となるのは「当為（Sollen）」の把握を可能にする体験であるが，この体験の本性は解明されていない。だが，「何の不安も感じないで当為を哲学的概念として用いるのは，当為という現象が示す諸問題の世界が全く見えていないからであり，そうである限りは非学問的なお喋りをしているだけである。その当為を体系全体の礎石としたからといって，このお喋りの格が上がるわけではない」（GA 56/57, 45）。

　この手厳しい告発は，主としてリッカートを標的にするものである。一見自明と思われる当為体験（Sollenserlebnis）という概念の諸前提を解明しようとすることによって，ハイデガーは他ならぬリッカートに対して批判的な問いを投げかけるのである。すなわち，当為と価値の関係はどうなるのか（類義語なのか，それとも一方が他方の基礎となるのか），なぜ存在が当為の根源にある（「存在も当為を基礎づけることができる（auch ein Sein kann ein Sollen fundieren）」（GA 56/57, 46））という可能性を排するのか，そして最後に，〔当為体験は〕「意義の実現（Bedeutungsrealisierung）」という現象とどう関係するのか，といった問いである。

　これらの問いは全て，必ずしも認識を当為という術語で記述することを不当とするものではない。ハイデガー自身，「価値として説明すること（Für Wert-Erklären）」と「価値として受けとること（Wertnehmen）」との対置を認めている。だが，ハイデガーにとって決定的な問題は，どのような意味で真理そのものを「価値化」（GA 56/57, 48）の過程と同一化できるのか，ということである。他方で，リッカートは実践理性の優位を正当化しようとして妥当性＝価値

という等式をあらゆる哲学の出発点とするのであるが、この等式自体が大きな問題を孕んでいるのである。

　まさしくこの中心的な等式をめぐって、父殺しが（しかも賛辞という偽装の下で）演じられることになる。父親を殺すだけでは十分ではないのであって、できるなら弔辞をも述べねばならない。父親は重要な人物だったからである。私の考えでは、1919年度の夏学期講義［「現象学と超越論的価値哲学」］はそのような意味をもっている。そこでは、全体にわたって超越論的価値哲学との対決が遂行されている。ハイデガーは問題の核心へと一直線に進む。彼は、この哲学が自ら主張しているほどに破綻がなく体系的なものかどうかを問うだけではない。価値哲学の生成を辿り直すことによって、ハイデガーは、はたしてこの哲学は根源的な仕方で哲学の中心問題を立てることができるのか、と問うのである（GA 56/57, 124）。ハイデガーにとってそのような忍耐強い歴史的研究が重要になるのは、価値哲学との対決が19世紀そのものとの対決であることを確信しているからである（GA 56/57, 128）。問題は、なぜ価値哲学が19世紀末に典型的な哲学なのか、ということである（GA 56/57, 131）。結局これは、なぜ19世紀の時代精神（Zeitgeist）は文化という観念から理解されるのか、という問いに帰着する。この観念には二つの意味が流れ込んで合体している。一つは歴史性の発見と説明であり、もう一つは「成果（Errungenschaft）」（GA 56/57, 130）という概念である。後者の概念によって、歴史的・文化的な生成は全て絶え間ない成果獲得の過程として理解しなければならなくなるのである。

　文化と価値の哲学は、両者が交差し、その一致が十分哲学的に表現されるようになった地点を示しているが、そもそも文化と価値という双子の概念がいかにして生まれたのかを理解するためには、啓蒙時代にまで遡る必要がある。また、文化と価値の哲学の功績が、哲学の死という危険――当時の文脈では自然主義という名の危険――を挫いた点にあることは疑いがない。ロッツェの思想は折衷的（二重形成体（ein Zwittergebilde, GA 56/57, 138））であったが、自然主義と心理主義という二重の誘惑を防ぐ道を切り開いた点で先駆的であった。彼は、実践理性の優位というフィヒテ的テーゼを「価値感覚」（GA 56/57, 136-139）を基本的性格とする理性として生かし直すことによって、そのような道を開くことができたのである。だが、ハイデガーの考えでは、価値哲学の真の創始者はヴィンデルバントであった。そこでハイデガーは、講義の第2章全体を費やしてヴィンデルバントの立場を詳細に論じて（GA 56/57, 140-168）、こ

の「現代における唯一の（真摯な）典型的文化哲学」（*GA* 56/57, 141）を生みだした三つの主要な（しかし互いに異質な）源泉を明るみに出そうとする。

1／第一の源泉は，ヴィンデルバント自身が認めて受け入れているもので，H. コーヘンによるカントの『純粋理性批判』の再発見である（*GA* 56/57, 141-143）。ハイデガーは，このカント論の意義を認めそれを称えるが，彼自身はあくまで価値哲学の鍵はカントよりもフィヒテだと考えており，究極的には価値哲学は「新フィヒテ主義」（*GA* 56/57, 142）だと確信している。というのも，価値哲学の原理中の原理はフィヒテ的な「倫理的」動機（*GA* 56/57, 143），すなわち実践理性の優位というテーゼだからである。後のハイデガー思想の展開を考えるならば，この主張は重要な意味をもつと思われる。倫理学に対するハイデガーの敵意は，とくに『ヒューマニズムについて』で表明されている（この論考が文字通り猛然と攻撃されてきたのはそのためである）が，彼が価値哲学に潜むフィヒテ主義を拒絶したことは，この敵意の遠い源泉の一つではなかろうか。

2／第二の源泉は，ブレンターノの『経験的心理学』である。だが，ここでハイデガーが示そうとするのは，価値哲学の理論家たち（リッカートやヴィンデルバント，とくにラスク）が，ブレンターノを頻繁に援用しながらも本当には理解していなかったということである。ブレンターノのもっとも革命的な発見は判断表現に隠された志向性である。同じくブレンターノを源泉とするフッサールの登場によってはじめて，この発見から全ての結果が引き出されることになるであろう。

3／最後に挙げるべきであるのはディルタイである。だがヴィンデルバントは，ディルタイの影響を受けていたにもかかわらず，その企ての独自性を理解しなかった。記述的心理学に着手した時にディルタイを動かしていたひそかな欲望は，現象学の登場によってはじめて満たされることになるのである（*GA* 56/57, 165）。

さらに，ハイデガーは講義の第3章でリッカートを取り上げている（*GA* 56/57, 169-176）が，リッカートの著作の中で重要な位置を占めているのが，まさしく歴史というディルタイ的な問題である。リッカートは，「歴史諸科学への論理学的序論」を形成するという企ての中で，歴史的諸概念に固有の地位という問題に関心を向けた。たしかにこれは正当なことであった。しかし，「実在は普遍的なものに関して考えれば自然となり，特殊で個別的なものに関

して考えれば歴史となる」(*GA* 56/57, 173) というリッカートの有名な言明は，現象学的に見て決定的な問題領域には達していない。リッカートは，形成途上の現象学からいくつかのテーマを採用したが，現象学のもっとも根本的なモチーフは受け入れなかった (*GA* 56/57, 177)。この失敗は偶然によるものではない。それは，主観の問題に面して価値哲学が挫折したということである。価値哲学は，存在論に反対して「『純粋な価値論』としての論理学」(*GA* 56/57, 192) を選択し，「認識とは価値判断であって観照ではない」(*GA* 56/57, 193) と主張するのであるが，そのために「根源学」としての哲学という観念をうち立てることができなくなる。それは，価値哲学が現象学の大義にいくらか共感していることをうち明ける時でさえも——そういう場合にはとくに——当てはまることなのである。

第2節　哲学の地位——「世界観」と「学問」の間で

　新カント派の認識論的・論理学的関心に背を向けることによって，ハイデガーは恐るべき難問にぶつかった。哲学がもはや認識批判という新カント主義的理想の内に見出されないとすれば，一体哲学とは何であるのか。この問いにはすでに魅力的な回答が出されていた。それは，第一次大戦の直後に幾人もの思想家がうち出したものである。すなわち，哲学は「世界観 (*Weltanschauung*)」にならねばならない，というのである。その場合，哲学が既存の世界観（キリスト教，マルクス主義，唯物論，自由主義，あるいはまもなく到来するナチズム等）に追従し，それに哲学的表現を与えることもあれば，例えばニーチェのように，哲学が自分自身の世界観を作りあげることもある。ハイデガーの最初のフライブルク講義は，1919年の1月から4月にかけて行われたものであり，それを聴講したのはかなり特殊な学生たち，すなわち前線からの復員兵たちであった（「参戦者のための戦時緊急講義 (*Kriegsnotsemester für Kriegsteilnehmer*)」）。戦争経験で傷ついた者たちに対する講義であることを意識していたからか，それともハイデガー自身，ディルタイ以来脚光を浴びていたこの問題に取り組むべきだと考えていたからか，この講義はいつも「世界観」の問題から出発している（ちなみに，世界観は「イデオロギー」といくつかの機能を共有するものの，必ずしもイデオロギーの類義語というわけではない）。フッサールが『ロゴス』誌に発表した有名な論文「厳密学としての哲学」(1910–1911) で行ったように，ハイデガーは，「全ての偉大な哲学は世界観の形成に

帰着する」という一般に流布した先入見に戦いを挑んだ。世界観とは生を方向づけるものであるが，真の哲学は，それを鼓舞するものが何であれ，そのような「世界観」を示したいという性急な欲望に応えうるものではない。シュヴァルツヴァルトの農民にも，宗教の信者にも，工場の労働者にも，政治活動家にも，同じように「世界観」は存在する。科学者でさえ「科学的世界観」を拠り所にしている。だが，哲学というものは，全ての人がこのように世界観を必要とすることの哲学的意義を，哲学的に問わねばならないのである。

1919年には，この問題をめぐって二つの哲学的立場が対立していた。一方では，哲学＝世界観という等式を全面的に認めるという立場があり，広く受け入れられていた。それに対して，新カント主義者たちの立場はより陰影に富んだものであった。彼らは認識論的問題にとらわれていたために，世界観を哲学の真の課題と見なすことはできなかった。世界観という概念を，彼らはむしろ哲学を外から境界づけるものと見なしたのである。ハイデガーにとっては，どちらの立場も徹底性を欠くものであった。先行する全ての哲学に反対して，彼は自分自身のよりラディカルなテーゼを立てようとした。そのテーゼとは，世界観とは哲学とは異質な現象であり（*GA* 56/57, 17），言い換えれば，（十分に理解された）哲学は，厳密に言って（十分に理解された）「世界観」とは何の関係もない，というものである。

当時この問題は，数々の大学改革計画に現れていたような，改革を求める政治的雰囲気と直結していた。ハイデガーは，次のように宣言して一挙に自分の立場をうち出してくる。「あれこれ語られている大学改革は，今のような仕方で広められるならば，道を誤ってしまい，精神の真の革命化（*Revolutionierung*）を知ることは一切ないであろう。宣言，デモ，プログラム，綱領，組合といったやり方は，束の間の目的に仕える反精神的な手段である。まだわれわれは，大学という領域で真の革命を成し遂げるほどには熟していない。そのためには，丸ごと一世代が必要である。大学の改新とは，真の学問的意識と学問的な生の連関とが復興することである」（*GA* 56/57, 4）。真の課題は，「イデオロギー」へと堕した哲学の美辞麗句に抗して，学問に関する根源的な理念を再発見することなのである（*GA* 56/57, 3）。

このように，間違った大学改革の理念に拘束されたくないというハイデガーの意志は，厳密な意味での哲学に関する彼の考え方によって動かされている。すなわち，哲学の本質である第一の使命は，根源学（*Urwissenschaft*）として

自らを実現することだというのである。そして，このように理解された根源学としての哲学は，それに対応する生の様式と不可分である（「真正で根元的な生の様式としての学（Wissenschaft als genuine, archontische Lebensform）」（GA 56/57, 5））。したがって，新たな哲学観念を展開しなければならない。それは次のような標語でまとめられる。哲学よ根源学となれ，さもなければなくなってしまえ，と。このような主張には悪循環が含まれているように見える。「究極的な根源の内でのみ，究極的な根源からのみ理解できる究極的な根源の学」（cf: GA 56/57, 16）を，一体何に基礎づければよいのであろうか。この循環が避けて通れないものであり，それを回避しようとする試みがどれも袋小路に入ってしまうことを認めなければならない。実際，「基礎の学」の基礎を別の場所に見出そうという試みは後を絶たないのである。

そうした試みの内でもっとも安易なのは，哲学史の生成という手段に頼ることである。たしかに哲学史は，哲学がつねに学という観念と何らかの結びつきを保ち（GA 56/57, 18），学的認識に肩を並べることを自らの課題としてきたことを教えてくれる。だが，歴史だけで根源学を基礎づけることはできまい。それゆえ，まずは次のように否定的な確認がなされることになる。「そもそも哲学の真の歴史は，それ自体が真の哲学の内で生きている歴史的な意識にとってしか存在しない。あらゆる歴史，そして優れた意味での哲学史は，それ自身が歴史的な生の内で，ある絶対的な意味で即自的かつ対自的な形で構成されるものである」（GA 56/57, 21）。ここに含まれている問題は，別の諸講義や『存在と時間』の中で仕上げられることになるであろう。

比較によって諸々の態度の類型論を作りあげようとするようなアプローチ（ヤスパースが『世界観の心理学』で採るもの）は，もっと役に立たないものである。そのようなアプローチをとれば，またしても世界観の問題に連れ戻されるからである。それは，ジンメルが「芸術は気質から見た世界像であり，哲学は世界像から見た気質である」と言明している通りである（GA 56/57, 22）。本当に哲学が世界像の発明でしかないのであれば，根源学という観念自体が見失われてしまう（GA 56/57, 23）。

最後に，「帰納的形而上学」という道がある（キュルペ，メッサー，ドリーシュ）。この立場は経験諸科学の分析から出発する。経験諸科学を周到に検討することによって，学についての哲学的な観念を得ることができ，その観念に哲学を移植することができると考えるのである。だが，この方法もまた袋小路

に入ってしまう。帰納という方法によっては，その哲学的終極点である「形而上学」に至ることはないのである。以上見てきた三種類の袋小路に直面して，「根源学」としての哲学の観念へと至る別の接近法を探究することが必要になる。

　1921／22年度冬学期の講義［「アリストテレスについての現象学的解釈」］には，まさしく「哲学とは何か」と題された長い節(35)がある。これは，同じ題名をもつドゥルーズの近著(36)と突き合わすことができるような論述である。「哲学とは何か」という問いは，「アリストテレスについての現象学的解釈」という計画を口実として立てられている。ここで，「現象学的解釈」とは，まず第一に「歴史的解釈」と対立するものである。アリストテレスを扱うのであれ，他の思想家を扱うのであれ，「哲学史」という概念そのものを問題視しなければならない。それによって，根本的な意味で解釈学的な考察が必要になる。なぜなら，「解釈学的状況を哲学的問題自体の時熟として根源的な仕方で練り上げることが肝心」（*GA* 61, 3）だからである。哲学をする時，われわれは何よりもまず自分がどのようにして歴史の内に身を置いているのかを知らねばならない。このような課題は，講義の冒頭で提示されている哲学の定義，すなわち「哲学とは事実的生の歴史的認識（つまりその実現の歴史を通して理解されねばならない認識）である」（*GA* 61, 2）という定義から直ちに発してくるものである。これは実際ひとを戸惑わせる定義であるが，まさしくこの定義の圏内で，「哲学とは何か」という問いを展開しなければならないのである（*GA* 61, 11-78）。

　ハイデガーはこの問いをかなり教育的な仕方で扱っている（ちなみにこうした教育的な論法は，1935年の『形而上学入門』でもなお痕跡をとどめている）。哲学の単なる「定義」に対して期待してもよいことと期待できないこととを区別しなければならない。哲学の定義に何もかも要求するのは過大評価だが，かといって哲学の観念を前もって作りあげることを断念するのは，定義に対する過小評価である。どちらのアプローチを動かす要請も真正なる意図によって正当化されるのであるが，そもそもその意図を立て直すことが重要なのである（*GA* 61, 15）。

　1／過大評価へと向かう道には，二重の誤解が含まれている。一つには，論理学の全面的支配を受け入れていることである。論理学とは，アリストテレス以来，その真の地位を誰一人理解していない分野なのである。もう一つには，

「原理」の観念を誤解し，より特殊な諸規定を包摂する一般観念と同一視していることである。これが哲学的に言って不適当であるのは，第一には原理が「何に対するもの（*Wofür*）」であるのかを見失ってしまうからであり，第二には，真の原理はそれを根づかせる根本経験および根本情動から切り離せないことを理解していないからである。「真の原理とは，実存的－哲学的にはただ情熱という根本経験において獲得できるものである」（*GA* 61, 24）。そのような根本経験に触れるかどうかは，けっしてあらかじめ保証できることではない。それは労苦を経て，必要に基づいて獲得されるのであり，そのためには，「はじめて真に原理が発してくる」ところである「根本経験の内へと立ち戻る」（*GA* 61, 24）ことを受け入れねばならないのである。

とはいえ，この誤った道には真正なる意図が隠されている。そこには，哲学はかならず概念の要求でなければならない，という正しい確信が反映されているのである。ただし，概念は対象に適合するものでなければならない。この適合が尊重されなければ，哲学は道を誤ってしまう。それがとりわけヤスパースの類型論的分析において起こっていることである。ヤスパースのような企てについては，そして実践や行為を引き合いに出す他のどんな企てについても，「哲学的に見ればカテゴリーの徹底的探究の放棄でしかなく，一つの逃避，哲学に固有の見当違い（*Versehen*）である」（*GA* 61, 26）。なぜなら，そこでは哲学が「開明（*Erhellung*）」であることが理解されていないからである。哲学とは「事実的生の開明，理解する開明，原理的に理解する開明」（*GA* 61, 26）なのである。

2／他方の極には，〔哲学の定義づけに対する〕過小評価への道がある。それは，「具体的なもの」に立ち返ることを求め，それを称えるというものである。そこでは，まず最初に，すぐに「具体的な作業」に打ち込みなさい，と脅される。しかし，どこに向かおうとしているのか分からずに作業をしていて，一体それが「具体化する」ことなどありえるのだろうか。本当に哲学的な具体化作業を行おうとするならば，科学の営みを不器用にまねるのは止めて，哲学自身の十分に理解された定義（*GA* 61, 31）を求めねばならない。哲学が十分原理的に定義できていることを確かめる規準は，その定義が主題化するものではなく形式的に告示する（*formal anzeigend*）（*GA* 61, 32）ものだということである。したがって，哲学の定義とは哲学という対象を与えるのではなく，それに接近する道を告示するものである。このように解された「形式的」告示は，

けっして「形式主義」ではないのであって，それどころか実存的な意味をもち，「告示されたものを根源的に充実させる時熟の遂行」(*GA* 61, 33) へと向かわせるものである。同様に，哲学の定義は絶対に疑いえない第一の明証性を提示するのではなく，全く反対に，「まさしくこの問題性と，明証性の欠如とにおいて理解される」(*GA* 61, 34) のでなければならない。この問題性 (*Fraglichkeit*) がいわば哲学のエレメントとなる。というのも，「哲学の本来的な基礎は問題性の徹底的な実存的把握とその時熟」であり，「自己を，生を，決定的な遂行を問題化することが，あらゆる，またもっとも徹底的な開明の根本概念である」(*GA* 61, 35) からである。こうして，「哲学することの諸々の遂行を根源的に決定する状況」を特徴づけようとする企ての重要性がよりよく理解されることになる。

過小評価の別の表れとして，「体験」を擁護しそれに熱中するという形での体験への閉じこもりがある。その場合，哲学は高揚した気分，あるいは高揚させる気分の問題にすぎなくなり，その気分に身を委ねるだけでよいことになるだろう。こうした熱狂 (*Schwärmertum*) は，思考活動が求める厳密性にはふさわしくない。それは広く見られる風潮であるが，ハイデガーは，その誘惑の背後で哲学活動が倒錯した歴史的「救済」と混同されていることを暴きだす (*GA* 61, 36)。その場合，哲学者は導師の役割を果たすことで満足してしまう。だが，哲学の根本的な位置づけは，「救済の岸ではなく漂流する船に飛び乗ること」である。哲学を「酔いどれ船」にしなければならないというのではない。そうではなく，この船に風をはらませる術を学ばねばならないのである (*GA* 61, 37)。徹底的に問うことへの同意，それ以外に哲学の不動の大地，思考の救済があるわけではないのである。だが，このことは哲学の根源的な理解状況を我がものにしようとする努力 (*GA* 61, 41-78) を前提とする。この努力は，おそらく現在の世代の能力を超えるものであろう。

では，ハイデガー自身は自分の哲学概念をどうやって実行するのであろうか。哲学とは何か，あるいは何でなければならないかは，何らかの啓示によって教えられるものではない。それゆえ，まずはごく控えめに言葉の用法を導きにしなければならない。すなわち，「哲学 (*philosophie*)」という語に含まれているさまざまな指示を手掛かりにするのである。その場合，この術語の内に見分けられる「表現傾向 (*Ausdruckstendenz*)」が，少なくとも先行理解としての価値をもつことになる (*GA* 61, 42-52)。「哲学」という語——とくにプラトン的な

語法によって確定されたそれ——の歴史は，この語の動詞的形態が名詞的形態に対して優位をもっていたことを表している。そもそも「哲学」があったのではなく，「哲学すること」があったのである。この動詞的形態の優位によって明示される表現傾向は，哲学とはそもそも教説（今の場合は「世界観」に凝縮されている）ではなく，ふるまいの様式であるという主張である。それゆえ，哲学はまずもって「ふるまいの様式」として考えられねばならないのである（*Philosophie ist ein Wie des Sichverhaltens*）（GA 61, 50）。

第3節　「見るすべを知ること」——「フッサールの眼」あるいは現象学の開始

ハイデガーがフライブルク大学の私講師時代に作りあげた新たな哲学概念は，二人の思想家の支配下にあった。フッサールとディルタイである。ハイデガーとフッサールの関係については，この二人の天才が徐々に対立していく過程を，とくに二人の現象学概念の相違に関して後に詳論するつもりである。この対立はハイデガーの第二の父親殺しということになる。今のところは次のことだけを心に留めておこう。かつての論文主査であったリッカートの眼を閉じさせたまさしくその時に，ハイデガーは，自分に見るための眼を植えつけてくれた人としてフッサールを描いているのである。それは1923年の夏学期講義の序言で言われていることであるが（GA 58, 24），この驚くべき文章は全文を読んでおく値打ちがある。

この文章は，ハイデガーがフッサールに演じさせている役割を明らかにするだけではない。そこでは現象学の観念がはっきりと規定されている。現象学とは何よりもまず見ることであり，「事象が現にあるのは」事象を見るための「眼がある場合のみ」だというのである。現象を現象学的に知るというのは事象そのものと一つになることだが，ハイデガーがもっと後になって想起させるように，それは本質的に「見るすべを知ること」なのである。[37]「事象そのものへ」というのが現象学の本質的な指令である。哲学はその観念そのものからして根源学でなければならないとすれば，現象学のみがこの観念を現実化できる。これが1919／20年度の講義『現象学の根本問題』（GA 58, 1-29）の最初のテーゼなのである。

コラム③　ハイデガーが受けた影響

問いを提起すること。問いとは思いつき（*Einfälle*）ではないし，今日よくあ

> る「問題」でもない。そのようなものは,「ひと」が聞きかじったことや読みかじったことから取りあげてきて, いかにも深遠そうな身振りで飾り立てているだけのものに過ぎない。問いは「事象」との対決から生じる。そして, 事象は眼があるところにのみ現に存在する。
> 　ここでは, そのような仕方でいくつかの問いが「立てられる」のでなければならない。今日, 問題というものをめぐるご大層な事業 (Betrieb) の中で, 問いがすっかり鳴りをひそめてしまっているだけに, なおさらそうしなければならない。さらにまた, ひとは総じて問うことを止めて気楽にふるまい, そうして素朴な信仰の謙虚さを育成 (hochzüchten) しているつもりでいるのだ。ひとは「聖なるもの」を本質法則として説明し, 脆弱であるがゆえにそのようなものを求めずにはいられない時代の信頼をかちえている。そこでひとが気にしているのは,「事業」が大過なく進むことだけである！　ひとは大人になって分別はついたが, それは皆でよってたかって嘘をつきあうためである。哲学は自らの頽廃を「形而上学の復興」として解釈している。
> 　探究の同行者は若きルターであり, 模範としたのはルターが嫌ったアリストテレスであった。刺激を与えたのはキェルケゴールであり, 私に見る眼を授けたのはフッサールであった。こういうことを言うと, 歴史的な影響関係で考えてはじめて物事を「理解」できるというタイプの人々には, かえってせわしない (betriebsam) 好奇心によるまがいものの理解を促し, それのみが決定的に重要である当のものからの離反を促すことになるであろう。その種の人々には, 彼らなりの「理解傾向」をできるだけ発揮しやすくしてやることが必要である。そうすれば, 彼らは自分自身で勝手に沈没してしまうであろう。このような人々からは何も期待することはできない。彼らが気遣っているのは——まがいものだけである。
> (GA 63, 5-6)

　しかし, 驚くべきであるのは, 根源学としての現象学という発想を組織的に提示したこの最初の試み以来, ハイデガーにとって,「見る」ことが解釈すること, あるいは理解することの類義語だったということである。見るすべを知ることと解釈するすべを知ることとは, 同じ事柄である。1919 年以来, 初期の諸講義では,「現象学」という語にはいつも「解釈学的」という形容詞が付されている。この用語法は『存在と時間』でも保持されることになる。それゆえ, ハイデガーが「解釈学的現象学」という表現をどう理解していたのかを問わねばならない。この点については, 1919 年から 1923 年までの諸講義で重要な説明が行われている。

新カント主義との絶縁は，きわめて明確な一つの決断であった。必要なのは，理論（認識論や論理学という形の）に背を向けて単なる実践へと方向を転じることではなく，勇気をもって，いわゆる「理論」によってわれわれは現に与えられている現象を見ることができているのか，と問うことである（「理論的なものとは何であり，その可能な遂行はどのようなものか」（*GA* 56/57, 88））。こんな問いを立てているのは自分だけだ，とハイデガーは感じていた。同じ問題に悩まされていた唯一の思想家であるラスクは，前線で戦死してしまったからである。「理論的なもののきわめて根深い強迫」が，現象を与えられているとおりに見るのを妨げる主要な障害の一つなのである。それゆえ，まずは勇気をもって素朴になり，われわれが「理論的態度」をとるのは例外的な状況でのことにすぎないと認めることにしよう（*GA* 56/57, 88）。現象の内には，単なる理性が識別する以上のものが存している。それゆえ，「実在感覚」について語るまさにその時に，理論は実在からいくつかの意義を切り捨ててしまうのである。理論には抽象が必要だが，抽象とは実在から意義を除去し，そうして活力を除去することである。「意義をもつもの（*das Bedeutungshafte*）から意義が奪われ（*ent-deutet*），実在であるということだけが残される。環境世界の体験は体験性を奪われ（*ent-lebt*），実在を実在として認識する働きだけが残される」（*GA* 56/57, 89）。同様にして，具体的な歴史的自我も「脱歴史化」されるのである。

　だとすれば，真に問うべきであるのは，どのような方法と眼差しによるならば現象が与えられた通りに見えるのか，ということである。たしかにこれは，説明的ではなく記述的な方法となるであろう。とはいえハイデガーは，新カント派のナトルプが推奨する「記述的反省」の方法は斥ける（*GA* 56/57, 99–109）。ナトルプはまだ，あれこれの型の対象化を可能にした作用を再構成するというやり方をとっている。これはむしろ論理学の勝利を確定するものであって，「論理主義」に「生への共感」を対置する（*GA* 56/57, 110）現象学の真なる志向を理解していないのである（*GA* 56/57, 112–117）。

　しかしハイデガーは，この困難が現象学の領域自体に跳ね返りうるものであることを隠してはいない。現象学の言う「見ること」は，主題化であるがゆえに対象化であり，それゆえ結局は理論的活動なのではないのか（*GA* 56/57, 111）。1919年の講義の最後（*GA* 56/57, 112–117）では，もっぱらこの中心的な困難が扱われている。この問い（それは今日ではレヴィナスの問いでも

ある）を解決するために，ハイデガーは根本的に異なる二種類の理論化を区別する（GA 56/57, 114）。第一の型は，普通の意味での理論化であって，生から隔たる過程において特定の地位を占めるものである。第二の型の理論化は，純粋に「形式的」なものであって，そうした過程との関係では理解できないものである。だからこそ，後者の理論化は，まだ特定の生には根を下ろしていない意義という「本質的に世界以前のもの（das wesenhaft Vorweltliche）」（GA 56/57, 115）へと接近させるのである。こうした意義によって，生そのものに固有の出来事性を裏切らずに表現することができるのであるが，われわれがそれを理解するためには解釈学的直観（GA 56/57, 117）をもたねばならない。解釈学的直観という言い回しが，一見全く異質な二つの概念を接ぎ木していることに注目しよう。そこでは，直観という現象学的概念が，解釈という「解釈学的」概念と接ぎ木されているのである。直観が現象学の中で果たしている役割に異を唱えようというのではない。そうではなく，「現象学研究の最初の水準は理解である」（GA 58, 237-238）と言うのである。われわれの考えでは，まさしくこの発言の内に，現象学の解釈学的変容にとって本質的な内容が含まれている。というのも，そこでは形相的な明証性はかならず同時に解釈学的な明証性でもあることが主張されているからである。それゆえ，同時に「全ての理解は直観において成就する」（GA 58, 240）のであり，「本質という概念は理解から新たな意味を受けとる」（GA 58, 241）のだと言わねばならない。

　しかし，これが決定的に重要な変化ではあるとしても，フッサール現象学の場合と全く同様に，解釈学的現象学にとっても，唯一の「批判的」規準となるのは，やはり見られた事象の明証性である。すなわち〔現象学の批判とは〕「論駁でもなければ反対論証でもない」のであって，むしろ〔その規準は〕「理解する明証性，体験つまり即自的かつ対自的な生を形相の内で明証的に理解すること」なのである（GA 56/57, 126）。本物の批判は全てそうだが，現象学的な批判も積極的＝定立的なものでしかありえない（GA 56/57, 127）。それは諸問題の真の領域を呈示するものである（GA 56/57, 128）。

　このように，現象学の解釈学的概念がハイデガーの初期の講義から自明の事として明示されていることを考えると，もはやハイデガーにおいて「現象学の解釈学的転回」という言い方をするのは難しくなる。というのも，転回という概念は，最初に解釈学的ではない現象学の段階があったことを想定しているからである。だが，そのような段階は——少なくともここで問題にしている時期

には——どこにも見つからない。われわれは，一挙に解釈学的な現象学概念の中を動くことになるのである。

だとすれば，真になすべきことは，この解釈学的現象学をフッサールの現象学観念との相違の中で特徴づけることである。直観から理解へと強調点が移動したことはすでに指摘したが，それ以外に次の諸点を挙げることができる。

1／ハイデガーから見れば，歴史的な諸々の動機と連関を理解しようとすることは，「あらゆる解釈学的現象学の本質」（GA 56/57, 131）の一部をなしている。現象学とは歴史を超えたものではなく，現象を真に我が物とするためには歴史へと戻らねばならないのである。すなわち，アリストテレス，プラトン，カント等も時には現象を見る眼をもっていたのであって，彼らの助けを借りなければなかなか見分けられない現象もあるのである。

2／解釈学的現象学の特性は，現象が与えられること自体を「理解する」という意味での「見る」ことの難しさを認めていることである。最初に現象とは何でないのかを言うことによってのみ，われわれは現象が与えられることに固有な諸様態を識別する機会を得るであろう。この点において——もっぱらこの点においてのみ——，解釈学的現象学はヘーゲルの弁証法とその現象概念に比されるべきである。この時期のハイデガーが時折使っている「弁証解釈学（Diahermeneutik）」という表現（cf, GA 58, 262-263）は，ここにおいて意味をもってくる[38]。だが，弁証法との比較は必要であるが，解釈学的現象学を弁証法と混同してはならない。たしかに解釈学的現象学は，ヘーゲルの弁証法と全く同様に「〈否〉の生産性（Produktivität des Nein）」に賭けねばならないし，〈否〉を言う術を知っていなければならないが，とはいえ「弁証法は〔現象の〕所与性に対して盲目である」ことを忘れてはならないであろう。

3／「解釈的理解（interpretatives Verstehen）」（GA 58, 189）によって諸々の意味を識別する作業は，この場合，もはや理論理性によって接近できる意味の客観性だけを導きにすることはできない。「現象の意味」とわれわれが呼ぶものは，複合的な志向的構造体であり，少なくとも三つの次元を含んでいる。その三つの次元を，ハイデガーは内容意味（Gehaltsinn），連関意味（Bezugssinn），遂行意味（Vollzugssinn）と言い表している。それらの連関づけによって「状況」という概念が規定されるのであるが，この概念も現象学的であると同時に解釈学的なものである。

```
                    遂行意味
                  (Vollzugssinn)


                       現象


      連関意味                     内容意味
     (Bezugssinn)                (Gehaltssinn)
```

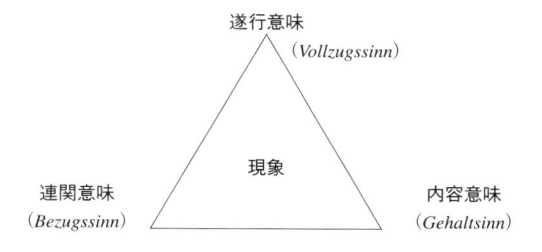

　この図式は先に言及したハイデガーの哲学観念にも適用されるが，それについては後に見ることにしよう。この図式が現象学の「解釈学的」な特徴づけに関係するのは，遂行意味のレベルにおいてである。「現象」は，その遂行という観点から捉えられるのでなければ本当に理解されることはない。だが，さらにこの遂行という様態に固有の志向性を規定しなければならない（GA 61, 52-61）。そうでなければ，そこに含まれている意味を全く理解しない単に行動主義的で機能主義的な記述になりかねないであろう。

　遂行意味は，単に理論的なものに対する実践的なものの優位を示しているように考えられるかもしれないが，全くそうではない。反対に，「理論的なもの自体がそれとして前理論的なものを参照する」（GA 56/57, 59）ことを認めなければならない。この根源的領域においてこそ，根源学としての哲学がうち立てられるのである（GA 56/57, 60）。しかしそのためには，この根源的領域を記述し，そこで事象の意味が構成される仕方とそれが与えられる様式を見てとらねばならない。事象が与えられる諸様態を検討すること，それこそが現象学固有の課題である。この与えられ方に関する問いは，直ちに「ある＝それが与える（es gibt）」という語法で定式化されることになる。「もしさまざまな事象があるだけだとすれば，そもそも唯一の事象なるものがあるのであろうか。その場合には，そもそもいかなる事象もないことになる。無さえもない。というのも，諸事象の領域が全てを支配しているところでは，《ある》ということもないからである。《ある》はあるであろうか〔＝《それは与える》をそれは与えるであろうか〕」（GA 56/57, 62）。

　この問いは，一見学者ぶったたちの悪い言葉遊びにしか見えないが，実際は，「前理論的根源学」という現象学の規定へと通じる道の入口である。講義の残りの部分（GA 56/57, 63-117）は全てそれに関わってくる。この敷居を越えることは，真の哲学的回心というべき事柄であって，それをさらに重々しく語っ

ているのが次の文章である。「われわれは哲学そのものの死命を制する方法上の岐路に立っている。この岐路は，無へと，すなわち絶対的な事象性の無へと向かわせるか，それとも別の世界への，より厳密に言えばそもそも世界そのものへの跳躍が成功するかを分かつ深淵である」(GA 56/57, 63)。「ここがロドスだ，ここで跳べ」である。新カント主義に反対して現象学に向かうことは，決定的な選択となるのである。

　このような現象学への信仰告白から，ただちに最初の「実際的作業」が生まれてくる。事象が与えられる様式を解明する上で，とくに二つの心的体験が重要であると思われる。一つ目は問いの体験（Frageerlebnis）であり，それによって「ある（＝それが与える）」の多様な意味を展開することができる（GA 56/57, 67）。二つ目は「環境世界体験（Umwelterlebnis）」であるが，この経験は，後に実存論的分析論を作りあげる際に戦略的な役割を果たすことになる。ハイデガーは「体験」が曖昧な概念であることを認めながらも，避けて通れない概念だと考えている（GA 56/57, 68）。肝心なのは，体験をその重心となるような自我を参照させるものと見なさないことである。問いの体験を分析するならば，問うという営みは，自我へと引き戻すどころか，その本性からして脱中心化の遂行であることはすでに明らかである。加えて，この脱中心化の可能性は，体験する（Erleben）という術語自体に刻まれている。体験の文字通りの意味は「あるものへと向かって生きる（Leben auf etwas zu）」ことであって，そこには生の概念は含まれているが，けっして自我の観念は含まれていないのである。

　まさしくそれゆえに，体験自体は単に対象的な仕方で記述されるものではない。それは意味をもった「性－起（Er-eignis）」である。性起という概念が後期ハイデガー思想で重要な役割を果たすことを知っている者ならば，この概念がすでに1919年から登場していることに目を留めるにちがいない。それは，「容赦なく存在し，始まっては終わる出来事」(GA 56/57, 69) しか認めないような存在論的客観主義の間違いを告発する。われわれは事柄の連続でしかないような世界の内にいるのではない。そのことを証示するのが「環境世界体験」であって，この体験の内で或るものがそれとして与えられるのである。むき出しの事実に意味という性格が接ぎ木されるのではなく，まず最初に意味生成がある。ここでは，「ある〔＝それが与える〕」は「それが世界する（Es weltet）」と言い表されるのである。(40) この有名な表現（この表現がハイデガーの講義の初

期の聴講者たちに強烈な印象を与えたことを，ガダマーはしばしば回想している）は，ここで導入されたのである。そして注目すべきことは，この表現が価値哲学由来の「それが価値となる（Es wertet）」とはっきり対立するものだということである。世界化の過程は根源的現象であって，それを二次的な価値づけと混同してはならない。まず事柄の世界があって，後からそれに主観的な「価値」が付されるのではない。

　このような体験に伴う「自我」は，それ自体かなり特殊な様相を呈することになる。自我は問いの体験では完全に忘れられており，また環境世界の体験では意味世界へ向かって乗り越えられてしまう。まさしくこのような運動の内で，「生じる」ものは性-起という姿をとるのであり，生をこの運動へと引き戻すことによって，出来事は生を表現するのである。「体験とは固有のものから生きるものであり，そのような形でのみ生きるのが生である限りにおいて，体験とは性-起である」（GA 56/57, 75）。だが，性起によって果たされるこうした生への還帰は，一層困難な問いを引き起こす。すなわち，このような分析を基礎にして一体いかなる学問がうち立てられるのか，という問いである。ハイデガーにとって，この問いは，哲学の古典的な問題に対して自分の立場を明確にするための機縁となる。それは，批判的実在論と超越論的観念論の対立の場となる問題，すなわち外界の存在の問題である（GA 56/57, 77-94）。アリストテレス（批判的実在論）とカント（超越論的哲学）のどちらの立場が正しいのであろうか。批判的実在論がいかにして感覚の所与によって構成される主観的領域から脱出できるかを問うのに対して，超越論的観念論は，いかにして主観的領域に留まりながら客観的認識に達することができるかを問う。この二つの立場を区別するのは，批判的要求の有無ではなく（実在論は必ずしも素朴ではないし，観念論は必ずしも実在から分離されているわけではないのだ！），「主観的領域」に関する異なった考え方である（GA 56/57, 80）。両者に共通する弱点は，理論的なものの優位を異論の余地のない主張と見なしていることであるが，この主張は「それが世界する」と相容れない。環境世界という現象を理論的に説明しようとするならば，「それが世界する」は消失してしまうのである。批判的実在論はこの根源的現象を見ることができないし，観念論はそれを見ようとしない（GA 56/57, 87）。ここで開始された分析は，『存在と時間』の第43節に反映されるであろう。

第4節 「事実的生」——生の哲学との出会い

　この時期にハイデガーに影響を与えた第二の思想家はディルタイである。ディルタイは19世紀末の解釈学の偉大な理論家であり，カントの批判哲学と同規模の「歴史的理性批判」を著すという課題に生涯打ちこんだ。ニーチェに鼓舞された生の哲学とヘーゲルに鼓舞された意味の哲学の間で引き裂かれたということ，これがディルタイの思想の根本的なアポリアであった。

a）「生を考える」という課題

　ハイデガーがディルタイから受け継いだ第一のものは，生を考えることは逃れることのできない課題であるという確信であった。ただし，当時「生の哲学」と呼ばれていた思想は，玉石混淆であった。それゆえ，まず最初に，生物学主義的傾向をもつ多数の「生気論者」と少数の真の生の哲学者とを区別する必要がある。後者のうちで，哲学的に真剣に取り扱う値打ちがあるのは，ベルクソン，ディルタイ，ニーチェの三人だけである（*GA* 61, 80）。彼らに続く形で，ハイデガーは1921／22年度の講義で「事実的生」に関する自分自身の解釈をスケッチしている（*GA* 61, 79-155）。もちろん，ここで問題になるのは，先述の意味での現象学的解釈，すなわち生という現象をそれが自らを与える通りに読み解くことである。というのも，「《生》という表現は現象学的な根本カテゴリーであり，一つの根本的現象を指示するもの」（*GA* 61, 80）だからである。生という現象の解釈が成功するとすれば，それは生の哲学や生の形而上学が挫折した地点でのことであろう。生の哲学や形而上学の挫折は時に痛ましいものとなる。とりわけ生物学的な生概念の誘惑に屈した場合はそうであって，この誘惑は何としても避けねばならない（*GA* 61, 81）。その意味で，ハイデガーの企ては，「現代の生の哲学の肯定的な諸傾向を自己化しつつ止揚すること（*Aufhebung*）」（*GA* 61, 82）として解されることを求めるものである。

　生そのものを，生が自己を理解する通りに，それに固有の「自己充足性（*Selbstgenügsamkeit*）」の内で考えること。何という広大な企てであろうか！ハイデガーは，「生きる」という動詞に含まれる諸々の「表現傾向」の考察という地味な経路から，この問題へと接近していく。生きるという動詞の特徴は，自動詞でも他動詞でもあるという曖昧さにある。単に「生きる」とも言えるし，「わが人生を生きる」とも言えるのであって，この種の曖昧さは生という名詞にも反映している。もちろん，現象学的解明を後期ウィトゲンシュタインが行

ったような「文法化」，すなわち「文法的」指標のみを導きとする操作と一緒くたにしてはならない。重要なのは，「生きる」という動詞の文法ではなく，「生自体の生きた言葉，生自体に内在する言葉」(*GA* 61, 83) なのである。

　この生に内在する言葉――「生は自己自身の言葉で自己自身に語る」(*GA* 58, 231) と言われている――に辿りつくためには，生の解釈者である哲学者は，生の腹話術師にならねばならないのであろうか。それとも，生の自己解釈の手立てとなる諸々のカテゴリーを取りだすことは可能なのであろうか。おそらく，この箇所の考察を支えるハイデガーの困難な賭けは，生の自己充足性には表現性と特殊な有意義性（*Bedeutsamkeit*）が含まれていると考えることであろう。生という語に関わる指標だけを導きとしても，次の三層の意味を取りだすことができる。1／生とはまず第一に「継起と時熟の統一」(*GA* 61, 84) である。諸々の体験は互いに並列されるのではなく，時間を介して統一を形成している。そして，この統一が提示する相貌は，遂行の様態の違いによって異なってくる。2／生はひそかな可能性を含んでおり，予見不可能である。生はいつでもわれわれに驚きを取っておく。ここで可能性という概念が登場するが，この概念は厳密に現象学的な意味で理解すべきものであり，様相論理で与えられる意味とは何の関係もない。3／最後に，1と2の意味を交差させることによって，ある種の実在観念を規定することができる。すなわち，生とは能力の不透明さであり，運命だというのである (*GA* 61, 84)。以上の三つを合わせれば，生は現に有ることの固有のあり方として規定される（「生＝現存在，生において，また生を通して《存在すること》(*Leben = Dasein, in und durch Leben «Sein»*)」(*GA* 61, 85)）。注目すべきであるのは，この生の現象学的解釈でも，先に言及した内容意味，連関意味，遂行意味の三つ組が援用されていることである。

　1／生という現象の内容意味は，これもまた現象学的なカテゴリーである「世界」によって規定される。生はつねにあるものの「内で」，あるものへと「向かって」，あるものに「反して」遂行される。だから生は本質的に世界に連関しているのであって，その意味で生は「世界」を内容意味としているのである。ここで世界というのは，「何が生きられているのか，何によって生が支えられているのか，何に生が掛かっているのか」(*GA* 61, 86) ということである。さらに，「世界は生という現象において内容意味となるものの根本カテゴリーである」(*GA* 61, 86) と言われている。先述した環境世界体験の重要性が，ここで再び見出されることになる。

2／世界と対になるのは気遣いであり，生の連関意味はこれによって規定される。生きるとは自己を気遣うことである（GA 61, 90）。それは「日々の糧」の気遣いという基礎的な意味でのことであり，われわれが欲求をもち欠乏している（Darbung, privatio, carentia）存在であることをあらためて確認させる事柄である。この日々の気遣いがあってこそ，世界は生きた意味を帯び，意義あるものと化す。気遣いによって，世界はいわば特別な有意義性（Bedeutsamkeit）を帯びたものとして発見される。事物との具体的な出会い（Begegnis）とわれわれの世界経験には気遣いがしみこんでいる。「有意義性（signifiance, significativité）」は，気遣いに照らされることによってのみ現れるのであって，論理学に従属するものではない。「気遣うことにおいて，そして気遣うことにとって，どの経験もそれ自身が一つの出会い（Begegnis）である」（GA 61, 91）。だが，ここでも絶対に価値哲学の誘惑に屈してはならない。価値哲学はこの有意義性を価値と混同してしまうが，「有意義性を価値と同一視することは許されない」（GA 61, 91）。それは裸の事実に外から付け加わる「価値」ではないのである。

コラム④　事実的生──「実在的」実在との実在的な出会い

　事実的な生の経験の全体を検討してみよう。そうして，そこにその特定の諸側面を浮かび上がらせてみよう。あるいはこう言った方がよい。それらの側面をこの経験の内にとどめておいて，ただそこにさらに強力な光を当ててみよう。そうすると，きわめて具体的な生の連関が見てとられる。われわれはそれを現場で取り押さえるのであるが，とはいえ，脅したり睨んだりするわけではなく，理解しつつその後をついて行くのである。しかも，われわれが眼を向けるのは，まさしく自分が経験している事柄である。われわれは，環境世界，共世界，自己世界について，けっして考えたり知ったりするのではない。われわれは，事実的にある〈何か〉において生きている。われわれがとりあげるのは，けっしてとくに変わった──特別あつらえの──生の経験ではない。ありふれたささいな事柄だからといって恥じる必要はない（Keine Scheu von Trivialitäten）。

　講義が終わると，私は大学の建物から出て行く。向こうで知り合いが会釈するのが見える。私も会釈し返す。コロセウムのそばを通ると，音楽が聞こえる。その時私は，今晩劇を見に行こうとか，その前にこれこれの件を片付けていこうとか，遅刻するわけにはいかないとかいったことを考える。そうこうする内に，講義中よい言い回しが見つからずに，見てとった事柄を適切に再現できなかった箇

所があったのが思い浮かぶ。さらに歩きながら，私はまず片付けたいと思っている事柄の中で生きている。人々の姿が見える。私は街角でたばこ屋に寄って，スイスの葉巻を買う。カウンターの後ろにいる店主がさかんにこの前のサッカーの試合について話しているのが聞こえる。彼の話す事柄は興味深いが，その話し方は興味を引かない。葉巻をかばんに入れながら，私はただ，主人がますます興奮してある選手の見事な成績について話す様子を見ている。

　何を私は経験しているのか。ありふれた日常のこと（*Trivialitäten, Alltäglichkeiten*）である。だが，それはどうでもよいことである。重大な事柄を経験することもあるかもしれないが，それもどうでもよいことである。重要なのは，私が経験する事柄が現実に存在するということである。知り合いは現実に会釈をする。音楽は現実に演奏されている。考えは現実に思い浮かぶ。現実のかばんに入れたスイスの葉巻は現実に存在する。カウンターの後ろの主人は現実に興奮している。道端の少年たちは現実にこの犬にちょっかいを出し，現実にいたずらをする。小心で悲観的な現象学の初心者は，私が励ましてもなお現実に小心であり，自分に満足していないというわけである。（*GA* 58, 103-104）

　もう一つ独特で奇妙な点は，生のそれ自身に対する関係を記述するために，ハイデガーがさまざまな「指令（*Weisungen*）」を語っていることである。まるで，生が刻一刻気遣いから「指令」を受けとっているかのようである。「生はそのつど根本的な指令を得て，その中へと成長していく」（*GA* 61, 98）。ここから発してくる指令は，「教え（*Unter-Weisung*）」という様相を呈することさえありうる。ここで遺伝子コードをもちだすことはできない。それは，単に遺伝子コードが当時まだ発見されていなかったからではなく，現象学的な生の解明に生物学的モデルをもちだすことは許されないからである。レヴィナスならば，おそらく他人への責任という原初的な倫理的事実を引き合いに出すであろう。すなわち，私は自らに「配された」他人からの「指令」を受けとるというのである。だが，ハイデガーが指令という語にこのような意味を与えたとはけっして言えない。

　さらに，生の連関意味を運動に関係する表現によって解明しなければならない。誰もが知っているように，生は動くものであり，人を動かすものである。この動性（remuement/*Bewegtheit*）ないしは「動揺性（remue-ménage）」は，単なる場所の移動に還元されるものではない。その意味をさらに明確にする必要がある。ここでもやはり，適切なカテゴリーを見つけることは難しい。たいて

いの場合，生そのものとは異質なカテゴリーが使用されているからである。ハイデガーは，まず最初にこの運動が現れる三つの根本現象をとりだしてくる。第一の現象は「傾動（*Neigung*）」であるが，これは様々な間主観的様態を伴っている（誰かに惹かれる（*Geneigtheit*），引き回される（*Mitgenommenwerden*））。第二の現象は「隔たり（*Abstand*）であるが，そこでは事実的生の「過剰な」性格（*GA* 61, 104）が現れる。第三の現象は閉鎖（*Abriegelung*）であるが，それは，生自身を構成する隔たりや後退を廃棄したり抑圧したりする企て（「後退抑圧（*Abstandverdrägung*）」）のことである。「気遣うことにおいて，生は自己自身に対して自己を閉鎖するのであり，この閉鎖の内では，まさしく生は自己自身を免れることがない」（*GA* 61, 107）。それでも生は自己自身の厄介払いを企てることができるという点で，生は明らかに「隠蔽的」である。そうした「隠蔽性」の表現としてもっとも典型的なものの一つが，有限性の否定である。生の哲学者たちは，たいてい生の「無限性」を主張するのである（*GA* 61, 118）。

　だが，これら三つのカテゴリーでは，生そのものに特有の動性は十分に分析しつくされていない。なるほど三つの根本現象はそれぞれ「実存論的運動」に対応しているが，それらの運動の内で現れる動性の特殊な性質こそが現象学的に解明されねばならない。このように問いを深めることによって，われわれは遂行意味の次元に触れることになる。「傾向」「隔たり」「閉鎖」といった生きた諸現象の内で作動する動性を表現するために，ハイデガーは「返照（*Reluzenz*）」と「前構成（*Praestruktion*）」という二つの新概念を編みだす。それらは三つの根本現象よりもさらに常軌を逸した概念である。生とは自己自身と出会うものであって，返照という語はこの生に内在する「反省性」を記述するものである（*GA* 61, 119）。生はいつもすでに自らをさまざまな企てへと投入しつつあり，それらの企てから必要な保証を得ている。まさしくそこに「前構成」がある（*GA* 61, 120）。こうした乱暴な術語は，ひとを驚かせ，躓かせるかもしれない。だが，ハイデガーにとっては，そのような言葉遣いは避けられないものである。というのも，生そのものに住まう志向性の特殊な性質を画定しようとする場合，これ以上の近道は存在しないからである（*GA* 61, 131）。

　生の本質である動性は，これで全て言いつくされたのであろうか。そうではない。生の動性の究極的「意味」はまだ規定されていないからである。現実の生を生起させる運動は，全体として「墜落（*Sturz*）」という意味をもっている。

これを術語として表現しようとする場合，「崩落（Ruinanz）」という語を用いてもよい（GA 61, 131）。このいびつな術語は，『存在と時間』の最重要テーマの一つである「頽落性（Verfallenheit）」の先触れである。

事実的生を現象学的に記述しようとする以上の企ての全貌を図示してみよう。

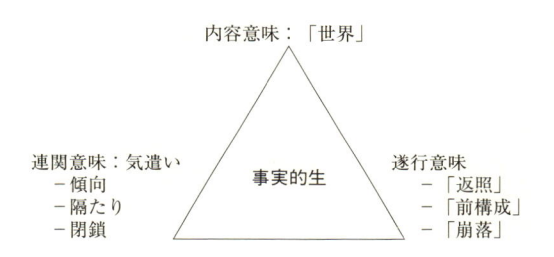

```
                    内容意味：「世界」


    連関意味：気遣い              遂行意味
      －傾向          事実的生      －「返照」
      －隔たり                     －「前構成」
      －閉鎖                       －「崩落」
```

1921／22年度の講義は，この「崩落」のさまざまな形式的指標を規定する試みによって締めくくられる。ハイデガーは，「誘惑的」「鎮静的」「疎外的」「無化的」という四つの規定をとりあげているが，その内の最後の規定だけが簡単に説明される。そこで示されるのは，否定をめぐる論理的問題とも関係なければ，どんな弁証法的解釈にも屈することもない独特の否定性によって，事実的生が特徴づけられるということである（GA 61, 146）。最初の「誘惑的」という規定については，それがキリスト教的な誘惑の問題系に鼓舞されたものであることを心に留めておこう。とはいえ，ハイデガー自身にとって，これは宗教的経験を参照しなければ絶対に理解できないようなものではないことは全く明らかである。

b）事実性の解釈学

以上，難解な術語に満ちた生の現象学的探究の全般的様態をざっと眺めてみた。それは「哲学における主要な事象である事実性を見てとる」（GA 61, 99）ことを目指す探究であった。事実的生の分析は次のような二者択一に直面させる。すなわち，生に完全な透明性を，論理学が最良の観念を与える透明な純粋性を保証するのか，それとも反対に生を絶対に不透明なものと見なすのか，という二者択一である。「事実性（Faktizität）」という言い方をすると，後者を選んだかのように見えかねない。新カント主義者たちはまさしくその点を心配したのである。だが，これまで述べてきたことは全て，この両極端の間に第三の

可能性がなければならないことを前提としている。一つのイメージをもちだすならば，絶対的な透明性と不透明性の間に，多少なりとも曇りの混じった「透見性」がありうると言ってもよい。この「曇りの混じった（*Diesigkeit*）」（*GA* 61, 88）というイメージこそが，生の自己関係を表現するためにハイデガーが利用するものなのである。

コラム⑤　哲学者の事実的自我——ある博士課程学生への手紙

　あなたは現在，大学で「博士号」なるものを取得しようと努力しておられます。このような称号を世間の人がどのように評価するか，またあなた以外の人がそれをどうやって取得するのか，そういったことには興味がございません。私としてはものごとを，**私自身の立場からして必要な限りで真剣に**受けとめるだけです。

　その種の〔「博士号を取得する」という〕ご努力が，「学的哲学」（これについては後で）に対する（すでに私のもとから独立された）あなたの立場とどのように実存的に関わりうるのかを，私が判断するわけにはまいりません。私はあなたを私に対してあるがままに受けとめるほかはありません——もっとも，私がかつてのあなたをいつでも頭ごなしに私の「指導学生」としてしか見ていなかったとか，そういうこと言っているのではありませんが。学問上の仕事については，（何しろ私はあなたのことを他の誰よりも気にかけているのですから）ある種の指導をするということは私の義務であります。また，「学問生活における交流」は，〔哲学においては〕「諸科学」の場合とは違ってくるでしょう。私にとっては，哲学をただそれだけで切り離して定義することなど無意味です。哲学の定義が問題になるのは，哲学が事実性の実存的な解釈の一部である限りにおいてなのです。

　このような「遊離した」意味で哲学の概念を議論しても仕方がありません——「学問性」の究明についてもしかりです。

　さて，私のことをお話ししなくてはなりません。

　まず，議論は根本的に間違った考え方に基づいているようです。あなたもベッカー氏も，私を（仮説としてであれ何であれ）ニーチェ，キェルケゴール，シェーラーといった創造的，かつ深遠な哲学者たちを基準にとって測ろうとなさっていますが，それは間違いです。そうしてはいけないというのではありませんが——その場合には「私ことハイデガーは哲学者ではない」と言うべきです。私には彼らとほんの少しでも比較できるようなことをしているつもりはないのです。そのようなことははじめから私の目的ではありません。

　私は単に，私がそうしなければならない，そうすることが必要だと思うことを，私にできる仕方でしているだけです。哲学における私の仕事を粉飾して，「今日一般」の文化的な課題に応じようなどという気はありません。私にはキェルケゴールのような傾向はないのです。

　私は具体的・事実的に，私の「我在り（Ich bin）」から仕事をしています——

> つまり私の精神的な，総じて事実的な由来から――環境から――生の連関から，またそれによって私が生きる生きた経験として私に接しうるようになるものから，仕事をしているのです。この事実性は実存的な事実性であって，ただ「やみくもに現存在する〔blindes Dasein〕」ということとは違います。そうではなく，実存のうちに織り込みずみのこととして，つまり私が生きていることとして「我在るべし」ということがあるのです（人々はこれについて語ろうとしませんが）。このような，かくあるという**事実性**，つまり歴史的なものとともに，実存することはその峻厳さを増すのです。つまり，私は私の事実性に基づく諸々の内的な義務を生きており，しかもその徹底性は，私がそれらの義務をどのように理解するかに左右されるのです――このような私の事実性には――手短に言いますが――私は「キリスト教の神‐学者である，ということが含まれています。そこには特定の，徹底的な自己への心遣いがあり，特定の，徹底的な学問性があります――**事実性のうちにこそ厳密な対象性があるのです**。また，そこには「精神史的な」歴史意識があります――さらに，私が以上に述べたような者であるのは，大学という生の連関においてです。
>
> 「哲学すること」が大学と結びつくのは，ただ事実的・実存的にそうであるまでのことです。要するに私は，哲学がそこにしかありえないなどと言うつもりはないのです。むしろ，哲学することにとっては，まさにそれが実存的にもつ根本的な意味からして，大学にそれ自身の遂行の事実性があり，したがってその限界や制限もある，と言いたいだけなのです。
>
> もちろん，大学からは「偉大な哲学者」，創造的な哲学者は輩出しないというわけではないでしょうし，〔逆に〕大学において哲学することがえせ学問以外の何ものでもない，哲学でも学問でもないといったこともあるでしょう。その場合，大学哲学とはどのようなものであるかを証示できるのは，ひとえに証示する人自身の生を通じてのみであります。(1921年8月19日付，カール・レーヴィット宛の手紙)

したがって，生という現象は基本的に自己充足的であるが，不透明で一様な面をわれわれへと向けるのではない。生には「起伏」があり，非常に多様な告知形態（Bekundungsgestalten）がある。事実的生は，全く不透明で接近不可能だというわけではない。反対に，全ての生は「様々な理解可能性と直接的な接近可能性の蓄え（ein Fonds von Verständlichkeiten und unmittelbaren Zugänglichkeiten）」を含んでいるのである（GA 58, 39）。

この曇った状態の中でわれわれが明晰に見ることを助けること，まさしくそれが哲学の課題である。そのためには特有の解釈作業が必要であり，すなわち解釈学的な努力が求められる。生の現象の解明はカテゴリーによって行われる。

先に思弁的文法学という形で出会ったカテゴリーの問題に，またしても遭遇するわけである。しかし，生の現象自体は多様な意味をまとっているので，それを問題にするにはカテゴリーの地位を明確にすることが重要である。それはけっして形式的なものではないし，単に記述的なものでもない。生のカテゴリーは解釈的であり，生自体の中に埋もれた理解可能性を展望するという意味では，展望的と言ってもよいようなものである。言い換えれば，それは解釈学的なカテゴリーである。それぞれのカテゴリーは「解釈的に働くのであって，そのようなものでしかありえない。しかもそれが解釈するのは，実存的な気がかりの内で掌握された事実的生である」(GA 61, 86-87)。

　この言い方は，今問題にしている時期のハイデガーの哲学作業を支配している「事実性の解釈学」の秘密をわれわれに明かしてくれる⁽⁴¹⁾。「カテゴリー」という術語の新たな定義に目を留めておこう。それは，カテゴリーとは，「その意味からして，ある現象を一つの意味方向において一定の仕方で原理的に解釈し，現象を解釈されたものとして理解させるものである」(GA 61, 86)，というものである。この意味で，生の現象学のカテゴリーは全て解釈学的である。それらは解釈するものであり，事実的生を解釈へと服させるのである。ここにおいて，ハイデガーの現象学的眼差しとフッサールのそれとの距離を測ることができる。ハイデガーは，フッサールの眼で物を見ることを宣言したその瞬間に，別の眼差しを発明するのである。それは「解釈学的現象学」という眼差しであり，それによって，彼はフッサールとは別の現象を見ることができるようになる。特に重要なのは事実性という現象である。フッサールはこれを不透明で盲目的なものと見なして，純粋意識と対立させたのである。

　解釈という術語は，ここでははっきりと反省に対立させられている。自己化の根本形式としての生の自己理解は，自己についての反省というあり方をとらないのである。こう言うだけではまだ十分ではない。というのも，解釈的カテゴリーにしても，解釈の一般理論という形で外側から生に貼りつけられるものと見なされかねないからである。だが実際には，それは生そのものに起源をもっている。解釈的カテゴリーは「生それ自身のただ中で生きる」(GA 61, 88)のである。

　どうすれば生を裏切らずに生の運動を記述できるか，これが生の哲学のアポリアであるが，このアポリアは解釈の作業によってのみ解決できる。1923年に，ハイデガーはこの難点をパスカルの『パンセ』の一節を引いて描きだして

いる。「全てが同様に動いている時には，船の中にいる場合のように，外見上は何も動いていないように見える。誰もが放縦へと向かっているときは，誰もそうしていないように見える。誰かが立ち止まる〔強調はグレーシュ〕と，その人が固定点となって，他の人々の激昂が認められるのである*4」。この一節を注釈しながら，ハイデガーは，生と本性を同じくする激昂〔動性〕に参与すると，それだけでカテゴリーによる解釈としての理解の作業ができなくなってしまうことを明らかにしている。生の存在意味である事実性を即座に裏切ることにならないような生に対する態度を見出すこと，これが問題なのである（GA 63, 109）。

このような態度が「解釈学的」な態度である。ただし，その場合には新しい解釈学の概念が必要になる。それは，とりわけディルタイが重視した認識論的なアプローチと縁を切った解釈学でなければならない。ハイデガーにとって，解釈学は「解釈の一般理論」といった理論的な学問分野ではなく，事実性そのものに内在する次元（GA 63, 15）なのである。すなわち，「理解」とは事実的生に内属する次元であって，認識のふるまいではない。だからこそ，ハイデガーは他者理解という当時ひんぱんに——とくにエディット・シュタイン，シェーラー，ディルタイによって——議論されていた問題に背を向けるのである。理解は他なるもの——他者も含めて——へと向かうものではなく，現存在自身の存在様式である。したがって，解釈学は，自分自身の想念や他者の想念に探りを入れようとするわざとらしい好奇心とは何の関係もない。それはただ現存在を自己自身へと目覚めさせる（「現存在が自己自身に対して**目覚めていること**（*Wachsein des Dasein für sich selbst*）」（GA 63, 15））のために活用されるのである。

この点で解釈学はその「対象」から切り離せないのであるから，それは学問ではありえない。事実的にも時間的にも，解釈学は諸々の学問の始動以前にある（GA 63, 15）。まさにそれゆえに，解釈学が依拠しうる「明証」は根本的に脆いものであって，形相的な「明証」や「直観」に帰することはけっしてない（GA 63, 16）。実際，現存在が自己を探究するものであり，自己自身への途上にある以上，解釈の対象はまさしく現存在自身である（GA 63, 17）。道を進むとは，根源的な問いを自らに対して立てることであり，この問いかけは根絶できない落ち着きなさと不安（「**存在的な問題性**（*Fraglichkeit*）」（GA 63, 17））の中に映しだされるのである。

c）環境世界，共世界，自己世界——「生活世界」の三つの相貌

　事実性の解釈学は「生活世界」を問題にする。だが，生活世界の構造を一枚岩的に考えることはできない。なぜなら，生活世界は連関意味，内容意味，遂行意味という三つの志向的次元の印を帯びているだけでなく，三つの「世界」とさえ言えるほどに異なった三つの「相貌」を提示するからである。こうしてハイデガーは，三つの異なった「世界」を区別しなければならなくなる。すなわち，「自己世界（*Selbstwelt*）」，「共世界（*Mitwelt*）」「環境世界（*Umwelt*）」である (*GA* 61, 94)。

　この現象学的「三世界」論の最大の特徴は，それぞれの世界の地位が同じではないことである。なかでも特別な地位を占めるのが「自己世界」であって，全ては自己世界を極点としてそこに「集約」される。それはけっして自我が何らかの特権性をもっているからではない。ハイデガーによれば，生が特有の仕方で「自己」に集約されることを必要とするのは，反対に自己が不安定性によって構成されているからである。三つの世界の関係は，以下のように図解することができる。

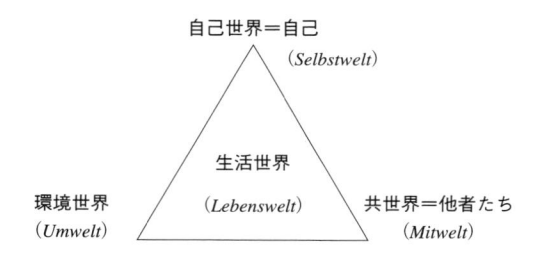

```
                自己世界＝自己
                  (Selbstwelt)
                     /\
                    /  \
                   /    \
                  / 生活世界 \
                 / (Lebenswelt) \
                /_____\
     環境世界                    共世界＝他者たち
     (Umwelt)                    (Mitwelt)
```

　自己世界がこのように特別な地位を占めているのはなぜであろうか。たいていの場合，生の現象に固有の有意義性は明示されていない。われわれ自身の生の有意義性は，それが問いに付される時にはじめて明示される。それが起こるのは，われわれが本気で「自分の生の意味」の問いに立ちむかう時である。その時に世界と結ぶ独特の関係が「自己世界」である。この概念が解釈学的な地位をもつことを認めねばならない。自己理解と自己解釈が問題なのである。「自己世界」を自我や内的世界と混同してはならない (*GA* 61, 94)。「自己世界における生と気遣いは自己反省（*Selbstreflexion*）ではなく，自己反省に基づくものではない」(*GA* 61, 95)。重要であるのは，ここで「我」が「自己自身」

という再帰的な形で導入されてくることである。それは，リクールが「自己の解釈学」を輪郭づけた著作『他者としての自己自身』で行っているのと同じ事であり，フーコーの『自己への配慮』をも想起させる。ハイデガー自身はそのような言い方はしないが，この点を鑑みて，ハイデガーの試みを「真の意味での〈自己の解釈学〉」と形容することもできる。実際，ハイデガーの解釈学の構想の中では，ディルタイの自己省察（Selbstbesinnung）という概念が中心的な地位を占めていると思われる（GA 58, 56）。ハイデガーが「自己世界」を記述するにあたって，ディルタイのこの概念が決定的な役割を果たしているのである。

　だが，ここであらためて問わねばならないのは，この自己世界は厳密に言ってどのような条件の下で露わにされうるのか，ということである。この問いもまた解釈学的な問いである。ここでもハイデガーの答えはディルタイの答えとそれほど異ならない。すなわち，〔自己世界の条件となる〕この次元をわれわれが探査できたのはキリスト教のおかげだと言うのである。「事実的生と生活世界が自己世界と内的経験の世界に重心を置くようになるこの注目すべき過程に関するもっとも深い歴史的枠組は，キリスト教の成立においてわれわれに与えられるものである」（GA 58, 61）というのが，『現象学の根本問題』以来のハイデガーの主張である。それゆえ，「自己への気遣い」や「自己世界」といった概念に内容を与えようとすると，原始キリスト教の経験に頼らざるをえないことが明らかになる。それが1920／21年度の宗教現象学に関する講義の主な狙いであった。そこでは，パウロの『ガラテヤ人への手紙』と『テサロニケ人への手紙』が事実的生の経験に関する範例的な証言としてとりあげられる。ハイデガーは，キリスト教の歴史を二つの傾向性の間の緊張として解釈する。すなわち，一方には「知」や「観想」への憧憬があり，他方にはキリストの出来事に根ざす事実的生の強調がある。その場合，ルター，アウグスティヌス，キェルケゴールが，キリスト教的な事実性の経験に立ち戻る動きを証する主要な思想家として呼びだされる（GA 58, 205）。この観点から「知解スルタメニ信ジル（crede ut intelligas）」というアウグスティヌスの言葉を読みなおせば，それは「自らの自己を生き生きとした仕方で生きよ」という誘いとして解される[43]（GA 58, 62）。とはいえ，現象学は宗教学や神学にはならないのであって，「自己世界」へと凝集するこの運動そのものと一体化することしかできない。「〔原始キリスト教は〕古代の学問，とくにアリストテレスの学問に抗する大転

回であったが，後の1000年間は，古代の学問が再び勝利をおさめ，アリストテレスは公式のキリスト教の哲学者になりさえした。そのようにして，内的経験と生に対する新たな態度は，古代の学問の表現形式の中に封じこめられたのである。この過程は，今日でもなお深い混乱と影響を残しているが，現象学の最内奥の傾向の一つは，この混乱と影響から自由になろうとすること，そこから徹底的に自由になろうとすることである」(GA 58, 61)。

第5節　存在論的問題設定の素描——「我在り」の「存在意味」

　以上述べたことによって，存在論の地位はますます謎めいたものになるばかりである。ここまで見てきたどの点をとっても，ハイデガーが出来上がった存在論をすでに手に入れていたとはいえない。この時期にハイデガーはアリストテレスへと関心を向けていたが，それはまずもってその実践哲学，すなわち『弁論術』と『ニコマコス倫理学』への関心であった。事実性の解釈学のプログラムを提示する1922年のナトルプ報告を読んでも，その点については疑いの余地がない(44)。もう一歩踏みこんでこう言うべきかもしれない。ハイデガーは存在という古典的な問題以外にもあらゆる問題に関心を寄せていたばかりでなく，彼が存在論や超越論的哲学の道を進むことを拒否するということも十分ありえたのだ，と。どうして存在論や超越論的哲学へと進むことをためらうのか。それを示しているのが，『現象学の根本問題』の次の一節である。「生の根源的探究としての哲学は，自らの認識の意味を自己自身から規定する。この哲学は《体系》を拒否し，全体を最終的に諸々の領域へと区分することを拒否する。だが，この哲学によれば，生は不透明な混沌でもない。反対に，生は有意義的なものとして，具体的に自己を表現するものとして理解される。哲学は生のどの点からでも出発でき，根源-理解（Ursprung-Verstehen）の方法を生に適用することができる。この哲学には《超越論的な導きの糸》も《存在論》も必要ではないのである（実際，《存在論》とは対象化する個々の学問の成果の最高の到達点でしかない。存在論とそれに《相関する》意識の探究は，真の意味では一つにならないのである）。」(GA 58, 239-240)

　「存在論」という術語は，ようやく1923年の夏学期になって，ほとんど偶然のようにして講義題目に登場したものである。ハイデガーは突然次のように言う。この術語が自分にとって意味するのは，スコラ哲学，「現象学的スコラ学」，アカデミズムのアリストテレス主義の諸潮流の場合のように，すでに出来上が

った一分野ではなく，せいぜいのところ単なる課題であると。それは一つの探究方向であって，その真の内容は「事実性の解釈学」という名が示しているのである。さらに存在論という術語には，カントやルターに反対する「標語」として出てきたものではないか，「哲学そのものに対する奴隷蜂起へと誘うもの」(GA 63, 1) ではないか，という嫌疑がかけられざるをえない。だが，そうした全ての留保から切り離される積極的な確信が一つだけある。それは，現象学によってのみ，存在論はあるべき最良の姿，すなわち真なる探究に立ち戻るのだという確信である。現象学は自らの約束を守らねばならない。そのためには，あらゆる問題系を導く決定的な存在意味を汲みだせるような「存在領域」を確定することが求められるのである (GA 63, 2)。

　こう言えば，フライブルク時代の最後においては，存在論はハイデガーにとってせいぜい単なる「約束の地」でしかなかったかのような印象を与えるかもしれない。だが，すでに1919年から「存在の意味 (Seinssinn)」という確固としたモチーフが登場していることに注意すべきである。ハイデガーの考えでは，このモチーフによって，原理という概念のもつ哲学固有の意味が規定される。「存在，存在の意味とは，あらゆる存在者にとって哲学的な原理となるものである」(GA 61, 58)。この規定を介して，哲学は「存在論的現象学」(GA 61, 60) という本質的な地位を獲得する。「存在の意味」という概念をどう理解すべきであろうか。それは「遂行意味」として，実現することによってのみ理解される意味として捉えられるべきである。その実現の場所が人間の事実的自己であり，この自己に自己を我が物にせよという課題が与えられるのである (GA 9, 35)。問われるべきは「我在り」の「存在の意味」である。それは「カール・ヤスパース『世界観の心理学』に関する論評」で次のように言われる通りである。「《実存》とは，何かによって規定されているということである。実存を領域的に特徴づけようとする限りは，最終的には本来これは実存の意味を歪める脱線であることが明らかにされるとしても，実存は存在の規定された様態として，本質的に《(我) 在り》の《在る》の意味《である》ような規定された意味での《在る》として考えることができる。それは，理論的な指向によって (im theoretischen Meinen) 捉えられた意味での《在る》ではなく，《我》の存在の存在様態である《(我) 在り (bin)》の遂行によって本来的な形をとるものである。このように解された自己の存在を形式的に告示すると，実存ということになる。こうして，自己 (我) の規定された様態としての実存の意味

をどこから手に入れればよいかが示される。それゆえ決定的なのは，私は自分をもつことによって存在するということ，すなわち，私が自己として自分自身に出会うという根本経験である。この経験の内で生きることによって，私は自らの意味に呼応しつつ，自らの《我在り》の意味へと問いを向けることができるのである。」(GA 9, 29)

この場合，マリオンにならって，最初期のハイデガーの存在論研究がまず対話者としたのはデカルトだったのではないか，と問うことができる。ハイデガーはその思索の道の最初からデカルトの決定的な重要性を見てとっており，その後の『存在と時間』までの諸論考からもそれを確認できるということ，それゆえデカルトに対するハイデガーの態度は奇妙な「模倣的敵対」と言えること，これがマリオンのテーゼであるが，私もこのテーゼに全く賛成である。マリオンは，非常に繊細なやり方で，ハイデガーのデカルトに対する論争には現象学的な賭け金が含まれていることを明らかにした。実際，ハイデガーにとって，デカルトに対する論争は結局のところフッサールとの論争であった。ちょうどこの時期に，フッサールはフライブルクで『第一哲学』を講じており，この講義ではデカルトが中心的な地位を占めていたのである。こうして，事実性の解釈学と一体化した初期の存在論研究は，デカルト的な「我思う，ゆえに我在り」の解釈学という姿をとることになった。ただしデカルト（そしてフッサール）には，「我（ego）」のみに注意を向けて「我在り」の「存在意味」を取り逃がしたのではないかという嫌疑がかけられたのである。

第三章　1923-1928年──マールブルク，存在論の開始

　第三の時期は，すでに述べたように，ハイデガーの住む場所と地位の新たな変化に対応している。ナトルプの仲介のおかげで，ハイデガーは，新カント派を生んだマールブルク大学の員外教授になったのである。それまではさまざまな問いと問題の作業場でしかなかったものが，この時から著作の計画へと転じられた。1923年の夏に，ハイデガーは『存在と時間』の執筆を開始したのである。著作は1926年4月8日に，シュヴァルツヴァルトのトートナウベルクの山小屋で完成した。これは1922年にハイデガーが自分で建てた小さな山小屋で，『存在と時間』にもっとも直接結びついている場所である（ここには

『存在と時間』の「山小屋手沢本（*Hüttenexemplar*）」が展示されている。これはハイデガー自身の私家版であり，欄外にさまざまな注記が書きこまれている。それらの注記は，今では全集版の『存在と時間』（*GA* 2）に収録されている）。

　この時期のハイデガーもきわめて多産的であった（フーゴ・オットの想定とは反対に，この時期はけっしてハイデガーの知的伝記の「幕間劇」にすぎないものではない）。私としては，『存在と時間』の解釈に直接関わる二つの主題を心に留めておきたい。

　1／まずは，フッサール現象学に対する関係である。マールブルクでの諸講義は，ハイデガーが今やまぎれもない現象学者になったことを示している。だが同時に，ハイデガーがフッサールの現象学概念から遠ざかっていくことを示す兆候がますます多くなってくる。これは偽装した父殺しであろうか。この問いに対する答えを1925年の夏学期の講義〔『時間概念の歴史への序説』〕に求めてみよう。そこではハイデガー自身の現象学概念が長々と展開されている。これは『存在と時間』の基礎となる現象学概念であると想定すべきである。

　2／次いで，存在論が明示的な仕方で導入されたことである。存在の意味への問いを軸とする存在論的問題を練り上げるための努力が始まったのである。フライブルク時代には研究の漠たる地平でしかなかったものが，今やハイデガーの主要な関心事となった。さらに正確にいえば，数多の存在論的問いの中でもハイデガーはある特定の問いを重要視した。それは存在論と時間性の関係である。この問題をプログラム的に定式化する最初の試みは，公開講演「時間の概念」(50)の中に見出される。これは1924年の夏にマールブルクの神学者たちの前で行われた講演である。もちろん，今述べた二つの主題——現象学の大義と存在論の問題——とは別々のものではないか，と問うてみることも必要であろう。だが，実際にはこの二つは分離不可能な仕方で統一をなしている。われわれはまもなくそのことを理解するであろう。

コラム⑥　思索者の場所

　南シュヴァルツヴァルトの山あいのとある広い谷間，その急斜面の高度1150メートルの地点に小さなスキー小屋がある。幅は6メートルから7メートル位で，低い屋根が三つの部屋を覆っている。居間兼台所，寝室，狭い書斎である。狭い谷底には点々と，反対側の急斜面には幅広くあちこちに，庇の張り出した大きな屋根の農家が散らばっている。斜面の上のほうには草地と牧場が広がり，年ふり

> た背の高い，黒味がかった樅の木の森へと伸びている。全てのものの上には明るい夏の空があり，その光り輝く空間を二羽のオオタカが大きく弧を描いて舞い上がっていく。
>
> 　これが私の仕事世界，訪問者や避暑に来た者の観察する目から見られた限りでの私の仕事世界である。私自身は，本当は景色を観察したりなどしない。季節の大きな移り行きの中で，私は刻一刻と，日ごと夜ごとにこの景色が変化していくのを経験する。山々の重み，原成岩の硬さ，樅の木の悠々たる生長，花咲く牧場の輝かしい簡素な美しさ，秋の夜長の谷川のせせらぎ，雪に覆われた平野の厳しい単調さ——そういったもの全てが，それらの上での日々の現存在を通して，ゆっくりと動き，ひしめき合い，揺れ動く。
>
> 　それはまた，わざわざ享楽に没頭したり芸術に感情移入したりするような瞬間においてではなく，私自身の現存在が自らの仕事の内にある時にのみ起こることである。仕事によってはじめて，この山という現実にとっての空間が開かれる。仕事の行程は，つねにこの景観の生起に埋め込まれたままである。
>
> 　冬の深夜，荒々しい吹雪が突風とともに小屋の周りを荒れ狂い，全てを覆い隠していく。この時こそが哲学の大いなる時である。その時には，哲学の問いかけは単純で本質的にならねばならない。思考を徹底的に彫琢していくということは，いつでもつらく厳しいものであらざるをえない。言葉を刻み出すことの労苦は，そびえ立つ樅の木が嵐に抗うのに似ている。
>
> 　また，哲学の仕事は，変わり者の偏頗な営みとしてなされるものではない。哲学の仕事は，まさに農夫の仕事のただ中に属している。若い農夫が重いツノ型の橇を斜面に沿って引き上げ，ブナの薪を高く積み込んで，危なっかしく滑走しながら自分の家へと運んでいく時，あるいは牛飼いがゆっくりと，物思いにふけるような足取りで家畜を斜面の上方へと追いたてる時，また農夫が部屋で屋根を葺くために無数のこけら板を入念に準備する時，私の仕事はそれらと同じような仕事である。そうであってこそ，直接的に農夫に属していると言えるのである。
> （『なぜ私は田舎にとどまるのか』，初出は週刊誌『アレマン人（*Der Allemanne*）』，1934年3月7日号）（*GA* 13, 9–10）

〔1〕ハイデガーによる現象学の解釈

　現象学への全般的な入門として，ハイデガーの1925年夏学期講義よりも優れたものはおそらくないであろう。このテキストを導きとして，『存在と時間』の基礎にあるはずの現象学概念を確定してみよう。突破（*Durchbruch* / percée）と怠り（*Versäumnis* / ratage）という二つの術語に注目すべきである。この二つ

の語は，1920年代半ば——『存在と時間』の執筆時期——に現象学が占めていた位置をハイデガーがどう解釈しているかを明示している。

A. 現象学による突破

まずハイデガーは，現象学の歴史をブレンターノからフッサールへと至る思想運動による「第一の突破」として呈示する。ブレンターノの教授資格申請論文は『アリストテレスによる存在者の多義性について』であったが，彼には『経験的立場からの心理学』（1874）という著作もある。そこでは，自然主義的心理学の記述方法を「経験的」アプローチによって補完する必要があると主張されている。自然主義的心理学は心的状態を生理学的基盤との関係で説明するが，それを心的現象の分類的記述によって補完すべきだというのである。心的なものに固有の自然本性について十全なる観念を得る時にのみ，心的現象の「自然な」（すなわち心的なものの本性自体に適合した）分類を提示することができる。後になると，このような記述的心理学の要求に合致するような哲学者や心理学者も出てくるであろう。ウィリアム・ジェイムズ，ベルクソン，ディルタイといった人々である。

心的現象に固有の本性を規定するために，ブレンターノはスコラ哲学から志向性（*intentio*）という術語を借りてくる。どんな心的作用でも対象への指向を含んでおり，ある対象へと向かうものである。もちろん，この「指向」のあり方はどのような作用が問題となるかによって異なる。意志の対象が指向される仕方は，欲望の曖昧な対象の場合とは異なるし，また判断作用によって指向される認知の対象の場合とも異なる。それゆえブレンターノは，心的作用の種類に対応して志向性を三つの基本様態に区別する。すなわち，判断，表象，関心（感情の動きのことで愛とも呼ばれる）にそれぞれ対応する三種類の志向性を認めるのである。この三種類の作用のうちで，表象にある種の優位が認められる。すべての心的現象は表象の内に存するか，あるいは表象に基づくかのどちらかである。これがブレンターノの中心的な主張の一つである。したがって，表象は心的生活の中で基本的な役割を演じている。「まず最初に表象されるのでなければ，何物も判断されたり，欲望されたり，望まれたり恐れられたりすることはありえないであろう」。

フッサールは，最初は数学を勉強していたが，1884年から86年の間にブレンターノの講義を受けて哲学へと転じた。彼はブレンターノの記述的心理学を

とり入れて，論理学と認識論の基礎づけのために用いた。論理学の基礎づけに関する研究は，1900年から1901年にかけて『論理学研究』という題名で出版された。この大作について，ハイデガーは「現象学研究の最初の突破」と評し（この評価はフッサールの自己解釈と完全に一致している），この著作は，その内面的発生史が「絶えざる絶望」の歴史であるとはいえ，「現象学の基本書 (*das Grundbuch der Phänomenologie*)」(GA 20, 30) と見なされるべきだと述べている。ハイデガー以前にも，すでにディルタイがこの著作の根本的な重要性を認めて，カントの『純粋理性批判』の後継者の名に値する唯一の書物だと述べている。逆説的なことに，論理学と認識論の難解な問題しか扱っていないように見えるこの著作を，ディルタイは，「生それ自身の基礎学」として記述的心理学を立てようとする彼自身の計画を実現するものと見なしたのである。新カント派の哲学者たちによる受容は，はるかに冷ややかなものであった。彼らにとって，この著作は自分たちがすでに発見したと考えている事柄——論理学を心理的なものに還元することは不可能だということ（心理主義批判）——を確証するものでしかなかったのである。

　それゆえ，『論理学研究』を突破の書と見なすという評価は自然に出てくるものではなかった。この突破の本性を明確化することが不可欠である。ハイデガーによれば，突破を探し求めるべき箇所は，この著作の第一巻ではなく第二巻の方である。第二巻は「表現と意義」と題された第一研究から始まって，意識を志向性によって規定する第五研究と，明証性とカテゴリー的直観を主題とする第六研究で終わっている。実際，現象学による突破を解釈するハイデガーの議論は，ほとんど全て第二巻の第五研究と第六研究に基づいているのである。まさしくそこにおいて，ハイデガーにとって現象学の基礎となると思われる三つの発見が登場する。その三つとは，志向性，カテゴリー的直観，アプリオリである。

第1節　志向性

　まずは驚くことから始めなければならない。一体いかなる意味で，志向性の発見をフッサールに帰することができるのであろうか。周知の通り，「ブレンターノを通してフッサールは志向性を見てとることを学んだ」(GA 20, 35) のであり，ブレンターノ自身，アリストテレスとスコラ哲学者たちからこの概念を受容したことを認めている。そうした古い起源のゆえに，新カント派は志向

性の概念に疑いのまなざしを向けた。すなわち、この概念は無批判的な直接性を表すもので、真の批判的思考には相応しくないと見なされた。まさにそれが躓きの石となって、彼らは現象学を拒絶したのである。

　現象学はブレンターノの志向性概念にいかなる新たな要素をもたらしたのであろうか。その点を見てみよう。『論理学研究』第2巻の第五研究「志向的体験とその《内容》について」で、フッサールは現象学固有の志向性概念を提示している(51)。これは以後のフッサール思想の全展開にとって基礎となるものである。ここでフッサールは、意識という語に関して三つの基本的意味を区別している。すなわち、1／同一の生の流れであるという統一性（時間的連続性）、2／「生きた自己性」の中で捉えられる自己自身の諸体験の内的覚知（内的知覚に固有の明証性）、3／志向的体験である限りにおける心的体験の全体、である。現象学的な見地で意識の定義となるのは三番目の規定である。この規定は同語反復ではない。というのも、どんな体験でも志向的でない要素を含んでいるからである。こうして志向性は、志向的でない「質料」（知覚のレベルでは感覚所与、感情的体験の場合には感性的感情（*sinnliche Gefühle*））にかならず付加される「形相」として現れるのである。(52)

　「あらゆる現在のコギトの本質には、一般に何ものかについての意識であるということが属している」とフッサールは言うが(53)、この言明の意味を理解するためには、まず現象学的に「見る」ことを始めなければならない。ブレンターノもすでに認めていた「……へと向かう」が、いかなる意味で、心的作用そのものの内的構造、すなわち（心的）作用と（物理的）対象の外的関係ではなく「意識による対象の包含」となるのかということ、それを理解することが肝要である(54)。したがって、一方で「愛」と呼ばれる心的体験があり、他方でそれを引きつける外的「対象」があって、後者が前者に引きつけられることで主観的意味を得るということではない。愛が愛であるためには、体験としてすでに志向的構造をもち、可能的あるいは現実的な愛の対象に向かうということから自らの意味を引きだしてくるのでなければなるまい。知覚作用の場合も事情は同じである。一方に「外的」な物理的事物があり、他方で後からそれに関わる「内的」な心理過程があるということではないのである。

　そのような間違った考えは、知覚作用を単なる「観察」と見なすところから出てくる。実際には、知覚する者はただの観察者としてふるまうのではない。知覚と観察は異なる作用であって、その二つを混同してはならない。「自然的

知覚とは，私が自らの世界の内で動いている時にそこで生きているような知覚であって，たいていの場合，事物に関する独立した観察や研究ではなく，事象との具体的で実践的な交渉において現れるものである。それは独立したものではない。私は知覚するために知覚するのではなく，自らを方向づけ，道を開き，何か作業をするために知覚するのである。これは全く自然的な観察であって，その中でたえず私は生きているのである」(GA 20, 37 f)。作用はふるまいと，ウィトゲンシュタインならば「生の形式」と呼ぶものと不可分だということを心に留めておこう。後に分かるように，これは『存在と時間』の諸分析にとって重要な事柄となるのである。

さしあたっては，知覚の自然的な体験には，心的過程と客観的な物理的現象を外的に比較する余地は全くないことを銘記しておこう。だが，デカルトから新カント派まで，批判的思考はつねにそのような分離に基づいて働いてきた。それはなぜかといえば，批判的思考は，間違った知覚，錯覚，幻覚等，今ここにないものの現存を信じさせるような事象に文字通りとり憑かれていたからである。ハイデガーはけっして幻覚の可能性を否定するわけではない。だが，幻覚が可能だからといって問題の現象学的与件に変更が加えられるわけではない。幻覚の中の車も現実の車と同様に志向的対象なのである (GA 20, 40)。実際この点が大事である。知覚が現実に事物に「遭遇」しようが，この遭遇が（幻覚の場合のように）失敗しようが，遭遇の条件を規定するのは志向性である。問題となっている作用は，必然的かつ構造的に志向的構造をもっているのである。

表象作用についても同じことがいえる。リッカートは志向的構造をもつのは判断作用だけだと考えるが，そうではなく，「表象作用自体，〈自らを……へと向けること〉である」(GA 20, 43)。それゆえ，表象を単なる心的内容と一緒にすることはできない。表象は志向的作用に根をもつのであり，志向的作用の固有性から自らの意味を引き出してくる。この意味で，表象とは認識過程において一つの役割を果たすものなのであって (GA 20, 45)，認識全体を判断作用へと還元することはもはやできないのである。

これまでの議論で行ってきたのは，もっぱら志向性の誤った概念を斥けるということだけであった。志向性とは心的なものと物理的なものの外的関係ではなく，意識作用の内的構造だというわけである。「生の諸関係は全てそれ自身においてこの構造によって規定されている」(GA 20, 47) ということの意味を理解したいならば，もう一歩進んでこの構造の解明へと踏みこまねばならない。

現象学の最初の発見は「志向性とは体験の構造であって事後的な関係ではない」(*GA* 20, 47-48) ということであるが，そこから作用 (*acte*) という概念の現象学固有の意味が帰結する。この概念は，静態的な構造に対して動態的な構造を重視するような「作用主義」とは何の関係もないし，また潜勢態と対になる古代の概念である現勢態〔フランス語ではこれも acte という〕とも関係ない。ここでいう作用とは単に「志向的関係」(*GA* 20, 47) の類義語なのである。

では，知覚作用を基礎にして，志向性というこの基本構造をもっと正確に検討してみよう。厳密にいって，この作用は何へと向かうのであろうか。ここでもう一度，われわれの環境世界の部分をなしている事物の自然的な知覚をとりあげるべきである。最初にハイデガーが注意するのは，環境世界の一部としての事物 (*Umweltding*) を導きとするか，それとも事物を自然の事物 (*Naturding*) と見なすかによって，この知覚は二つの異なる方向をとりうるということである。これが人為的な区別ではないことは言語表現からも証明される。誰かに贈る「花」は，花屋で買おうが庭で手ずから摘もうが，植物界の部分をなす「植物」とは別の意味をもつ。「あなたに花を贈ります」と「あなたに植物を贈ります」という二つの文は同時に言えないものである。このようにして，同じ対象を異なる二つの述語系によって記述することができる。環境世界事物としての椅子は，快適であったりなかったり，持ち運ぶ際に軽かったり重かったりするが，自然事物としての椅子は，これこれの重量，これこれの寸法等々をもつものなのである。

環境世界事物の記述は素朴に「主観的」であり，自然事物の記述は「客観的」で批判的なものだと言われるかもしれない。だが，まさしくここで，現象学は素朴であることへの権利を要求する。「こうした学的記述に対して，もちろん私は素朴さ，純粋な素朴さを欲するのである」(*GA* 20, 51)。この素朴さの外に出ると何も見えなくなってしまう。さらにいえば，現象をそれが自らを与える通りに受けとる眼差しに比べれば，説明的な理論は，どんなに強力なものでも全て盲目なのである。最後に問われてくるのは，この現象学的な眼差しがどれほどの広がりをもつかであろう。後にカテゴリー的直観を問題にする際に，このことがあらためて問われるであろう。今のところは，この「単純に見ること (*schlichtes Sehen*)」の中には，認識論者や心理学者たちが作りあげた知覚論が受け入れる以上のことが含まれていることを認めておくだけでよい。

最後に志向性の第三の局面——これがもっとも重要である——を規定しなければならない。知覚された椅子と表象された椅子は，対象は同じであるのに「同じ事物」ではない。この違いをどう特徴づければよいのか。それは各々の志向性のレベルで問題になる違いである。知覚の特徴となる際立った性格は，椅子と「有体的」に出会うということである。知覚は「事物そのもの」をそれ自身の有体性（*Leibhaftigkeit*）において現出させる。事物が与えられる様態は志向的作用のカテゴリーの数だけあるのであって，われわれはそれらの様態を区別しなければならない。一方の極点には，「空虚な指向（*Leermeinen*）」と特徴づけられる諸作用がある。これは「盲目の思考」であって，事物を「見える」ようにすることなく指向する（例えば「ポン゠ヌフ」という表現は〔ポン゠ヌフが見えなくても〕それ自体で意味をもっている）。われわれが通常用いている言葉の大部分はこのような形で働いているが，それは正常なことである。だが，こうした空虚な作用が直観（*Anschauung*）によって満たされることもあり，それによって，われわれは事物を自体所与性（*Selbstgegebenheit*）において，さらには有体性（ポン゠ヌフの実際の姿）あるいは想像（ポン゠ヌフの記憶像）において見ることになる。それゆえ充実作用についても区分けが必要である。すなわち，「それ自身与えられている（*selbst gegeben*）ものは有体的に与えられる必要はないが，逆に，有体的に与えられるものは全てそれ自身与えられる」（*GA* 20, 54）のである。

　事物そのものの知覚は単なる像知覚（*Bildwahrnemung*）とは全く別の志向的構造をもっている。それゆえ，私が実際に見たことのないドロミテスの絵はがきは，私が実際に見たことのある風景を思い出させる絵はがきとは別の意味をもつ。したがって，ある種の心理学理論は知覚された事物は「心の中の絵はがき」のようなものと考えるが，そんなことはありえないだろう。反対に「知覚は像意識と完全に区別して考えられねばならない」（*GA* 20, 57）。志向性の概念だけがこのような区別を可能にするのである。

　「知覚においては知覚されたものは有体的に現に存在している」（*GA* 20, 57）というテーゼが存在論的に重要な意味をもつことは明白である。心理学的にいえば，私にはいつも事物の諸々の面の一つ——フッサールの言い方では諸々の「射影（*Abschattungen*）」の一つ——しか見えていない。それゆえ事物を「すべての面から」知覚することは不可能である。それでも私は，事物をその全体において，事物全体性（*Dingganzheit*）として知覚している。「どのような志向に

もそれ自身の中に充実への傾向があり，それぞれに固有な特定の充実可能性の様態をもっている」(*GA* 20, 59) ということ，それが現象学が根本において賭けている事柄である。

さしあたり，志向作用 (*intentio*)（フッサールのいうノエシス）と志向サレル事物 (*intentum*)（フッサールのいうノエマ）との特殊な結びつきを記憶に留めておこう。ブレンターノは，ノエシスの面は見てとったがノエマの面を見逃した。ハイデガーによれば，このノエシス－ノエマの相関もさらに徹底的な現象学的解釈にかける必要がある (*GA* 20, 62)。それゆえ，志向性を「現象学のスローガン」に，一種の「常套句」にしたいという誘惑に抵抗しなければならない。むしろこの術語は，「それを開示 (*Erschließung*) することで現象学がそれ自身をその可能性において見出すような何ものかを言い表している」(*GA* 20, 63) のである。

第2節　眼差しの拡大――感性的直観からカテゴリー的直観へ

現象学が成し遂げた第二の大発見は「カテゴリー的直観」である。これについての理論は『論理的研究』第2巻の第六研究で素描されている。「直観 (*Anschauung*)」という術語は，当然現象学に固有の意味で受けとらねばならない(55)。それは，死すべき者たちには近づくことのできない高次の知に接近する神秘的な能力でもなければ，ベルクソンの場合のように，議論好きの悟性に対立する能力のことでもない。ここで問題になるのは，「有体的に与えられるものをそれが自らを示すとおりに単純に把握すること」(*GA* 20, 64) に他ならないのである。

経験論は直観を単なる感性的直観に限定するが，原的に与える直観の領野，すなわち直接に見て捉えられる領野は，経験論が認めるよりもずっと広い。それがフッサールの直観主義(56)の全体が根本において賭けている事柄である。フッサールにとって，理論上の構築に陥らずに真の意味で哲学を開始するためには，ただ見られたものに対する従順によって，すなわち直観によって導かれねばならない(57)。ところで，経験論もそれに似た原理を標榜している。経験論もまた「直接的に与える直観」(58)に依拠するのである。では，現象学とは偽装した経験論に過ぎないのであろうか。ここから経験論との論争の重要性が伺えよう。経験論もまた，現象学と同じく「事象そのものへ (*Zu den Sachen selbst*)」(59)とまっすぐに進むのであり，しかもこの「事象そのもの」はどちらの場合もある種

の直観によって捉えられるからである。だが，フッサールによれば，あらゆる先入見から全く自由であろうとする経験論の中核に，一つの根本的な先入見が見てとれるのであって，そこに「経験論的論証の原理的欠陥」がある。その過ちとは，「《事象そのものに帰れ》という根本要求が，経験によって全ての認識を基礎づけよという要求と同一視され，あるいは混同されてしまう⁽⁶⁰⁾」という点である。「経験が事象そのものを与える唯一の作用であると無造作に見なされてしまう⁽⁶¹⁾」こと，そこに経験論が振り払えなかったドグマが存しているのである。

このような経験論の独断に対して，現象学は，原的に与える直観にはいくつもの種類がありうるという可能性に賭ける。経験（自然の事物の経験）はそのうちの一例でしかないのである。それゆえ，経験という狭すぎる概念に代えて，直観というより一般的な概念をもちださねばならない⁽⁶²⁾。このより広い意味の直観に対応するのが，かの有名な現象学の「原理中の原理」である。その基準となる二つの表現を引用することができる。「直接的に《見ること（Sehen）》，単に感性的に経験しつつ見ることだけではなく，どのような種類のものでも原的に与える意識としての見ること一般こそが，全ての理性的主張にとっての究極の正当性の源泉である⁽⁶³⁾」。『イデーンⅠ』の第24節は同じ原理を厳かに言明している。「原的に与える直観はすべからく認識の正当性の源泉である。つまり，われわれに対して直観の内で原的に（いわばその有体性において）提示されるものは全て，それが自ら与える通りに，しかもまたそれがその際自らを与える限界内でのみ，端的に受けとらねばならない⁽⁶⁴⁾」。この「原理中の原理」を支えとして，フッサールは誇らしげにこう宣言することができる。「われわれこそが真の実証主義者である⁽⁶⁵⁾」と。

コラム⑦　一切の認識は直観に奉仕する
　あらゆる認識作用一般が第一次的には直観であり，直観以外の対象へと関係する働きの可能的な様式は，全て直観に奉仕するものだとすれば，そのことは次の意味を含んでいる。すなわち，アプリオリな総合的認識もまた第一次的には直観であり，存在論的な，つまり哲学的な認識もまた，あるいはそれこそが根源的・究極的には直観なのだということである。──ただし，それがどのような意味での直観であるかということこそが，『純粋理性批判』の中心的な問題にほかならないのであるが。
　現代において，現象学的研究の創始者であるフッサールは，カントとは独立に

> この認識一般の，とりわけ哲学的認識の本質的な特徴を再発見した。このように現象学は認識作用の直観性格を根本的に把握したのであるが，まさにこのことに対して現代の哲学は抵抗するのである。しかし，現象学に反対するためにカントをもちだす全ての企ては，『純粋理性批判』の最初の文を読むだけで原理的に躓いてしまうであろう。認識が思考でもあるということは，古代から否定されたことはない。しかし，一切の思考が直観に基づき直観に奉仕しているということ，またどのようにしてそうなのかということは，中心的な問題でありながら，哲学的認識の解釈に際していつも繰り返し滑り落ちてしまっていた。このような理念〔認識の直観性格の理念〕を堅持することこそが，現象学の一つの根本動向である。(GA 25, 83)

現象学的な意味での直観の定義が，最初は空虚に意味していた作用が「有体的」現前によって充実されるということであるならば，感性的直観だけでなく別種の直観も認めなければならない。そこでわれわれは，感性的直観からカテゴリー的直観へと移行することになる。フッサールは『論理的研究』第2巻の第六研究の第2篇でそれを分析している。(66) 直観概念のこのような拡大はすでに第二研究で要請されていたことであるが，第六研究になってはじめて実行される。(67) ハイデガーがその箇所に施している自由な注釈にしたがって，この直観概念の拡大を理解することが肝要である。というのも，フッサール自身も，この「拡大」の「自己告示（Selbstanzeige）」を「現象学の試金石」たらしめるということを望んでいたからである。

ハイデガーもフッサールのこの確信を大筋において追認する。彼もまた，フッサールと同様に，もっとも基層的な知覚作用のレベルでも，われわれはいつもすでに「カテゴリー的作用によって形を与えられた感性」と関わっていることを強調している。その結果，カテゴリー的直観は「もっとも日常的な知覚とあらゆる経験の中へと投入される」（GA 20, 64）のである。したがって，カテゴリー的直観という概念によって，われわれはこの世のものならぬ諸本質からなる背後世界へと逃亡するのではない。

カテゴリー的直観に関するハイデガーの解釈を導く幾本かの道筋を，駆け足で辿り直しておこう。

a) 意義と充実作用

まずは，直観はもっぱら充実作用として規定されるという原則だけを問題に(68)

すべきである。充実作用において、事象そのものが「有体的」に与えられる。だからこそ、フッサールは原的に与える直観という言い方をするのである。「直観は原的に有体的である限りにおいて、存在するもの、事象そのものを与える」(GA 20, 67)。

b) 直観と明証性

フッサールは、直観概念の拡大と同時に、明証性の志向的構造を記述することに成功した。[69] 原的に与える直観の数だけ明証性の型がある。原的に与える直観によって、われわれは「事象」をそれに固有の明証性において、すなわちその「真理」において「見る」ことができるのである。最終的には、述定的真理は全て直観的明証作用に根を下ろさねばならないであろう。というのも、諸作用のヒエラルキーにおいて、意義作用が最低次の階梯をなしているのに対して、直観作用は「充実する直観それ自身がもはや充実されない志向を全く含んでいない」[70] ような最大限の充実へと自ずから向かうものだからである。われわれが明証性という語をもちだすのは、まさしく「究極的な充実が充実されない志向を絶対に含みえない」[71] 場合である。フッサール現象学によって存在の意味への問いを徹底的な仕方で立てることが可能になるかどうかは定かではないとしても、この現象学は、真理に対する判断作用の支配を破ることによって決定的な突破を実現したのであり、それによって、ギリシャ的な真理概念がもっていた広がりを取り戻すことが可能になるのである (GA 20, 73)。

c) 直観と表現——言語の問題

現象学によるカテゴリー的直観への突破には、もう一つの問題が含まれている。この問題は、フッサール現象学の受容において決定的な役割を果たすことになる。それは、直観と表現の関係についての問題、さらに言えば、表現と意味の関係を扱う『論理学研究』第2巻の第一研究とカテゴリー的直観を扱う第六研究との関係をどう規定するか、という問題である。最近の研究で、マリオンは『論理学研究』の可能な二つの読み方を対峙させた。[72] 一つは『声と現象』におけるデリダの読み方である。デリダの解釈は、第一研究の方に重心を置いている。彼にとって、フッサールの主たる功績は、直観的現前に全く依拠しなくても機能する意義特有の志向性を認めたという点にある。その場合、〔第六研究における〕カテゴリー的直観の登場によって勝利を収める直観主義は、

「現前の形而上学」への再転落という様相を呈することになる。あらゆる現前はいつもすでに不在によって裂け目を入れられていること，あらゆる同一性には還元不可能な差異が刻まれており，その差異を表す記号が観念なるものをわれわれに与えるのだということ，こうして「事象そのものはつねに逸せられる」のだということ，そういったことを「現前の形而上学」は認めることができないのである。デリダにとって必要なのは，フッサール自身に反してでも自分のテーゼを頑固に押し通すことである。「直観の不在とは……言説によって容認されるというだけではなく，意義一般の構造によって要求される事柄である」。

　もう一つは，ハイデガーの読み方である。ハイデガーは一貫してカテゴリー的直観を評価しつづける。存在論的な観点からすれば，現象学はまさしくカテゴリー的直観によって決定的な突破を成し遂げたのだと言うのである。なぜなら，「そもそも存在の意味への問いを展開できるためには，その意味を問えるような存在が与えられていなければならなかった」（Q IV, 315；GA 15, 378）からである。

　こうして，意義（言語）と直観（知覚）との間に競合関係のようなものを考えることが可能になる。一体，意義の自律のテーゼ（デリダ）と直観の拡張のテーゼ（フッサール／ハイデガー）はどのようにして調停できるのであろうか。マリオンによれば，解決の原理となるのは贈与という観念にほかならない。「贈与は直観と意義の両方に先行する」ことを認めれば，直観の拡大と意義の自律は二者択一の事柄ではなくなる。「直観よりもさらに〈拡張〉され，意義よりもさらに自律的なものである贈与は，それ自身を通して現象を与える。なぜなら，事象を有体的に与えることは徹頭徹尾贈与に帰される働きだからである」。

　以上，マリオンの『還元と贈与』の中心テーゼに少し立ち寄ってみたが，それが注意を喚起しているのは，直観と意義の関係という問題である。贈与の原理を直接引き合いに出さないにしても，ハイデガーもまたこの問題を見てとっており，まさしくカテゴリー的直観の概念の中に解決の原理を求めていた。実際，ハイデガーにとって，現象学の主要な功績とは，言語的命題がそれ自身意義作用であることを発見したことであった（GA 20, 74）。したがって，言語以前の単純な知覚と言語表現の領野を対立させることはできない。実際には，われわれの全ての行動には命題的で言語的な要素が——はっきりと表現されてい

てもいなくても――すでにしみこんでいる。事実,「われわれのもっとも単純な知覚や心的状態でさえすでに**表現された**ものであり,さらには特定の仕方で**解釈された**ものである」(*GA* 20, 75)。それゆえ,けっして純粋直観が言語に対して優位を占めているわけではない。反対に「われわれは見るものを語り出すのではなく,逆にひとが事象について語ることを見る」(*GA* 20, 75)のである。

d) 感性的直観とカテゴリー的直観

 カテゴリー的直観がとりあげられることになるのは,まさしくこのようなレベルにおいてである。例えば,「この椅子は黄色でふかふかである」という単純な表現をとりあげて,この言表のどの要素が直観的に充実されているかを考えてみよう。答えは自明であるように見える。すなわち,「椅子」「黄色」「ふかふか」は直観的に充実されているが,他の言語的要素(「この」「……である」)は明示的な形で知覚できないものである。このような理由から,「……である」は直観的な充実を認めない以上,「黄色」という述語と同じ資格で事物の「実在的述語」になることはないと言われるであろう。

 直観の領野を感性的直観だけに限定している限りは,こうした推論は妥当なものである。寛大にも感性的直観を内的経験(内感)にまで拡大するとしても,問題の与件には何の変化もない。というのも,「《存在〔……である〕》は,何らかの外的対象の実在的な構成要素ではないのと同様に,何らかの内的対象の実在的要素でもない」(78)からである。全てが変化するのは,感性的直観を超える直観を認めてはならないとするカントの禁止に違反して,感性的でない知覚,すなわち・カ・テ・ゴ・リ・ー・的・直・観の可能性を認める場合である。

 このような直観概念の拡大をフッサールは第六研究の第45節で提示するのであるが,それに同意するに先立って,カントの禁止がもつ力を意識しておくことが必要である。はたして,直観の領野をここまで拡張するならば,クリスティアン・モルゲンシュテルン(『絞首台の歌』の著者)が次の詩で喚起するようなグロテスクな状況に逢着することにならないであろうか。[*5]

　　犬の墓
　昨日,谷に行った
　犬が埋葬されている谷だ

まずは岩の門を通って
それから左へと曲がって

邪魔されずに進んでいく
もっと行ってみる──
誰も聞いていないだろうか
なぜならば，その時私は恐ろしいことをしてしまったのだから

「ここに犬眠る」と書いた石──
その石を起こしたのだ
その石を起こすと──そうすると──
私は見た，ああ，そこの君たちは去ってくれ

私は見た，犬のイデアを
犬自体を
手をつなごう
ほんとうに恐ろしいことだ

それで，そのイデアがどんなだったかだって？
お願いだから黙ってくれ
私に言えるのは
犬のようだったということだけ(79)

　この詩の奇妙に捻じれたユーモアには，カテゴリー的直観を戯画的に捉えることへの警告のようなものが含まれている。これは真面目に受け取るべき警告である。この問題には少し後で立ち戻ることにしよう。今のところは，ハイデガーがフッサールの論述に厳密に従って行う二つの説明に注意を向けるべきである。
　1／まずは，感性的直観──目下問題になるのは知覚作用であるが──自体が見かけほど単純なものではないことを認めねばならない。志向的構造が単純だからといって，作用が高度に複雑な構造をもてないわけではない（*GA* 20, 81）。「単純な把握（*schlichtes Erfassen*）において，対象全体が事物の有体

的な同一性という意味で明示的に与えられる」（GA 20, 83）のである。

2／上で引き合いに出したようなばかげた状況に陥らないようにするのは，基礎づけられた（複雑な）作用と基礎づける（単純な）作用の区別である。それゆえ，実在する感性的な犬と犬のイデアを競合させてはならない。なぜなら，犬の観念のカテゴリー的直観は単純な知覚作用を前提しているからである。フッサールが言い，ハイデガーも繰り返している通り，カテゴリー的直観とは「もとの対象的意識を本質的に前提する新たな対象性意識（Objektivität-bewußtsein）」に対応するものにすぎない。カテゴリー作用は，必然的に事物を感性的に与える単純な作用を前提するがゆえに，基礎づけられた作用である（GA 20, 84）。だが，それは与えられたものを新たな仕方で表現する能力をもつのである。

e）綜合作用とイデア視作用

カテゴリー作用の主要な二つのクラスは，綜合作用とイデア視作用である。

α／綜合作用——綜合作用とはいかなるものかを示すのが述語的綜合である。述語的綜合とは，ある「事態」（たとえば「猫はマットの上にいる」というような）をわれわれに見させる作用をいう。すでにアリストテレスは，述語づけの特性が綜合と分割であることを見てとっていた。今問題になっている関係は，二通りの仕方で読めるものである。すなわち，構成要素（猫とマット）の観点からも，全体の意味（マット‐の上の‐猫）の観点からも読めるのである。現象学的な観点からは，それぞれの作用の志向的構造を認知することが重要である。つまり，新たな型の「対象」をわれわれに与えるという述語的綜合の力を識別しなければならない。ここで与えられる「対象」は，厳密な意味での感性的直観には「見えない」ものである。感性的直観には当然猫とマットしか見えないのであって，特有のカテゴリー的形式（GA 20, 87）である「事態」は見えないのである。

これと同様に，「AはBよりも明るい」というような関係，あるいは連言や選言——それぞれに結合形式と離接形式が対応する——の作用についてもカテゴリー的直観がありうる。深く根づいた唯名論的な信条に反して，いくつもの個体が組み合わさってできた布置（系列）も直観の対象となりうる。私は羊の群れ，空飛ぶ鳥の一群，蜂の集団，並木道の木々を見ることができる（GA

20, 90)。私は森を「見る」のであって，単に木々の連なりを見るのではない。

このような状況を説明するために，一つの例を挙げよう。パリの人ならだれでも馴染みの「デモ」という現象をとり上げて，二種類の機動隊を想像してみたい。すなわち，経験論者で唯名論者の機動隊と，現象学者の機動隊である。唯名論者の機動隊には自分の鼻先にあるものしか見えない。この機動隊が「デモ」という現象の内に見てとるのは，一定の興奮を示す一定数の個々人の列である。それに対して，カテゴリー的直観を授けられた現象学者の機動隊は，そこにある「対象性」を，まさに「デモ」という独自の「実在」を見る。あとはどちらの機動隊の方が役に立つかという問題であろう。

　β／イデア視作用——イデア視とは，普遍的なもの＝イデアを感性的事物と同じように見させる作用であるが，これも綜合作用の場合と同じように考えられる。ここにおいて，ギリシャ語のエイドスがもっていた元々の意味が全面的に正当化されることになる。「イデア」とは「見る」ことができるものなのだ！　イデア視とは与える直観の一様態であって，種すなわち諸々の個別体の一般者を見させる作用である(84)（GA 20, 91）。まさしく一般的直観ないしは形相的直観というものがあるのであって，それによって，同一の種の多様な個別契機を前にしながら，「この種そのものを，しかも同一の種として」(85)見ることができるのである。この場合も，基礎づけられた作用と基礎づける作用の区別を尊重しさえすれば，モルゲンシュテルンの戯画に陥ることは避けられる。この点の留保をしておけば，この犬だけではなく「犬というもの」，この家だけでなく「家というもの」，この赤だけでなく「赤というもの」が「見える」。以上の議論で肝心なのは，具体的な与える直観は，けっして孤立した一段階の感性的知覚ではなく，つねにいくつかの段階を含む直観，「カテゴリー的に規定された直観」（GA 20, 93）だということである。

f）存在論的帰結

　ここまでくると，以上の分析に含まれる存在論的な賭けが垣間見えてくる。カテゴリー的直観がわれわれに促したのは，実在性の概念を経験論と唯名論の許容範囲を超えて拡大することであった。「カテゴリー的直観の中に現前しているものを理解していくことで，ひとは次のことを見てとることを学ぶことができる。すなわち，存在者の客観性は，このように狭い意味で定義された実在

性として規定されるものには尽きないこと，もっとも広い意味での客観性や対象性（*Gegenständichkeit*）は事物の実在性よりもはるかに豊かであって，それぱかりか，ある事物の実在性をその構造において理解できるのは，単純に経験される存在者の十全な客観性からのみだということである」（*GA* 20, 89）。

だが，先に志向性の発見について述べたことを，カテゴリー的直観の発見についても繰り返さねばならない。ここでもまた，この発見は「おそらくその本来の可能性においてまだ十分に汲みつくされていない」（*GA* 20, 93）のである。先の場合と同じ理由で，この発見もまたさまざまな誤解から守られねばならない。例えば，現象学とは少しばかり洗練された感覚主義にすぎないと考えるような誤解である。実際には，現象学の感性概念は十分に広いものであって，感性と悟性という古来の対立を免れているのである（*GA* 20, 96）。同様に，「カテゴリー的形式」とは客観的実在性に主観が付加的に接合するものではないことを銘記しておくべきである。実際には，カテゴリー的形式とは新たな「対象性」を構成するものである。もちろん，ここでいう「構成」とは，製造や製作としての作成のことではなく，「存在者をその対象性において見させること」（*GA* 20, 97）である。

したがって，「イデア的に成り立っているもの（*Bestände*）が自己自身を示す作用が存在するのであって，このイデア的に成り立っているものとは，作用が作りだしたもの（*Gemächte*）であったり，思考や主観の機能であったりするのではない」（*GA* 20, 97）。だとすれば，現象学とは，われわれにはじめて真のカ・テ・ゴ・リ・ー・的探究の具体的な道を与えてくれるものだということになる（*GA* 20, 98）。まさしくこのことによって，現象学は，普遍的なものの存在の認知を阻む唯名論的な障害をとりのぞいてくれる。現象学における対象性の概念は，真の存在論の形成を可能にする広さをもったものである。カテゴリー的直観を発見したことによって，フッサールは，われわれが存在論の約束の地を遠くから眺めることを可能にしたのである。もっともフッサール自身は，この約束の地に足を踏み入れるすべを知らなかったのであるが。「このようにして突破を果たす現象学的探究において，古い存在論が探していた研究法が獲得されている。現象学と別に存在論があるのではない。むしろ**学的な存在論は現象学に他ならないのである**」（*GA* 20, 98）。

第3節 「アプリオリ」の根源的意味

　現象学の第三の発見物はカテゴリー的直観と直接に繋がるものである。それはアプリオリの発見である。ハイデガーはこれについても紹介しているが，この紹介は他の二つの発見の場合よりも明らかに短い。その理由は，別の箇所でハイデガー自身が説明している通りである。第一に，現象学はなお認識理論の伝統的問題設定にとらわれているために，現象学がアプリオリという現象の解明を先に進めたかどうかは確かではない。第二に，この現象の意味を解明するには，その前提として特定の時間概念が必要であるが（GA 20, 99），それこそハイデガーの探究が主題とする事柄なのである。

　しかし，ハイデガーの考えでは，アプリオリはけっして主観性に委ねられるのではなく，主観性と何の関係もないものでさえあって，たしかに現象学はそれを示すことに成功したといえる（GA 20, 101）。さらに，アプリオリな認識とアポステリオリな認識というカント的対立を最初に退けておかねばならない。それによってはじめて，「アプリオリ」は認識ではなく存在に関わる名称であることが認められるのである（GA 20, 101）。認識のある型が他の型に先行するかどうか，さらにはある存在者が他の存在者に時間的に先行するかどうかという問題に眼をくらまされずに，アプリオリを存在者の存在の内的構造として理解しなければならない（GA 20, 102）。

　存在論へと通じる扉を開いたのはカテゴリー的直観の発見であったが，この扉はここでさらに明確な意味を得ることになる。ハイデガーはアプリオリの概念が存在論的な地位をもつものだという考えを決然と選びとり，それをパルメニデスとプラトンによる存在概念の発見と結びつけた上で，アプリオリとはそれらと同一の事柄であると結論する（GA 20, 102）。ハイデガーは，アプリオリとは「存在者そのものではなく存在者の存在の諸性格」（GA 20, 102）の記述可能性をわれわれにもたらすものだと主張する。それによって，聖ボナヴェントゥラの『精神の神への歴程』の一節に含まれる約束を再発見するのである。ちなみにこの一節は，カール・ブライクが『存在について――存在論概説』で巻頭に掲げていたものである。「シタガッテ，驚クベキデアルノハ，最初ニ見ルモノデアリ，ソレナシニハ何モノヲモ認識デキナイトコロノモノヲ考察デキナイトイウ知性ノ盲目デアル。シカシ，サマザマナ異ナル色ヲ見ツメテイル眼ガ，他ノモノヲ見エサセテイル光ヲ見ズ，アルイハ見テイテモ注意ヲ払ッテイナイノト同様ニ，ワレワレノ精神ノ眼ハ，特殊的ナ存在者ヤ普遍的ナ存在者ヲ

見ツメテイテモ，アラユル類ヲ超エル存在ソノモノニハ注意ヲ払ッテイナイ。ダガコノ存在コソガ，最初ニ精神ニヤッテクルモノデアリ，他ノモノハコレヲ通シテヤッテクルノデアル。……ワレワレノ精神ノ眼ハ，諸々ノ存在者ノ闇ト感性的事物ノ表象ニ慣レ親シンデイルタメニ，至上ノ存在ノ光ソノモノヲ見ツメルト，ソノ光ニヨッテ何モ見エナクナルヨウニ思ワレル。ソシテ，コノ暗黒コソガワレワレノ精神ニトッテ最高ノ照明デアルコトヲコノ眼ハ理解シナイガ，ソレハ，肉ノ眼ガ純粋ナ光ヲ見ル時，ソノ光ニヨッテ何モ見エナクナルヨウニ思ワレルノト同様デアル」⁽⁸⁶⁾。

　以上の三つの根本的発見を起点として，ハイデガーは現象学の理念とその方法を規定する。その際最初にとりあげるのが「事象そのものへ」という現象学の格率であるが，この格率は二重の課題を示している。第一の課題は，現象という地盤に立脚して探究を行うこと（*bodenständiges Forschen*）である。いわば現象学的に「地に足をつけて」作業しなければならないのである。第二の課題——実際はこちらの方が先行権をもつのだが——は，この地盤を露わにすること（*Freilegung des Bodens*）（*GA* 20, 104）である。それゆえ，現象学の理念の規定自体，すでに現象学的でなければならないことになる。「**われわれは現象学の理念から演繹を行うのではない。探究の具体相から出発して，その探究の原理を読みとるのである**」（*GA* 20, 105）。

　フッサールの初期の現象学研究はもっぱら論理的意味の地盤で行われていたが，現象学研究の地盤を論理的意味に制限しなければならない理由は全くない。現象学研究の領野は，より広く原理的な意味で「そのアプリオリにおける志向性」（*GA* 20, 106）である。現象学研究の方法は「分析的記述」であるが，ここでいう記述とは，与えられる通りの現象を尊重し，その意味をとりだして分節する（*Heraushebendes Gliedern*）（*GA* 20, 107）ことを意味する。現象自身がその現象を記述する仕方を指令するのであって，その結果，記述は毎回根本的に異なる相貌を呈することになる。存在論により直接的に関わる現象に面する場合，記述は解釈から切り離すことができなくなり，それらの現象の意味そのものに忠実であろうとすれば，現象学は解釈学と化さねばならなくなる。この点についてはすぐ後に理解されるであろう。

　さて，現象学が「そのアプリオリにおける志向性の分析的記述」（*GA* 20, 108）であるとすれば，現象学を「厳密な意味での」哲学に対して準備的な役割を果たすだけの単なる記述的心理学にしてしまうのは無理である。それど

ころか，現象学こそが厳密な意味での哲学，第一哲学なのである。実際，現象学が志向性によってその事象領野（*Sachfeld*）を，アプリオリによって志向性に対する視座（*Hinsicht*）を，カテゴリー的直観によってその探究方法を獲得した（*GA* 20, 109）とすれば，現象学によって，哲学はプラトン以来はじめて現実的地盤を，すなわちカテゴリー的探究という地盤を見出したのだと言わねばならない（*GA* 20, 109）。

現象学のこのような理念は，その名称をレゲイン（＝アポファイネスタイ）・タ・ファイノメナ（λέγειν（＝ἀποφαίνεσθαι）τὰ φαινόμενα）と分析することによって確証される（*GA* 20, 117）。現象学者が関心を向ける現象（*Erscheinungen*）とは，その背後にさらに根本的な実在を探さねばならないものではない。現象学者はもっぱら「現象」に関心を寄せており，それによって「現象を救う（σώζειν τὰ φαινόμενα）」という願望を実現するが，だからといって「幻視家」になるのではない。そうではなく，現象を「見る」能力とは，さまざまな次元の隠蔽作用からもぎとられねばならないものである。見るためには眼をあけるだけでは十分ではない。「見るすべを知る」眼差しは苦労して獲得すべきものである（「露わにして見えるようにする作業（*Arbeit des freilegenden Sehenlassen*）」（*GA* 20, 118））。現象学が「批判的」なものであることはすでに見たが，この意味で，現象学は最初にとくに自己自身に批判を向けるのだと言える（*GA* 20, 120）。それゆえ，現象学とは通俗的な意味での「直観の哲学」でもなければ，弁証法的哲学だけがその秘密を知るさまざまな媒介作用によってすぐさま裂け目を入れられるような「直接性の哲学」でもないのである（*GA* 20, 121）。

B.「怠り（*Versäumnis*）」と現象学の第二の出発の必要性

ハイデガーはフッサールの『論理学研究』第 2 巻の第五・第六研究に対しては弟子として賞賛と尊敬を向けていたが，『イデーン』の注釈に入るとがらりと調子を変える。すなわち，フッサールとシェーラーという現象学の代表者の「内在的批判」を長々と展開（*GA* 20, 123-182）した末に，1925 年の時点では，現象学は「**存在の意味という現象学的な根本の問い**」（*GA* 20, 124）を立てることができていないと結論するのである。これは，「存在論がけっして立てることができないが，根拠づけの有無にかかわらず何か答えを出すときにはいつも前提し使用している問い」（*GA* 20, 124）である。この言明は非常に重要で

ある。存在論はその可能性の条件を決する問題である存在の意味への問いを立てることができず、現象学だけがそのための装備と能力をもっているのであるが、にもかかわらず、現象学はこの問いを立てていない、と言うのである。これほど重大な「怠り」をどのように説明すべきであろうか。その答えは、フッサールの『イデーン』の内在的批判を経由する。この批判によれば、フッサールはまだデカルト主義者でありすぎるために、良い現象学者になれていないように見える (GA 20, 139, 147)。デカルト同様、フッサールも絶対的な学という理念を規定することを熱望する。そのような学を設立できる現象学的領域を規定するための保証は、フッサールには「純粋意識」によって与えられるように思われる。だが——これがハイデガーの非難の核心であるが——「純粋意識を現象学の主題領野として取り出すということは、**現象学的に事象そのものへの還帰によって獲得された事柄ではない**」(GA 20, 147) のである。

もちろん、まだなされていないだけで実は簡単にできることなのだ、と言って自らを慰めることもできよう。だが、ハイデガーはそうではないと確信している。彼によれば、フッサール現象学は「存在の意味」の問いを立てなかっただけではなく、この問いへの道を自らふさいだのであり (GA 20, 146)、だからこの問いに対して全く無力だったのである。その意味で、問題はただの忘却ではなく、まさに「怠り」なのである。

怠りは二重でさえある。第一に、フッサールは現象学的探究の根本領野である志向的なものの存在への問いを「怠った」(GA 20, §12, 148-157)。この告発はほとんど父殺しのような様相を呈してくる。志向性の存在論的地位という根本問題に対して、現象学の創始者であるフッサールが、非現象学的な仕方で、あるいは見かけだけ現象学的な仕方でふるまったというのである。「それゆえ現象学は、自らの固有な領野を規定するという根本課題において非現象学的 (*unphänomenologisch*) ——すなわち現象学的と思っているだけ (*vermeintlich phänomenologisch*) ——なのである」(GA 20, 178)。

こうして「志向性を現象学の主題的領野として取り出す作業において、志向的なものの存在への問いは解明されないままになる」(GA 20, 157) のであるが、この謎めいた欠陥はどのように説明されるのであろうか。フッサールは、純粋意識の絶対的領域への接近を可能にするために、還元すなわち現に実在するものへの自然的態度全体の括弧入れを実行する。だが、それによって、志向的なものの存在の経験が遂行される場自体が問われずに残されてしまうのであ

る（*GA* 20, 153）。

　第二の忘りはさらに根本的なものであって、存在の意味への問いそのものに関係する（*GA* 20, §13, 157-182）。フッサールは、「意識としての存在と実在としての存在との乗り越え不可能な本質的差異」[87]を示すことによって、この問いに答えたものと考えていた。なぜなら、フッサールにとっての問題は、「各々が与えられる仕方の原理的区別」に対応するがゆえに「存在様式間のもっとも根源的な原理的区別」[88]だったからである。それゆえ、還元によって純粋意識の領域を発見しさえすれば、存在の意味への問いはもう立てなくてもよくなるのである。だが、ハイデガーにとっては、これこそがまさしく第二の忘りである。「存在の問いは、問うても問わなくてもよい、ただ問うことができるというだけの問いではなく、まさに**現象学自体のもっとも固有な意味でもっとも緊急の問い**である」（*GA* 20, 158）。このように確信するハイデガーとしては、「領域的」でしかないような「存在論的差異」に甘んじることはできない。存在の意味の根源的な問いから出発することによってのみ、「存在様式」間の存在論的差異を展開することができるのである。

　それゆえ、現象学を規定し直すことが必要になる。それはまず第一に、「意識が自然的態度において与えられる仕方をよく見て意識の存在を規定する」（*GA* 20, 162）ことを意味する。このような企てによって、ハイデガーは、フッサールと同時にシェーラーからも袂を分かつ。なるほどハイデガーの異議申し立ては、尊敬すべき師フッサールに対する弟子としての忠実から発している。「私が今日でもなおフッサールに対して教えを受けた者としての態度を保持していると告白する必要はほとんどないであろう」（*GA* 20, 168）。この曖昧な賛辞を向けられた師の方は、この丁重さの裏には何かが隠れている、ハイデガーのしていることは魔法使いの弟子のようなものだ、と思わざるをえなかった。実際ハイデガーは、少し先でこの忘りを「歴史的」な仕方で説明しているのである。つまり、プラトンが『ソピステス』で記した問い、すなわち「《ある》という語を口にする時にあなた方は何を意味しているのか」（244*a*）という問いが今日問われなくなっているのは、誰もが無意識の内にギリシャの存在論が作り上げた「答え」を採用しているからだと言うのである。「この問いはそのように生き生きした形で立てられていたが、アリストテレス以降は沈黙させられてしまい、しかも沈黙させられたということがもはや知られないほどにまでなっている。というのも、それ以降、存在はつねにギリシャ人から受け継がれ

た規定と視圏において扱われているからである」(GA 20, 179)。

　この場合，状況を打開するために何が必要であるかは推測がつく。存在の意味と志向的なものの存在の両方に関わる二重の問いを，現実の問い，生きた問いとして新たに立てる勇気をもつ思想家が必要なのである。この問いは，現象学の原理自体からして避けることのできないものであろう(GA 20, 183)。というのも，「現象学的原理の根源的に把握された意味」は「**存在者を存在者自身としてその存在において見えるようにすること**」(GA 20, 186) だからである。

　現象学と存在論の関係に関するフッサールとハイデガーの考えをもっと掘り下げて専門的な形で突きあわせようとするならば，マリオンの『還元と贈与』の第2章を参照することができる[89]。この章の冒頭から，マリオンは学的存在論＝現象学というハイデガーの立場と「存在論は現象学ではない」というフッサールの立場の対照性に注意を促している[90]。フッサールの場合は，現象学的主題と存在論的主題の出会いは「交差するだけでけっして結びつかない」[91]とマリオンは言う。これに付け加えれば，ハイデガーの場合は，二つの主題は完全に結合して全く同一のものと化していると言えよう。ともあれ確実なことは，現象学と存在論を混同しないようにというフッサールの戒めへの異議申し立てが「ハイデガー思想の最初の転回」[92]だったのであり，おそらくは〔リッカートに続く〕第二の父殺しの真の動機だったということである。この転回は長らく影響力を保った。晩年の論考でも，ハイデガーは自らの経歴を「現象学を経由して存在の思惟へと入っていく道」(Q IV, 184) [93]*6 として描いている。ここまで手引きにしてきた1925年の『時間概念の歴史への序説』では，現象学がどのように踏破され，その果てに「存在するとは何を意味するか」という問いが「現象学的根本問題」となったか，そしてその結果，いかにして「**現象学的探究は存在者をその存在へと向かって解釈することである**」(GA 20, 423) ようになったかが明示されている。

　心に留めておかねばならないのは，「この《存在》という，あらゆる存在探究に〔当の探究を〕規定するものとして先行する現象」(GA 20, 423) へと眼を転じる場合，探究は単なる記述ではありえず，必然的に解釈となるということである。こうして探究される存在論は解釈学という様相を呈することになる。なぜなら「記述の主題となるものは特殊な仕方での解釈 (Auslegung) によって通路づけられるものである以上，記述は解釈（インテルプレタツィオン）(Interpretation) という性

格をもつ」(*GA* 20, 190) からである。それゆえ，存在論は存在‐解釈学に転じるのだと言える。それは現象という概念自体が大きく変化するということを意味する。「存在するという現象」を解読しようとする，すなわち存在者に即して存在を読みとろう (*ablesen*) とする (*GA* 20, 423) 解釈学的現象学は，「現れないものの現象学」*7 (*Q* IV, 339) である。なぜなら存在の開示は存在者の発見に先行しそれを可能にするものであるがゆえに，存在は存在者が発見されるような仕方では開示されないからである。

〔2〕 「時間を時間から理解すること」
　　——「存在論」から「存在時 (*Ontochronie*)」へ

　以上の考察によって，われわれはすでに『存在と時間』の入口に到達したことになる。われわれは存在論的探究が主題とする領野を形式的に描写したのであるが，この領野に関する一覧を完成させるために，もう一言時間性の問題について述べておくことにしよう。時間の問題に関してハイデガーが行った最初の綱領的発表は，1924年にマールブルクの神学者たちの集まりで行った「時間の概念」という講演である。(94) この講演が『存在と時間』の胚珠となったことは多くの解釈者の認める通りであるが，それを1915年にフライブルク大学で行った教授資格取得試験講義「歴史学における時間概念」と比べると，時間を問題にする仕方が認識論的で形而上学的なものから現象学的なものへと変わっており，その間にハイデガーが踏破した長い道程を測ることができる。1915年の段階では，ハイデガーはまだ認識論的な時間概念に甘んじていた。彼の問題は，単に歴史叙述によって前提される時間概念が，自然科学の前提となる時間概念とどのような意味で異なりうるのかを示すことであった。この認識論的考察は形而上学的な規定を示唆している。それは，その冒頭に掲げられたエックハルトの一節「時間は**変転し多様**となるものであり，永遠はただひたすら自らを保つ」(*GA* 1, 415) が告げている通りである。

　1924年の講義は，これとは全く違った印象を与える。

　1／第一の変化は，「時間を時間から理解すること」(*GA* 64, 107) が課題となったことである。問題をそのように言い表すことによって，ハイデガーはプラトンととくにプロティノスによって代表される高貴な形而上学的伝統から決

定的に離れた。その伝統とは，変質と分散の力である時間を理解するためには，永遠から出発して永遠と時間を対照させるしかないとする立場である。ハイデガーは問題の与件を一挙にひっくり返す。今や説明しなければならないのは時間ではなく，永遠の方なのである。

2／第二の変化は，永遠と時間の対照性を忘れる（もちろん後でまた見出されるのだが）としても，「時間トハ何カ（quid est tempus ?）」（アウグスティヌス）というおなじみの問いが現象学的には不十分であることが明らかになったことである。この問いを「時間とは誰か」という問いによって置き換えねばならない（GA, 64, 125）。後の問いと共に，われわれはそれに先行する存在論的探究の基礎的な言明に立ち戻ることになる。すなわち「我在り」という謎（GA, 64, 112）である。この「我在り」は時間の内で実存する。それゆえ，この実存者の時間様式を全て考察することによってのみ，時間の「本性」に関する問いは前進することができるであろう。

3／第三の変化は，以上のようにして時間の問いが徹底化されたことである。時間の問いに対する答えは，「時計の時間」，すなわち客観的に計測できる年代順の時間から得られるものではない。というのも，時間の問いに答えられるとすれば，それは，「その答えが時間的存在の諸様態を理解させ，時間の内にあるものと本来的な時間性との可能な結合を全ての原初から見えるようにすることによる」（BZ, 11-12）からである。「時計の時間」から「根源的時間性」へと移行するのである。この根源的時間性の地位を規定しなければなるまい。

4／この場合，「時間について時間的に語る」（GA, 64, 124）べしという要求と存在の意味への問いとがどのように関係しうるのかを問わねばならなくなる。そこに本質的な関係があるという主張は，『存在と時間』で再三明言されている——この著作の題名の根拠でさえある——だけでなく，最晩年のハイデガーが絶えず繰り返しているものである。すなわち，最晩年にも，「時間は存在と同じ仕方で問いとなる」（Q IV, 183）のであり，「時間の問いは存在の問いから規定された」（Q IV, 194）のだということが絶えず喚起されるのである[*8]。それゆえわれわれはフランソワーズ・ダストゥールの解釈に従うことができる。彼女によれば，時間の問いと存在の問いはけっして別々の主題ではなく，絶対に切り離せないものなのである[(95)]。

したがって，時間と存在のこのような結合は何によって正当化されるのかを問わねばなるまい。それが『存在と時間』を解釈する上での本質的な賭け金と

なる。論述を締めくくるにあたって、この点に関して以下の二種類の示唆を与えるだけで満足しておくことにしよう。

1／まず第一に、現象学の根本的諸発見に関するハイデガーの解釈との関係で二点述べておく。一方で、ハイデガーが引き出した志向性の新たな姿は、まさしく時間的現象である気遣いと一体化する。『時間概念の歴史への序説』の最後では、志向性＝気遣いという等式がはっきりとうちだされている。「現存在の根本構造としての気遣いという現象から示されるのは、現象学において志向性として捉えられたものとその捉え方は断片的であって、外から見られた現象にすぎないことである」（GA 20, 420）。志向性の真の姿、その内から見た姿は、「……へと向かうこと」ではなく、気遣いのもつ「自らに先立つ」というあり方である。だが、この変化は「現象学的な問題設定の原理的批判」（GA 20, 420）を引き起こすものである。

他方で、すでに垣間見られたことであるが、アプリオリと時間が等置されることになる。時計の時間が問題であればこのように考えるのは全くばかげているが、問題になっているのは根源的時間である。すでに引用した『存在と時間』の巻頭言の決定的な表現によって言い換えるならば、「あらゆる存在理解一般の可能的地平」（SZ 1）としての時間が問題なのである。

2／時間と存在の結合はいくつかの術語によっても確証される。1925年になると、ハイデガーは哲学の新たな根本分野を「現象学的クロノロギー（Chronologie）」と言い表すようになる（GA 21, 199-200）。ここでは、フッサールの『内的時間意識の現象学』講義とは違って、けっして内的意識の現象学に関する研究が問題になるのではない。このフッサールの講義は1928年にハイデガーの序文つきで出版されたのであるが、その序文では、志向性が現象学の便利なスローガンではなく一つの根本問題であることがあらためて強調されている。フッサールが時間意識の深みの中に探究したものを、ハイデガーは存在自体の厚みの中に探究するのである。

1930／31年度の講義『ヘーゲル『精神現象学』』では、ハイデガーは『存在と時間』に論及しながらまた別の術語を提案している。この新たな術語は、われわれがどれほど根底的な変化へと導かれることになるかを何よりもよく示している。そこではロゴスとクロノスという敵対する二大勢力が対面させられるのである。だが、もはやロゴスがクロノスを「理解＝包含（comprend）」するのではなく、反対にクロノスがロゴスを「理解＝包含」するのである。厳密に

言えば，もう存在論と言ってはならず，存在時（*Ontochronie*）と言わねばならなくなるであろう。ハイデガーが付言するように，これは単なる言い換えではないのであって，「存在の問いの本質的な諸動機をとり集めつつ，全てを根底から新たに展開する」（*GA* 32, 144）ことが求められるのである。

第Ⅰ部　存在の問いと現存在の分析

『存在と時間』読解への全般的序論

　先に行ったさまざまな指示を補完する形で，これから試みる『存在と時間』の注解がどのようなスタイルを取るかを簡単に説明しておこう。
　1／『存在と時間』の注解としては，それぞれ特徴もあり，非常に有益なものがすでにいくつか存在している。当然ながら，それらの代わりに新しい注解を提示することだけが私の目指すところではない。一方ではゲルヴェンのような節ごとの要約という形の注釈があり(1)，他方ではフォン・ヘルマンのように『存在と時間』の全体を一行ごとに注釈していこうとするものがある(2)（ちなみにフォン・ヘルマンの著作は，第1巻でやっと『存在と時間』の最初の八つの段落を扱っただけである。これが類例のない二次文献であることは間違いない）。私としては，この二つのタイプの注釈の中庸を見出すことを目指したい。
　2／フォン・ヘルマンは自らの計画を「テキストの内在的解釈」(3)，さらには「テキストに沿った全体の解釈（*Eine am Text entlanggehende Gesamtinterpretation*）」(4)と規定し，「テキストと現象学的に対話」するための読解の手引きを提供することを目指すと言っている(5)。私自身の解釈は，フォン・ヘルマンのものほど網羅的ではないが，同様にハイデガーの推奨する解釈学的現象学の精神に対して忠実であろうとするものである。だが，まさしくハイデガーの作品の精神に忠実であろうとするがゆえに，われわれはテキストの純粋な内在的解釈にとどまることはできない。次の二つの観点からして，内在的読解の原則を踏み越えることさえ必要になるであろう。
　まずは「現象学」という観点である。ハイデガー語に閉じこもってその罠にかかるのではなく，現象そのものに立ち返り，現象がわれわれに与える明証性に立ち返ること，それがわれわれの一貫した関心事である。そのためには，場合によっては現象に対してハイデガー本人とは違った解釈を与えたり，ハイデガー自身が無視した現象に関心を向けたりしなければなるまい。この意味で，われわれの解釈は，フォン・ヘルマンのものとは違って終始批判的な志向をもつ。だが，不毛な論争を避けるためには，この批判に積極的な現象学的意味をもたせなければならない。この点については，ハイデガー自身が『時間概念の歴史への序説』で次のように規定している。「真に現象学的な作業の難しい点

は，まさしくこの作業をそれ自身に対して積極的な意味で批判的なものとすることである。現象という様態での出会い方は，まずは現象学的探究の諸対象から獲得されねばならない」（GA 20, 119-120）。ハイデガーのテキストを神聖現したくなければ，当然この要求をハイデガーのテキスト自体に適用すべきであろう。

　次に「解釈学」という観点である。われわれが純粋に内在的な読解に閉じこもることができないのは，時間的な隔たりの意識によって，1927年に出たこのテキストから引き離されているからである。この歴史的な隔たりを傲慢に無視するのではなく，その隔たりを解釈学的な意味で生産的なものにしなければならない。それは，まず第一に『存在と時間』の受容史，ガダマーの言い方ではその影響作用史（Wirkungsgeschichte）を意識するということである。ところで，この影響作用史には，ギルバート・ライルからレヴィナス，リクールに至る幾世代もの哲学者が『存在と時間』に投げかけた批判的な問いも含まれている。20世紀の大哲学書たるこの著作の射程を測るための最良の方法は，この著作をそういった問いから護ることではなく，むしろそれらの問いに曝すことによって，この著作がそれらにどう「反応する」のかを見ることである。そうすることで，ハイデガーを彼自身よりも良く理解できるというのではない。われわれはただ別の仕方でハイデガーを理解するのである。

　3／同じくわれわれの解釈の解釈学的な条件の一つであり，フランスの読者にとってきわめて厄介なのが，翻訳に関わる諸問題である。ここで重要なのは，翻訳とはすでに解釈なのだということを明確に意識しておくことである。『存在と時間』には三種類のフランス語訳があるが，最小限言えることは，それらは互いに大きく異なっているということである(6)。だが，それはけっして障害となる事柄ではなく，むしろその反対である。もちろん，これを障害としないようにするには，一つの翻訳だけを盲目的に信頼することを避けねばならない。われわれも，実際にはマルティノーの「非公認」訳を優先的に用いるが，そのことに意を注ぎたいと思う。ハイデガーの重要な術語の訳語を決める際に，われわれは，既存の全ての訳を突き合わせて，どれかに同調するか，あるいは問題の現象に関する自らの解釈に合わせて別の訳語を提案するかを決めるべきであろう。

序論　存在の意味への問いの提示と内在平面の見取図

序　言

　1／この「序言」——ないしは巻頭言——は，短いが注意深く検討する値打ちがある。困惑をうち明けることから始まる哲学書が稀であるという理由からだけでも，そうする値打ちがある。ハイデガー自身が『カントと形而上学の問題』で言っているように，この序言はただの飾りではない。ここでは，プラトンの『ソピステス』の一節——この一節は前にも出てきたことがある（GA 20, 179）——をきちんと引用することによって，その困惑が表現されている。「なぜなら，《ある》という言葉を口にするときには，あなたがたがそもそも自分が言おうとしていることを以前からよく知っていたことは明らかだからです。わたしたちも，たしかに以前はそのことをよく分かっていると思っていました。けれども今では困惑に陥ってしまったのです」。プラトンはこのせりふをエレアからの客人に言わせているが，エレアとは存在論の創始者パルメニデスの故郷である。そして，客人が語りかけているのはテアイテトスである。この客人が「概念的人物」であることは明白であって，プラトンは彼を使ってパルメニデス的存在論との絶縁を表明しているのだが，それは『ソピステス』のもっと前の方で言われていた「父殺し」の必要性と直接関係する事柄である。こうして彼は，先立つ存在論の言説，すなわちパルメニデス的言説の危機を証言する者として登場するのである。この危機は，まずは『ソピステス』で長々と分析されている当惑——「〈ない（非 - 存在）〉ということはどうなっているのか」に関わる当惑——に関係するが，同時により一般的な不一致の確認にも関わっている。後者については，『存在と時間』の少し後の方にその反響が見られるであろう。しかし，この存在に関する最初の言説はなお神話（ミュートス）に近いものであって，言論（ロゴス）に固有の概念的厳密性への要求を満たしてはいない。それは，諸存在者の系譜を語る存在生成譚（ontogénie）であって，真の存在了解を展開する概念的言説としての真の存在論（ontologie）ではないのである。

　2／以上のようなコンテキストを思い起こすだけで，現代の哲学の状況とエレアの客人の状況がどの程度異なるものかを測ることができる。一見，われわ

れは過去のさまざまな存在論的言説の長い伝統に依拠することができるように思われる。だが，すでに見たように，ハイデガーにとっては，ゴクレニウスが存在論という術語を作りあげて以来次々と現れた学的言説は，現象学的に言って受け入れられないものである。それゆえ，諸々の違いを脇に置けば，われわれもまたエレアの客人と同じ困惑の内に置かれていることになる。それは，使いものにならなくなった存在論の言説とまだ現れていない新たな言説の探究との間にあって，いわば「理解の零度」の内に置かれているという困惑である。このような状況において，われわれが我がものとすべきであるのは，あれこれの存在論的テーゼ（それを借りてきたのが古代の存在論からであれ，中世の存在論，あるいは近現代の存在論であれ）ではなく，困惑そのもの，問題そのものである。われわれがあらためてプラトンとアリストテレスの同時代人になるとすれば，それはもっぱら存在の意味への問いを適切に立てることの難しさを告げることによってであって，彼らのテーゼを組み合わせることによってではあるまい。

　かくして，勇気をもって次のことを認めねばならない。それは，エレアの客人の困惑は，後の哲学的思索によって払いのけられる神話的思考の図式から脱しきれていないような，いまだどっちつかずの思考の表れにすぎないものではない，ということである。それどころか，ある意味では，われわれは『ソピステス』に登場する思想家たちよりもさらに「不確か」である。なぜなら，われわれはもはやそのような困難に直面することもできないからである。われわれに対して存在の意味への問いが立てられなくなったのは，決定的で論駁不可能な解答を得たからではなく，もはやわれわれは，あえてこの問いをその全ての広がりにわたって立ててみようとはしないからである。われわれは，「ある」ことが何を意味するかをプラトンとアリストテレスほどに知らないだけでなく，この問いを立てること自体を完全に忘れてしまったのである。この意味では，「抑圧されたものの回帰」と言ってもほぼ問題はないであろう。長い間「解決済み」と考えられて「用済み」になったと見なされていた問いが，あらためて浮上してきたのである。

　3／問いを立てることを学び直すこと——「先に必要なことは，まず第一にこの問いの意味に対する理解を再び目覚めさせることである」（SZ 1）——，それが『存在と時間』の序論「存在の意味への問いの提示」で賭けられる事柄となるであろう。存在の意味への問いは，ある種の交差の形で提示されるので

あって，このことを指摘するのは無駄ではない。われわれは，「〈ある〉とは何を意味するのか」というエレアの客人の問いを問うように求められるのであるが，同時にまた，「そのような問いを立てるとはどういうことであるのか」と問うようにも求められるのである。この最初の交差は次のような図で描くことができる。

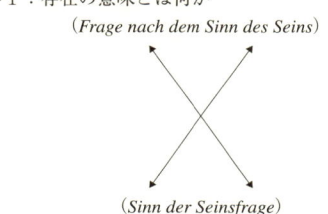

問いⅠ：存在の意味とは何か
(*Frage nach dem Sinn des Seins*)

(*Sinn der Seinsfrage*)
問いⅡ：存在の意味への問いを立てることの意味は何か

　第一に重要であるのは，これが空想上の問いではなく現実の問いであり，決定的に重要な問いであることを理解することである。問いの意味を取り戻すということが，「現象学的問い」に固有の課題となるであろう。事実，『時間概念の歴史への序説』で言われているように，問いを立てるとは，ある言表や語（今の場合は「存在」という語）に疑問符を付けるだけのことではない。そうではなく，「まさしくもっとも自明なものにおいて現象学的問いは挫折しうるということ，すなわち，まさしく現象は明白に現れるのではなく，事象への道は即座に用意されているわけではないこと，押しのけられ（*Abdrängung*），誤った方向に導かれる（*Mißleitung*）という危険が絶えず存しているということ，そういったことがそもそも探究しつつ露わにすること（*forschendes Freilegen*）としての現象学の意味をなしている」(*GA* 20, 188-189) のだということを，よくわきまえておかねばならないのである。

　4／この問いの決定的な重要性は，次の宣言によって確証される。すなわち，存在の意味への問いを具体的に仕上げることが本書の根本目標であり，「あらゆる存在理解を可能にしている地平一般として時間を解釈すること」(*SZ* 1) がそのための「暫定的目標」となる，という宣言である。ここでは，存在の意味への問いと時間性の問題との本質的な結びつきが確言されている。こうして『存在と時間』という題名の意味が明確になってくる。問題は，「時間」と「存

在」という二つの形而上学的実体を関係づけることではなく，存在の意味への問いと存在理解の「地平」としての時間を強固に結びつけることなのである。問いと地平という形で問題になるのは，「超越論的」と形容しうる思考である。そこでは存在理解の可能性の諸条件を規定することが目指されるからである。

> **コラム⑧　存在の意味への問いに対して地盤を用意すること**
>
> 　積極的には，可能な全ての存在論にとっての第一の課題は，まさしく準備することであると，すなわち存在一般の意味への問いを問うための地盤を据えるために準備することであると言わねばならない。**存在の意味への問いは**，先に引用したプラトンの命題の意味で，「存在とは一般に何を意味するのか」と問うのであるが，これは存在論の最後に位置する問いではなく，存在論の諸々の成果を合計すれば答えられるようなものではない。むしろ，存在の意味への問いは発端に位置する。というのも，この問いは，ある存在者の特定の存在構造に関する全ての具体的な問いについて，**意味に関する可能な導き**（*die mögliche sinnmäßige Führung*）を提供するものだからである。他方で，存在の問いを形式的に立てるだけでは不十分であるし，あるいは同じく形式的にこの問いに答えようとするだけでは不十分である。むしろ，存在の意味への問いを立てること自体が，ある仕上げの作業を必要としていることを理解することが重要である。それはつまり，存在者をその存在へと向けて問いただすことがそもそも可能になるような**地盤**を仕上げる作業である。存在論的探究がそこを動くことができ，また動かねばならないような**場面**を発見し，仕上げなければならない。このような場面を発見し，厳密に仕上げるのでなければ，存在論といっても，過去の新カント派による認識理論以上のものではない。存在の意味への問いを立てるということは，**哲学一般の問題設定**を仕上げることにほかならないのである。（*GA* 19, 447-448）

　それならば，なぜ「暫定的目標」と言われるのであろうか。第8節で示されている著作構成を一瞥すれば，この「暫定的目標」という特徴づけは，二部構成になるはずであった『存在と時間』の第一部に当てられたものであることが分かる。またこの著作は，公刊された版では，第一部の終わりまで行くことさえもなく，「現存在と時間性」と題された第一部第二篇で終わってしまった。このことも第8節を見れば分かるであろう。

第一章　存在の問い――必然性，構造，優位性

第1節　忘却の諸理由

　「序言」から直接引き続く形で，ハイデガーは一つのテーゼを表明する。すなわち，存在の問いは「今日では忘却されている（*in Vergessenheit gekommen*）」（*SZ* 2）というのである。「忘却」という語はここでは能動的な意味を帯びており（失念（*Vergessen*）ではなく忘却（*Vergessenheit*）である），抑圧するという含みをもっている。ハイデガーは，いきなり同時代の哲学者たちに痛烈な批判を浴びせる。彼らは皆この忘却に加担していながら，形而上学の再興という下手な手口の背後にそれを隠しているというのである。ペーター・ヴストが1920年に『形而上学の再興（*Auferstehung der Metaphysik*）』で騒々しく礼賛したこの事態は，プラトンの「存在をめぐる巨人たちの戦い」（『ソピステス』246 *a-b*）という作業場を再発見するものとならない限りは，ただのまやかしである。

　これほど根本的な忘却，これほど大規模な抑圧は，当然分析を必要とする。この分析が第1節の目的である。ハイデガーによれば，この忘却は三つのモチーフ――それらは「ドグマ」であり「先入見」でもある――に帰着する。存在の意味への問いにあらためて接近するためには，これらの認識論的障害を乗り越えなければならない。それらの障害は，特別に偏狭で頑固な何人かの哲学者の悪意によって偶然に生じたものではない。それどころか，「古代の存在論そのものに根ざす」（*SZ* 2-3）ものである。ハイデガーは，それらの障害を再構成して，互いに連関するように系統立てている。

　1／第一の独断的確信は，存在はもっとも普遍的で，それゆえに類と種による差異を超越しているというものである。この確信については，アリストテレスと中世哲学の古く長い伝統を引き合いに出すことができる。アリストテレスは，類比の統一を語ることによって，少なくとも存在の統一性という問題を提示することに貢献した。とはいえ，カテゴリーが多数存在することは事実であって，存在概念に類を超える普遍性を認めても，この概念の意味についての問題が解決されるわけではない。逆に，それがきわめて不明晰な概念であること

が意識されるのである。

　2／この困難は，アリストテレス自身が意識していたことである。というのも，存在は，類と種による規定という通常の方法によって捉えられない以上は定義不可能であって，真の意味での概念にはなりえないことを彼は確認していたからである。しかし，だからといって，存在の意味への問いを立てなくてもよいと考えるならば間違いであろう。通常の意味での概念ではないからこそ，存在はますます問題となるのである。存在が定義不可能であるということには消極的な意味しかないのであって，それは「存在を存在者のように考えることはできない」という警告である。ここではまだ「存在論的差異」という術語は登場していないが，古来の定義法によって得られる存在者間の「存在的」差異と「存在論的」差異をはっきりと区別することが求められているのである。後者の差異は存在と諸々の存在者との間の差異であって，前者とは別の思考体制に属するのである。

　3／存在の問題を意識化することを阻む第三の障害は，それが一見「自明」なものだということである。存在とは何であるかは「自明（Selbstverständlichkeit）」であるように思われる。というのも，どんな言表でも「ある」というシニフィアンに関する一定の理解を前提しているからである。とはいえ，存在の意味への問いを無用にするような神秘的な直観による確証をもちださねばならないということでは絶対にない。むしろ，存在理解のこのような「先行性」（アプリオリ！）は，厳密な分析を必要とするものである。「われわれがいつも一つの存在理解の中で生きており，同時に存在の意味が闇に包まれているということ，このことが《存在》の意味への問いを反復することが原理的に不可避であることを証明している」（SZ 4）。

　以上，普遍性，定義不可能性，自明性という三つの特徴を簡単に検討した。それによって，存在の意味への問いを免除するように見えるこれらの特徴が，実は直ちに存在の意味への問いに立ち戻らせるものであることが明らかになるのである。

第2節　存在の問いの形式的構造

　そこで，問いの地位そのもの，それが現実に立てられる仕方を明確にすることが必要になる。この点で前進するためには，問うということを現象学的に分析するしかない。すでに1919年に，ハイデガーが問いの体験（Frageerlebnis）

が特有の志向的構造をもつことを強調していたことを思い出しておこう。それ以降，体験の分析からふるまい（*Verhalten*）の分析へと術語は変わったものの，現象学的分析，すなわち志向的分析を求める姿勢は変わっていない。現象学者から見ると，理論的探究の領域——ここでわれわれの関心を引くのはもっぱらこの領域である——における問うという態度が三重の志向的次元をもつものであることが明らかになる。[11]

　主観の志向的ふるまいとしての問いは，全て何かの探究，何かへと問うこと（*Fragen nach*）である。問いは空から降ってくるのではない。問いを動機づけてその口火を切るのは，それによって問われているもの（*Gefragtes*）である。他方で，問いは何かに関わるものであり，それが問いかける領域（問いかけられているもの（*Befragtes*）），そこへと問いを向ける（*Anfragen bei*）領域をもっている。例えば生物学の問いは，答えを求めて生物へと問いかけるのである。最後に，問いが目標に達するのは，もっぱら問うことの具体的な遂行，問いの生きた経験によってであるが，その場合の問いの目標とは，問いが現実に到達しようとするもの，それが志向し問いただすもの（*Erfragtes*）である。この最初の記述の成果は下のような図で描くことができる。容易に見て取られることだが，ここには内容意味，関係意味，遂行意味という先述の三位一体構造が反響している。

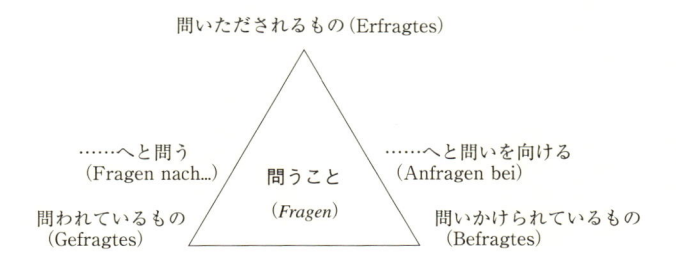

```
                 問いただされるもの（Erfragtes）
                          △
                         ╱ ╲
              ……へと問う ╱   ╲ ……へと問いを向ける
          （Fragen nach…）問うこと（Anfragen bei）
                       （Fragen）
         問われているもの       問いかけられているもの
           （Gefragtes）              （Befragtes）
```

　この構造はすでにかなり複雑であるが，それにまた別の区別を付け加えねばならない。これもまた現象学的な区別であるが，今度は問いの様式に関する区別である。一方では「反省されていない」問い，すなわち本当の意味で問題を意識せずになされている問いがある。それは「ただ何となく問う（*Nur-so-hinfragen*）」[i]だけである。自らがどこに到達したいのか分かっていないこのよ

うな問いに対立させるべきであるのが,「明確な設問」,すなわちある問題設定に結びついた問いである。

さて,問題は,この区別をいかなる意味で存在の問いへと移すことができるかである。[(12)]

「反省されていない」問いと明確な問題設定という二番目の区別から始めよう。この区別は,存在論的な知が占める地位を規定する上で,明らかに中心的な役割を果たすものである。そこにおいて,第1節の分析で賭けられていたものが明らかになってくる。実際,われわれがいつもすでに暗い存在理解の中で動いているのでなければ,存在の意味への問いが生じることさえありえなかったのである。われわれの存在理解が漠然とした未規定のものであり,それゆえ暗いものであることは,短所であるどころか,一つの「積極的な現象」である。このことは,明示的には存在論を生み出さなかったような文化を評価する際にとくに当てはまる。厳密な概念としての存在論の必要性を感じることなく生滅した文化というのもありえたであろう。だが,そういった文化にもさまざまな種類の知恵の言葉があるのであって,そうした言葉が理解可能であり続けるのは,そこにすでにある種の「存在理解」が現れているからなのである。

このように,自分がそれと知らずに何を「理解」しているのかをわれわれが知らないからこそ,存在の意味への問いが理解の要求として目覚めるということが可能になる。存在理解の暗さから「概念の明晰さ」への欲求が生じるのである (SZ 6)。だが,理解はすでに存在しているとしても,この現象が,出来上がった「存在論」,あるいは暗に前提された「存在論」から借りてきた理論によって不透明化されてしまうこともありうる。

平均的な存在理解と明示的な存在論の関係は,以下のように図示することができる。

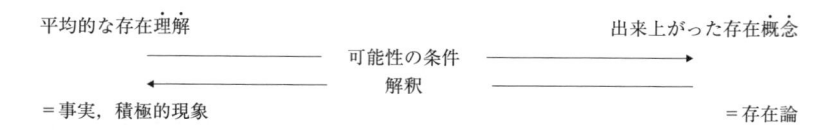

```
平均的な存在理解                          出来上がった存在概念
         ←―――――― 可能性の条件 ――――――→
         ―――――――――  解釈  ―――――――――
= 事実, 積極的現象                              = 存在論
```

ここで全ての理論的問いの形式的構造を存在の問いに適用してみると,以下のような図が得られる (cf. GA 20, 195)。

第一章　存在の問い──必然性，構造，優位性　　91

```
           問いただされるもの：存在の意味
                    △
                   ╱ ╲
                  ╱   ╲
                 ╱存在の問い╲
                ╱(Seinsfrage)╲
               ╱_____╲
問われているもの：              問いかけられるもの：
存在者の存在                  存在者自身
```

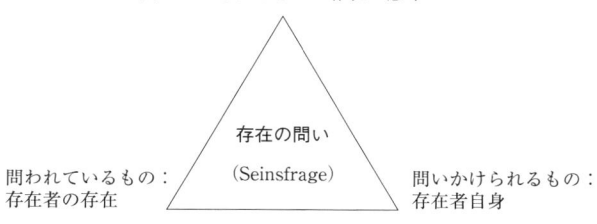

　この三つの要素には，それぞれ存在の意味への問いに独特の性質との関係で，各々に特有の難点が含まれている。
　1／問われているもののレベルでは，存在について「物語をしてはならない」という既述の警告（これもプラトンの『ソピステス』からの借用（242）である）があらためて発せられる。それは，存在論と「存在生成譚」を混同してはならないということである。ある存在者を別の存在者から生成論的‐系譜論的に説明することは，存在者の存在を概念的に規定することと同じではない。「この父にしてこの子あり」は存在論の言明ではないのである。⁽¹³⁾
　2／問いかけられるものに関しては，存在の意味をもっともよくこちらに手渡してくれる存在者への通路を見出し，そのような存在者を同定することが主な課題となるであろう。これはつまり，存在の意味への問いを仕上げるにあたって，ある種の優位性をもつ範例的な存在者があるかどうかという問題である。この問題は第4節であらためてとり上げられるであろう。ここでどのような決定が問題となっているのかをよく理解しておこう。存在の問いに対する答えを見出すためにはどの扉を叩けばよいのか。この問いに対しては，利用できる扉を全て叩け，とまずは答えるべきであろう。存在論的探究では，あるカテゴリーの対象を特別扱いして別のカテゴリーの対象をなおざりにするということは避けるべきである。自然的対象と文化的対象，夢や空想，「科学的事実」と「心的状態」，これら全てが存在論的には同等の重要性をもっている。なぜなら，いずれにせよ問題となるのは，存在すること，あるいは存在の仕方だからである。
　この最初の答えによって要求されているのは，寛大さという原理である。つまり，学的思考によって基準として認定された型の対象だけに存在論的探究を限定してはならないのである。しかし，すぐにはっきりとさせねばならないのは，全ての扉を叩くことと，応答してくれるものを見つけることとは別問題だ

ということである．結局のところ，存在の意味への問いに応答するのは，この問いを自ら携え，それを立てずにはいられない存在者だけであることが明らかになる．

この問題との連関で，その後の論展開の全てを規定する最初の根本的な術語が決定されることになる．存在の問いを仕上げることが，「ある存在者――問うものである存在者――をその存在において透見させること」（*SZ* 7）であるならば，すでにこの問いにいわば「住まわれて」いる存在者だけがよい「応答者」――この存在者が必ず答えを保持してもいるというわけではないが――となることは明白である．存在の問いをこのように解するならば，それは暇人の贅沢であるような特別な問い――音楽家になるかならないかというような――ではなく，実存する者の生身に刻まれた問いであり，自己のもっとも根本的な存在様式を決する問いであることになる．このような存在者とその特殊な存在様式を示すためにハイデガーが選ぶのが，現存在（Dasein）という術語である．この現存在こそが目下関心の的になる唯一の事象であって，その他の人間学的な規定は全て，とりあえず脇に置いておかねばならない．

3／問いただされるものについて．存在の意味への問いが探究し達成しようとするのは，「存在する」とは何を意味するのか，それをどのようにして理解すればよいのか，その概念はどのようなものか，といった問いに対する答えを見出すことである（cf. *GA* 20, 196）．

このことを問いかけられるものについて述べたことと突き合わせてみると，方法上の困難に突き当たるように見える．特別な存在者（現存在）の存在をあらかじめ規定しておかなければ存在の意味への問いを立てられないのだとすれば，われわれは循環の中に封じこめられてしまうように思われるのである．だが，この循環は堂々巡りの論述のような悪循環ではなく健全な循環であって，その中に正しく入っていく術を知らねばならない．循環という見かけが生じるのは，存在論を仕上げるためには，「われわれがいつもすでにその中で動いている平均的な存在理解」（*SZ* 8）に基づかねばならないからでしかない．現存在は，存在の意味への問いを立てるという「刑に処せられている（condamné）」*11 とも言えるのであって，この問いと一体化している．というのも「現存在という性格をもつ存在者は，存在の問いに対してそれ自身ある一つの関係――おそらくは卓抜なものでさえある関係――をもっている」（*SZ* 8）からである．この関係の性質を明確に規定することは，第4節の課題となるであ

ろう。

第3節　領域的存在論から基礎的存在論へ。存在の問いの存在論的優位

　存在の問いを立てることは贅沢ではなく「もっとも原理的にしてもっとも具体的な問い」(*SZ* 9) であるということ，これは，実証的な諸学に対する哲学の関係を考察することからも引き出される洞察である。

　実証的な諸学はそれぞれ特定の存在者の領域（「事象領域（*Sachgebiet*）」）の研究を課題とする。歴史学は歴史を，物理学は自然を，生物学は生命過程を，言語学は言語を研究領野としている。これらの学が発展を遂げるためには，対応する領域がすでに見出されていなければならない。それは学以前の経験によってなされることである。すでに学以前の経験によって，さまざまな存在者の領域に関する最初の解釈が提供されているのである。では，この経験から厳密な意味での学への移行をどのように理解すべきであろうか。この点を「認識論的切断」として語ることは，ガストン・バシュラールの科学認識論によってなじみになった考えである。すなわち，学的精神を形成するためには，常識的な明証性および先入見と縁を切る必要があることを強調するのである。ハイデガーの考えでは，これとは反対に，いかなる学であれ，その領域を最初に開きだす営みは，なお「素朴で未精製（*naiv und roh*）」(*SZ* 9) なものであり続けるとされる。学者はあまり時間を無駄にできないので，自分の研究領野の「本性」を根本的に考察するよりも，この領野を満たす「対象」へと直接関心を向ける。このように実証的な「成果」を求めることが，学的精神を他のものから区別する特徴なのである。とはいえハイデガーは，学的思考が学以前の経験から断絶するということの重要性を過小に見積もるのではない。この断絶は，後の講義〔『カントの純粋理性批判の現象学的解釈』〕では「変換（*Umstellung*）」という語で語られている。学の到来は「別の眼差し」と別の態度を前提とするのである。「われわれは，学的なふるまいをそれとして構成するふるまいを対象化と名づける」(*GA* 25, 26)。

　経験論的で実証主義的な学問観では，認識の進歩ということは，成果が直線的に，もっぱら累積的に増大することとしてイメージされる。今日では，とりわけトマス・クーンの科学革命の構造に関する研究のおかげで，科学史において現実に観察される進歩はけっしてこのような理想化された見方に合致するものではないことが知られている。時には，特定の理論モデルが古びてしまうだ

けではなく，基礎的なパラダイムが見直しにかけられることもある。そのような場合には，「基礎危機（*Grundlagekrisis*）」（*SZ* 9）という言い方がなされる。ハイデガーの注意を引くのはまさしくそのような現象である。ハイデガーは，そのような状況で露わになる学的思考の脆さを明らかにしようというのではない。実際，ハイデガーの考えでは，「基礎危機」を踏破する能力は学的精神の成熟の徴なのである。

基礎危機に曝された学は自分だけで危機管理を行えるのかどうかということ，これだけがハイデガーにとって問われるべき事柄である。ここで多くのことを教えてくれるのが，「山小屋手沢本」によって修正された次の一節である。「諸学の本当の《運動》は，それら諸学の根本諸概念を多少なりとも徹底的に再検討する中で——この再検討はそれ自身にも不透明なものであるが——生起する」[16]（*SZ* 9）。したがって，基礎危機に際しては，学は別の次元での基礎づけ（*Grundlegung*）を必要とするにもかかわらず，自己自身による基礎づけ（*Selbstbegründung*）を問い直すことはないかのように事が進むのである。

この奇妙な逆説を検討する前に，ハイデガーが20世紀初頭の学問状況の中に見てとった基礎危機の一般化の徴候をざっと挙げておこう。数学では形式主義（ヒルベルト）と直観主義（ブラウェル，ワイル）の対立を考えるべきである。物理学では，アインシュタインの相対性理論によるパラダイムの革命的変化があった。生物学では機械論と生気論の対立を思い起こすべきであるが，この対立の乗り越えを図った生物学者たち（ドリーシュ，シュペーマン，フォン・ユクスキュル）をハイデガーは主な対話相手にしようとした。歴史学ではもちろんディルタイとヨルク伯を思い起こすべきである。この二人の研究については，『存在と時間』の最後の数節ではっきりと論じられることになろう。文学批評ではウンガーの仕事に言及すべきであり，最後に神学の分野では，ハイデガーがマールブルク時代に発見した弁証法神学（バルト，ブルトマン）の諸研究がある[17]。

この一覧表だけでも印象的ではあるが，それに目を奪われてハイデガーの論述の核心部を見落としてはならない。それは，根本概念の産出に関しては，学はあるタイプの哲学からの助力を必要とするという考えである。それはどのような哲学か。ここにおいて，学問の言述に対する哲学の戦略として，以下の二つを対峙させることができる。

第一章　存在の問い――必然性，構造，優位性　　95

――まずは，新カント主義や，カルナップのような新論理実証主義の哲学者が実行する「認識論的」戦略である。これをハイデガーは「〔学を〕後追いするだけの論理学（*nachhinkende Logik*）」（*SZ* 10）として描いている。哲学者が学を追いかける仕方は，棄権者収容車が競技の落伍者を拾っていくのと少し似ている。このような論理学は，さまざまな学の方法論を分析することを課題とする。これは例えばリッカートが『自然科学的概念構成の限界――歴史科学への論理的序論』（1896-1902）で行ったことである。この著作について，ハイデガーはすでに1919年に批判的な分析を提示している（cf. *GA* 56/57, 168-176）。学は哲学の助けなどなくても自らの方法論を明晰に捉えたり，認識論を仕上げたりすることができるということは，20世紀初頭の人々よりも今日のわれわれの方がよく知っていることであろう。[18]

――フッサールとハイデガーの戦略は，実証的な諸学の川下ではなく川上に位置をとるものである。そこで問題となるのは，各々の学に関係する領域について一貫した透明な解釈を供する「先導的〔＝産出的〕な論理学」（*SZ* 10）である。ここでも歴史学から例が引かれている。真の課題は，歴史家の仕事で使用される方法論的な諸概念の機能と地位を「川下で」分析することではなく，「本来的に歴史的な存在者をその歴史性へと向かって解釈（インテルプレタツィオン）すること」（*SZ* 10）である。この定式は，時間性と歴史性の絆を組織的に研究する第二篇第五章において真の意味づけを得ることになるであろう。

　当然，他の領域についてこのような「先導的な論理学」の例を探すことも可能である。例えば，自然の領域についてはアリストテレスの自然学，心的現象についてはブレンターノの「経験的心理学」がそれに当たる。カントの『純粋理性批判』でさえ，ニュートン物理学に対してそのような意味をもっているのである。事実ハイデガーはこのような観点からカントの超越論的論理学を読み直そうとしている。それは，カントの論理学を単なる認識論に還元しようとする新カント派とは反対の行き方である。カントの超越論的論理学は単なる「認識理論」ではないのであって，[19]その本来の貢献は，「自然一般に何が属するかをはっきりさせる仕事に着手したこと」（*SZ* 10-11）に存するのである。
　こうして，この「先導的な論理学」の本当の名前を明確にすることができる。

この第3節ではどこにも登場しない術語ではあるが，実際に問題になっているのは「領域的存在論」なのである。学的方法は存在者を探究するために作られたものであって，「存在者の存在を研究するようにはできていない」（*GA* 25, 35）のである。方法論的な手続きとしての学は自らを基礎づけることができるのであって，事情を知らない哲学者に自分の方法論を指示してもらう必要は全くない。だが，それは学の力であると同時に，その限界でもある。「存在の体制を企投することにおいて学自身によって遂行された自己自身の基礎づけは，それ自身一つの基礎づけを必要とするが，後者の基礎づけは，その学がそれ自身の方法によって遂行することはもはやできないものである」（*GA* 25, 35）。ここで哲学者が介入する。学が自己自身に与えることができないものを，哲学者は学に提供するのである。すなわちそれは，学が関わる存在者の存在に関する分析であり，言い換えれば，個々の学の企投の内に「そのつどすでに必然的に置かれている前存在論的な存在理解を仕上げること」（*GA* 25, 36）を課題とする領域的存在論なのである。ここから次のような主要テーゼが出てくる。「存在者のある領域に関わる全ての学には，領域的存在論がすでに潜在的な仕方で含まれているのであるが，この領域的存在論は，その学に属していながら，その学自身によってはけっして，しかも根本的な意味においてけっして仕上げることのできないものである」（*GA* 25, 36）。このような観点から，ハイデガーは，幾何学とそれに続く諸学についてのプラトンの言明を全ての学へと転用することができる。すなわち，哲学に比べれば，それらの学は夢を見ているだけだというのである。[20]

　領域的存在論が必要であると主張するだけでもすでに大変な事であるが，それで終わりではない。もう一歩踏みだして，実証的な諸学を基礎づける存在者の諸領域（自然，意識，歴史等々）の領域的存在論が，今度は基礎的存在論によって基礎づけられねばならないことを認める必要がある。領域的存在論は，諸学の単に「存在的」な問いに対しては強力かつ有益である（そもそも存在的な問いというのは，それ自身の次元ではきわめて強力なものである）が，けっして自らに満足することはありえないであろう。それぞれの領域的存在論は，ある特定の存在者の存在を規定できるように，存在の意味をあらかじめ照らす光を必要とする。存在の意味を照らしだすということは，もっぱら基礎的存在論の課題なのである（*GA* 25, 39）。

> コラム⑨　基礎危機，あるいは諸学が再び夢を見始めるとき
> 　だが，定立的〔実証的〕な諸学は――注目すべきことに――まさしくこのように夢を見ることによってその諸々の成果に到達するのである。それらの学は，哲学的に目覚めることを必要としないし，目覚めたとしても，自ら哲学になることはけっしてない。全ての定立的な学の歴史を見れば，これらの学が夢から覚めて，自らが研究している当の存在者の存在へと目を開くのは，ほんの一瞬だけであることが分かる。今日われわれはそのような状況の内にある。定立的な諸学の根本諸概念は動揺し始めている。その諸概念を，それらが発源してきた根源的な源泉にまで遡って再検討することが求められている。より正確に言えば，われわれはつい先頃までそうした状況の内にいたのである。今日，よく耳を澄ませて，学の営みの外面的な喧騒や慌しさを超えて諸学の本来の動きを感じとるほどの人であれば，諸学が再び夢を見始めていることを見てとるに違いない。もちろんこれを，学に対する非難と考えてはならない――例えば哲学という高い立場からの非難と考えてはならない。むしろ見てとるべきであるのは，諸学がすでにそれにふさわしい，もとのなじみ深い状態に戻ってしまっているということである。一触即発の火種のそばにいて，しかも〔諸学の〕根本諸概念が陳腐な考え方であることを知るというのは，きわめて不愉快なことなのである。(GA 24, 75)

それゆえ，以上をまとめると次のようなテーゼになる。「全ての存在論は，どれほど豊かで確固としたカテゴリー体系を備えていても，まずもって存在の意味を十分明らかにし，この解明を自らの基礎的課題として把握するのでないとすれば，根本において盲目のままであって，それ自身にもっとも固有の意図に背くことになる」(SZ 11)。このテーゼによって，以上辿ってきた基礎づけの順序を次のように図示することができる。

<u>基礎的存在論</u>
＝存在の問いの仕上げ

↓

<u>領域的存在論</u>
＝特定領域の存在者の存在の規定

↓

<u>実証的諸学</u>
＝特定の存在者領域の探究
方法論的な自己基礎づけ

第4節　存在の問いと問う存在者——存在の問いの存在的優位

　ここまでは，学というものをもっぱら特定の存在者領域に関する理論的言説の認識論という観点から考察してきた。だが，これらの理論が全て何らかの態度やふるまいに根ざしていることを忘れてはならない。この観点からすれば，学もまたさまざまな態度の中の一つでしかない。そして，全ての態度は何らかのふるまい方を選択する存在者に根ざしている。こうしてわれわれは，第2節の終わりで定義された意味での現存在へと戻ってくるのである。

　ここで問題になるのは，現存在は他の全ての存在者からいかなる点で区別されるのかということである。答えは「存在の問いの存在的優位」というこの節の題名によって示唆されている。すなわち，存在の問いが課せられるということが現存在の卓抜なる特権性なのである。現存在は存在の問いを「身にまとっている」のだと言ってもよかろう。『時間概念の歴史への序説』の第17節にこの節の議論に対応する箇所があるが（GA 20, 198-202），そこでハイデガーは，問う存在者である現存在と存在の問いとの密接な関係を強調するために，とりわけ能弁な言い回しを用いている。存在の問いが現にあるのはわれわれがそれに出会ったからであり，われわれが存在の問いに出会うのはまさしくわれわれがこの問いで・あ・るからだ（GA 20, 199），と言ってもほぼ問題はないのである。こうして，存在の意味への問いを仕上げるというのは，まずもって「問うことを存在者として，すなわち現存在そのものとして露わにすること」（GA 20, 200）を意味することになる。さらに言えば，「このように問いつつある存在者が問いただされるものによって取りおさえられているということ（Betroffenheit）は，存在の問いそのもののもっとも固有な意味に属することである」（GA 20, 200）。存在の問いを仕上げるというのは，それを理論的に構成することではなく，この問いがわれわれに住みついている仕方を現象学的に解明することである。「存在そのものを解明し理解しようとする現象学的な傾向だけが，問うことそのものである存在者，すなわち問うものとしてのわれわれ自身である現存在を解明するという課題を担っている」（GA 20, 201）。「問うこと自体を存在様式とする存在者として現存在を解明する」（GA 20, 202）ということが課題となるのである。

　以上の綱領的な表現は，単なる「所在（Vorkommen）」には還元できない存在様式への注意を促すものである。現存在は，どのような仕方で存在できると

しても、単なる所在以上のもの、単なる所在とは別のものなのである。

ここでは、そのような相違を積極的な言い方で特徴づけなければならない。現存在の存在的な卓抜性を画定するために、ハイデガーは四つの本質的な規定を挙げている。

1／現存在とは、「自らの存在においてこの存在自身が**問題であるような**(daßes diesem Seienden in seinem Sein *um* dieses Sein selbst geht)」（*SZ* 12）存在者である。これは『存在と時間』の至る所で繰り返し変奏される根本定式である。さしあたっては、自己の存在によって関与され、自己の存在を気遣うということが現存在の特性であると言える。存在するというのは、単なる所与ではなく、同時に課題なのである。
2／この存在者の体制には「存在関係（*Seinsverhältnis*）」が含まれている。もっと厳密に言えば、「現存在のこの存在体制には、自らの存在においてその存在に対する存在関係をもつということが属している」（*SZ* 12）。つまり、存在関係は外在的ではなく内在的なのである。
3／これと同じ理由で、現存在は何らかの仕方で——たいていは明示的な仕方ではないが——存在理解を携えている。「現存在は自らの存在において、何らかの仕方と明示性において自己を理解している」（*SZ* 12）のである。
4／結局このことは、「現存在には、自らの存在と共に、そして自らの存在を通してこの存在が自己自身に開示されている」（*SZ* 12）ということである。

ここでわれわれははじめて「開示されている（*erschlossen*）」という形容詞に出会うのであるが、この語はそれに対応する名詞である開示性(iv)（*Erschlossenheit*）と共に『存在と時間』の最重要概念の一つとなるのであって、「『存在と時間』の解釈の成否は、開示性という語が指し示す現象を真剣に受けとることができるかどうかに掛かっている」と言えるほどである。(21)この概念の意味は、「被投性（*Geworfenheit*）」と「企投（*Entwurf*）」という対概念を導入する第29節と第31節で明確にされるであろう。

こうして、現存在の存在的な卓抜性は、明示的な存在論の仕上げに先立って、存在理解が現存在をその存在自体において特徴づけているという点にあることになる。ここでまた新たな術語が定められる。「現存在がしかじかの仕方で自

らを関わらせることができ，いつも何らかの仕方で自らを関わらせている存在自体を，われわれは**実存**と名づける」(SZ 12)。もちろんこの術語についても，開示性について今述べたのと同じことが言える。それは，まさしく実存論的分析論全体の「開けゴマ」となる術語なのである。

　ハイデガーの実存概念は伝統的存在論における *existentia* と *essentia* の対立とは無関係であって，ハイデガー特有の定義を尊重しなければならない。伝統的存在論——カントですらそうだが——では，「実存する」とは単に「所在する」ということであった。だが，ハイデガーでは，それは，現存在自身が選んだ可能性であれ，現存在がたまたまその中に落ちてきた可能性であれ，あるいはその中で成長した可能性であれ，ともあれ現存在に与えられた存在可能性の問題である。この意味で，「実存の問いはつねに実存することを通してのみ決着されるべきである」(SZ 12)。自らの実存を具体的に理解することは，現存在の仕事であり，「懸案」なのであって，これを選ばないということもなお一つの選択になるような事柄なのである。

　したがって，二つの次元ないしは平面を区別して分析しなければならない。

1／**実存的**な決断の平面。その例としては，日常の食事メニューの選択から「人生をかけた選択」まで挙げられる。そうした選択の一つ一つに一定の実存理解が含まれている。例えば，信仰者の実存理解には，不信仰者の場合とは別の実存的選択が対応するのである。
2／こうした選択全てを下支えしている現存在の構造そのものの**存在論的分析**，すなわち「実存を構成するものを解釈し分けること（*Auseinanderlegung dessen, was Existenz konstituiert*）」(SZ 12)。これは**実存論的**な平面であって，実存的平面と混同してはならないものである。さもないと，全集版の欄外注記で言われているように，実存論的分析論は単なる「実存哲学」に還元されてしまう。現存在の実存論的分析論は，もっぱらこの二番目の平面に関わるのである。

　実存論的分析論の地位については，第3節で領域的存在論と基礎的存在論の関係について述べたことを適用すべきである。すなわち「現存在の分析論を徹底的に遂行するという可能性自体が，存在一般の意味への問いをあらかじめ仕上げておくという作業に掛かっている」(SZ 13) のである。しかしこの言明

には誤解の恐れがある。実際，文字通りにとれば，それは現存在の分析論が諸々の領域的存在論と同じ地位にあることを意味するであろう。その場合，自然の領域的存在論が物理学の関わる自然的諸存在者の存在を規定しようとするのと同様に，実存論的分析論は人間学が関わる存在者——目下の場合は現存在ということになる——の存在を規定するものだということになるであろう。そのように考えれば，実存論的分析論は人間学という一つの領域的存在論だということになってしまう。もっとも，第3節の最初では，存在領域として「歴史，自然，空間，生命，現存在，言語」が列挙されており，今述べたような誤解の支えとなるかもしれない。そこでは，他の多くの存在者領域と並ぶ一つの領域として，現存在が登場しているのである。

　このように，目下のところ実存論的分析論の構想はまだあまりにも脆弱であって，その最終的な明確化は第10節を待つべきであろう。とはいえ，すでに現時点で，この構想を複雑にする二つの理由が指摘されている。第一の理由は，諸々の学はそれ自体現存在の存在様式であって，それゆえ「**現存在的ではない存在性格をもつ存在者を主題とする諸々の存在論は，現存在の存在的な構造の内で基礎づけられ，動機づけられる**」(*SZ* 13) ということ，第二の理由は，「**そこから他の全ての存在論がはじめて発源できる基礎的存在論は，現存在の実存論的分析論の内に求められねばならない**」(*SZ* 13) ということである。

　こうして，数行を隔てて，一見正反対に見える二つの言明が見出される。すなわち，一方では実存論的分析論は存在の意味への問いの仕上げを前提していると言われ，他方では，実存論的分析論だけがこの問いへの通路となるのであって，基礎的存在論は実存論的分析論の内に求められねばならないと言われるのである。この見かけ上の循環を性急に解消しようとせず，そこに含まれる逆説を受け入れなければならない。この節でもちこまれた新たな与件によって第3節の図表を補完するならば，以下のように図示することができる。

<u>基礎的存在論</u>
＝存在の問いの仕上げ

（前提）↑ ↓（通路）

<u>実存論的分析論</u>
（現存在／実存）

↓

<u>領域的存在論</u>
＝特定領域の存在者の存在の規定

↓

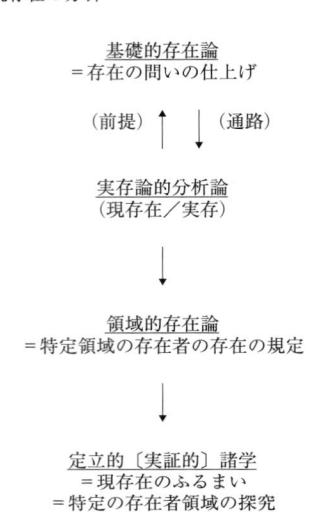

<u>定立的〔実証的〕諸学</u>
＝現存在のふるまい
＝特定の存在者領域の探究
方法論的な自己基礎づけ

　こうして現存在の優位は，以下の三重の観点との対応でより明確に規定される。

1／・存・在・的・優・位：「この存在者はその存在において実存によって規定されている」（*SZ* 13）
2／・存・在・論・的・優・位：現存在は「存在理解」を携えている限りは「それ自身において《存在論的》」（*SZ* 13）である。
3／・存・在・的・-・存・在・論・的・優・位：現存在は他の全ての領域的存在論の可能性の条件である。

　第一の点については，さらに説明して「実存論的分析論は，それ自身の側で最終的には**実存的**に，すなわち**存在的**に根をもっている」（*SZ* 13）というべきである。すなわち，実存論的分析論が生じうるようにするためには，特定の存在者——目下の場合は哲学者——が，自らに供される数多のふるまいの中から一つの存在可能性——ここでは哲学するという可能性——を選ばねばならないのである。
　哲学史の中には，伝統的存在論に属する哲学者たちが，この現存在の優位をそれとして主題化しないままにすでに垣間見ていたことを示す指標がいくつも

ある。ハイデガーは，その証拠として三人の大哲学者を引いている。まずは西洋存在論の父パルメニデスであるが，彼の詩句の断章3には「なぜなら思惟することと存在することは同じ事であるから（τὸ γὰρ αὐτὸ νοεῖν τε καὶ εἶναι）」という有名な公理がある。『時間概念の歴史への序説』では，この公理が「存在するとは，存在するものをその存在において聞きとること（Vernehmen）と同じである」（GA 20, 200）と注釈されている。この公理によって，〔西洋存在論の〕そもそものはじめから，理解と存在自体の間に密接で不可分な結合が立てられている。それは通常の意味での主観と客観の分裂によってはけっして説明できないような結合である。『魂について』において，アリストテレスは魂に全ての存在者に「適合する」という卓抜な能力を認めることによって，このパルメニデスの伝統に結びついている。そしてこの伝統は，聖トマスの格言「魂ハ或ル意味デ全テノモノデアル（anima est quodammodo omnia）」(23)によって表現されることになる。テルトリアヌスの口吻をまねて，魂は「生まれながらに存在論的である」と言ってもよいであろう。*12

　最後に，基礎的存在論と実存論的分析論の間にはきわめて強固な結びつきがあることを想定しなければならない。両者はほとんど一つのものであると思われるほどである（「現存在の存在論的分析論がそもそも基礎的存在論を形成している（daß die ontologische Analytik des Daseins überhaupt die Fundamentalontologie ausmacht）」（SZ 14））。「存在の意味の解釈（インテルプレタツィオン）が課題となる時には，現存在は第一次的に問いかけられるべき存在者であるだけでなく，さらに，自らの存在においてこの問いにおいて問われている当のものにそのつどすでに関わっている存在者なのである」（SZ 14-15）。

第二章　いかにして存在の問いを仕上げるか
――二重の課題と方法的諸問題

第5節　実存論的分析論の最初の課題
　　　　――存在一般の意味を解釈(インテルプレタツィオン)するための地平を露わにすること

　以上行ってきた最初の分析を経て，われわれは，哲学と哲学以前との接点に，ドゥルーズにならって「内在平面」と呼べるようなものを見定めると同時に，それを存在の意味への問いという根本問題に従属させた。この内在平面は，現象学的分析が進むにつれて諸々の概念で満たされていくことになるが，そのような分析が始まるのは第12節からであって，その前に解決しておかねばならない方法上の問題がまだいくつもある。それらは現存在の存在的－存在論的優位の確定に直結する問題である。第一の問題は問いの形で表現される。すなわち「どのようにしてこの存在者，現存在へと通路をつければよいのか，そして，理解しつつ解釈する中で，どのようにしてそれにいわば狙いを定め（anvisiert）ればよいのか」（SZ 15）という問いである。なるほどこれはわれわれを驚かせる問いであるかもしれない。われわれはすでに現存在を発見したのではなかろうか。たしかにそうなのであるが，まさしく現存在を発見したときに，根本的な困難が生じてくるのである。その困難とは，存在論以前の理解から厳密な意味での存在論の仕上げへと直接に移行することはできない，ということである。

　ドゥルーズとともにこう言おう。内在平面とは，哲学より先に存在するが，哲学者によって描きとられるべきものであると。これと同じ直観を，ハイデガーでは次のように言い表している。「たしかに，存在的には，現存在は近くにあり，もっとも身近にあるというだけでなく，われわれが自らそのつどそれでさえあるものである。それにもかかわらず，むしろそれだからこそ，現存在は存在論的にはもっとも遠いものである」（SZ 15）。この隔たりを明確に意識しなければならない。なるほど，人間はずっと変わらず「生まれながらに存在論的な動物」であるが，人間自身の自然発生的な存在理解――これは当人の自己理解と不可分である――には一種の根本的な隠蔽作用が含まれている。自ずとわれわれは，自らを現存在という特有性において理解せずに，「諸事物の内の

一つ」すなわち「世界の構成要素」として理解してしまう。「自らが本質上つねにとりあえず関わっている当の存在者から，つまり《世界》から自己自身の存在を理解する」（*SZ* 15）というのが，現存在の自然の傾向性なのである。

したがって，近代の意識哲学者および主観哲学者たちが「反省」と呼んだもの，すなわち自己へと還帰するという主観の能力は，実は世界理解から「現存在解釈」への存在論的反照（*Rückstrahlung*）（*SZ* 16）として理解すべきものである。自然発生的な自己理解は主観から出発するのではなく，主観にとってもっとも異質なものである「世界」から出発するのである。ここで「反照」と呼ばれる現象は，ハイデガーがはじめて事実的生の解釈学を素描した際にすでに出てきたものである。その時には返照（*Reluzenz*）という語が使われていたが，この語も少し先（第 6 節）で現れることになる（*SZ* 21）。

反省と反照との区別というのは，一見ささいなことに見えるが，反省哲学（フッサールの現象学も含めて）と実存論的分析論における主観の地位の根本的な違いを示している。第 25 節から第 27 節までの議論を先取りして言えば，主観の理論が「自己の解釈学」へと変わるのだとも言える。それぞれに対応する思考図式を描けば以下のようになる。

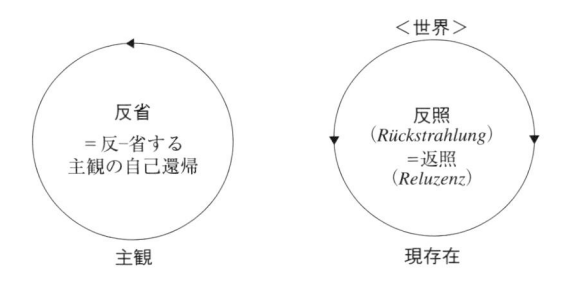

この図を現存在に適用してみると，まだ練り上げが足りないことが分かる。そこに覆蔽性（*Verdecktheit*）という契機も書き込めなければなるまい。というのも，自然発生的な自己理解においては，現存在の最深の真理は隠蔽されているからである。それゆえ，問題となる状況を完全に描こうとするならば，次のように言わねばならない。「現存在は現存在自身にとって，存在的には《もっとも近く》，存在論的にはもっとも遠くにあるが，とはいえ前存在論的には現存在自身にとって疎遠なものではない」（*SZ* 16）。

この定式——それは徐々にさまざまな形で適用されていくことになるが——は，現存在を適切に解釈するという作業に特有の困難を知らせてくれる。ここで必要となる概念や「カテゴリー」は，前もって与えられるのではなく，産みだされるべきものである。事が複雑になるのは，いつもすでに何らかの自己解釈作業が始まっており，神話，文化作品，詩，伝記，歴史記録といった形で蓄えられているからである。現存在の自己解釈を証言するこれらのものは，実存論的分析論の観点からすればどのような価値をもつのであろうか。この問題は，とくに第42節でふたたび登場するであろう。これに加えて，心理学，人間学，倫理学，政治哲学等が，「人間とは何か」という問いに対して哲学的次元でも無視できない答えを与えているという事実がある。そこであらためて問題となるのは，そういった成果に対して実存論的分析論をどのように位置づければよいのかということである。この問題は第10節でふたたび登場するであろう。
　こうしてわれわれは，一挙に実存論的分析論の厳密な地位という問いと，隣接する諸分野に対するこの分析論の関係という問いに直面することになる。
　1／最初の消極的な区別——これはとくに人類が太古から文化作品の産出を通して追求してきた自己解釈作業にあてはまる——は，実存論的と実存的という区別を引き合いに出す。実存的な観点では，偉大な文化作品の深遠さに匹敵するものは何もあるまい。「あるべきかあらざるべきか」という悲劇的な実存の問いに捕えられたハムレットは，ある種の実存の悲劇について，ハイデガーの実存論的分析論も含めてどのような存在論の論述よりも多くのことをわれわれに語りかけるであろう。しかし，だからといって，そうした叙述が実存論的に十分なものだということにはならない。反対に，実存的解釈が実存論的分析を要求することもありうる（SZ 16）ということに賭けねばならない。両者の交流が実り多いものになりうる例を少なくとも一つ挙げておこう。ルードヴィヒ・ビンスヴァンガーとその学派の実存論的精神医学がそれである。[27]
　2／1 の〔消極的な〕区別画定と対をなす積極的な部分が，現存在への通路を見出すことを求める現象学の基礎的要求である。この通路によって，現存在は他の領域から借りたカテゴリーを自らに貼りつけるのではなく，「自らを自己自身において自己自身から示す」（SZ 16）ことができるのである。ところで——まさしくここで事実性の解釈学の根本直観が再発見されるのだが——，それはつまり，現存在を「それがさしあたってたいてい存在している通りに，すなわち平均的日常性において」（SZ 16）とらえるということである。この

「現存在の日常性の基本体制」（*SZ* 17）をどのように規定するべきであろうか。この問題は第 9 節で明確にされるであろう。さしあたっては，日常性が強調されることによって，実存論的分析論は日常の「生活世界」から関心を引き離す「学的」なアプローチから区別されるのだと述べておこう。人間の存在は単に芸術，宗教，精神の病といった例外的状況で開示されるのではなく，まずもってもっとも日常的で無反省な態度の中で開示されるのだということ，それを認めることにハイデガーは賭けるのである。ある種の根本経験（例えば神秘家の経験のような）の開示力に関心を向けるよりも前に，実存論的分析論は買い物をする主婦や仕事場の靴屋と歩みを共にしなければならない。

　3／もちろん「日常性」とは通俗性の類義語ではない。徐々に明らかになってくるように，この術語は広範囲にわたる錯綜した諸現象をカヴァーするものである。とはいえ，実存論的分析論の限界を明確にしておく必要はある。その限界は，実存論的分析論が「存在の問いを仕上げていくという主導的な課題へと方向づけられている」（*SZ* 17）ことから発してくる。限界は二重でさえある。一方で，ハイデガーが実行する実存論的分析論は，哲学的人間学の基礎を確保しようとする場合に必要となるような「現存在の完全な存在論」（*SZ* 17）を与えるものではない。他方でそれは，単に不十分で選択的というだけでなく，暫定的で準備的なものである。実存論的分析論の最初の運動は，現存在と名づけられる存在者の存在を露わにすることにとどまり，まだ現存在の存在の意味が解釈されることはない。それゆえ，プラトンのいう「第二の航海」が必要になる。それは「実存論的分析論をより高次の本来的な基盤の上で反復する」（*SZ* 17）という作業である。

　こうして，『存在と時間』第一部の第一篇と第二篇（公刊された部分）の論展開の全体が浮かび上がってくる。まず第一篇（第 9 節から第 44 節）は現存在の準備的基礎分析であり，そこでは現存在の存在の意味への問いはまだ主題化されていない。つぎに第二篇（第 45 節から第 83 節）では，〔第一篇の論述を〕深化し反復することによって，現存在の存在の意味を時間的意味として露わにすることが目指される。そうして，現存在の構造は全て「時間性の様態」として開示されることになる。そこではじめて，存在すること自体の意味というさらに根本的な問いへの通路が開けるのである。

　4／『存在と時間』を支配する基本要請は，すでに前存在論的な理解において，現存在は時間の地平の内で自らの存在を理解しているということである。

それゆえ，全ての存在理解と存在解釈の地平となるのは時間である。序言ですでに言及されたように，この著作の基本テーマが「存在を理解する現存在の存在としての時間性から存在理解の地平としての時間を根源的に解明すること」(*SZ* 17) となるのはこのためである。もちろん，現存在に固有の時間性に到達するためには，年代順に従う通常の時間概念——ハイデガーはそれを「通俗的時間概念」と名づける——を乗り越えなければなるまい。ところで，少なくともハイデガーの内的確信によれば，アリストテレスからベルクソンに至る哲学的時間論は，一度たりともこの通俗的な理解から逃れることはできなかったのである。

　まさしくそのために，これまでの哲学的時間論は時間の存在論的意味を完全にラディカルな姿で捉えることができず，いわば不承不承に時間の存在論的意味を認めさせられてきた。それを示す最大の徴候は，諸々の領域的存在論を区分するための規準として，しばしば時間への関係が用いられてきたことである。つまり，時間を支配する永遠的存在が規定する領域は，時間の勢力を被る偶然的存在者の領域とは別のものとされたのである。こうした区別は，伝統的存在論の言説でも，時間がつねに「存在の諸領域を素朴に区分する規準」(*SZ* 18) として機能していたことを示している。だが，時間がこうした役割を果たすのは，ひとえに時間が「時間の内で存在する」仕方としての種々の領域的存在論の区別を超越し，この区別の支配を逃れているからである。

　そこからもう一歩進まなければならないのであるが，それはいかなる伝統的存在論も果たしえなかったことである。というのも，それはまさしく基礎的存在論に属する作業だからである。この一歩とは，時間を根源的に理解し，他ならぬその時間がどのようにして存在の意味自体の規定に貢献するのかを検討することである。それは現象学的であると同時に存在論的な課題である。すなわち，「正しく見られ解明された時間の現象の内にあらゆる存在論の中心的問題設定が根づいていることとその有様」(*SZ* 18) を示すという現象学的課題は，「時間から存在を理解する」(*SZ* 18) という存在論的課題へと通じているのである。先に基礎的存在論，実存論的分析論，領域的存在論の三者の関係について述べたことが，ここでふたたび確認されることになる。時間は単に諸々の領域的存在論の「アプリオリ」であるだけでなく，ある意味では存在自体の地平なのである。だがどのような「時間」なのか。通常の年代順の時間ではありえないことは全く明白である。それゆえハイデガーは，年代順ではない時間

の二つの「相貌」を術語的に区別する。まずは現存在を構成する時間性（Zeitlichkeit）である。これは第一義における「現象学的時間」である。だが，この現象自体，さらに根本的で根源的な贈与の営みから，すなわち（存在に意味を与えることによって）存在の意味を規定する時間から考察されねばならない。この時間には時性（Temporalität）という表現が当てられる。これは，些細なことに見えるが根本的な区別である。『存在と時間』の最終章（第78節から第83節）と『現象学の根本問題』の第21節・第22節（GA 24, 389-469）において，われわれはこの区別の意味を明確化するように迫られるであろう。

　存在論が時間に対してこれほど根本的な仕方で関わるとすれば，存在の問いを仕上げることを課題とする探究のきわめて特殊な地位をよりよく受け入れることができる。また，この探究は歴史と特別な関わりをもつのではないか，ということも問われてくる。哲学史――これも歴史という名称を冠している――さえも，存在に関するさまざまな意見の瑣末な連続にすぎないものではなく，「問いと発見と挫折の諸々の歴運」（SZ 19）を読みとることのできる歴運的（destinale）歴史として解読すべきものとなるであろう。

第6節　第二の課題――存在論の歴史の「解体」

　こうして第二の課題に逢着することになる。存在論の歴史において「現存在の内的必然性」が表現されているのであれば，この歴史を解釈するにあたっては，「現存在の基本的歴史性」（SZ 20），すなわち現存在特有の歴史への関わり方を基礎にしなければならない。問題となるのは，もはや思想史の一分野としての存在論の歴史ではなく，存在論的問いにおいて「それ自身歴史性によって規定されている」（SZ 20）ところのものである。ハイデガーが1923年の『存在論』講義以来探究してきた事実性の解釈学と存在論的探究との結びつきが，ここでもまだ生きているのである。

　現存在の歴史性に特有の構造は第72節から第77節ではじめて分析されるのであるが，ここでは，現存在の歴史性が特に伝統を創造しそれに追随する能力の中で顕わにされている。伝統とは伝承するということである。この基本現象に個別の状況において接ぎ木されるのが，歴史的意識とそれに続く諸々の歴史科学である。こうして存在論の歴史は，世代を経てわれわれにまで伝承されてきた存在に関する問いの長い伝統として提示されることになる。現代のわれわれが存在の問いをあらためて仕上げるということは，この伝統を行き止まりに

させることではありえない。反対に，「存在の意味への問いが〔……〕自ずから自己を歴史学的な問いとして理解するように促される」(SZ 21) のだとすれば，われわれはこの伝統を自己化するという課題に直面せざるをえない。つまりわれわれは「過去の積極的な自己化によってもっとも自己的な問いの可能性を完全に所有する」(SZ 21) ように求められるのである。

だが，この自己化の厳密な条件を明確にしなければならない。つまり，伝統の作用と伝統へのわれわれの関係をもっとはっきりと吟味しなければならない。そうすると事態は複雑になってくる。世界に対する現存在の関係について先に述べたことが，伝統への関係についても当てはまる。伝統は，現存在の自己理解を促進するどころか，現存在のもっとも固有な問いをふさいでしまうことによって，現存在に枷をはめるものであるかのように見えてくるのである。こうして伝統は，現存在の可能性の条件から現存在がぶつかる障害へと姿を変えてしまうことになる。

存在の問いの場合，伝統とはまさしく存在論的伝統を形成するもののことである。この伝統は，あらゆる答えを保持しているという印象を与えるが，そのことによって，当の伝統の形成を可能にしたそもそもの問いをふさいでしまう。歴史的な知識を増やしても，この欠陥を埋め合わせることはできまい。反対に，まさに歴史のせいで「自分自身で考える」ことがより難しくなるのであって，それゆえ歴史によって「生産的な自己化という意味での過去への積極的な還帰を可能にする基本条件」(SZ 21) が隠蔽されてしまうおそれがある。たしかに，存在論の歴史に立ち返ることは不可欠であるが，その還帰は，「歴史において立てられた問いよりも前へと還帰し，過去が立てた問いをはじめて根源的な仕方であらためて自己化するという仕方で遂行」(GA 20, 188) されねばならないのである。

こうして，存在に関する概念知の形成にもっとも明示的に関わってきた思索の伝統，つまり存在論は，逆説的な状況に置かれることになる。すなわちこの伝統は，存在の意味への問いの忘却（この忘却（*Vergessenheit*）という語は第1節の場合と同様に能動的な意味をもつ）へと能動的に加担するものなのである。ここで明記しておきたいのは，「存在忘却」とはつねに存在の問いの忘却だということである。というのも，存在を忘却するというのは，ぼんやりした教師が教室に傘を忘れるのとは訳が違うことだからである。

西洋の存在論の主要な段階を手短かに通覧しながら，ハイデガーはこの忘却

を告げるいくつかの徴候を明示している。基本的には，西洋の存在論というのはただ一つだけである。それはギリシャ人たちが決定的な基礎を築き，「今日なお哲学の概念性を規定している」（SZ 21）ものである。このような本質的連続性を公準とすることは，存在論に何も進展がなかったということではない。だが，それらの進展もギリシャ存在論の主要テーマの変奏でしかなく，新たな基礎をうち立てることはなかった。

コラム⑩　「古い存在論」を解体しなければならない

　古い存在論（とそこから生じたカテゴリー構造）は，根本から新たに形成し直されねばなりません——もしも本気で自らの現在の生をその根本的な志向において捉え，かつ導こうと考えるのであれば。私たちの時代の哲学は，ギリシャ人たちが彼らなりに自ら成しとげた事柄を，もはや理解することすらできません。ましてや，同じことを私たちなりに成し遂げるというのがどういうことであるのかを，私たちはまったく分かっていないのです。

　同じことをするというただそれだけのことが分かっていない——つまりそれは，プラトンやアリストテレスを甦らせるとか，ギリシャ人たちは重要なことはすでに全て知っていたのだと説くといったことではないのです。

　従来の存在論を，それがギリシャ哲学に，とりわけアリストテレスに由来していることに着目しつつ批判しなければなりません。アリストテレスの存在論（すでにこの存在論という概念は不適切ですが）は，中世のスコラ哲学者たちだけでなく，カントにおいて，そしてヘーゲルにおいてさえも強力に生きています。

　しかし，このような批判を遂行するためには，ギリシャ人たちの事柄に関わる問題を原理的に理解する必要があります。ギリシャ人たちの世界との接し方を規定する動機や態度に基づいて，あるいは諸対象についての語り方や，そこで遂行される概念形成の仕方に基づいて，理解する必要があるのです。（1922年6月27日のヤスパース宛の手紙）

　こうして，ギリシャで存在論が始まった時から「忘却」が作動していたというテーゼがどれほど重要なものかが分かる。ギリシャ人たちが伝統を生み出したのである以上，ギリシャの哲学者たちはその後継者たちとは違って伝統の犠牲にはなりえないはずであるとするならば，これは矛盾したことのように見えるかもしれない。しかし，ハイデガーから見れば，ギリシャの哲学者たちもある「仮象」の犠牲者であった。すなわち，彼らは現存在からではなく世界から

存在論を展開したのである (SZ 22)。この意味で，ギリシャ人たちにしても真の意味で存在の問いの「高み」に達していたのではない。彼らもまた，存在の問いを立てながらも，部分的にはそれを「怠って」しまっていた（ここで先述の「怠り（Versäumnis）」という概念がふたたび登場する）。この最初の「怠り」が残した結果は，存在論の伝統のその後の展開によってもけっして乗り越えられなかった。アリストテレスの存在論を受容した中世哲学，存在論の規準的な表現となったスアレスの『形而上学討論集』(1597 年)，デカルトのコギトと共に始まる近代主観哲学の形成，カントの超越論的哲学とヘーゲルの『論理学』，これらは最初の「怠り」を乗り越えられなかったばかりか，状況を悪化させただけであった。近代主観哲学の到来は哲学史に新たな時代を画する断絶を表すものと考えられているが，ハイデガーは同一の存在論的枠組が切れ目なく続いていることを強調する。ヘーゲルによれば，デカルトは近代を発見したコロンブスと見なされうるのであるが，存在論的観点から見れば，デカルトがもたらしたものは何もないとハイデガーは主張する。「存在論的には全てが古人の許にある (ontologisch bleibt alles beim Alten)」(GA 24, 173-175) のである。結局，近代哲学は新たな存在領域を特別視することで領域的存在論に変更を加えただけであって，存在の問いについては全面的に怠ってしまうのである。

　こうして明確になってくるのは，存在の問いそのものを見通せるように存在論の歴史を自己化するという課題である。伝統を丸ごと受け入れたりはねのけたりするのではなく，固定化した伝統を解き緩めて (Auflockerung) その覆いを剝ぎとることが重要である。解き緩めて剝ぎとるというイメージによって，「解体」という術語で表される課題がくっきりと描き出されている。それは「今日伝承されている限りでの古代の存在論を**存在の問いを手引きとして解体**し，根源的な経験へと，つまり存在の最初の，またそれ以後主導的となるような諸規定がそこで獲得された経験へと引き戻すこと」(SZ 22) である。

　解体 (Destruktion) という術語にどのような意味を与えるかということに，多くの事柄が掛かってくるであろう。この語については，破壊の企てを意味するかのような印象を与えないように，文字通りの翻訳を避けることを選んだ者もいた。デリダは「脱構築 (déconstruction)」と訳し，ヴザンは「脱閉塞 (désobstruction)」と訳している。私は文字通りに〔解体と〕訳しておく方がよいと考えるが，ただしそれは，この語に関するハイデガー自身の注釈に留意し

た上でのことである。ハイデガーの注釈に関しては、次の三つのモチーフが重要である。

1／「解体」とは、存在論の「出生証明書」の再確認を目指す系譜学的な探究である。まさしくある種の「原光景」を再構成することが課題となるのである。
2／解体には伝統の排去というような否定的な意味はありえない。それは、除去し破壊する企てではなく、伝統を創造的に受けとる真の意味での自己化のための諸条件を準備しようとするものである。この意味で、解体は肯定的な機能をもっている。
3／それでも解体に否定的な働きが付け加わるとすれば、それは過去への関係ではなく現在への関係においてである。ニーチェの『反時代的考察』の第2篇〔『生に対する歴史の利害』〕が「反時代的」であるのと同じ意味で、解体は「反時代的」である。存在論の歴史を扱う支配的な様式に対して、解体は批判を向けるのである。(32)

このような解体が行われる主な作業場を、ハイデガーは一気に指示している。そこで導きとなる問いは、伝統的存在論は存在の解釈と時間の現象を主題的に結びつけることができたかどうか、ということであった。第8節でも示唆されているように、この問いには哲学史上の三つの偉大な作業場が呼応する。それらは『存在と時間』の〔未完の〕第二部となるはずのものであった。ここでは、その三つが時代の若い順に数えあげられている。

1．時間の図式性に関するカントの教説
　ハイデガーにとって、カントは時間と存在との結びつきを認める方向へと歩を進めることのできた最初にして唯一の思想家である（*SZ* 23）。これはとくに図式性の教説において起こったことである。図式性について、カントは「人間の魂の内奥に隠された術であって、その真のメカニズムを自然からいつか察し、それを目の前に露わにすることは困難である(33)」と言っている。だがカントは、この謎がまさしく時間性の謎であることを見てとることができなかった。時間の問題に対して多大な関心をもっていたにもかかわらず、カントにおいては「時間と《我考う》との決定的な連関は全くの闇に包まれており、あらため

て問題なることさえなかった」（*SZ* 24）のである。ここでも悲劇的な挫折が見られる。カントの挫折は二重の理由によるものである。すなわち，彼は「存在の問い一般の怠り」（*SZ* 24）の犠牲となり，そうして「現存在の主題的存在論」（*SZ* 24）を逸してしまうのである。

こうしてハイデガーのカント読解の基本線が描きだされる。それは，1927／28年度のマールブルク講義『カントの純粋理性批判の現象学的解釈』(*GA* 25)と1929年の『カントと形而上学の問題』で遂行される読解である。[34]

2．デカルトにおけるコギト・スムの存在論的基礎と中世存在論の捉え直し

カントの挫折は実はデカルトの挫折である。コギトの発見は現存在の存在論へと帰着するはずであったが，実際にはそうはならなかった。デカルトがコギト・スムの存在意味を規定できなかった理由を分析すること，それが第二の作業の目的となる。問題は，なぜデカルトが存在の問いを怠るはめになったか，そしてなぜコギトの確実性がそれを正当化する口実となったか，ということである。カントがデカルトの存在論に依拠しているのと同様に，デカルトは中世の存在論，そして無限存在者（*ens infinitum*）（創造されない者（*increatum*））と有限存在者（*ens finitum*）（被造物（*creatum*））の対立に依拠している。この「被造物性」の存在論は，聖書に根をもちながらも，「制作されたもの」という観念をギリシャ哲学から借り入れている。ハイデガーの見方では，この観念こそが主要な障害であって，それを乗り越えたければ「心性（Gemüt）」の主題的分析論をうち立てるべきだということになる。[35]

こうして，どの哲学者も先行する伝統の「犠牲者」であったことが明らかになる。カントはデカルトの犠牲者，デカルトは中世存在論の犠牲者，中世哲学者たちはギリシャ存在論の犠牲者であった。しかし，このような依存と継承の関係を意識化することと，そうした諸関係が存在論の地位そのものに対してもつ射程を測定することとはまた別である。

3．アリストテレスにおける時間の問題——古代存在論の内的限界

解体作業は順を追って進み，ついには古代ギリシャの存在論に帰着する。この存在論の基盤もまた「時性という問題系に照らして」（*SZ* 25）解釈されねばならない。さて，一見古代の存在論は，時間と存在の本質的な絆の何かしらを垣間見ているように見える。事実，そこで存在論的言説が最初に参照するの

は「世界」ないしは「自然」であるが，この二つの現象は時間と結びついているのである。「世界」は生成の領域であり，「自然」は誕生（natura=nascitura〔自然＝生ミ出サレタモノ〕）と消滅の次元なのである。ギリシャ人が存在の意味を指示するためにパルーシアやウーシア（οὐσία）という術語を用いていることも，存在と時間の絆に関する外的な確証となる。この二つの術語が共に含んでいる「現在性（Anwesenheit）」は，現在（Gegenwart）という時制に対応すると思われるからである。[36]

一方で，ロゴスを持った動物（ζῷον λόγον ἔχον）というギリシャの人間規定はすでに現存在を告知しているのではないか，と問うことができる。この規定は，プラトンによってはじめて哲学的な形で練り上げられ，アリストテレスが『命題論』〔解釈について（Περὶ Ἑρμηνείας）〕で捉えなおしたものである。そこでアリストテレスが提示するのはロゴスの「解釈学的」な捉え方であって，それによって，弁証法が余計なものになっただけでなく，「存在の問題をより根源的に捉えること」（SZ 25）ができるようになった。[37] このように，ギリシャの存在解釈は全て，特定のロゴス概念と特定の存在概念（存在＝現在性＝ウーシア）の結合に基づいていると考えられるのである。

とはいえ，ギリシャの存在論は時間の欠如的な概念と共に働いているのであって，その点に限界がある。それは「時間の基礎的存在論的な機能」（SZ 26）を理解していないだけでなく，「時間そのものを他の諸存在者と並ぶ存在者として捉えている」（SZ 26）。アリストテレスの思想はギリシャの存在論をもっとも高く純粋な形で表現しているが，彼の時間論（『自然学』第4巻）は，この存在論の枠組がもつ可能性と限界をとりわけ雄弁に物語っている。

フォン・ヘルマンが彼の『存在と時間』注釈の第1巻の末尾に掲げる一覧をもとに，ハイデガーが以上の三つの作業場で「解体」作業を行っている主要なテキストを挙げておこう。[38]

<u>カント</u>：『論理学—真理への問い』（1925／26年冬学期講義）第22節-第36節（GA 24）；『現象学の根本諸問題』（1927年夏学期講義）第7節-第9節，第13節-第14節（GA 24）；『カントの純粋理性批判の現象学的解釈』（1927／28年冬学期講義）（GA 25）；『カントと形而上学の問題』（1929）（GA 3）；『人間的自由の本質について』（1930年夏学期講義）第15節-第19節（GA 31）

<u>デカルト</u>：『現象学的探究への入門』（1923／24年冬学期講義）（GA 17）；『トマス・アクィナスからカントまでの哲学の歴史』（1926／27年冬学期講義，

未刊）（*GA* 23）；『現象学の根本諸問題』第10節-第13節（*GA* 24）

　中世哲学：『トマス・アクィナスからカントまでの哲学の歴史』（*GA* 23）；『現象学の根本諸問題』第10節-第13節（*GA* 24）

　アリストテレスと古代哲学：『アリストテレス哲学の根本諸概念』（1924年夏学期講義）（*GA* 18）；『プラトン『ソピステス』』（1924／25年冬学期講義）第4節-第31節（*GA* 19）；『古代哲学の根本諸概念』（1926年夏学期）（*GA* 22）；『現象学の根本諸問題』第19節（*GA* 24）；『人間的自由の本質について』第6節-第9節（*GA* 31）

　このように列挙してみて分かるのは，「解体」はハイデガーの余技なのではないということである。彼は自分の独創性をよりよく示すために，戯れで先行する哲学者たちに論戦を挑んでいるのではない。解体は不可欠な作業である。それは「存在の問題が真に具体化される」（*SZ* 26）仕方にほかならない。解体こそが「存在の意味への問いが回避できないものであることの十分な証明」（*SZ* 26）を与えるからである。

第7節　存在論と現象学

　以上の方法論的考察は全て第7節へと流れこむ。そうしてこの節では，伝統的な存在論との断絶がいっそう際立つことになる。ここで見られる諸々の重要な方法論的選択は，1919／20年の『現象学の根本問題』講義から1923年の『存在論』講義を経て1925年の『時間概念の歴史への序説』に至るまでに描き出されてきたものである。その過程で，存在の意味への問いの捉え直しははっきりと「事象そのものへ」という現象学の格率に結びつけられた（*SZ* 27；cf. *GA* 20, §28, 103-110））。だがさらに「現象学」という術語が「**方法概念**」としてもつ意味を説明しなければならない。この説明は，「現象学の単なる先行概念」（*SZ* 28）を提示するだけの暫定的なものでしかない。というのも，現象学的方法が真の意味でどういうものかということは，「方法序説」によってではなく，もっぱら現象学を実際に遂行することによって開示できるものだからである。本節で行われる現象学概念の提示は，現象学という術語の解明という形をとる。すなわち，「現象学」という語を形作る「現象」と「ロゴス」の二語に遡ることによって，現象学の真の意味に関する最初の観念を与えようとするのである。

1．「現象」とは何か？

現象とは何かということは，ギリシャ語を話し，ギリシャ語で考えることを受け入れる場合にのみ理解できる。「それ自身を示す」「それ自身を顕わにする」を意味するギリシャ語の動詞「ファイネスタイ（φαίνεσθαι）」にまで遡ることによって，「現象」という語の根源的な意味が得られる。「**それ自身をそれ自身において示すもの，顕わなもの**」（*SZ* 28）というのがそれである。もちろん，事象がそう見える（*Scheinen*）通りのものではないかもしれないという可能性がなくなるわけではない。だが，全ては現象の第一の積極的な意味（現象＝呈示，顕現，開示）と第二のある程度消極的な意味（現象＝現出，外観，見かけ，仮象等）との関係に掛かっている。ハイデガーにとっては，第一の意味が第二の意味を基礎づけるのであって，その逆ではない。現れてくるもの，太陽が雲間から「見える」ように明るみに出てくるものは，全て「現象」である。この気象「現象」において，「見かけの」太陽と「実際の」太陽を区別する必要はない。現象こそが実際の太陽であって，「実際の太陽」と「見かけの太陽」の区別が必要になるのは，ある特定の状況においてのことでしかない。「太陽が現れる」「子供が現れる」といった表現は全て，完全に積極的な現象を指向している。基本的には，われわれが必要な時に誤った「見かけ」とより堅固な実在とを区別できないということはありえないのである。

ギリシャ語の動詞ファイネスタイに刻みこまれたこの二つの意味から，さらに第三の意味を区別しなければならない。それはドイツ語の *Erscheinung*（現れ）にあたる意味である。この場合の「現れ」は，それ自身を顕現しない実在について，その徴候や指標としての価値を持つ全てのものを指す。この意味での「現れる」ということは「**それ自身を示さないこと**（*Erscheinen ist ein Sich-nicht-zeigen*）」（*SZ* 29）なのである。その最良の例となるのが病気の症状である。経験を積んだ医者の「臨床的眼差し」——これは一朝一夕で身につくものではないが——は，病気の単なる症状（ジュール・ロマンの戯曲『クノック，あるいは医学の勝利』の中のせりふ「かゆいですか，くすぐったいですか」）とその真の原因を見分ける術を知っている。ある特定の症状から，医者は「盲腸を手術しなければいけませんね」という宣告を引きだしてくるのである。これはもはや「現象学」の支配が届かない次元であるが，それでも「現象」の根本概念は依然として前提されていると言える。医師フロイトが片足の麻痺を「転換ヒステリー」の「症状」と見なせるのは，まさしくこの症状が「それ自

身を顕わにし」，いくらか隠れた仕方でも「それ自身を告げている」からである。その後になってはじめて，この「顕現」が「隠れた意味」に結びつけられ，それによって無意識の「顕現」が認められるのである。(39)

　これまでの分析を要約して図にすると以下のようになる。

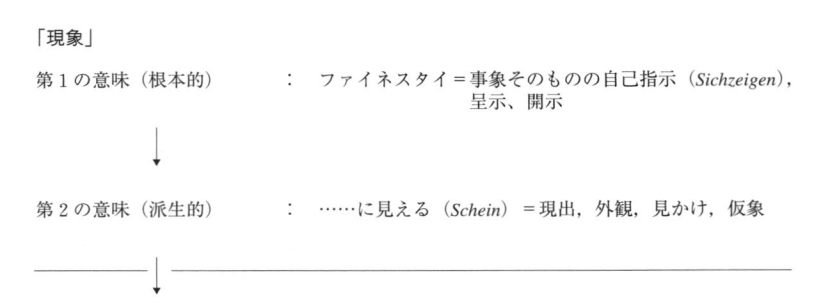

「現象」

第1の意味（根本的）　　　：ファイネスタイ＝事象そのものの自己指示（*Sichzeigen*），
　　　　　　　　　　　　　　　呈示，開示

↓

第2の意味（派生的）　　　：……に見える（*Schein*）＝現出，外観，見かけ，仮象

―――――↓―――――――――――――――――――――――――――

第3の意味（さらに派生的）：現われ（*Erscheinung*）＝顕現しないこと（症状，指標等）

　とりわけ次の言明に目を留めておこう。「現象（*Phänomene*）はけっして現れ（*Erscheinungen*）ではないが，全ての現れは現象へと差し向けられている」（*SZ* 30）。ここでの断固とした調子ははっきりとした敵を想定している。その敵とは新カント派であって，現象学的な現象概念は，新カント派が用いている非現象学的な現象概念から明確に区別されなければならないのである。(40)カントおよび新カント派の現象概念からフッサールの現象概念へと移行しなければならない。カントの現象概念は現象と物自体の対立の外ではいかなる現象学的妥当性ももたないというのではない。ここまで用いてきた現象学的な現象概念が，依然として「形式的」（*SZ* 31）なものであることをわきまえておく必要がある。まだわれわれは，この概念がどのような実在性に適用できるものであるかを知らない。カントのように，それを単なる感性的で経験的な直観に制限するならば，「通俗的」な現象概念を扱うことになる。それは正当な概念ではあるが，感性的直観からカテゴリー的直観への拡大によって示されたように，それだけでは不十分なのである。

> **コラム⑪　現象学の形式的観念とその具体的実現**
> 　現象学とは，存在者を語りつつ暴露すること，明示すること，自らを示すものを，それが自らを示す仕方において，その「現」においてそうすることにほかならない。これが現象学の形式的な理念である——もちろん，そこには豊かに分節された複雑な方法論が含まれているのであるが。この観念を際立たせることは伝統の構築物に対しては本質的な進歩であるが，たいていの場合，現象学のこの形式的な理念は——それを強調するだけでも伝統による諸々の構築物に対抗する本質的な進歩ではあるのだが——，探究の方法論と，狭い意味での探究であるような具体的な遂行様式そのものと混同されている。そうして，現象学とは気楽な学問であって，長椅子にパイプ片手に寝そべって本質を観取するものだと考えられてしまう。だが，事象とはそれほど単純なものではない。重要なのは事象を証示すること（*Aufweisen*）である。どのようにして証示が行われるかは，究明されるべき領域への接近法，その領域の内容，その存在体制によって変わってくる。（*GA* 19, 586-587）

2．ロゴスの「顕わにする」という本質

　ロゴスの真の本性を理解しようと思えば，今一度ギリシャ語で考え，ギリシャ語を話すことを受け入れねばならない。その時，ロゴスの本性が，少なくとも部分的には「現象」という語の第一の根本的な意味と重なっていることが明らかにされるであろう。最初にハイデガーは，プラトンの場合もアリストテレスの場合も，ロゴスという語が根本的に多義性を持っているように思われることを確認する。このロゴスの多義性は，後代に伝承される過程でさらに際立たされた。この語は，そのつど理性，判断，概念，定義，根拠，関係を指すようになったのである。どのような拡張によって，ロゴスという語にこれら一連の意味が含まれるようになったのであろうか。ロゴスの基礎となる意味が「話」であると想定するならば，この点を問題にしなければならない。

　この問題を意味論的に解決することは不可能であろう。この問題は「現象学的」にしか解決できないものである。ロゴスの現象学的本質を輪郭づけるためには，まずはプラトンとアリストテレスに帰らねばならない。われわれを解決へと向かわせる言語上の指標が一つある。プラトンとアリストテレスは，話題になっているものを「顕わにする（*offenbar machen*）」という話の根本機能を特徴づけるために，二人ともデェルーン（δηλοῦν）という動詞を用いている。『プラトン『ソピステス』』という講義の中で，ハイデガーは，プラトンが

話について理論を提示している『ソピステス』の一節（261c6-263d）を長々と分析し（GA 19, §80, 581-610），その理論を「話の《顕わにする》という本質」[41]として要約している。だが，話のこのような機能をもっともよく明確化したのは，結局のところアリストテレスであった。『命題論』において，アリストテレスは，この機能をアポファイネスタイ（ἀποφαίνεσθαι）という術語によって解明することに成功したのである。言葉が「意味をなす」（ロゴス・セマンティコス（λογος σημαντικος））ための方法には色々なものがあるが，そこからアリストテレスは「アポファンシス」の機能だけをとり出してくる。それは，話題になっている事柄を見させ顕わにし，そうして他の人が認識できるようにするという機能である。アリストテレスは，ロゴスとは「言明」（ロゴス・アポファンティコス（λογος αποφαντικος））という特性を持つ〔いわゆる命題論的な〕「アポファンシス」機能だけではなく，言明という形をとらない発話行為（願い，祈り，問い等）の内で実現する機能もあることをはっきり見てとっていたのである。[42]

　ここでハイデガーは，アリストテレスの『命題論』の現象学的再解釈の大筋を描きだすのであるが，それは「見えさせる」という根本機能から「言明するロゴス」の他の全ての機能を理解しなければならないことを示している。この導出関係を強調するために，「であるから」という接続詞が二度にわたって用いられている。

　1／最初に認めなければならないのは，言明としての話を性格づける綜合の機能が「純粋にアポファンシス的な意義」（*SZ* 33）をもっていることである。「述語づけによる綜合」の特性は「或るものをそれとして見えさせる」（*SZ* 33）ということであって，これは一語だけではできないことである。ここではじめて「として見えさせる」という機能が登場する。これについては，第33節で理論的に彫琢されることになるであろう（*SZ* 158-160）。

　2／他方で，一語だけでは真にも偽にもなりえないとアリストテレスは明言している。一語だけでは意味をもつかもたないかが問題になるだけであって，真か偽かを言えるのは命題だけである。[43]アリストテレスの言明的命題の理論のこうした現象学的な読み直しは，とくに真理概念のレヴェルで重大な帰結をひき起こす。それについては第44節で詳しく分析されるであろう（*SZ* 219-226）。真理の規準的な定義は知性ト事物ノ合致（*adaequatio intellectus et rei*）とされているが，それは間違いではないにしても，現象学的に見れば不十分であるこ

とが明らかになる。したがって，偽という観念も見直しにかけねばならない。真理の観念には単なる合致以上のものが含まれているのと同様に，偽の観念にも単なる誤謬以上のものが含まれている。真の本質が「顕現」であり，「見えさせる」ことであるならば，偽の本質は覆い隠す（*verdecken*）（文字通り「……に覆いをかける」ということ）という意味での欺きなのである。

　以上のことから引き出されるもっとも重要な帰結は，真理概念を命題論，判断論の内に閉じこめることができなくなるということである。命題的な意味でのロゴスは真理が生誕する一次的な「場所」ではない（*SZ* 33；cf.*SZ*§44 (*a*)）。言明は，せいぜい見えさせることの特殊様態を表すにすぎない。ギリシャ人がしたように，感覚（αἴσθησις）に固有な開示力までも含めるように真理概念をあらためて拡大しなければならない（cf. *GA* 21,§13）。というのも，まさしくこの感覚のレヴェルで，われわれは最初に存在の「真理」と，つまりそれ自身をわれわれに顕わにし，覆い隠されえない存在の真理と「接触」するからである。ここにはわれわれの感官の開示力への基本的な信頼が存しているが，それはフッサールの言う「信憑地盤（*Glaubensboden*）」，すなわち全ての判断作用の中で前提されるべき地盤と関連づけられるものである(44)。ここで一つの問題が姿を現してくる。それは，述定以前の経験と述定経験との関係をどのようにして規定すればよいかという問題である。それは第32節で論じられることになる。

　「判断の」真理，あるいは命題の真理が「すでに何重にも基礎づけられた真理現象」（*SZ* 34）であることが明らかになるとすれば，真理概念を単なる判断理論に基礎づけることができなくなる一方で，「判断の真理」をより十全な現象学的概念に基礎づけることが必要になってくる。ハイデガーが第44節でとり組むのはまさしくこの課題である。

　以上簡単に見てきた言明としてのロゴスに関する現象学的理論によって，最初に述べた謎が解決されることになる。すなわち，ロゴスを「あるものを端的に見えさせること」という根本機能から理解することによって，ロゴスという術語の多義性が説明される。というのも，理性，根拠，尺度，関係といった事柄は，この根本機能の「相貌」ないしは「様態」として現出するからである。

3．現象学と解釈学——現象学の準備概念

　「現象」と「ロゴス」という二つの術語に関する以上の分析を結びつけるこ

とによって，「現象学」の真の意味が見出される。それは，アポファイネスタイ・タ・ファイノメナ（ἀποφαίνεσθαι τὰ φαινόμενα），すなわち「それ自身を示すものを，それがそれ自身の方から自らを示す通りに，それ自身の方から見えさせること」(*SZ* 34) である。このようにして ──このようにしてのみ ──「事象そのものへ」という格率を実行することができる。この場合，よりよく理解できるようになるのは現象学の単に形式的な意味であって，それによって研究すべき「現象」の内容が示されるわけではない。その点が，神学や生物学のようにどのような事物に関わるのか（神的存在者，生物）を告げる術語とは異なる点である。現象学の場合は，反対に現象へのある接近法を性格づけることだけが問題になる。その接近法とは「証示と提示（*Aufweisung und Ausweisung*）」である。この術語にはとりたてて神秘的な含意はまったくない。証示という専門用語は，現象の「記述」というあまりにも漠然とした概念，極限においては同語反復でしかない概念の明確化にすぎない。

　それとは逆に，われわれが十分注意しなければならないのは，「現象」の通俗的で形式的な概念から現象学的な概念への移行である。実際われわれは，現象学的「解明」の作業は現れないものそのもの，すなわち一挙に「日の光のごとく明らかに」なるわけではないものにも関わるのだということに賭けなければならない。そこからこの上もなく重要なテーゼが引き出されてくる。それは，「さしあたってたいていはそれ自身を示さないもの」(*SZ* 35) もまた「現象」と見なされるべきであり，卓抜な意味での現象とさえ見なされるべきだということである。というのも，このような現象こそが通俗的な現象に「意味と根拠」(*SZ* 35) を与えるものだからである。

　こうしてわれわれは決定的な分岐点に到達する。すでに引いたマリオンの術語を繰り返すならば，われわれは，現れるもの（通俗的現象概念）の現象学から現れないものの現象学への移行を促されるのである。「現象がさしあたってたいていは与えられていないからこそ現象学が必要になる」(*SZ* 36) ということ，そこに現れないものの現象学の全てが掛かっている。まさしくそれゆえに，現象学とは，常識の「自明性」から当たり前の事柄を寄せ集めてくることではないのである。

　それゆえ，通俗的でない意味の「現象」をどう定義するかに多くのことが掛かってくる。ハイデガーの立場は明確である。すなわち，謎めいた言い方を弄びたくないならば，現象学的な意味での現象とは存在者の存在のみだと言わね

ばならない。「現象学的な現象概念がそれ自身を示すものとして意味しているのは，存在者の存在，その存在の意味，それの変様態と派生態である」(*SZ* 35)。ここからはっきりと次のことが帰結する。つまり，存在論（存在者の存在の規定）と現象学は完全に一体化してしまい，その結果，「存在論は現象学としてのみ可能である」(*SZ* 35) と言うだけでなく，「現象学的な意味での現象とはもっぱらつねに存在を形成するものであり，しかも存在とはそのつど存在者の存在である」(*SZ* 37) というのが真実である以上，現象学は存在論としてのみ実現できると言わねばならなくなるのである。まさしく現象学と存在論のこのような同一化が，現在レヴィナス，アンリ，マリオンといった思想家たちによって問いただされているものである。彼らは現れないものの現象学へと移行しなければならないことは認めるが，それを存在論と同一視することは拒絶するのである。

ハイデガーにとっては，このように存在論へと転じることによってのみ，現れないものの現象学は人為的な背後世界に逃げこまなくても済むことになるのである。実際，存在者の存在が存在者自身と切り離されないことを認めるならば，現象学の言う現象の「背後」には本質的に「他には何もない」(*SZ* 36) ことが分かる。それゆえ「仮象がある分だけ存在がある（*Wieviel Schein jedoch, soviel Sein*)」(*SZ* 36) と言わねばならないのである。

それどころか，現れないものの現象学では，「覆蔽性（*Verdecktheit*）」が「現象」の「組概念」となる。現象学的記述は，現象の真の意味の知覚を妨げる「覆蔽」と戦いながら進むのである。この「覆蔽」は，偶然的であることも，あるいは現象の本質と結びついた必然的なものであることもありうる。まさしく後者の場合に，素朴に直観の「自明性」に依拠する態度への批判的警戒が現象学に求められることになる (*SZ* 37)。覆蔽の「諸相」は以下のようにまとめられる。

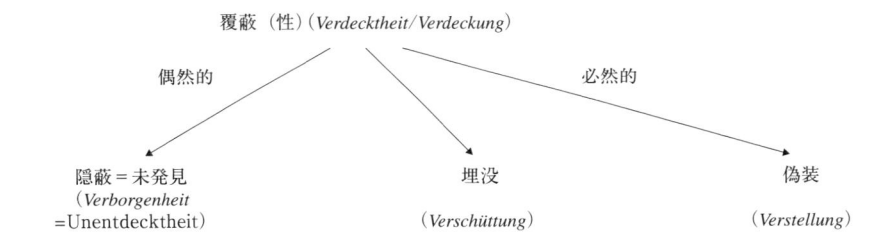

```
                    覆蔽（性）(Verdecktheit/Verdeckung)
                    /            |            \
              偶然的                          必然的
              /              |                  \
         隠蔽＝未発見          埋没                偽装
        (Verborgenheit     (Verschüttung)     (Verstellung)
        ＝Unentdecktheit)
```

こうして,「通俗的」現象概念と現象学的な現象概念は十分明確に区別された。

現象学的意味での現象		「通俗的」意味での現象
存在者の存在	←――――――――――→	存在者

　以上のようにして,現象学的記述がとる態度を明確化することができる。ハイデガーはそれを解釈学として特徴づける。現存在のさまざまな存在様式を解釈すること(Auslegung)が問題になるからである。ここにおいて,1923年の*13『存在論』講義で垣間見られた解釈学と存在論研究との結びつきがあらためて見出されることになる(46)。「現存在の現象学とは,解釈の作業を指すというこの語の根源的な意味において**解釈学である**」(*SZ* 37)。このテーゼがもつ広大な射程は徐々に明らかになってくるであろう。そのためには,まず最初に解釈(*Auslegung*)という語の厳密な意味を明らかにしておかねばならない。この語は解釈(*interprétation*)と全く同じ意味をもつわけではないものの,フッサール的な意味での反省には明白に対立させられる(47)。この点は第32節で問題となる。

　解釈という語の意味を明らかにしようとすれば,他方で『存在と時間』の解釈学的次元を明確に分析することが必要になるであろう。この観点から,ハイデガーの解釈者たちを二つの陣営に分けることができる。一方の陣営は,ハイデガーの解釈学「理論」は『存在と時間』の半頁に書かれていること,すなわち第32節の「解釈学的循環」に関する短い示唆に尽きるとする「極小主義者」である(48)。他方の陣営は,『存在と時間』を徹頭徹尾解釈学的な著作と見なす「極大主義者」である(49)。私自身ははっきりと極大主義者の側に身を置いている。実際,第7節では解釈学の四つの意味が区別されているが,その部分を注意深く読めば,それ以外に選択の余地はないように思われる。四つの意味とは以下のものである。

1／解釈学とは伝統的には「解釈の仕事(*Geschäft der Auslegung*)」を意味するが,この術語を現存在の現象学へとシフトさせねばならない。現存在を記述するとはそのさまざまな存在様式を解釈することである。ゆえに現存

在の分析論とは解釈学である。

2／加えて，解釈学とは「全ての存在論的探究の可能性の条件を練りあげる」（SZ 37）ためのものである。基礎的存在論そのものに，すなわち存在の意味への問いを仕上げるという作業自体に，ある意味では——それがどのような意味かは後に規定しなければならないが——解釈学的次元が与えられるのである。この面からすれば，基礎的存在論自身を「存在 - 解釈学（onto-herméneutique）」と見なすこともできそうに思われる。この点については，『存在と時間』の第 63 節，および『現象学の根本諸問題』の第 2 部で説明されるであろう。

3／実存論的分析論そのものについて言えば，このような解釈学的次元は，基本的には実存の実存論的性格に関わるものである。

4／最後にハイデガーが解釈学の派生的な意味と見なすものについて付言しておこう。それは解釈の一般理論という認識論的意味での解釈学であって，ディルタイにおいて歴史的精神に関わる諸学の方法論という形をとったものである。ディルタイとの断絶については，1923 年の『存在論』講義を扱った際にすでに指摘したが（GA 63, 14），これは『存在と時間』でもなお確認できる事柄である。すなわち，あたかも解釈学の認識論的概念（解釈理論としての解釈学）と存在論的概念（現存在の存在様式としての理解と解釈）のどちらかを選択しなければならないかのように事が論じられているのである。

　こうして，ハイデガーの解釈学について，極小主義的解釈と極大主義的解釈を対立させるのが誤解であることがよりよく理解される。実際には，それぞれの陣営は異なった解釈学概念を用いて事を論じているのである。解釈学を解釈の一般理論と見なす場合には，ハイデガーの貢献はきわめて貧弱なものとなる。反対に，ハイデガーが提案する解釈学概念の拡大を受け入れるならば，『存在と時間』は一貫して解釈学の著作であると結論しなければならなくなるのである。

　ある意味では，存在の問いの提示はここで完成すると言ってもよい。第 7 節の残りの部分では，フッサール現象学について若干の説明がなされている。今一度ハイデガーはフッサールへの恩義を表明するのであるが，同時に批判も必要であると考える。この批判は，「現象学を理解するとはひとえにそれを可能

性として把握することである」（*SZ* 38）という発見と結びついている。この言明は，フッサールの権威の背後に我が身を隠そうとする同世代の現象学者たちへの警告である。現象学は実行サレタ働キニオイテ（*in actu exercitu*）のみ存在するのであって，けっして独断的な確実性にはなりえないのである。

　これに加えて，読者に対しても警告がなされている。ハイデガーは自分の用いる語彙がとっつきにくいものであることを自覚している。だが，彼にとってそうした言葉遣いは避けられないものである。読者はここでふたたび「物語を\u{0307}してはならない」というプラトンの警告に直面する。「**存在者**について物語りつつ報告することと，存在者をその**存在**において捉えることとは全く別の事である」（*SZ* 39）。物語の言説と概念的な言説の間の地位の相違をはっきりと意識すれば，ハイデガー（とその翻訳者たち）が選ぶ語彙のとっつきにくさは大目に見られよう。トゥキュディデスの物語に比べれば，プラトンの『パルメニデス』やアリストテレスの『形而上学』の語彙もギリシャ人たちには耳障りであったはずである。

　以上，『存在と時間』の最初の七つの節を論じてきたが，それを通して，ハイデガーが自らの内在平面を描く仕方がさしあたり理解できた。続く三つの節では，この平面がさらに明確に描かれるであろう。ここには超越のための場所はあるのだろうか。あるとすれば，それはどのような場所なのであろうか。すでに注意すべきテーゼが出されている。すなわち，「**存在**とはまさしく**超越**\u{0307}である」（*SZ* 38），というものである。現れないものの現象学は，「現存在の存在の超越」に関わる限りにおいて，超越論的認識として規定されねばならない。このような超越は，実存論的分析論を性格づける内在とどのように連関づけられるのであろうか。当然これは，後にあらためてとりあげるべき問題となるであろう。(50)

(『存在と時間』)第一部第一篇　現存在の準備的基礎分析

第一章　現存在の準備的分析という課題の提示

　この章はわずか三節から成るものであって,その表題からも明らかであるように,序論の内容に連なる論述である。序論では『存在と時間』という著作の構想に関する考察と方法的な諸問題が展開されていたが,なおわれわれはその圏内にいる。序論で存在の意味への問いを提示することが問題であったのと同様に,ここでは実存論的分析論という課題を構想として提示することが問題となる。実存論的分析論という着想が最初に出てきたのは第5節であったが,この着想を明確に説明するのが第9節から第11節の論述である。この三つの節は,いわば実存論的分析論の「方法序説」となるのである。[51]

第9節　実存論的分析論の基本的主題

　ハイデガーの術語という観点から見れば,この節は『存在と時間』の中でもっとも重要な節の一つである。ここでは,実存論的分析論全体の基本要素となる「概念一式」が定義されている。詳細な分析に入る前に,まずはここで登場する術語を列挙しておこう。

　　現存在（*Dasein*）
　　各私性（*Jemeinigkeit*）
　　目前性／実存（*Vorhandenheit/Existenz*）
　　本来性／非本来性（*Eigentlichkeit/Uneigentlichkeit*）
　　実存疇／カテゴリー（*Existentialen/Kategorien*）[vii]

1．各私性,あるいは一人称の存在論

　現存在という術語の意味についてはすでに注釈したので,第9節の冒頭で現れる各私性という術語に取りかかることができる。この術語は何を意味するのか。それは,分析すべき存在者は「われわれ自身がそのつどそれである」（*SZ*

41）存在者であり，「この存在者の存在はそのつど私のものである」（*ibid*.）ことをはっきりと認めねばならないということである。すなわち，存在の意味の問いが立てられる場合，それはかならず「一人称で」立てられるということである。存在の問いは，「私は何であるのか」ではなく「私は誰であるのか」という形を取るのであって，それを三人称で目指される対象のように扱うならば，その実存的意味を裏切ることになってしまうのである。

コラム⑫　あるフランス人ユーモリストが見た各私性──「こんなことが起こるのは私だけ」

皆言うことは同じ。
何かが起こると，口をそろえて言う。
「こんなことが起こるのは私だけ」と。
時々，何も起こらない人がいて，皆のように言わないこともある。
その人の言うには，「そんなことは他人事さ」。
なぜならその人は，他人たちが「こんなことが起こるのは私だけ」と言うのを聞くと，
それは他人事だと思い込むのだから。
けれども，それを他人事だと思うというのは，彼にしか起こらないことかもしれない。
でも，それに気づくと，彼は他人たちのように言う。
「こんなことが起こるのは私だけ」と。
「それが起こったのは……私になのだ」と。
さて，もしあなたにもそんなことが起こったら，
そう，あなたも私みたいに「そんなことは他人事さ」と言う者の仲間入りをしたら，
他人たちに尋ねてごらんなさい。
「何が起こったの」と。
答えは皆同じでしょう。
「何が起こったかは分かりませんが，こんなことが起こったのは私たちだけ」と。
そうではなくて，あなたが他の人たちみたいに「こんなことが起こるのは私だけ」と言う者の仲間入りをしたならば，
ご自分に聞いてごらんなさい。
「何が起こったの」と。
そうしたらわかるでしょうよ。
あなたに起こることは他人たちにも起こるのだということが。

> それは誰にでも起こること。
> そうしてあなたの結論は，私と同じ，この謎の言葉。
> 「他人事は私事」。
> そしてあなたは感じる，皆仲間だと。(レイモン・ドボス)[*14]

2.「実存する」という動詞の二つの意味
——「目前性 (Vorhandenheit)」と実存

　こうして，「実存する」とは「所在する (avoir lieu)」ということではなくなる。単に「所在する」というのは，「誰か」という問いを適用できない存在者のあり方である。ところで，伝統的な存在論では，まさしくこの「所在する」ということが，動詞「実存する」および実詞「実存 (existentia)」の意味であった。この特別な意味を説明するために，ハイデガーは目前性 (Vorhandenheit) という術語を用いることになる（「手の前にある (être-sous-la-main)」＝「所在する」）。

　まさしくそれゆえに，ハイデガーの定義では，「実存」とは，もはや伝統的な存在論の場合のように「本質」と対立する術語ではありえない。伝統的存在論では，存在に関する言説は，現実存在 (existentia) と本質存在 (esentia) の二つの領域に分割されていた（前者は〈現ニ存在スルノカ (an sit?)〉という問いへの答えであり，後者は〈何デアルノカ (quid sit?)〉という問いへの答えである）。そして，現実存在の問い（エックハルトの言う「が在るか性 (anitas)」）[*15]と本質存在の問い（何であるか性 (quidditas)）が一致するのは，神的存在の場合のみであった。さて，ハイデガーは「現存在の本質はその実存の内にある」(SZ 42)[(53)]と言うが，これはもちろん神的存在の場合とはまったく別の意味での話である。それが意味するのは，実存とはその所在が確認されるようなものではないということ（「現存在は実在する，私はそれに出会った」という言い方は全くの同語反復である），また，それが実存することを確認してからいくつかの本質的特性を帰属させるというのではないことである。

　まさしくそれゆえに，現存在は通常の定義法に逆らうものである。現存在は，ソクラテスが人間という種の一個別事例であるような形で，一つの種の「個別事例」となるものではない。現存在の「記述」なるものがありうるとしたら，それは同時に『語りかけ (Ansprechen)』となるのであって，そこには人称代名詞が介入してくる。こうして人称代名詞は，各私性の言語上の指標となるの

である。

3．本来性と非本来性

各私性は，自己の自己への関係を含まざるをえない。だが，自己自身へと関わるというこの基本的可能性は，固有なる自己への帰属（*sich zu eigen*）と「自己の喪失」という正反対の姿をとりうるものである。

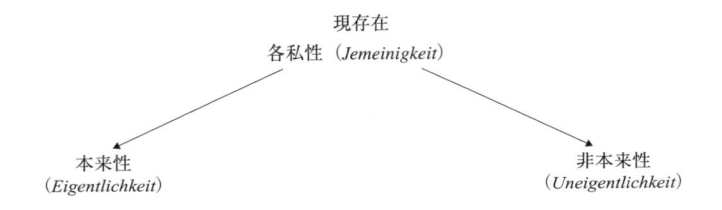

```
                    現存在
              各私性（Jemeinigkeit）
              ↙                    ↘
       本来性                          非本来性
    （Eigentlichkeit）            （Uneigentlichkeit）
```

この対観念の存在論的意義を，「精神的」人間は本来的で「肉体的」人間は非本来的というような，二つの価値秩序の上下関係と混同しないようにすることが肝心である。(viii)

4．日常的「現存在」――平均性

「日常性」や「平均性（*Durchschnittlichkeit*）」という術語についても，同じような批判的警戒が必要である。ここでもまた，一切の道学者的な含意を遠ざけて，厳格にこれらの術語の存在論的定義にとどまらねばならない。これらの術語はどのようなことを問題にしているのであろうか。実存論的分析論が一つの解釈学であることを思い起こそう。すなわち，現存在という存在者の特性を客観的に記述することにとどまらず，実存の実存論的なあり方についての「存在論的解釈」を提示しなければならないという限りにおいて，実存論的分析論とは解釈学なのである（cf. *SZ*, 38）。存在論的解釈とは，現存在を構成する諸可能性，現存在が何らかの仕方で行う自己了解に相関する諸可能性を探索するということである。

とはいえ，現存在をその諸可能性に応じて理解するというのは，とくに「高尚な」存在様式，あるいはとくに「興味深い」存在様式を特別扱いして，他の存在様式を顧みないことではない（*GA* 20, 207）。むしろ，実存論的分析論が関心を寄せるべきであるのは，われわれの体験と行動の中でも，「誰でも」が

もっているもっとも「凡庸」で「日常的」なものである。第5節で「日常性」として提示されたもの（SZ 16）は、今や「平均性」という用語で特徴づけられることになる。この概念でハイデガーが見ている現象を存在的な次元で例示するものとして、「世論調査」が浮き彫りにする平均的な行動や意見が挙げられるであろう。

　実存論的分析論は、この平均性という現象を積極的な形で記述することを課題とする。これは通常見過ごされている課題である。「日常的なものの日常性」は「高度に複雑な現象」（GA, 209）であり、単にそれを語るだけで捉えることはできない。私の日常生活を毎時間毎日つぶさに語ったとしても、日常性の実存論的構造を明確にすることはできない。日常性という現象が「見過ごされる」のは、これもすでに言及したように（SZ 16）、「存在的にもっとも近くもっとも良く知られているものは、存在論的にはもっとも遠くて知られていない」（SZ 43）からである。ハイデガーはこの難しさを説明するために、アウグスティヌスの『告白』から見事な一節を引いている。すなわち、自我は自分にとってもっとも近いものであるだけにいっそう理解することが難しくなるのだ、といわれる箇所である〔『告白』第10巻、第16章〕。

　日常的平均性とは、一切の自己理解を不可能にするような単なる「疎外」ではない。それは、自己自身と関わってあるという現存在の特定の存在様式である（SZ 44）。実存論的分析論は、この構造について漠然とした言及をするだけで済ませるわけにはいかないのであって、むしろ本来的な存在の記述と同程度の正確さを目指さねばならない。そうすれば、日常性がわれわれを「独特の時間概念」（GA 20, 209）に直面させるものであることが明らかになるであろう。

5．実存疇とカテゴリー——実存はさまざまな仕方で語られる

　実存疇という観念はすでに第4節で導入されていたが（SZ 12-13）、ここではこの観念の独自性が伝統的存在論の諸「カテゴリー」との比較によって明確化される。あえて定式化するならば、実存疇に対する現存在の関係は、カテゴリーに対する目前存在者の関係に対応すると言える。さらに言えば、「実存疇とカテゴリーは存在の諸性格がもつ二つの根本可能性である」（SZ 45）。ここで思い起こすべきであるのは、存在のさまざまな意味の中で、アリストテレスが特に重要視したのが「諸々の述定形式、すなわちカテゴリー」だったという

ことである。こうして，存在がもともと多義的であるところに，カテゴリーが
さらに領域ごとに多くの意味を形成しており，目前存在者の可能な問い方の数
だけカテゴリーがあるということになる(55)。それと同様に，実存疇は現存在の可
能な問い方の数だけある。ただし，ここであらためてはっきりと意識しておか
ねばならないのは，この二つの問い方は全く異なったタイプのものだというこ
とである。目前存在者への問いかけの一般形式が「何であるのか」であるのに
対して，現存在への問いの一般形式は「誰であるのか」という問いなのである。

　このような並行関係が当を得たものだとすれば，アリストテレスのカテゴリ
ー分析の中心問題であり，以後の全伝統に渡って議論されてきた問題を，実存
疇へと移し置くことができる。それは，この多様性をどのようにしてとりまと
めればよいのか，という問題である。寄せ集めのばらばらな表でとどめておく
べきなのか，それとも「カテゴリー表」として体系化すべきであるのか(56)。アリ
ストテレスがとったと思われるのは，この二つの中間を行く解決策であった。
すなわち，それらのカテゴリーを「実体（οὐσία）」という第一項に準拠させ
ることによって，カテゴリー間の内的な結びつきを規定したのである(57)。だとす
れば，必要な変更を加えれば，ハイデガーの実存疇の表にも同じ解決策が通用
するのではないか，という考えが出てくるかもしれない。だが，実存疇の表の
場合，もはや実体のようなものが第一の準拠項にならないことははっきりして
いる。

第10節　実存論的分析論と隣接諸科学

　この節は，それまでの論述よりも認識論的な行き方をとるものである。そこ
では，諸々の領域的存在論と基礎的存在論の関係という第3節の問題が再びと
りあげられている。ハイデガーの注意を引くのは，人類学，心理学，生物学と
いう三つの学である。なぜこの三つを選んだのかは明言されていない。だが，
おそらくこの三つに限定されるわけではなかろう。それらについて言われてい
ることは，必要な変更を加えれば，言語学，社会学，歴史学，民俗学などにも
等しく当てはまるのである。

　実存論的分析論を特徴づけるにあたって，まずはある種の「歴史的方向づ
け」，つまり哲学史を瞥見するという道が採られる。それによって，実存論的
分析論をうち立てるまでには至らなかったものの，その先駆者となった思想家
たちを識別しようというのである。

第一章 現存在の準備的分析という課題の提示　133

　まずはコギトを発見したデカルトである。すでに見たように，実存論的分析論というのは，デカルトが挫折したその地点で成功しようとするものである。つまり，「〈我在リ（sum）〉の存在への存在論的問い」（SZ 46）を立てることによって，主体の哲学が閉じこもる罠からこの問いを解き放とうとするのである。

　次いで，ディルタイとベルグソンを代表者とする「生の哲学」が来る。ディルタイに向けられる非難は，根本的にはデカルトへの非難と同じである。つまり，ディルタイはたえず「体験（Erlebnisse）」を引き合いに出すにもかかわらず，「生そのものが一つの存在様式として存在論的に問題とされていない」（SZ 46），と言うのである。

　最後に「哲学的人格主義」への言及がなされる。これは，現象学ではとくにフッサールとシェーラーにおいて現れるものである。この現象学的アプローチの利点は，「人格は物でも実体でも対象ではない」（SZ 41）ことを明瞭に見てとる点にある。だが，この二人には，すでに『時間概念の歴史への序説』で長々と述べられていた非難（GA 20, 159–178）を向けざるをえない。彼らの人格解釈は，「《人格存在》そのものへの問いをもはや立てない」がゆえに，「現存在の存在への問いという次元には入ってこない」（SZ 47）のである。実存論的分析論は，主体の哲学と生の哲学の後継者であると同時に，人格主義の，とくに人格を「作用遂行者（Aktvollzieher）」（SZ 48）とするシェーラーの「作用主義的」人格主義の後継者でもある。

　こうして，「いかにして人格という存在様式を積極的に存在論的な仕方で規定すべきか」（SZ 48）という批判的問いは，解体という歴史的な課題によって裏打ちされることになる。フッサールとシェーラーは，人格の地位について革新的な考察を行ったにもかかわらず，なお先行する人間学的伝統に囚われている。「現存在の存在への原則的問いが歪められ逸らされてしまうのは，それが一貫して古代的・キリスト教的な人間学に定位しているからであるが，この人間学の不十分な存在論的基礎を，人格主義も生の哲学も見落としてしまっている」（SZ 48）。

　ここで重要なテーゼは，伝統的人間学とは二つの遺産の結合だというものである。まずは哲学的遺産であり，人間をロゴスを持つ動物＝理性的動物（ζῷον λόγον ἔχον ＝ animal rationale）とする有名な形而上学的定義によって言い表される。次いで神学的遺産であり，神の似像として創造された人間という観

念（「創世記」1.26）によって要約される。
　伝統的人間学に関するこのような性格づけは，いくつもの点で注目に値するものである。

1／最初に目を引くのは，キリスト教的・神学的人間学の遺産が相当重要視されていることである。だが，「ユダヤ・キリスト教的聖書的人間学」と呼ぶ方が適切ではなかろうか。この〔被造物としての人間という〕理念はヘブライ語聖書において規定されるものであるのに，ハイデガーはこの事実をまったく考慮していないようである。はたしてこれは，M. ザラデルの近著で論じられた，〔ヘブライ的なものに対するハイデガーの〕「自覚なき債務」の徴候なのであろうか。
2／次に注目されるのは，ルター，カルヴァン，ツヴィングリの神学的遺産に強調点が置かれていることである。古代的・キリスト教的人間学についての叙述は，1923年の講義『存在論（事実性の解釈学）』の第2章（GA 63, 21-33）を焼き直したものである。すでにこの講義の中で，ハイデガーは一節を割いて聖書的伝統における「人間」概念を提示していた。もっとも，それは聖書の伝統の分析というよりも，聖パウロ，タティアン，アウグスティヌス，トマス・アクィナス，ツヴィングリ，カルヴァンからの引用集だったのであるが。
3／同じ講義でシェーラーが非難されているが，それは彼が「真正でなくなった古い問題のうちで動いており，その振舞いは現象学の純化された見方と解明の仕方によって致命的になるばかり」（GA 63, 24）だからである。「古代神学者たちは少なくとも神学が重要だと考えたのに，シェーラーは全てをひっくり返し，それによって神学も哲学も危うくしている」（GA 63, 25）。シェーラーに対するハイデガーの批判は，神学的人間学が人間のさまざまな諸状態（無垢の状態，堕落状態，恩寵や栄光の状態など（GA 63, 27））の理論であることを理解していなかったという点に向けられている。神学的人間学の大きなテーマをもっぱら哲学的に解釈し直す場合，まさしくそのような次元がつねに隠されてしまいかねないのである。
4／以上の諸考察から，ハイデガーが神学的伝統と哲学的伝統の違いを鋭く自覚していたことが分かる。だが，この違いをさらに分析することもできたであろうし，そうしていれば，人間を「自己自身を乗り越えようとする」

（*SZ* 49）存在とする宗教的な超越観念をさらに明確にできたかもしれない。〔実際には〕ハイデガーは，キリスト教の教義学に独自の超越概念を認める一方で，この教義学はついぞ人間の存在を問題にすることはできなかったと非難するのである（*SZ* 49）。

　哲学的人間学もまた，人間の存在を問題にできなかったという点では同じであって，心理学や生物学と同様，人間の存在の問いを「忘却」していたというかどで非難を受ける。生物学については，「生は一つの特殊な存在様式であるが，それは本質的には現存在においてのみ接近されうるものである」（*SZ* 50）というテーゼに注目しておこう。それが意味するのは，明らかに，現存在とは生概念一般の特殊化ではなく，「生」の現象は現存在からのみ理解されるのだということである。したがって，実存論的分析論に要請されるのは，生物学に振り回されずにそれに先行することであって，その点は人間学や心理学に対する関係と全く同じである。とはいえ，実存論的分析論が「アプリオリ」でなければならないというのは，以上の諸学の実証的な仕事と競合しなければならないということではない。

第11節　日常性と原始性――民族学(エスノロジー)の位置づけ

　現代の人類学に含まれる民族学という学問には，日常体験のレヴェルで「原始状態の人間」に到達しようという関心において，実存論的分析論に通じるところがあるように見える。このような関心をもつ場合，いわゆる「原始」社会と「先進」社会との関係を問題にせざるをえなくなる。注目すべきであるのは，日常性という概念をもち出すことで，ハイデガーはこの区別を相対化しているということである。「文明人」と「未開人」の間で心性，行動，態度がどれほど異なっていても，少なくとも，どちらもその日常性との関係で自らを理解する――両者の日常性はそれぞれ異なった姿をとるが――という点では共通しているのである。

　もう一歩踏みこんで言えば，未開人が自分の世界観を分節化する時の用語は，〔文明人の場合よりも〕ずっと現象の意味に忠実であって，ある意味では未開人は文明人よりも優位に立つかもしれないとさえ言わねばならない。「生まれながらにキリスト教に属する魂」について思弁をめぐらせたテルトリアヌスを思わせるようなやり方で，ハイデガーは未開人に「生まれながらに現象学的な

魂」を持たせるのである。「原始的な現存在は，諸現象へと根源的に没入したところからより直接的に語ることがしばしばある」(SZ 51)。未開人の自己理解の仕方は，潜在的には実存論的分析論に貢献できるものであって，それゆえ未開人を蔑視する理由は全くない。この意味で，実存論的分析論は，挿話としてであれば，原始的な実存から得たデータをもちだして，あれこれの実存論的構造を例解しその「範例とする」(GA 20, 209) こともできる。

だが，人類学者のようにフィールドワークをするわけではないので，哲学者は未開人の存在様式を直接知っているわけではない。それゆえ，哲学者はそうした知識を民族学という特定の学問から借り入れざるをえない。その場合，民族学という学問の理論的枠組が哲学に持ちこまれるかもしれないという危険がつねに出てくることになる。したがって，実存論的分析論は，事実については民族学に依存しているとしても，原理的には民族学に先行しなければならない。「民族学はそれ自身すでに現存在の十分な分析論を手引きとして前提している」(SZ 51) のである。

だとすれば，どんなタイプの民族学とならば実存論的分析論は実りある対話を交わすことができるのか，と問うべきであろう。レヴィ＝ストロースの構造主義人類学のように，いくつかの説明モデルだけで動いているような民族学は，実存論的分析論にきわめて強く抵抗するにちがいない。民族学をもっと解釈学的に (C. ギアーツ)[62]，あるいはより対話論的に (D. テドロック)[63] 構想しようとする人類学者ならば，おそらくもっと良い対話相手になれるであろう。フランスの人類学者では，M. レーナルト[64]の仕事を挙げてもよいかもしれない。息子宛の1902年12月24日付の手紙で彼が記した勧告は，実存論的分析論が未開的実存に耳を傾ける場合にも当てはまるであろう。「多分彼らは奇妙なことを言うでしょうが，まずは聞くことです。それから彼らの言うことを自分の心性へと翻訳して理解するように努めなさい。そうすれば，彼らの言うことはそれほど奇妙なことではなく，私たちの心性に合った言語とは別の言語で表現されているだけだということが多分わかるでしょう」。

ハイデガーがこのように他の学問よりも民族学に重要性を認めていることについては，驚く人もいるかもしれない。これは，少なくとも部分的には，カッシーラーの『シンボル形式の哲学』[65]の成功から説明できることである。1925年に出たこの著作の第2巻は，まさしく神話的思考を論じるものであった。ハイデガーは，長い注を付けて，この優れた新カント派哲学者の努力に敬意を表

しながらも，実存論的分析論の必要性を認め，現象学へと転じることに活路を見出すべきだと勧告している（*SZ* 51, note）。もっと一般的に言えば，遠い諸文化について多くの知識を動員できるからといって，必ずしも有利になるわけではない。そこから不毛な比較研究へと向かい，あらゆる真の本質認識（*Wesenserkenntnis*）（*SZ* 52）が妨げられることもありうるからである。このような観点からしても，異なるさまざまの世界観の比較類型論だけで済ませることはできないであろう。また，存在論が実証的諸科学の研究に直接介入することもできない。存在論はその自律的目標とそれ自身の優先課題を自覚していなければならない。それはつまり，「存在者についての知識獲得を越えて」（*SZ* 52）存在の問いを追究しなければならないということである。

第二章　現存在の根本体制としての世界内存在

第12節　序論――「世界内存在」という現象の一般的特徴づけ

　第9節から第11節では、『存在と時間』の構想に関わる考察がなされ、「実存論的分析論」を遂行するために欠かせない最初の諸概念が一通り提示された。ある意味で、全ては実存概念の形式的定義に依拠しているのであって、この定義は著作全体のライトモチーフのようなものであるが、それが第12節の冒頭で再びもち出される。「現存在とは、自らの存在においてこの存在に理解的に関わる存在者である」（*SZ* 52-53）。したがって、現存在は自ら自身の存在を理解するという能力によって――少なくともこの能力によって、と付言したいところだが――定義される。ゆえに、存在理解と自己理解とは競合しえないものであって、一方の側に主体と無関係な純然たる「客観的」存在があり、もう一方の側に存在と無関係な主体があるというわけではない。現存在は、「一人称」で、一つの「自己」として、各私性という様態で実存するのであって、この各私性に本来性（承認された自己性）と非本来性（否認され誤認された自己性）という二つの根本可能性が含まれているのである。

　単に形式的な考察は以上で済んだものとして、これからは現象学的な解明作業にとりかかることができる。これはもっぱら具体的諸現象を導きとする作業であり、現象を具体的に見、具体的に解釈することを覚える必要がある（ここでは見ることと解釈することは絶対に切り離せない。それが解釈学的現象学というものである）。

　では、厳密にはどのような現象が問題になるのか。

　ここで最初の決定がなされる。ハイデガーは、自ら「正しい着手（*der rechte Ansatz*）」（*SZ* 53）と呼ぶものを選択するのである。実存論的分析論は、きわめて複雑な構造をもつ特定の現象、すなわち世界内存在（*In-der-Welt-Sein*）という現象の記述から出発しなければならない。これが可能な唯一の着手だという保証があるわけではないし、ハイデガーが選ぶこの着手が他の選択肢を排除するかどうかはなおさら保証のないことである。いずれにせよ、次のような疑問が残りうるであろう。すなわち、なぜ私の世界内存在という発見か

ら出発しなければならず，私自身の自己触発という発見（アンリ）や，「他者は私に関わる」という同様に原初的な発見（レヴィナス）から出発してはならないのか，という疑問である。

「世界」か「自我」か，あるいは「世界」か「他者」かといった偽りの二者択一によって混乱を起こしたくなければ，ここでハイデガーがある一つの「実体」を特別視して他のさまざまな「実体」を斥けようというのではないことに注意すべきである。むしろ問題は，三極構造によって一挙に提示される一つの複合現象を解読することである。この三極構造は，さしあたり次のように図示することができる。

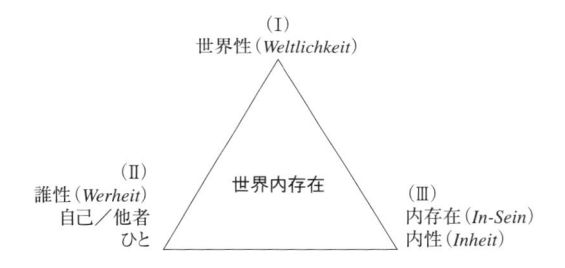

```
                  （Ⅰ）
               世界性（Weltlichkeit）


   （Ⅱ）
  誰性（Werheit）        世界内存在        （Ⅲ）
  自己／他者                          内存在（In-Sein）
   ひと                              内性（Inheit）
```

この〔世界内存在という〕現象の「極」または「焦点」を一つ一つ探究していくことこそが，実存論的分析論の最初の行程にほかならない。ただし，この現象は寄せ集めではなく一つの統一的現象（*ein einheitliches Phänomen*）であって，全体的な現象を見ること（*Sehen des ganzen Phänomens*）（*SZ* 53）が重要だということを見失ってはならない。

まずハイデガーは，第三の極〔内存在〕の分析が特有の困難を抱えていることに注意を促す。とくにそれは，カテゴリー的規定に置きかえられて実存論的構造の独自性が見落とされてしまいかねない箇所である。「……の内に」という前置詞を，われわれは容器の中に内容物が入っているような関係と解して，自ずからカテゴリー的な意味を与えてしまう。しかし，現存在にとって，すなわち実存論的次元では，この前置詞は全く違った新たな意味をもつ。それは言葉の用法を見れば分かることである。フランス語の *dans* やラテン語やドイツ語の *in* は，容器と内容物の空間的関係（鉢の内の金魚，マッチ箱の内のマッチ）を最初に指し示すのではなく，「住まう，滞在する，留まる」といったこ

とを意味している。たしかに団地に住んでいる場合は，住んでいるといってもマッチ箱の内のマッチのような状態であることもありえようが，団地の住民たちが共有するこの経験は一つの極限的な事例であって，それもまた今問題にしている差異をいっそう明確にするものでしかない。団地が「住めたものではない」建物だと言われるのは，理由のないことではないのである。

　実存論的意味で解された「……の内に」は，「のもとに（bei）ある」ことを意味する。それは，単なる空間的な接触には還元できない近さの関係であって，ひとりの人間が持つなじみや親しみを備えている（SZ 54）。実存論的に言って，夫婦や家族の「住まい」としての家は，つねに単なる入れ物を超えたものである。それと同じく，誰かのそばにいること，誰かに「接する」こと，誰かに「触れる（berühren）」ことは，単なる空間的接触とは別の事柄である。物は並びあうことはできても，けっして「接する」ことはない。物や人と「接する」ことができるのは，現存在だけだからである。

　「接触」という語の語源を contingere というラテン語動詞に遡ってみても，単なる空間的意味に対する実存論的意味の優位が確認できる。加えて，この語源論によって指示される根本経験は，L. ゾンディの欲動体系において「接触欲」として登場するものに相当する。それは，つかみたい，しがみつきたいという欲求であるが，離れたい，外れたい，等の欲求も含まれる。これらの基本欲動は，生命力の表れであるだけではなく，人間の実存がその始まりから周りの世界と結ぶ関係の本性を反映するものである。H. マルディネ[*16]に倣って，欲動は実存によって根本から捉え直されることを認めるならば，「接触欲」は実存の根本様態の一つとして理解されるべきである[(67)]。

　先に進む前に，これまで少し見えてきた実存疇の次元とカテゴリーの次元との対立関係について，ここでまとめ直して表にしておこう。

実存疇の次元	カテゴリーの次元
現存在	目前性
事実性（Faktizität）	事実的性格（Faktualität）
実存論的意味での「内存在」	カテゴリー的意味での「内存在」
内性（Inheit）	内部性（Inwendigkeit）
居住／身近さ	包含／隣接

第二章　現存在の根本体制としての世界内存在　141

接触	並置
接する（Berühren）	並存（Nebeneinander）
親しさ（Vertrautsein）	（？）
配慮（Besorgen）	（？）
気遣い	（継起？）

　こうして，まずは消極的な結論が下されることになる。すなわち，世界内存在の次元で提示される「世界」とは何であるのかはまだ分からないとしても，ともかく世界というのは，現存在も含めて全ての対象を入れる超大型容器のようなものではないのである。われわれが世界を見る限定され偏った眼差しと区別して，限定を受けないとみなされる神の眼差しを考えてみても，このことに変わりはない。神がわれわれを理解しようとする場合でも，あらゆる種類の対象を含む箱の中を検査するようにはいかないのである。
　世界を存在しうる最大の容器として思い描き，現存在をその中に閉じこめるようなことは許されないと言う場合，そこから逆方向の誤解が引き出される恐れがある。それは，現存在を純粋精神，全くの精神的実体，思惟スルモノと化してしまい，空間性すなわち延長シテイルモノとは一切関係ないものと見なすという誤解である。この場合も，やはり世界内存在の意味はとり逃がされてしまうだろう。むしろ，空間性の地位を実存論的次元で規定し直さねばなるまい。つまり，実存論的空間性を記述するということである（SZ 56）。ハイデガーのテキストを超える話になるが，この実存論的空間性の規定に当たっては，固有身体，肉体が主たる役割を果たすはずであることを付け加えておこう。
　さしあたっては，実存論的意味で解された「……の内に」という前置詞にはふるまい方の数だけさまざまな意味があるのだ，と考えるだけにしておいてかまわない。ふるまいの一つ一つには，単なる認知的局面には還元できない自立した意味がある。「誰かと知りあうこと」，すなわち誰かとコンタクトを取るというのは，その人について一定量の情報を溜め込むのとは別の事柄である。だが，ふるまい方は世界内存在の仕方と同じだけあるとすれば，それでも「人間の行為の類比的統一」[68]を口にできるような共通の指標が存在するのかどうかが問われざるをえなくなる。
　共通の指標はある，というのがハイデガーの答えである。さまざまなふるまい方の背後には，共通の実存論的構造がある。それが配慮（Besorgen）である。

ドイツ語では、この語は特定の意味をもっており、「備えをする」ことを意味する（これは買い物をしてくるということでもあり、主婦は市場に行くたびにこの実存論的意味を実現するのである）。この語はまた、難しい試験のことを気にかけている場合のように、不安な気持ちで待つという意味合いを帯びることもある。配慮という言い回しは、ここでは存在的な意味ばかりではなく、存在論的な意味で捉えられねばならない。すなわち、全ての具体的なふるまいは、気遣い（*Sorge*）という一つの根本的存在様式、一つの存在論的構造を表現しているのである。気遣いがもつ決定的な重要性は、これから徐々に明らかになってくるであろう。早速次のテーゼを書き記しておこう。「**存在論的に解すると、現存在とは気遣いである**」（*SZ* 57）。

世界が超大型容器のようなものではないならば、いったい何であるのか。答えは単純で、当たり前といってもよいものだが、その射程を測ることが必要である。つまり、世界とはわれわれの「周りに（*um*）」あるもの、われわれをとり巻き、とり囲むもの、われわれの「環境（*Umwelt*）」と呼ばれるものの全体なのである。生物学主義、生態学主義と受けとられないように、世界は一挙に「環境」世界としてわれわれに現れるのだと言おう。「日常的な現存在のもっとも身近な世界は**環境世界**である」（*SZ* 66）。「環境（ambient）」世界と言われる場合、それがどんな大きさのものであれ、同時にいつも何らかの「雰囲気（ambiance）」のようなものが語られている。これはどうでもよいことではない。その点については、後ほど分析しなければならないであろう。

コラム⑬　環境世界としての「駅」
　1世紀来、それは主な都市ごとに作られた。
　（そして多くの村々へと徐々に伝染していった）
　蟻の巣状の街、静脈のように、塊状結節のように、拍動する神経節のように、催涙性の炭化した玉葱のように。
　笑いと涙で膨れ上がり、煤煙で汚され、
　床に就かず幾夜も過ごす早起きの街。
　洗濯物が汚れ髭が湿るちょっとした地獄。
　皆がそこに行くのは、決まった用事の時だけ。どんな人も巻きこむ用事、家族も、衣服も、家の守り神も、何もかも巻きこむ。
　舗装の悪い通路を、隠れるようにして荷車が行き来する所。
　人も馬も同じように列をなし、ありとあらゆる包み、荷物、箱と同じように扱

われる所。
　結んでは解ける飾り紐の結び目のように，奇妙な何本もの道，硬くてもしなやかな，きらきらと輝く道が伸びては帰り来る所，長い体の，足の速い危険な怪物たちだけが，轟音を立て，きいきいと軋み，時には呻き，喚き，笛を吹きながら，歩き，滑り，走り，転がることのできる所，やつらはごつごつして，どっしりと重く，複雑に入り組んだ長箱でできていて，それを取り巻く蒸気と煙は寒い日ほど分厚くなる，郵便馬車の馬の鼻息のように。
　不器用で哀れな努力の場所，何をするにも，発進・運転・走行という難事業が，鍛冶場の，雷鳴の，掘削の，剝離の音が付きまとう所，とにかく路線が電化されていない限りは，簡単なもの，スムースなもの，すっきりしたものは何もない所，がたがた揺れて，いつガラス窓が，ガラス張りのビュッフェが，つやつやした陶器の洗面台が，異臭を放つ穴が，小さな客車が，サンドイッチスタンドが，販売ワゴンが，ランプ保管所が，粉々になって降ってくるかもしれない所，ランプ保管所で準備され，包まれ，包みから出され，布で拭かれ，油のついた汚いぼろきれで仕上げられる灯火は，染み出るようなやつ，薄暗いやつ，瞬くようなやつ，素敵な色とりどりの星みたいなやつ，そして駅長室にまで一つ，あのきかん坊の明かり。
　それが駅だ，猫の髭を生やしている。（フランシス・ポンジュ「駅」）

第13節　「認識論的」困難——「世界認識」にどのような地位を与えるべきか？

　世界内存在の第一の極は，すでに見たように「世界」の極であって，それはまず「環境世界」としてわれわれに提示されるものである。だが，ハイデガーはすぐさまこの第一の極の分析にとりかかるのではなく，一つの「迂回」（*GA* 20, 215）を行うことによって，すでに存在している障害を検討しておこうとする。つまり，なぜ古典的な図式，すなわち一方に「主観」，他方に「客観」を置き，両者の関係を認識の関係とするような図式に満足することができないのか，と問うのである。
　このような図式は，「世界問題」の具体的定式化に寄与するどころか，世界内存在の固有な現象構造を隠蔽してしまうものである。というのも，この図式によって，主体がそれ自身の内部という内在性（世界から孤立する内面性という「神話」）に閉じ込められる一方で，世界は純然たる外部性へと還元され，それに接近することも，ましてやそれに到達することも難しくなってしまうからである。ハイデガーのアプローチは，まさしくこのような偽の問題を回避し

ようとするものである。現存在はつねに世界との交渉の内で実存するのであって、世界は現存在を占拠・攻囲・襲撃・包囲し、ついには現存在に取りつき、現存在を完全に奪取してしまう（benommen）（SZ 61）のである。

世界を単なる理論的考察の対象とする純粋な認識論的態度（全面的に理論的好奇心から成る態度）は、けっして「自然」なものではない。それどころか、このような態度が成り立つのは、世界との「普通」で「自然」な交渉の特徴である「実践的」な気遣いと「配慮（Besorgen）」とがすでにいくらか捨象されているからである。そこから引き出されてきて、残りの分析にとっても重要な意味をもつことになるのが、次の二つのテーゼである。

1／現存在は、自己の内部に幽閉され封印されているどころか、「自己の外」にあって諸々の存在者のもとにいる。それらの存在者は、現存在に出会っているものであり、いつもすでに発見されている世界の一部をなしている（SZ 62）。主観を孤島のロビンソン・クルーソーのようなものとみなすのは、認識理論のもっとも根強い幻想の一つである。そのような主観は外界という堅固な大地へと連れて行ってくれる船を待っているが、この船はおそらく絶対に来ないであろう。偽の問題に引っかかりたくなければ、そのような幻想を全力で斥けねばならない。

2／そこから認識の地位に関する第二のテーゼが出てくる。それは、厳密な意味での「認識」態度の前提には、現存在に対していつもすでに開かれている世界に新たな仕方で面するような「存在立場（Seinsstand）」がある、というテーゼである。あるいはまた、世界内存在の分析は一切の認識理論に先行するということにもなる。この意味で、存在論は認識論に先行するのであって、「根本体制としての世界内存在はある先行的な解釈を要求する」（SZ 62）。「世界認識は現存在の存在様式であり、しかもそれは、世界内存在という現存在の根本体制に存在的に基づいている」（GA 20, 217）のである。

「認識問題」はもはや存在しないというべきであろうか。『時間概念の歴史への序説』では、この問いに対して否と答えられている。むしろ、認識問題は根底から相貌を変じるのである。すなわち、もはや「主観」がいかにして自己を出て外的「対象」と関わるかということが問題なのではなく、認識態度を世界

内存在の特殊な様態として記述することが問題となるのである。「根本問題となるのは，まさしくこの根本構造を見，それを存在論的に十全な仕方でその真のアプリオリにおいて規定することである。認識問題は力づくで一掃されてしまうわけではなく，はじめにそれが可能となる地盤の上に立てられる場合にのみ問題となるのである」(GA 20, 218)。

それゆえ，「すでに……のもとにあること」を起点として，認識作用の志向的構造を現象学的に記述しなければならない。『時間概念の歴史への序説』では，この構造は次の五つの契機に分解されている (GA 20, 219-220)。

1／全ての認識作用に含まれる「……へと向かうこと (*Sichrichten-auf*)」。
2／1によって開かれる「……のもとに留まること (*Sichaufhalten-bei*)，滞留 (*Aufenhalt*)」。
3／事物の諸規定の分解的説明 (*Auseinanderlegen*) あるいは解釈 (*Auslegen*) としての「認取すること (*Vernehmen*)」。そのためには，固有の言説「技法」として命題的言表が必要となる。
4／垣間見られた真理の「保存」としての「保管 (*Verwahrung*)」，すなわち，一連の言表の内で保たれる知であり，「理論」形成であるもの。
5／新たな存在様式，すなわち「理論的」実存を特徴づける固有の諸態度の案出。

だが，以上の操作や態度は全て，自己から出て自己に帰ることとして，すなわち，少々そぐわない喩えになるが，ツノを出すカタツムリの動きのように理解してはならないものである (GA 20, 223-224)。カタツムリが実存者であったとすれば（本当はそうではないが），殻の中でもすでに「外に」いるのだと言わねばならないであろう (GA 20, 224)。認識の行程が実現されるのは，ひとえに現存在がいつもすでに「外に」出て諸物と接触しているからである。その場合，基本となるこの接触は何によって保証されるのか，と問わねばならなくなる。なぜなら，「認識するとは全て，別の一次的態度によってすでに発見されているものを我がものとし，完遂する仕方でしかない」(GA 20, 222) からである。『時間概念の歴史への序説』では，ハイデガーは，アウグスティヌスとパスカルから啓発を受けて，非常に大胆な解答をほのめかしている。すなわち，最初の自己外出であり，それゆえ実在との基本的接触である営みは，まさしく愛や憎しみの情動である，と言うのである。

第三章　世界の世界性

　あらかじめ以上のことを説明しておいた後で，われわれは世界内存在の第一の極の分析を扱うことができる。それは『存在と時間』の第1篇第3章，すなわち第14節から第24節でなされる分析である。

第14節　世界から世界性へ——用語決定とそれに賭けられているもの

　世界に関わる存在様式を規定することが現象学的解釈の課題であるとするならば，この解釈は二つの誘惑から身を守らねばなるまい。まず第一に，安易な道への誘惑がある。それには，世界を諸事物の総体と見なして，内世界的な存在者の総体を「存在的」に列挙するだけにする場合と，より手のこんだ誘惑として，ウィトゲンシュタインが『論理哲学論考』で言う「成立している事柄の総体」と世界を同一視する場合とがある。第二の誘惑は，伝統的存在論全体から発するものであって，世界を実体性というカテゴリーによって定義するということである（*SZ* 63）。われわれは，両方の誘惑を拒否して，事実的現存在がそこで生きているところとして世界を規定するだけに留めておかねばならない。そうした分析は，すでに1919年に「環境世界経験（*Umwelterlebnis*）」の現象学的記述として素描されている(69)。

　この場合，おそらく複数の「世界」を語らねばならなくなるであろう。私〔グレーシュ〕は大学の「世界」，カトリック教会の「世界」，私の教区の「世界」，私の住居の「世界」等で同時に生きている。これらの「世界」の一つ一つは，その世界に対する私の関係に応じて理解されるのであって，私にはこの関係を括弧に入れることはできない。そんなことをすれば，これらの「世界」は，現に存在しなくなるのではない（私がそれらを作ったわけではないのだから）としても，世界ではなくなり，「総体」や「構造」と化してしまう。現存在のこのようなあり方を確定するのが「世界性（*Weltlichkeit*）」という術語である（*SZ* 65）。それゆえ，「世界性」という語を用いてもよいのは，現存在のあり方を考察する時だけであって，世界の一部である諸事物の「対象的」特性に対してはこれを用いてはならないのである。

> コラム⑭　世界に関する徹底的に非現象学的な分析
> 1.　　世界は成立している事柄の総体である。
> 1.1.　世界は事実の総体であって，事物の総体ではない。
> 1.11　世界は諸事実によって，しかもそれらが事実の全てであることによって規定されている。
> 1.12　というのも，事実の総体は，何が成立しているかを規定すると同時に，何が成立していないかをも全て規定するからである。
> 1.13.　論理的空間のなかにある諸事実が世界である。
> 1.2.　世界は諸事実へと分解される。
> 1.21.　他の全てに変化がないままで，あることが成立していることも，あるいは成立していないことも可能である。
> 2.　　成立している事柄，すなわち事実とは，諸事態の存立である。
> 2.01　事態とは，諸対象（事物）の結びつきである。
> 2.011.事態の構成要素でありうるということは，事物にとって本質的である。
> 2.012.論理においては何ごとも偶然ではない。つまり，ある事物がある事態の内に現れうるとすれば，その事態の可能性はその事物において前もって決定されていたのでなければならない。
> （L. ウィトゲンシュタイン，『論理哲学論考』）

　さて，ハイデガーの評価によれば，これまでのあらゆる存在論は，世界について語る場合，つねにこの差異を捉え損なっていた。すなわち，「世界」，「自然」，「宇宙」等の語を口にするたびに，これまでの存在論は世界性という次元を覆い隠してしまっていたのである。このような根本的欠落を，実存論的分析論は何よりも先に正さねばならないであろう。分析は三度にわたって行われる。まずは，環境世界性（*Umweltlichkeit*）の現象と世界性それ自体の現象が描き出される（第15節−第18節）。次いで，哲学の世界論，宇宙論がいかにしてこの現象を完全に捉え損ねてしまうのかが，デカルトの世界論という特に有名な例に即して示される（第19節−第21節）。最後に，現存在は空間性とどのような関係を持つのかというすでに示唆されていた問いに対して，最初の答えが形づくられる（第22節−第24節）。

A. 環境世界と「世界」

第15節　環境世界に直接する諸「事物」——「道具」

　まずは，われわれを取り囲む「環境」世界，われわれが日々「交渉（*Umgang*）」している「周りの（*Um*）」「世界」へと向かおう。この交渉自体，われわれの配慮（*Besorgen*）の様態に応じてさまざまな相貌を示すものであるが，まさしく問題は，われわれが配慮する諸々の「事物」はどのように示され，どのような存在様式をとるかということである。この種の問いに対する答えは，「現象学的解釈（*phänomenologisches Auslegen*）」（*SZ* 67）によって見出されねばならない。「環境世界」が諸々の事物から成り立っているというのは自明のことである。私の机の上には，コンピュータがあり，鉛筆，書類，本，プリンター等がある。それらのものは，『時間概念の歴史への序説』でしばしば「仕事世界（*Werkwelt*）」と呼ばれるもの——例としてとくに靴屋の仕事場が挙げられている——に属しているのである（*GA* 20, 255）。

　だが，環境世界に直接する諸「事物」は，どのような存在様式をしているのであろうか。鉛筆とは，細長く黒色で，先が尖り，ある重量と体積をもつ物体ではない。それは，コンピュータ等と同じく，「書くためのもの」である。鉛筆やコンピュータの存在というのは，私の「実践」を通して，それを使用することによって見出されるものである。ここでハイデガーは，諸「事物」がギリシャ語でタ・プラグマタ（τὰ πράγματα）と言われることを思い出させているが（*SZ* 68），これはきわめて時宜に適ったことである。しかし，このギリシャ語からの賜物は，ギリシャ思想には何の影響も与えなかったと見える。つまり，このギリシャ語から，「事物」はプラグマタとして実際の使用から切り離せないと考えられるのであるが，そのことをギリシャの思想家たちは忘却していたのである。それゆえ，このことを考えるためには，ドイツ語からの賜物に助けを仰がねばならない。ドイツ語では，裁縫道具（*Nähzeug*），工具（*Werkzeug*），乗り物（*Fahrzeug*），筆記用具（*Schreibzeug*）のように，事物を名づける時に -zeug という接尾辞を付けることがしばしばある。この接尾辞を名詞化して Zeug（道具）とすれば，まさしくプラグマタというギリシャ語に相当するものができあがる。フランス語では，より近い訳語として ustensile という語を採用することができる。というわけで，環境世界の諸事物の存在様式は，道具性

（Zeughaftigkeit）という言い方で表すことができよう。

> コラム⑮　道具
>
> 　道具と有用の間には確かな関係がある——他方で道具と目立つこととの間にも——。道具とは有用な何ものかのであり，一般に目立つように（例えば台所の壁に）呈示されている。加えて，有用から用具までが遠くないのは明らかである。最後に，道具には有用に対する一種の反復指示形がある。すなわち，道具とは1日に1回か2回，繰り返して使うものである。
>
> 　リトレによれば，道具はuti（用いるの意，用具の語根）に由来しており，utensileと書き，言うべきであろう。彼は加えていう。sを入れることには根拠はなく，全くの誤用であると。私としては，sが付けられたのはただ目立つためであり，それは粗野な誤用であるどころか，何かしらまことに洗練されたものである，と考える。
>
> 　用具とは工芸に用いる器具である。道具とは家事に，主として料理に用いるあらゆる種類の小道具である。それゆえ，ustという語根に結びつけることができるかもしれない。それは，動詞urere（焼く）の目的表示の動名詞で，ustion（焼灼）やcombustion（燃焼）に現れる。
>
> 　また，道具が物という性格にぴったりと当てはまるものであることも認めねばならない。それは台所の壁に掛かっており，そこに掛けると一瞬揺れ，そこで振動し，壁に当たってかすかな音を立てる（薄い金属でできた物の音，道具はブリキかアルミニウムでできていることが多い）。
>
> 　それはつつましく，軽く，有用性に特化した物で，よい具合に輝かないが少しはぴかぴかしており，小さくて持ち重りしない。
>
> 　そして，当然ながら，その明確に定められた有用性を除いて，興味を引くものは何もない。
>
> 　紙で作れるものならばそうなっているだろうが，実際には薄い金属でできている。
>
> 　道具たちのある景色，すなわち台所。彼らはそこに，ちょっと絵馬みたいに掛けられている。（フランシス・ポンジュ「道具」）

　もちろん，道具という概念は，「功利主義的」もしくは「道具主義的」なあらゆる限定を避けて，できるだけ広い意味で捉えられねばなるまい。全ての「用具（outil）」は「道具（ustensile）」であるが，「道具」は必ずしも「用具」ではない。器具（instrument）についても事は同様である。靴屋の作業場，外科医の手術室，教師の教室といった「環境世界」を形成するためには，概して

複数の道具が必要である。だが，道具を並べただけではまだ「環境世界」にはならない。職人の「環境世界」は，道具箱ではなく工房である——職人は工房を「私の箱」と呼ぶ——。外科医の「環境世界」は，手術用の道具箱ではなく，手術室や診療室である。とすれば，「全てが揃わねば世界は作られない」のであろうか。もちろんそんなことはない。一定数の道具——たくさんである必要はない——を自在に用いることができれば，「環境世界」という現象に接近できる。数学的概念である数列から現象学的概念である世界へと移行するのは，対象の数が変わるからではない。ソファーの三つもあれば「待合室」という環境世界ができあがるが，膨大な数の椅子を積み上げても待合室にはならないのである。

したがって，一連の対象があるだけでなく，他の「質的」要因が加わらねばならない。「世界」があるための最低条件は，それぞれの道具が何らかの仕方で他の全ての道具を指示しており，それらの「指示」の秘密を握る使用者（例えば住人や家政婦）がいるということである。こうして，いわば意味の次元への入口となるもう一つの現象が見出される。すなわち，指示（*Verweisung*）（*SZ* 68）という現象である。意味が存在するための最低条件は，道具を互いに結びつける指示構造があることである。これがきわめて重要な現象であることは，後ほど（第17節—第18節）分かってくるであろう。

> **コラム⑯　スーツケース**
>   私のスーツケースはヴァノワズ山までお供をするが，すでにそのニッケルは輝き，分厚い皮は匂いがする。私はそいつを手なずけて，背中，首，腹を撫でてやる。このトランクは，さながら白いひだひだ付きの宝物を詰めた一冊の本のようだからだ。私だけの衣類，いつもの本，ごく簡素な用具一式。そうだ，一冊の本のようなこのトランクは，また馬のようでもある。私の手綱さばきに忠実な馬，いつものホテルの部屋で，私はこいつに鞍を置き，馬具を付け，小さな台に乗せ，また鞍をつけ，手綱を締め，腹帯を締めたり解いたりする。
>   そう，現代の旅人にとって，スーツケースとは要するに馬の名残のようなものなのだ。（フランシス・ポンジュ「スーツケース」）

この指示という現象を掘り下げる前に，別の問いを立ててみよう。すなわち，道具についてわれわれは何を知りうるのか，と問うてみよう。答えはただ一つ，

それを正しく「操作」することによって覚える事柄，である。ハンマーの存在はハンマーを打つことによって「知られる」。もっと存在論的な言い方をすれば，物が存在するとは「手許にある（*zuhanden*）」ということなのである。こうして，手許性（*Zuhandenheit*）（*SZ* 69）という重要な存在論的カテゴリーが発見される。物を正しく動かすという営みは，「盲目的」ではなく「見通しをもつ」ものであって，そこに含まれている「実用知（savoir-faire）」は同時に「見知（savoir-voir）」でもあるのである。道具の操作とは見廻すことであり，目配り（*Umsicht*）という性質をもつ（*SZ* 69）。したがって，理論的眼差しの明察と実用的次元での無知というようなありきたりの対立は拒否するべきである。どんな「実践」も瞬間的な行為には還元されないのであって，「見ること」を，それゆえ「知ること」を前提しているのである。

　日常的に物を扱う際の「見通し」に特有の現前様式は，気遣いを源泉とするものである。だからハイデガーは，『時間概念の歴史への序説』の中で，この見通しを被配慮性の現前（*Besorgtheitspräsenz*）（*GA* 20, 266）という用語で記述し，そして――当然この点が重要なのだが――それは想像できる限りでもっとも基礎的な現前様式である，と言うのである（*GA* 20, 264-265）。気遣いとは，事物をその手許性においてわれわれに引き渡すものであり，基礎的な「付帯現前機能」を遂行するものである。これがフッサールに対抗して出されたテーゼであることは明白である。フッサールは知覚を「有体的現前」，すなわち事物の所与性そのものと見なすが，ハイデガーにとっては，知覚された物の有体性（*Leibhaftigkeit*）は，さらに根源的な所与性から派生したものである。すなわち，物そのものの所与性の源泉は，気遣いおよび気遣いを基礎とする物への関係に存するのである（*GA* 20, 266）。

気遣い ─────────→ 手許存在 ─────────→ 有体性
被配慮性の現前＝基礎づける現前　　　　　　　　　　　＝基礎づけられた知覚

　もう一つの難題は，次のような反問として形をとりうる。すなわち，そのように世界を捉えるのは，「功利的」ではないとしても少なくとも「プラグマティズム的」な見方であって，世界を人間の仕事の領域へと，つまり何らかの技巧を施された器具に頼らざるをえない領域へと人工的に還元してしまうのではないか，という問いである。その場合，木や川のような「自然」の事物はどう

なるのか。たとえば「黒い森〔シュヴァルツヴァルト〕」はどうなるのか。ハイデガーの答えは奇妙なものである。すなわち，「自然」そのものが「第一質料」をもたらすものとしてわれわれに現れるのは，もっぱら道具を通してだというのである。ハイデガーがトートナウベルクに山小屋を建てるためには，樵や木工職人を介して「黒い森」のどこかで木を見つけねばならなかった。「使用されている道具において，その使用を通して《自然》——天然の産物という光の下で見られた《自然》——が共に発見されている」(SZ 70) のである。それゆえ，気遣いとはけっして自然に覆いを掛けるものではなく，客観的でも主題的でもない形で自然をわれわれに現前させるものである。このような付帯現前が気遣いの第二の機能である。「公開的な環境世界において，自然は絶えずわれわれに現前しているが，ただしそれは気遣いの対象としての世界という意味である」(GA 20, 269)。つまりそれは，整備すべき道路，雨風を防ぐバス停の待合所，川にかかる欄干橋，夜道を照らす街灯，といった形をとるのである。

「森とは営林，山とは石切り場，川とは水力，風とは《帆にはらむ》風である」(SZ 70)。このきわめて散文的な宣言は，自然が後のハイデガー思想において果たす役割を知っている場合には，よく考えてみる値打ちのあるものである。それが意味するのは，必ずしも自然とは消費や開発の対象でしかないという意味ではない。自然の「有用性」は，健康を取り戻すために必要な快い風景といったものでもありうる。例えば，「黒い森」は冬休みの休暇地にもなるのである。だが，いずれにせよ，自然は「利用者」の眼でしか見られていないように思われる。はたして「黒い森」は，手許性が開示するのとは別の位置づけを得ることができるのであろうか。その場合の位置づけは，単なる目前性ということになってしまうのであろうか，それとも第三の存在論的カテゴリーを探すべきなのであろうか。この問いについては，現段階では保留にしておかざるをえない。だが，ここですでに生じてくる問いが一つだけある。それは，目前性と手許性の関係は存在論的な観点からはどのように規定されるのか，という問いである。常識が望む通りに，事物は，道具として現存在の「手中」に入る前にすでにそこにあり，現実に存在していなければならないのであろうか (SZ 71)。

『時間概念の歴史への序説』では，ハイデガーは，気遣いが目前性と手許性を同時に付帯現前させるのだと明言している。

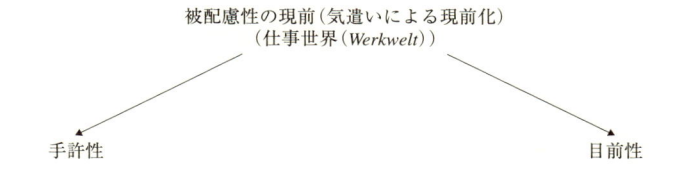

```
          被配慮性の現前（気遣いによる現前化）
                  （仕事世界（Werkwelt））
          ↙                              ↘
      手許性                              目前性
```

第16節　世界は自らを告知する

　道具の独自な存在様式を発見しただけでは，まだ世界を発見したと確信することはできない。一つの「世界」があるかどうか，あるとすればどのような形であるのか，そういったことはまだ分かっていない。世界は依然として覆われているが，それでもすでに自らを告知している。どのようにしてか。ハイデガーは見事な逆説で答える。つまり，道具の「世界」で「何か」がスムースに行かなくなるやいなや，世界は自らを告知するというのである。道具が一部または全部利用できなくなる時，あるいは車がスクラップになる場合のように道具が廃棄物になる時，そのような時にはじめて，私はそれが道具という特殊な存在であることに気づき始め，そしておそらくはそれがただの邪魔な「現前」になったことにも気づき始めるのである。目前性が目立ってくるのはそのようにしてである。すなわち，路肩に放置された事故車の残骸の無残な光景，故障したが交換部品がない機械，そのために「開店休業」となった工場等である。こうして私が——しばしば犠牲を払って——発見するのは，「手許の」物という性格を失った（手許性から非手許性（*Unzuhandenheit*）へと移行した（*GA* 20, 256））物は，存在することを止めて全く消え去ってしまうのではなく，たいてい非常に不快な仕方でそれ自身を想起させるのだ，ということである。すなわち，私が今まで使用していながらそれとして「目を留めて」いたことのなかった事物が，今や私の邪魔をし，私にその現前を押しつけてくるのである。

　この意味で，道具に関するポンジュの記述には，現象学的観点からすれば一部適当でないところがある。普通の状況では，道具はけっして「目立つ（*auffällig*）」ものではなく，まさに「目立たない（*unauffällig*）」ものである。道具が「目立つ」ようになるのは，もっぱらそれが使用できなくなったり欠陥が見つかったりした時のみである（cf. *GA* 20, 257）。われわれが事物の単なる現前や不在に気づくのは，まさにそうした状況においてだと言えよう。その時，

事物は文字通りわれわれに「取り憑き」，付きまとうものとなる。事物のそのような現前の仕方を特徴づける現象学的指標は，「目立つこと（Auffälligkeit）」（ポンジュのいう ostensibilité である），「押し迫ること（Aufsässigkeit）」，「のしかかること（Aufdringlichkeit）」（SZ 74）の三つである。これらの指標はより広い一つの総体を指示しており，諸々の事物はその内で「機能する」ことになる。まさしくそのような総体が「世界」である。例えば工場という世界には，操業が停止するおそれがある。そうなれば，「環境世界」がその「環境」を一変してしまうことだけは確かである。

　世界がわれわれに告知されるのは，まずもってこのような欠如的・否定的な様式においてである。「世界」とは，道具としての「事物」がもはや全く「機能」しなくなった時にわれわれが見出すものだと言えよう。その時われわれは，「世界」はわれわれの配慮に先立っていつもすでにそこにあり，それについて確認し，観察し，理論的関心を抱くという一切の営みに先行するものであることを発見する。この意味で，世界とは「開示された（Erschlossenheit）」ものである。買い物に行って，棚卸しや在庫切れ，倒産などで「しばらく閉めます」とか「店じまい」などと書いてある張り紙に出くわしたとしよう。その時われわれは，世界が開いていることの意味をもっとも良く理解するのである。こうして，世界内存在なるものについて最初の定義を得たことになる。すなわち，世界内存在とは，「道具総体の手許存在を構成する諸指示に非主題的かつ目配り的に没入していること（das unthematische, umsichtige Aufgehen in den für die Zuhandenheit des Zeugganzen konstitutiven Verweisungen）」（SZ 76）なのである。

第17節　指示と記号。現象学的記号論の素描

　この節と次の節は，敷居を越えて現象学固有の意義概念へと入っていくものであり，その点で特別の注意が必要である。この意義概念は，かなり後になって（第34節）はじめて，厳密な意味での言語理論へと至ることになる。記号と意義に関する分析の手引きとなるのは，すでに幾度か触れた「指示（Verweisung）」の現象である。「道具」は道具である限り，すでに暗黙の内に他の道具を指示しているが，一定の条件の下では明示的に「指示」の働きを引き受けることもありうる。その場合，道具は自らとは別のものを表示する「記号」となる。以上がここでの分析の中心となる発想である。この表示という機能を帯びるやいなや，道具（Zeug）は記号（Zeichen）となる。それゆえ，記号と

指示の問題へのハイデガーのアプローチは，C. S. パースのプラグマティズムの場合と同様，言語から出発するのではなく，すなわち（ソシュールのように）言語記号の記号論（*sémiologie*）から出発するのではなく，表示機能というより一般的な記号的側面の下で行われる。これは環境世界のどこにでも現れる機能であって，道標，航路標識，旗，喪章等がその例である（*SZ* 77）。

パースが彼の論理観念に従って関係という一般的カテゴリー（このカテゴリーの下に指標，図像，象徴という下位区分が導入される）から出発するのに対し，ハイデガーはこの点ではより現象学的であって，こうした形式的に過ぎる規定を斥ける（*SZ* 77）。たしかに，現象学もまた記号の多様な表れに関心を寄せねばならない。痕跡が記号となる仕方は，死者の記念碑や署名済み契約書や証言の場合とは違っている。ハイデガーは，「痕跡，遺跡，記念碑，文書，証言，象徴，表現，現象，意義」（*SZ* 78；cf. *GA* 20, 275）と列挙しているが，それはもっぱら「記号」がもつ極度の多様性に注意を促すためである。

ハイデガー自身の分析は，ただ一つの事例に集中している。これはきわめて適切な選択である。その事例とは，当時自動車に装備され始めた方向指示器である。ここでもまた，「道具としての記号がもつ存在論的構造」（*SZ* 78）の記述が興味を引く。どんな記号も有用性という特性を道具と共有しているが，記号と言えるためには，その有用性が「示す」という意味に「特化」されねばならないのである。

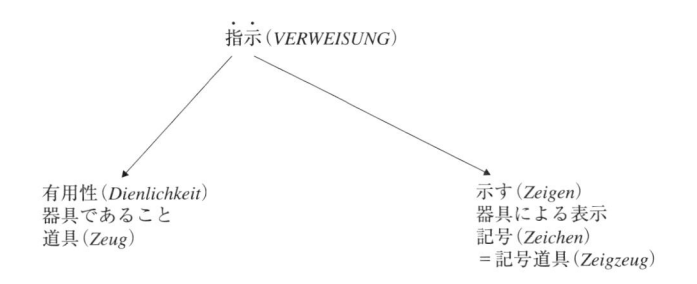

指示（*VERWEISUNG*）

↙ ↘

有用性（*Dienlichkeit*)　　　　示す（*Zeigen*）
器具であること　　　　　　　器具による表示
道具（*Zeug*)　　　　　　　　記号（*Zeichen*）
　　　　　　　　　　　　　　＝記号道具（*Zeigzeug*）

記号の本性は使用することによってのみ理解されると主張する点で，ハイデガーは，パースやウィトゲンシュタインと同じく「プラグマティスト」である。このテーゼは，「記号道具との交渉の仕方（*Umgangsart mit Zeigzeug*）」や「記号と関わりあうこと（*Zu-tun-haben mit Zeichen*）」（*SZ* 79）という表現によっ

て示されている通りである。実際，自動車の方向指示器は，いかなる意味で方向を示す記号であって，ただの飾り（これも別の意味では「記号」であるが）ではないのか。この点を理解するためには，その使用法を知っていなければならない。後期ウィトゲンシュタインも同じことを言うであろう。

こうして，あらゆるカテゴリーの記号をひとまとめにして記号の一般的機能を定義すれば，それは「環境世界の内で方向を定めること」（SZ 79）であると言える。ハイデガーが自動車の方向指示器について長々と記述するのは，おそらくそのためであろう。

記号をその設定という角度から考察する場合にも，同じ現象が見い出される。記号は天から降ってくるのではなく，設定される必要がある。だが，これをどのような営みとして考えればよいのか。この営みの根にあるのは，「目配り的注意（umsichtige Vorsicht）」（SZ 80）という環境世界への特定の態度である。どんな性質の記号であっても，それを設定し設立する真の力はつねに気遣いである（GA 20, 281）。「記号として受けとること，記号使用，記号設定は全て，記号が使用可能でなければならない限り，環境世界の特殊な配慮を特定の仕方で仕上げたものにすぎない」（GA 20, 285）。環境世界の内でよりよく「方向を定める」（この語はできるだけ広い意味で受けとるべきである）ためには，「目印」をもつことが必要である。それはあらゆる種類の標識であって，まさしくあれこれの物を「目立たせる（Auffälligkeit）」という機能をもつものである。「目立つ」ということが，記号を記号として見分けさせる主要な「表示」（SZ 81; GA 20, 283）なのである。記号とは，まずもって注意を引こうとするマーカーであり，英語で言うところの token である。

それゆえ，記号の制定には二つの局面がありうる。すなわち，道具を作ってそれを記号として働かせる場合と，すでに存在する物を「記号とみなす（Zum-Zeichen-nehmen）」場合である。例えば，ある地方では東風（黒い森では南風だが）が雨の「記号（＝前兆）」となる。一見これは，人工物と自然記号の区別に対応するように思われよう。だが，ハイデガーは，そのような区別をそれを理解可能にする諸々の態度やふるまいの中に取り込むことによって，まさしくこの区別を現象学的に基礎づけようとするのである。それによって，二種類の記号が同一の態度に根を持つべきものであることが明らかになる。つまり，目配りという態度である。

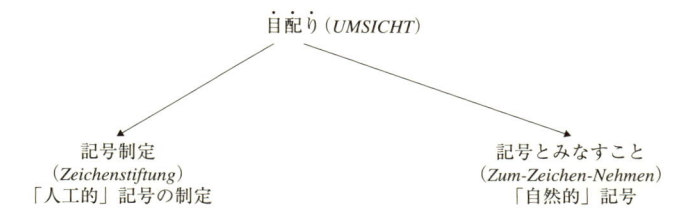

```
              自配り（UMSICHT）
              ╱           ╲
        記号制定          記号とみなすこと
    （Zeichenstiftung）   （Zum-Zeichen-Nehmen）
    「人工的」記号の制定      「自然的」記号
```

　第二の場合は，記号は明らかに発見的機能をもつ。つまり，それがなければ気づかれないままであった実在の諸特徴を発見させるのである。それゆえ，記号は実在をより深く「解釈」すること——「読み直す」ことと言ってもよかろう——に役立つのである。

　少し論を脱線させて，ハイデガーは未開社会での記号の地位に関する考察に手をつけている（SZ 81-82; GA 20, 284）。ここで第11節で触れた問題が再び登場する。未開人は，自らの環境世界の内で方向を定め，その環境世界を理解できるようにするために，数多くの複雑な記号を案出するのだが，それらの記号は特別な地位をもつのであろうか。未開人の記号に特別な点があるとすれば，未開人は記号を用いながらもシニフィアンとシニフィエの差異を知らないということだけであろう。未開人にとって記号は物である。言い換えれば，未開人は記号が道具である（でしかない）ことをまだ「知って」いないのである。ここで，第11節ですでに出てきた問いをもち出すことができる。それは，未開人の世界内存在と，未開人が展開したかもしれない「存在理解」を適切に解釈するための基準はどのようなものになるか，という問いである。奇妙なことだが，そのためには手許性では不十分であると思われる。いずれにせよ，心的過程や出来事を「対象化〔物化〕」するのが未開人の一般的な傾向だと考えたくなるが，この誘惑には抵抗しなければならない。記号とそれが表示する物とを一体化するのは，未開人が一般に対象化への傾向をもつことによるのではなく，むしろ「対象化」の能力をもたないことを表しているのである。

　最後に注意しておくが，この節で素描された記号の現象学的解釈はまだ暫定的なものである。それは，記号と指示との結びつきを特徴づける最初の試みでしかないのであって，以下の三つの特徴が強調される。1／全ての表示は道具性という一般的構造に基づく。道具性は，諸々の記号理論が記号の有用性と呼ぶようなものを描きだすのである。2／全ての表示は道具全体性（Zeugganzheit）と「指示連関（Verweisungszusammenhang）」を前提している。これは，

現代の意義理論では体系と呼ばれるものである。3／「指示連関」を体系と呼んでもいいが，その場合，ソシュールのように体系を閉鎖性の原理で定義するのではなく，開放性の原理で定義すべきであろう。というのも，記号はわれわれが環境世界の内で方向を定めることを可能にし，それによってわれわれを環境世界へと開くからである。このことを見失わずに，本節の最後に出てくる記号の定義を読まねばならない。「記号とは，存在的に手許にあるものであり，この特定の道具として機能すると同時に，手許性と指示全体性と世界性という存在論的構造を告示するものとしても機能する」（SZ 82）。

　最後の最後に，このような記号の現象学を後でまた議論する上で重要なこととして，一つ注記しておいてもよかろう。それは，記号の本性を理解させてくれるものはそれ自身記号ではありえない，ということである。「指示は存在論的に記号の基礎とならねばならないものである以上，それ自身は記号としては把握されえない」（SZ 83）のである。指示は手許性の構成において主要な役割を果たすが，それ自体は手許性に還元できないものである。では，指示の存在論的地位をどのように定義すればよいのであろうか。

第18節　世界性と有意義性

　以上の問いに対する答えが，第18節でスケッチされている。われわれは，またもや環境世界から世界性そのものへと移行することになる。この移行をどのように考えればよいのであろうか。

　最初に思い出しておきたいのは，指示構造の「記号学化」という誘惑に抵抗する必要があるということである。指示構造が存在するためには，ある物が何の役に立ち，どのように使用または誤用（例えば子供の「手許に」置いてはならない掃除用洗剤がある）されるかを発見するだけでよい。それゆえ，ハイデガーの「指示とは使用である」は，「意味とは使用である（meaning is use）」という後期ウィトゲンシュタインの有名な言明に対応すると言える。実際，まさしくここにおいて，『哲学探究』におけるウィトゲンシュタインの「文法的」分析とハイデガーの分析との類似性がとくに際立つと思われる。少なくとも，一定数の客観的特性の列挙によって事物の本性を定義するというやり方を拒否するという点で，この二人は共通している。一本のハンマーについて，長さ，重さ，木製の柄，金属の部分等々，その客観的特性をできるだけ網羅的に列挙しても，ただ一つの肝心なこと，すなわち道具としてのハンマーの存在の定義

である「ハンマーは叩くためにある」ということには到達できない。ハンマーがこのように役立つということを，私はただそれを使うことによって学ぶのであって，それこそがハンマーの存在である。ここでもまた，目前性と手許性という二つの還元不可能な存在様式の間の重要な存在論的差異が現れてくる。目前性の次元では事物は客観的特性をもつが，手許性の次元では，「適切性と不適切性（*Geeignetheiten und Ungeeignetheiten*）」（*SZ* 83）しかない。この区別から引き出される帰結は明白である。すなわち，諸々の客観的「特性」がそれぞれ切り離せるものであるのに対して，諸々の「適切性」は，互いに指示しあい，いわば「投げあう」ものである。それは指示＝送付〔仏訳語 renvoi は「投げ返し」を意味する〕の構造なのである。

　指示のこの普遍的効果を表すために，ハイデガーは帰趨（Bewandtnis）という新しい術語を導入している。この用語はドイツ語の慣用句 *etwas bewenden lassen*〔……に甘んじる〕から理解すべきものだが，この慣用句は「何かをめぐって問う」という観念を示唆している。すなわち，ある意味を引き合いに出しながら，それが何であるのかを言うことができないという状況であり，「きっと何かの意味があるはずなのだが……」と言われるような場合である。これをレヴィ゠ストロースの「マナ」解釈と接近させてみてもよいかもしれない。この解釈によれば，マナとは明確なシニフィエをまだ与えられていない「浮遊するシニフィアン」なのである。(79) どんな現象にも意味があるということ，まだその意味が何であるかを言うことができない場合でも，そういう場合にこそ意味があるのだということ，おそらくこれが，「マナ」が未開の実存において表現している根本的な重大事であろう。

　「あらゆることには意味がある」という包括的公準を，ハイデガーは有意義性（*Bedeutsamkeit*）という観念で表している。これによって，帰趨という観念が補完し明示化されることになる。マルティノーは *Bedeutsamkeit* を *significativité* と訳しているが，われわれもこの用例に従うことにする。もう一つ可能な訳語があるとすれば，レヴィナスにおいて重要な役割を果たしている *signifiance*（意味生成）という語であろう。何かが「意味がありそうだ（*signifiant*）」というのは，その何かに意味があることを請け合いながら，それがどのような意味かは言えないということである。このように解すれば，有意義性（*significativité*）という観念は，「意味論」（言語学的意味での意義（*Bedeutung*）），「語用論」（ある物の「有意味な」使用），および「価値論」の三者を

橋渡しするものとなる。まさしくそれゆえに，ハイデガーは，有意義性という用語が少々ぎこちないものであることを認めつつも，この用語を選択するのである。

だが，この語の意味論的-言語学的な意味よりも，その実存論的意味にはっきりと優位を認めなければならない。「指示や指示連関は第一次的には意義である。意義とは……世界の存在構造である」(*GA* 20, 286)。このように解すれば，有意義性とは，まずもってある種の現前性の様式を規定するものだということになる (*GA* 20, 287)。

この分析の意味をよく理解するためには，有意義性の観念を神秘めかして持ちだすやり方──悪い意味での「象徴的」使用──に断固として抵抗しなければならない。ハイデガーが出してくるのは全く世俗的な事例である。トラクターや刈り取り脱穀機といった典型的な道具が「帰趨」をもつのは，それらに先立つ一般的指示構造（農場やそれを通して関わる「農業世界」）の内部で意味をもつ限りにおいてである。そうして次第に，あらゆる「帰趨」の地平である世界の世界性へと近づいてくる。「事物をそれがある通りにあらしめる」とは，事物を道具として存在させるということである。事物はいつもすでに発見されていなければならないことを理解するやいなや，事物をあらしめるというこのプラグマティック（語用論的）で存在的な営みが，より根源的な存在論的意味をまとうようになる。「被発見性（*Entdecktheit*）」という観念が決定的に重要なものであることはすでに強調した通りであるが，あらためてこの観念に注意を向けねばならない。この観念は，世界内存在の存在論的理解の本質的な可能性の条件を言い表している。世界がいつもすでに「発見されて」いないとすれば，道具としての事物をそれにふさわしい「帰趨」──ハンマーで叩く，自動車で走る等──において把握することはけっしてできないであろう。

存在的に見れば，これほど身近な事柄はない。日常的な目配りにとって，世界が完全に見通されるということはないが，それでも世界はわれわれにとって（多少とも）身近なものであり，それゆえ「理解できる」ものである。というのも，世界には何らかの「意味〔方向〕(sens)」があり，それゆえまずもって有意義性をもつからである。この有意義性の根本的な局面は，私はこの世界が自らにとって切実に「必要」であることを「知っている」ということであるが，これは「差し向けられていること（*Angewiesenheit*）」と名づけられている。「現存在は，それが存在する限りは，そのつどすでに出会われる一つの《世

界》へと差し向けられているのであって，このように差し向けられているということが，現存在には本質的に属しているのである」(SZ 87)。

これに続いてうち出されるテーゼは，『存在と時間』期のハイデガーが言語と解釈学について考える場合に根本的な役割を果たすものである。「だが，現存在がそのつどすでになじんでいる有意義性そのものは，理解しつつある（verstehendes）現存在が，解釈しつつある（auslegendes）現存在として，何らかのものを《意義》として開示できることの存在論的な可能性の条件を自らの内に蔵しているのであって，この意義が今度は語と言葉の可能的存在の基礎となるのである」(SZ 87)。ここで登場する理解（Verstehen），解釈（Auslegung），言葉（Sprache），話（Rede）といった根本観念は，第31節から第34節で分析にかけられることになる。今引用した言明の重要性については，そこで説明しなければならないであろう。差し当たりは，山小屋手拓本の余白に書きこまれた注記に目を留めておこう。それは，言語の存在を派生的構造と見なすのではなく，それが〔真理の〕根源的本質となる次元であることを認めるべきだというものである。この考えは，明らかに『存在と時間』以降にはじめて展開された言語観に対応している。『存在と時間』の観点は，むしろ「言語的」次元を相対化して，われわれを意味世界に入らせるさらに基本的な有意義性をとりだすという点にある。その場合，有意義性（Bedeutsamkeit）とは「解釈しつつ意義づけること（deutendes Bedeuten）」(GA 20, 292)だということになる。有意義性とは最初の世界解釈であって，それがあってこそ，世界の現前はさまざまな意味で「有意味」となる。言い換えれば，言語に出会うより前に，われわれは解釈学的現象に出会っているのである。

本節の最後で，ハイデガーは，世界の有意義性を諸関係の形式的な体系として解さないように警告している。それは，諸関係の普遍的代数学として記号学をうち立てようという企てにおいて，パースが行ったことである。そのような誘惑を，ハイデガーは「実体」と「関係（関数）」についてのカッシーラーの有名な研究[83]の中に見てとった。ハイデガー自身は，指示連関（Verweisungszusammenhang）という言い方をしていても，一般化された「機能主義」のことを考えているわけではない。「機能＝関数（fonction）」という数学的な観念は，われわれを存在論的実体主義から解放してくれるどころか，むしろそれを確証するものでしかない（SZ 88）。それゆえ，関係〔＝関数〕を全現象のもっとも一般的な形式的特徴と見なすという誘惑には抵抗しなければならないの

である（*GA* 20, 279）。

B. 世界の世界性の問いの怠りの例——デカルト

　第19節から第21節までは，「解体」の最初の例となるものである。そこではデカルトの世界理論がもち出されるが，それは，世界内存在という現象からではなく，特定の自然観念から汲みとられた不適切な存在論的諸範疇を導きとする世界概念の極端例として扱われるのである。[84]

第19節　「延長シテイルモノ」としての世界

　デカルトは，後の全ての哲学に，思考する実体としてのエゴ・コギトと延長している物としての物体的事物という区別を伝えた。この区別の根本には，実体に関するきわめて明確な存在論的概念がある。ところで，物体としての実体は，延長であることを基本的な属性としており，他の属性は全てそこから派生してくる。それゆえ，第二省察の「蜜蠟」をめぐる有名な論述ではっきり述べられているように，諸々の第二性質（固さ，重さ，色など）と第一性質としての延長とをできるだけ明確に区別しなければならない。後者によってのみ，物体としての事物の不断の永続性が保証され，物の同一性が保証されるのである。

コラム⑰　第一性質と第二性質——蜜蠟

　全てのもののうちでもっともはっきり理解される，と一般に思われているもの，すなわち，われわれが触れ，われわれが見るところの物体を考察してみよう。しかし，いくつかの物体を一般的に考察するのではない。そういう一般的な概念はひどく混乱しているのが常だからである。ここでは，何か一つの物体を個別的なものとして考察する。例えば，この蜜蠟をとってみよう。これはいましがた蜂の巣から取り出されたばかりである。まだそれ自身の蜜の味をまったくは失ってはおらず，もとの花の香りもなおいくらかは保っている。その色，形，大きさは明白である。固くて，冷たく，たやすく触れることができる。なお，指先でたたけば，音を発する。結局，ある物体をできるだけはっきり認識するために必要と思われるものは，全てこの蜜蠟に備わっているのである。

　しかし，こう言っているうちに，この蜜蠟を火に近づけてみるとどうであろう。

> 残っていた味は抜け，香りは消え，色は変わり，形は崩れ，大きさは増し，液状となり，熱くなり，ほとんど触れることができず，もはや打っても音を発しない。これでもなお同じ蜜蠟であるのか。そうである，と告白しなくてはならない。誰もそれを否定しない。誰もそうとしか考えない。それでは，この蜜蠟においてはあれほどはっきり理解されたものは，いったい何であったのか。たしかにそれは，私が感覚によってとらえたもののいずれでもなかった。なぜなら，味覚とか，嗅覚とか，視覚とか，触覚とか，聴覚とかに感じられたものは，いまや全て変わってしまったが，それでもやはりもとの蜜蠟は存続しているのであるから。（ルネ・デカルト『省察』，「第二省察」）

　全てが液体化する時に，なお物の同一性を保証するものは何であるのか。蜜蠟というデカルトの有名な例は，ハイデガーの分析ではどのようになるのであろうか。「生身の」蜜蠟の風味や香り，色をとり戻すことがハイデガーの主たる関心事であると考えるならば，それは間違いであろう。問題は，「主知主義的」な物の見方と「感覚主義的」な物の見方との対立ではない。ハイデガーにとって重要なのは，むしろ，蜜蠟を手許存在者として理解させる指示の総体を再構成することであろう。その場合，蜜蠟の有意義性は，巣箱や未来の蠟燭などから成る養蜂家の環境世界への帰属から受け取られるのである。

第20節　デカルト的世界概念の存在論的前提——実体性

　物体を単なる延長とする定義は，存在を実体性と見なすという特定の存在観念によって支えられている。「実体ということでわれわれが解しうるのは，存在するためにいかなる他の存在者も必要としないという仕方で存在する存在者にほかならない」[85]。この定義が最初に当てはまるのが神であることは，容易に見てとられる。神とは，「存在スルタメニイカナル他ノ存在者モ必要トシナイ（nulla alia re indiget ad existendum）」という理想を完全に実現する最高完全存在者（ens perfectissimum）なのである。神以外には，実体は思惟スルモノ（res cogitans）と延長シテイルモノ（res extensa）の二つしかない。これほど異なった三つのものに，実体性という同一の存在意味を帰属させるのは大いに問題である。スコラの哲学者たちは，存在の類比の教説からこうした問題に迫ったという点で功績があったが[86]，ハイデガーによれば，デカルトはむしろこの問題を避けている。「デカルトは，実体性の観念のうちに含まれる存在意味と，その意義の《普遍性》という性格を論究しないまま放置している」（SZ 93）。こ

の問題を避けるということは，存在の多様な意味を明瞭化する理論である基礎的存在論の練り上げを拒否しているということである。デカルトにとって，実体性に接近するのは不可能なことであり，それゆえ「思考」や「延長」といったその本質的属性にとどまらねばならない。こうして，「世界」を延長シテイルモノとする定義の背後には，「その存在意味において明瞭にされていないだけでなく，明瞭にできないものと称されている実体性の観念」(SZ 94) が見てとられるのである。
(87)

第21節　「世界」のデカルト的存在論に関する解釈学的論議

　デカルト的な世界概念を批判し，これを誤りとして斥けて，それよりも良いと思われる別の世界概念と取り替えるということ，それだけではまだ十分ではない。このような世界の見方によって，世界内存在という意味での世界性の現象が取り逃がされてしまうことを示した上で，そのような怠りが生じる理由を指摘しなければならない。したがって，批判ではなく，「解釈学的」論議を行うべきなのである。ここでハイデガーは，第14節の「認識論的」考察との連関づけを行っている。それは，デカルト的な世界概念の基礎に認識――より正確には科学的認識――の確固たる優位を見る考察である。デカルトの世界とは，数学的・物理学的な世界（＝自然）なのである。これはまたデカルトの偉大さでもある。デカルトは，「伝統的存在論の成果を近代の数学的物理学とその超越論的な諸基礎へと切り替えるということを，哲学的に明確な仕方でやってのけたのである」(SZ 96)。

　感覚的性質に対するデカルトの批判の根本には，不断の永続性として定義される存在観念（＝目前性）がある。物体がそれ自体としてどのようなものとして存在しているのかは，感官によって教えられることではない。感官の働きは功利的で実用的なものでしかなく，事物の存在そのものを発見させることはない。まさしくここで，ハイデガーは，すでに第19節で言及されていた固さと抵抗の経験についてのデカルトの解釈をもち出して，それを現象学的に読み直してみようとする。鍵となるのは『哲学原理』の次の一節である。これをもう一度読んでおこう。「すなわち，固さに関していえば，それについて感覚がわれわれに教えるところによると，われわれが固い物体の部分へとわれわれの手を動かすごとに，そこに存在する全ての物体が手の接近するのと同じ速さで後退するならば，固さはまったく感じられないであろう。しかも，このように後

退する物質が，そのゆえに物体の本性を失うであろうなどとは，どうしても考えることができない。したがって，物体の本性は固さには存しないのである。」[88]

ハイデガーの批判がデカルトの全テキストの内でもとくにこの一節に焦点を合わせる理由は，容易に推察できる。それは，フランクが大いに強調するように，ハイデガーの存在論的諸範疇は手を特権的に参照しており（*Vorhandenheit, Zuhandenheit*），手は『存在と時間』のいたるところに現れるからである。[89] ところで，デカルトにとっては，固さにしても抵抗にしても，位置変化の不可能ということでしかないように思われる。「固さの経験がこのように解釈されることによって，感性的な認取という存在様式は消去され，それとともに，こうした認取において出会われる存在者をその存在において把握するという可能性が消去されることになる」（*SZ* 97）。

このような世界では，物体が動く速度は相対的なものでしかないのであって，そこでは二つの物体が衝突する——時には激しく——ことはありえるとしても，物体に接し触れるということはありえないであろう。そのような現象は考えられないものだからである。全ては機械的な作用と反作用という単純なメカニズムによって説明される。ここで働くのは「そこをどけ，それは私の場所だ！」という論理である。手とは自ら動く（位置を変える）延長物であって，まずそのように動いた後で，抵抗する物に止められたり，あるいはその物の位置を上手く変えさせたりするのである。デカルトは，「触れるということの現象的な事態，何かについての経験としてのその事態をまったく保持せず，はじめから機械論的な意味で自然として解釈している。つまり，触れるということを，手という一つの事物が，この手を逃れる別の事物へと向かう運動と見なしているのである」（*GA* 20, 244）。アイステーシス，すなわち感覚経験のおかげで発見される諸々の感覚的性質は，われわれに諸事物の存在を理解させるものではない以上，何の「真理」をももたないのである。このような「客観主義的」世界観が全くの誤りだというのではない。ただそれは，諸現象の意味を取り逃してしまうのである。「固さと抵抗は，存在者が現存在という存在様式，あるいは少なくとも生物という存在様式をもっていない場合には，そもそも示されることはない」（*SZ* 97）。デカルトの「世界」は「何一つ感じられることのない」世界なのだ！　まさしくこの点で，デカルトの世界概念は極端なのである。

この世界概念は二重の意味で極端であって，世界を延長という実体的特性に還元すると同時に，「現存在の諸々のふるまいを存在論的に適切な仕方で眼差

しの内に入れることをも妨げる」（SZ 98）。引き続き手のメタファーを辿るとすれば，デカルト的主体には手がないのだと，事物に触れ，それを用い，あるいは撫でることによってその事物の存在そのものに達するような手がないのだと言えるかもしれない。あるいは，手があるとしても，ロボットが備える伸縮自在のはさみ以上のものではないのである。

このように言えば，まずは物質的自然そのものの基本的特性を規定すべきであって，「主観的」性質——甘い，ざらざらした，柔らかい，固い，快い，不快な——はこの基本的実在に付加すべきものである，と反論されるであろう。木の枝を杖として使うためには，その前にまず木の枝を切らなければならない，というわけである。良識に訴えるこうした反論は，つい耳を傾けたくなるが，現象学的には認められないものである。「使用事物を自然事物から再構成するというのは，存在論的には疑わしい企てである」（SZ 99）。そのような仕方では，手許性に到達することはない。これでは目前性の存在論の中でぐるぐる回っているだけで，考察の水準はけっして変わらないからである。

こうして，解体が「解釈学的」な課題であることがはっきりしてくる。問題は，世界内存在という現象は，なぜけっして偶然にではなく，ある意味で不可避的に取り逃されてしまうのか，ということである。逆から言えば，解体は，延長を「世界」の根本規定として捉え直すところまで行き着くのである（SZ 101）。だが，さらに延長の実存論的意味を明確にしなければならない。まさしくそれが，第22節から第24節までの課題である。

C．環境世界の環境性——空間化としての現存在

以上，第19節から第21節にかけて，デカルトにおける世界の存在論を長々と分析してきたわけであるが，この分析は単なる否定的総括に終わるのではない。すなわち，デカルトの「延長シテイルモノ」という観念では「世界」という現象にはけっして触れられないことを確認して終わりというのではない。実際，延長を世界の根本規定とすることは，全くの間違いというわけではない。ただ，延長という観念に「その現象的な正当さ（*ihr phänomenales Recht*）」（SZ 101）を取り戻してやらねばならないだけである。まさに問題となるのは，世

界を構成する次元としての空間性を考えることである。延長によって世界を考えるのではなく，世界性を起点として空間性を考えるのである。

　空間性という問題に関する基本的な与件はどのようなものであろうか。ハイデガーが最初から（第12節）斥けていたのは，現存在と世界の関係を容器とその中味の関係として理解する考え方であった。現存在とは，世界という超大型コンテナーの中で一定の容積を占める延長物にすぎないものではない（地下鉄では，われわれは空いてさえいれば一つの座席を占めることができるわけであるが）。空間とは容器ではない。乗客で満杯の地下鉄車両のような「空間容器（*Raumgefäß*）」（*SZ* 101）ではないのである。だが，そこから現存在は空間とは何の関係もないものだと結論し，現存在を全く時間的な現象に帰するとすれば，間違いを犯すことになるであろう。世界はわれわれを「とり巻いている」とか，世界はわれわれの「周りに」あるとか，諸道具は指示構造によって連関しあっているとか言うとき，われわれはすでにある種の「空間性」を想定している。現象学的に記述しなければならないのは，そのような空間性なのである。ここで，すでに言及された「環境性（*das Umhafte*）」という現象が再び登場する。「空間性を現象的に日常的現存在の世界に即して提示すること，空間性を環境世界としての世界において見えるようにすること」（*GA* 20, 307）が，現象学的分析の課題となるのである。

　この課題は，以下の三つの方向に分けられる。

1／最初に，「環境性」という構造をそれ自体として記述しなければならない（第22節）。そのためには，道具が空間を占める仕方に関心を向ける必要がある。
2／次に，現存在を空間的なものと見なさねばならない。精神的な存在は空間性を欠くものとして規定されがちであるが，そのような誘惑は全てはねのけるべきである。ただし，「現存在そのものが空間的である」（*GA* 20, 317）という場合，その空間性は実存論的意味を帯びたものである（第23節）。
3／最後に，純粋空間といったものがどのような条件の下で見出されうるのかを考えなければならない。

第 22 節　世界内部的な諸道具に固有の空間性——「環境」

　最初に記述されるのは，もっぱら諸道具が環境世界を占める仕方である。環境世界は，「手許にある」諸々の道具で満たされている。この「手許」は，けっして 1 センチ近いとか 1 ミリ近いとかいうようにして測られるものではない。道具を使うことによって，それをどのように操作するかによって，私はその道具がどれほど「近い」ものかを意識するのである。測定の基準があるとすれば，それは気遣いによって与えられる。われわれは諸々の距離を光年，キロメートル，メートル，センチ，ミリ等の単位で測るのではなく，「気遣い量」で算定するのだ，と言ってもよかろう。例えば，机上の鉛筆はすぐに使えるが，本は図書館で探さねばならないし，冷蔵庫を満たすには「買い物に行く」必要がある，といった具合である。

　こうして生じてくる独特の空間的現象が，近さ（*Nähe*）という現象である。この現象は，「質」と量の両面でさまざまな様相を呈する。質の面での諸相とは，「場所」ないし場所の指定という現象に当たる。「環境世界の事物は全て**場所づけられている**」（*GA* 20, 310）。環境世界では，全ての事物が自分の場所をもっているのであって，そうでないと無秩序になってしまう。家屋の整備や部屋の整理整頓など（*GA* 20, 311），そのような例は簡単に見つけられる。まさにこうした営みによって，われわれは環境世界に固有の空間性を意識する。環境世界には任意の場所などありはしない。ドイツ語で整理を意味する *räumen* という語は，この独特の空間性を直接的に指示している。

　自らの場所をもつとか，場所を得ているとかいった空間的特徴は，**帰趨**と組をなすものである。ここでもまた，場所の割り当て（*Platzanweisung*）という現象がその存在的な例証となりうる。すなわち，夕食のテーブルを整えた女主人が会食者一人一人に席を割り当てる，といった場合である。こうして，一つの指示から別の指示へと，あるいは一つの場所から別の場所へと辿っていくと，「**方面**（*Gegend*）」（*SZ* 103）なる現象が少しずつ形づくられるのが見えてくる。各々の場所は，ある「方面」において「場所を得る」のである。もちろん，ここで問題にしているのは現象学的な諸観念であって，目前性の次元でそれらに対応する位相幾何学的観念や地理学的観念と混同してはならないものであることはわきまえておく必要がある。目前性の空間というのは，均一で完全に等質的な空間である。そこでは特別な場所は一切なく，全ての場所が交換可能であ

る。手許性の空間とは，構造化された空間であり，そこには配慮によって規定される「帰属する所（*Wo der Hinzugehörigkeit*）」（*GA* 20, 311）が多数含まれている。

```
実存疇的次元：場所（Platz）―――――――――――→ 方面（Gegend）
カテゴリー的次元：位置（Position）―――――――――→ 三次元空間
```

　ここで「次元」という語を用いるとすれば，この概念に現象学的な具体性を残しておくことが必要である。つまり，「上」「下」「前後」と言えるのは現存在だけであって，より具体的には，上とは「天井に」，下とは「床に」ということなのである（*SZ* 103）。
　ここでもやはり，場所と方面の関係を箱に物を入れる場合のように見なすことはできない。天の諸「方面」（*Himmelsgegenden*）すなわち「方位」が示されるのは，太陽が日の出，正午，日の入りと順次場所を占めることによってである。逆から言えば，これらの「方面」によって諸々の位置が特定される。例えば，家屋には日向側と日陰側があり，教会は入り口を日没側，内陣を日の出側に向けて建てられる。こうした区別は，どれもわれわれにとって身近なものである（もちろん他にもそうした区別をもつ文化はある。例えば伝統的な中国文化は，墓や寺院の最良の場所を決めるために，きわめて洗練された場所占いのシステムを作り出した）。そうした区別は，われわれが環境世界を身近な世界として知覚する上で，本質的な役割を果たすものである。〔それに対して，〕空間を量的空間として見出し，そのようなものとして印づけるためには，道具の道具性の背後にただの物としての目前性を知覚する場合と同じような，抽象化の努力が必要になるのである。

第 23 節　現存在を構成する空間性

　とはいえ，もう一歩進んで，現存在そのものを性格づけるような空間性を記述する必要がある。諸々の道具が「空間の内で互いに連関し」，それぞれ「場所を得て」いる仕方に注意を向ける代わりに，「主体」（現存在）が空間に関わる仕方を検討することができる。世界内存在には必然的にそうした関係が含まれていることを考えれば，このような検討は可能である。
　この節では，新たに二つの現象が登場する。すなわち，距離を取ること

（*Entfernung*）と布置（*Ausrichtung*）である[xi]。もちろんこの二つは，前節の「近さ」の現象と関わりをもつ現象である。

1．距離を‐取ること（*Ent-fernung*）

　この二つの現象は，目前性の範疇では隔たり（ないしは距離）と方位という観念に相当する。だが，実存疇の次元では，Entfernung という表現は，能動的かつ他動詞的な意味をもつことになる（*SZ* 105, cf. *GA* 20, 313）。「見るにたえないその胸を隠してください」というタルチェフの台詞〔モリエール『タルチェフ』第 3 幕第 2 景〕を考えてみればよい。だが，ハイデガーが直ちに付言するように，ある物を遠ざけるというのは，実存の基本構造のある特定の事実的な様態にすぎない。「現存在は本質的に距離を取りつつ存在しており，そのような存在者として，現存在はそのつど存在者を近さのうちへと出会わせる」（*SZ* 105）。現存在は，諸々の隔たりをふさぎ，諸々の事物や存在者へと「近づこう」とたえず気遣かっている（たしかに，道をふさいでいる椅子を蹴り飛ばして遠ざけるということはあるが，それはまさに，私がある場所に「近づく」のをこの椅子が妨げているからなのである）。

　Entfernung をこのように〔隔たりをふさぐこととして〕解するというのは，もちろん通常の用語法に抵触することであるが，これは現象そのものが要求する暴力である（*GA* 20, 313）。「解釈学的概念」というのはそのようにして問われるものである。それは，「私自身が現にそうであり，たえずそうである存在の仕方」を示す概念なのである（*GA* 20, 313）。**現存在には近さへの本質的な傾向がある**」（*SZ* 105）という言明について，その実存論的意味をどのように解すればよいのであろうか。山小屋手拓本で，ハイデガーはこの箇所に注記して，「どの程度であり，そしてなぜなのか」と自問している。このことからも，それがけっして自明の事柄ではないことが間接的に確かめられる。なるほど存在的な次元では，移動速度がますます速くなり，電波放送が距離を取り除くようになった。今日では TGV，大陸間を結ぶ飛行機，電話通信などの例が挙げられよう。しかし，これらは示唆的ではあるがあくまで例に過ぎないのであって，「距離を保ちたい」という欲求や世間からの逃避など，反対の例も簡単に挙げられるのである。

　だが他方で，距離を‐取ることというこの現象を，量の見積もりとはどこまでも無縁な全くの質的現象と見なすのは誤りであろう。実を言えば，現存在は

第三章　世界の世界性　171

「測定する」，すなわち距離を見積もる術を熟知している。例えば，ほんの「一跳び」（*es ist ein Katzensprung*）だとか，「かなりの道のり」だとか，「レピュブリック広場で正午に会おう」とかいった具合である。こうした「見積もり」は，物理学者の行う客観的な測定に比べれば，主観的で近似的であるように見えるだろう。だがハイデガーは，ウィトゲンシュタインと同様——二人とも理由は異なるが「プラグマティスト」である——，日常生活ではそうした見積もりがかけがえのない役割を果たしていると考える。「これは一つの《主観性》であるが，それはおそらく《実在性》のもっとも実在的なものを発見する主観性であって，《主観的な》恣意や，《それ自体は》別の仕方で存在するものによる主観主義的な《把握》とは無関係なのである」（*SZ* 106）。

「近さ」や「距離」というのは，なるほど「客観的」に計測できる一定の量ではないが，とはいえ単に主観的で恣意的なものでもない。それらは「目配り的な配慮」というきわめて明確な基準に従っているからである。この基準によって，何を「近い」と見なし，何を「遠い」と見なすべきかが決定されるのである。「距離を取ることの規定は日常的な解釈という意味で生じる。それは諸間隔の測定ではなく，距離を取ることの見積もりである」（*GA* 20, 316）。もっとも近いものとは，客観的に私との距離が最小のものではない。例えば私と話をしている人は，私にとっては自分の鼻の上にある眼鏡よりも近くにいる。同様に，私が歩いて向かっていく相手は，一歩ごとに踏みしめている地面よりも私の近くにいるのである。

すでにここで，このような実存論的な空間化の理解が表現可能になるのは，言語が蓄積し自在に使っている記号——数学の記号とは異なる——によってではないか，と問うことができる。すなわち，「ここ」「そこ」「あそこ」といった指示語のことである。それらが指示しているのは，けっして単なる客観的な空間的位置ではなく，言明を行う発話者との関係で理解される「場所」である。

この〈距離を取ること〉という内存在の構造（*Entfernungstruktur des In-Seins*）」（*SZ* 108）について，ハイデガーはさらに少し謎めいたもう一つの特徴を指摘している。現存在の世界内存在には，道具への乗り越えることのできない距離ないしは隔たりが含まれているというのである。「この取られた‐距離，手許存在者の現存在自身からの遠さは，現存在がけっして**横切**っていくことのできないものである」（*SZ* 108）。ネクタイを付ける，自動車を買う，薬を飲む，テレビを捨てるなど，私がある物から遠ざかったり，またある物に近

づいたりする場合には，さまざまな形の目配り的配慮がある。だが，実存者としての私を道具としての道具から隔てる距離をなくすというのは，絶対にできることではない。この隔たりはつねに存続するであろう。なぜなら，現存在と道具とでは空間性への関係が異なっているからである。「現存在は，目配り的に空間を発見するという仕方で空間的であり，しかもそのようにして，現存在はこのように空間的に出会われる存在者へとたえず距離を取りつつ関わっているのである」（SZ 108）。

2．布置（Ausrichtung）

第二の現象である「布置」によって，方向指示的な面が導入される(xii)。近づいたり離れたりという動きがある所には，「方向指示」「方向づけ」「ベクトル化」もまた登場する。それらを物質化したものが，道路標識・里程標・方位盤，航路標識などである。こうした現象は，記号と指示作用について論じた時にすでに垣間見ていたものである。実際，実存論的な布置こそが，指示作用の可能性の条件となっているのである（GA 20, 319）。世界内部的な事物の次元で「場所」と「方面」が区別されたのと同じように，ここでは距離-を-取ることと布置とが区別される。この二通りの区別は，明らかに互いに対応するものである。

目前性：	位置／距離	⟶	等質空間
道具：	場所（Platz）	⟶	方面（Gegend）
現存在：	距離を-取ること（Ent-fernung）	⟶	布置（Ausrichtung）

ここでもまた，布置の欲求の実存論的意味を理解することが肝心である。この欲求は，目配り的配慮においてもっとも基本的なものの一つである。世界の内で自分の位置を正しく定める（sich in einer Welt zurechtfinden）（SZ 109）というのは一つの基本的欲求であって，すでにディルタイは，もっとも基礎的な諸々の解釈学的操作をこれに結びつけて考えていた[93]。自分の居所と方向が全く分からなくなるという経験ほど，人を動揺させ困惑させるものはない。ここでカントの論文「思考の方向を定めるとはどういうことか」が参照されているのは偶然ではない[94]。この論文でカントが関心を寄せるのは，右と左，上と下の区別を可能にする「主観的感覚」である。だが，「右」「左」「上」「下」というこうした諸方向について，きわめて具体的な意味を見てとらねばならない。ハイ

デガーは，不十分な現存在概念，すなわち孤立した主体という概念によって考察を行っていたとしてカントを非難する（*GA* 20, 321）。こうした諸方向の区別を「主観的根拠」に根づかせるだけでは不十分であるとすれば，それらの「布置」ないしは「方向指示」は各自の身体を前提しているのではないか，と問うべきである。私が右と左を区別できるのは，右手と左手を備えた身体をもっているからでしかない。上と下を区別できるのは，頭と足のある身体をもっているからでしかない（*GA* 20, 319）。とすれば，現存在の実存論的空間性を真に支えているのは身体性だということになるのであろうか。ハイデガーは，身体性という現象の重要性に一瞬目を留めるが，奇妙なことにそれを脇に置いてしまう。「現存在のその《身体性》——この身体性についてはここで論じるわけにはいかない独自の問題性があるが——における空間化は，これらの〔右・左という〕方向に関しても際立った特質を持っている」（*SZ* 108）。

　実際，これは奇妙な言明である。身体性（*Leiblichkeit*）が重要であることは認めているのに，身体性の分析を実存論的分析論から遠ざける理由は示していないのである。というわけで，幾人かの現象学者たちが，ハイデガーが身体性の分析を無視したことを非難したり（サルトルの場合），この欠落を自ら埋めようとした（『知覚の現象学』のメルロ゠ポンティの場合）のは理解できる。もちろん，ハイデガーが身体性の現象を実存論的分析論から遠ざけねばならなかった理由を問いただす必要はある。ハイデガー自身，『ツォリコーン・ゼミナール』でそれについて釈明しようとしている。(95)だが，この決定が実存論的分析論にどのような帰結を及ぼしたか，ということも問うてみる必要がある。身体性の「忘却」によって，その他に見えなくなってしまった現象はないであろうか。ある種の現象を誤って解釈し，他の現象を過大評価せざるをえなくなったということはないであろうか。まさしくそれがフランクの仮説である。フランクの考えによると，肉体の問題，受肉した身体の問題をとり逃がしたために，ハイデガーの存在論的探究には，時間性の問題だけに集中しすぎるという危険が出てきたのである。したがって，「現存在の空間性はその根源的に存在論的な意味である時間性に還元できないものである」(96)ことを示すような，諸々の現象学的モチーフを検討しなければならない。ハイデガーが現存在に手をもたせているのは疑う余地のないことであって，それは現存在が肉体を持つものとして提示されているということである。にもかかわらず，受肉の実存論的分析を試みたものの，肉体を理解するための実存疇を確定できなかったかのように述

べられているのである。(97)この難点が，実存論的分析論の全体を通して追跡していくべきものであることは言うまでもあるまい。

第24節　現存在の空間性から客観的空間へ

　この節では，第18節で行ったような極限への移行を新たに試みなければならない。つまり，空間それ自体を世界の世界性の次元として記述するのである。ハイデガーは，空間の存在論的地位が今日までなお解明されていないという当惑すべき事態を指摘している（SZ 113）。ハイデガー自身が提案しているのは，世界へと立ち戻ることによって空間の存在を理解するという試みである。（「空間は本質的にある**世界の内**で示される」（SZ 112））。空間とは，方面の現象に含まれる基礎的な有意義性の一面（「方面的な空間帰趨（*gegendhafte Raumbewandtnis*）」（SZ 111））である。もちろん，幾何学的・数学的な三次元空間，すなわちライプニッツが「空間トハ共存ノ秩序，アルイハ同時ニ存在スルモノノ間ノ存在ノ秩序デアル（*Spatium est ordo coexistendi seu ordo existendi inter ea quae sunt simul*）」，とか「延長トハ空間ノ大キサデアル（*extensio est spatii magnitudo*）」と定義するような空間は，まだ問題になっていない。(98)それよりも，空間そのものの可能性の条件となり，全ての場所と方面を相互に指示させる「空開（*Einräumung*）」のようなものを考えようというのである。この意味での空間は，日常的な世界関係の中で，主題化されないままいつもすでに現存している。いつもすでに現存しているというのは，アプリオリだということである。空間が認識できるようになるのは，このような形で発見される空間性を基礎にしてのことである（SZ 111）。そうして，現象学的アプリオリとしての空間性が，カント的な「形式的直観」としての空間へと至るのである(99)（SZ 112）。

　ここでもやはり，基礎づけの序列は逆転できないものであって，それを尊重しなければならない。「空間は環境世界の非世界化を通してはじめて接近できるようになるだけでなく，総じて空間性は世界を根拠にしてのみ発見されうる。しかもその発見は，世界内存在という現存在の根本体制に関わる現存在の本質的空間性に対応しつつ，空間が世界を共に構成するという仕方でなされるのである」（SZ 113）。

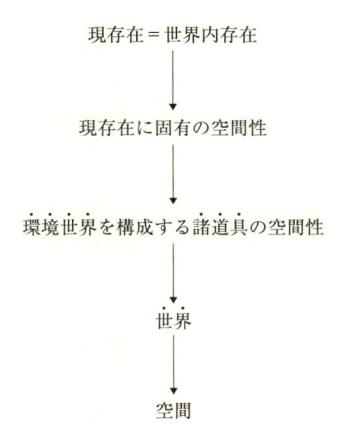

```
現存在 = 世界内存在
    ↓
現存在に固有の空間性
    ↓
環境世界を構成する諸道具の空間性
    ↓
   世界
    ↓
   空間
```

第四章　自己，他者，ひと──自己の解釈学の素描

　1／今から検討されるのは，世界内存在と言うときに視野に入ってくる複合構造の第二の極である。ここまで環境世界は，道具という性質を持つ対象によってのみ成り立っているかのように考察されてきたが，そこに諸々の「人格」を引き入れなければならないのである。もう一度繰り返すが，このような手順で論を進めるのは，事物が人格に対して認識論的または存在論的に先行するからではない。人格とは何かを規定できるようにするには，まず最初に事物とは何かを理解しておかねばならない，といった事情ではないのである。現代の哲学者には，ストローソンのように事物と人格の区別を言語的な基準によって確定しようとする者もあるが，われわれがうち立てるべきであるのは，この区別を世界内存在という全体的現象の内で正当化するための現象学的な基準である。

　ハイデガーのとる現象学的な見地からすれば，世界内存在という観念は，それが誰かの世界内存在であることを認める場合のみ意味を持つものである。だが，この「誰か」とは誰であるのか。この問いに慌てて答えるのではなく，これがどのような性質の問いであるかを吟味してみよう。存在の問いの場合と同じく，この場合も「誰であるのか（qui ?）」という問いに独特の構造を意識しておくべきである。この問いは，「……とは何か」（「存在とは何か（τί τὸ ὄν）」）という形式の問いとは異なる。ここで第9節の言明を思い起こすべきである。すなわち，実存は「誰」の問いがとりうるさまざまな意味に応じて格変化する，という言明である。

　ここで出てきているのは，もちろん「主体〔＝主語〕（sujet）」に関する問いである。だが，主体＝主語であるとは正確にはどのような意味であるのか。言語学者の答えは決まっている。私，君，彼という諸々の人称代名詞（一人称，二人称，三人称）のはたらきを検討すればそれで十分だと言うのである。

　ハイデガーは，単に言語的な基準を導きとするのではなく，もっと現象学的な分析を行う。というのも，実存論的現象を記述するためには，「文法的な範疇や形式の背後に遡り，現象そのものからその意味を規定することを試みる」（GA 20, 334）ことが必要だと考えるからである。もちろん，このような方法的立場をとるからといって，哲学者は言語学や文法の範疇への関心を捨てねば

第四章　自己，他者，ひと──自己の解釈学の素描　177

ならないというわけではない。この第四章の題名には，共存在（*Mitsein*）／自己存在（*Selbstsein*）／ひと（*Man*）という三つ組概念のようなものが現れている。この三つ組は以下のように図示される。

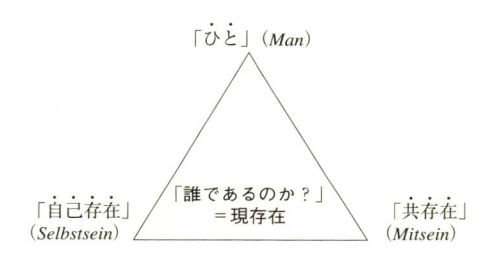

```
            「ひと」(Man)
              △
             / \
            /   \
           /「誰であるのか？」\
          /  =現存在    \
         /_____\
「自己存在」           「共存在」
(Selbstsein)           (Mitsein)
```

　この図が正確であるかどうかは，当の三つ組構造の現象学的記述によってのみ判断できることであろう。
　2／分析を始めるに先立って，方法上の問題を提起することができる。それは，なぜ直接「自己」の極から出発しないで「世界性」の極から始めたのか，という問いである。またもや繰り返しになるが，これは世界内存在の三つの極の間の階層的序列の問題ではまったくない。世界性が「自己」よりもさらに「基礎的」であるわけでもなければ，その逆でもないのである。それでも世界性から始める方がよいというのは，現存在が自然発生的に自己自身を理解する仕方が世界性に対応しているからである。これは，前に述べた「反照」，あるいは「返照」という現象である。現存在の自然発生的な自己理解は，「自己自身」からではなく「世界」から始まる。世界は，簡単に理解できる諸々の理由からして，あらゆる場面で現存在の注意を引き付け，ついには現存在を完全に奪取する（*Benommenheit*）に至る。したがって，自己の意識化は，けっして自然的な態度として自発的に生じるものではない。それは，捉え直し，自己回帰，省慮（*Besinnung*）の運動であり，その意味で「反省」の運動なのである。

　　　奪取されていること（*Benommenheit*）　　省慮（*Besinnung*）
　　　世界性
　　　世界没入（*Aufgehen in der Welt*）　　　自己存在（*Selbstsein*）

第25節　自我から自己へ——問題

　ハイデガーにおける「自己」の問題系は，各私性（*Jemeinigkeit*）（*SZ* 41）という概念に直接結びついている。この概念によって，実存は〈誰〉という問いから接近すべきものとなるのである。というわけで，まずは一連の等価概念を立てることが求められているかのように話が始まる。「〈誰〉という問いに対しては，自我自身，《主体》，《自己（*Selbst*)》から答えられる」（*SZ* 114）。この Selbst をマルティノーは「自己自身（*soi-méme*）」と訳しているが，この訳を採用するならば，リクールが近著『他者としての自己自身』で展開している自己の解釈学と対応させることが容易になる。実際，そこにはハイデガーと近づけることのできる点が数多くあり，リクール自身がそういった点を指示している。二人とも，考察の導きとしているのは〈誰〉という問いである。リクールの場合は，この問いがさらに，「誰が発話するのか」「誰が行動するのか」「誰が物語るのか」「誰が帰責の道徳的主体となるのか」という四つの問いへと下位区分される。(101) リクールとの比較はいろいろな面で有益であるが，それによってよりよく理解できるのは，ハイデガーが自己性の問題をいきなり存在論的な仕方で定式化しているということである。これに対して，リクールが用いるのは長い迂回という戦略である。つまり，言語学，行為の意味論，物語論，倫理的反省といった次元での分析を経た後で，ようやく最後に自己性の存在論的地位を問題にするのである。そもそもこの戦略は，「ハイデガーによる〈誰〉の規定に対する挑戦」(102) として提示されている。ハイデガーとリクールの自己の問題へのアプローチの違いを別の仕方で特徴づけるならば，それぞれ手引きとするものが異なっていると言える。リクールの自己論が位置する哲学的地平は行為の哲学という地平であって，そこでは人間的行為の単に類比的な統一が根本問題となる。(103) それに対して，ハイデガーの場合，実存論的分析論全体の指導概念となるのは気遣いである。この場合，存在論的な次元で捉えられた気遣いと，行為の類比的統一を考察するという独特の試みとのズレはどの程度のものであるのか，と問うことができよう。(104)

　この節の最初では，「私」（あるいは自我）「主体」「自己」といった諸概念が等価的に並べ置かれたのであるが，この等価性を疑わしくすることが，ハイデガーによる自己性の存在論的探究の根本的な狙いである。「私」という観念は自己反省という観念と一緒くたにされる。それは反省哲学の「自我」，すなわ

第四章　自己，他者，ひと――自己の解釈学の素描　　179

ち自己自身を自らが定立する諸作用の中心と見なす「私」である。*subjectum*
ないしは *hypokeimenon* という語の語源〔下に置かれたもの〕に従えば，「主
体」という観念には，変化にもかかわらず時間において永続するものという意
味合いが含まれている。つまり，さまざまな異なる瞬間に一つの人格を「同じ
もの」として同定することが問題となるのである。ところで，さまざまな変様
の基底にあるこの「同一性（*Selbigkeit*）」は，実体性という存在論的概念を要
請するように思われる。だが，すでに見た通り，実体性とは目前性の存在論に
属する概念である。そこでは，自我の規定はまさに同一性＝永続性の規定を前
提としている。主体とは変化を通して自らを同一に保つ基体だというわけであ
る。だが，主体をこのように見なすことを拒否するならば，われわれの課題は
複雑なものとなる。「日常的現存在の〈誰〉はまさしくその都度私自身ではな
い，ということがありえるかもしれないのである」（*SZ* 115）。ランボーの名
言を借りて言えば，日常性の「私」とは「一人の他者（un autre）」なのである。

　このようにして，実存論的分析論は，「自己を与えること」，すなわち自己反
省に結びついた基礎づけの特権をも疑わしくする。リクール同様，ハイデガー
もデカルト的コギトに結びついた基礎づけの野望から距離をとる。このような
態度はひとりでに出てきたものではない。というのも，それはフッサール現象
学（『存在と時間』の当該箇所では「意識についての形式的現象学」（*SZ* 115）
として描かれている）のデカルト主義と絶縁することを含意しているからであ
る。

　ハイデガーが告白するところによると，フッサールが採っていたこの反省の
道を拒絶することは，真の意味での誘惑（*Verführung*）を拒絶するということ
である。実際，反省モデルの誘惑に屈することほど容易なことはない。だが，
すでに見たとおり，普通の現存在は，落ち着いて自己を所持しているのではな
く，それどころか自己喪失（*Selbstverlorenheit*）という状況にある。つまり，
「さしあたってたいていは，現存在はそれ自身ではない」（*SZ* 116）のである
が，反省の図式はこの事実を忘却させかねないのである。自己自身でないこと
は，自己であることの否定ではなく，むしろその確証である。というのも，非
本来的な体制の下で自己自身ではなくなっている時も，私は単なる目前性に還
元されるのではなく，なお実存者であり続けるからである。

　自我を世界から切り離す誘惑は，他者から孤立した形で自我を立てるように
促す誘惑である。実存論的分析論はこの二重の誘惑を回避しなければならない。

それゆえ，実存論的分析論が本来課題とするのは，時間を通して自らを同一に保つ自我の永続性をうちたてることではない。〈誰〉の問いは，自我が自己自身へと反省的に回帰することによって答えられるものではない。それは，他人との共存在をも本質的な一面とする世界内存在に関して現象学的・存在論的な分析を行うことで答えられるものである。〈誰〉を問うことによって，われわれは現存在をその自己性の意識化へと向かわせる。だが，本当に問題になるのは，自己への反省的な回帰でもなければ，ミシェル・アンリのいう自己触発のような主体性の根源的内在性への回帰でもない。反対に，われわれは日常的な世界内存在を見失うことはないのである。

　自己の世界に対する関係と，他人に対する関係とは等価のものではない。少し先で見るように，他人の特性は，実存という特権を自我と共有している点にある。他人とは「共実存者」なのである。それゆえ，共現存在（Mit-Dasein）というのは重要な観念である。あらゆる生の共有，共存在（Mitsein）の背後には，他人を私と全く同じ一個の実存者として認めるということがある。この共実存の諸様態をもっとも基本的な日常性に即して分析するということは，実存論的分析論の本質的な課題の一つである。

　とすれば，主体は無名の諸「構造」へと解消され，否定されることになるのであろうか。けっしてそんなことはない。というのも，「主体」というのはまさしく現存在の本質的な規定だからである。この意味で，現存在は主体であり，また主体は現存在である，と言ってもよいであろう。だが，主体と現存在のこのような同一視は，存在的には正当であるが，存在論的には十全なものではない。それによって，現存在の存在様式が明らかになるわけではないからである。世界をもたず他者から孤立した主体など存在しない。自己性には十全な実存論的解釈が必要なのである（SZ 117）。その意味で，これは本当の意味での「自己の解釈学」だと言える。現存在がどのような様態で自己として実存するのかは，まさしく解釈によって解明されるのである。だからこそ，「自己の恒続性（Ständigkeit）」の諸様態を問題にすると同時に，自己の非恒続性（Un-selbstständigkeit）の諸様態をも問題にする必要がある。そのような解釈学では人間の「実体」に触れられないのではないかという危惧があるかもしれないが，それは根拠のない心配である。なぜなら，人間の「実体」とは実存そのものにほかならないからである。

第26節　共実存と他者の共存在。日常における間主観性

　自己性という問題が出てくると，他人もすぐに問題になってくる。まさしくこの共存在を分析することが，この節の課題である。まず最初に，ハイデガーは曖昧になりうる点をとり除く。すなわち，現存在の根本構成が世界内存在であるというのは，けっして他人よりも世界が優位に立つということではない（SZ 117）。それどころか，そもそも「他人たち」は世界の現象学的構造の一部である。最初に諸々の対象だけから成る世界があって，その後に人格が登場するというわけではない。このことは，靴職人や農夫の「環境世界」に関する現象学的分析を思い返してみるだけで確かめられる。靴職人の世界は，靴や工具のような道具だけでできているのではない。というのも，靴ははじめから誰かが履くために誰かが作るものとして捉えられるし，革は誰かが供給するものとして，工具は誰かが使用するものとして，畑は誰かが所有するものとして把握されるからである。この本は誰かがくれた本であり，傘は誰かが置き忘れたものであり，食卓は会食者たちを迎えるためのものである（GA 20, 329）。

　したがって，他人（たち）の現前は，環境世界を特徴づける帰趨，指示，有意義性といった構造の内に最初から刻みこまれている。「これらの《事物》は，それらが他の人々にとって手許にある世界から出会われるのであるが，この世界は最初からいつもすでに私の世界でもある」（SZ 118）。さらに問わねばならないのは，他人はどのような様態で〔諸事物と〕共に現前するのかということである。ここでハイデガーは，なぜ最初は環境世界の分析を道具の領域だけに制限していたのかをうち明ける。それは，互いに通約不可能な現前様態の間で起こるかもしれないあらゆる混同を避けるためであった。他人の現前，そして他人に対する私の実存論的関係は，道具や自然物とはまったく別の存在論的次元に属している。他人は目前的でもなければ手許的でもなく，どちらの仕方でも処理できないものである。だが，それでも他人は現に在る。他人はまさしく現存在という仕方で現に在るのである。というわけで，ここで問題になるのは目前的でも手許的でもない存在者である。他人とは，現存在と相似た仕方で，共に現に在る者（共現存在）である。こうして世界自体にはもう一つの「顔」があることになる。つまり「《世界》とは現存在でもある」（SZ 118）のであって，世界は「共世界（Mitwelt）」という性質を帯びるのである。

　「自己」をとりまく他の人々のさまざまな現前は，実存論的に理解すべきも

のである。「共存在」は実存論的意味をもっているのであって，単に数学的な集合を意味するのではない。『時間概念の歴史への序説』では，次のような言い方がされている。「世界の世界性は，世界事物——より狭い意味での環境世界——だけではなく，世界的な存在としてではないにしても，**他の人々の共存在と自らの自己をも現前させる**」（*GA* 20, 333）。だが，この著作で目に付くことがある。それは，環境世界（*Umwelt*），共世界（*Mitwelt*），自己世界（*Selbstwelt*）という，1919／20 年の『現象学の根本問題』以来事実性の解釈学で確立していた区別が，根本的な誤り（*grundfalsch*）（*GA* 20, 333）としてはっきりと撤回されていることである。他人たちは自己の世界と区別される別の世界を作っているわけではない。まさしくそれゆえに，共存在（*Mitsein*）という術語の方が共世界（*Mitwelt*）よりも適切なのである。

　だが，世界の内に他の人々がいることを確かめるためには，自我が必要なのではなかろうか。たしかにそうであるが，だからといって，「現」の方が「共」よりも優位に立っていると結論すべきではない。最初に他人から孤立した実存者の現‐存在があり，この実存者が二次的に他の人々と関係を結び，「共に」存在しよう（*Mit-sein*）とするのではない。実存論的意味で解された「現」には，いつもすでに「共に」が含まれている。だからこそ，「**現存在は本質的に共存在である**」（*SZ* 120）という言明は，現象学的にも存在論的にもきわめて重要なのである。私の日常的存在を成しているのはまさしく他者との関係であって，自分が他者から切り離されているという発見ではない。分離の経験が関係の経験よりも優位に立つというのは，特定の条件の下でのことでしかない。自分は一人きりだと感じる時，私はまさに他の人々から切り離されていると感じているのである。ロビンソンは，フライデーが来る以前も，共現存在ということが意味を持たないような個人であったわけではない。そうではなく，彼は欠如的な仕方で共現存在を生きていたのである。もっと簡単に言えば，彼は一人きりだと感じ，それを辛いと思っていたのである。それゆえ，孤独の経験は実存論的に解釈すべきである。「現存在が一人きりであるということもまた，世界の内で共に在るということである」（*SZ* 120）。孤立した主体（例えば独房内の囚人）は「一人だと感じる」のであるが，現存在が共存在として他人との関係を含んでいるからこそ，この孤独は欠如的な意味（「孤独を苦しむ」）をもつのである。

　世界が他人と出会う空間である以上，「共存在」は世界内存在に対立するも

のではない。「他者たちは，配慮し目配りする現存在が本質上そこに滞在している世界の方から出会われる」(*SZ* 119)。これによって，他人についての経験を自己自身の「体験」へと，さらには「諸作用の中心」としての自我自身へと準拠させることはできなくなる。それは，フッサールがデカルトに忠実に行ったことである。

　ここに至って，ようやくハイデガーは共存在の言語的な面を問題にする。すなわちそれは，証し手が人称代名詞によって自分と他者を指し示す能力である。ここで注意を引くのは，多くの言語で場所の副詞が人称代名詞の代わりをしているというフンボルトの見解である。「私」と言うのは一つの位置を示すことだというわけである。加えて，実存論的分析論の鍵語である「現-存在」という言い方では，人称代名詞よりも場所の副詞に優位が置かれていることにも目を留めておく必要がある。だが，ここで問題になる「空間性」がどのようなものであるかを思い出しておくことが重要である。それは，測定可能な客観的空間ではなく，実存論的な「空開」である。出会いの空間は，幾何学的空間のように客観的に測定できるものではない。「私」と言うことにはある程度「私はここだ（me voici）」という意味があり，「彼」と言うことには「彼はあそこだ（lui, là-bas）」という意味がある。シェークスピアの描くシーザーも，キャシアスについて「あちらの（yond）キャシアスなどは痩せてひもじそうな様子をしている」〔『ジュリアス・シーザー』第1幕第2場〕と語っている。この意味で，ハイデガーの言うように，人称代名詞か場所の副詞かのいずれかを選ぶ必要はない。むしろ，現象学的な観点からすれば，この二つの意味は歩みを共にするはずである。「場所の副詞と言われているものは現存在の規定であって，第一次的にはカテゴリー的な意味ではなく，実存論的な意味をもつのである」(*SZ* 119)。

　他者性の問題を適切に定式化する上で，「現存在は本質的に共存在である（*Dasein ist wesenhaft Mitsein*）」(*SZ* 120) という言明は決定的なものである。ハイデガーによれば，これは，自分の周りに他の「主体」たちがいることを確かめた上で，私は世界の内で一人きりではないと主張するということではない。私が一人きりでいるとしても，この実際上の経験的な孤独によって，私が自らの現存在において共存在のしるしを留めていることに変わりはない。まさしくそれゆえに，私は一人きりだと感じ，他人が私に欠けていると感じるのである。孤独の感情（無関心，違和感，敵意といった感情の場合も同様であるが）によ

って，共存在の決定的重要性が確認されるのである。したがって，各私性が強調されるのは偽装された「エゴイズム」の表れである（これはレヴィナスが示唆した考えである），などと考えるべきではない。各私性を他者性に対立させることはできない。そうではなく，「共存在はそのつど自らに固有な現存在がもつ規定の一つである（*Mitsein ist eine Bestimmtheit des je eigenen Dasein*）」（*SZ* 121）。自我はまずは自分自身に属していて，それから他人へと向かうというのではないのである。

共存在（*Mitsein*）　　　　　　共現存在（*Mitdasein*）
＝そのつど自らに固有な現存在の規定　　＝他者の実存の根本的規定

「気遣い（*Sorge*）」は，この本質的な区別を考慮に入れているはずである。実際，気遣いは目配り的配慮（*umsichtiges Besorgen*）の対象である諸道具の世界に関わるのと同様に，他人にも関わるのであるが，二つの場合では様子が違ってくる。世界内部的な存在者への気遣いは配慮として現れる。気遣いすることのないキリギリスが寒さに震えている時に，アリは人間のように冬の暖房用の油を手に入れ，配慮の営みに専念する。だが，食糧を手に入れるように他人を「手に入れる」ことはできない。他人は配慮を逃れるのである。しかし，それでも他人は，別の意味で気遣いの対象となる。気遣いという見地からすれば，他人と共に在ることによって，気遣いの別の新たな面を探究しなければならなくなる。それをハイデガーは顧慮（*Fürsorge*）（*SZ* 121）という術語で示している(xiii)。ハイデガーの分析は，さまざまな前置詞の微妙な作用によって支配されているが，「現」や「共に」に加えて，ここでまた新たな前置詞が導入される。すなわち，「ために」という前置詞である。顧慮とは，文字通り訳せば他者のため（*pour l'autre*）の気遣いなのである。(108)

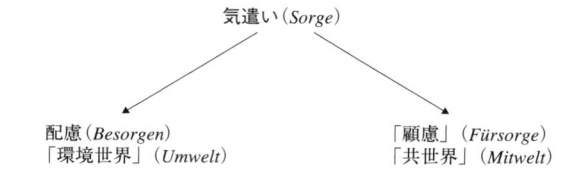

気遣い（*Sorge*）
　↙　　　↘
配慮（*Besorgen*）　　　「顧慮」（*Fürsorge*）
「環境世界」（*Umwelt*）　　「共世界」（*Mitwelt*）

このように，共存在は顧慮を通して表現される。もちろん，これは実存論的な根本構造であって，消極的なものから積極的なものまで数多くのバリエーションがある。消極的なものとしては，さまざまな形の無関心がある。「危機に瀕する人々に手を差し伸べないこと」が，現に作動する社会の一部となっているのである。肯定的なものについては，ハイデガーは二つの基本的様態を述べている。第一には，「跳び込んで支配する顧慮（*einspringend-beherrschende Fürsorge*）」，すなわちその人が自分で手に入れられないものを他人に代わって手に入れてやるという顧慮である。権利を失った失業者の書類作成を引き受ける民生委員，障害者のために買い物をしてあげる若者などがその例である。他の人々の「気遣い」を代わって自ら引き受けるというこの可能性に加えて，ハイデガーは，他人の実存に直接関わるもう一つの可能性を考えている。それは，「先んじて跳んで解き放つ顧慮（*vorspringend-befreiende Fürsorge*）」，すなわち他人を自分で自分の気遣いを引き受けられるほど自由で自律的にしようとする顧慮である。分析医と分析主体〔被分析者〕，霊的指導者と被指導者との間では，そうしたことが生じるかもしれない。

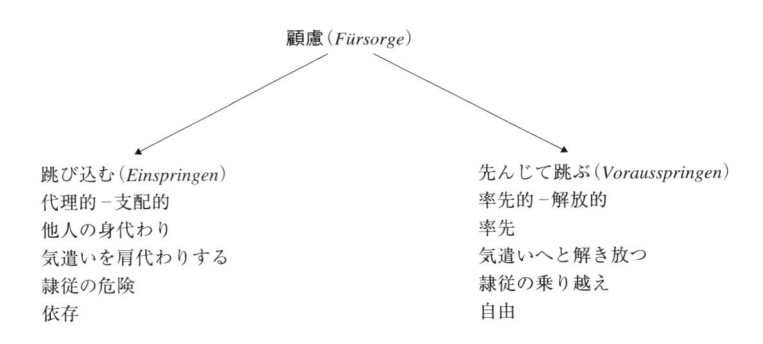

顧慮（*Fürsorge*）

跳び込む（*Einspringen*）　　　　　　　　先んじて跳ぶ（*Vorausspringen*）
代理的 – 支配的　　　　　　　　　　　　率先的 – 解放的
他人の身代わり　　　　　　　　　　　　率先
気遣いを肩代わりする　　　　　　　　　気遣いへと解き放つ
隷従の危険　　　　　　　　　　　　　　隷従の乗り越え
依存　　　　　　　　　　　　　　　　　自由

　世界内部的な存在者への関係である配慮と，他人への関係である顧慮との相違は，さらに別の仕方でも表現できる。周りの事物と関わる時には「目配り（*Umsicht*）」が必要であるが，他人と関わる時には別のものが必要になる。それが顧視（*Rücksicht*）（他人を尊重すること，他人に敬意を払うこと）と寛大視（*Nachsicht*）である。他人を尊重しなかったり無視したりする諸々の態度は，この二つの基本態度の「消極的」形態でしかない（*SZ* 123）。敬意は顧視欠如（*Rücksichtslosigkeit*）[xiv]へと反転しうるのである。同様に，寛大視が消極的

な形をとると「見過ごし（Nachsehen, tolérance）」となる。

　以上のように「他者問題」を実存論的に定式化することによって，解釈学的および認識論的に多大な帰結が生じてくる。というのも，共存在とは理解の独特な一つの様相だからである（GA 20, 334）。存在論的な帰結もまた重大である。その基礎となるのが以下の公理である。「共存在として，現存在は本質上他者のために《在る》。〔……〕共存在は実存論的な意味で〈他の人々のために〉であって，そこで他の人々はすでにその現存在において開示されている」（SZ 123）。〈他の人々のために〉は，世界の原初的な有意義性の一角を成しているのである。

　認識論的および解釈学的な帰結というのは，他者認識と他者理解の正確な定式化に関わるものである。20世紀の初めに，テオドール・リップスは，他人に関する認識の究極の源泉を感情移入（Einfühlung），つまり情動的同一化の内に認めることによって，この二つの問題を決定的に解決したと考えていた。ディルタイは，『精神科学における歴史的世界の構築』において，この問題をより解釈学的な見地から捉え直した。エディット・シュタインの1917年の博士論文『感情移入の問題について』が示しているように，初期の現象学者たちがこれを「避けて通れない」問題と見なしていた理由は容易に理解できる。だが，ハイデガーから見れば，他者認識という問題は，外界認識の場合と同じで，間違って立てられた問題である（GA 20, 335）。しかも，間違いの理由は根本的に同じであって，どちらの場合も，主体を世界や他者から断絶したものとして立てておいて，主体を「外部」から切り離すこの意地の悪い裂け目を越えるための架け橋や吊り橋を探そうとしている。こうして，「他人たちと共に，他人たちに関わりつつ存在するということには，現存在から現存在への存在関係が含まれている」（SZ 124）ということが見落とされてしまうのである。繰り返しになるが，「内面性の神話」に欺かれてはならない。他者と共に在ることによって，私は他者認識を学ぶと同時に自己認識をも学ぶのである。二つの理解は相互的に生成するのであって，それによって，われわれは二重の袋小路から同時に解放される。自我の側では内省を自己認識の王道と考えることが袋小路となり，他人の側では他者認識には「感情移入」という不可思議な能力が必要だと考えることが袋小路になるのだが，その両方から同時に解放されるのである。

　ハイデガーは，感情移入の実在を否定しようとするのではない。むしろその

逆であることは、シェーラーの『同情の本質と諸形式』が参照されていることから分かる (SZ 116)。問題は、感情移入という契機を実存論的分析論という枠組の内でどう位置づけるかである。この枠組の内では、感情移入が根源的な実存論的現象となることはありえない (SZ 125)。それゆえ、「投射」のメカニズム (ディルタイの言い方では「相手の側に身を置くこと (Hineinversetzen)」) を他人理解の可能性の条件と見なすのではなく、そのような関係を逆転させねばならない。つまり、他人へと「感情移入的」に関わることができるのは、ひとえに〔現存在の〕実存がすでに共存在として構成されているからだ、と考えるのである (SZ 125)。感情移入的認識は、全ての他人理解の可能性の条件を説き明かすような根源的現象ではないのであって、この認識は「特別な解釈学」(SZ 125) へと送り返されなければならない。ただし、ハイデガーはこの解釈学の地位を明確にしていない。

コラム⑱　自己と他者
　……先に述べた事柄によれば、顧慮や共にあることといった諸現象に対処するためには、例えば配慮について確認された事柄を単純に拡張したり変様したりするだけではだめである。また、例えば自分自身に関わってあること (das Sein zu sich selbst) と、そのようにあることに属する体制とを単純に他人に関わってあること (das Sein zu Anderen) へと転用してもだめである。後者のような転用については、その根拠として、例えば次のような論証が好んで引き合いに出される。なるほど、他人に関わってあることは事物に関わってあることとは違う。他人はそれ自身現存在なのである。こうして、ここには現存在から現存在への存在関係があることになる。とはいえ、この関係は自らの現存在の内にもすでにある。というのも、自らの現存在も現存在として自分自身に関わっているからである。こうなると、他人に関わってあることは、いわば現存在の自分自身に対する存在関係が投影されたものでしかないことになる。とはいえ、容易に分かることであるが、自分自身に関わってあることにおいて、自己はけっして他の自己ではない。それゆえ、他人に関わってあることは他に還元不可能な独自の存在であり、現存在においては、もちろん内にあることや自分自身に関わってあることと等しく根源的なのである。反対に他人、つまり君は私が私を対置している第二の私といったものではない。たしかに他人を理解する可能性が、ある意味で私が私自身を、あるいは現存在そのものをどのように理解するかということによって制約されるという事実は否定しがたい。しかし、他人を理解する時に、その事実的な遂行がこの種の制約を受けているということ自体が、すでに君である他人へと関わって

> あることを前提しているのであって，そのように制約されていることが他人へと関わってあることをはじめて生み出すわけではない。原理的には，他人とともに，他人に関わってあるという現象を解釈するためには，次の事柄をしっかり念頭においておく必要がある。すなわち，この他人は，そこでは宙に浮いた心的中心といったものとして経験されているわけではない。彼は，実質を欠いた対自関係の内を漂っているわけではない。そうではなく，現存在として，つまり共にあることとして，すなわちある一つの世界の内でともに相互に〔あること〕として経験されているのである。他人と共にあることもまた，さしあたってはある一つの世界において他人と共にあることから生命を得ている。他人はそれほどまでに原理的に，他人としてその現存在において発見されているのである。それゆえ，現象的に他人を第二の私として解釈することは的外れである。また，他者と共にあることに関する問題に手を着けるにあたり，まず私だけが私自身に与えられているという恣意的に構築された前提を根底におくことは背理である――このような〈独り自己のみ〉（*solus ipse*）が，どのようにして自らを超え出て君へと到達するというのだろうか。（*GA* 21, 235-236）

第27節　自己と「ひと」

　自己の解釈学には，なお踏み越えるべき最後の一歩が残っている。この解釈学の本質は，〈誰〉の問いを展開する第三の仕方〔ひと〕に存しているのである。一見，この一歩は遠回りであるように思われる。だが，自己とは真の意味で何であるのかを理解するためには，最初はその否定形態に見えるとしても，この「ひと」という形態へと問いを向けることを受け入れるべきである。そのためには，「主体」そのものなどなく，一人称の自己，二人称の自己といった「主体としての」諸様式があるだけだ，という極限的なテーゼを受け入れることが必要である。では，それらの様式に加えて，さらに自己の第三の様式を，つまり，もはや〈君〉として特定できる者ではなく，「第三者」という無名の現前であるような他者に対応する様式を考えるべきであろうか。

　実際のところ，ハイデガーの自己の解釈学が行きつくのはそのような仮定である。他者と共に，他者のために，他者に反してなど，顧慮にはさまざまな様態があったが，それらの様態の背後に，これまで気づかれていなかった別の気遣いが見分けられるのである。共に存在することには，どんな場合でも，自己と他者との差異や隔たりを保持したいという気遣いが忍び込んでいる。その基

盤となる実存論的構造が懸隔性（*Abständigkeit*）であって，敵対，競争，差別化（distinctions）などは，この構造の存在的な現れである。そこにおいて，われわれに対して行使される他の人々の力，「他者」の力が顕わになる。われわれはまるで，他の人々に「委ねられ」「隷従（*Botmässigkeit*）」し，意のままになっているかのようである。中性の，無名の，捉えられない，影のような現前として，無数の他人たちが私を取り巻いている。これこそが，ハイデガーが「〈ひと〉の独裁」として示すものなのである（*SZ* 126）。

　この独裁という観念を，すぐに政治的に翻訳するのは避けることにしよう。他の人々の意のままになっているというのは，きわめて基礎的な実存論的現象であって，政治的な権力や支配の関係にはとても翻訳できないものである。そのようなわけで，「〈ひと〉の独裁」がまずもって意味するのは，「食事の前には手を洗うこと」といった品行の規則は社会によって「指図」されることだ，というようなことにすぎない。この独裁下で現れる現象学的な特徴としては，懸隔性，平均性（*Durchschnittlichkeit*），均等化（*Einebnung*），存在免責（*Seinsentlastung*），公開性（*Öffentlichkeit*）などがある。これらの特徴によって，「誰もが他者であり，誰一人として自己自身ではない」（*SZ* 128）ということになるのである。

　否定的な術語が使われているからといって，これらの現象が積極的な意味のものであることを見落としてはならない。例えば，「平均性」は流行という現象によって表現される。この夏の流行としてあれこれの装いを「ひとはする」のである。格好の例となるのが，最近流行の「ピンバッジ」である。時流に乗ろうとするならば「ひとがしなければならない」のは，ブルゾンの裏に一つくらいはピンバッジをつけておくことである。このように見れば，「ひと」の支配というのは，われわれ皆よりも先に「共通世界」があるという事実と一致している。「最初に与えられているのは，〈ひと〉というこの共通の世界である。それは，現存在が没入している世界，現存在がまだ自己自身に立ち返っていない世界，自己に立ち返ることはいつでも可能だが，そうしなければならないというわけではない世界である」（*GA* 20, 339）。それゆえ，一見道学者風の暗い調子で記述が行われているからといって，「〈ひと〉とは一個の実存疇であり，根源的現象として現存在の積極的な体制に属するものである」（*SZ* 129）ことを見落としてはならないのである。

　こうしたことは，とくに「公開性〔公共性〕（*Öffentlichkeit*）」いう観念に当

てはまる。たしかに，公開性＝広告（publicité）〔publicitéというフランス語には広告という意味もある〕は，広告主たちが熟知しているように，〈ひと〉の独裁が行きわたるさまをある仕方で表している。だが，ここでは公開性＝広告の過剰を道学者風に批判することが重要なのではない。ここで問題となる「公開性」とは，おそらくは「公共の意見（世論）」あるいは「公共空間」と訳すべき事柄である。ただしハイデガーの場合，アーレントのような人とは反対に，多様な意見が自由に対峙しあう空間としての民主主義的な公共空間に関心があるとは思われない。

　私なるものに例外的な地位を要求して，「私は〈ひと〉とは何の関係もない，私はそうしたことの一切を超えている」などと誇らしげに宣言しても，「主体」はけっして自己自身に到達できないであろう。敵は〈ひと〉ではなく（〈ひと〉はけっして撃退できない），自らに固有の「体験」へと引きこもる「自我」である。〈ひと〉という現象の積極的な意味を表現するものとして，「日常的現存在の自己とはひと－自己である」（SZ 129）という言明以上のものはない。ここでの分析の主たる成果は，〈ひと〉はその「中性的」なあり方にもかかわらず，単なる目前性の領域には還元されず，実存論的な意味を保持するのだということである。このことは，先の二つの節で論じた自己の様相にはいっそうよく当てはまることである。この節を締めくくるに当たって，ハイデガーは次のように述べている。「本来的に実存している自己の自同性は，存在論的には，体験の多様性の内で一貫して保持されている自我の同一性とは深淵によって隔てられているのである」（SZ 130）。ここで最終的に確認されているのは，以上の分析が最初だけではなく全ての段階において，同一性の理論ではなく自己の解釈学という地位に立とうとするものだということである。だが，リクールの自己の解釈学の見地に立てば，自己性（ipséité）と同一性（mêmeté）の間に乗り越えられない深淵があることを確認するだけでよいのか，二つの極が現実に交わりあう可能性を考えるべきではないのか，と問うことができるかもしれない。ちなみにリクールにとって，この両極が交差する場となるのは，物語的自己同一性（*identité narrative*）にほかならない。[113]

　以上の分析を終える前に，ハイデガーの自己の解釈学に直接関わるいくつかの批判的意見に触れておこう。この分析によって引き起こされた論争は，以下の四つの反論を軸にしてまとめられる。

1．「現象学的」反論（フッサール，シュッツ）

　ハイデガーの読者の中には，フッサールの間主観性論――『デカルト的省察』の第五省察と『イデーン II』と題される草稿群において標準的な形で表現されている議論――がまったく言及されていないことに驚き，憤慨した者が幾人もいた。ミヒャエル・トイニッセンは，現代の「社会的存在論」を扱う大著『他者』[114]において，「ハイデガーの社会的存在論」はフッサールが作り上げた超越論的な間主観性論を前提としており，それを乗り越えるのではなく反復しているにすぎない，と評している[115]。実際，ハイデガーはフッサールの間主観性の現象学を「枠組としての意味（rahmengebende Bedeutung）」をもつものと見なしており，その枠の中に新たな内容を詰め込んでいるのである。

　ハイデガーはフッサールに従属しているか否か，といったこの種の論争には関わらずに，ハイデガーのアプローチをさらに豊かに発展させる試みの一つとして特筆すべきであるのが，シュッツの『社会的世界の意味構造』[116]である。これは，ウェーバーの理解社会学を現象学的に基礎づけようとした著作である。シュッツの用語法はハイデガーよりもフッサールに近いが，社会的世界の構造分析へと行きつくシュッツの他者理解の理論は，ハイデガーの分析と容易に架橋できるものである。社会的世界は，社会的環境世界や共有世界が区別される多次元的世界として記述されるのであるが，さらに新手の区別として，先行世界（Vorwelt）と後続世界（Folgewelt）というものもある。それによって，共存在は世代間の関係という複雑な現象を含んだ豊かなものとなる。他人が持つ顔は，以上のどの世界で現れるかによって異なってくる。すなわち，環境世界では同胞（Mitmensch），共有世界では隣人（Nebenmensch），先行世界および後続世界では先人と後継者となるのである。

　シュッツの社会的世界の現象学は，長らく社会学者たちによって無視されてきたが，今日では，社会学でも社会哲学でも再び相当の関心を引くようになっている。「エスノメソドロジー」の理論家たち（ガーフィンケルとその弟子たち）は，シュッツを自らの学派の先駆者と見なしている。ハーバーマスは――彼自身が現象学的思考によく馴染んでいるのは確かであるが――，『コミュニケーション行為理論』では長い章を割いてシュッツを扱っている[117]。

2．「対話論的」反論（レーヴィット）

　他者との共存在に関するハイデガーの分析の受容史において，レーヴィット

の 1928 年の著作『共人間としての役割における個人』〔邦訳『人間存在の倫理』〕は特別な位置を占めるものである。レーヴィットは，共存在に関するハイデガーの分析を直接参照しながらも，ハイデガーの問題設定を一変させようとするからである。ここで登場するのは一つの明確な批判である。レーヴィットは，ハイデガーが事実上は共世界よりも環境世界に優位を認めている点，とくに我と汝の対話的関係が他のあらゆる形の社会関係よりも優位に立つことをまったく見落としている点を非難している。ハイデガーは，他人をもう一人の自己と見なすことはできたが，他人が対話的な意味で「汝」であることを認めるには至らなかった，というのである。

　レーヴィットが依拠するのは，フォイエルバッハとブーバーの対話主義である。この見地からすれば，我‐汝関係は共存在自体の究極的な解読格子となる。ハイデガーの記述の欠落部分に注意を向けさせたという点は，レーヴィットの功績として認めてもよい。とくに顧慮を放免（Freigabe）として提示するハイデガーの叙述に対しては，この批判は的を射ている。ここでも顧慮は，他人に対する主体の自由なイニシアティヴと見なされているのである。各私性の優位が真の意味で脅かされることはけっしてない。それゆえ，レーヴィットとともに，顧慮に関するこの「リベラル」な見方の背後にはもっとも著しい形での暴力が隠れているのではないか，と問うことすらできるのである。

　だが，根本的には，このような批判は誤解に基づいているのではないか，ハイデガーの分析が定位する存在論的次元を完全に誤認しているのではないか，と問わねばならない。ハイデガー自身，早くからそのように反論していた。博士課程時代にハイデガーの学生であったレーヴィットは，初期の事実性の解釈学を特徴づけていた共世界／自己世界／環境世界という区別にとらわれていて，『時間概念の歴史への序説』で生じた変化の重要性を本当の意味で理解していなかったのかもしれない。ともあれ，レーヴィットによる正面からの批判のおかげで，『存在と時間』以降の論考ではハイデガーの側にも数々の反応があり，我‐汝関係へとより大きな注意が向けられることになったのはたしかである。とはいえ，自分の分析の方向が人間学的ではなく存在論的なものであるということは，ハイデガーにとって一切曲げる必要のない事柄だったのである。

3．「エロス的」反論（ビンスヴァンガー）

　ルートヴィヒ・ビンスヴァンガーは，レーヴィットのハイデガー批判から直

接に影響を受けており，彼もまた対話論的な直観を基礎に据えている。『存在と時間』刊行後 10 年をかけて書き上げた著作『人間的現存在の根本形式と認識』[123]では，ハイデガーの実存論的分析論を対話論的原理から修正し拡張しなければならないと主張されている。これは，何よりもまず，エロスの現象に重心を置いた人間学的分析論によって存在論的な実存論的分析論を補完しなければならないということである。エロスの現象は，他人への全関係の源泉となるのである。ビンスヴァンガーによれば，『存在と時間』には我－汝関係が占める場所はなく[124]，この関係は「存在企投の扉の前で震えて立っている」[125]。そのような確信に基づいて，ビンスヴァンガーは，実存の根本形式を単独性，複数性，二元性と区分し，それらについてより人間学的な分析を提示している[126]。彼はハイデガーの分析の内にもう少し熱気（エロスの熱気）を送りこもうとするのである。実際，以上の三つの次元の内でもっとも決定的な意味をもつのは二元性であって，それは友情や愛の経験において表現されるのである。

4．「倫理的」反論（レヴィナス）

　時代的にわれわれに近いものとしては，レヴィナスの批判も注目に値するものである。レヴィナスの疑念は，ハイデガーが捉え損ねたのは間主観性そのものではなく，他人に特有の外部性ではないか，というものである。倫理的責任が問題となる場合には，この外部性によって，われわれは現存在が他人と出会う世界の地平から引き離される。その場合，「他者たちは，配慮し目配りする現存在が本質上そこに滞在している**世界の方から**出会われる」（*SZ* 119）というハイデガーの言明が，難しい問題を引き起こすことになる。難点となるのは，もっぱら「世界の方から」にどのような意味を与えればよいかということである。他人とはもっぱら環境世界を地平として理解されるものであろうか。

　レヴィナスの反論の基本的要素は，1951 年の論文「存在論は根源的か」の内に見出される[127]。この論文で，レヴィナスはまず現代の存在論——この場合はハイデガーの存在論——の斬新さを認めている。そこでは，「存在理解は理論的態度だけではなく人間のふるまいの全てを前提にしている。人間の全体が存在論なのである」。その理由は，まさしく「存在理解はさまざまな時間的気遣いの内に読みとられる[128]」からである。だが，ハイデガーにおける古典的な主知主義との断絶は，レヴィナスには実質的なものではなく見かけ上のものであるように映る。というのも，理解という新たな概念は，古典的な主知主義と少な

くとも一つの公理を共有していると思われるからである。その公理とは，全ての経験は主体から発する理解の欲望の地平の内に閉じこめられるという主張である。「理解するとは，それだけが実存するものであるといえる個物に対して，つねに普遍者についてのものである認識によって関わることである」[129]。

> **コラム⑲　他者の顔――文脈なき意味作用**
> 　顔は意味作用であって，しかも文脈なき意味作用です。私が言いたいことは，その顔の率直さにおいては，他人はある文脈の内での役柄ではないということです。通常，人は何らかの「役柄」です。つまり，ソルボンヌの教授であったり，国務院の副議長であったり，誰某の息子であったりするわけで，パスポートに書かれている全ての事柄，服をまとい登場する仕方なのです。そして，通常の意味での意味作用は，全てある一定の文脈に関連しています。あるものの意味は，別のあるものとの関係において成り立つのです。ここでは反対に，顔はただそれだけで意味となります。汝は汝なのです。この意味で，顔は「見られる」ものではないと言えます。顔が一つの内容になり，あなたの思考によって包みこまれるということはありえません。顔は包含しえないものであって，あなたを彼方へと導きます。だからこそ，顔はその意味作用によって，知と相関するものとしての存在から脱出することになるわけです。それとは反対に，見るというのは合致の追求であって，すぐれて存在を吸収するものです。けれども，顔との関係は直ちに倫理的なのです。（エマニュエル・レヴィナス『倫理と無限』）

そのような存在論に反対して，レヴィナスは自らの中心的な主張をうちだす。すなわち，われわれが他人に関わるということは，「たしかに他者を理解しようと意志するということであるが，この関わりは理解をはみ出すものである」[130]と主張するのである。言い換えれば，他人は「最初に理解の対象となり，次いで対話者となるのではない」[131]。レーヴィットが言っていたのもこれとは別のことではない。だが，レヴィナスはブーバー的な対話主義とははっきりと縁を切っている。ここでいわれる対話とは，けっして対話論的な相互交換の形をとるものではない。それは，何よりもまず，他人の顔から発する命令（injonction）という倫理的な意味作用をもつ。「存在者とは人間であり，人間は隣人として，顔として接近可能になるのである」[132]。

したがって，顔はこれまで考察してきた他の有意義性の諸形態とは別の仕方で意味するのではないか，という問いが重要になってくる。「地平から捉えら

れる理解や意味作用に，われわれは顔の意味生成（signifiance）を対立させるのである」[133]。レヴィナスによれば，ここから「存在論の優位への異議申し立て」[134]が帰結するはずである。そしてそれは，まずもってハイデガー的な存在論への異議申し立てなのである。

　レヴィナスが何を非難しているのかははっきりしている。ハイデガーは他性の内でもっとも本質的なものである他人の顔という現象（それをなお現象と呼べるとしての話だが）を捉え損なっている，というのである。レヴィナスの読み方では，ハイデガーの分析には二重の欠陥がある。第一に，そこでは他人はいつも「文脈」の中でしか把握されていない。世界性とは，まさしく可能な限り最大の文脈なのである。私を見つめる他人の顔には，それが現れる文脈を無効にする特異な力がある。それゆえ，隷従（Botmäßigkeit）という現象についての先の論述を読み直さねばならない。ハイデガーは，それを他人に従属し奴隷化させられるという脅威としてしか見なかった。この現象を，責務（obligation）や命令（Gebot）として解釈できるなどとは想像しなかったのである。この隷従を責務へと倫理的に転換させること，これこそがレヴィナスの考えようとしたことである。ハイデガーにとっても，われわれはその日常的な共存在において「他人の人質」であると言えるかもしれない。ただしそれは，レヴィナスがこの術語に与える意味をまったく反転させた場合の話である。ハイデガーが隷従と呼ぶものを，レヴィナスは「人質という条件」と呼ぶのである[135]。

第五章　内存在そのもの

第28節　内存在を主題的に分析する意義

　この第五章（第28節-第38節）は少々長いが，本書でもっとも重要な章の一つである。というのも，そこでは実存論的分析論のもっとも中心的な概念がいくつか登場しているからである。この章がいささか方法論的な内容の節から始まるのは，おそらくそのためであろう。こうした方法論的考察は，ここで内存在に関する詳細な分析にどのような意味があるのかが疑わしいだけに，ますます重要になってくる。前章でわれわれは，諸々の道具に固有の空間性について，すなわち，道具が自らの帰属する場所をもつことによって世界の内で現れてくる仕方について述べた。また，自らに可能な仕方で世界の内で方向を定めることによって，現存在はどのように世界の内で展開していくのかについて述べた。そして最後に，社会の成員たちと多少なりとも幸福な関係をもつことによって，〔現存在の〕自己はどのように社会の内で生きるのかについて述べた。以上の考察によって，「内で」という前置詞のもつ実存論的な意味は，すでに全て汲みつくされたのではなかろうか。

　そうであると同時にそうではない，というのが答えである。実際，これまで分析してきた諸現象を離れて，本のページをめくるように別の現象を見つけようとするわけにはいかない。現実には，われわれはなお同じ作業場にいるのであって，ただ，そこで別の見地から仕事をすることによって，すでに遭遇した諸現象についてさらに核心に迫る考察（*eindringlichere Betrachtung*）（SZ 131）を行おうとするのである。また，ここでの分析は単なる繰り返しではなく，むしろ次章の核心部となる諸現象へと通じるものでもある。ここで突如，『存在と時間』の最後まで保持される問いが視界に入ってくる。すなわち，現存在は「全体的」な構造をもっているのかどうか，そしてその構造はいかにして示されるのか，という問いである。ハイデガーは，その答えをどの方向に求めるべきかを教えてくれる。その方向とは，気遣いをおいて他にありえないのである（SZ 131）。こうした視点から見れば，内存在についての分析は，気遣いに関する次章の重要な分析を予告するものである。まさしくこのことからして，実

存論的分析論の全般的構成において，本章が蝶番としての役割を果たすものであることが分かる。この節では，その全般的構成の「輪郭」が描きとられている。

　現存在は，現象学的に見ても存在論的に見ても，けっして一枚岩というわけではない。現存在は多様な構造から「組み立てられている」。第9節に関するわれわれの解釈が到達したテーゼを繰り返せば，「実存」はさまざまな仕方で語られるのである。しかし，実存の意味のこうした多様性はどのようにすれば捉えられるのであろうか。論理的な派生関係の順序に従うというやり方が考えられるかもしれない。その場合の「論理」とは，意識の裏側で機能しているものということになるであろう。「隠れた論理」を記述するというのは，とりわけ弁証法に与する論理学者の好むところであろう。実際，ヘーゲルの『精神現象学』を支配しているのはそのようなモデルである。しかし，もちろんハイデガーにしてみれば，意識の裏側で働く「論理」，ヘーゲルの『精神現象学』で意識のさまざまな形態を登場させる「論理」は，実存論的分析論には役に立たない全く別の現象学に属する事柄である。実存論的分析論においては，むしろ全ての構造は等根源的（SZ 131）であり，根本的なものから派生的なものへと論理的に進展するのではない。

　そこで，逆の仮説を検討してみなければならない。すなわち，諸々の実存疇は，壊れた鏡の無数のかけらに映るように，雑然とした寄せ集めにすぎないものとして現れるのではないか，という仮説である。そうであるとすれば，現存在そのものが全体として見られ，全体として把握されるということはけっしてないことになろう。周知のとおり，これは，後期ウィトゲンシュタインがとっていた考え方である。言語ゲーム間の異質性は乗り越え不可能なものであり，われわれにできるのは，さまざまな言語ゲームを記述したり分析したりすることだけである。場合によっては一種の「家族的類似」が認められるが，それでも，言語そのものの本質とは何か，といった問いはけっして解決されないのである。[136]

　ハイデガーの考え方はこれとは逆であって，現存在の可能な「全体性（*Ganzheit*）」についての問いは避けられないものとなる。実存論的分析論が進められ，内容を増し，掘り下げられていけばいくほど，この問いはますます重要になってくる。そもそも，全体性が語られることによって，世界性を客体，自己を主体として記述し，内存在をその両者の関係のようなものとして記述す

ることは禁じられる (*SZ* 132)。定義からしても，この種の区別は現象学的に受け入れられるものではない。ハイデガーは，「関係」の代わりに，開示性 (*Erschlossenheit*) という存在論的概念をもちだしてくるのであるが，この概念は，ただちにもっと比喩的な存在的概念によって説明される。「自然の光」(*SZ* 133) という概念がそれである。現存在は，それ自身の内で，そして自らの世界の内で「はっきりと見る」ために，外からの人工的な光を必要としない。現存在は自らに固有の光を携えているのであって，現存在とはまさしくこの明るさの場所，「明け開け (*Lichtung*)」(*SZ* 133) なのである。後期ハイデガーの思想においてきわめて重要なものとなるこの概念が，こうした文脈で登場していることに注目しておこう。ここではとくに現存在＝明け開けという等式，あるいは「**現存在とはその開示性である**」(*SZ* 133) という命題を記憶しておくべきである。それはつまり，「現存在はそれ自身に対してそれ自身の光である」ということである。

　これから行われる分析は，全て三つの中心的な実存疇によって導かれることになるが，今述べた命題は，それらによって内容と立体性を得ることになる。その三つとは，現の実存論的体制を規定するものであって，情態性 (*Befindlichkeit*)，理解 (*Verstehen*)，話 (*Rede*) である。この三つからなる現の体制を，ごく大雑把に次のように描いておこう。これは，第 29 節から第 34 節の基本的な概念枠組の図解である。

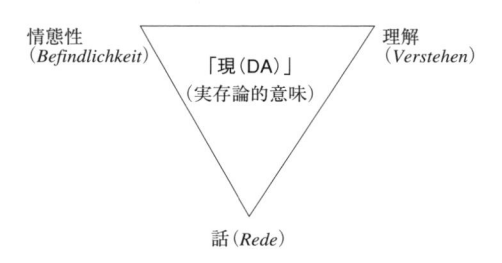

```
    情態性                                    理解
 (Befindlichkeit)      「現(DA)」         (Verstehen)
                      (実存論的意味)

                        話 (Rede)
```

　この図は，諸現象を正しく理解するにはまだ形式的すぎる。というのも，実際には，「現」そのものには二つの異なった様相，すなわち**本来性**という様相と「**非本来的**」な様相があるからである。本来性の様相は上に示した図式に対応するものであるが，非本来的な様相は，この体制が日常性というあり方で生きられる際の仕方を反映している。この仕方を性格づけるために，ハイデガー

は頽落（*Verfallen*）という新たな概念を導入するのだが，この概念の地位については，後ほど明確にしなければならないであろう。この第二の側面は，次のような図式で説明することができる。

```
              空話（Gerede）
                  △
                 / \
                /   \
               / 現   \
              /［日常性］\
             / ＝頽落   \
            /（Verfallen）\
           /_____\
     好奇心              曖昧さ
    （Neugier）      （Zweideutigkeit）
```

分析上の要請に従って，以上の二つの図式を結びつけてみると，以下のような包括的な図式を得ることができる。

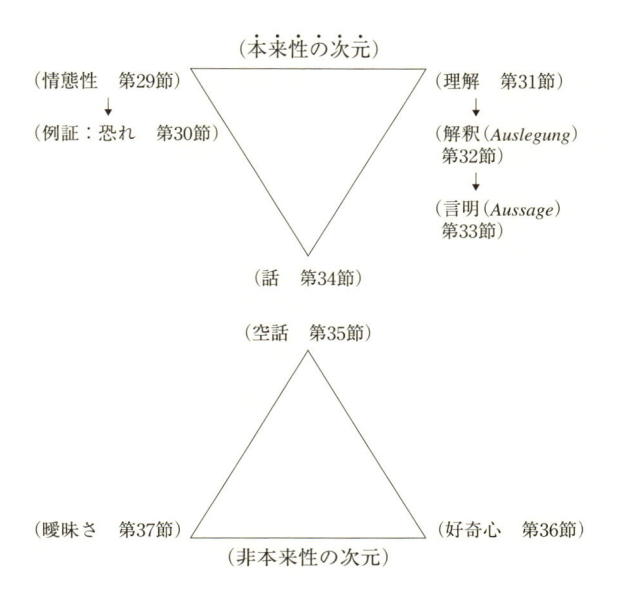

```
                （本来性の次元）
（情態性　第29節）  ▽   （理解　第31節）
      ↓                    ↓
（例証：恐れ　第30節）  （解釈（Auslegung）
                          第32節）
                        （言明（Aussage）
                          第33節）
                （話　第34節）

                （空話　第35節）
                    △
（曖昧さ　第37節）      （好奇心　第36節）
              （非本来性の次元）
```

A. 現の実存論的構成

第29節 「状況における」現存在——情態性

　現の構成を具体化してくれる第一の実存疇は，情態性(Befindlichkeit)である。ドイツ語で sich befinden と言えば，空間的な意味で「ある・いる（自らを見出す）」ということであるが（「私はパリにいる」），内面的な精神状態を指す意味では，良い気持ち「である」とか悪い気持ち「である」というように「自らを感じる」ということでもある。これを affection と訳すのは，1924年にハイデガーがアウグスティヌスの触発(affectio)の訳語としてこの語を用いていたことに加えて，このように「自らを見出す」は自然に「自らを感じる」へと移り行くものだからである。ここでわれわれの関心を引くのは，もっぱらこの二番目の意味であって，場所的な意味ではない。というのも，情態性という存在論的な名称は，存在的な視点から見れば，全く身近なものとしてわれわれが絶えず経験している事柄，すなわち気持ち，「気分(Stimmung, Gestimmtsein〔気分づけられていること〕)」を含意しているからである。この「気分」によって，われわれは特定の状況に多かれ少なかれ調和したりしなかったりするのである(SZ 134)。

　どちらの用語〔Befindlichkeit と Stimmung〕にも，翻訳と解釈上の厄介な問題がある。数多くの解釈者たちが，Stimmung という用語に文字通り相当するフランス語はないと強く主張してきた。だからこそ，その用語が何を意味しているのかを考えることが重要となる。M. アールが述べているように，「Stimmung を正しく訳すためには，呼び出し，響き，調子，環境，主観的かつ客観的な感情的合致などを全て足して作った一つの語が必要になるが，それが不可能なことは明らかである」。だが，そのような語を作れないからといって，今挙げた多様な意味の全てを概念に仕上げるという課題がなくなるわけではない。

　「環境世界（monde ambient）」と「ムード（ambience）」との結びつきについてはすでに少し指摘したが，ここでその結びつきが明確なものになってくる。〔他の〕人々と諸事物からなる周囲のものに対するわれわれの日々の関わりを特徴づけているのは，このムード，あるいはいくつかのムードであって，今やそれらを現象学的に記述しなければならないのである。どんな状況にも必ず特

第五章　内存在そのもの　　201

定の「ムード」というものがあり，「《ここには》ムードがない」という場合でも，やはりある「ムード」，つまり何らかの「雰囲気」を記述していることになるのである。さて，Stimmung というドイツ語は特異な逆説を抱えている。この語は，「客観的な」現実，すなわち場所や風景や絵画の雰囲気（例えば，カスパー・ダヴィッド・フリードリッヒの絵画の「雰囲気」画法のことを考えればよい）を指すと同時に，気持ちというきわめて「主観的な」現象を指すこともできるのである。[*17] [(139)]

「雰囲気」 ←——————— Stimmung ———————→ 気分
（客）　　　　　　　　　　　　　　　　　　　　　　　　　　（主）

　実際のところ，現象を「客観的」役割と「主観的」役割とに分けようとするこの種の図式ほど人を欺くものはない。われわれが直面しているのは，客観的なものと主観的なものという区別に先行する実存的現象である。この点からすれば，パトス的存在やパトス的実存と呼んだ方がよいかもしれない。[(140)] これを現象学的に記述することが難しいのは，ひとえに，客観的なものと主観的なものという区別に先行する世界への関わりを特徴づけなければならないからである。なぜなら，非常に身近でよく承知している事柄であるわりには（「ボスは今日機嫌が悪い」という言明の意味が分からない人がいるだろうか），これまでこの現象自体が本当に記述されたことは一度もなかったのであって，それを記述しようとする分析は，不適当な存在論的および心理学的なカテゴリーに拘束されていたからである。本当の意味で情態性とは何なのかを，われわれはまだ本当には知らないのである。
　ここでわれわれは，最初の重大な決定を迫られることになる。すなわち，諸々の情態性に真の意味での存在論的な射程を認めるのか，あるいはこちらの方が自然に思われるのだが，諸々の情態性を主観的な単なる「心理状態」として，すなわち存在についても，われわれ自身の存在様式についても何も教えてくれないものとして考えるのか，という決定である。ハイデガー的な見地に立てば，少しの躊躇も許されない。実存論的分析論の目的が，実存するということのさまざまな意味，言い換えれば，〈我在リ（sum）〉の意味を明るみに出すことだとすれば，情態性は〈〔我〕在り（suis）〉という根本的な次元を表示するものだと言わねばならない。諸々の情態性は，心理学的な重要性をもつだけ

の単なる「心理状態」ではなく，存在論的な開示能力をもつものであって，これはある意味で，単なる認識の開示能力よりもいっそう根本的なものなのである。「そ・こ・に・存・在・す・る・の・か・，そ・れ・と・も・存・在・し・な・い・の・か・（*Y être ou ne pas y être*）」，それが今問題となっているのである。この次元から実存を切り離してしまえば，実存は理解不可能なものとなるだろう。例えば，これは本節で最初に挙げられている例であるが，「気の重さ」を感じるということは，われわれに自分自身についてだけではなく，存在についても何ごとかを告げている。存在はわれわの気を重くさせ，われわれにのしかかり，重荷として自らを開示する能力をもっているのである（SZ 134）。

『存在と時間』の山小屋手沢本は，欄外注でこの一文に注釈を施している。そこでは，感情の存在論化をさらに徹底するその後の問題設定へと引き寄せて，重荷を担うとは「存在それ自身へと帰属していることに基づいて引き受けること」を意味しているのだとされる。このように解釈すると，*Stimmung* という用語と *Stimme*，つまり，声という概念との意味論上の類縁性がきわめて重要なものとなる。すなわち，「諸事物の音調」というものがあって，われわれはそれに多かれ少なかれ調子を合わせているのである。*Stimmung* という概念を論じた重要な研究の中で，レオ・シュピツァーは，世界には音楽的な諧調があって，それと共鳴することが重要である，という古代の考え方を想起させている。彼によれば，この概念の意味変化の背後には文化上の変遷が見てとれる。古代思想では，平衡（*temperamentum*）と一致ナイシ調和（*concentus seu harmonia*）という概念が一緒に考えられていたのに対して，近代思想では，*Stimmung* の複数の意味，つまり一・致・と平・衡・という意味がもっと区別されているのである。これは「魔術的」世界から「脱魔術的」世界への移行である。

以上の論述全体において，認識と情態性の対立は存在論的に重要なものであって，それゆえもっと詳しく吟味する必要がある。認識に固有なのは，通常は主観－客観関係として表される「認識上の隔たり」である。認識の志向性は，客観に到達しようとする主観の作用として記述できる。それとは逆に，情態性には全く別の理解様式が含まれている。そこではまず最初に「接触」という現象があるのだと言ってもよい。われわれは事物にあまりにも近づいているために，事物は「客観」という姿をとれなくなるのである。この意味で，情態性はわれわれの世界内存在の基本的な顕現であって，いかなる認識関係にも先行するのである。

コラム⑳　触発されて‐あること——「中間の地」

12月13日　夜

　最後の数日間のいろいろな名前をここに書き留めておくのは，私にとって限りない屈辱だ。しかし，まさにそうだからこそ，手短にすまそうと思う。

　もし，どの死にも（全ての生と同じように）一定の限られた猶予期間が割り当てられているとしたら，私にとって，日々は，そうした最後の数日間のように，数えられ，差し引かれなければならない。というのも，それらは地下の日々であり，湿気と腐敗の中の日々だからだ。けれども，これはひどくキリスト教的な考えだ。耐え難いものは全て慰めの対象へ一変させること，これがキリスト教のもっとも古い哲学だからだ。そして私は，本気でそれを信じてはいないような気がする。このような日々は，生にも死にもどちらにも属していないのではないかと思う。それらが属しているのは……ああ，中間の地なのだ。もし君の上に中間の霊，中間の神がいれば，それらの日々は中間の地に，この奇妙で不気味なものに属しているのである。つまり，これこそ中間の霊が望んでいることなのだ。魂のこのような絶望，呼吸困難。そして，もしそれらの日々がある日後退しなくなったら，それらがもはや終息せず，取り除かれず，突如として虚偽でなくなったら。もしもこのひどく関連を失い，途方に暮れるほど孤立して，静寂の声から引き離された意識を，まるで空の井戸へ落ちていくようにして，まるで水が淀んで，腐敗の中から生まれる獣たちの棲み家となっている池の底へ落ちていくようにして自己の中へ落ちていくこの意識を，「私」と呼ばなければならないとしたら，いったい人とは何なのだろうか。このような中間の存在を背負いこんだ人々が，どれほどたくさん精神病院で暮らし，破滅していくかを，誰が知ろう。そうなれば，破滅するのは恐ろしく容易なことだ。それはまさしく遭難だ。次第に無頓着になり，不確実と腐敗でいっぱいになった片方の秤皿を，あらゆる怠惰につきまとわれた自分の重みで釣り合わせようとする。吐き気に説き伏せられて——ますます小声になっていく反論のように，ますます無気力に，ますます苦労が多く，ますます味気ないものになっていくさまざまな努力を試みたところで，何になるだろう。もちろん，人には意志がある。しかし，意志は岩に突き当たって潰される葦のように挫折する。そこで飛躍とか立て直しをいろいろと試み，歩こうとし，しばらくの間立っていようとするが，ついには地面に横たわってしまう。それでも，頭をもたげて自分の周囲にあるもの——事物や人間たち——を見ることができるだけで幸せなのだ。すっかり人は控え目になる。反吐が出るほど控え目になる。やましさを抱えた犬のように。無表情になり，どんな感情もなくなってしまう。あるのは恐れだけ，起こったり起こらなかったりする全ての事柄に対する，存在するものに対する，ほとんど耐えられないようなものの変化に対する恐れだけである。不信から人はへつらうようになる。昼間のあらゆる偶然の前で這いつくば

> り，それを何週間も前から待っているお客のように歓迎し，祝う。その渋面に失望しても，その失望を隠そうとし，自分の方でそれを拭い消し，否認しようとし，すでに欺かれているのに，自分で自分を欺き，ますます深く錯乱と狂気の中へ陥っていく。夢を見たり目覚めたりして，遺産と侯爵の称号と名声と貧困と全能とを，つまりは同時に全てのものを望む。時には子供のように黄金の輝きに，時には娼婦のように享楽と夜に従って，全てのものを評価する。生起する全てのものを受容し，酔っ払いの警官たちにどなりつけられるように，日々のあらゆる些細な事柄や不快な事柄からどなりつけられ，さまざまな思想の無頼の徒と付き合うようになり，酒を飲み，正体もなく酔いつぶれ，石の上を転げまわり，汚れた身なりで快い思い出の中に入っていき，祓い清めた道の上に汚物をたらし，畏敬のあまり一度も触れたことがなかったものを，べとべとした汗まみれのむくんだ両手に取り，あらゆるものを普通のものに，普遍のものに，ありふれたものにしてしまう。いくつもの過去が不純な火の中に落ちていき，いくつもの未来が虐げられた時間の懐の中に覆われて，逆らい，死んでいく。そして，言葉にできないことだけが起こる。大洪水と堕落である。それも，繰り返し起こる。その後もなお，うろたえも驚きもせずに，再び生きていこうというのか。氾濫を乗り越えるやいなや……（否，「乗り越える」というような思い上がった言葉ではない），氾濫が治まり，足の裏で砂が乾いていき，盛り上がって温かくなるのが感じられるやいなや，それがすぐまた目の前に現れるなどとは考えてもみないのだ。生と死の上に神はいる。しかし，中間の地の上には，神も力を及ぼすことはできない。中間の地は，神の力と神の現前にもかかわらず，空間も，時間も，永遠ももたないのだ。あるのはただ，限りなく悲しそうな，高く吊され，不安に満ちた心臓の鼓動だけだ。それらの心臓はたがいに知りあうこともなく，あらゆる関係や関連から排除され，閉め出されて，無意味になっている。しかも，その鼓動は，拘束衣を着た狂人が，ぶしつけに笑う看守や不安に怯える狂人たちの前で読み上げる開院式の勅語と同じように，真実味も現実味も乏しい……。
>
> 　こうしたことを，私は象徴としてぜひ記しておかねばならなかった。神よ，私を助けたまえ。（リルケ『ヴォルプスヴェーデ日記』）

　「現存在」が存在に引き渡され，曝されているものとして自らを見出すのは，まさしく諸々の感情においてのことだということ，それを説明しなければならない。これは自明の事柄ではない。なぜなら，〔引き渡されているものから〕逃れ，背を向け，避けようとする態度の方がむしろ自然な（存在的－実存的な）傾向だからである。私は，私を触発するものを避けようとし，無害化しようとする。こうした逃避反応は，不安から逃れようとして「鎮静剤」を飲むと

第五章　内在そのもの　205

いうことにも表れている。「鎮静剤」というこの呼び名自体が、何が問題となっているのかを十分に物語っている。実存を構成している諸々の構造について存在論的‐実存論的な探究を行おうというのであれば、こうした〔逃避〕現象だけにとどまるわけにはいかない。そんなことをしたら、実存者はゾンビかロボットになってしまうであろう。存在論的‐実存論的探究の課題はまさしく、情態性を存在様態として特徴づけることなのである。

　ここで、第二の決定が問われてくるのであるが、これもまた重要な決定である。それは、諸々の情態性に志向的構造を認めるべきかどうかということに関わる。フッサールは、『論理学研究』第2巻の第5章ですでにこの問題に突き当たっており、その問題に対して答えを示そうとしていた。志向性とは対象へと向かう意識の運動である（「いかなる意識も何ものかについての意識である」）ならば、ある種の感情が志向的に分析されることはよく分かる（試験をしくじることを恐れている、車を買いたいと欲している、オリンピックでメダルを獲得することを期待している、等々）。しかし、「気分」（がっかりしている、夢中になっている、等々）の場合は、志向性で説明することには問題があるように思われる。それゆえ、現象学者の中には、気分を志向的意識から除くべきだと考えた者もいたのである。

　ここでは、志向性を厳密にどう考えるかが重要であることが分かる。ハイデガーは、はっきりとそう宣言しているわけではないが、感情的生を志向的なものと見なす解釈を選んでいる。彼の立場を理解するためには、『時間概念の歴史への序説』以来、志向性が気遣いと同一視されていることを思い出すべきである。そうすると、ハイデガーが暗に行っている推論は、次のような形の三段論法にまとめられるであろう。すなわち、気遣いのあるところには、志向性がある。しかるに、気分の内には気遣いがある。ゆえに、気分は志向的構造をもっているはずである、と。

　情態性が志向的構造をもつことを認めさえすれば、われわれは情態性の存在論的構成へと話を戻すことができる。まさしくそこで、ハイデガーは被投性（*Geworfenheit*）（*SZ* 135）という新たな存在論的用語を導入するのである。この用語は、存在がその諸々の情態性に、ほとんどいつも庇護もないまま、文字通り見捨てられた状態で引き渡されているという事実性（*Faktizität der Überantwortung*）（*SZ* 135）を言い表したものである。同じ事柄について、フロイトは、自らの欲動の攻撃に引き渡された子供の「寄る辺なさ」（*Frühkindliche*

Hilfslosigkeit）という言い方で語っている。事実性という概念については第12節ですでに見たが，そこでわれわれは事実性を実際性（Tatsächlichkeit）から区別しておいた。今やこの事実性という概念が明確になってくるのである。

　以上の分析を通して，ハイデガーは「外部知覚」と「内部知覚」という古典的な区別を用いることを慎重に避けている。「自らを見出す」とか「気分づけられる」というのは，内的観察による自己知覚ではなく，気分づけられたものとして自己を見出すことなのである（ハイデガーは wahrnehmendes Sichvorfinden〔知覚しながら自分を目前に見出すこと〕と gestimmtes Sichbefinden〔気分づけられて自分を見出すこと〕を対立させている（SZ 135））。情態性とは，けっして内部に目を向けた観察ではない。情態性を知覚の言語で語るならば，視覚的な要素を特権化することになってしまうだろう。内観という考え方には，そうした視覚的要素が含まれている。内観とは，自らの視線を内面へと，すなわち心の状態へと向けて，それを物理現象と同じように観察することなのである。ところで，被投性の特徴は，それ自身を見ることができないという点にある。なぜなら，そこでは視覚に関わるものの次元を超越する事柄が問題になっているからである。そこで私に起こっていること，私が関わっているものは，逃亡や逃避，回避といった自分の反応を通してしか「見抜く」ことができないものである。「気分は被投性へ目を向けるという仕方で開示するのではなく，被投性に向かったり背いたりという仕方で開示するのである」（SZ 135）。

　このような仕方でのみ，われわれは自分の実存が「仮借ない謎（unerbittliche Rätselhaftigkeit）」（SZ 136）であることを感じとることができる。だが，われわれの実存のこのような性格は，二重の形で隠蔽されうるものである。すなわちそれは，一方では，これを見ることを拒否し，そんなものはないと否定する合理主義の立場によって，他方では，これを持ち上げて絶対的に不明瞭なものにする非合理主義の立場によって，隠蔽されうるのである。ハイデガーは両者を背中合わせにして，「非合理主義は合理主義の反作用であり，合理主義に見えていないものをただ片目で盗み見ながら語っているにすぎない」（SZ 136）と言う。実存に関するこの二つの解釈は，いわば互いに模倣しつつ敵対することによって結びついている。一方にとっては昼であるものが，他方にとっては夜なのである。

　実存論的分析論は，こうした対立に巻き込まれないようにしなければならない。実存論的分析論を古典的合理主義から区別するのは，理性に照らされた意

志の英雄的な行為によって諸々の情態性を支配しようという野望をもっていないという点である。デカルトが『情念論』——この論考は現象学の伝統に属する哲学者たちにますます注目されている——の中で分析できた「魂の情念〔受動〕」は，過小評価してはならないものである。というのも，「魂の情念」は，われわれが実存者として存在しているとはどういうことかを理解する上で絶対的に中心的な地位を占めているからである。おそらくそれは，意志や認識といった「能力」よりも根本的なものであろう。人間は，理性的動物である以前に，まずもって気分づけられる動物なのである。

こうしてハイデガーは，情態性の本質となる構造的特徴として，以下の三点を引き出してくる。

1／現存在は，それを触発し気分づけるものに対するさまざまな逃避反応——それらは多かれ少なかれ不器用な企てであり，挫折せざるをえないものであるが——を通して，自らが被投性の内にあることを見出す。「**情態性は，現存在をその被投性において開示するが，それは，さしあたってたいていは，回避しつつ背を向けるといった仕方で起こる**」（SZ 136）。情態性は，知覚作用にも反省にも還元できるものではない。情態性の支配下にあって，現存在は反省を行うのではなく，自分を摑んでいるものに自らが引き渡されていることに気づくのである。「情態性は反省されておらず，配慮された《世界》へ無反省に身を委ね手渡されていることにおいて，現存在を襲う。気分は現存在に襲いかかってくるのである」（ibid.）。

2／情態性は，「……へと自己を向けること（Sichrichten auf）」の可能性の条件である。したがって，それは，志向性の堕落した形態とか，志向的意識の一種の極限例なのではなく，他のさまざまな志向作用に対する可能性の条件なのである。情態性がなければ，世界内存在も他者との共存在もありえないだろう。情態性とは，主体をその心理状態とか内的体験の内へとたたみこむものではなく，まさに情態性において，世界内存在全体の開示（Erschließen des ganzen In-der-Welt-Seins）（SZ 137）が実現するのである。

3／環境世界との日常的な「交渉（Umgang）」は，単なる感覚でも観察でもない。それは，接触であり出会いであって，そこには必ず「被る」という次元が含まれている。情態性は，実存をパトス的実存として開示する。なぜなら，情態性によって，この出会いがうろたえる（Betroffenheit）とか

襲われる（*Angänglichkeit*）（*SZ* 137）とかいった「衝撃」（多かれ少なかれ外傷的な衝撃）の要素をもつことが示されるからである。私は，他人や事物を，抵抗や嫌悪，誘惑や魅力等のさまざまな様態を通して，私に触れ，私に近づくものとして感じている。私に触れるものは，「私を動かす（*Gerührtwerden*）」力をもっている。この意味で，情態性は，あらゆる情動の実存論的可能性の条件なのである。

コラム㉑　感情——悲しみ

　われわれと一緒にいるある人を悲しみが襲ったとしよう。それは単に，その人がわれわれのもっていないある体験状態をもつということでしかなく——それ以外のことは何一つ変わっていないということであろうか。そうではないとしたら，ここでは何が起こっているのだろうか。悲しくなったこの人は自らを閉ざしてしまい，〔われわれには〕接することができなくなる。その際，この人はわれわれに対してとくに頑なな態度をとっているわけではない。ただ接することができなくなるのである。にもかかわらず，われわれはこの人といつも通りに一緒にいる。もしかしたら，いつもよりもっと頻繁に，その人に対してもっと好意的に。この人の方でも，物事やわれわれに対するふるまいについては，何一つ変わったところはない。何もかもいつも通りである。とはいえ，やはり違っている。それも，単にあれやこれやの観点からして違うというのではない。つまり，われわれが何をし，何に関わっているのかという点では何一つ変わっていない。にもかかわらず，われわれがどのように一緒にいるのかが変わっているのである。これは，この人の内にある悲しみの気分に続いて起こる随伴現象ではなく，当人が悲しくあることに属する事柄なのである。

　この人がそのように気分づけられていて，接しえなくなっているとはどういうことであろうか。私たちがその人と共に存在しうる，またこの人の方でも私たちと共に存在する，その仕方が違ってしまっているのである。〔どのように私たちが一緒にいるかという場合の〕この「どのように」を定めているのは，この悲しみである。この人は私たちを，自分がいるあり方の内に巻き込んでいく。とはいえ，だからといってただちに私たち自身が悲しくならなければならないというわけではない。〔そうではなく，〕共に相互にあることが，私たちの現存在が違ってしまっているのであり，その気分に関して転じられている（*umgestimmt*）のである。（*GA* 29/30, 99-100）

　まさにこうした理由から，実存者を圧力と抵抗力という機械的な力の単なる

組み合わせに還元してしまうことはできない。情動を通して、私は自分が世界や他人を「必要」としていること（*Angewiesensein auf Welt*（世界に依存していること））（*SZ* 137）を発見するのである。だが、この「必要」を単なる生物学的な所与と見なすのではなく、そこに情態性が刻み込まれた実存論的構造を見てとらねばならない。

　では、全ては「感情の問題」ということになるのだろうか。そうではない、とハイデガーは答える。学問を犠牲にして感情を祭り上げようというのではけっしてない（*SZ* 138）。むしろ重要なのは、「情緒」とか「感情」「魂の情念」などと一般に呼ばれているものが適切な解釈を見出しうるような土壌を発見することである。しかし、そうした土壌は、心理学という特定の学問分野によって与えられているのではないのか。われわれは、情緒や感情の本性について全てを知ろうと思えば、これまであえて尋ねてみたことはなくても、心理状態の専門家である心理学者や精神分析家に尋ねるべきではないのか。そうではない、とまたもやハイデガーは答える。そこで彼が引っ張り出してくる意外な援軍が、アリストテレスである。ハイデガーの考えでは、アリストテレスは、情緒の理論を心理学者に――たとえその人が心理学者兼哲学者であっても――任せるのが誤りであることを証拠立ててくれている。心理学とは違う領域で情緒の理論を展開することもできるのであって、アリストテレスが『修辞学』で行っているのはまさしくそのようなことなのである。修辞学とは説得の技術であるとすれば、感情に訴え、パトスを動かさなければ説得は起こらない。この意味で、ハイデガーはアリストテレスの修辞学を「相互存在の日常性の最初の体系的な解釈学」（*SZ* 138）と見なすのである。ここで、事実性の解釈学を立ち上げた際に、ハイデガーがアリストテレスの実践哲学（修辞学と倫理学）を重視していたことがあらためて想起される。ハイデガーにしてみれば、「感情的なもの一般に関する根本的な存在論的解釈は実際のところ、アリストテレス以来、目立った進歩を遂げることができていない」（*SZ* 139）のである。したがって、ある意味では、情緒の本性を考えようとし、感情的なものに人間学的で存在論的な地位を与えようとした哲学者は、アリストテレスが最後であったかのように見えるのである。

　シェーラーがいろいろと有望な試みを行ったものの、この問題に関しては、全てがまだ手つかずのまま残されている。存在論的解釈に裏打ちされた現象学的記述を行わない限りは、情態性において世界へと「引き渡されている」現存

在が，いかにして自らを理解するようになるのかは分からない。現存在が自分自身についての十全な観念に辿りつくのは，自らの心理状態を捨象するという雄々しい努力によってではない。ここでわれわれは，一つの大きな逆説に直面する。すなわち，自らを委ね渡すことによってはじめて，現存在は自己自身と自己の世界を理解するのである。

それゆえ，ハイデガーにとっては，情態性はそれ自体で根本的で重要な実存疇であるだけでなく，「実存論的分析論にとって根源的な方法的意義」（SZ 139）をもつものでもある。いかなる意味でそうなのだろうか。おそらく他の実存疇よりも，情態性は実存論的分析論に固有の歩み（methodos〔筋道・方法〕）のきわめて特殊な性格をわれわれに理解させてくれるということであろう。この解釈する歩みは，何一つ説明せずに，ただ現象に連れ添って，現象にそれ自身の意味を示させるところまで進むのである。「現象学的 解釈〔インテルプレタツィオン〕は現存在自身に根源的な開示の可能性を与え，現存在にいわば自分自身を解釈させるようにしなければならない」（SZ 140）。

第30節　例証——情態性の様態としての恐れ

この節は，現象学の教えのささやかな練習である。すなわち，恐れという特殊だが身近な感情を分析することで，情態性の一般的な構造を確証しようとするのである。ハイデガーはまず，恐れの感情を選んだ「戦略上の」理由を説明している。つまり，恐れとは全く異なる本性をもつ不安を理解しようとする場合，恐れとは何かを分かっておいた方がよいというのである。不安がどれほど重要なものであるかは，後ほど明らかになるであろう。

恐れに関する分析は，「恐ろしいもの（das Furchtbare）」（フランス語では le redoubtable——ちなみにこれは，フランス最初の原子力潜水艦の名前でもある），「脅威（Bedrohlichkeit）」「臆病（Furchtsamkeit）」「驚愕（Erschreken）」「戦慄（Grauen）」「仰天（Entsetzen）」といったきわめて豊かな一連の語彙に訴えている。

しかし，現象学的分析と言語学的調査とを混同してはなるまい。ここでもまた，前章ですでに触れた格律「言葉や表現よりも前に，つねにまず現象を，そして次に概念を」（GA 20, 348）を思い起こすべきである。意識の志向的「体験」としての恐れ，存在様態としての恐れこそが，この分析の本当の対象なのである。外面的な特徴から見ても，ここで行われているのは志向的分析である

ことが分かる。狙いはただ，一方に恐ろしい対象を置き，他方にこの対象が喚起する主体の情動を置くような主体 - 客体の二極図式を回避するということである。

　恐れの感情を記述するに際し，ハイデガーははっきりと三項図式を選んでいる。恐れについての分析が範例的価値をもつものだとすれば，この三項図式が，その他の感情を分析する際にも有効かどうかを問うてみることができる。⁽¹⁴⁷⁾

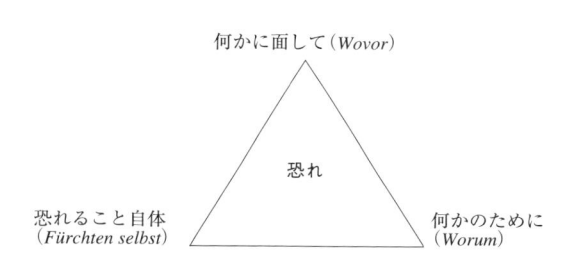

```
              何かに面して（Wovor）
                    △
                   恐れ
  恐れること自体            何かのために
  （Fürchten selbst）        （Worum）
```

　1／恐れにおける「何かに面して」。これは，恐れの「客体」極にあたるものである。何らかの対象——例えば原子力潜水艦——が，「恐ろしいもの」として私に現れる。潜在的な脅威を担うことによって，それは有害性（Abträglichkeit）という性格をもつ。ハエは私につきまとい，私をいらいらさせるかもしれない。また，スズメバチが私を恐れさせるのは，スズメバチの害に対するアレルギーの程度に応じて，多少なりとも私に害を与えるからである。脅威を携えた恐ろしい対象は，私に向かってくる脅威として表象される。それはいつも，けっして静かにじっとしているものではなく，近づいてくるものとして志向されているのである。

　コラム㉒　接近としての恐れ
　では，恐れとは，破滅ないしは苦痛をもたらすような，まさに到来しようとしている悪を心に思い描くことによって生ずる一種の苦痛，または心の乱れである，としよう。なぜなら，人々はどんな悪でも恐れるというわけではなく（例えば，不正な者や愚鈍な者になりはしないか，と恐れることはない），大きな苦痛とか破滅とかを意味するものだけを，しかも，それが遠い先のことではなく，すぐにも起こりそうなくらい間近なことのように思われる場合に，恐れるのだからである。というのも，あまりにも遠い先のことには恐ろしさを感じないからである。例えば，人は誰でも自分がいずれ死ぬことはよく知っているが，それは近いこと

> ではないと思っているから，死をまったく気にかけていないのである。
>   もし恐れがまさにこの定義のようなものだとするなら，恐れを抱かせるものとは必然的に，破滅を招いたり，ひどい苦痛を感じさせる害悪を引き起こすような大きな力をもっていると思われるものということになる。それゆえ，そのようなものの兆しもまた，恐れを引き起こす。なぜなら，そのような兆しがある時には，恐ろしいものが間近にあるように思われるからである。というのも，まさしくこのこと，つまり恐ろしいものの接近が，危険ということなのであるから。（アリストテレス『弁論術』第2巻第5章（1382 a 21-30））

2／恐れること自体。これは，ある仕方で志向的体験の「主体」極にあたるものである。ある種の合理主義の伝統とは反対に，ハイデガーはそれを想像力や幻想として言い表すのを避ける。というのも，そうした用語を使用すると，ほとんどの場合，問題となっている感情が存在論的に過小評価されてしまうからである。〔合理主義の立場からすれば，〕恐れは現実を歪曲するものであって，それゆえどんな状況下でも「冷静さを保つ」べきだということになる。ハイデガーによれば，むしろ恐れには本来発見的能力が備わっていることを認めなければならない。恐れは目配りに役立つのである。そのような例として，ハンス・ヨナスのテーゼをもちだしてもよいであろう。ヨナスは，恐れには独特の「発見的能力」があることを認めている。恐れは，未来の現実の戯画的な光景を提示するのではなく（もちろん「病理的」な恐れの場合にはそういうことになるが），より正しく未来を見ること，言い換えれば，未来をあるがままの「客観的」な姿で，多くの点で「恐ろしい」ものとして見ることを，われわれに教えることができるのである。

3／恐れにおける「何かのために」。言うなれば，恐れにはつねに「賭けられたもの〔懸念〕」が伴っている。恐れは単に何ごとかを心配しているのではなく，誰かのための心配，つまり自己性においてある現存在のための心配なのである。「恐れが何のために恐れるかというと，それは恐れを抱く存在者自身，すなわち現存在のためである。自らの存在においてその存在そのものに関わっている存在者だけが，恐れを抱きうるのである」（*SZ* 141）。この視点から見ても，恐れは固有の開示能力をもっている。恐れがわれわれに露わにするのは，自分の実存の本質的な「危うさ（*Gefährdung*）」，われわれが自分自身に委ねられている（*Überlassenheit*）という事実である。われわれが「冷静さを失った」り，我を忘れたりするときにこそ，われわれは自分の実存の本質的な側面を発

見するのである。

　この場合，自分自身のために恐れを抱くということと，他人のために心配することを対立させるべきであろうか。けっしてそんなことはない。なぜなら，それは同じ現象の二つの側面だからである。現存在と共現存在（*Mitdasein*）が一体であるのと同様に，いかなる情態性にも間主観的な次元が伴っている。情態性とは「他の人々との共情態性（*Mitbefindlichkeit*）」（SZ 142）なのである。

　こうした情態性の根本構造が明らかになると，現象学的分析をさらに押し進めて，情態性の派生態や変様態を考察することが課題となる。それらの派生態や変様態が規定するのは，恐れのさまざまな度合いだけではなく，そのさまざまな「存在可能性」である。「驚愕」とは，私の生活に不意に侵入する脅威を目の前にして私がはっと驚くことであり，また「戦慄」とは一種の極限事例であって，そこでに，安心を与える環境世界の「親しみ」はほぼ全面的に消えてしまう。そして，「驚愕」と「戦慄」という二つの契機を結びつけたものが「仰天」である。

　このようなより具体的な現象学的分析は，ここでは簡単に触れられるだけである。存在論的視点から見れば，その主な成果は，「臆病（*Furchtsamkeit*）」[xvii]が現存在そのものの本質的な情態性であることを発見したことにある。それは，「臆病者」と呼ばれるとくに怖がりで小心な人々だけが苦しむ病的な情態性ではないのである。しかし，現存在そのものを特徴づける情態性は，これだけではない。グリム兄弟の有名な喜劇に，『恐れることを習いに出かけた男（*Von einem, der auszog, das Fürchten zu lernen*）』という題名の話がある。それは，恐れを感じることもできなければ，恐れの身体的現れである「鳥肌（*Gruseln*）」を立てることもできないように見える，ある若者の冒険譚である。この題名にハイデガー的な注釈を加えるならば，現存在とは，恐れることを習うためにいつもすでに出かけてしまっている者のことだと言えよう。しかし実際は，恐れは習うものではけっしてない。現存在であるとは，生きること，実存することであって，恐れという情態性を必然的に含んでいるのである。幸いなことに，それ以外の情態性もいくつか含んでいるのであるが。

第 31 節　情態性から理解へ——可能的なものの意味

　本節では，現存在が世界の内に存在する仕方を特徴づける実存論的構造の中でも第二のものが扱われる。すなわち，理解すること（*Verstehen*）である。

ここで今一度，諸々の実存論的構造は「等根源的」であるという原理を思い起こしておこう。実際，情態性から理解への移行は，闇から光への移行のようなものではない。情態性を曖昧で盲目的なものであり，その意味で「理解不可能」なものだと考え，気分づけられているときに何を感じているのかを説明してくれるような外からの照明が必要だろうと考えるならば，誤りを犯すことになってしまう。実際には，情態性にはすでに「理解」という形態が含まれており，また逆に，いかなる理解も「気分づけられて」いるのである（SZ 142）。

ハイデガーはまず，「理解する」という用語の認識論的な使用法を退ける。それは，「説明（Erklären）」と「理解（Verstehen）」というディルタイの有名な二分法が示している用法である。ディルタイのように，自然諸科学に固有の説明的な探究法の他に，精神諸科学に固有の理解的な探究法があるかどうかが問題になるのではない。この種の認識論上の対比は，認識様相を対比し比較しているのであって，存在様態を記述しているのではない。だが，ハイデガーが関心を抱いているのは，現存在の構成に「原初的な理解作用」（「基本的な」と言うこともできよう）が含まれるのかどうか，ということだけなのである。

実際そのとおりであることは見当がつくが，それを根拠づけねばならない。現存在は「理解すること」を意味するというのは，現存在とは世界内存在として自分自身に関わる存在者であるという主張を通じて，最初から示唆されていたことであった。現存在のこのような特徴は，開示性（Erschlossenheit）と有意義性（Bedeutsamkeit）（SZ §18）という付随概念によってさらに強化されることになる。そもそもディルタイも，『精神科学における歴史的世界の構築』の中では，「基本的理解作用」をわれわれのもっとも日常的な行動に即して，すなわち，まったく認識論的でない文脈で論じていたのである。

この基本的な「理解」は何から成り立っているのだろうか。情態性に関する分析が気分（Stimmung）という存在的現象を引き合いに出していたのと同様に，理解の意味を特徴づけるために，ハイデガーはまず存在的な領域の用語を動員してくる。「理解する」（分かる）という表現は，ごく基本的な意味で捉えた場合，「あることを司る」「その任に堪えうる」「その能力がある」といったことを意味している。こうした表現は，別の言い方をすれば，能力，実行力，ノウハウ —— これらは場合によっては，狡知，器用さ，抜け目なさといった姿をとることもある —— を示すものである。

もちろん，これらは存在的な特徴づけにすぎず，ここで「理解する」という

語が意味すべき事柄をとりあえず近似的に示しているだけである。しかし、こうした説明には明らかに戦略的な意味がある。つまり、それによって、理解という概念を不当に独占してきた認識論の支配からわれわれを引き離そうというのである。その次になすべきことは、より存在論的な用語で、以上の例に対応する存在様態を特徴づけることである。さて、ここで問題となる「理解」という存在様相は、「存在可能（Seinkönnen）」、可能的存在（Möglichsein）（SZ 143）に関わるものであり、その意味で実存的可能性に関わるものである。

　ここでわれわれは、ハイデガーの存在論的探究の主要な転回点に到達する。つまり、理解は存在論の中に可能的なものの次元を導入するのである(149)。このことによって、ハイデガーの存在論はハルトマンの存在論のような「様相存在論」へと向かうのだろうか。そうであるとも言えるし、そうでないとも言える。というのも、ハイデガーは、伝統的な存在論のように、可能的なものという概念を必然的なものというカテゴリーと対立させて使用することは拒否するからである。たしかに、可能性という概念に論理的な意味だけではなく存在論的な意味も与えようとした点では、伝統的な存在論は間違っていなかった。だが、目前性の枠内にとらわれていたために、伝統的な存在論は、「可能的なもの」を「非現実的なもの」として、つまり、いまだ現実化されておらず、必然的存在よりも明らかに実在性の少ないものとして考えざるをえなかった。こうした文脈では、可能的なものというカテゴリーは、「存在論的に見れば、現実性と必然性よりも低いもの」（SZ 143）となるのである。

コラム㉓　現実感覚と可能感覚

　開いているドアを無事に通り抜けたければ、そのドアには固い縁枠があるという事実に注意しなければならない。老教授がこれまで遵守してきたこの原則は、要するに現実感覚をもてということである。しかし、現実感覚というものがあるとすれば、そして、それが存在する権利をもっていることを誰も疑わないとすれば、可能感覚と呼んでもいいような何ものかも存在するはずである。
　この感覚をもっている人は、例えば、ここであれこれの事が起こった、やがて起こるだろう、起こるにちがいない、とは言わず、ここであれこれの事が起こることもあるだろう、起こってもおかしくはない、起こるはずだろう、と想像する。そして、何かについて、それは現にあるとおりなのだと説明されても、そうかもしれないが、あるいはそうとも限らないと考える。こうして、可能感覚とは、まさしく、現にあるものと同様にありえたようなもの全てを考える能力、存在する

> ものと同様に存在しないものも重く見る能力、と定義できるだろう。こうした創造的な素質から素晴らしい結果が生み出されることもありうるのは明らかだが、残念ながら、しばしばそうした結果は、人々が賞賛しているものを虚偽と思わせ、彼らが禁止していることを許されたことと、さらには禁止されていようが許されていようがどちらでもよいと思わせたりする。このような〈可能性人間〉は、よく言われるように、他の人よりも繊細な織物に、つまり、幻影、創造、夢想、接続法といった織物に包まれて生きている。子供たちにこうした傾向があると、人々は厳しくそれを矯正し、彼らの前でそうした人間を空想家、うすのろ、弱虫、知ったかぶり、うるさがたと呼んでみせるのだ。
>
> 人々は、こういう人間を褒めようとするときには、これらの馬鹿者たちを理想家とも呼ぶが、しかし、そうした呼び名が指しているのは、明らかに、そうした人間のなかでも劣勢の変種、つまり、現実を把握する能力を欠いていたり愚痴っぽく現実を回避したりして、現実感覚の欠如が本当の意味での欠陥を意味するような人間のことである。けれども、可能なものとは、神経質な人間たちの夢想だけではなく、神のまだ目覚めぬ意図をも含むものである。可能な出来事や可能な真理とは、現実の出来事や現実の真理から「現実性」という価値を差し引いたものではない。少なくともその信奉者たちの見解では、そこにはきわめて神的な何かが、すなわち、炎、飛翔、建築意志といったもの、そして、現実を恐れるのではなく、むしろ課題および仮構として考えるような意識的なユートピアニズムが含まれているのである。結局、地球はそれほど古いものではなく、真に祝福された状態にあったことはまだ一度もなかったものと思われる。(ロベルト・ムージル『特性のない男』第4章)

ところで、実存論的な意味でとれば、可能性は「現存在のもっとも根源的で究極的な、積極的な存在論的規定性である」(*SZ* 143-144) ということになる。それゆえ、ムージルの『特性のない男』の最初で示された「現実感覚」と可能感覚の対立は、全面的に乗り越えられることになる。一方で、実業家の「現実感覚」があり、他方で、経済的に厳しい現実に適応できない人々のノイローゼ的な夢想がある、というのではない。現存在は、もっぱら可能性の用語で自己を理解するのである。

人間の二つのタイプについてのムージルの比較は、示唆に富むものではあるが、実存論的には適当ではない。小説家がさまざまな人物類型や心理形態を描写するのは、実存的ないしは人間学的なレヴェルではまったく正しいことだが、思想家は、あらゆるタイプの人間に当てはまる実存論的構造を特徴づけねばな

らない。そして，この実存論的レヴェルでは，現存在の規定は，可能的なものへとつねに向かっていることでなければならないのである。もちろんこれは，現存在とはあらゆる「事実上の」拘束を免れた形而上学的な綱渡り師であるという意味ではない。たしかに，現存在は何もかも事実の次元に縛られているというわけではないが（ウィトゲンシュタインが『論理哲学論考』の終盤で述べたように，私は諸々の事実の中の一つではない），とはいえ可能的なものという実存論的概念は，先行する全てのものが前提とする基本「所与」としての事実性を魔法のように消してしまうわけではない。より正確に言えば，情態性の意味である被投性をあらためて問い直さねばならない理由はまったくないのである。私はしかじかの計画を自由に採択し，決定を下す設計主のような存在ではない。それどころか，多くの場合，私は意図しなかった諸可能性の中に邪魔者のように「入り込んで（hineingeraten）」しまっている。したがって，「現存在は自分自身に引き渡された可能存在であり，徹頭徹尾被投的な可能性である。現存在とは，自らにもっとも固有な存在可能へと向かって開かれてあるという可能性なのである」（SZ 144）。

　実存論的な理解とは，この可能性に関する「知」であるが，それは「内在的な自己知覚」から出てくるものではない。というのも，自らの生を日常的に遂行する中ですでに「知って」いることは，内観をどこまで進めてもけっして見出されないからである。こうしてわれわれは，理解するということを学術的に定義することができる。「理解するとは，実存論的には現存在自身が自らに固有の存在可能という仕方で存在することであり，しかもこの存在することは，それ自身において，この存在すること自身にとって存在するということの何が問題であるかを開示しているのである」（SZ 144）。

　この定義は，理解の次のような特徴づけによってさらに明確になる。すなわち，理解とは「可能性」の絶えざる探究であると言うことは，理解に企投的構造を認めることを意味するのである。こうして「企投（Entwurf）」という概念が，情態性の特徴である「被投性」と相補的な概念となる。

　「企投は，事実的な存在可能の遊動空間の実存論的存在体制である」（SZ 145）。それゆえ，理解するとは，どんな事実性にも最小限の「遊動空間」が含まれていることを発見することである。実在は絶対の法ではないし，不可避の宿命ではない。私はつねに，自分の企投を実現するための「操作空間」を携えている。L. ゾンディが示しているように，この空間がきわめて狭くなるよう

な事例があるとしても，そうなのである。とはいえ，先に現存在は単なる主意
主義的な決定者ではないと言ったのと同様に，現存在を自分の人生の計画者と
見なすならば間違いであろう。人生の「五ヵ年計画」が失敗することは，計画
経済の場合と同じくらい確実である。

　現存在は，可能的なものへと自らを企投することによってのみ実存する。だ
が，何に向けて自らを「企投」しているのかを，現存在は必ずしも明晰判明に
意識しているわけではない。志向性が主題化と同義であるとすれば，理解が志
向的構造をもっていることは明らかであるから，理解は主題化の行程と同一視
されねばならないことになるであろう。だが，ハイデガーの強調するところで
は，主題化は企投されたものからまさしく可能的なものという性格を奪いとっ
てしまう。それゆえ，理解を可能的なものとする規定は，きわめて真剣に受け
とめるべきものである。「理解とは企投することであり，そこでは現存在が諸
可能性として自ら自身の可能性であるような存在様式である」（*SZ* 145）。

　可能的なものを，論理学（様相論理学）のカテゴリーとしてではなく存在様
式として規定することによって，われわれは逆説のただ中に身を置くことにな
る。それは，詩集『息の転換』にあるツェランの詩「チェロのアインザッツ」
〔正確には「苦痛の後ろから」〕の最後の節が，独自の仕方で表現しているよう
な事態である。

　　全てはもっと少ない
　　現にあるよりも，
　　全てはもっと多い。(150)

　もちろんこの詩句は，詩と詩集の文脈の中に置き直して読むべきものであろ
うが，それをこの節でハイデガーが明言している立場と結びつけることもでき
る。現にあるというのが，単なる「所在」という意味での「実際性（*Tat-
sächlichkeit*）」のことであるならば，可能的なものの意味としての理解によっ
て，つねにわれわれは実際性を超えてしまっている。それを実際性より以上の
ものだと考える者もいれば，それ以下のものだと考える者もいるだろう。だが，
それによって事実性そのものを超えるということはない。「現存在は絶えず，
それが実際的に存在するより《以上に》存在する。……しかし，現存在は，事
実的に存在するより《以上に》存在することはけっしてない。なぜなら，現存

在の事実性には本質的に存在可能ということが属しているからである。しかし，現存在が可能存在であるからといって，〔事実的に存在するよりも〕少なく存在するのではけっしてない。すなわち，現存在は実存論的には，その存在可能において，いまだそれでないところのものである」(SZ 145)。だからこそ，自己自身になるということを，現存在に負わされた課題として捉えることができるのである。

ここまでわれわれは，理解の基本構造を単に記述してきただけであった。次に問題となるのは，この構造を明確にすること，すなわち，それが現実化するさまざまな様相を検討するということである。それらの様相は，基本的には二つに分けられる。すなわち，第9節で導入された本来性と非本来性である。本来的な理解が「自己」に根ざしているのに対して，非本来的な理解は「世界」に根ざしている。だがハイデガーは，新たに説明を加えてこの基本図式を複雑にしていく。つまり，本来的であれ非本来的であれ，理解は「真正」にも「偽り」にもなりうるのである。^(xviii)

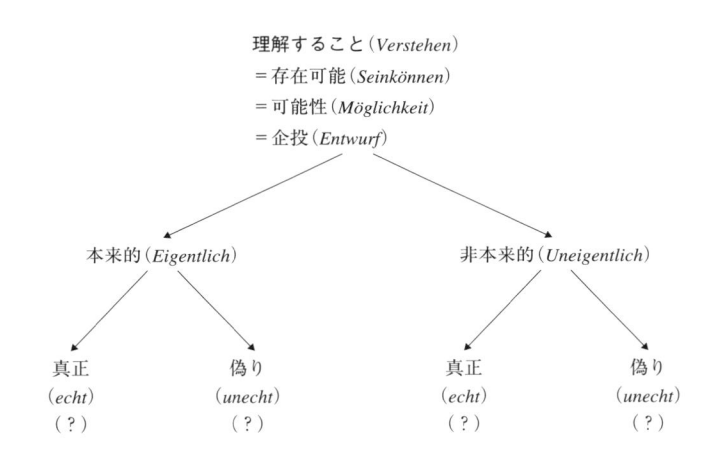

```
         理解すること (Verstehen)
         = 存在可能 (Seinkönnen)
         = 可能性 (Möglichkeit)
         = 企投 (Entwurf)
              │
      ┌───────┴────────┐
   本来的                非本来的
  (Eigentlich)        (Uneigentlich)
   ┌──┴──┐            ┌──┴──┐
  真正   偽り          真正   偽り
 (echt)(unecht)      (echt)(unecht)
 (？)   (？)          (？)   (？)
```

真正と偽りという二つの様相は，本来的な理解と非本来的な理解のそれぞれにおいて何に対応するのであろうか。この問いに答えるのは難しい。ハイデガーが実例を一つも挙げていないからである。それゆえ，これについては後でまたとり上げた方がよいであろう。

この節の残りの部分は全て，次のような問題に関わっている。それは，理解

することは「見ること」と同義であるのか，そうであるなら，どのような「見ること」が問われているのか，という問題である。現存在は不透明でも盲目でもないのであって，事実性は不透明性を意味するのではないということ，これは，世界との日常的な交渉が「目配り（Umsicht）」という観点から規定されて以来，認めざるをえなかったテーゼである。さらにこの目配りが，他人へと向かう場合には「顧視（Rücksicht）」という姿をとり，存在そのものに向かう場合には「視（Sicht）」いう姿をとるのであった（SZ §15）。このような説明によって，一種の「透見性(xix)（Durchsichtigkeit）」について語ることができるようになる。付け加えれば，「自己認識」という言い方がされる時には，まさしくこの透見性が見てとられているのである。

だとすれば，多くの伝統的な認識論で重要な役割を果たしてきた視覚が，ここでも勝利を収めることになるのであろうか。しかしハイデガーは，まさしく認識における視覚の役割を過大視しているという点で，伝統的な哲学を非難しているのである。視覚が過大視されると，極限においては，人間は単なる傍観者となり，存在は「光景」となる。すなわち，存在は，「観想（theorein）」という精神的視線も含めて，視線に供された事物となるのである。このような視覚の優位を示すもう一つの言い方として，「直観（Anschauung）」という言葉がある。存在論の言説の根を「存在の直観」に求めようとした思想家もいたが，ハイデガーはけっしてそのような道をとらない。「存在論的直観」か存在「理解（Seinsverständnis）」かのいずれかを選ばねばならないのである。

ハイデガー的な見地に立てば，「視」という用語が表すのは「開示性（Erschlossenheit）」という用語にすでに含まれている事柄でしかない，と言うべきである。開示性にはそれ独自の「光」が，あるいは「明け開かれ（Gelichtetheit）」（SZ 147）が備わっているのである。われわれはここではじめて，「明け開け（Lichtung）」という語彙に出会うことになる。[*19]この語彙は，後期ハイデガーの存在論的思索において重要な役割を果たすことになる。

存在論の視点からすれば，理解に関する実存論的分析は決定的な一歩となるものである。「存在論的理解」という概念は，存在の意味への問いの提示を通して，最初から独断的に導入されていた。そこに込められていたのは，存在を概念と見なすことに対する拒否であった。それだけのことであれば，では存在は直観の対象となるに違いない，と結論した人がいたとしても，論駁することができなかったであろう。「存在理解」という概念は，この節ではじめて根拠

づけを得たのである。「さまざまな可能性へ企投することにおいて，すでに存在理解が先取されている。存在は企投の中で理解されているのであり，存在論的に概念把握されているわけではない」(SZ 147)。

```
直観 ←————//————— 存在 —————//————→ 概念
                    |
                   理解
                    |
                   企投
```

　最後に，「透見性」という概念に関連するもう一つの誤解を解くために，一つの指摘を行ってこの節を終えることにしよう。われわれは，われわれを取り巻く身近な世界を発見するところから出発した。理解によって，われわれは環境世界がもっと確実で制御しやすくする（目は制御の器官であることを思い起こそう）という確証を得るのであろうか。そうではない。世界はむしろ，さまざまな「可能的なもの」に満ちたものとしてますます謎めいたものとなる。理解の作業は，まさしく実存および存在そのもののこの謎めいた性格によって呼び起こされるのである。

第32節　理解と説明——「解釈学的循環」

　この節は，ハイデガーが解釈学的問題の定式化に導入した革命的転換を理解したいと思う人には，きわめて重要なものである。全ては「解釈(Auslegung)」という用語を正しく理解するかどうかにかかっている。字義通りには，この語は，広げられたものとか広げることを意味しており，通例では，釈義とか注釈，解釈(interprétation)といった概念を意味することもある。テキスト注釈はTextauslegungで，福音書解説はSchriftauslegungといった具合である。しかし，ドイツ語の学術用語には，さらにDeutungという解釈者固有の営みを示す語が存在することを忘れてはならない。これはラテン語風のInterpretationという名詞に対応するものである。AuslegugとDeutungは，はたして同義語なのであろうか。フロイトの夢解釈〔夢判断〕(Traumdeutung)はTraumauslegungと言い換えても構わないのだろうか。

　第32節に取りかかる際には，こうした意味論的な与件を頭に入れておくべきである。第31節でわれわれは，理解することの企投的次元を見出した。理

解するとは,「自らの存在をさまざまな可能性へと向けて企投する」(*SZ* 148) ことである。しかし,すでに見たとおり,この理解の営みは,必ずしも自らを意識しているわけではない。たいていの場合,理解は主体に意識されずに行われる。しかし,ある特定の状況では,自分が理解の作業に取り組んでいるとか,「理解の問題」に突き当たっているのだと意識することがある。こうした場合,われわれは「さらに理解すること」,よりよく理解することを求める。そうして始まる特殊な様態の理解が,ハイデガーが「解釈的理解」,あるいはもっと簡単に「解釈」として記述するものである。「解釈において,理解は別のものになるのではなく,理解それ自身になる」(*SZ* 148) のだということ,それがここで銘記しておくべき第一の重要な考えである。解釈はわれわれを理解の次元から引き離すものではなく,むしろ逆に,理解の次元へとさらに深く入り込ませるものである。それゆえ,解釈とは理解の特殊な実現,すなわち「理解の内で企投されている諸可能性の開発 (Ausarbeitung)」(*SZ* 148) なのである。『時間概念の歴史への序説』の言い方を借りれば,解釈の一般的な機能を指示連関の現前化として定義することができる。「解釈は,事物の〈何のため〉を現前化し,そうして《……のため》という指示を際立たせる (hebt heraus)」(*GA* 20, 359) のである。

　以上のように考えれば,解釈とは,〔一般に言われる〕解釈とは対照的に,技術や技法ではなく,聖書学者,文芸批評家,法学者,精神分析家等の解釈の専門家だけに認められる能力のことではない。それは日常的な実存の運動に伴うものである。この意味で,「解釈」という用語の選択は適切である。なぜなら,この語は「解き分ける (Auseinanderlegen)」ことを意味するからである。この営みによって,われわれは目配りによって露わにされた諸事物を表明的に理解できるようになる。これについては,環境世界の分析から格好の卑近な例を借りてくることができる。すなわち,家族で食事をするために食卓を準備する,靴下を縫う,靴を修理する,切手のコレクションを完成させる,などである。これら全てにおいて,解釈の営みはすでに作動しているのである。

　厳密には,どのような意味でそう言えるのであろうか。それは,今挙げたような活動は全て,それぞれの事柄が何ものかとして理解されていなければ実行することはできない,という意味においてである。何ものかを何ものかとして (*Etwas als etwas*) とは,靴は歩行具として,フォークは食器の一つとして,帽子は頭を覆うものとして,教室の黒板は板書のための面として,警官は交通

第五章　内存在そのもの　　223

整理係として，といった具合である。ここから連想されるのは，『哲学探究』の第2部においてウィトゲンシュタインが長々と展開している有名な分析，すなわち「……として見ること」に関する分析である。

> コラム㉔　「……として見ること」
> 　何ものかを何ものかとして見る能力の欠如している人間が存在しうるだろうか——さらに，それはどのような事態であろうか。こうした能力の欠如は，色盲とか絶対音感の欠如とかと比較できるだろうか。われわれはこれを「アスペクト盲（Aspektblindheit）」と呼び，それが何を意味しうるかをよく考えてみようと思う（一つの概念上の探究）。アスペクト盲の人は，二重十字形が白い十字形と黒い十字形とを同時に含むものであるということが認識できないということになるのか。「これらの図形の内で，黒い十字形を含んでいるものを示しなさい」と指示されても，アスペクト盲の人はその指示通りに行うことができないのだろうか。いや，そうすることはできるはずなのだが，「今，それは白地に黒の十字形だ」とは言えないはずである。
> 　その人は，二つの顔の類似に対して盲目だと考えられるのだろうか。同様に，二つの顔の同一性や近似的な同一性に対しても盲目だと考えられるのだろうか。このことを私は決定するつもりはない。（彼は，「これと似たようなものをもってきてくれ」といったような命令を遂行できるはずである。）
> 　その人は，立方体の図を立方体として見ることができないはずなのだろうか。そうだとしても，彼はそれを立方体を表しているもの（例えば，スケッチ）として認識することができないということにはならないであろう。彼がわれわれのように，場合によっては，それを一つの立方体と見なすこともできるはずなのか，と問うてみよ——もし彼がそのように見なせるならば，ここで盲目という用語を用いることはやはりできないということになるだろう。
> 　「アスペクト盲」の人は総じて，画像に対してはわれわれとはまったく異なった関係をもつことになるだろう。（ウィトゲンシュタイン『哲学探究』，第2部 XI）

　この「……として」こそが，解釈の根本的構造を特徴づけるものである。「《……として》は，理解されている事柄の表明性の構造をなしている。それは，解釈を構成しているのである」（SZ 149）。純粋無垢で単に受容的な〈見ること〉などは存在しない。もっとも初歩的で前述定的な段階においてさえも，見るとは理解し解釈するということである。「手許にあるものを前述定的に単に

見ることは全て，そのつどすでに理解－解釈しつつある」(*SZ* 149)。橋を石の集塊としてではなく橋として見ること，とりわけ自分の身体を肉の雑多な塊としてではなく統一された身体として見ることは，精神病のある種の症状が示しているように，けっして自明のことではない。精神病の症状の中には，突然物がまったく違ったふうに「見える」ということがあるのである。[(154)]

　この場合われわれは，理解に関する実存論的分析が超えることを禁じてきた限界線を超えることになるのであろうか。言い換えれば，解釈とは主題化である，という等式を打ちたてねばならないのだろうか。全くそんなことはない。解釈それ自体はまだ主題化ではないのであって，主題化とは言語の所産である。もっと厳密に言えば，それは，次節で見るように述定的言明の所産である。逆から言えば，ハイデガーと共に認めるべきであるのは，「……として見ること」とは言語や言語がもたらす意味の分節の所産に過ぎないものではないということである。まず最初に，解釈の内で実現されている「実存論的－解釈学的な《……として》」(*SZ* 158)の機能を理解しておかなければならない。その後で，この「……として」の言語的な地位を規定することができるのである。すなわち，それは述定的言明に固有の遂行活動によって規定されるのであって，まったく別の種類の「解き分け」によって特徴づけられる。前述定的な「…として」が，述定作用の可能条件となるのである（*GA* 21, 145）。

　なぜここで，「解釈学的」という形容詞をもち出さねばならないのであろうか。この形容詞は，目下のところ全く問題になっていない解釈技術の行使を表すためにとっておいた方が良かったのではなかろうか。われわれは，ハイデガー自身がそのような議論を展開しているわけではないが，前節の結論部で行われた議論をそのまま転用することができる。すなわち，「理解」の場合と全く同様に，解釈という概念もまた，存在の意味への問いの提示に伴って，第7節で独断的に導入されたものなのである。この重要な節で，ハイデガーは自らの探究の現象学的な方法について述べていた。その論法を思い出してみると，(1)存在論の主旋律は存在理解であるが，存在論を練り上げるためには現象学という方法が必要である，(2)しかるに，現象学的記述の意味は解釈（*Auslegung*）である，(3)ゆえに，現存在の現象学とは，その語のもともとの意味おける解釈学（「解釈学とは解釈の作業を指す」(*SZ* 37)）である，ということであった。解釈と解釈学という二つの用語の間には，まだ独断的なものであったが，きわめて早いうちから密接な関係が立てられていたのである。注

意しておくべきであるのは，解釈という用語は，理解の場合と全く同様に，二重の機能をもっているということである。すなわち，この用語は，特殊な実存疇を指すと同時に，根本的な方法論的概念をも指しているのである。実際，これまでわれわれが行ってきたことは，解釈の作業，それゆえ解釈学的作業にほかならないのではなかろうか。『存在と時間』の全体について，われわれはもっぱらこの作業を行っていくのである。

しかし他方で，解釈とは実存疇の一つでもある。それをより厳密な仕方で吟味してみれば，この実存疇に結びつけられる「解釈学的」という形容詞の意味が分かるだろう。ここでもまた三項構造が出てくる。すなわち解釈は「先行保持（Vorhabe）」「先行視（Vorsicht）」「先行把握（Vorgriff）」という三つの要素からなるのである。いずれにも「先（Vor-）」という接頭語がついていることから，これら三つの要素が不可分であることが分かる。

```
          先行保持
         （VORHABE）
             △
         解釈
  先行視  （AUSLEGUNG）  先行把握
（VORSICHT）           （VORGRIFF）
```

では，それぞれの要素の意味を規定しておこう。

1／先行保持というのは，理解のゼロ地点はけっして存在しないという意味である。どのような解釈も既得の理解を背景にしている。この理解は，単にばらばらの，知の寄せ集めに還元されてしまうものではない。そうではなく，そこでは何らかの「帰趨全体性（Bewandtnisganzheit）」が意識されている（意識の明確さの程度は色々であるが）。こうして，この第一の要素は，解釈学的循環の「全体」という局面に対応することになる。

2／先行視とは，これに対して，解釈が向かう「方向」を定めるものである。したがって，解釈の作業には，いくつもの方向ないしは「視界」がありうることになる。このような考え方は，クラデニウスの「視点（Sehepunckt）」理論によって，すでに18世紀から知られていたものであるが，もっと新しいとこ

ろでは，「諸解釈のパースペクティヴ主義」というニーチェの教説に見出されるものである。

　解釈がいくつもの方向をとりうるというのは自明のことであって，例えば同じ銀製のスプーンでも，食器の一つとしてとか，金銀細工博物館のコレクションの一部としてなど，さまざまに理解される。また，ヴェルダンの戦いといった同じ出来事でも，参謀部の将軍たちの見方と，その戦いで肉親を失った家族の見方とでは違ったふうに理解されるのである。

　3／先行把握（Vorgriff）。理解の努力を助けるために，解釈はさまざまな概念を，しかもできることなら十全な概念を探し求めている。しかし，そうした諸概念がそのまま空から降ってくるのを待つわけにはいかない。後で手直ししなければならないのは覚悟の上で，少なくとも試みとして，概念を提示しなければならないのである。理解の作業が行われるためには，事柄に関して最小限の手がかりを保証してくれるような概念を作り出さなければならない。もちろん，後からその概念が不適切であったことが判明するかもしれないが，こうした「意味の先行」がなければ，けっして理解の作業が生じることはないであろう。

　以上の分析から得られた事柄は，次のような図にまとめられる。

企投（ENTWURF）

理解することの先行構造 ───────────→ 解釈の〈……として〉構造
（Vor-Struktur　　　　　←───────────　（Als-Struktur
　des　　　　　　　　　　　　　　　　　　　　　der
　Verstehens）　　　　　　　　　　　　　　　Auslegung）

　この図式は暫定的なものでしかないのであって，今後の分析を通じてこれを明確化し，深化していかねばならない。

　以上の分析がもつ決定的な意味は，ここではじめて実存論的分析論の「内在平面」に意味という概念が導入されることからも明らかである。これまで出てきた指示，有意義性，帰趨といった諸現象によって，環境世界は「意味のある」世界として捉えられたのであるが，理解と解釈という一対の実存疇によって，新たに意味に関するもっと厳密な定義が可能となるのである。すなわち，「あるものの理解可能性がそこに保持されているところのもの」「理解しつつ開

示することによって分節されうるもの」（SZ 151）といった定義である。意味とは，理解や解釈の「対象」となりうるものの全体である。「**意味とは，先行保持と先行視と先行把握によって構造化された企投の〈向かう先〉のことであって，そこからあるものがあるものとして理解可能となるのである**」（SZ 151）。

　意味というカテゴリーのこうした定義は，意味を解釈によって露わにされる「……として」構造にほかならないとするのであるから，「解釈学的」定義と呼ぶことができる。ここから少なくとも二つのことが帰結する。
　——実存論的‐解釈学的な意味概念を，言語学的な意味概念——シニフィアンとシニフィエの合成体としての意味——と混同しないようにしなければならない。言語表現——これについては後に論じられるが——は解釈を可能性の条件とするのであって，解釈は理解に基づいている。『時間概念の歴史への序説』で「基礎づけの連関（*Fundierungs-zusammenhang*）」という言い方がされているのは，このような事情による。この連関を図示すれば以下のようになる。

現存在　——→　「内存在（*Insein*）」　——→　「被発見態（*Entdecktsein*）」　——→　理解

——→　解釈　——→　「呼びかけ（*Ansprechen*）」　——→　言語

　——他方で，この意味概念を，合目的性や目的論といった「客観的」概念と混同してもならない。
　実際，ハイデガーにとって，「意味」の概念は目前性の存在論に適用されるものではない。「**現存在だけが，有意味であったり無意味であったりできる**」（SZ 151）し，理解可能であったり理解不可能であったりできる。それに対して，目前性の存在論に属するものは全て「没意味的（*unsinnig*）」である。実存論的分析論を偽装した人間学でしかないと見なすならば，これでは意味のカテゴリーの「人間学的還元」ではないか，という疑念が当然起こってくるであろう。少なくともカントまでは，意味というカテゴリーは宇宙論的カテゴリーだったのである(157)。ただし，第10節で見たように，実存論的分析論は単なる人間学に還元できるものでは絶対にない。
　こうして，存在論的言説の構成という見地から，**意味のカテゴリーと存在のカテゴリー**との結びつきが正当化されることになる。『存在と時間』では，最

初からこの二つのカテゴリーが結びつけられていた。すなわち，存在の意味への問いを立てるというのは，存在者の背後に謎めいた実体を探すことではなく，「現存在の理解可能性の中に入ってくる限りにおいて」（SZ 152）存在そのものを問うことなのである。ここでもまた，われわれは〔実存論的分析論の〕内在平面にとどまっている。存在の意味への問いは，現存在に即して，現存在に固有の理解と誤解という様態に応じて提示されなければならず，また実際に提示されているのである。

　ここではじめて，ハイデガーは狭義の解釈（*interprétation*）の領域にあえて言及する。それによって，解釈（*Auslegung*）についての自らの分析を確証しようとするのである。ハイデガーにとって，テキスト注解の技術としての解釈は，理解および解釈と等根源性（*Gleichursprünglichkeit*）をもつという特権にはあずかるものではない。この意味での解釈は，理解と解釈の派生的様相（*abgeleitete Weise*）（SZ 152）なのである。

　このことの例証として，ハイデガーは数ある解釈活動の中から文献学を選んでくる。実際，文献学者たちは，すでに古代の後期に全体と部分との「解釈学的循環」に気づいていた。解釈する者は皆，意識しているか否かにかかわらず，この循環を活用している[158]。テキストを理解するためには，最初から，それぞれの部分をさらに広い全体へと（個々の単語に対しては文，個々の言明に対しては文脈，ある作家の一連の作品に対しては文学上のジャンル，といった具合に）関連づけなければならない。また逆に，全体は，それを構成する諸部分の認識を前提としている。ゆえに，解釈を「パズル」を少しずつ組み立てていく作業になぞらえることはできないであろう。あるいはこう言うべきであろうか。少なくとも，これから組み立てる絵の初発的な観念（すなわち「先行理解」ないしは先行概念）を最初からもっていなければ，パズルを組み立てることなどできないのだ，と。

　さて，理解過程のこうした循環構造は，今や実存論的に正当化されることになる。古代の文献学者たちは，そのきわめて技術的で実際的な面のみを捉えていたにすぎない。この正当化から引き出される明白な帰結は，「循環」とはけっして悪しきものではないということである。循環を避けるのではなく，循環の中へ入っていくことが肝心なのである。「決定的なことは，循環から脱け出すことではなく，正しい仕方でその中へ入っていくことである」（SZ 153）。このような理解の循環構造は，「現存在そのものの実存論的な**先行構造の表現**」

（SZ 153）である。この構造を考慮に入れることで，先の図式を次のように補完することができる。

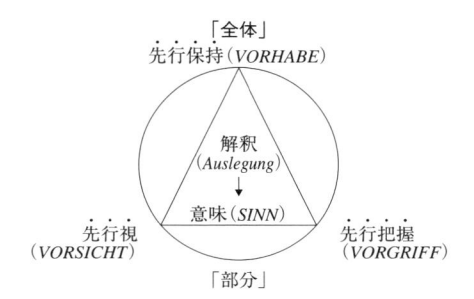

```
            「全体」
         先行保持（VORHABE）

              解釈
           （Auslegung）
              ↓
           意味（SINN）
  先行視              先行把握
 （VORSICHT）        （VORGRIFF）
            「部分」
```

　こうして，解釈学的循環は実存論的に正当化されるだけでなく，存在論的理解そのものの地位に移し置くべきものとなる。「世界内存在として自らの存在そのものに関わる存在者は，存在論的な循環構造をもっている」（SZ 153）。存在論的理解を特徴づけるこの循環性は，幾何学的な円形には収まりがたいものである。この問題については，当然また後で再び論じなければなるまい。

第33節 「解釈学的な〈……として〉」から「命題論的な〈……として〉」。言明の地位

　前節で，アリストテレスの著書の題名となっている Περι ερμηνειας〔解釈について＝『命題論』〕の意味がすでに明らかになってきていた。われわれが賭け金としたのは，意味の分節が最初に行われる場所は言語ではなく，解釈という意義をもつ全ての態度と行為だということであった。とはいえ，『命題論』では，言語に関する考察は全て，いわゆる「アポファンシス的〔命題論的〕」言明である述定的総合がもたらすきわめて特殊な意味の分節に応じて行われている。このことをハイデガーは見逃しているわけではない(159)。いったい，言明の中心的地位をその前提（ロゴスとその存在への関係についての特定の考え方）ならびに帰結（言明を真理の最初の場とする）も含めて保持すべきであるのか。それとも，命題的言明は副次的な次元に追いやられるのであろうか。

　第33節の要約として上に掲げた題名は，ハイデガーがとった解決の原則を示している。それは，言明は解釈の派生態であり，いわばその特殊化でしかない，という原則である(160)。したがって，情態性，理解‐解釈，話（Rede）――こ

れについては次節で論じる——という実存疇は等根源性によって結びついているが，言明はけっしてこの特権にあずかることはない。これから特徴を示そうとしている構造が派生的（*abkünftig*）なものであり，明らかに等根源的なものではないことを，ハイデガーは明言しているのである。

では，解釈の特別な「特殊化」としての言明とは何なのであろうか。基本的には，それは次の三つの事柄を意味する。

1／「挙示」（*Aufzeigung*，これはすでに触れたギリシャ語アポファンシス（$\alpha\pi o\phi\alpha\nu\sigma\iota\varsigma$）の訳語である），すなわち，「存在者をそれ自身の方から見えるようにすること」（*SZ* 154）。

2／「述定」，すなわち，一つかそれ以上の述語を用いた論理上の「主語」の規定。

3／「伝達」，すなわち，「意味の共有（*Mitteilung*〔伝達〕）」を実現させる「表明」あるいは発言（*Heraussage*），英語だと *statement*。

「言明」現象に関するこうした現象学的分析は，妥当（*Geltung*）という原理から言明を判断と見なす新カント派の理論に反対しようとするものである（ちなみにハイデガーの博士論文は，ロッツェの判断論を扱ったものであった）。

『存在と時間』の時期には，ハイデガーはとうに新カント派の判断論とは縁を切っていた。すでに見たように，訣別は少なくとも 1919 年には成し遂げられていたのである。論理学的な判断論に背を向けることによって，言明を現象として，すなわち「伝達しつつ規定する挙示」（*SZ* 156）として記述できるようになる。この規定によって，今挙げた言明の三要素が結びつけられる。この規定を理解するためには，次の二つのことを問わなければならない。まずは，前節で分析された解釈の三つの構成要素はいかなる意味でこの規定の内に含まれるのかということ，次いで，なぜ言明は解釈の派生態でしかないのかということである。

1／最初の問いに対しては，挙示，述定，伝達はいずれも解釈の様態である，と答えられる。「より多く説明するとは，より良く理解することである」というリクールの定式を言い換えて[*20]，「より多く解釈するとは，より良く言明することである」と言える。こうして，解釈の三角形を再びもちだして，言明に適用することができる。

```
              意味の「規定」
                (Bestimmung)
                  △
                 ╱ ╲
                ╱言明╲
               ╱(AUSSAGE)╲
              ╱ =アポファンシス的な ╲
    意味の「挙示」╱  「……として」   ╲意味の「伝達」
    (Aufzeigung)────────────────(Mitteilung)
```

　言明は，〔理解における〕意味の分節の作業を，それなりの仕方で引き継いでいる。「言明は，解釈一般がそうであるように，その実存論的諸基礎を必然的に，先行保持，先行視，先行把握の内にもっている」（SZ 157）のである。
　2／とはいえ，言明はあくまで解釈の派生態である。なぜなら，言明には視界の狭隘化が伴うからである（SZ 155）。つまり，数々の客観的特性によって規定されたハンマーは，もはや道具ではなく，すでに「対象」なのである。目配りからは，「このハンマーの重さは１キロだ」といった言明はけっして出てこない。目配りにおいては，ハンマーは「持つには重すぎる」とか，大きな花崗岩を砕くには「軽すぎる」ものとして出会われる。規定するというのは，そうした「主観的評価」から距離を置くことによって，絞りを緩めて（Entblendung）ハンマーを見えるようにし（アポファンシス），ハンマーをその客観性において顕わにするということなのである。
　論理学者をひきつけるのは，まさしく言明に特有のこうした客観化の能力である。論理学的分析は，一般に「このハンマーは重い」，「フランスの国王は禿げている」，「その猫は玄関マットの上にいる」といったたぐいの言明を扱う。だが，日常生活では，そのような表現の仕方をする人はいない。ウィトゲンシュタインが明敏に捉えていたように，日常的な言語ゲームのほとんどは，さまざまな「生活形式」の中に深く組み込まれている。生活形式とは実践であって，そこではしばしばふるまいが言明の代わりをする。ここでもまた，ハイデガーの分析は，ウィトゲンシュタインの分析の中のあるものに驚くほど近いように思われる。実際ハイデガーは，「言うとは為すことである」と考えるだけでなく，しばしば「為すとは言うことである」と，しかも「無駄口をきかずに」（SZ 157）言うことであると考えている。実践は環境世界に根を下ろしているが，言明はこの根を引き抜く。この「引き抜き」によって，新しい物の見方への通路が開かれるのであり，そうして事物を構成するのは一連の客観的特性，

すなわちそれが何であるかを規定する諸特性であると見なされるようになるのである。

こうして，いかなる意味で言明を「派生的」と言えるのかが理解できる。言明は，解釈学的な「……として」の特徴である「関心づけられた」見方を捨て，より「没関心的な」見方をとり始めるのである。すなわち，「目配り的解釈の根源的な《……として》を，目前性の規定である《……として》へ水平化するということが，言明の特長である」(*SZ* 158) ということになる。

この「水平化」は，それ自身段階的に起こるものであって，突如として解釈学的解釈から論理学者の扱うアポファンシス的言明へと移行するのではない。純粋に解釈学的な極と純粋にアポファンシス的な極の間には，多くの中間段階がある。事件調書，証人の供述，事故証明等がそうであるが，それらを構成する命題もまた，ある種の「客観性」を目指すものである。「解釈学」と「論理学」は対立させられることがあまりにも多い。そのような対立を避けようとするならば，一方から他方へのこうした段階的移行に注意をしておくことが大事である。

それゆえ，言明は解釈の派生態であると言うことによって，けっして言明が貶められるわけではない。言明の「派生性（*Abkünftigkeit*）」と特長（*Vorzug*）とは，あわせて一つの事柄として考えるべきものである。だからこそハイデガーは，最初の形而上学者であるプラトンとアリストテレスが述定的言明に固有の性格を長々と考察していたことに注意を促すのである。彼らによれば，述定的言明とは，個々の言葉の単なる寄せ集めではなく，名詞（ὄνομα）と動詞（ῥῆμα）との結合（σνμπλοκή）を遂行するものであった。現実に対して言語の位置を決定するのは，孤立した単語ではなく言明なのである。加えてアリストテレスは，「総合」と「分解」を論じることによって，言明だけがもつこの特長をさらに説明している。

こうした古典的分析の妥当性をあらためて問いただそうというのではない。ただ，言明を構成する結合と分離，総合と分解を定式化する際の「論理主義的」な誘惑には抵抗しなければならない。そのための道はただ一つ，すなわち，解釈学的な〈……として〉から発してアポファンシス的な〈……として〉へと至る意味の軌跡を辿り直すことである。「論理主義」がますます強力になりつつある思想状況にあっては，このような作業が真の意味での脱構築を必要とすることもありうる。この節の終盤で提起されるのは，まさしくそのような脱構

築作業である。そこでハイデガーは、「ロゴスの『論理学』は現存在の実存論的分析論に根ざしている」(SZ 160) と言っている。まさしくそれゆえに、「古代の存在論が生じてきた方法的基盤の非根源性」(SZ 160) を意識しなければならないのである。

同じ文脈の中で、ハイデガーは、言明の構造に直接関係するもう一つの言語現象にもついでのように言及している。それは「繋辞という現象」(SZ 159) である。これについては、『存在と時間』以後に長い分析が行われることになる。[162]

第34節 「話」、あるいは言うための言葉

言明は伝達という次元を必然的に含んでいるのであるから、言明の分析と共に、すでにわれわれは言葉 (Sprache) の次元に入っていたことになる。さらに言葉の実存論的地位を規定しなければならない。[163][xxiii]

問題の本質を明示するために、ハイデガーはいきなり次の二つのテーゼを導入する。

1／「言語の実存論的‐存在論的基礎は話である」(SZ 160)。

手始めとして、ソシュールに反対してバンヴェニストを支持するような注解を、あえてこのテーゼに付けてみてもよいであろう。すなわち、これは「話 (discours) はラング (langue) よりも先に存在する」ということである。それゆえ、最初に意味作用をもっぱら言語体系〔ラング〕に内在させる閉じた記号体系があって（諸記号の閉域という公理）、その後で話者が「発語」の際にこの体系を我が物とする――運転手がキーを回して車を動かすように――、というのではない。実存論的‐存在論的次元では、言表作用（話）がラングに先行するのである。『時間概念の歴史への序説』でもすでに、「**言葉が存在するのは話が存在するからである** (Es gibt Sprache, weil es Rede gibt)」(GA 20, 365) と明言されている。言語というのは、出来上がった記号体系の単なる発動以上のものであり、またそれとは別のものなのである。「話」であるということは、言語の本性そのものに刻みこまれた目的なのだと言ってもよかろう。言語学者の仕事は、この「目的」を言語学的な諸側面から明らかにしていくことである。まさにそうした仕事を、バンヴェニストの話の言語学は行ったのである。[164]

したがって、Rede を「話 (discours)」と訳すのは、中立的な訳ではない。この訳語によってわれわれは、バンヴェニスト流に理解された話の言語学と、

ハイデガーが試みる現象学的−実存論的なアプローチとの出会いが実りあるものとなりうることに賭けている。ソシュール流のラングの言語学では，こうした出会いがありえないことは明白なのである。

　2／「話は，実存論的には，情態性および理解と等根源的である」(*SZ* 161)。

　このテーゼは，先ほどのテーゼにもまして，ハイデガーが試みる現象学的−実存論的なアプローチの独自性を強調するものである。われわれは先に，情態性は不透明でもなければ曖昧でもないと述べた。情態性は無言ではないと言ってもよかっただろうし，そう言うべきだったかもしれない。「言うための言葉」——情態性を言い，理解を言うための言葉——が存在する。まだ見つかっていないとしても，そうした言葉は存在する。まさしくそれゆえに，話は三番目に，すなわち情態性と理解の後にはじめて導入されるのである。すでに『時間概念の歴史への序説』で明言されているように，これまで考察された実存論的諸構造（情態性，理解，解釈）は，「言語そのものの本質的構造にとって必要な構造であるが，まだ十分なものではない」(*GA* 20, 361)。このような本質的な連続性を認めなければ，言語が「現存在の存在可能性」(*ibid*.)であることの意味は理解できないであろう。

　話において「自らを語りだし（*sich aussprechen*）」「語に現れてくる」のは，いつも何らかの情態性であり，何らかの理解である(165)。話，情態性，理解という三つの実存疇の根源的な結びつきこそが，意味や伝達に関する従来の理論が見極められなかったものである。従来の理論では，言語記号は対象につけられた音声ラベルようなもの，つまりシニフィエに結びつけられたシニフィアンだと考えられている。ハイデガーは，まさしくそのような考え方を問いただして，次のように記している。「語がそれぞれの意義へと育っていくのである。語という事物があって，それに意義が与えられるのではない(xxiv) (*Den Bedeutungen wachsen Worte zu. Nicht aber werden Wörterdinge mit Bedeutungen versehen*.)」(*SZ* 161)。

コラム㉕　言語という現象

　現存在がその存在そのものにおいて有意義化するがゆえに，現存在は諸々の意義の内に生き，また自らをこの意義として語り出すことができる。意義に胚胎するそのような〔音声的〕表明，つまり言葉があるからこそ，諸々の単語がある。

> つまり，ここに至ってはじめて，意義から，意義そのものによって形を与えられた言語の諸形態を切り離すことができるようになる。そのような表明全体において，現存在の理解がある仕方で成長し，実存論的に存在するようになるのであるが，この表明の全体を，われわれは**言語**と呼ぶのである。この場合，私が現存在の全体について語る時に考えているのは，個々の現存在ではなく，歴史的な事柄としての相互存在である。私たちが言語と呼ぶ現象はどのようなあり方をしているのかということは，今日に至るもなお根本的にはっきりしないままである。日々生まれ，日々廃れていく言語，世代から世代へと変化していく言語，何世紀にもわたって死んでしまっている言語，この言語そのものの独特の存在は依然として全く明らかにされていない。言い換えれば，あらゆる文献学，言語学が主題にしているはずの当の事柄がどのようなあり方をしているかは，根本的には，存在論的に全く謎のままなのである。(GA 21, 151)

　実存論的に言えば，シニフィアン（= *Wörterding*〔語という事物〕）をすでに所有していて，それをまだ発見されていないシニフィエに割り当てる（*zulegen*），というのは虚構された状況であって，われわれがそのような状況に身を置くことはけっしてない。反対に，意義はすでにそこにあり，われわれに宿っている（情態性や理解，解釈として）のであって，次いで突如として，それを言うための語がわれわれに「到来する」のである。「……へと育つ（*zu-wachsen*）」という動詞は，この過程の動的な側面，ほとんど有機的ともいえる側面を際立たせる。われわれは語を発明するのではなく，「発見する」のである。

　プラトンの『クラテュロス』に登場する立法者とは，言語の「技術者」であって，彼にとって言葉とは「道具」である。それとは反対に，現存在は技術者（technicien）でもなければ，ましてや理工科学校生（polytechnicien）でもない。[*22] 現存在が気分づけられ，また現存在に理解すべきものが与えられるのに応じて，語は「現存在に到来する」のである。

　こうして，「話が外へと言い表されていること（*Hinausgesprochenheit*）が言語である」というハイデガーの言明が，よりよく理解できるようになる。「言うための語」が見出され，「事柄が言われる」やいなや，語は話者の言おうとすることから独立して働けるようになる。そうして言語は，ソシュール的な意味でのラング，つまり，手許にある（*zuhanden*）きわめて高性能な「道具」となる。すなわち，内在的な記号論的分析を施すことのできる閉じた体系となる

のである。

　だが，実存論的現象としての言語には，ラングの言語学が必然的に見過ごしてしまう次元が含まれている。とりわけ，ハイデガーの注意を長く引きつける二つの現象がある。すなわち，「聞くこと（*Hören*）」と「黙すること（*Schweigen*）」である。これらは言語学的現象ではないが，言語的現象ではある。この長い節の大部分が，これらの現象に関する分析にあてられている。以下，この分析を直線的に辿るのではなく，三つの根本的なテーマに沿って少し総合的に読み解いてみよう。

1．言語学および解釈学的現象学の対象としての言語
——認識論的問題（*SZ* 165-166）

　本節の終盤で，ハイデガーは，自らの分析と言語学（*Sprachwissenschaft*）とがどのように関わりうるかを明確にするために，いくつかの目印を提示している。解釈学的現象学，「言語哲学」「言語学」の三者は，最小限の合意のようなものによって結びついている。三者ともに，「言葉をもつ動物」という人間の定義の重要性を一致して認めているのである。だが，この定式を解釈する仕方はそれぞれ異なっている。通常の哲学的人間学は，人間が「声に出して発言する（*stimmliche Verlautbarung*）」（*SZ* 165）能力をもつ動物であることを引き合いに出すだけである。それは，人間がある種の行為を実現できる「器官」を所有していることを認めるということである。解剖学的に見ても，人間は音素を形成できるような音声を発信できるように作られている。「現存在は言語をもつ」（*SZ* 165）とハイデガーが言うとき，まさしくこのことを言っているように聞こえる。だが，実存論的意味で受けとるならば，この発言は，言語の本性に関するまったく異なった考え方を導入しているのである。実際，この発言が意味するのは，現存在は言語のおかげで，自らの世界内存在の全ての次元において自らを理解できるということなのである。

　哲学的人間学への非難は，必要な変更を加えれば，言語学にも同様に当てはまるであろう。言語学の諸カテゴリーは，古代の論理学からそのまま借りられたものであるだけでなく，古代の論理学が加担していた存在論，すなわち目前性の存在論の消しがたい刻印を伴っている。それゆえ，「文法学」を論理学から解放すればすむ話ではないのであって，「言語学を存在論的により根源的な基礎の上に移し置くこと（*Umlegung*）」（*SZ* 165）がさらに必要となる。言語

第五章　内存在そのもの　237

学を根底から考え直さねばならない，と言ってもよかろう．それゆえ，言語学もまた「基礎危機」を迎えていると考えられる．だとすれば，それがどのような危機であるのかを表現できなければなるまい．

　いかなる話も必ず何ごとかについてなされるのであるが，だからといって，言語は論理学者がもつような認知主義的‐客観主義的な関心に全面的に従属しているのではない．むしろ逆に，言語の最初の働きは，環境世界が配慮の対象である限りにおいて，「環境世界を解釈しつつ現前化すること」（*GA* 20, 361）であることを思い起こすべきである．この点に関しては，初期ハイデガーの「実存論的プラグマティズム」は，後期ウィトゲンシュタインの「言語学的プラグマティズム」と突き合わせられるものである．実際，ハイデガーは，論理学の理論的命題を標準モデルとして言語の分析を行おうとする試みを，「根本的に転倒した（*grundverkehrt*）」（*GA* 20, 361-362）ものとして告発している．われわれに必要な「話の現象学」は，「話というこのアプリオリな現存在の構造を明らかにすること，解釈の諸可能性とその種類，およびそこで生じてくる概念性の諸段階や諸形式を明らかにすること」（*GA* 20, 364）を課題とするような「学的論理学」である．そして，この話の現象学には修辞学と詩学の次元が含まれている．この二つは，伝統的な言語分析では厳密な意味での論理学から区別されていたものである．

　自分自身の基礎をあらためて考えよというこの〔言語学に対する〕要請は，すでに見たように，ハイデガーが歴史や心理学などに向けたのと同じ要請である．これは哲学のうぬぼれであろうか．なるほどそうかもしれないが，同じことを違った形で次のように問うこともできる．実存疇としての話一般のアプリオリな根本構造（*apriorische Grundstruktur von Rede überhaupt als Existential*）（*SZ* 165）は，言語学者が言語学者として認めることのできるものなのか，できるとすれば，どのような条件のもとでのことか．私には，こうしたことを議論する上で，バンヴェニストの話の言語学がよい足掛かりになると思われる．*Rede*を「話（*discours*）」と訳すように提案したのはそのためである．

　だが，「より多く説明するとは，より良く理解することである」というリクールの格言を実行しようとする——ハイデガーがそうしたわけではないが——上で，二つの方向があることを認めねばならない．ハイデガーが主張するのは，「哲学的な探究は，事象そのものを問いたずねるために，《言語哲学》を断念しなくてはならないだろう」（*SZ* 166）ということである．とすれば，もう一つ

の方向は，話の言語学が，言語の言語学的本性をさらに説明することによって話の実存論的意義をよりよく理解する絶好の機会となることを認める，ということであろう。

　ハイデガーはもっぱら最初の可能性の方に関心を寄せていた。だからこそ，彼は『時間概念の歴史への序説』の中で，言語の起源に関して相対立する二つの説のどちらにも味方していないのである（GA 20, 287-288）。一つは，言語の起源は情動にあるとする説で，ルソーの『言語起源論』が哲学的にもっとも興味深い例である。もう一つは，言語の起源は模倣にあるとする説で，すでにプラトンの『クラテュロス』の中にその例がある。『クラテュロス』では，言語の起源は，物の本性を音声で模倣したいという人間の衝動の内に求めるべきであると前提されているのである。単なる感情的な反射からなる原言語のようなもの（ほとんど叫びに近いような言葉）を原初的な言語表現と見なすのであれ，まずは擬声語があり，それがだんだんと進歩して洗練された記号になると見なすのであれ，いずれにしても言語の実存論的起源に関する問いはとり逃がされる。それゆえ，有意義性とそれに対応する指示連関こそが，本当の意味での言語の（実存論的）「起源」であると言わねばならないのである。
(167)

コラム㉖　言語の起源に関する問いをどのように立てたらよいのか
　　——その（誤った）答えの概要
　言葉が最初に作られたのは，欲求からではなくて情念によるものであること〔『言語起源論』第2章の題名〕
　それゆえ，欲求が最初の身振りを指図し，情念が最初の声を引き出したのだと信ずるべきである。このような区別とともに事実のあとを辿っていくと，おそらく，言語の起源に関して，これまでなされてきたのとはまったく違った推論をしなければならなくなるであろう。われわれに知られているもっとも古い言語である東洋の諸言語の特質からして，そうした言語の成り立ちについて想像されているような教訓的な歩みは全面的に否定される。これらの諸言語には，方法的で推論的なところはいささかもなく，生き生きとして比喩的である。最初の人間の語法は幾何学者の言語であったとされるが，われわれはそれが詩人の言語であったと見るのである。
　それは当然のことであった。ひとはまずはじめに推論をしたのではなく，感じたのである。人間は自分の欲求を表現するために言葉を生み出したのだという主張があるが，私には支持できない意見であると思われる。最初の欲求から自然に

> 出てくる結果は，人間をたがいに近づけることではなく，遠ざけることであった。〔人間という〕種が広がり，大地がすみやかに人間で満たされるためには，そうなることが必要であった。そうでなければ，人間は世界の片隅に積み重なり，残りの場所は全て人がいない荒地のままだったであろう。
>
> 　以上のことから，言語の起源はけっして人間の最初の欲求に負うものではないことが明らかになる。人間どうしを引き離す原因から，人間どうしを結びつける手段が出てくるというのは理屈に合わないからである。それでは，この起源はいったいどこから発してくるのであろうか。精神的な欲求，つまり情念からである。あらゆる情念は，生きる必要のためたがいに避け合わざるをえない人間たちを近づける。人間たちから最初の声を引き出したのは，飢えでも渇きでもなくて，愛であり，憎しみであり，憐れみであり，怒りである。果物がわれわれの手から逃れていくことはけっしてなく，ひとはものを言わなくても果物を食べることができる。たらふく食べたいと思う獲物を，ひとは黙って追いかける。だが，若い心を動かすため，不正な侵入者を撃退するために，自然は声の調べを生じさせ，叫び声や嘆きの声を上げさせた。これが考え出されたもっとも古い言葉であり，だからこそ最初の言語は，単純で方法的なものであるよりも前に，歌うような，情熱的なものだったのである。以上全てのことは，どんな場合にも真実であるわけではない。だがその点については，また後に触れることにしよう。（ルソー『言語起源論』第2章）

　ルソーのこの美しいテキストを，ハイデガーの実存論的観点から読み直してみて，そこにルソー流の「それは当然のことであった」とは違った形で言語の起源を問う仕方を発見しようとするならば，面白いかもしれない。前に見たような情態性の重要性を考えるだけでも，ハイデガーには何らかの仕方でルソーと比較すべき点があるのは確かである。だが，一つだけ違いがあって，ハイデガーの場合，情念（*Affektlaut*〔情動的音声〕）を選び，模倣的な表現（*Nachahmungslaut*〔模倣的音声〕）を捨てねばならないということはない。というのは，話はこの二つの特徴を併せもっているからである。「情動的音声と模倣的音声の両者は，身体性によって共に規定されている個々の現存在が，それら二つの音声を通じて，自らを音声的に理解させるということからのみ理解できるようになる。ここで何よりも重要であるのは，音声としての単語（*Wortlaut*）と意義との間には段階的な連関（*Stufenzusammenhang*）が見られるということであり，それぞれの意義は有意義性から，有意義性は世界内存在からのみ理解されうるということである」（*GA* 20, 288）。

2．完全な発話行為の再発見

　次に第二の賭けをあえて表明しよう。言語学のアプローチと実存論的分析の突きあわせが実り多いものになりうることは今述べたとおりであるが，この可能性は，事情は異なるとしても，ある条件のもとでならば，いわゆる言語哲学にまで広げて考えられるのではなかろうか。これが第二の賭けである。基本的には，ハイデガーは言語哲学がある種の言語現象を覆い隠してしまったことを嘆いている。すなわち，間主観性および他人との共存在と結びついた言語現象は，もっぱら言明されたものにのみ注意を向ける言語哲学では覆い隠されてしまうのである。たしかに，アリストテレスの『命題論』は，アポファンシス的な言明にのみ焦点を当てることによって，言語の他の次元を影に追いやり，修辞学と詩学に委ねてしまった。ところで，こうした区分を現在あらためて問い直しているのが，分析哲学の伝統に属する数人の哲学者，とりわけ言語行為論の主要な論者であるオースティン[168]とサール[169]である。それゆえ，これらの哲学者の進路とハイデガーの進路は交差しあうのではないか，と問うことができる。

　実際，ハイデガーは，一連の言明からなる話を現に産出する実際の言語活動は全て「配慮的な相互存在（*besorgendes Miteinandersein*）」を前提としていると言っている。現実の言語活動は，誰かに向けられ，宛てられたものであり，そのつど特有の行為遂行を含んでいる。「はい」と言うことは受け入れや同意などの行為であり，「いいえ」と言うことは拒否や拒絶などの行為である（「承知することと拒否すること」（*zu-und absagen*））。承諾，拒絶，要求，警告，「話し合い（*Aussprache*）」，相談，打ち合わせ，とりなし等，われわれが日々何の疑いもなく行っている現実的な発話行為は，実存論的意義をもっている。単に話すことが楽しいから，情報を発信することが楽しいから話すのではない。なぜなら，論理学の教科書に載っている言明の典型例から導出される言語の観念を文字通り受け取るならば，人間が話すたびに情報が口から出てくるということになり，人間はさながら抽象的な「講演者」と化してしまうことになるからである。なるほど，あえてこれを「理想」とする話し手もいるだろうが，その「犠牲者」となる聞き手は，当然そんな話し手には耐えられないと，はっきり言って病気だと感じてしまう。そうして，こんな話はもう「うんざり」だ，となるのである。

　こうして，ハイデガーが分析哲学，少なくとも言語行為論者と合意できる領域が描き出される。実際，ハイデガーが引き合いに出す例（命令，希望など）

では，話された主題（*Beredetes*）と話された内容（*Geredetes*）という区別が導入されている。前者は話の「テーマ」（その「何について（*Worüber*）」，すなわち何についての話かということ，「話題」）をなし，後者は発話行為の伝達的射程を表している。この区別は，オースティンの用語でいう「発話力」と「発話内力」の区別とほぼ言い換えることができよう。さらに，厳密な意味での伝達（*Mitteilung*=*Mit-Teilung*〔伝達＝分かち合うこと〕，他人と意味を共有すること）という現象が付け加わるのであるが，これは機能的にはオースティンの言う「発話媒介力」に相当するといえよう。

以上のような突きあわせは，私の考えでは正当で実りの多いものであるが，だからといって，ハイデガーの分析の際立った独自性を無視するべきではない。存在論的に解された伝達が「理解しつつなされる相互存在の分節化」（*SZ* 162）であることを認めるのは，単なる分析哲学にはきわめて難しいであろう。コミュニケーション行為の理論もまた，伝達という理念の偽の魅力に目を曇らされて，伝達の本質が共存在における情態性と理解の「分かち合い（*Teilung*）」の内にあることをあっさり見落としてしまう恐れがある。伝達の諸理論は，情態性や共同情態性という次元を自ら進んで消してしまう。そうした次元を記号論的なモデルに従って理解するのはさらに難しいことだからである。

要するに，言語学的理論にとって認めがたいのは，自らを語り出す（*Sich-aussprechen*）という現象，他人の前で自ら表出する発話としての話が，抑揚，拍子，口調，「話しぶり」といった要素の全てに意味をもたせる全的な言明現象だということである。詩作的な話——ここではついでにしか触れられていないが——は，発話のこうした可能性を全て意識的に，熟慮の上で活用したものである。「情態性のさまざまな実存論的可能性の伝達，言い換えれば実存の開示が，《詩作的な》話の固有の目標となりうる」（*SZ* 162）。後年には，この可能性が，「いさおしは多し／だが人間は詩的にこの地に住まう」というヘルダーリンの詩句によって範型的に表現されることになる。この詩句は，ある意味では，言葉をもつ動物という人間の哲学的定義にとって代わるであろう。実際，人間が詩人として大地に住まうというのがどのようなあり方を考える場合にのみ，言語が可能にする内存在の最深の可能性が知られることになるのである。

『存在と時間』では，言語の問題は素描されているだけであって，話を構成するいくつかの次元——「話がそれについて話しているもの（話題となっているもの），話されたことそのもの，伝達，そして表明」（*SZ* 162）——を手短に

指摘した上で，次のような要求を掲げるだけにとどまっている。「あくまで決定的なことは，まずもって，話の構造の存在論的‐実存論的全体を，現存在の分析論に基づいてあらかじめ際立たせておくことである」（SZ 163）。

ハイデガーにおいては言語の本質の構造的統一性は四つの契機によって規定されるが（GA 20, 364），あるいは言語学においてそれらに相当するものを探すことも許されるかもしれない。ヤコブソンは，あらゆる言語行為の内に現れているとされる六つの機能を区別したが，大雑把には，ハイデガーの四つの契機は，この有名な図式と以下のように対比できるのではなかろうか。

実存論的な次元		言語学的な次元	
それについて話されているもの（beredetes Worüber）	＝	指示機能	⟶ 文脈
話されたこと（geredetes Was）	＝	詩的機能	⟶ メッセージ
伝達（Mitteilung）	＝	動能的機能	⟶ 送り手
表明（Kundgabe）	＝	心情的機能	⟶ 受け手

このような対比は，無関係なもの同士を並べているだけだと見なされるかもしれないが，私はそこに相補的な関係を見ることができると思う。この種の相補的な突きあわせを有益と見なすならば，当然次のような問いが出てくるであろう。すなわち，話の現象学の次元で，〔残る二つの機能である〕メタ言語的機能（＝コード）と交感的機能（＝接触）に相当するものを見出すのが難しいのはなぜか，という問いである。また逆に，このような対比によって，言語学的分析では脇に置いておかざるをえない現象が見えてくるであろう。これから論じなければならないのはそのような現象である。

3．聞くことと黙すること

以上のような対比のもくろみは非常に広範な領域に関わるものであるが，ここでは一つの現象だけがもう少し詳しく分析されている。というのも，これこそが，言語への実存論的アプローチの独自性を示す最良の例となるからである。すなわち，聞くことと黙すること という厳密に相補的な二つの現象である。

a）言うことと聞くこと

まずハイデガーは，「聞くことは話すことにとって構成的である」（SZ 163）

というテーゼを打ち出す。話すことが単なる発声ではないのと同様に，聞くことも単なる音の知覚ではなく，一つの実存論的可能性である。耳をもっているからといって聞くことができるわけではない。ヘラクレイトスもそう言っているし[173]，共観福音書の有名な一節でもそう書かれている[174]。ハイデガーは，『時間概念の歴史への序説』では，人間に外耳と鼓膜が備わっているのは単なる偶然であるとさえ言っている（GA 20, 368）。実際，実存論的観点からすれば，聞くという現象が関心を引くのは理解の可能性の条件としてである。それはきわめて複雑な現象であり，この複雑さに応じて，豊かな意味領域が広がっている（*Hören, Gehören, Zugehören, Horchen, Zuhören, Gehorchen*）。

　1／聞くことは他人との個別的な関係を前提としている。それによって，実存の核心に他者性の次元が刻み込まれる。「共存在が世界内存在に属しているように，聞くことは話すことに属している」（GA 20, 368）というだけではない。聞くというのは，まさしく理解しつつある共存在の言語的な様態なのである。ここでもまた，後年のハイデガーが注釈することになるヘルダーリンの別の詩句を引き合いに出せるかもしれない[175]。「多くを人は経験してきた／天上のものを多く名づけた／われらが一つの対話であり／そしてたがいを聞くことができるようになって以来（Viel hat erfahren der Mensch / der Himmlischen viele genannt / seit ein *Gespräch* wir sind / und *hören* können voneinander）」〔「ゲルマーニエン」の一節〕。この第34節では，他者性の次元は次のように規定される。「……に耳を傾ける（*hören auf*）とは，現存在が共存在として他人へと実存論的に開かれていることである」（SZ 163）。「聞くこと」がなければ共存在ということもない。それゆえ，「聞くことは，各々の現存在が携えている友の声を聞くこととして，現存在が自らのもっとも固有な存在可能へと第一次的かつ本来的に開かれていることを構成しさえする」（SZ 163）のである。

　この驚くべき際立った一節は，何人もの注釈者によってとり上げられてきた[176]。これを読むと，聞くことから最初に出てくる他者性の形は友情であると，すなわち相互性の徴を帯びた他者性であると言っているかのように見える。目下の文脈において，なぜこのようなモチーフが出てくるのであろうか。私としては，リクールの分析に従って，『ニコマコス倫理学』におけるアリストテレスの友情論へのほのめかしではないかと考えてみたい[177]。この仮説が正しいとすれば，責任に関するレヴィナスの分析との対照性を強調しないわけにはいかない。たしかに責任も聞くという現象であるが，レヴィナスは，上で提示した一連の語

をまさに反対の方向に辿っているように思われる。すなわち、聞くことから服従を考えるのではなく、逆に服従から聞くことを考えるのである。「従う（Gehorchen）」ことが「聞く（Hören）」ことよりも先だというわけである。

　2／聞くことについてのレヴィナスの異なった解釈は、当然、すでに話題になった倫理と存在論の関係に関わってくるのであるが、いずれにせよ、ハイデガーの実存論的観点からすれば、理解することと聞くことは切り離せないものとなる。「現存在は理解するがゆえに聞く（Das Dasein hört, weil es versteht）」（SZ 163）のである。他人への依存、もっと言えば他人への聴従性（Hörigkeit）が、帰属性（Zugehörigkeit）を基礎づけている。もしそうなら、聞くことは共存在の一次元であるというだけでなく、共存在の真の核心だと言えるかもしれない。

　こうした意味で理解するなら、聞くことには志向的構造がなければならないことになる。聞き入る（Horchen）というのは、けっして音を受動的に記録してからそれに意味を与えることではない。私が聞くのは、走り出す車、木々を吹き抜ける風、三度汽笛を鳴らす汽車である（GA 20, 367）。このきわめて古典的な聴覚的知覚の現象学は、ハイデガーにとっては、「現存在は本質的に理解しつつあるものとして、まずは理解されたもののもとにいる」（SZ 164）という事実を例証している。同じ意味で、現存在は、彼に話しかけて向かってくる「他者のもとに」いるのであって、ディルタイのように感情移入による他人への接近を問題にする必要はなくなるのである。

　3／もちろん、聞くことにまつわる語彙の中に、なぜ服従を意味する「聞き従う（Gehorchen）」が出てこないのか、と問うこともできよう。レヴィナスに従えば、他人のもとにいるということは即「倫理的」な意義をもつことになる。聞くことにまつわる他の全ての様態の可能条件であるような最初の聞くことは、友の声を聞くことではなく、他人の顔と切り離せない倫理的指令であり、「他人が私に関わる」ことなのである。では、「話すことと聞くこと（Hören）という実存論的可能性が与えられている場合にのみ、ある人は聞き入ること（horchen）ができる」（SZ 164）というハイデガーの発言は、「指令と服従という実存論的責務が与えられている場合にのみ、ある人は聞いたり話したりすることができる」というレヴィナスの言葉によって補完され——あるいは訂正され——なければならないのであろうか。

第五章　内存在そのもの　　245

b）言うことと黙すること（Schweigen）^(xxvi)

　いかなる話も聞くことに基づいているのと同様に，数々の「沈黙」に貫かれている。ただし，「沈黙」という表現は，それが受け取りうる実存論的な意義の広がりの全体において捉えられるべきである^(178)。その場合，言うことと黙することは，もはや完全に対立するのではなく，絶対に切り離しえない二つの相補的な現象となる。話すことのできる者だけが黙することができる。これは経験によって容易に確かめられることである。沈黙がどんな雄弁よりも多くを語り，どんな雄弁よりも効果的に対話の流れを変えてしまうことがある。一例を挙げれば，ピラトを前にしたイエスの謎めいた沈黙，数々の受難物語の中ではっきりと中心的な役割を果たしてきた例の沈黙がある。「ピラトがイエスに，《お前がユダヤ人の王なのか》と尋問すると，イエスは，《それはあなたが言っていることです》と答えられた。そこで祭司長たちが，いろいろとイエスを訴えた。ピラトが再び尋問した。《何も答えないのか。彼らがあのようにお前を訴えているのに》。しかし，イエスがもはや何もお答えにならなかったので，ピラトは不思議に思った」^(179)。

　なるほど，こうした対話とそのさまざまな効果を，言語学的なカテゴリーだけで分析することは難しいであろう。しかし，言語活動に備わるさまざまな形の「言うこと」と「言わないこと」に言語学者が関心を抱くというのは，まったく想像できない話ではない^(180)。ハイデガーにとっては，沈黙が理解に内在する次元であり，理解の根本条件の一つであることを認めることが重要である。こうしたことが，情報理論にはとても受け入れがたいことであるのは間違いない。というのも，情報は流れるか止まるかのいずれかだからである。

　反対に，実存論的な観点から見てとるべきであるのは，「黙すること」が単なる無言ではないということである（SZ 164）。それゆえ，もはや沈黙と発語を対立させることは許されないのであって，沈黙を話に内在する次元としなければならない。「真正な話においてのみ，本来的に黙することが可能になる」（SZ 165）。これこそが，ハイデガーが話の次元に保持する主要な機能であると思われる。したがって，沈黙——および黙する能力——は，本来的な発語の守り手として登場する。それが「黙秘（Verschwiegenheit）」^(xxvii)である。その反対にあるのは，ハイデガーが空話（Gerede）（SZ 165）として規定している発語の使用である。この現象は後に，良心の呼び声の分析の中で再び出てくるであろう。目下の分析で重要なのは，黙秘とは情態性の一つの様態であって，秘密

にしておきたいという単なる欲望とか，他人に心中を打ち明けるのが嫌で黙っている態度と混同してはならないということである（*GA* 20, 369）。そうであれば，お喋りがその反対物だということになるだろうが，黙秘と空話との対立は，実存論的な意義をもつものなのである。この実存論的意義は，内存在の実存論的構成に関する検討の後半部分で明確にされるはずである。

B. 日常性の体制における「現」——頽落

　第29節以来，二つの三角形が向かいあった形の図式を導きにして読解を進めてきたのであるが，今や二つの三角形を分かつ区切りを越えて，下の三角形へと移動しなければならない。そうして見出されるのが，ここまでの分析では視界に入ってこなかった現象，すなわち日́常́性（*SZ* 166）という現象である。ハイデガーがうち出す立場は，日常性とは積極的な現象であって，情態性，理解，解釈および話に関して特有の様態を含んでいるということ，それらの様態はそれ自体として分析されねばならないということである（*SZ* 167）。この箇所の文章は，そのような分析への全般的序論となるものである。その最後では，この日常性分析は全てなお存在論的な意図をもったものであって，それをある種の行動に対する道徳家風の告発と混同することはとくに避けるべきであることが警告されている（*SZ* 167）。これは真剣に受けとめるべき警告であって，ある種の術語を翻訳する際にはそれを十分考慮しなければならない。もっとも，ハイデガー自身がこの指示を完全に遵守できたかどうかは，また別の問題である。

第35節　日常生活における話——空話（*Das Gerede*）

　今述べた警告は，日常性の第一の構造についてただちに当てはまる。その構造とは，日常的な形式では，「話（*Rede*）」はたいていの場合空話（*Gerede*）として現れる，というものである。[181][xxviii]

　では，空話とはいったい何であろうか。いったん口に出された話は，消えずに流通し続ける。そうすると，話によって運ばれる諸々の実存解釈もまた，たいていは意識されないままに，われわれに影響を及ぼし続ける。したがって，

われわれがアダム的な主体の状況，すなわち最初に物の名前をつけ，最初に他の主体に話しかけるような主体の状況に立つことはけっしてない。われわれはいつもすでに「発語のただ中」を動き回っている。この世に生を受けたその時から，まず最初にわれわれに意味を伝えるのは他者たちの話であって，その後に自分自身が言葉を使い始め，「自らの名において」話す「私」となるのである。意味とはこのようにあらかじめ与えられているものであるということを，精神分析の見地から見事に理論化したものとして，ピエラ・オラニエの『解釈の暴力』という著作がある。[182]

> **コラム㉗　代弁と初期暴力**
>
> 　人間の宿命（*fatum*）をただ一つの特徴で規定するとすれば，先取り効果というものをもち出せるであろう。すなわち，自らの可能な応答をたいていの場合先取りし，自らが面し続ける経験の理由，意味，帰結についての可能な予見をいつも先取りするような経験，話，現実へと直面させられるというのが，まさしく人間固有の運命だというのである。人生の初期に遡るほど，この先取りは，過剰な意味，過剰な興奮，過剰な欲求不満，あるいはまた過剰な満足，過剰な防御といった，あらゆる過剰性を伴って現れてくる。すなわち，人間に要求されていることは，つねに彼の応答の限界を超えるものであるし，また同様に，人間に対して与えられるものは，無限定的で無時間的なものを期待してしまう人間にはつねに「物足りない」のである。加えて言えば，人間への要求においてもっとも執拗で欲求不満を引き起こす特徴の一つは，その要求の地平に応じることのできない期待を浮かび上がらせるということであり，それとともに，どんな応答も応えるべき期待を裏切るだけだと見なされ，どんな要求も欲求不満を押しつけようとしている証拠と見なされる恐れが出てくる。母親の言うことと行うことは，乳児（*infans*）が知ることのできる以上の事柄をつねに先取りしている。……求める前に与えられるとすれば，すなわち，自分が乳房を待っているのだと口が知る前に乳房が与えられるのだとすれば，意味の領域では，こうしたズレはさらに明白で決定的なものになる。意味を運搬し創造する流れとなって溢れ出る母親の言葉は，その意味に気づいて自らそれを引き受ける乳児の能力を初めから先取りしているのである。（オラニエ『解釈の暴力』）

　母親の「空話」は，乳児を代弁し親族を代弁するものであって，そこから乳児に事物を同定する最初の指標が与えられる。すなわち，感じたことに名を与え，怒りなどの興奮状態を指し示す術を学ぶのである。われわれの最初の「代

弁者」たちが必ずしも理解することなく行うこうした解釈の操作には，不可避的に「解釈の暴力」が含まれている。お前はこの解釈に賛成か，と乳児に尋ねる人はいない。選択の余地はないのである。ハイデガーの言い方では，これは「語りだされていることの内にそのようにしてすでに寄託されている理解（*das so in der Ausgesprochenheit schon hinterlegte Verständnis*）」（*SZ* 168）であって，誰もそこからは逃れられないのである。

　それゆえ，ここで問題となっているのは，まさしく積極的な現象である。だが，ハイデガー自身が，一連の記述においてこの現象の積極性を完全に尊重できていたかどうかは定かではない。ハイデガーは，軽蔑的な意味でのおしゃべり（*Geschwätz*）に似たものへと徐々にずれていく。そのような「無駄話」において，日常性はいかなる本来性をも撥ねつける凡庸さであることになる。まさにそのようにして，『時間概念の歴史への序説』では，とめどなく喋り続ける常連が集う「会議」や無数の哲学的「研究集会」（*GA* 20, 376）の例を挙げながら，日常的な空話の害が示されるのである。

　これはある意味で，言語の本性自体に内属する不可避の逸脱である。語が事象を支配し，事象を見えなくするというのは，話に含まれる最初の危険である。語とは「事象そのもの」との接触を保証するはずのものであろうが，他方で語は自由に動きまわることができる。それによって，語が理解できないものになるというのではないが，理解は「噂話」そのものにしがみつき（*SZ* 168），事象へと導かなくなる。こうして，「伝達」は閉じた回路に入り込んでしまう。伝達はもはや，「話題になっている存在者への第一義的な存在連関」を「分かち合うこと（*Mitteilung*）」ではなくなるのである。ヘラクレイトスの最初の二つの断章の教えは，こうして見失われることとなる。

　このようにして生まれる話の特有の現象が，「公共の意見〔世論〕」である。これは会話でも文書でもありうるし，画像を伴うこともそうでないこともあるが，はっきりとしているのは，「空話」に相当するものが書かれたものの内にあるということである。すなわち，雑記（*Geschreibe*）が空話（*Gerede*）に対応するのである(xxix)（*SZ* 169）。

　このように，日常的な公共の話への服従には二つの根源的な様態がある。一つは，聞きかじり（*Hörensagen*），つまり，聞いたことの単なる受け売りであり，もう一つは，読みかじり（*Auslesen*），すなわち，「文化」的と思われる読み物ならば何でも適当に読みあさることである（無数の〈要約本（Reader's

Digests)〉の成功を考えてみればよい)。おそらく，メディア化がますます進んでいる今日の社会では，テレビ「映像」が日常的に果たしている役割へと分析を広げるべきであろう。そうすると，想像〔像の受け入れ〕(Einbildung) に当たる新たなドイツ語表現を案出しなければならないだろうが，フランス語では，それは「像の詰め込み (l'ingurgitation d'images)」ということになろう。ルーマニアでの事件〔チャウシェスクの失墜〕の際の映像操作や湾岸戦争の中継放送は，このことを雄弁に物語る例となる。とりわけ，空話の諸効果を「全てを見せる」——視聴者自身が戦場にいるように——ことの追求と結びつけた点で，湾岸戦争の中継はもっとも強烈な例となるであろう。

　しかし，ハイデガーの分析をこうした方向に広げていったとしても，道徳的判断と存在論的分析との区別を見失ってはならない。問題は，衝撃的な映像の背後に，欺こう (Täuschung) という明確な意図をもってわれわれを操作し騙す者がいるのを見抜くことではない。その種の告発にはまり込むことを避けて，次のような価値中立的な言い方を尊重すべきである。「空話とは，あらかじめ事象を我がものとしなくても，全てを理解できる可能性である」(SZ 169)。この発言は，『時間概念の歴史への序説』での次のような警告に対応している。「空話という現象のこのような特徴づけを，道徳的説教やそれに類したものと解してはならない。ここは道徳的説教の場所ではない」(GA 20, 376-377)。空話が積極的な現象であるというのは，それがこのようにして全てを理解できる可能性だということである。実際，文化的な話の大部分は，フランス・キュルチュール〔教養番組中心のフランスのラジオ局〕や，テレビの一般向け文化番組 (『アポストロフ』や『エクス・リブリス』等) のようなメディアの領域で機能している。そうやってわれわれは「教養をつけ」ているのであって，こうしたこと全てを，あらゆる「本来性」を妨げるきわめて邪悪な「野蛮」とみなして軽蔑するのは欺瞞でしかあるまい。だが，他方でまた忘れてはならないのは，一つだけ例を挙げるなら，例えば精神分析に関する文化的な話——今日では精神分析は「教養ある大衆」の「文化的素養」の一部である——がいかに洗練されたものであっても，それが「事象そのもの」に自分で触れることの代わりになることは絶対にないだろうということである。「空話は発見する以上に隠蔽する」(GA 20, 377) という発言は，まさにそのような意味で理解できるものである。

　公共の話はすでに数々の解釈を運び入れており，それがもたらす「手軽な信

用」からは誰も逃れられない。それこそが，解釈学的観点からは「先行理解」と呼ばれる事柄の重要な側面の一つである。「現存在は，まずはこうした日常的な被解釈性において生い立ってくるのであって，けっしてそこから逃れることはできない。この日常的な被解釈性において，またそこから出発して，あるいはそれに抗して，全ての真の理解，解釈，伝達，再発見，新たな自得が遂行される。現存在が，この被解釈性の接触や誘惑を受けずに，《世界》という処女地の前に自ら立ち，出会うものを単に眺めるだけということはけっしてないのである」(SZ 169)。[183]

さらに付言すれば，空話はわれわれに一定の形の理解を命じ，他の形の理解を妨げるだけではない。それに加えて，空話はわれわれを「触発」し，一定の形の情態性を押しつけてくる。空話が知らないうちにわれわれを「触発する」仕方については，またもや日々テレビから流される話が示唆的な例となるだろう。

本節の分析を締めくくるのは，以上見てきた存在可能性を「実存論的な根こぎ」(SZ 170) として規定する指摘である。空話がわれわれを「根こぎにする」とは，どういう意味であろうか。ここでもまた，問題となる所与が積極的な現象であることをわきまえておかねばならない。根こぎにされていることを，本質的に「ファウスト的」で，どこにも我が家をもたない現代人が受けるべき報いと見なすような文化的ペシミズムがある。つまり，現代人はひたすら自己超克を意志し続けることによって，「我が家」も所属ももたない形而上学的な浮浪者，かつてよく読まれた本の書名でいえば，住まうことなき人間（der unbehauste Mensch）[*23] と化してしまった，というのである。こうした仮説に立てば，結論は自明であって，自らの所属と根を再発見し，「私は所属する，ゆえに私は存在する」と言えるようにならねばならないことになろう。だが，それはまさにハイデガーがしたのと反対のことである。ハイデガーにとっての問題は，むしろ，「ますます増大する地盤喪失へと現存在を引きずっていく浮動の不気味さ（Unheimlichkeit）」(SZ 170) を直視することなのである。

第36節　日常における理解――好奇心

第31節では，「自然の光」という原理を現存在の明け開けとして実存論的に解釈しなおすことによって（SZ 146-147），理解を構成する次元としての「視」が浮上してきた。この再解釈は，「視覚的なもの」の優位とそこに含まれ

る全ての曖昧さを問い出そうとする最初の試みであった。日常性の体制下での理解のあり方を規定しようとする時，この視覚的要素が再び重要になってくる。実際，ハイデガーは日常的な理解を「好奇心（Neugier）」として描いているが，好奇心とは，本質的には，まずもって，飽くなき「知への欲望」，すなわち見たいという欲望である。それは，下宿人の挙動をうかがう管理人が抱くような好奇心や，のぞき魔の病的な好奇心を指すだけではない。この語をできるだけ広くとって，研究者や新たな景色を見たいと思う探検家などの「理論的好奇心」なども含めるべきである。

　ここでは，ハイデガーの分析を補強するために，三人の哲学者が引き合いに出されている。最初の二人についての記述はたいへん短いものだが，三人目については相当長いものである。

　まずはアリストテレスから，「人間の存在には本質的に見ることへの気遣いが存している」という一節が引用されている (SZ 171)。この「見ることへの気遣い」と日常においてそれを実現する「好奇心」こそが，学問的探究の実存論的基礎となるのである。

　次にハイデガーは，自分の主張をパルメニデスの詩の有名な『断章』3「なぜなら，思惟すること（νοεῖν）と存在すること（εἶναι）は同一であるから」に結びつけている。この断章では，思考することが純粋直観，すなわち知性によって見る働きと同一視されている。このような意味での見ることによってのみ，存在は見出されうるのである。このテーゼは，ローゼンツヴァイクにならえば「イオニアからイエーナまで」，つまり，ソクラテス以前の思想家たちからヘーゲルに至るまで妥当し続けることになる。

　三番目には，アウグスティヌスがとりあげられ，先の二人よりも詳しく解釈される。参照されるのは，『告白』の第10巻にある「目の欲」についての解釈である。アウグスティヌスを参照するのは，彼が霊的な関心に動かされてのことであるとはいえ，好奇心という態度の実存論的な意義をもっとも徹底的に探究した思想家だからである。彼にとって，好奇心（curiositas）とは，認識の次元は問わず，目が優位をもつ認識形態を指している (SZ 171)。

　実存論的解釈では，好奇心は，目配りの特徴である「近さ」と「遠さ」の弁証法に結びつけられる。いつも用事があるというのが，現存在の普通の状態である。現存在は，自分や近親者が生きていくために必要なものを「獲得する」ために，いろいろと対策を講じなければならない。多くの国では，生活に必要

な品物を手に入れられるかどうかも分からないまま，店の前に何時間も並ばねばならないこともある。そして，運がよければ，「暇」な時間が訪れる。そこでは，主体の直接的な欲求は満たされているように見えるが，とはいえ目配り的な配慮がただちになくなるわけではない。たいていの場合，配慮はまた新たな「対象」へと向かうだけである。それまでは，自分の欲求に「必要なものを与える」ことが問題であったが，そのような配慮から解放された目配りは，今や「距－離〔隔たりをふさぐこと〕という新たな可能性を手に入れて」（SZ 172），遠いものを導き入れる。それによって，「目配りはさしあたって手許にあるものから離れて，遠くて見知らぬ世界へ向かおうとするのである」（SZ 172）。そのような例は，存在的な次元では簡単に見つけることができる。大多数の人にとって，それが具体的に現れるのは，ヴァカンスの計画を練るときである。すなわち，「外国を見てみたい」とか，「居場所を変えたい」などと言うのである。

　こうした例が示している新たな存在論的可能性，新たな存在の仕方，「世界」への違った関係は，多様な「外観（*Aussehen*）」，背景，風景（ナイアガラの滝，海岸の夕焼け，アルプス山頂の朝焼け等）を与えることによってわれわれの関心を引く。旅行会社のパンフレットを開きさえすれば，人々が好奇心を当てにしている様子がよく分かるし，「現存在が遠いものを求めるのは，それを外観において近寄せるためでしかない」（SZ 172）という発言が的を射ていることも確かめられるのである。

　このように，ヴァカンス文化が好奇心の実存論的意義に関する格好の例証となるとすれば，そこからこの節の最後の方で出てくる好奇心の三つの構成要素を理解することもできるだろう。

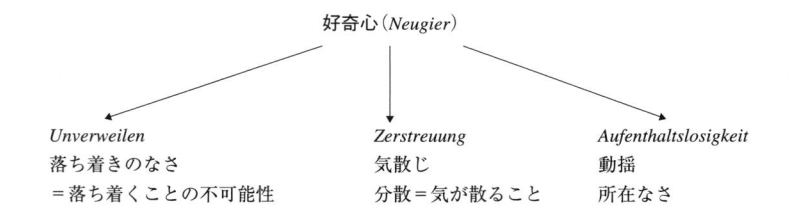

```
                    好奇心（Neugier）
          ┌─────────────┼─────────────┐
          ↓             ↓             ↓
      Unverweilen    Zerstreuung   Aufenthaltslosigkeit
      落ち着きのなさ   気散じ         動揺
      ＝落ち着くことの  分散＝気が散ること  所在なさ
        不可能性
```

　ここでもまた，このような好奇心の特徴を，文化のペシミズムや霊的な見地から好奇心を軽蔑する表現として受けとってはならない（ここで言う気散じは

パスカル的な「気ばらし」とさほど違わないが，それでもハイデガーはパスカルではないのである）。これらの特徴は，実存的可能性を規定する記述として理解すべきものなのである。(xxx)

1／落ち着きのなさ（*Unverweilen*）。この語が表現するのは，もっとも身近なもののもとに留まることができないという不可能性である。その意味でこれは，驚き（θαυμάζειν）の対極に位置するものである（*SZ* 172）。驚きという感情は，プラトンとアリストテレス以来哲学の根本感情とされてきたものであるが，これを好奇心と混同してはならない。なるほど，ギリシャ人というこの偉大な海の民は，同じ場所にとどまらず，あくなき好奇心によって動かされていたからこそ，ヘレニズム世界に自分たちの文化を植えつけることができたのだとも言えるかもしれない。だが，なぜギリシャ人が哲学を発明したのかということは，彼らの好奇心からは説明できない事柄である。好奇心は絶えず動くが，驚きはそこにとどまるのである。

2／分散＝気が散ること（*Zerstreuung*）は，好奇心の第二の現れである。「気を散らせ」，「気を緩め」，「気を晴らす」といった基本的欲求は，「見物人」に満足を保証することによって，社会が責任をもって満たしてくれるものである。

3／所在なさ(xxxi)（*Aufenthaltslosigkeit*）。この第三の特徴は，すでに空話の分析で出てきた「実存論的な根こぎ」という側面を際立たせるだけのように思われる。実際，「私はどこにでもいる」と言い続けるのが好奇心であろうが，その際好奇心は，「私はどこにもいない」と言い足すのを忘れているのである。空話と好奇心が同じく根こぎへと向かうもの（*Entwurzelungstendenz*）（*SZ* 173）として密接に連関づけられる時，ハイデガー的な洞察の格好の――場合によってはかなり辛辣な――例証となるのが，ジャーナリストや有名レポーターなどである。どちらも「実体験」を手に入れようとするが，この「実体験」は，幻影やまがいものといったものの「思い込み（*Vermeintlichkeit*）」でしかないのである。(187)

第37節　曖昧さ，あるいは日常における情態性

この「思い込み」(xxxii)によって，日常的な現存在を特徴づける第三の現象が成立する。この現象をハイデガーは「曖昧さ（*Zweideutigkeit*）」(188)と呼んでいる。というのも，思い込みによっては，何が本来的な理解で何がそうではないかを決

することができないからである。この現象について，第一に注目すべきであるのは，その範囲の広さである。曖昧化するのは，多様な外観にまで切りつめられた世界だけではない。相互存在も曖昧になるし，ついには——この点を強調すべきであるが——，現存在の自己自身への関係も曖昧になるのである（SZ 173）。

　実際，曖昧さに関する分析は，とくに最後の可能性〔現存在の自己関係における曖昧さ〕に集中しているように思われる。現存在は，ほとんどニーチェ的な相貌——というよりもニーチェ的な意味での仮面——をまとい，仮面ヲツケテ進ミ出ル（*larvatus prodeo*）〔デカルト『思索私記』〕のである。そうして自己自身の姿は，つけざるをえない数々の仮面によって全く変わってしまう。ここで全ての曖昧さにけりをつけるために必要なのは，「文化における不快」〔フロイト〕を治療する系譜学者——ニーチェはこれになりたいと望んだ——にほかならない。とはいえ，ハイデガーの見地では，曖昧さは偽装（Verstellung）（ニーチェの『道徳の系譜学』の鍵語の一つ）し歪曲（Verdrehung）（SZ 175）しようとする意志から出てくるのではないことに注目すべきである。ニーチェが疑念を向けるそうした「歪んだ」態度をとる以前に，すでに存在可能としての理解が曖昧さにまみれているのである。

　ハイデガーにとって，曖昧さのもっとも油断できない様態（*die verfänglichste Weise*）は，不明瞭な「予感（*Ahnen*）」や「感知（*spüren*）」といったものをもち出すことである。それらは，これから起こるはずのこと，行われるはずのことをあらかじめ知っているかのような印象をわれわれに与える。ハイデガーによれば，こうしたことが曖昧であるのは，そのような態度を取れば，時間が時間自身へと委ねられなくなり，理解と時間性との内的な結びつきが隠されてしまうからである。気遣いという見地に立てば，どんなものにも，勝手に縮めることのできない「理解のための時間」がある。計画や任務の実行や作業の実施に本当に関わっている人だけが，本当の意味で理解しているのである。ただしそこには，場合によっては作業を未完成のままにしておいてもよいということも含まれている（例えばムージルの『特性のない男』を見よ）。

　好奇心は，新しさへのあくなき渇望によって動かされている。「空話と好奇心は，その曖昧さにおいて，本当に新たに創造されたものも，それが現れ出たとたんに公共性にとっては陳腐なものとなっているように気をつかっているのである」（SZ 174）。ここでは二つのタイプの時間性がぶつかり合う。一方に

は，創造する時間，広い意味での「実行」の時間，すなわち，実現へと実際に自らを投入する現存在（sich einsetzendes Dasein）の時間であって，これはどうしても長くゆっくりしたものとなる。これに対して，他方には，めまいを起こしかねないほどに加速していく好奇心の時間，一刻たりとも失うまいとする時間がある。まさしくこのようにして，好奇心は曖昧さの中で動揺することになる。好奇心は単なる眼差しの中に据えられるが，それは錯覚（Versehen）であって，好奇心はこの錯覚の犠牲者なのである。「ひとにおける現存在の理解は，数々の企投の中で，真の存在可能性に関して絶えず見誤っている（versehen）」（SZ 174）のである。

曖昧さとはこのような見誤りのことである。まさしくこれは，フロイト，マルクス，ニーチェという三人の偉大な懐疑の師における幻想の地位に相当するべき実存論的概念である。とくに，曖昧さが相互存在の次元で分析されている短い段落（SZ 174-175）を考慮に入れるならば，このような比較は避けられないものになる。「仮面」というきわめてニーチェ的な意味の言葉をハイデガーが用いているのは，この文脈においてだけである。空話は私と他人との間に割りこんでくる。私は相手の反応をうかがい，相手の言ったことに注意する。私は相手に用心し，それと同時に相手も私に用心する。「〈ひと〉における相互存在は，互いに切り離され，無関心であるような並存ではけっしてなく，緊張した，曖昧な相互監視であり，密かな相互スパイ行為［Sich-gegenseitig-abhören. 文字通りに訳せば，互いに盗聴しあうということになろう］なのである。お互いのためという仮面のもとで，相互反目がはたらいているのである」（SZ 175）。

最後に次のように問うておきたい。私は情態性と曖昧さの間にある種の並行関係を見たが，それは正しかったのであろうか。情態性という用語がこの節ではまったく用いられていないことからすると，この仮説は反証されるように見える。だが，この節の終盤では，被投性という概念がもちだされるのであって，これはすでに見たように，情態性に固有の存在論的カテゴリーなのである。この意味で，曖昧さについてのハイデガーの注解を情態性の概念と比較するのは正しいことであると思われる。その場合，曖昧さは，いわば日常性の体制のもとでの情態性の顕現ということになる。われわれはけっして曖昧さから逃れられないのだから，曖昧さこそがわれわれを触発しているのだともいえよう。先に私が二つの向かい合った三角形によって図示しようとしたハイデガーの分析

の壮大な一貫性は，このようにしてよりよく理解されることになる。第35節から第38節までは，いわば第29節から第34節までの論述を反対側から読み返すものなのである。

第38節　頽落としての被投性

　最後に，日常的な内存在に共通の指標を確定しなければならない。ハイデガーは，それを頽落（*Verfallen*）という用語によって指示するという道を選ぶ。(189) (xxxiii)

　ここでは，この用語はいかなる「否定的な評価（*negative Bewertung*）」（*SZ* 175）を表すものでもない，というハイデガーの警告を真剣に受けとるべきであろう。『時間概念の歴史への序説』でもそうであったが，ここでハイデガーは，ありうるさまざまな誤解に対して繰り返し注意を喚起しているのである。

　1／まずは神学者たちへの警告が行われる。「頽落」という言葉を聞くと，神学者たちは，原罪と堕罪の教説が規定する腐敗状態（*status corruptionis*）と似たものだろうという印象をもつかもしれない。だが，ハイデガーの言うには，「そのようなことについては，われわれは存在的にいかなる経験もないばかりではなく，存在論的にもそれを解釈するいかなる可能性も手引きももっていないのである」（*SZ* 176）。『時間概念の歴史への序説』ではもっとはっきりとした言い方がなされていた。「ここで提出されているのは，その種のあらゆる考察に**先立つ**純粋な構造考察である。この構造考察は，神学的考察とは明確に区別されるべきものである。こうした諸構造の全てが神学的人間学においても繰り返しとり上げられることはありうるし，おそらく必然であろうが，そのようなことがどのようにして可能であるのかについては，私はそうした事柄について何も理解していないので，判定することはできない。私は神学それ自体を知ってはいるが，そこから理解に達する道は依然として遠いのである」（*GA* 20, 391）と。そして，次のように付言することで，ハイデガーは自らの立場を完全にはっきりさせている。「隠された神学が提示されているのではないのであって，そもそもこの分析は神学とは何の関係もないのである」（*ibid.*）。必ずしもこれは，哲学——この場合は実存論的分析論——が神学的な堕罪説に対して何も言えないということではない。この問題には後で立ち戻る機会があるだろう。

　2／神学者たちへの警告の補足として，その他のいくつかの注意がなされている。例えば，頽落は人類の進歩によって乗りこえられるような「邪悪で嘆か

わしい存在的な特性」(*SZ* 176) でもないと言われる。これは，道徳家と文化史家への注意である。「頽落」という用語がカバーする実存論的構造の総体は，「道徳や道徳性とは何の関係もない」(*GA* 20, 391) のである。

3／この節の終盤で，さらに三つ目の警告が行われている。すなわち，問題は，頽落のあまりに平板な叙述を埋め合わせるために，現存在の「暗黒面（*Nachtansicht*）」を認めようということでもないのである (*SZ* 179)。これは，いかなる非合理主義をも受け入れないという，すでに述べた立場の最終的な確認である。

以上の三つの警告を念頭に置いて，今度はハイデガーが積極的な形で見たものを理解してみようと思う。「頽落」は，すでに第9節で出てきた非本来性（*Uneigentlichkeit*）の一様態として登場する。まずは，非本来性が「状態」を表すのに対して，頽落とは運動，すなわち，現存在が自分自身に，その自己性に背を向けて世界に身を委ねる運動であるといえるかもしれない。この実存的運動，あるいは諸運動に特有のあり方を理解しなければならない。『時間概念の歴史への序説』で同じ問題に関わる分析に付けられた表題は，この点から見て非常に示唆的である。それは，「頽落に固有の動性（*Bewegtheit*）に関する諸性格」(*GA* 20, 388) と題されているのである。こうしてわれわれは，1921／22年の講義ですでに垣間見られていた問題に再会することになる。それは，当時は事実性の解釈学の領域で考えられていた，生に固有の動性という問題である。こうして，「頽落」という実存疇が，当時ハイデガーが「崩落（*Ruinanz*）」と呼んでいたものの言い換えであることが明らかになるのである。(190)

この動性をどのように記述すればよいのか。これは，誘惑（*das Versucherische*）(*GA* 20, 389, cf.*SZ* 178)，鎮静（*Beruhigung*），疎外（*Entfremdung*）という三つの側面によって特徴づけられる。ここでもまた，すでに1921／22年の講義で，ハイデガーが「崩落」を形式的告示によって特徴づけようとしていたことを思いだしておこう。そこでは，「誘惑的なもの」「鎮静的なもの」「疎外的なもの」「無化的なもの」という四つの根本的な特徴がとりあげられていた。(191)「頽落」の分析は，われわれをこのような作業場へと連れ戻すのである。

abfallen〔転落する〕と*verfallen*〔頽落する〕という二つの動詞を翻訳するのは難しい。この二つの動詞は，ハイデガーにとっては，それぞれ自己からの頽落と世界への頽落を特徴づけるものである。これらの動詞の意味を，目下の文脈から出て「別の場所から」説明するならば，宗教的な領域に実例を見出す

ことができるかもしれない。すなわち,「自らの信仰に背く (*abfallen*)」者は,「地上の君主」に「屈する (*verfallen*)」ことになるのである。ハイデガーの見るところでは,現存在は自らの本来性に背き (*Abfallen des Dasein von seiner Eigentlichkeit*〔現存在がその本来性から転落すること〕) (*GA* 20, 390),世界に屈するのである。

奇妙なことに,このように見ることによって,ハイデガーは,神学的な含意を排除しながらも,誘・惑・という言葉をもち出さざるをえなくなる。というのも,頽落に固有の力動的な側面,その「動性」は,誘惑という言葉によってもっとも適切に言い表されるからである。「世界内存在」はそれ自体において誘惑的 (*versucherisch*) なのである (*SZ* 177)。この誘惑は,内部からも外部からもやってくる。すなわち,「このように自分自身にとってすでに誘惑となってしまったので,公共的な被解釈性は,現存在をその頽落性の内に引きとめるのである」(*SZ* 177)。〈ひと〉が「地上の君主」の役割を果たしているのだ,とまで言ってしまうべきだろうか。

「世界内存在の**実存論的様相**」(*SZ* 176) としての頽落とは何であるかは,まずは以上のようにして理解できる。では,それは具体的にどのように現れるのであろうか。もちろん,すでに見た根こぎというモチーフがここでも出てくることになる。問題となるのは,「地盤を失った浮遊 (*bodenloses Schweben*; *Bodenlosigkeit*〔地盤喪失〕)」(*SZ* 177) である。この「地盤の不在」は,今や「転落 (*Absturz*)」(*SZ* 178) として体験される(xxxiv)。根こぎは「状態」ではなく渦巻き運動であり,完全な眩暈にもなりうる(192)。おそらく,人為的な鎮静運動が求められるのは,このような眩暈状態を補償するためであろう。

最後に検討すべき頽落の動的特徴は,「疎外 (*Entfremdung*)」(*SZ* 178) である。多くの意味を背負うこの語を,なぜこの文脈で導入しなければならないのだろうか。それは,眩暈を鎮める手段は一つではないからである。全てを巻きこむ眩暈に襲われた時は,安心を取り戻すために何でもするものである。「このように,安心して全てを《理解》しつつ,自分を全ての物と比較することによって,現存在は疎外へと駆り立てられていくのだが,そこではもっとも固有の存在可能が現存在自身から隠されてしまう。頽落しつつある世界内存在は,誘惑し鎮静するものとして,同時に**疎外するものでもある**」(*SZ* 178)。ここで提示されている実存論的規定が,マルクス主義的な疎外概念と無関係であることは言うまでもない。

以上の分析の最後で，事実性という観念が独特の定義を得ることになる。今や，諸事実の「実際性（*Tatsächlichkeit*）」とは完全に縁を切らねばならない。諸「事実」の世界は，超越論的には静的な世界であり，動くものが何もない世界である。これは，ウィトゲンシュタインが『論理哲学論考』の冒頭で提示している世界であるが，実際そのような世界では，諸事実は動かないものであって，せいぜい組み替えられて新たな事態を形成するだけである。それに対して，事実性の中心には，頽落という果てしない渦が見出される。「被投性は《既成事実》ではないばかりではなく，完結した事実（*abgeschlossenes Faktum*）でもない。被投性の事実性には，現存在が現存在である限りは，投げの内にとどまり，〈ひと〉の非本来性の中へと渦動的に巻き込まれていくということが属している」（*SZ* 179）。ハムレット——彼の名はそもそも「渦」という意味である——が，このことの文学的な例になるかもしれない。

　ここで実存論的分析論は，シェリングをはじめとする他の哲学者たちが「思弁的眩暈」として理論化した経験に近づくことになる。実際，次のように問うこともできる。自分自身でこれほど深い「罠にはまり」（「現存在が自分自身の中にとらわれる（*daß sich das Dasein in ihm selbst* verfängt）」（*SZ* 178）），眩暈の中で自分自身を「見失っている」（「自己をすでに失い，頽落において自己から逸脱して《生きる》（*sich verloren* hat und im Verfallen von sich weg «lebt»）」（*SZ* 179））現存在に，なお本来的実存性への何らかの通路が残されているのであろうか。ハイデガーの答えは，やはり逆説的なものである。すなわち，頽落は，実存性に対する障害を構成するのではなく，「むしろ，現存在の実存性を裏づけるもっとも基本的な証明」（*SZ* 179）だというのである。

第六章　現存在の根源的全体性——気遣いと不安

第39節　現存在の構造的全体性の根源的統一性という問題

　頽落の分析は，現存在に関する単に「部分的な」見方を超えて，空話や好奇心，曖昧さに通底する構造上の統一性を捉えようという最初の試みであった。だが，これはまだ「局所的」な試みであって，現存在のありうべき全体性(xxxv)（*Ganzhait*）を求めるこのような探究をさらに進めていく必要がある。

　全体性という術語に対応して問題になるのは，世界内存在という現象を範例とする現存在の体制が，はじめから多様な「相」や「次元」を伴う複合構造として提示されていたことである。現存在はけっして一枚岩ではないが，複数の構造を寄せ集めただけのものでもない。これらの構造は，全て等根源的であることが公準とされていたのであって，そうである以上，一つの構造が他の構造から演繹されることはありえなかった。実存論的分析論は，経験論的な意味でも超越論的な意味でも演繹ではないのである。しかし，まさしくここから逆の困難が出てくることになる。つまり，その場合には，最初にさまざまな相や要素をランダムに数え上げて，後でそれらを一種の概観的な総合によって結びつけるしかなくなるのではないか。だが，ハイデガーはそのような仮説をきっぱりと斥けている（*SZ* 181）。

　だとすれば，なお実行可能な唯一の方法は，現存在をその全体性においてまるごと捉えられるような「視点」を見出すということである。たしかに，「視点」という概念はいささか不適切であって，単なる好奇心の特徴である上空飛行的な立場に戻るわけではない。探究しなければならないのは，現存在を外からではなく内からまるごと捉えられるような理解であり，情態性である。ハイデガーが提示し，以下の各節で展開する解決策は，少なくともさしあたりは，その本性からして現存在をまるごと捉えられる一つの情動が存在するということである。それは，不安という情動である。まさにこの不安によって，全ての実存論的構造の共通分母が気遣いであることが明らかになるのである。

　このことによって，実存論的分析論は大いに前進することになる。その際には，存在論的な問題もあらためて定式化されることになる。つまり，存在その

ものの意味への問いが仕上げられ，さらには「存在と理解との必然的な結びつき」が解明されることになるであろう。この結びつきは，すでに『存在と時間』の序論で垣間見られたものであるが，それがここであらためて思い起こされているのである。「……存在は，存在理解のようなものがその存在に属している存在者の理解においてのみ《存在する》。したがって，存在が概念把握されない（unbegriffen）ということはありうるが，まったく理解されずにいる（unverstanden）ことはけっしてないのである」（SZ 183）。

第40節　根本的情態性としての不安——現存在に特権的な開示性

　この節の題名は，不安が根本情態性（Grundbefindlichkeit）であることを告げている。不安の性格をこのように捉えるということは，実存論的分析論の枠内では何を意味するのであろうか。もちろん，不安が他の全ての情動とは異質なものであるということは，ハイデガーが最初に気づいたことでもなければ，ハイデガーだけが気づいたことでもない。フロイトもまた，不安というこの心的情動の独特の地位について長らく考察してきたということを思い出しておこう。不安は精神分析治療において非常に重要な役割を果たしており，毎回の診察がそのつど新たな「不安との出会い」だと言えるほどである。だが，フロイトの分析はハイデガーの分析の対極にある。フロイトが不安を特別視するのは，他の全ての感情の最小の共通分母であり，「もっとも未形成で，純粋なエネルギー放出に近い情動」だからである。表象や対象との結びつきがもっとも小さい情動であるというのが，不安の真の特性である。「不安は，もっとも低レベルの，切り詰められ削り込まれた情動であり，もっとも心的でない情動である」。ほぼ自由な状態にあるエネルギーであるという点で，不安は「経済論的」に特別な位置を占めるのであって，この意味で「情動の中でももっとも情動的なものの典型例」だと言えるのである。「心的形成なり心的な葛藤なりが欠落しているために，身体的なものへと逸れ，そこに流れ込み溢れ出た性的エネルギーによって，不安は諸々の表象や対象との結びつきを失ってしまう」のである。

　以上フロイトのメタ心理学に簡単に触れたのは，ハイデガーの分析の独自性へと注意を引くためであるが，同時にこの分析がはらんでいる問題に目を向けさせるためでもある。この節の最初に置かれた二つの修辞疑問は，一つの挑戦を投げかけている。つまり，不安において（のみ），「現存在は自らの固有な存

在によって自分自身へと直面させられる」（SZ 184）のであって，その限りにおいて不安は「一つの際立った情態性」だというのである。本節の以後の分析は全て，この挑戦を受けとめようとするものである。こうして，不安によってわれわれは，自己性という問題領域へと再び立ち戻ることになる。当然のことながら，日常的な頽落を分析している間は，この問題には目が向けられていなかった。世界と〈ひと〉へと完全に引き渡された現存在は，自己自身から逃避し，自らにもっとも固有の諸可能性から逃避しようとする。この逃避の運動（「本来的な自己存在可能としての自己自身からの現存在の逃避（Flucht des Daseins vor ihm selbst als eigentlichem Selbst-sein-können）」（SZ 184））を打ち砕くというのが，不安という情動に固有の「開示」能力ないしは「発見」能力だということになるであろう。不安の中で，私は「もうどうにもならない」と感じる。闇雲に動き回ってみても，それは逃亡や逃避でしかないがゆえに，結局は何の解決にもならないと感じるのである。「現存在の逃避は，自己自身に面しての逃避である」（SZ 184）。私は逃れようとしている敵を自分と共に連れて回っている。敵とはまさしく私自身の自己なのである。もちろん逃避は，「自己反省」の運動によって，さらには内観を増し加えたところで埋め合わされるものではない。不安の体験ほど，こうした「現存在の作為的な自己把握」（SZ 185）の無益さを示すものはない。自己反省の努力がなお能力として位置づけられるのに対して，不安の体験に根を下ろした自己理解は，無能力として位置づけられる。つまり，「私にはもうどうすることもできない」のである。不安によって，まさしく現存在の存在の根本が剥き出しにされる。その限りにおいて，不安は根源的な現象なのである。

　ハイデガーは，自己自身に面しての逃避という現象に特有のあり方を一歩一歩浮かび上がらせていく。そして，このあり方を通して，恐れと対照させることで不安に特有の諸特徴を引き出すことができる。それによって，不安が恐れの単なる派生態や特殊な変様態ではないことが示されるのである。実際，不安と恐れという二つの情動の間には「現象上の類似性」（SZ 185）があるが，だからといって，頽落をなす逃避の運動は「むしろ不安に基づくものであり，恐れは不安によってはじめて可能になる」（SZ 186）ことが隠されてはならない。頽落において「現存在は自己自身から離反する」（SZ 185）のであれば，この「逃避」は脅威を告げていることになるが，それを恐れの明確な対象と同一視することはできない。これは私自身の存在と一体化した脅威であって，脅威は

「私」から出てくるのである。「私は……を恐れる」のではなく、「私が私を恐れさせる」のである。

　それゆえ、第30節で定義された恐れの形式的な構造を再び取り上げて、それを不安に当てはめることができる。恐れの「何かに面して（Wovor）」、「恐れること（Sich-fürchten）」、恐れの「何かのために（Worum）」を区別したのと同様に、ここでも、不安の「何かに面して」「……に対する不安」「不安になること自体（das Sichängsten selbst）」（SZ 188）を区別することにしよう。

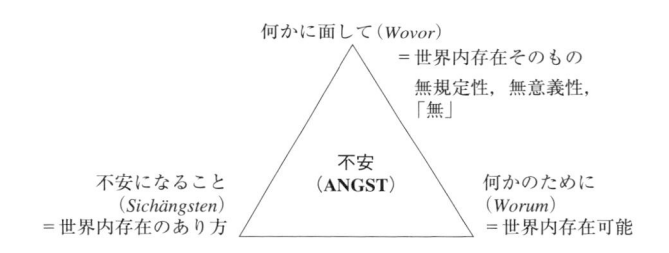

```
                何かに面して（Wovor）
                  ＝世界内存在そのもの
                   無規定性、無意味性、
                   「無」
                  ／＼
                 ／  ＼
                ／ 不安 ＼
               ／ANGST  ＼
  不安になること／          ＼何かのために
  （Sichängsten）‾‾‾‾‾‾‾‾‾‾‾（Worum）
  ＝世界内存在のあり方      ＝世界内存在可能
```

　もちろん、形式的な構造の間に「明白な類似性」があるからといって、恐れと不安の間の根本的な差異を無視してはなるまい。ここでの分析全体が目指しているのは、両者の間の消去できない諸々の差異をとり出すことである。それによって、不安を単に少し毛色の違った恐れと見なすことはできなくなる。それどころか、「いかなる恐れも不安に基づいている」（GA 20, 393）のである以上、恐れの方が「派生的現象」となるのである。

　1／第一のテーゼは、すでに何度も繰り返されてきたものであるが、不安に特有の「対象」に関わるものである。不安に特有の対象などというものは存在しない。どれほど恐るべきもの、脅威を与えるものであっても、世界内部的な存在者が不安という独特の情動を引き起こすことはありえない。「不安の〈何に面して〉はまったく無規定である」（SZ 186）。だが、それほど曖昧模糊とした無規定な「事物」が、いかにしてわれわれの存在全体を動揺させうるというのか。不安というこの体験には、「全て」が、つまり世界内存在そのものが巻き込まれる、というのが答えである。「不安の〈何に面して〉は世界内存在そのものである」（SZ 186）。少し先の方では、さらに「不安の〈何に面して〉は世界そのものである」（SZ 187）と述べられている。

　このテーゼの射程をよく理解するためには、さらに明確な説明が必要である。

ここで言う「世界」とは，諸々の存在者の全体とか，事柄の総体とかいったものではない。なぜなら，特別恐ろしい一つの存在者が問題であったり，現実であれ空想であれ恐ろしい対象の総体が問題である（Apocalypse now〔今，目の前にある終末〕）ような場合は，まだ恐れの領域を脱していないからである。恐れがたくさん集まれば不安に変わるわけではない。不安はわれわれの存在の根に触れるものであって，その意味でもっと「根元的」なものである。この根元性をどのように表現すればよいであろうか。不安においては，全ては存在するか存在しなくなるかという問い，「生き残り」を賭けた実存的な問いになってくる。なぜなら，そこでの脅威とは〔世界の〕崩壊という脅威だからである。このような体験においては，世界は単に消えてなくなってしまうのではない。逆に，われわれを取り巻き支える全てのものが無意義性（Unbedeutsamkeit）[xxxvi]の内に沈み込んでしまう恐れがあるからこそ，世界はかつてないほどにわれわれに重くのしかかってくるのである。崩壊とは，「環境世界」の崩壊であり，われわれの無数の配慮に応じて環境世界がわれわれに対して帯びる慣れ親しんだ意味の崩壊なのである。

　さらに，不安の第二の特徴として記述されるものがある[199]。この特徴は，講演『形而上学とは何か』できわめて重要になってくるであろう。それは，現存在にのしかかる脅威には場所を与えることができない，ということである。この脅威は，「どこでもない」ところからやってくるものであるから，どこに脅威があるのかは「分からない」のであって，だからこそ脅威の現前がますます強く感じられるのである。不安はいかなる恐ろしい対象よりもさらに近くにある。どんな恐ろしい対象でも遠ざけておくことができるが，不安の場合はいかなる「隔たり」もとることができない。不安ほどわれわれに近く，われわれの胸を締めつけ，息もできないほどのしかかってくるものはない。「それは胸を締めつけ息をふさぐほどに近くにありながら，しかもどこにもない（*es ist so nah, daß es beengt und einem den Atem verschlägt-und doch nirgends*）」（*SZ* 186）。ハイデガーが曲がりなりにも不安の臨床的・身体的な徴候を考慮しているように見えるのは，この一文だけである[200]。古人は不安を心ト息ノ締メツケ（*Angor cordis et animae*）と表現した。つまり，狭サ（*angustia*）＝不安＝圧迫なのである。

　だが，このように不安という現象の「身体的な」次元を考慮に入れるものの，ハイデガーは不安に性的な意義を認めるところまでは行かない。この点からすれば，フロイトの臨床的・説明的なアプローチとハイデガーの記述的・実存論

的なアプローチは大きく隔たっている。ハイデガーの注意をとくに引くのは，無意義性という現象である。というのも，不安の体験においては「無」が顕わになるからである。この例外的な現象は，「現れないものの現象学」があるとすれば，考慮に入れねばならない種類の現象である。逆説的なことに，ここでいう「無」とは大きさゼロということではなく，「無化する力」のことである。この逆説は，日常的な言い回しによってそれなりの仕方で告げられている。不安に駆られた人を慰めようとする時，周りの人は「何でもないよ（Ce n'est rien）」と言うのである（SZ 187）。

　こうして，不安に固有の発見の能力とは何か，という先の問いに対して，最初の——そして明らかにもっとも重要な——答えが得られる。すなわち，情態性の根本様態としての不安の「おかげで」，われわれははじめて世界を世界として発見できるのである（SZ 187）。

　2／……のための不安（Angst um）。逆説的なことに，不安の「何のために」についても事情はまったく同じであって，「不安がそのために不安を抱いている当のものは，世界内存在そのものである」（SZ 187）ということになる。だが，この場合も説明が必要である。世界が無意味と化した場合，私の日常的な活動は，それが環境世界に投入する可能性とともに，「私にとって何の意味もない」ものとなる。そうして私は自分自身へと連れ戻されることになる。不安に固有の単独化という能力は，まさしくこの点に存している。「不安は現存在を，そのために現存在が不安であるところの当のものへと，すなわちその本来的な世界内存在可能へと投げ返す。不安は現存在をそのもっとも固有な世界内存在へと単独化する（vereinzelt）が，この世界内存在は，理解するものとして，本質的に諸可能性へと自らを企投するものなのである」（SZ 187）。不安という現象に対応する存在論上の概念は，単独なる自己の可能存在である。まさしくここで，われわれは自由という現象（SZ 188）に出会うことになる。それは，根元的に自分自身を選ぶ能力として解される自由である。不安がなければ自由もなく，その逆もまた然りである。少なくともこうした考えを念頭に置いておけば，サルバドール・ダリが恐ろしい言葉で語る事態が起こる理由が分かるであろう。つまり，なぜ多くの人は，あらゆる形の隷属や従属（グル，宗派の長，イデオロギー指導者などへの服従）を自由の行使よりもはるかに安心でき，不安の少ないものと見なすのかが分かるのである。

　3／不安になること自体。不安という現象の実存論的分析は，われわれを自

己の発見のいわば極限点に触れさせる。不安の単独化する力は非常に強いものなので，文字通り「実存論的《独我論》」（SZ 188）という言い方をしなければならなくなるのである。とはいえ，これは通常の独我論の自閉的な態度とは異なる。ある歌で巧みに歌われているような，「世の中がうまくいかないと，皆自分のことしか考えない。私のことを考えるのは私だけ」という態度ではないのである。実存論的独我論は，現存在を根元的な形でそれ自身へと連れ戻すのであるが，同時に現存在を根元的に世界へと曝すのである。

この節の後半部を占めるのは，この「曝されること」の諸様態についての分析である。それを特徴づけるために，またもやハイデガーは日常言語の表現を用いる。すなわち，不安の体験には「不気味である（Es ist einem unheimlich）」（SZ 188）〔正確には In der Angst ist einem "unheimlich"（「不安においてひとは《不気味》である」）〕という感情が含まれている，というのである。フロイトが 1919 年に書いた小論「不気味なもの[201]」もこの感情を主題としていたことが思い出されよう。ここでもまた，二人の分析を突き合わせることによって多くのことが分かる。ハイデガーが強調するところによると，不安という情態性は，いかに混乱を招くものであるにせよ，方向づけの欠如による「混乱（Verwirrung）」にすぎないものではない（GA 20, 400）。不安になった現存在は，「方向を見失っている」だけではなく，自らが世界の内に在るという裸の事実に直面させられるのである（Befindlichkeit in der Unheimlichkeit〔不気味さの中での情態性〕（GA 20, 402））。だからこそ，この情態性は存在論的意義を帯びることになる。「不安とは世界内存在の端的な経験にほかならない」（GA 20, 403）のである。

フロイトがその小論においてそうであったように，ハイデガーも「不気味（unheimlich）」という語の語源に関心を向けている。これまでわれわれを導いてきた内存在の基調となるのは，「我が家」として感じられる世界の安心に満ちた親しみであったが，不気味さはこれを中性化するのである。そうして，われわれは不‐（un-）という否定接頭辞によって表される逆の感情（Un-zuhause〔我が家に居‐ないこと〕，Un-heimlichkeit〔親しみが‐ないこと〕）に陥ることになる。不安になった現存在にはもう「我が家」はない。とくに，〈ひと〉による公共の話〔世間話〕によって与えられていたかりそめの「我が家」が奪い取られてしまうのである。[xxxviii]

まさにこれこそが，不安に関するハイデガーの分析の先端部である。不安と

は，ある種の例外的で極端な葛藤状況でのみ現れる病的な情態性ではない（フロイトはまさしく不安と不気味さを区別しようとして，ホフマンの空想物語を例にとった）。現存在がその存在そのものにおいて世界内存在に投げられ引き渡されている（überantwortet）以上，不安は現存在と本性を共有するのである（SZ 189）。そこから帰結するのが，次のような決定的なテーゼである。「世界内存在という現存在の本質的な体制は，実存論的なものとして，けっして目前的に存在するのではなく，それ自身，つねに事実的な現存在の一様態において，つまり何らかの情態性において**存在**するのだが，この体制には不安が根本的情態性として属している。気安く慣れ親しんだ仕方で世界の内に在ることは，現存在の不気味さの一様態なのであって，その逆ではないのである」（SZ 189）。

まさしくそれゆえに，諸々の実存疇の等根源性という原則とはきっぱりと縁を切らねばならない。不安は恐れよりもさらに根源的な現象なのである。不安がより根源的だというのは，存在論的な意義をもつ事柄である。つまり，不安は現存在を極限まで単独化することによって，本来性と非本来性を現存在の存在の可能性として露わにするのである（SZ 191）。各私性が現実に何を意味するかは，不安を通してのみ本当に感じられ，理解される。だとすれば，不安とは情態性として感じられた各私性である，と言ってもよいであろう。

不安に関するハイデガーのこうした分析は，数々の問いを呼びおこすものである。以下，その中から三つだけ指摘しておくことにしよう。

1／まず第一に，不安と身体との関係，すなわち身体的なものと精神的なものとの接点ということが問題になる。すでに見たように，ハイデガーはそれについてはほとんど何も述べていない。おそらくこれは，肉体と身体性が『存在と時間』において真剣な主題となっていないことの傍証となるであろう。「不安を生理学的に引き起こすことが可能になるのは，ただ現存在がその存在の根底において不安になっているからにすぎない」（SZ 190）とハイデガーは言うが，当然この「根底」をどのように考えるかによって，このテーゼの意味は違ってくることになる。それがフロイトの考えるような欲動的生を指すとすれば，フロイトの人間学をハイデガーの実存論的分析論に突き合わせてみなければならないだろう。だが，それはハイデガーがいつも避けてきたことである。そのことは，すでに引用した1927年8月20日のレーヴィット宛の手紙にも示されていたし，さらには『ツォリ

コーン・ゼミナール』からも確認される通りである。
2／第二の問題は，不安を適切な仕方で存在論的に解釈することの難しさに関わる。ハイデガーの考えでは，そのような解釈が哲学において試みられたことは一度もない。ただし一つだけ例外がある。不安という現象は，存在的に，そしてまた（「きわめて狭い範囲内でのことではあるが」(SZ 190, n. 1)）存在論的にも，神学者たちの注意を引いてきたのである。この文脈では，とくに，アウグスティヌス，ルター，キェルケゴールという三人の名前を挙げるべきである（ibid.）。したがって，ここで，実存論的分析論が神学と実りある対話を始めることができる一つの事例が得られることになる。だがそのためには，対話の厳密な条件を確立することが必要であろう。
3／最後の問題は，不安に与えられた卓越した特権性に関わる。存在論的に言えば，不安はもっとも「開示的」な情動である。不安の中にのみ特権的な開示の可能性があるのだが，それは不安が単独化するものだからである。この特権性は，ハイデガーのその後の思想においても維持されることになるのだろうか。これは複雑な問題だが，少なくとも言えるのは，1929年の就任講演『形而上学とは何か』において，ハイデガーは不安のこの特権性を確認するだけでなく，さらに際立たせているということである。そこでは，不安はわれわれを形而上学へ導く根本的な情動として，まさしくギリシャ哲学のθαυμάζειν〔驚くこと〕に等しいものとされるのである。しかしその後は，退屈、放下、「慎み深さ（Verhaltenheit）」といった他の感情が不安と同等の役割を果たしているように思われる。もちろん，そうした「転換」――これは「転回」という観念そのものと無関係ではない――がもつ意味について問うてみなければなるまい。

第41節　現存在の存在――気遣い

　不安に関する分析は，実存性，事実性，頽落からなる現存在の存在論的構成の統一性を捉えようという最初の試みであった。さらに一歩進んで，この統一性それ自体を特徴づけることはできるであろうか。

1．気遣いの存在論的構造――自らに先立っていること

　不安を通して，現存在が「自らの存在においてこの存在そのものに関わっている存在者である」(SZ 191) という定義の妥当性が具体的に確かめられた。

第六章　現存在の根源的全体性——気遣いと不安　269

　今やわれわれは，この定義を新たな存在論的特徴づけによって説明することができる。それは，「現存在は自らの存在においてそのつどすでに自己自身に先立って存在している」(SZ 191) というものである。現存在は絶えず，自らに先立って，あるいは自らを超えて存在している。そして，この「自らに先立って存在すること (Sich-vorweg-sein)」こそが，志向性のもっとも根本的な意味を体現しているのである (GA 20, §31)。

　こう言ったからといって，これまで出てきた全ての規定にまた一つ新たな規定を付け加えようというのではない。われわれの前に現れているのは，「現存在の構成の全体に関わる」(SZ 192) 一つの構造，つまり，これまで分析されてきた全ての構造に暗に現れている「本質的に統一的な構造」である。この構造の本当の名は気遣いである。実際，気遣い (Sorge) は，すでに実存論的分析論の最初の段階から姿を現していた。すなわち，配慮 (Besorgen) という形で現れたり，他人への関係が問題となる場合は，顧慮 (Fürsorge) という形で現れたりしていたのである。だが，気遣い「それ自体」はまだ現れていなかった。今こそ気遣いそのものに出会うべき時である。そこで存在論的探究は頂点に達することになる。なぜなら，現存在の形式的構造が，その世界内存在において自らの存在に関わる存在者だという点にあるとすれば，「気遣いとは現存在の存在を端的に示す用語である」(GA 20, 406) ことになるからである。

　では，気遣いのそうした「多様な構造」(GA 20, 407) の構成要素を明らかにしてみよう。まずハイデガーは，「心配 (Besorgnis)」やその反対物である心配のなさ (Sorglosigkeit) といった存在的でしかない側面を排除する。現存在は蟻でもキリギリスでもないのである。「自己への気遣い」というのはフーコーの晩年の著作の題名であるが〔『自己への配慮』と邦訳されている〕，ハイデガーにとって，これは同語反復でしかなく，その意味で余分な概念である (SZ 193)。現存在は自らの存在に必然的に関わっている以上，気遣いとは現存在の「自己への気遣い」でしかありえない。それゆえ，気遣いは，「自己に対する特別な態度を意味することはできない。なぜならこの自己は，存在論的には，はじめから自己に先だって存在することによって性格づけられているからである」(SZ 193)。

　ここで言う「自己」は，リクールの自己の解釈学の場合と同じ再帰的な意味をもっている。存在的な観点では，「自己への気遣い」と「他者への気遣い」が競合することもありうるであろう。だが，存在論的な次元にこのような区別

を持ち込まないようにすべきである。どのようにして気遣いの存在論的構造の中に他性が刻み込まれるのかということ，言い換えれば，気遣いを構成する「自己」はどのようにして「他者としての自己自身」になりうるのかということは，これとはまた別の問題である。
(206)

　ハイデガーはこうした問題を掘り下げて考えなかったと思われる。ハイデガーの「気遣い」は，主に気遣いが「実存論的‐アプリオリ」な構造（*SZ* 193）であることを認めさせることにあった。すなわちそれは，理論的なものと実践的なものとのあらゆる区別，一切の能力心理学に先行する構造なのである。とりわけ，気遣いの「理論」を，意志や欲動，欲望などの理論に従わせてはならない。というのも，そうした心的作用は全て，「存在論的には気遣いとしての現存在に必然的に根ざしている」（*SZ* 194）のであり，気遣いは「存在論的にはそうした現象に《先立って》いる」（*ibid.*）からである。この自己に先立つということの実存論的な意義を明らかにしようとするならば，むしろ，現存在は自分がまだもっていないもの，これから手に入れようとしているものを追いかけているのだ，という言い方になるであろう。その結果，実存論的事実性は「貧困（*Darben, Darbung*）」，欠如や欠乏（*Entbehrung*），不足（*Bedürfen*）として現れることになる（GA 20, 408）。とはいえ，現存在は不足の状態にあるから気遣いを抱くのだ，と考えるのは誤りであろう。なぜなら，存在が気遣いであるような存在者だけが，欠如や欠乏，不足を感じることができるからである。

　フランクが明察していたように，まさしくこのような優先権を気遣いに認め(207)るという態度が，生の哲学に対するハイデガーの立場を規定している。自分の探究は本質的に基礎的存在論の練り上げを目指すものであって，「現存在に関する主題的に完全な存在論を目指すものではなく，ましてや具体的な人間学を目指すものでもない」（*SZ* 194）というハイデガーの告白は，この文脈で際立ってくるものである。それゆえ，その他の諸「構造」――例えば欲望の構造――へと探究を進めることはいっこうに差し支えないが，その場合には，「具体的な人間学」（その地位はこれから定義すべきものである）に属する構造であるのか，それとも現存在のさらに完全な存在論に属するものであるのかが問題になるであろう。

　実際，ハイデガー自身，〔基礎的存在論から〕展開することのできるいくつかの筋道をざっと描いてみせている。

——意志の哲学という筋道。気遣いは，意志（「力への意志」も含めて）から派生したものではなく，意志の存在論的構成を決定し，意志の可能性の条件となるものである。「意志という現象において，その根底にある気遣いの全体性が見とおされる」（*SZ* 194）のである。

——願望（Wünschen）ないしは欲望の哲学という筋道。存在論的に言えば，「気遣い」には諸々の可能性が関わっている。現存在の存在は，「存在可能」へと向かう存在，つまり「諸可能性への存在（*Sein zu den Möglichkeiten*）」（*SZ* 195）なのである。ところが，出来上がった事実としての現実に従属することによって，私はこうした可能性から目を背けて，「可能性に盲目に（*möglichkeitsblind*）」なってしまったり，あるいは夢や空想の世界へと逃避し，そこに自分の欲望の反映でしかない想像世界（願望世界（*Wunschwelt*））を作り上げてしまったりする。どちらの場でも，「願望は存在論的には気遣いを前提としている」（*SZ* 195）ことが忘れられてしまうのである。

——「生の哲学」という筋道。この道が導きとするのは「衝動（*Drang*）」と「性向（*Hang*）」という現象であるが，これらは1920年以来事実性の解釈学の中に登場していた概念である。

２．衝動と性向——気遣いの相補的な二側面

　自己に先立つこととしての気遣いが，明らかに生の哲学の諸カテゴリーと関連をもつものであるとすれば，気遣いが衝動と性向の可能性の条件であって，その逆ではないことをますます強調しなければならなくなる。衝動（*Drang*）には必然性という性格（*Nötigungsmoment*〔強要契機〕）（*GA* 20, 409），つまり，抵抗できない仕方で何ものかへ（*Hin-zu*）と圧迫し傾けるということが含まれている。このように見れば，衝動は気遣いの能動極，動因極を表すことになる。まさしくこの文脈で，ハイデガーは，ドイツ語の意味的な可能性を活用して，「抑圧（*Verdrängung*）」という語を持ち出してくる。「衝動は他の諸可能性を抑圧しようとする」（*SZ* 195）。もちろんこの定義は，フロイトの「抑圧」概念とは何の関係もない。「衝動としての気遣いは抑圧するものである」（*GA* 20, 409）とは，この気遣いが，すでに現にあることだけでなく，自己に先立つという明示的なあり方をも「隠蔽する（*verdeckt*）」（*GA* 20, 410）ということである。この意味で，気遣いは固有の盲目化能力をも備えていると言える

(「衝動そのものは目をくらまし盲目にする (*der Drang als solcher blendet, er macht blind*)」(*GA* 20, 410))。『時間概念の歴史への序説』で，ハイデガーはこの能力を愛の晴眼と対置している。衝動は，気遣いの「配慮」という面だけに語らせて他の面は全て排除するのであり，それによって気遣いを盲目にしてしまうのである。

　実存論的分析論の文脈では，「性向」は頽落の極点を表すものである。それは，「生かされる」という様態の生であり，そのような生に全ての実存論的可能性を従属させる全面的な盲目化である。この意味で，性向は気遣いの「受動的」側面を表しており，衝動とは逆方向の排他主義を特徴としている。衝動がどんな代価を払ってもあれが欲しいと言うのに対して，性向は，今もっているものをただでは手放したくないと言う。この意味で性向は，自己に先立つというあり方を自由に引き受けるという可能性を覆い隠してしまうのである (*GA* 20, 411)。しかし，衝動と性向というこの二重の隷属は実存論的な根本構造の反映であって，「衝動を絶滅させることができないのと同様に，性向そのものを根絶することもできない」(*GA* 20, 411)。ここで出てくる唯一の問いは，こうした構造が本来的な気遣いによってどこまで透明に見とおされるようになるか，ということである。

　したがって，衝動と性向は，気遣いの顕現または表現でありながら，気遣いの真の本質に覆いをかけてしまいかねない隠蔽能力をもっているように思われる。衝動は，実存を引きとめることによって，気遣いが「自由になる」のを妨げる「能力」をもつ。それに対して，性向はいつもすでに「選択して」しまっており，それによって他の選択の可能性を忘却させ，その意味で気遣いを拘束する (*SZ* 196)。それゆえ，衝動と性向は生の根絶し絶滅することのできない二つの次元であるが，気遣いをそれらに従属する単なる変様態と見なしてはならない。実際はその反対であって，「両者はともに，存在論的に気遣いに基づ

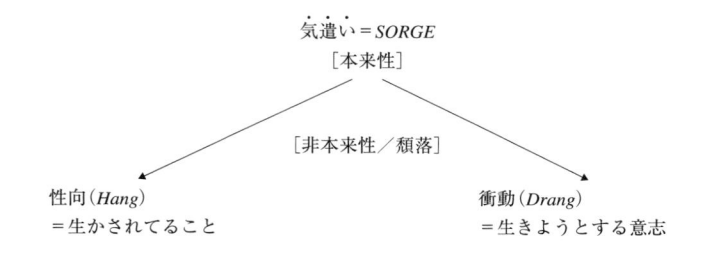

```
              気遣い = SORGE
                [本来性]

            [非本来性／頽落]

    性向 (Hang)              衝動 (Drang)
  = 生かされてること        = 生きようとする意志
```

いているがゆえに，しかもそのゆえにのみ，本来的なものとしてのこの気遣いによって，存在的‐実存的に変様されうるのである」（SZ 196）。

3．存在の多義性の番人としての気遣い

　最後に問うべきことが一つ残っている。存在論的‐実存論的な根本現象であり，現存在を全体として把握させるこの気遣いという現象は，どのような構造をしているのであろうか。その構造はきわめて単純なものであって，残りの全てを「説明する」基本要素や共通分母といったものであるはずだ，と思われるかもしれない。だが，こうした仮説をハイデガーはきっぱりと斥けている。気遣いと呼ばれる現象は，「それ自体構造的に分節されている」（SZ 196）のである。

　このことから，以後の存在論的探究にとって重要な二つの帰結が出てくる。

1／現存在の存在を規定している気遣いが単純なものではなく分節されているのだとすれば，この分節は，存在の理念そのものに反映されているはずである。存在の理念自体，現存在自身の存在と同様に「単純」ではないにちがいあるまい（SZ 196）。だから，『時間概念の歴史への序説』では，このような実存論的構造の複合性のゆえに，存在概念をまったく単純なものと見なすことはできないと考えられているのである。だとすると，気遣いは存在の多義性の真の番人である，と言ってもよいかもしれない。それゆえ，気遣いがあるからこそ，実存論的分析論を始めるやいなや，「存在はさまざまな意味で語られる（εἰναί πολλάχως λέγεται）」というアリストテレスの発言を追認せざるをえなくなる。逆から言えば，そこでは存在の多義性にもかかわらず，存在の根源的分節が問われてくることになる。『現象学の根本諸問題』（GA 24）では，そのような分析が大きく取り扱われている。

2／気遣いは，「原構造（Urstruktur）」でありながらも，現存在の存在自体の構造に達するために必要な「一歩手前の現象」（GA 20, 406）としてのみ現れるものである。この現象の複合性は，「気遣いの構造多様性の全体性と統一性とを存在論的に担うさらに根源的な現象をとり出すために，存在論的な問いがさらに押し進められねばならないことを示す現象的な告示」（SZ 196）なのである。気遣いによって実存論的分析論は無事終了したのだという印象があるとしたら，それはまったく間違いである。気遣いは到

達点ではなく，むしろ出発点なのである。こうして，すでに示唆したとおり，第二の大航海が必要であることが予告される。それが『存在と時間』の第二篇であって，そこでは，気遣いを通して垣間見られていた，現存在と時間性との諸関係が分析されるのである。

第 42 節　気遣いと，現存在の前存在論的自己解釈

「現存在は現存在自身にとって，存在的には《もっとも近く》，存在論的にはもっとも遠くにあるが，とはいえ前存在論的には現存在自身にとって疎遠なものではない」(SZ 16)。第 5 節で出てきたこのテーゼを思い出してみよう。これから問題となるのは，この定式が気遣いの場合にも当てはまるのかどうかを確かめるということである。その場合，先ほど展開された気遣いの存在論的 - 実存論的な性格づけと，日常的な言い回しによって担われ，文化を通じて受け継がれる通常の「存在的 - 実存的」な気遣いの理解との関係をどのように規定すればよいのであろうか。第 41 節の最後で，ハイデガーは自らの解決方針を示していた。「この解釈（インテルプレタツィオン）の存在論的な《新しさ》は，存在的には実に古いものである。したがって，現存在の存在を気遣いとして解明するというのは，現存在を勝手に考え出された理念のもとに無理に押し込むことではなく，存在的 - 実存的にすでに開示されているものを，実存論的に概念化することである」(SZ 196)。

このようにして，存在論的言説に関する当初からの性格づけが確認される。すなわちわれわれは，存在論的言説とはわれわれが自分の世界内存在についていつもすでに「知っている」事柄を概念化することでしかない，と見なしてきたのである。少なくともこの意味では，ハイデガーの企ては，哲学は概念創造であるとするドゥルーズの見解と一致する。哲学による概念創造が繰り広げられる「内在平面」は，哲学に先立って存在しているのである。『時間概念の歴史への序説』では，気遣いの分析が，けっしてハイデガー個人の哲学を表現しようとするものではないことが明言されている。というのも，ハイデガーは「いかなる哲学ももっていない」のであって，現存在に関するこの〔前存在論的〕解釈は「もっぱら諸事象の分析から出てくる」(GA 20, 417) ものだからである。それでもこの節に立ち止まって検討する価値があるとすれば，そこに解釈学的な関心を引くものがあるからである。実際，ここでハイデガーは，「現存在自身の内にある存在理解が前存在論的に自らを語り出している」(SZ

197）ことを思い出させるだけでなく，さらに「前存在論的な証言」に支えを求めている。この証言は，「実存論的解釈（インテルプレタツィオン）は勝手に考え出されたものではなく」（SZ 197），いつもすでにわれわれの内に刻み込まれているものであることの証拠と見なされるのである。

　この「証言」は一つのテキストであるが，任意のテキストの一つというわけではない。それはヒュギヌスの寓話集の第220番にあるただの寓話である。解釈学的に注目すべきなのはまさにこの点である。自らを気遣いと見なす現存在の自己解釈は，何らかの「学的理論」によってではなく，ただの寓話によって裏づけられるのである。このただの寓話を，哲学は学的理論よりも真剣に受けとめねばならない。その結果，この寓話はまさに，伝統的な哲学的人間学が「人間は理性的動物である」という基本的な定義に与えてきた地位を占めることになる。このことは，気遣いは「われわれが現存在を主題とする限りでの人間の定義」（GA 20, 417）を提供する，というテーゼと整合する事柄である。

　これは，言ってみれば，デカルトの『省察』からラ・フォンテーヌの寓話へといきなり移行するようなものである。実際，ハイデガーの短い注釈を読むと，この寓話がほとんど実存論的分析論自体の標章のようになっているのが分かる。『存在と時間』の巻頭言で『ソフィスト』の一節が引用されたのと同様に，この寓話は，第一篇への後書きのようなものとして挟み込まれているのである。おそらくそれは，この寓話が人間の存在をもっぱら気遣いとして規定し（「気遣イハ，ソノ者ガ生キテイル間，ソノ者ヲ所有シテイルガヨイ（Cura teneat, quamdiu vixerit）」），また，人間存在のこのような奇妙な体制を時間の神サトゥルヌスの責任としているからであろう。

　ハイデガーの寓話釈義は，cura という語彙に関する二つの指摘によって補完されている。〔第一に〕，このラテン語は，「不安な労苦」だけではなく，「入念さ」や「献身」をも意味している。このような二重の意味は，ある種の職業で「治療（cure）」と呼ばれる臨床的な引き受けに，また「司祭（curé）」（Seelsorger）が担当する「魂の治療（Seelsorge）」にもよく反映している。これに加えて，脚注では，ハイデガーが気遣いを発見したそもそもの経緯が述べられている。それは，アウグスティヌスのギリシャ－キリスト教的な人間学を，アリストテレスの存在論の諸々の基礎と関係づけようという企てだったのである。

　このような分析は，『存在と時間』では他に例がない一度きりのことであって，ハイデガーが哲学的ではないテキストを「注釈」するのはここだけである。

この分析はどのような解釈学的射程をもつのであろうか。おそらくは，もっと一般的な言い方で，「学問的」でも「理論的」でもない他のテキストで，これと同様に「前存在論的な証言」という役割を果たすものがありうるのか，と問うべきであろう。その場合，最初に思い浮かぶのは，悪がどのようにしてこの世界に入り込んだか——もっと実存論的な言い方をすれば，悪がどのようにして世界内存在に内属する次元となったか——を語る神話である。[208]

　これはハイデガーが提示していない問いであるが，だからといってわれわれが提示してはいけないということはない。だが，その場合に頭に入れておかねばならないのは，実存論的－存在論的な解釈と存在的な解釈との関係である。実存論的－存在論的な解釈とは，気遣いの経験的に確定できる諸側面を後から一般化するという営みではない。そうであれば，気遣いは経験的な諸特徴から構成された抽象物でしかなくなるであろう。だが，問題となるのは，いつもすでに与えられているアプリオリな構造である。そうした構造の一般性は，けっして抽象的なものではなく，「超越論的」なもの，すなわち可能性の条件という次元に属するものである。「《生活の煩い》と《献身》の可能性の実存論的条件は，根源的な意味で，つまり存在論的な意味で気遣いとして捉えられなければならない」（SZ 199）。生の自発的な自己解釈（「生は自己自身を解釈する（Das Leben legt sich selber aus）」（ディルタイ））から存在論的な概念性へと至る運動は，このような仕方で理解すべきものである。「現存在の存在論的解釈（インテルプレタツィオン）によって，自らを《気遣い》として解するこの存在者の前存在論的な自己解釈が，気遣いという**実存論的概念**にもたらされたのである」（SZ 200）。

第43節　存在理解と「実在性の問題」

　第42節でさしあたり一連の実存疇は出揃ったわけで，その意味で，現存在の準備的かつ基礎的な分析は終わったことになる。第43節と第44節は，それに新しいものを付け加えるわけではないが，だからといって余計なものというわけではない。この二つの節は，準備的分析の「締めくくり」という役割をもつのである。それによって，実存論的分析論の全体が存在の意味とその仕上げという主導的な問いに対して維持している結びつきがより鋭く意識されるはずである（*eindringlicheres Problemverständnis*〔さらに核心に迫る問題理解〕（SZ 200））。以下の二節の主な狙いは，**実在性の問題**と真理の問題という存在論の

中心的な二つの問いを主題として，これまでの行程に関する最初の存在論的な総括を提示することであろう。

どちらも長い節であるので，事細かに注釈していくことはできない。そこでわれわれとしては，いくつかの中心的な主題を，「さらに核心に迫る問題理解」に対応するものに限って指摘するだけにとどめたい。それによって，「概念」と「問題」との結びつきの本性をあらためて確認することができよう。

理解，意味，解釈といった実存論的分析論の中心概念が，はっきりと解釈学的な次元をもったものであることを思い出してほしい。しかも，すでに強調したように，こうした概念系から引き出された主な帰結は，存在論的な問いがそれ自身解釈学的な地位をもつものだということであった。「そもそも存在の意味への問いが可能になるのは，ただ存在理解のようなものが存在している場合だけである」(SZ 200)。それゆえ，探究されている存在論が存在理解の概念的な仕上げであるとすれば，重大な問題が生じてくることになる。それは，「存在理解」という概念は，もっと分かりやすく言えば「実在性の概念」と同じなのではないか，という問題である。

今日，とくに分析哲学の部門では，「存在論」という用語が「実在性の理論」という用語と同一視されがちであること思い起こすならば(209)，これはきわめてアクチュアルな問いであると言える。ハイデガーは，この二つを一緒くたにすることをあくまで拒否している。「存在一般 (Sein überhaupt)」＝「実在性」という等式は，ハイデガーには絶対に受け入れられないものである。つまり，「現存在の分析論だけでなく，存在一般の意味への問いの仕上げもまた，実在性という意味での存在への一面的な方向づけから切り離され (herausgedreht) ねばならない」(SZ 201) のである。

このような態度をとる以上は，「実在性の問題」をどのような意味で解するべきかを注意深く検討しなければならない。すでに『時間概念の歴史への序説』において，ハイデガーはその点について検討している。もっともこの講義では，実在性の問題に関する探究は，世界性の根本構造としての有意義性の記述と空間性との間に挟まれていたが，『存在と時間』では，気遣いの分析の後に置かれるのである。

このような位置変更はたしかに意味ありげではあるが，それでも，『時間概念の歴史への序説』の第24節をなしている五つの明確なテーゼを銘記しておけば，『存在と時間』の第43節を解釈する際に役立つであろう。

1／外界の現実的存在は，それに関する「証拠」と「信念」を免除されている（enthoben）。
2／現実＝実在の実在性（＝世界の世界性）は，対象となることや把握されていることからは規定できない。
3／実在性を「即自」という性格によって解釈することはできない。逆に，この「即自」という性格自体が解釈を必要とするものである。
4／実在性は，第一次的には「認取されたもの（des Vernommenen）」の「有体性（Leibhaftigkeit）」から理解すべきでない。
5／実在性とは，衝動や性向の対象としての抵抗という現象からは十分に説明できないものである（GA 20, 293）。

以上のテーゼの配列は一定の「理由の順序」に従っている。すなわち，もっとも現象学的でないテーゼから始まり，もっとも現象学的なテーゼで終わっている。その意味で，最後のテーゼがハイデガー自身の立場に一番近いということになる。それゆえ，四番目のテーゼが重要な意味をもってくる。これは，実在性への現象学的なアプローチの出発点となるテーゼであると同時に，明らかにハイデガーが離れようとしているテーゼだからである。実際，このテーゼはフッサールの現象学のことを言っているのである。

1. 「外界」の存在と証明可能性——誤った問題

近代の「実在性」概念は唯名論に淵源する。精神の外に実在が存在するのかという問いは，唯名論によってはじめて，劇的な言い回しで提起されたものである。オートレクールのニコラウスは，「モシ真実デアッテモ，全テノコトヲ，シカモ明ラカナモノヲ明白ニ証明スルコトハデキナイ（Non potest evidenter ostendi quin omnia, que apparent, sint vera）」と述べていた。外界の存在が本質的に問題となるからこそ，唯名論は，出口を確保するために絶対的ナ神ノ能力（potentia Dei absoluta）に訴えざるをえなくなるのである[210]。唯名論思想の逆説はそこに由来する。すなわち唯名論は，適切な存在論を欠いているために，かえって世界を神学化せざるをえなくなるのである[211]。こうして唯名論は近代哲学に一つの問題を残したのであり，この問題の無数の痕跡は，厳密には唯名論者ではない者にも見られるのである。

ハイデガーは，とりわけデカルトを念頭に置いて（GA 20, 296），精神の外

にあって意識の領域を超える実在への接近というのは誤った問題であるとみなしている。それによって，直観的認識に不当な特権が与えられ，現存在の根本体制である世界内存在というあり方が覆い隠されてしまうのである（SZ 202）。実際，現存在はいつもすでに「自己の外に」出ており，世界のもとにあるのだから，いかにして自己の内部から出て外部に達するのか，という問いは出て来ようがない。ライプニッツのモナドと同じく，現存在には扉も窓もない。というのも，現存在にはそのようなものは必要でないからである。

したがって，世界が現に存在することを証明しようとするのは，まったく不合理な試みだということになる（GA 20, 294）。カントほどの優れた哲学者でさえ，この点については根本的に判断を誤っていた（SZ 203）。実際，本当の意味での「哲学のスキャンダル」は，「この証明がまだすまされていないということではなく，そのような証明が相変わらず期待され，試みられているということなのである」（SZ 205）。しかし，ディルタイのように，証明が不可能だということから，それは単に信念の問題であると結論するのも同じくばかげたことである。世界の存在が証明できないならば，世界の存在を信じることを諦めねばならなくなるはずであろう。信念ということでは何の解決にもならない。というのも，「世界の実在性についての信念に帰るというのは，現象的実状（Befund）に即していない」（GA 20, 295）からである。『時間概念の歴史への序説』のこの文の後には，次のような一節が続いている。「信念というこの現象を私はいまだに見つけられずにいる。むしろ，それを特徴づけているのはまさに，世界があらゆる信念に先立って《現に》あるということである。世界は，信じられているというあり方で経験されるのでも，知によって保証されているのでもないのである」（GA 20, 295）。それゆえ，「自らのもっとも基本的な構成」において自分が世界に属していることを発見する現存在は，知の業をも信の業をも立てることはない。世界はすでに〈我在リ，我考ウ〉の一部である以上，世界の存在が問われることはない。本当に問題となるのは，世界性をどう理解すればよいのかということだけである。というのも，世界性は存的－実存的には明証的である（世界はいつもすでに現に存在している）が，存在論的には謎だからである（GA 20, 297）。

このように定式化すると，実在性の問題というのは不可能な問題であることが明らかになる。それは，この問題がアポリアを引き起こすからではなく，存在論的に不適切なものだからである（SZ 209）。実在性の問題を定式化しても，

現存在の存在も世界の存在も説明されることはない。実在論か観念論か，という通常の二者択一を乗り越えるべきである。「実在論」には，つねに実在性を客観的な目前性に還元してしまう恐れがある。この目前性に比べれば，「精神」は取るに足りないものであるように見えてしまうのであって，まさしくそれゆえに，実在論には「存在理解」のようなものを基礎づけることはできないのである。それゆえ，存在が存在者によっては説明できず，実在性は存在理解を通してのみ可能になるということを受け入れるという点では，観念論の方に分があることになる（SZ 207）。だが観念論は，意識の存在そのものを問わなくてもよいと考えてしまいがちなのである。

２．存在論的問題としての実在性――抵抗という現象

あらゆる認識論は「内在の命題」に悩まされるが，ハイデガーにとっての問題は，いかにして「主体」は対象に到達できるのかということではない。むしろ，「世界は出会われる（Welt begegnet）」（GA 20, 298）という命題が言い表している「現象学的事態」から出発しなければならない。とはいえ，このように世界が意味をもって与えられていることを性格づける際には，それを「即自（An sich）」の概念と同一視してはならない。実際，ハイデガーにとって，「即自」というのは「根源的な性格」（GA 20, 299）ではないのであって，それを理解可能にするためには，「**現存在の根源的な解釈（インテルプレタツィオン）**」（GA 20, 300）を参照することが必要なのである。

即自を却下し，それを究極的には現存在によって解釈されるものとみなすことによって，実在性をその現象的な所与性において考える余地が開かれる。まさにその地点で，『時間概念の歴史への序説』において再び取り上げられるのが，有体性（Leibhaftigkeit），すなわち「血肉を具えた」所与性という現象学的概念である。この概念は，現象学の数々の根本的発見を提示した際にすでに出てきていたものである。では，この有体性こそが，実在性の意味そのものをもたらすのであろうか。事実ハイデガーは，この概念の「真に現象学的な性格」（GA 20, 300）を認めている。そうであればこそ，フッサールは知覚の内に諸々の事象自体の所与性の根源的様相を見たのである[212]。しかし，知覚にこのような特権性を与えることに，ハイデガーは異議を申し立てる。ハイデガーの見るところでは，単なる知覚は，すでに「**欠如的な有意義性**」（GA 20, 300）に基づいて世界を呈示している。そして，まさしくこの欠如性から，事物性，

実体，偶有性，属性，因果性といった伝統的なカテゴリーが生まれてきたのである。これらは，アリストテレス以来基礎的な存在論のカテゴリーとされ，実在性とは何であるかを表現するものとみなされてきたカテゴリーである（*GA* 20, 301）。事物という一般的カテゴリーとそれに対応する命題という言語様式とによって全面的に支配されたこの枠組を，完全に破壊しなければならない。「有体性」も「周囲世界の第一次的性格」（*GA* 20, 301）になりえないことを認めることは，そのための第一歩なのである。

知覚　　　────→　　　命題　　　────→　　　事物把握（*Dingerfassung*）
= 有体性（*Leibhaftigkeit*）　　　　　　　　　　　　事物性（*Dinglichkeit*）
　　　　　　　　　　　　　　　　　　　　　　　　　＝諸カテゴリー

まさにこの図のような連鎖をまるごと解体しなければならない。最初に正しい方向へと進んだのはディルタイであった。そして，「実在」とはまずもってわれわれに抵抗するものであることを示そうとした時，シェーラーがそれに続いたのであった［213］（*SZ* 209）。だが，この場合もやはり，われわれの実在性経験の真に現象学的な特徴を問題にされてはいるものの，有体性の場合と同様，これが実在性の意味そのものを規定しうるような根源的現象であると言い張ることはできない。「抵抗経験，すなわち努力によって抵抗するものを発見することは，存在論的には世界の開示性に基づいてのみ可能である」（*SZ* 210）。それゆえ，有体性と抵抗が実在性の意識の真に現象学的な二つの様態であることは認めるべきだとしても，実在性の存在論的概念を定義するには，この二つの概念だけでは不十分なのである。

3．実在性と気遣い

以上のことから引き出される帰結は明白であって，存在論的な意味で理解すれば，「実在性」という用語は，必然的に気遣いという現象に結びつけられなければならない（*SZ* 211）。抵抗や有体的な現前として感じられるこの実在性が最終的には何を意味しているかは，まさしく気遣いによって，気遣いのみによって決まるのである。「抵抗もまた，有体性と同様に，世界性がすでに現に存在しているということに基づいている」（*GA* 20, 305）。

```
            実在
         ＝気遣い／有意義性
        ／          ＼
    有体性            抵抗
```

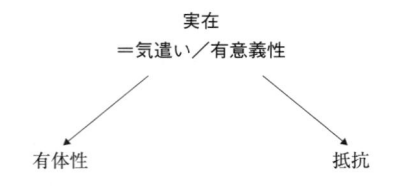

　とはいえ，実在性の問題をこのように解決すれば，仮面をつけた観念論になってしまわないだろうか。どのようにして，「実在性の感覚」が単なる心理状態によって決定されるというのか。だが，気遣いとはけっして単なる心理状態ではないことはすでに知られている。加えて，ハイデガーは存在的な依存と存在論的な依存をはっきりと区別している。存在的に言えば，実在する存在者は全て他の存在者に依存している。甲の存在者は乙の存在者に自らの存在を負っており，乙の存在者はまたさらに別の存在者に自らの存在を負い，ついには，絶対的に自立しているという特異な優位性をもった〈最高存在者〉にまで至る。それに対して，存在論的に言えば，「実在性」は「存在理解」から理解されるものである。この存在理解が具体的に現れる場が気遣いなのである（*SZ* 212）。

　最後に，自然の存在論的地位に関する難問を記しておこう。これはすでに第14節で出会った問題である。存在論的な意味で理解された「実在性」という用語が，手許性と目前性という用語が意味する事柄しか意味していないとするならば，「自然」の存在をどのように規定すればよいのであろうか。ハイデガーは，自然の存在論的地位は単なる手許性にも単なる目前性にも還元できないと述べて，この問いを未決のままに放置している（*SZ* 211）。このような二重の否定を超えるような一つの示唆が，『時間概念の歴史への序説』で告げられている。すなわち，有意味な世界としていつもすでに与えられている世界の存在が〔脱世界化によって〕「理解できないもの」となった場合，「理解できないものを解釈すること」（*GA* 20, 298）を目指す営みを断念しなければならない，と言うのである。世界の存在が理解不可能なものとして知覚されるのは，世界がすでに「脱世界化」されている場合，つまりは単なる自然として理解されている場合に限られる。それゆえ自然の観念は，少なくとも暫定的には，世界からその有意義性を差し引いた残りとして定義されるであろう。なぜなら，現存在にとって，世界内存在が，つまり世界それ自体が理解可能なものとなるのは，まさしく世界が有意義性を帯びている限りでのことだからである（*GA*

20, 299)。

第44節「真理という現象」——論理学的真理から実存論的な真理概念へ

　以上，存在論の第一の総括が終わると，第二の哲学的大問題が出てくる。それは真理の問題である。実在性の問題の場合とまったく同じで，ここでも問題を正しく定式化しておくことが肝要である。実在性の解明が，認識論的定式（精神の外なる実在の現実存在の証明可能性）から存在論的 – 実存論的定式へと向かわせたのと同様に，ここでもまた，論理学（命題の真偽に関する理論）から「真理の現象」へと移行し，真理に関する「基礎的存在論的な問題系」（SZ 213）の領域に入っていくことになる。この領域は，パルメニデスとアリストテレスからのいくつかの引用によって示されている。

　「真理の現象」という術語はよく考えて選ばれたものであって，真理の「概念」でもなければ「理論」でもない。ハイデガーは，「真理の現象」とそれを特徴づける所与性の諸様態を画定しようとする。なぜなら，この現象の輪郭をはっきりと捉えることができてはじめて，存在と真理との結びつきに特有の本性が理解できる見込みが出てくるからである。この結びつきは，パルメニデスが匿名の女神の口を借りてはじめて存在について語って以来，西洋思想が絶えず前提としてきたものである。

　実在性の問題に関する探究が以前の講義ですでに開始されていたのと同様に，第44節の分析は，1925／26年冬学期のマールブルク講義でのきわめて詳細な準備作業に由来するものである。この講義でハイデガーは，「真理とは何か」(214)（GA 21, 18）という問いに答えるという根本課題を「哲学的論理学」に割り当てていた。この問いが切実な意味をもってくるのは，もっぱら懐疑論を真の敵とみなし，哲学初心者を恐れさせるだけのこけおどしとは考えない人にとってのことである（GA 21, 21）。ところでフッサールは，『論理学研究』以来，心理主義を懐疑論の現代版とみなしてきた。心理主義の根本的な誤りは，「理性真理」（＝論理学の諸原理）を「事実真理」に基礎づけようとする点にある。(215)後者が変化する時間的な実在性に準拠しているのに対し，前者は無時間的であり，理念的存在に属するものである。この二つの次元が混ざり合うことなどありえない。フッサールにとって，心理主義とは「存在者の存在における根本的差異」（GA 21, 50）を認めることができない自然主義なのである。

　フッサールの立場がこのようなものであるとすれば，ハイデガーがフッサー

ルの心理主義批判に満足せずに，フッサールに対していくつかの「反批判的な問い」を提起し，フッサールが分離しようとした論理的意義の永遠性と時間的な経験とを再び結びつけようとした理由が分かってくる。実際フッサールにおいては，心理主義の拒否と論理学の基礎づけは，ともに理念存在（同一性，永続性，普遍性）と現実存在（多様性，可変性，特殊性）との「根本的な存在論的差異」によって規定されている。まさにそれゆえに，「すでにギリシャの哲学，とりわけプラトンが取り組んでいた諸々の問い」（GA 21, 52）へとまっすぐに舞い戻ることになる。ひとえに問題は，フッサールの考える「根本的な存在論的差異」ははたして「根本的」と呼ぶに値するものであるのか，この差異はさらに根本的な別の差異を隠しているのではないか，ということである。以上のことを背景に置いて，『論理学』講義で述べられたいくつかの要点が『存在と時間』の第44節にどのように取り入れられているかを読み取らねばならない。

1．真理の伝統的概念における存在論的な不十分性
——合致真理から明証真理へ

　ハイデガーの指導仮説は，哲学史全体が真理に関する特定の考え方に支配されており，この考え方を「解体」——第6節で定義された意味で——しなければならないというものである。解体されるべき考え方は，次の二つの体系的なテーゼによって特徴づけられる。すなわち，1／真理に固有な最初の「場」は命題的言明（判断）である，2／真理の本質は判断（命題としての）とその対象との「合致」にある。これに歴史的なテーゼを付け加えなければならない。すなわち，3／この考え方の起源となったのが「論理学の父」アリストテレスであり，その基準となったのが，真理＝知性ト事物トノ合致（*veritas = adaequatio intellectus et rei*）という定義である（*SZ* 214）。

　まずハイデガーは，哲学者たちの意見が印象的な仕方で一致していることに注意を促している。アリストテレスからカントまで，それぞれの認識論は大きく異なっているにもかかわらず，哲学者たちは皆この定義を認めているように思われるのである。すでにここから，無効宣告された定義をよりよいと思われる別の定義ととりかえねばならない，というような問題ではないと言える。む‌し‌ろ，本当に問題となるのは，この定義の基本となる合致という関係の本性を正しく理解することであろう（*SZ* 217）。このようにして，ハイデガーは〔伝

統的な真理概念の〕解体作業に着手する。合致とはどのような存在様態を言うのであろうか。もちろんそれは，単に二つの項が等しいということを意味するのではない。主体‐客体関係と言おうが，実在的な判断作用に判断の「理念的な意味内容」を対置しようが，ハイデガーから見れば，「この問題は 2000 年以上も前から進展していない」（SZ 216-217）のである。

コラム㉘　曖昧な明証と厳密な明証

　われわれが多少曖昧な意味で明証と言うのは，措定的な志向（とくに主張）が，それに対応する的確な一つの知覚を通して，あるいは関連しあう個々の知覚の適切な総合によって確証される場合である。それゆえ，こうした場合には，**明証の度合や段階**について語ることにももちろんそれなりの意味がある。このような観点においては，知覚がその対象の現表象の客観的完全性へと接近する度合が問題になり，さらには十全的な知覚，すなわち対象の完全な現出――充実されるべき志向において対象が思念されていた限りでのことだが――という究極的な完全性の理想へと接近することが問題となるのである。しかし，**認識批判的な厳密な意味での明証**の概念が適用できるのは，ひとえにこの究極的な最高目標，すなわち，例えば判断志向のような志向に対象自身の絶対的な充実を与えるこの完璧な充実化総合の作用に対してのみである。そこでは，対象はただ単に思念されているのではなく，思念されるがままに，しかもその思念作用と一体になって，もっとも厳密な意味で与えられているのである。ただしこの場合，その対象が個体的な対象であるか，普遍的な対象であるか，あるいはまた狭義の対象であるか，諸事態（同一化する総合ないし区別する総合の相関者）であるか，といったことは問題にならない。

　すでに述べたとおり，明証それ自体は，あのもっとも完璧な合致総合の作用である。どのような同一化でもそうであるように，明証もまた客観化作用であって，客観の側でのその相関者は，**真理**という**意味での存在**とも，あるいは単に**真理**と呼ばれている――後者のように呼ばれるのは，上述の現象学的事況に根ざす一連の概念のうち，明証以外の概念には真理という用語を与えたくない場合である。
（フッサール『論理学研究』第 2 巻，第 6 研究，第 38 節）

　それゆえ，新たな出発点を設定することが必要になるのであるが，まさしくそれは，認識作用の現象学的解明によって得られるものである。こうしてわれわれは，真理とは合致であるとしながらも，合致とはどのような意味かを言えないような真理概念を離れて，ある種の認識作用において「自己証示

（*Selbstausweisung*）」という形で現れる真理「現象」へと立ち戻るのである。

　ここで自己証示という新たな用語が手に入ることになる。この用語は，「合致」という用語では表現できない事柄を言い表せるものであるとみなされる。この用語の出所を教えてくれる重要な注がある（*SZ* 218）。その出所とはまさしく，フッサールの『論理学研究』第 2 巻第 6 研究の第 5 章「合致という理念。明証と真理」の第 36 節–第 39 節である[(217)]。それは，フッサールが命題的真理という観念から遠ざかり，真理を厳密に現象学的な仕方で定義するための基礎を立てようとしている箇所である。ハイデガーにはこの箇所の重要性がよく分かっていた。「自己証示（*Selbstausweisung*）」や証示（*Ausweisung*）というハイデガーの用語は，まずはフッサールの明証概念と同じ意味で理解しなければならないのである。

　少なくとも，ここでは真理概念が大きく拡大されていると言える。命題的言明（ないしは判断）は，それ自体もはや命題的でも判断的でもない審級へと送り返される。したがって，〔真理の〕「検証（*Bewährung*）」とは，もはや二つの項の比較から双方の合致を引き出すということではない。「証示されるのは，認識と対象との合致でもなければ，心的なものと物的なものとの合致でもなく，ましてや《意識内容》どうしの合致でもない。証示されるのはひとえに，存在者そのものの被発見性（*Entdecktsein*）であり，その被発見性のあり方における**存在者そのものなのである**」（*SZ* 218）。現実の認識過程を分析すれば，「証示」とは同定の作用であり，存在者を「同一のもの」として，それが自らを示すとおりに同定する能力を前提としていることが分かる。言明が真であるのは，その言明が存在者をその同一性において発見する，つまり「見えるようにする（アポファンシス）」限りでのことである。ハイデガーによれば，これこそが，合致－真理という不適切な観念の背後に「隠された真理」なのである。

2．真理の実存論的意味，および伝統的な真理概念の派生的性格

　以上の分析によって，われわれはトマス（「知性ト事物ノ合致」を真理とする標準的な定義）からフッサール（明証としての真理）にまで導かれた。なるほど，これに加えて，トマスの「論理学的」真理概念が，「存在論的」真理概念（事物の真理＝自ラヲ顕現シ告示スルコト（*manifestativum et declarativum sui*））と「神学的」真理概念（真理＝創造神の観念への事物の適合，事物ト神的〈知性〉ノ合致）によって補完されるものであることを付言することもでき

第六章　現存在の根源的全体性——気遣いと不安　287

たであろう。

神́学́的́真理：	事物ト（神的）〈知性〉ノ合致
存́在́論́的́真理：	自己ヲ顕現シ告示スルコト
論́理́学́的́真理： （命題，判断）	知性ト事物ノ合致

　しかし，それはハイデガーの目指すところではなかった。ハイデガーにとって重要なのは，真́で́あ́る́こ́と́＝被発見性などというのはまったく恣意的な定義ではないのか，と非難されないようにすることである。それゆえ彼は，いくつも例を挙げながら，少なくともギリシャの哲学者たちがすでに「真理現象」を前現象学的に直観していたことを示そうとするのである。解体の手続きには，こうした「デモンストレーション」が不可欠である。解体が目指すのは，けっして単に伝統を振り落とす（$Abschütteln$）（水から出て濡れた犬が体を振るわせるように，何かを振りほどこうとして揺さぶること）ことではなく，むしろ逆に，伝統をより根源的な仕方で自己化（$Aneignung$）することなのである（SZ 220）。

　ギリシャの哲学者たちがすでに「真理の現象」を直観していたということは，まずはギリシャ語とその哲学的な用法における語彙の次元で示される。そうして，アレーテイア（$\overset{.}{α}$-$λήθεια$）というギリシャ語の接頭辞「ア（$α$）」が指示するのは「非覆蔵性（$Unverborgenheit$）」の運動であって，この運動は発見（$Entdeckung$）というハイデガーの概念をそれなりに表現しているということになる。ところで，ヘラクレイトスの『断片』一もアリストテレスの数々のテキストも，彼らにとってのロゴスの第一の機能が，忘却から諸々の事象を救い出し，「発見されて」見えるようにするという点にあることを示している。この意味で，すでに見たように，ロゴスと真理の現象とは根本的に結びついているのである。

　こうした意味論的‐語源学的な思弁が問題をはらんだものになりかねないことを，ハイデガーが知らないわけではない。だが，そうした思弁を避けて通る

ことはできないと彼は考えている。そこから出てくるのが，次のような基本的言明である。「こうした証拠を援用する際には，放埒な言語神秘主義（hemmungslose Wortmystik）に陥らないように警戒しなければならない。にもかかわらず（gleichwohl）^(xxxix)，結局哲学の仕事とは，現存在がその内で自らを語り出すもっとも**基本的な言葉**の力を擁護し，それらの言葉が常識によって不可解性へと水平化され，その不可解性がまたそれ自身の側で擬似問題の源泉として機能する，といった事態を防ぐことである」（SZ 220）。これは，ハイデガーが他にいろいろな「起源語」をもちだしてくる場合にも念頭に置いておくべき言明である。

したがって，以上述べた全てのことは，結局，根本的な実存論的意義を担う「基本的な言葉」がどこかにあるはずだということを暗に前提している。この解釈学的な規準に対して忠実であり続けることが重要である。アレーテイアというギリシャ語は，発見としての真理という意味で解された場合，明らかにそうした実存論的な基本語の一つとなる。こうして，実存論的分析論がこれまで主題としてきた一連の態度や行為のもとには，アレーテイアというギリシャ語が横たわっていることが示されるのである。

さらに，こうして実存論的分析論の根本的な諸構造に立ち返ることによってのみ，「真理のもっとも根源的な現象」を発見することが可能になる。そうしてわれわれは，フッサール的な明証としての真理をわれわれの考察過程に組み入れた上で，そこから離れることができるようになるのである。この新たな一歩は，次のように図示することができる。

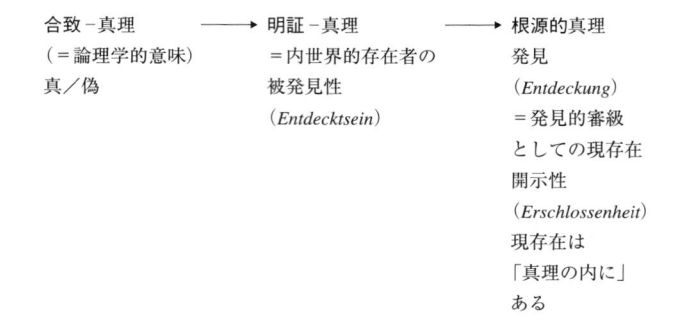

```
合致‐真理       ⟶   明証‐真理          ⟶   根源的真理
（＝論理学的意味）      ＝内世界的存在者の        発見
真／偽                被発見性             （Entdeckung）
                    （Entdecktsein）        ＝発見的審級
                                          としての現存在
                                          開示性
                                          （Erschlossenheit）
                                          現存在は
                                          「真理の内に」
                                          ある
```

全ては，「現存在は真理の内にある」という命題にどのような実存論的意味

を与えるかによる。ハイデガーにとって，この命題は，被投性，企投，頽落という内存在を規定する実存論的構造をまとめ上げるものである。ただし，一つ重要な区別を導入しなければならない。すなわち，実存のもっとも根源的な真理が，自己のもっとも固有な存在（＝本来的な開示性）に応じて自らを理解するという可能性において顕わになるのに対して，頽落によって証示されるのは，「非真理（*Unwahrheit*）」（*SZ* 222）において存在するという逆の可能性——これもまた根本的な可能性ではあるが——なのである。後者の可能性は，「偽装（*Verstelltheit*）」と「閉鎖（*Verschlossenheit*）」という様態をとり，それらは空話，好奇心，曖昧さの特徴となる。

したがって，「現存在は真理の内にある」という命題と，「現存在は非－真理の内にある」というその反対の命題を同時に認めなければならない。これらは実存論的構造を特徴づける言明であって，両者の関係は，論理学者が真と偽の間に設定するまったく離接的な対立とは別種のものである。実存論的な次元では，真理とは存在者から引き抜き，奪い取られねばならないものである。実際ハイデガーの強調するところによると，アレーテイアのアという否定接頭辞はそうした運動を表しており，この運動が，西洋哲学においてはっきりと存在論的な性格をもった最初のテキストであるパルメニデスの詩にも反映していると思われるのである。ここでハイデガーが「真理の女神」と呼ぶ女神は，パルメニデスを二つの道の前に立たせる。これは「現存在はそのつどすでに真理と非真理の内にある」（*SZ* 222）という事態に対応する事柄であって，それゆえ二つの道を理性によって識別（κρίνειν λόγον）することが必要になるのである。

こうして，真理の現象に関する実存論的－存在論的解釈は，１／もっとも根源的な意味での真理とは，世界内部的な存在者の発見を可能にする現存在の開示性である，２／「現存在は等根源的に真理と非真理の内にある」（*SZ* 223），という二重の結果に到達することになる。これによって，真理概念から批判的（*critique*）側面〔真偽の識別という側面〕が全て取り除かれてしまうと言うべきであろうか。一部の注釈者たち，とりわけこの問題に関する権威ある研究の著者であるエルンスト・トゥゲントハットは，その点について懸念を示していた。事実，実存論的な次元での真理と非真理との「識別」は，真の言明を偽の言明に対立させる際に論理学者が行うものとはまったく様子が違ってくるのである。

だが，ハイデガーに対して真理を論理学的な意味へと切り下げるように求め

る代わりに，別の問いを立てることができるかもしれない。すなわち，条件次第では，実存論的なレベルにも判断的な次元を見出すことはできるのではないか，と問うのである。アウグスティヌスの『告白』の一節は，このような問いを提起しているように思われる。そこでは真理の二つの相貌が対立させられている。すなわち，栄光の輝きにおいて現れる真理と，主体をその実存のもっとも敏感なところで問いただす真理である。(220)

コラム㉙　輝く真理と咎める真理

　私は，欺こうとする者がたくさんいることは知っているが，欺かれることを欲する者は一人も知らない。では，人々はどこでこの幸福な生活を知ったのだろうか。それは彼らが真理を知ったところではないだろうか。彼らは欺かれることを欲しないから，真理をも愛するのである。そして幸福な生活を愛するとき，それは真理に対する喜びにほかならないから，彼らが真理を愛するというのは疑いようのないことである。もし真理についての何らかの観念を自分の記憶の内にもっていなければ，真理を愛することもなかったであろう。

　それではなぜ真理を喜ばないのであるか。なぜ幸福ではないのか。それは，彼らを不幸にするものにもっぱら心を奪われて，彼らを幸せにするものはかすかにしか記憶していないからである。「光はなおしばらく人間の内にある」。彼らは歩く。「歩んで暗闇に追いつかれないようにするがよい」。

　しかしなぜ「真理は憎しみを生み」，真理を述べ伝える「あなたの人」が彼らの敵となったのだろうか。彼らは幸福な生活を愛し，しかもそれは真理に対する喜びにほかならないのではないか。それはなぜかといえば，真理でないものを愛する人々は，自分が愛しているものが真理であることを欲するという仕方で真理を愛しているからである。そして，彼らは欺かれることを欲しないから，自分が欺かれていることを認めようとしない。こうして，彼らは自分たちが真理として愛しているもののために，真理を憎むことになる。彼らは真理が輝くときには真理を愛し，真理が咎めるときには真理を憎むのである (*amant eam lucentem, oderunt eam redarguetem*)。すなわち，彼らは欺かれることを欲せずに欺くことを欲するので，真理がそれ自身を露わにするときには真理を愛し，真理が彼ら自身を露わにするときには真理を憎むのである (*amant eam, cum se ipsa indicat, et oderunt eam, cum eos ipsos indicat*)。そこで真理は彼らにこんな具合に報復する。すなわち，彼らは真理が自分たちを露わにすることを欲しないにもかかわらず，真理は彼らの意に反して彼らを露わにし，しかも真理自身を彼らに現わさないのである。

　人間の心とはまったくこのようなもである。盲目で意気地がなく，恥知らずで節操がなく，自分は隠れていようとしながら，何かが自分の目から隠れているこ

とを欲しない。人間の心はこれとは反対のものによって報いられる。つまり，人間の心は真理に対して隠されず，真理が人間の心に対して隠されるのである。このように惨めであるにもかかわらず，人間の心は虚偽のものよりも真実のものを喜ぼうと欲する。それゆえ，何ものにも乱されることなしに，ただ真理によって，全ての真理の根源である真理そのものによって喜びを得るとき，魂ははじめて幸福になるであろう。（アウグスティヌス『告白』第10巻，第23章，33-34）

　輝ク真理（veritas lucens）と咎メル真理（veritas redarguens）というこの区別は，アウグスティヌスに特有の実存的問題関心にあまりにも直結しており，そのまま実存論的次元に移し変えることはできないのではないか。おそらくそう言われるであろう。それは誤りではあるまい。とはいえ，この区別がハイデガーの分析がもちうる危険を警告するという意味をもたないとは言えない。ハイデガーの分析は，輝ク真理という面だけを特別扱いして，咎メル真理を犠牲にしているように思われるのである。

　それに対して，ハイデガーは，真理に関する自らの実存論的規定が，派生によって合致としての真理という伝統的な規定を基礎づけうるはずだと主張している。繰り返しておくが，伝統的な真理規定は誤りなのではなく，ただ十分に根源的ではないのである。これについては，すでに出てきたテーゼが一般的な形で答えている。すなわち，命題的言明（＝アポファンシス的な「……として」）は解釈（＝解釈学的な「……として」）に基礎づけられている，というテーゼである。もっと厳密な回答を求めるならば，話に関する第34節の分析に戻ることになる。話の特徴は，事象そのものを与える根源的な経験に絶えず保証されなくても，自律的な過程を辿って「意味をなす」ことのできる言明を生み出すことにある。意味は，もはやそれが「検証」されなくても，言明の内に「保持され」「保存される（verwahrt）」のである。だがその場合，言明は手許的なものとなり，それによって語られるものは目前的なものとなる。そうして両者の関係は，「適合性」という性格をもちうるものとなる。「……の被発見性は，目前的なものの目前的な適合性（Gemäßheit）と化す」（SZ 224）。ここから少し歩を進めさえすれば，合致という概念を手に入れることができるわけである。

　こうして，「開示性としての真理，発見された存在者に発見しつつ関わって存在することとしての真理は，世界内部的な目前的存在者どうしの合致として

の真理と化してしまった」（*SZ* 225）。この道程を次のように図示することができる。

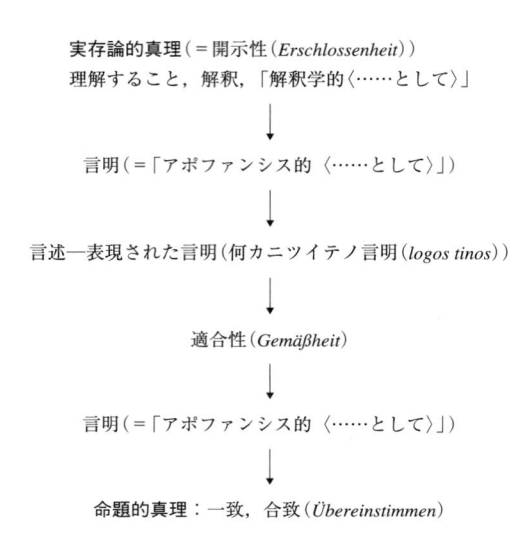

```
           実存論的真理（＝開示性（Erschlossenheit））
           理解すること，解釈，「解釈学的〈……として〉」
                        ↓
              言明（＝「アポファンシス的〈……として〉」）
                        ↓
         言述──表現された言明（何カニツイテノ言明（logos tinos））
                        ↓
                   適合性（Gemäßheit）
                        ↓
              言明（＝「アポファンシス的〈……として〉」）
                        ↓
              命題的真理：一致，合致（Übereinstimmen）
```

　存在理解への通路は，真理をその実存論的－存在論的基礎から考えるか，存在的－事実的な派生態から考えるかによって，開かれたり閉ざされたりする。真理が何カニツイテノ言明（*logos tinos*）という枠組に閉じ込められている場合は，存在の意味は目前的な存在者としてしか考えられない。逆から言えば，存在の意味を目前性だけに固定することによって，真理の根源的な現象が覆い隠されるのである。

　またもやここで，解体の作業をギリシャの存在論の領域にまで及ぼさねばならなくなる。ギリシャ人たちは，目前性の存在論を最初に展開し確立したのであったが，他方で彼らは，なお「真理に関する前存在論的ではあるが根源的な理解」（*SZ* 225）に触れていた。その痕跡は，「少なくともアリストテレスにおいて」，すなわち『ニコマコス倫理学』第6巻および『形而上学』第9巻第10章において見出される。

　すでに引用した『論理学』講義の中に，真理の本質へのアリストテレスのアプローチに関するハイデガーの詳しい議論が見られるが[221]，この議論に照らしてみれば，以上の指摘の意味が明らかになってくる。とくに注意を引くのは，

『形而上学』第9巻（1051 a 34-1052 b 13）の分析が「核心部（Kernstück）」と見なされていることである。「この核心部から出発して，真理の問題は，歴史的にはパルメニデスへと遡りつつ，また，ストア，ボエティウス，中世，そしてデカルトへと，さらにはヘーゲルに至る近世哲学へと前進しつつ，展開されねばならない」（GA 21, 170-171）[222]。

> コラム㉚　論理学的真理から存在論的真理へ
> 　事物が〈存在する〉とか〈存在しない〉とか言われるのは，まず，述語の諸形態についてであり，次には，これらそれぞれの潜勢態と現勢態とにおいて，あるいはその反対のものにおいてであり，そして最後に，真としてまたは偽として（to de kyriotata on alèthès hè pseudosi）である。最後の場合は，真か偽かが言われるその物事において，その物事が結合されているか分離されているかに依存している。したがって，分離されているものを分離されていると考え，結合されているものを結合されていると考える者は真を言うものであり，物事がそうあるのとは反対の仕方で考える者は，偽を言う者である。そうだとすれば，真とか偽とか呼ばれているものはいつ存在しており，いつ存在していないのか。そもそも，そうしたことでわれわれが何を理解しているのかを検討しなくてはならない。君が色白であるのは，われわれが君は色白であると正しい仕方で考えるからではなくて，君が色白であるからこそ，君は色が白いと言うわれわれが真だということになるのである。（アリストテレス『形而上学』第9巻, 1051 a 34-b 7）

　この有名なテキストがなぜこれほどハイデガーの関心を引くのかは推察できる。その他のアリストテレスのテキストは，真理はもっぱら論理学的な問題であるような印象を与えるが，このテキストでは，「**真理の問題と存在への問いとの密接な絡み合い（Verklammerung）**」（GA 21, 171）がはっきりと見てとられるのである。しかもこの絡み合いは，「存在論的な基礎的諸考察がいわばその頂点に達する」（GA 21, 171）ところで起こっている。そこからハイデガーは，「ギリシャ的存在論の理解ならびに真理の問題の理解は，この章に手をつけることができるかどうかにかかっている」（GA 21, 174）と結論する。この章が一つの頂点を示しているのは，結局のところ，本質とその存在が，ハイデガーの言い方を借りれば「いわば存在の存在への問い」（GA 21, 179）が問題になっているからである。ハイデガーによれば，アリストテレスは，述定的総合の問題に強くとらえられていたにもかかわらず，単純性質という事例，すな

わち，真理が総合の操作によって生み出されるのではなく，事物との出会いが単なる「接触」であり，それがそのままその事物について語ること（thigein/phanei）に等しいような事例を考察せざるをえなかった。このような真理は，もはや虚偽と対立するものではなくなる。本質的に単純なものの領域では，どのような「誤り」も不可能である。事物はその単純な真理において捉えられるか，見過ごされるかのいずれかであって，われわれが誤ることはありえない。誤りは複合があるところにのみ忍びこんでくる。「それ自体において複合ではないものを発見することは，その反対としてのいかなる隠蔽も知らない」（GA 21, 183）。

したがって，論理学的な視点から見れば真理と虚偽は同一の次元に位置しているが，存在論的な視点から見ればこれはまったく正しくないことであって，虚偽というのはある一定の条件のもとでのみ言えることである。そのような状況を説明するために，ハイデガーは次のような例を挙げている。薄暗い森を歩いていると，何かが私の方へと近づいてくるのが見える。私は鹿ではないかと思ったが，近づいて見てみると茂みだということが分かった。こうして，私の推測は誤りであったことが判明する。だが，近づいてくるものがペルシアの国王であると想像することはけっしてありえなかったであろう。「それは，ドイツの森で夜に樅の木々の間から出てくることがありうるような存在者であって，そこでは，69の立方根のようなものが私に向かってくるのを見る，というような可能性は排除されているのである」（GA 21, 188）。このように，森の「……として」——森としてのドイツの森——が，先行的な被発見性（vorgängige Entdecktheit）を規定する存在論的枠組となるのであって，この枠組が全ての誤った判断や臆見にとっての背景となるのである。そこから次のように問われてくる。「被発見性が存在の一性格，しかももっとも本来的な（der allereigentlichste）存在の性格として理解可能になり，したがって存在者はその存在に関して最終的には被発見性から解釈されねばならない，というようになるためには，存在それ自体は何を意味しなければならないであろうか」（GA 21, 190）。

こうして，アリストテレスが存在を被発見性として，すなわち真理として規定するに至ったことには深い必然性があったことが理解できる。しかし，ハイデガーの考えでは，アリストテレスは真理＝存在という等式の可能性の諸条件を問うてはいなかった。アリストテレスは，目前的なものの統一性という枠組の中に二つの存在者の「共現前」という存在規定を導入しただけで満足してい

たのである。だが，まさしくこの「共現前」ということが問題になってくる。というのも，そこでは現前（Anwesenheit〔現前性〕, Präsenz〔現前〕（*GA* 21, 192））という時間的概念が前提されており，さらにその概念は「現在化（Gegenwärtigen）」（*GA* 21, 193）の働きによってうち立てられるものだからである。こうして，真理＝存在というアリストテレスの等式の背後に，ハイデガーは特定の現前観念を識別する。「アリストテレスが単純なるものに関して捉えているような存在者の純粋な被発見性は，現前するもの（des Anwesenden）の遮断されない，またされえない（unverlegt, unverlegbar）純粋な現在（Gegenwart）である」（*GA* 21, 193）。これこそまさに，ギリシャ人たちが実体（οὐσία）を単なる現在と定義した奥深い理由であるが，その際彼らには，「この連関をいったん目にしたら開かれてくる深淵的な問題性」（*GA* 21, 193）があろうなどとは思いもつかなかったのである。

これが真理の問題に対するアリストテレスの貢献の真相であるとするならば，真理の「根源的な場」は判断であるというテーゼはアリストテレスが出所ではないか，という嫌疑も晴れるはずである。アリストテレスが認めたのは，ロゴスは現存在の存在様式であり，その特質は被発見性と隠蔽との結びつきを可能にするという点にあるということだけである（上述の鹿の例を参照）。しかし，アリストテレスにとって，根源的な発見の働きが感 覚（αισθησις）の「真理」であり，「イデア」を見ることだということは，ほぼ疑いのないことであった(224)（*SZ* 226）。アリストテレスがもたらしてくれるこうした事柄を十分尊重するためには，命題的言明と判断を真理の根源的な場であるとするテーゼをひっくり返すしかない。すなわち，もっとも根源的な真理，すなわち現存在の開示性自体が，「言明の《場》であり，言明が真にも偽にもなる（発見しつつもあれば隠蔽しつつもある）という可能性の存在論的条件」（*SZ* 226）なのである。

3．前提から贈与へ——「真理が存在する／与えられる（*es gibt Wahrheit*）」

もっとも根源的な意味で理解された真理が実存論的現象であるとすれば，「真理が《存在している〔＝与えられている〕》のは，現存在が存在している限りにおいて，かつその間だけのことである」（*SZ* 226 ; cf. *GA* 24, 313）と結論しなければならない。ハイデガーはニュートンの法則を例に挙げている。「それらの法則はニュートンによって真となったのであり，それらの法則とともに，

現存在にとって存在者がそれ自体において接しうるようになったのである」(*SZ* 227)。こうしてハイデガーは，フレーゲ以降の分析哲学においても大問題となっている問いに関与することになる。この問いに対して，ハイデガーは巧妙な主観主義によって答えるのであろうか。すなわち，人間が発見される前からずっと真である「永遠の真理」がありうるという仮説を全面的に破壊するような立場をとるのであろうか。ハイデガーは，挑発するかのような乱暴なテーゼをうち出している。「《永遠の真理》が存在することは，現存在が永遠に存在してきたしこれからも存在するであろうということが首尾よく立証されてはじめて，十分に証明されるであろう」(*SZ* 227)。これは主観主義と相対主義へと扉を開いたということであろうか。真理の普遍妥当性を認める余地はまったくなくなるのであろうか。そうではない。なぜならハイデガーにとっては，まさしくその実存論的な性格によって，真理は一切の主観主義的な恣意性から守られるのであって，真理の実存論的性格こそ人間に「先立つ」真理の最高の保証となるからである。

　そして，まさしくこの文脈で，「真理が前提されているということ」，すなわち真理が存在している〔＝与えられている〕(*es gibt Wahrheit*) ことに賭けるというのが本当にどういうことであるのかが露わになる。ここで言う前提とは，単に要請されているということではなく，真理そのものの本性に根を下ろした事柄である。「われわれが《真理》を前提するのではなく，むしろ**真理の方こそ**が，われわれが何かを《前提する》という仕方で**存在しうる**ことをそもそも存在論的に**可能にしている**ものである」(*SZ* 227-228)。この前提は，主体によるパスカル的な賭けではなく，一つの贈与なのである。実際，ハイデガーの思想全体を通して決定的な役割を果たすことになる *es gibt*〔ある＝それが与える〕という言い方が，まさしくここで繰り返されていることに気づくであろう。「存在の贈与」としての真理は，現存在，つまりは気遣いという事態の存在論的構成に刻み込まれている。第41節ですでに見たように，気遣いの本質は自らに先立って存在しているということなのであるが，それは「もっとも根源的な意味で《前提すること》」(*SZ* 228) なのである。逆から言えば，「真理を前提すること」は，純粋に論理学的な性格を失い，時間的な意義を有することになるということである。まさしくここから，『論理学』講義において，「真理とは何か」という問いから「現象学的クロノロギー」へと一見唐突な移行が行われている理由が分かってくる。現象学的クロノロギーは，現存在分析の地

平において，偽であることの可能性の条件を記述するものであると見なされるのである。[228]

　真理の前提に関するこうした実存論的解釈は，「前提された真理，あるいは真理の存在がそれによって規定されるべき《ある（es gibt）》は，現存在自身のそれと同じ存在様式と存在意味をもっている」（SZ 228）とか，「誰も判断しない場合でも，そもそも現存在が存在している限り，真理はすでに前提されている」（SZ 229）というように述べられている。いずれは，このような解釈がある特定の実存論的構造を暗示していることが見てとられるであろう。それは，『存在と時間』の第2篇（SZ 298, 第60節）で分析されることになる「覚悟性（Entschlossenheit）」という構造である。

　ハイデガーは，真理の前提を理念的な（あるいは理念化された）「超越論的主観」に根づかせるのではない。ハイデガーにとって，そのような「理念化」は「哲学的問題圏の内部に長くにわたってなお徹底的に追放されることなく残っているキリスト教神学の遺物」（SZ 229）の一部なのであって，真理の前提は，現存在という「事実的主観のアプリオリ」に根づくものなのである。実際，事実性という観念によってのみ，現存在における真理と非真理との共存という事態を捉えることができるのである。

　真理という現象をこのように実存論的に性格づけることで，われわれは真理の究極的な意味に到達したのであろうか。この問いは，『存在と時間』以降のハイデガー思想の歩みを分析する際には，念頭に置いておくべきものである。しかし，『存在と時間』の段階では，実存論的な真理理解がいかなる意味で本来的な存在論的理解を可能にするのかを見てとることが，まず第一に重要である。「（存在者がではなく）存在が《ある〔es gibt〕》のはただ，真理が存在する限りにおいてのみである」（SZ 230）。最後に登場するこの *es gibt* は，真理が実存として贈与されることを意味するのであるが，これによって，まもなくハイデガーが「存在論的差異」と呼ぶことになるものが，まだ覆われた形ではあるが名指されることになる。それは，存在論，すなわち「**存在としての存在についての学**」（SZ 230）を構成するための不可欠の条件となるのである。

第Ⅱ部　現存在と時間性

（『存在と時間』第一部第二篇）

第 45 節　総括と新たな課題

　『存在と時間』第二部の最初に置かれるこの節は，回顧的であると同時に予見的な役割を果たすものである。ここでは，第 9 節から第 44 節で得られた主な成果が要約されると同時に，それらの成果が存在の意味への問いへとあらためて集約される。これは『存在と時間』の主導的な問いであって，存在論を根源的な仕方で練り上げられるかどうかはこの問いにかかっているのである。[1]

　この総括では，実存論的分析論の全体で繰り返し出てきたライトモチーフがまたもや登場する。すなわち，実存の意味は，「現存在は理解的な存在可能として存在しており，この現存在にとっては，そのような存在においてその存在自体が問題となる」（*SZ* 231）という点にあるということである。この形式的告示（*formale Anzeige*）は，現存在の存在を規定する気遣いの現象を通して，いっそう具体的な輪郭をとることになった。すでに見たとおり，この気遣いという規定によって，現存在は包括的で全体的な形で見てとられるように思われた。ここで読者が，存在論的探究は——少なくとも実存論的分析は——これで終わりだろうと思ったとしても，当然であったかもしれない。だが，これもすでに見たとおりで，実際はそうではなかったのである。こうして本節では，第 44 節の最後で提起された以下の一連の問いをあらためてとり上げることが求められる。「気遣いの現象とともに，現存在のもっとも根源的な存在論的－実存論的構成が開示されたのだろうか。気遣いという現象の内に存する構造の多様性は，事実的現存在の存在のもっとも根源的な全体性をもたらすであろうか。これまでの探究は総じて，**全体としての現存在**を視野に収めることに成功していただろうか」（*SZ* 230）。

　答えは否である。『時間概念の歴史への序説』ですでに登場していた謎めいた指摘を，今こそ真剣に受けとめねばならない。つまり，気遣いは，現存在の全体性へと接近させはするが，まだ「現存在に固有の存在構造へと押し進む一歩手前の現象」（*GA* 20, 406）でしかないのである。気遣いをこのように定式化するならば，では何が最終的な現象なのか，と問わざるをえなくなる。『存在と時間』の第二篇は，この問いに対する答えである。一言で要約すれば，この究極的現象とは時間性であると言える。だが，『時間概念の歴史への序説』の一節を引き合いに出すならば，その究極的現象とは存在なのだ（*GA* 20, 423）とも言える。こうした回答を並べても困惑するだけであるから，第二

の大航海へと出発しなければならない。それは，現存在の十全な規定に際して，気遣いと同等の決定的な意味をもつ新たな実存論的構造を明らかにするための探究である。

　こうして新たな探究が始まるのであるが，そのためには実存論的分析論を拡大しなければならない。ただしこの探求は，拡大であるのと少なくとも同程度には深化でもあって，すでに獲得した諸構造をあらためて解釈しようとするものである。拡大でありかつ深化でもあるこの作業を導くのは，「根源性（Ursprünglichkeit）」（SZ 231）という語である。存在論的解釈（インテルプレタツィオン）は，根源的であるか否かのいずれかなのである。時間という現象は，このようにより大きな根源性が追究される中で解明されていくことになる。時間は卓越した意味で〈現れない現象〉であって，世界内存在の実存論的諸構造の分析全体にとってはその背景でありながら，これまで一度も主題的にとりあげられてこなかった。それでは，すぐさま一足飛びに時間を論じ，時間について語るべきなのであろうか。そうではない，と『時間概念の歴史への序説』でハイデガーは言っていた。絶対に急いではならない。なぜなら，まずは「この現象へと眼を開くこと」（GA 20, 425）が必要だからである。これまで，時間性の主題的分析に先立ってまず世界内存在を分析するという「延期戦略」が取られてきたのであるが，この戦略は，第二篇でも部分的に保持される。時間の現象そのものは，第65節に入ってやっと分析されるのである。

　第二の大航海に出るにあたって，思い出しておくべきことがある。それは，時間の現象に到達しようとする現象学は，解釈学的現象学であって，そこでは「見ることが理解することに道を譲る」のだということである。それゆえ，ここでハイデガーが，第32節で練り上げていた解釈学的循環の理論を自らの歩みに当てはめることから話を始めるのは偶然ではない。存在論的探究は全て何らかの解釈的次元（＝存在理解の解釈）をもつのだとすれば，そこには，あらゆる解釈の構成要素である先行保持，先行視，先行把握（Vorhabe, Vorsicht, Vorgriff）が必ず含まれているはずであろう。

　気遣いの「発見」によって，われわれはすでに「解釈学的状況」の基礎となる観念を「把握」しているのであって，今述べたような解釈（インテルプレタツィオン）もそれによって実行可能になる。というのも，解釈学的状況の要素は全て出揃っているからである。すなわち，先行保持（気遣い），先行視（実存者の存在自体が問題になるような理解的存在可能），そして先行把握（自らに先立つこと）の三要

素である。

　にもかかわらず、これまで実行された分析は、「**根源性への要求を掲げうるものではない**」(*SZ* 233)。厳密な意味での全体性も本来性も、まだ捉えられていないのである。それゆえ、「全体としての現存在（*Dasein als Ganzes*）を先行保持へともたらすこと」、同じことだが「まずこの存在者の全体存在可能への問いを展開すること」(*SZ* 233)が新たな課題となるのである。

　この問いを「繋ぎ止める」ことのできる現象はたしかに存在する。それは「死への存在（*Sein zum Tode*）」という現象である。「全体存在可能」は、まさしく「死への存在」において思考されるのである。この実存論的現象をきわめて詳細に分析することによって、次のような全く逆説的なテーゼを確証することができる。それは、外からは「全てのものの終わり」と見えるものである死、程度の差はあれ過酷な仕方で生の流れを断ち切るこの死だけが、現存在に許される唯一の「達成」である、というテーゼである(5)。

　本来性の側でこの現象に対応するものは何であろうか。それを考えるならば、事はさらに複雑になる。ここでもまた、ハイデガーは驚くべき答えを出す。すなわち、本来的な全体存在可能の証しは、良心（*Gewissen*）によってのみ与えられると言うのである。良心が各人を「本来的な全体存在可能」へと呼びだすのである。

　この新たな解釈学的状況によって、われわれは現存在の根源的存在の体制へと足を踏み入れることになる。この体制は、以下の図によって要約することができる。

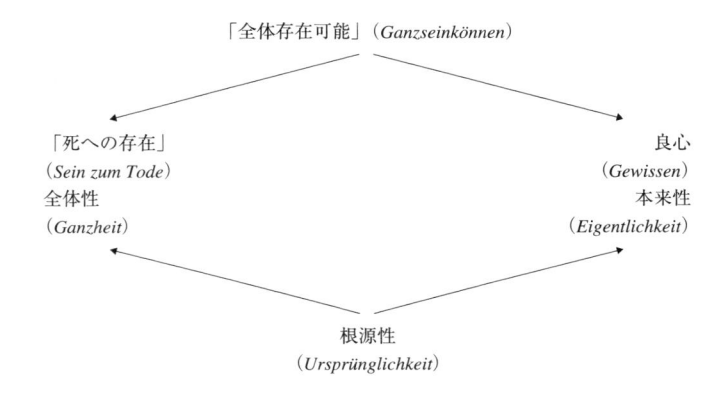

```
                    「全体存在可能」(Ganzseinkönnen)
                    ／                            ＼
          「死への存在」                              良心
         (Sein zum Tode)                         (Gewissen)
             全体性                                 本来性
           (Ganzheit)                          (Eigentlichkeit)
                    ＼                            ／
                              根源性
                         (Ursprünglichkeit)
```

残る課題は，この根源性の意味を確定することである。そのためには，時間性を手引きとして現存在の準備的分析を読み直すことが必要になる (SZ 234)。それによって，新たな実存論的現象が色々と発見されるであろう。なかでもとくに重要なのが歴史性 (*Geschichtlichkeit*) である。また同時に，時間性の分析においては，時間現象についていくつかの「水準」を区別しなければならなくなるであろう。その内のただ一つだけが，存在の意味自体を決するような根源性を要求しうるのである。「存在一般の意味の企投は時間の地平において完遂される」(SZ 235) ということ，これが『存在と時間』の最後まで保持される賭け金である。

　『存在と時間』の究極的な存在論的地平とは別に，ハイデガーの解釈学的現象学が時間の理解にもたらした新たな成果の主たるものを挙げよと言われれば，リクールとともに以下の「三つの感嘆すべき発見」(6)を挙げることができる。すなわち，1／時間の問いはまるごと気遣いという基本構造に含まれている，2／時間の統一性は諸々の脱自の相互作用によって規定される，3／時熟の水準の多面的階層を判別しなければならない，という三つの発見である。こうして，第二篇を注釈していく際に課題となる事柄がはっきりしてくる。それは，以上の基本的発見へと導く思考の動きを辿りつつ，本来的なものと根源的なものとをいつもうまく合致させるハイデガーの手法についてとくに批判的な警戒を怠らないようにする，ということである。本来性と根源性を合致させようとするこの企ては，ハイデガー自身が主題化しなかった根本的な限界にぶつかるのではなかろうか。M. アールにならって，この企ては三重の緊張に貫かれているのではないか，と問うべきであろう。すなわちアールによれば，「実存論的形式主義は実存的なものを限りなく遠ざけ，時間の根源性はひそかに本来性の衝迫を弱め，事実性は，それを退けたとしても，自己企投のただ中に不可能な欠如を招き入れる」(7)のである。

第一章　死への存在

第46節　現存在の全体存在を存在論的に規定すること
　　　　――不可能な課題？

　現存在の全体存在の探究というこの新たな課題に着手するに当たって，どこに困難な問題があるのかを明晰に意識しておかねばならない。現存在の存在論的地位がすでに確認したとおりのものであるとすれば，これを「全体存在」において把握しようとするのは不可能になるのではなかろうか。このことが問題なのである。
　現存在の存在が気遣いとして規定されて以来，現存在を閉じた系とみなすことはできないことが明白になった。というのも，「自らに先立ってあること（*Sichvorwegsein*）」という気遣いの主要特性には，体系の閉鎖性とは両立できない「開示性」が含まれているからである。そして，この「開示性」は最後まで保持される。「臨終の床」でさえ，現存在は「自らを気遣う」のを止めるわけにはいかない。可能的なものへと自らを企投しないわけにはいかないのである。どれほど暗い絶望，どれほど深く陰鬱なメランコリーでさえ，現存在の存在そのものを裏側から顕わにするだけである。英雄的な「ストイシズム」，すなわち人生のあらゆる浮き沈みに対して不動の無関心を示す態度についても，事情は全く同じである。
　だが，気遣いを現存在の存在自体を規定する実存論的構造とすることで閉鎖性に反対して開示性を「選んだ」のであれば，まさにそれによって，現存在の「全体性」と呼ぶに値するものに到達する可能性は見失われてしまうのではなかろうか。「人間の条件」，すなわち現存在の存在論的条件は，まさに非全体性（*Unganzheit*）として規定されるべきではないか。すなわち，それは本質的に断片的なものであり，全体性ではなくむしろ「不断の未完結性（*ständige Unabgeschlossenheit*）」（*SZ* 236）となるのではないか。生の未完結性は，しばしば作品や物語の完結性と対比されてきた。存在可能の「未済（*Ausstand*）」という事実を，どのようにして現存在に適用可能な全体性の観念へと組み入れる

ことができるのであろうか。
　重要であるのは，これが認識論的な困難ではなく存在論的な困難であることを理解しておくことである（SZ 236）。すなわち，現存在がその「全体性」に到達してしまわないのは，まさしく現存在が現存在だからであって，現存在の認識能力が内的限界を抱えた不完全なものだからではないのである（SZ 236）。
　これまで分析してきた実存論的構造によっては，こうした問題を解決することはできない。考察を前進させるためには，新たな実存論的現象に関する積極的な分析を企てなければならない。現存在が未完結であるにもかかわらず，気遣いが未済であり，自らに先立つものであるにもかかわらず，いったいいかなる意味で，現存在は「終わり」と「全体性」に関する何らかの観念によって性格づけられるのであろうか。この問いに対する答えは，死の現象——あるいは死の現象において解釈学的現象学の領域に属する事柄——によってもたらされるはずである。

第47節　他人の死——誤ったアプローチ？

　死の現象に着手するやいなや，われわれは根本的な困難に突き当たる。すなわち，死を直接に経験し，それを他人へと伝達できる者など一人もいないのである。長い昏睡状態からの生への帰還，というような極限的な経験も，あまりにも疑わしすぎて反例にはならない。死がそれを経験する当人にとって何を意味するかということは，定義上伝達できないものである。そうであれば，実存論的分析論や志向的現象学が要求するような「内側からの」記述は，この経験については不可能だということになる。「直接的な」アプローチが不可能となれば，実行できるのは間接的なアプローチだけである。では，間接的なアプローチを試みるべきなのであろうか，すなわち，他人の死から，また他人が死ぬ際にわれわれが感じる事柄から出発して，死ぬことの実存論的意義を規定しようとすべきなのであろうか。
　このようなアプローチの利点は明らかである。他人の死を目にすることによって得られるのは，われわれが不死ではなく死すべきものだということの「客観的」で反駁不可能な証拠ばかりではない。自分の親しい者や愛する者の死の証人となるとき，死が一人の実存者にとって現実に何を意味するかが感じとられるのである。このようなアプローチをとりわけ強力に推進したのがマルセルであった。だが，ハイデガーはこの道をとることにためらいを覚える。そのよ

うな方向に進むならば、「終結した他人の現存在を現存在の全体性の分析のための代替主題（*Ersatzthema*）として選択する」（*SZ* 238）ことになってしまうからである。

コラム㉛　身代わりの不可能——ラ＝ボエシーの臨終の証人としてのモンテーニュ
　この晩ごろから、彼はいよいよはっきりと死相を帯び始めました。夕食をとっていると、彼が私を呼びました。その姿といえば、もう人間の形をしているだけで、ただの人影といった様子でした。彼自身が言うように、人間デハナク人間ノ類、だったのです。彼は私に向かってやっとこう言いました。「兄弟よ、わが友よ、いま思いついた考えの結果をもう少しで見ることができたのになあ！」しばらく待ちましたが、彼はもうそれきり何も言いませんでした。何か言おうとしても、鋭い音を立てて息が漏れるだけでした。もう舌が役に立たなくなってきていたのです。私は彼に尋ねました。「どんな思想ですか、わが兄弟よ」。——すると答えたのです！「大きな、大きな思想」と。私は続けて言いました。「あなたの知性に現れた思想を伝えていただくという光栄にあずからなかったことは、これまで一度もありません。もう一度その機会を与えてください！」——「もちろんそうしたいよ」と彼は答えました。「だが、兄弟よ、できないんだ。讃えるべき、無限な、言葉にできない思想だ」。私たちはそのまま黙っていました。彼はもう話せなかったからです。その少し前にも、彼は自分の妻に話しかけたがりました。力を尽くしてなるべく陽気な表情を作り、君にお話を聞かせてあげなければならない、と言っていました。そうして話そうと努力している様子でした。けれども、その力も消え失せてしまったので、彼はもう一度元気を取り戻そうとして、少量のぶどう酒を求めました。しかし、甲斐のないことでした。彼は突然意識を失って、長いこと目を開けなかったのです。
　彼はすでに死の隣人となっておりましたが、マドモアゼル・ラ＝ボエシーのすすり泣きを聞くと、彼女を呼んでこう言いました。「わが半身よ、嘆き苦しむのはまだ早い。私を哀れに思ってくれたまえ。しっかりしておくれ。おまえが苦しんでいるのを見ると、私の苦しみも半分多くなるのだ。それもそのはずで、われわれが自分の中に感じる苦痛は、実はわれわれが感じるのではなくて、神がわれわれに授けた感覚なのだから。しかし、他人のためにわれわれが感じるものは、ある種の判断と理性の推論によって感じられるものなのだよ。だが、もうおさらばだ」。こう言ったのは、もう気力が続かなかったからです。けれども、妻を驚かせてしまったのではないかと思い、こう言い直しました。「もう寝るよ。きみもおやすみ」と。これが妻に対する彼の最後の言葉でした。
　彼女が立ち去ってから、「兄弟よ、どうかそばにいてくれたまえ」と、彼は私

に言いました。ますます切迫し鋭くなる死の尖端を感じたのか、それとも飲まされた薬かなにかが効いてきたのか、彼は前よりも大きな強い声を出しました。それで付き添いの者たちも、いくらか希望をもち直したほどでした。というのも、それまでは、ただ衰弱だけがわれわれの希望を失わせていたからです。その時、彼は色々なことを言いましたが、なかでも、極度に感情をあらわにして繰り返し私に懇願したのは、自分に一つの場所を与えてほしい、ということでした。あまりに強く言うので、とうとう判断力も揺らいできたか、と恐れるほどでした。私はかなり優しい調子で、あなたは苦痛へと気を奪われているのです、冷静な人ならばそんなことは言いません、と諭したのですが、彼は承知せず、いっそう強く繰り返しました。「わが兄弟よ、わが兄弟よ。それではぼくに場所を与えてくれないのか」。それでとうとう、理屈で彼を説得するしか仕方がなくなって、私はこう言いました。「あなたは息をしているし、話もしているではありませんか。体をもっているではありませんか。ということは、自分の場所をもっているのですよ」。「そうだろうか、そうだろうか」、と彼は答えました。「たしかに場所をもってはいるけれど、それはぼくに必要な場所ではないよ。それに、本当のところ、ぼくはもういなくなるんだ」。──「すぐに神がもっとよい場所を与えてくださいますよ」、と私は言いました。──「はやくそこに行ければいいのだが、兄弟よ！」、と彼は答えました。「出発しようともう3日間ももがいているのだよ」。このような苦悩の中でも、彼はただ私がそばにいるかどうかを確かめるためだけに、何度も私の名を呼びました。とうとう彼は少し落ち着いてきましたので、わたしたちはまだ希望をもたせられました。それで、彼の部屋を出て、マドモアゼル・ラ=ボエシーと二人でそのことを喜んだほどでした。ところが、1時間半ばかり後、私の名を一度二度呼び、そして深いため息をついて、彼は魂を天に返しました。1563年8月18日水曜日朝の3時、享年32年と9ヵ月17日でした。（モンテーニュ「参議モンテーニュ氏がラ=ボエシー氏の病中および臨終においてご覧になったいくつかの特異な事柄に関して、その父モンテーニュ閣下に宛てた書簡の抜粋」）

　死の直接経験が不可能であるために一種の次善の策としてとられるこの「代替主題」を、どのような理由によって退けなければならないのであろうか。実存論的分析論は、他人との第一次的な関係を犠牲にして各私性に特別な地位を与えているが、まさにそのためにハイデガーは他人の死に無感覚になっているのではないか、と疑うことも当然できるであろう。レヴィナスが『全体性と無限』で手がけたのはそのような議論であった[8]。とはいえ、ハイデガーの論述をできる限り注意深く検討しなければならない。

第一章　死への存在　309

　もちろん，他人の死がもつ決定的な重要性を否定しようというつもりはない。だが，他人の死についてのわれわれの経験を構成する諸要素については，正確な分析が必要である。いったいわれわれは何を経験しているのであろうか。他者の死という経験については，有史以来，普通の言葉でさまざまなことが語られ，無数の喪の儀式と葬送儀式が積み重ねられてきたのであるが，それらは今の問いに対してはっきりと答えてくれる。それによると，死とは，「世界を去ること」「世界内存在を失うこと」，世界内存在から離れてその外へ出ること，現存在というあり方を失って死体や亡骸といった目前的な存在者と化すこと，であるように見えるのである。

　だが，逆説的なことだが，この死体という残余物は，少なくともこれに対する生きている者たちの「反応」を信じるならば，事物の一つになってしまうのではない。このことは，死体を言い表す言葉からも読みとれることである。すなわち，亡骸は「故人 (*der Verstorbene*)」と言われるのであって，死んだものという意味で「死人 (*der Gestorbene*)」と言われることはない。そして，故人としての死体は，葬式の複雑な手続きが具体的に示しているように，強い「配慮」の対象となるし，また，「故人の遺徳を偲ぶ」ことが求められるように，顧慮の対象とさえなるのである。

　他人は死ぬことでわれわれのもとを去り，われわれを後に残して「生き残り」と化す (*Hinterbliebenen* 〔後に残された者たち〕というドイツ語は「遺族」を意味する)。そうして他人の死は逆説的な様相を帯びることになる。すなわちそれは，親しい者を失うことの意味をわれわれに教えるものであって，その限りにおいて，まさにわれわれをひどく苦しめることによって独特の開示力をもつのである。しかし，こうした情態性の経験，喪失の体験によって，われわれが死にゆく者自身の経験に接近する道は閉ざされてしまう。一人の実存者にとって「存在を失う (*Seinsverlust*)」とは何を意味するのかということは，われわれにはけっして経験できないことである。「なるほど死は喪失として露わになるが，しかしそれは，生き残りたちが経験する喪失以上のこととして露わになる。その喪失の受苦においては，しかしながら，死んでいく者自身が《被る》喪失そのものへの通路は開かれない。われわれは，真の意味では他人たちの死ぬことを経験しないのであって，せいぜいつねにそこに《居合わせる》だけである」(*SZ* 239)。

　生きた経験が欠けているところでは，思弁が働く。そのような思弁がとりう

る形の例として，リルケの『ドゥイノの悲歌』を引いてみよう。第一悲歌の最後で，リルケは若くして過酷な仕方で生から引き抜かれた死者たちのあり方を描き出そうとしている。

　　もとよりただならぬことである，地上の宿りを早や捨てて，
　　学び覚えたばかりの世の慣習(ならわし)をもはや行うこともなく，
　　バラの花，さてはその他の希望(のぞみ)多いさまざまの物に，
　　人の世の未来の意義をあたえぬことは。
　　かぎりなくこまやかな配慮の手にいたわられることも
　　もはやなく，おのが名さえも
　　こわれ玩具(おもちゃ)のように捨て去ることは。
　　この世の望みを望みつづけることも絶え，
　　たがいにかかわりあい結びあっていた一切が，木の葉のように，
　　飛び散っていくのを見ることは。そして死の国にはいっても
　　そこにはなおも労苦があり，それまでのおくれをとりもどす努力にみちて
　　　いる，
　　時とともに死者たちは，そうして少しずつ感じるだけだ，
　　ようやく多少の永遠にあずかるのみだ。

　これを読むと，ハイデガーが他人の死を「代理主題」として記述したときに言おうとしていたことがよりよく理解される。なるほど，他人の死を経験するというのは，心理学的，あるいは人類学的な意味でこの上なく重要である（「形而上学的」にも重要だと言うべきかもしれないが，今取り組んでいるのは単なる現存在分析論であって，まだ形而上学ではない）。しかし，この経験からは，今われわれが探究している「現存在の完結についての存在論的分析」（SZ 239）を得ることはできないのである。

　これに加えて，ハイデガーはさらに根本的なモチーフをもち出してくる。それは，他人との共存在には代理可能性（Vertretbarkeit）という構造が含まれているということである。日常的な共存在においては，学級代表から全権公使に至るまで——さらには，全権公使の代理として補佐官が菊花園の竣工式に出席し，ついでに企業の組合代表たちと話をする場合にも——，この代理可能性があらゆる所に現れている。だが，代理という現象が社会のいたるところに見ら

れる重要なものであるとしても，他人の代理としてその人の代わりに死ぬことは誰にもできない。なるほど，ダビデ王がウリヤにしたように誰かを死に追いやることはできるが，「誰も他人からその死を取り去ることはできない」(*SZ* 240)。「私が代わりにお前の死を引き受けよう」とは，仮にそれを望んでいたとしても，誰にも言えないことなのである。

　もちろん，他人の代わりに自らを犠牲にすることは全く可能である。あらゆる誤解を避けるために，ハイデガーはただちにそう明言する。レヴィナスが『存在とは別様に，あるいは存在することの彼方へ』で省察しつづけたのは，まさしくこのような「身代わり」の可能性であり，その倫理的で形而上学的な深い意義であった。たしかに，ハイデガーが身代わりのこうした「倫理的」側面に十分注意を向けていたとは言えないであろう。あるいはこのような面からも，現存在の「全体存在」の問いに対して何らかの答えを与えることができたかもしれない。だが，ハイデガーの考えでは，倫理的分析と存在論的分析との境界線はかき乱してはならないものである。存在論的な視点からすれば，人はそれぞれ独りで死ぬものだということは容赦のない事実であって，ごまかそうとしてもごまかせるものではない。最後の時に，幸運にも人々に囲まれ見守られていたとしても，そのことに変わりはない。「死ぬことは，それぞれの現存在がそのつど自らが身に引き受けるべきものである。死は，それが《存在する》限り，本質的にそのつど私のものである。しかも死は，ある特有の存在可能性を意味しており，そこではそのつど自らの現存在の存在が端的に問題になるのである。死ぬことにおいて，死が存在論的には各私性と実存によって構成されていることが示されるのである」(*SZ* 240)。

　したがって，死の実存論的現象の探究は，厳密に各私性にとどまるようにとの指示に従って，ゼロからあらためて出発しなければならない。これに加えてもう一つの指示がある。それは，医学的・生物学的な考察を持ち込まないで，現象学的な純粋記述――それが可能だとしての話だが――にとどまるようにという指示である。単に生物学的な見方を取るならば，全ての生き物が「終わる」仕方が同じではないというのはなかなか認めにくいことである。純粋に生物学的な意味での生の停止は，終焉（*Verenden*）という術語で，あるいは医学用語である死亡（*exitus*）（医学生たちの間では，しばしば死者を意味する語として用いられる）という語で示すことができる。実存論的に解された現存在の死はこうしたもののいずれにも還元できないと考えること，そこにハイデガー

の全分析が掛かっているのである。

第48節　未済，終わり，全体性

　だが，この死の実存論的意味を規定する必要がある。上で行った語彙上の区別によって，終わり，完結，全体といった観念は多義的なものになった。この多義性を言語学的な観点だけから考えてはならない。それは，現象そのもののうちに潜んでいる意味の豊かさであって，その存在論的帰結という観点から考えるべきものである。一方では，「終焉」という観念が暗に前提している完結の観念が，なぜ存在論的に言って現存在に適用できないものであるのかを示す必要がある。他方では，現存在自身に要求して，もっと現存在にふさわしい観念を提示させなければならない。

　ハイデガーはただちに「実際の仕事」に取りかかる。その際に導きの糸となるのが，すでに出てきた「未済（Ausstand）」という観念である。すなわち，未済という観念はどのような意味で現存在に適用できるのか，と問うのである。まず最初に，すでに何度も言及されてきた反駁不可能な事実が確認される。それは，現存在の特徴は，死によってしか終わらない不断の未完結状態（より正確には「非全体性（Unganzheit）」）だということである（SZ 242）。この現象にもっと「積極的な」名称を与えるのが，未済ないし猶予という観念である。ただしこの表現は，それを適用する存在者の存在論的地位に応じて異なった意味を帯びるものである。なるほど，生きているとはすべからく死者となることを猶予されているということであるが，それでも現存在と他の存在者とでは死に対する関係が異なっている。手許存在者のレベルでは，未済や猶予という言い方はある総体の欠けた部分を指す。例えば，まだ全部払い終えていない負債は「未済」だということになろう。だが，現存在とはこうした意味での「総体」ではない。「死」とはジグソーパズルの「欠けたピース」ではないのである。

　他にもっと適切な比較があるように見えるかもしれないが，そうした比較も同じく誤りを引き起こしかねないものである。例えば，成熟に達した果実，などというように，完結のイメージを植物界から借りてくる場合がある。死という厄介な問題を和らげるために，慰めとなるこうしたイメージがもち出されるのはよくあることである。ハイデガーは，そのような比較をしてはならないと言うのではない。比較されるものどうしの真の相違を見誤ってはならない，と

主張するのである。実際,「《終わり》としての成熟と,《終わり》としての死とが,《終わり》ということの存在論的構造に関しても合致する」(SZ 244) ことを保証するものは何もない。あらゆる終わりを一貫して「完結 (Vollendung)」と見なす解釈は, 現存在が「未完結」のままで終わることもあることを忘れている。毎年多くの若者が交通事故で死んでいるというのは, 統計を見れば分かることである。そうした例を脇に置いても,「たいていの場合, 現存在は, 未完結で終わるか, あるいはくずおれ消耗しつくして終わるかである」(SZ 244) ことは事実である。アルツハイマーの痛ましい光景に, 何らかの完結のしるしを見てとろうとしても無駄であろう。(9) 人間の死が, 輝かしく平穏な完結という姿を示すことはほとんどない。だからこそ, 死んでいく者たちに付き添い, できる限り彼らが何らかの完結を迎えられるようにすることが, 倫理的な課題としていっそう緊急の事柄となるのである。(10)

　だが, 終わりが完結と一致することがほとんどないからといって,「止む」「止まる」「出来上がる」「消滅する」といった反対の概念をもち出すこともできない。というのも,「**現存在の終わりとしての死は, こうした終わりの様態のどれによっても適切に特徴づけられはしない**」(SZ 245) からである。それらは全て「終わっている存在 (Zu-Ende-Sein)」を規定する様態である。だが, 死の実存論的現象とは, 終わりへの存在 (Sein zum Ende) なのであって, 全く異なる存在論的構造を含んでいる。この構造をその特有性において分析しなければならない。

第49節　死の実存論的分析と実存的解釈

　ハイデガーの歩みの驚くべきところは, 当の実存論的現象に接近する前に必要とされる準備作業の複雑さである。あたかも, 厳密な意味での現象に至るためには, まず広大な敷地を整地しておかねばならないかのようである。このような慎重さは, 実存論的分析論と単なる人間学との境界画定という, すでに第10節で言及されていた困難をそれなりの仕方で例証するものである。それゆえ, この節の題名にも「境界画定 (Abgrenzung)」という語が登場するのは偶然ではない〔第49節の題名は「死の実存論的分析を, この現象についての可能なその他の諸解釈(インテルプレタツィオン)に対して境界画定すること」となっている〕。死が多くの学際的研究——それらは一括して「タナトロジー」と呼ばれることもある(11)——の対象となっている今日では, そのような境界画定が, ある意味でます

ます必要になっているとも言える。

　ハイデガー自身は，四つの方面でこの境界画定にとり組んでいる。

　1／生物学および医学との境界画定。これらは存在的な学であって，生の概念の存在論的な明晰化を必要とする。そしてこの「生の存在論」は，現存在の存在論に従属するものである。ここに介入してくるのが，すでに言及された「終焉」と現存在の「死」との区別である。現存在が死の生理学的側面に無関係だというのではない。死の生理学的側面は，他のあらゆる生物の場合と全く同様に，現存在をも襲ってくる。ただし，それはある特有の仕方によってである。この違いを，ハイデガーは「絶命（Ableben）」という言い方で表現する。単なる生物にとっての「終焉」は，現存在にとっては「絶命」に相当する。こうした術語使用の利点は，実存論的意味での「死ぬ」ことがもはや「絶命」の同義語ではなくなるという点にある。

　注意しなければならないのは，このような境界画定は，実存論的分析論が生物学や医学の成果に無関心でなければならないことを意味するのではないということである。だが，あらゆる病気（体の病気でも心の病気でも）がそうであるように，死は実存論的現象として理解される。この事実は，臨床から得られる情報によって無効になるものではない（SZ 247）。アデマール・ゲルプが言うように，「病気は生きている者の実存を脅かすものであるという事実を見失ってはならない」のである。単に技術的で臨床的な言説には，この脅威の経験が実存者には重要であることを見落してしまう恐れがつねにある。

　2／心理学，歴史学，および人間学一般に対しても，同じ事を指摘するべきである。今日では，死の現象に関する心理学，歴史学（心性史），人間学的研究は，『存在と時間』の刊行時に比べて，明らかに発展している。これらを無視するのは間違いであろう。とはいえ，「未開人の」死の概念についてハイデガーが行っている注意は，そうした学科の仕事全体に当てはまるものである。すなわち，未開人の死の概念もまた現存在の理解を反映しているのであり，その理解は実存論的分析論によって解釈しなければならないのである（SZ 247）。

　3／第三の境界画定は，ここではきわめて重要なものであって，実存論的分析と諸々の実存的態度決定との区分に関わってくる。ここでとくに考えられているのは，死と死後の生に関するキリスト教神学の言説である。キリスト教的信仰は，イエス゠キリストの死と復活とを宣べ伝えるのであるから，何らかの仕方で死後の生を解釈しないわけにはいかない。それは，『コリント人への第

一の手紙』の 15 節できちんと示されているとおりである。しかし，それは現象学者には手の届かない超越的領域へと踏みこんでいくことになるのではないか，とハイデガーは考える。現象学者はあくまで経験の所与にとどまらねばならない。ここでまた，われわれは内在と超越との対立に出くわすことになる。ハイデガーにとっては，純粋に内在的な解釈を選択すべきであることははっきりしている。とはいえ，死後の生に関心をもつことが許されるかどうかという問いに白黒を付けなければならないというのではない。「死の此岸的で存在論的な解釈（インテルプレタツィオン）は，いかなる存在的-彼岸的な思弁にも先立っている」（SZ 248）のである。

それゆえ，肝心なのは，死についてのどのような実存的解釈も，必ず実存論的な共通構造を前提していることを認めるということである。だが，この実存論的共通分母の規定に関して，おそらくハイデガーその人よりも少しばかり大胆であってもよいのではなかろうか。「永遠への欲望」[12]なるものが，単に個別的な実存的選択の表現ではなく，人間の経験全ての核心にあるものだとすれば，そのような欲望の実存論的意義をきちんと規定する必要があるだろう。これは，「死の全的現象には此岸性と彼岸性との両方が含まれる」[13]というのはどういう意味であるのかを，何らかの仕方で示さねばならないということでもある。しかし，このような仮説をとったとしても，実存の一つの宗教的解釈を他の解釈よりも優先し保証を与えるということが，実存論的分析の課題となることはけっしてないことを理解しておかねばならない。そういった問いよりも先に果たすべき現象学的課題は，死という現象のまさしく本質に属するものとして何をおさえておくべきかを決定するということである。

4／最後になされるのは，死を世界の主たる悪と見なす「形而上学」（神義論やグノーシス神話におけるこの問題の扱いを参照すること）に対する境界画定である。この境界設定は，実存論的分析論の認識論的地位を理解するうえで決定的なものである。すなわち，単なる分析論である限りにおいて，実存論的分析論はまだ形而上学の土壌には踏みこまないのである。この分析論を仕上げて，その帰結である基礎的存在論を規定した時にはじめて，より練り上げられた形而上学の問いへと進むことができるであろう。実際，ハイデガーの諸論考を注意深く検討すれば，そうした形而上学的問いは，1929 年の講演「形而上学とは何か」ではじめて展開されるものであることが分かる。つまりそれは，『存在と時間』が仕上げられた後の話なのである。ハイデガーの問題設定を正

しく理解するためには，基礎的存在論の作業場と形而上学の作業場を全く同一視しないほうがよいであろう。

　以上の四つの境界画定によって囲いこまれた狭い余白が，厳密な意味での実存論的分析論に残された活動領域である。特定の実存的諸解釈を介入させずに，純粋に「形式的」な仕方で死の現象を存在論的に性格づけることのみにとどめること，それが実存論的分析論の方法論的な賭け金なのである。諸々の実存的な選択を捨象しようとする配慮は，フッサールの還元に相当するものである。それと同時に，死という現象の豊かな意味と複雑さを尊重することは必要である。ただしそれは，「たまたま任意に案出された死の観念（*eine zufällig und beliebig erdachte Idee vom Tode*）」（*SZ* 248）を概念構築しただけのものを全て回避した上でのことである。この意味で，ハイデガーの歩みはけっして構築主義的なものではない。だがそれは，単に記述し解読する（ablesen）だけのものでもない。すなわち，構築してはならないが，記述するだけでもいけないのである。どうすればこの二つの要求を同時に満たせるのであろうか。今一度，解釈学的現象学に固有の可能性に賭けてみるべきであろう。

第50節　死の存在論的−実存論的構造の最初の下図

　以上のことをあらかじめ解明した後でのみ，われわれは終わりへの存在という現象の実存論的解釈に着手し，少なくともその暫定的素描（*Vorzeichnung*）を提示できるようになる。そこでの課題は，死という現象に即した場合，事実性，実存，頽落がいかなる「様相」を呈することになるかを明示することである。

　終わりへの存在とは，終わりがわれわれを「待っている」ということ，まだ起こっておらずどんな形をとるのかも分からないこの出来事に，われわれは生のあらゆる瞬間において関わってしまっているということを意味する。これに対応する名詞で，「未済（*Ausstand*）」との連関を示すために選ばれているのが，切迫（*Bevorstand*）という語である。

　死に関わるこの「切迫」に固有の性質をさらに明確にしなければならない。実際それは，嵐や夫婦喧嘩，政府の危機等の切迫とは別種の切迫である。死が現存在を「待っている」のは，現存在の「もっとも固有な，もっとも没交渉的な，追い越し不可能な可能性（*die eigenste, unbezüglichste, unüberholebare Möglichkeit*）」（*SZ* 250）としてである。死は，外から見れば一つの不可避の出来

事であるが，今やそれが逃れることのできない一つの課題となる。「死は現存在が自らそのつど引き受けるべき一つの存在可能性である。死とともに，現存在は自らにもっとも固有な存在可能の内で自己自身に切迫する(ii) (steht...sich bevor)」（SZ 250）。こうして，気遣いの性格である自らに先立つということが，究極的な形で実証されることになる。すなわち，「気遣いという構造的契機は，死への存在においてもっとも根源的に具体化される」（SZ 251）のである。そして，死の切迫においては，もちろん気遣いは不安という根本気分と不可分である。死へと委ね渡されている（dem Tod überantwortet）ということを，現存在は，いかなる知にも先立って不安という気分において感得する。ここでもまた，不安に固有の開示力が示される。「死の不安は，もっとも固有で没交渉的で追い越し不可能な存在可能に《面して》の不安である」（SZ 251）。それは，「消滅」や終焉への恐れや「絶命」の体験などとはまったく関係ないのである。

　不安を死ぬことの実存論的意義を真に開示するものとみなすことによって，ハイデガーは，不安を「知ること」から，すなわち「ひとが死ぬ」仕方に関する医学や生物学等の知識から完全に切り離す。たしかにこれは，ハイデガーの分析がもたらす大きな利益の一つである。死ぬことの実存論的な意味は，何らかの知によって決まるのではない。反対に，死の実存論的概念と不安に結びついた気遣いとの間に強力な結びつきを打ち立てることができるかどうかによって，全てが決まるのである。「死ぬことは，その存在論的可能性に関して，気遣いのうちに根拠をもっている」（SZ 252）。「心性史」[*24]をもち出しても，このテーゼを無効にすることはできない。なるほど，歴史上の全ての時代において人の死に方が同じだったわけではないが，そのように多様な死に方が登場するのも，そもそも死が実存論的な意味をもっているからなのである。

第51節　日常性における死

　死の実存論的概念が実存，事実性，頽落といった構造を含んでいるというのが本当であれば，日常性における死の様相をも問う必要が出てくる。実際，日常性はそれなりの仕方で死への存在に関する一定の理解を提供しているのであって，この解釈は，特定の「情態性」，社会における死の言説，死をめぐるさまざまな態度やふるまいに反映しているのである。

　公開的な語りは，そう望んだとしても，死が人生の一つの出来事であることを覆い隠すことはできない。諸々の「死亡例（Todesfall）」は「絶えず目前に

現れる出来事」であって，われわれの周りで「ひとは死ぬ」のである。だが，日常の語りにおいて，「死亡例」が真にわれわれに関わってくることはない。「ひとは死ぬ」という場合，その「ひと」は「誰でもない」(SZ 253)。ここには第38節での「曖昧さ」の分析に対応するものがある。「《死ぬこと》は，目前へと現れる出来事へと，現存在に触れてはくるが本当は誰にも属してはいないような出来事へと水平化される。だが，空話にはそのつど曖昧さが属しているとすれば，この死についての語りについても事は同様である。死ぬことは，本質的にそして代理不可能な形で私のものであるのに，〈ひと〉に起こることとして，公開的に目前へと現れる出来事へと転倒されてしまう。このような性格の語りによって，絶えず死は目前に出現する《事例》として語られる。この語りは，死はいつもすでに《現実的なもの》であると公言し，死がもっている可能性という性格を覆い隠す。そしてそれとともに，没交渉性と追い越し不可能性という本質契機をも覆い隠すのである」(SZ 253)。

こうして死についての日常的な語りは，「覆い隠して回避する (verdeckendes Ausweichen)」という姿をとることになる。死が近い人の近親者たちがそのことを認めたがらないというのも，その一つの徴候である。当人はあえて口にしないまでも「はっきりと」事態を知っていることが多いものだが，その近親者達は，「明日はましになるよ」とか「大したことじゃない」とかいった，偽りの安心を与える慰めの言葉の後ろに身を隠そうとする。そのように言うことで，実は彼ら自身が安心しようとしているのである。このような語りが集団的に実践されるならば，本当の意味で疎外ないしは集団的抑圧と言わねばならない事態になるであろう。すなわち，「〈ひと〉は死に**直面する不安の勇気を台頭させないようにする** (Das Man läßt den Mut zur Angst vor dem Tode nicht aufkommen)」(SZ 254) のである。

たしかにハイデガーは，モラリストでも社会的行動の批判者でもない。彼の分析が存在論的な目的をもつものであることを見落としてはならない。だが，この分析をどのように「応用」できるかは容易に推察できる。ここにおいて，先に日常性について述べたことを思い出すべきである。すなわち，隠蔽と回避への傾向それ自体が，ある特有な開示力をもつのである（これは，精神分析における言い間違いや心身症の場合と同じである）。死に対するわれわれの日常的なふるまいによって，死の現象において現に作動しているものが少なくとも告示されている。「**現存在にとっては，平均的日常性においてであっても，も**

っとも固有で没交渉的で追い越し不可能なこの存在可能がつねに問題になっているのであって，それがもっぱら自らの実存のもっとも極端な可能性に対抗して冷静な（unbehelligt）無関心を配慮するという様態においてであるとしても，やはりそうなのである」（SZ 254-255）。

第52節　死の日常的「確実性」と死の十全な実存論的概念

　死への実際の関係について日常性が教えてくれることは，これで全てというわけではない。「いつかは死なねばならない」という日常の言い草のもとに，いかなる特有な様態の確実性が横たわっているかをさらに問わねばならない。ハイデガーがデカルトのコギトの「我在り」へと関心を寄せていたことはすでに見たが，彼が確実性というデカルト的問題系と交差するのは，まさしくこの文脈においてであることに注目しておこう。この点についてはまた後で立ち戻ることにするが，確実性の実存論的問題系が展開されるのはこの「我在り」に関わる文脈においてであって，それ以外の，とりわけ認識論的な文脈ではないということは注意しておきたい。つまり，「現存在の存在様式としての確実であること（Gewißsein als Seinsart des Daseins）」（SZ 256）が問われるのである。

　このような「確実であること」は，その見かけに反して，単なる「確信」ではない。なるほど，われわれは自分がいつか死なねばならないということを内心では「確信」している。しかしこれは，死への存在を性格づける実存論的確実性（Daseinsgewißheit〔現存在の確実性〕）の不十分な表現にすぎない。一定数の経験的観察から推論されるような単なる経験的確信が問題であるように見えるが，実はそうではないのである。というのも，そうした推論の前提となる既得の知は，それをもっていないこともありうるようなものだからである。ブッダの伝説を読むと，彼は死体にいきなり対面するという経験によって，自分の死すべき運命に気づいたのだと解されるかもしれない。だが，実はそうではないのであって，ブッダはこの経験の前に，すでに死の確実性を自らの内に保持していたのである。ただ廷臣たちが，それを絶えず回避させ，遠ざけていただけである。

　ハイデガーにとって，日常性にからめとられているわれわれは，死から遠ざけられていたブッダと同じ態度をとっていることになるだろう。何が確実であるかということについて，われわれは誤解している。つまり，自分が何月何日の何時に死ぬか分からないという点では，われわれは不確実なままでいられる

としても，死は「あらゆる瞬間に可能である」（SZ 258）ということは，本当の意味で確実なのである。死の回避とは，死の十全な概念の真の規定を反対側から開示するものでしかない。すなわち，「**現存在の終わりとしての死は，現存在のもっとも固有な，没交渉的な，確実なそして確実なものとして無規定な，追い越し不可能な可能性である**」（SZ 258-259）。

　これが，現存在の可能な全体存在への問いに対する最初の答えである。だが，この回答は，まずは非本来的実存の次元にしか当てはまらないものである。死から逃避し，死を回避するさまざまの反応（慰めの必要，安心の必要，等々）を考察することによって，われわれは死の真の実存論的意義を垣間見るのである。とすれば，次のことが新たに問われてくる。そもそも，回避とは別の態度を想像することができるのであろうか。実存的かつ実存論的な可能性として死に対する「本来的な」態度があるとすれば，それはどのようなものであろうか。

第53節　本来的な死への存在の実存論的企投

　まさにこの困難な問いが，死への存在に関する章（第46節から第53節）の最後の節で扱われる。まずハイデガーは，〔死への存在に関する考察が〕思弁的で恣意的な構築物になりかねないものであることを指摘する。この危険を回避するには，すでに規定した死の実存論的概念（死への存在＝可能性への存在）に踏みとどまり，隠蔽と回避という様態であろうとも，死に対するわれわれの日常的な態度に踏みとどまるしかない。ここでは，おそらく他のどんな場合よりも，日常性の分析に固有の存在論的な明示力が実証されるのである。日常性の分析がもつこの力を，道徳的な判断と混同してはいけない。

　このことをきっかけとして，死への存在を可能性への存在として規定することが大いなる逆説であることを意識することができる。実際，可能性への存在というのは，通常いろいろな意味をもつ事柄であるが，それらの意味が死に適用できないものであることは，さまざまな理由から明らかである。可能性への存在とは，まず第一に，企投の実現を目指すことを意味する。死への存在においては，これは「生命を捨てることへの誘導（*Herbeiführung des Ablebens*）」（SZ 261）という形しかとらない。つまり自殺ということである。可能性としての死への存在の意味を本来的に完遂するのは自殺する者だけであるというのは，危険な誘惑であるが，今日ますます多くの信奉者を集めつつある考えであろう。

可能性への存在の第二の意味は，一つのことを絶えず念頭におくこと，それしか考えないということである。古代の死ノ技法（ars moriendi）には，実際そのような仕方で展開されたものもある。死のことだけを考えるというこの態度が美術史や文学史に多大な痕跡を残していることは，近年の歴史的な研究が示しているとおりである。「死を気遣え（μελέτη του θανατου）」というのが，古代哲学のもっとも基礎的な格率の一つであったことも見落とすことはできない。実際ハイデガーは，この「死を考えること」が本来性の要素を含むこともありうると認めている。とはいえ全体としては，そのような態度によって，死への存在という可能性が可能性であることが弱められてしまうのではないか，と疑うのである。

　可能性への存在の第三の意味は，何らかの緊張をもった一つの予期（SZ 261）の態度ということである。だが，予期の態度となると，第一の意味とも関わってくる。予期は，将来における出来事の生起へと方向づけられている。「おっしゃってください。そのことはいつ起こるのですか。また，そのことがすべて実現するときには，どんなしるしがあるのですか」（マルコ福音書，13.4）。イエスに対して使徒たちが投げかけたこの問いには，予期の調子が響いている。これに対してイエスは奇妙な答えを投げかえすが，この答えはよく吟味すべきものである。弟子たちの問いが，早いにせよ遅いにせよ，とにかくいつ起こるのかということにしか関心を向けていないのに対して，イエスの答えは，その出来事が絶えざる可能性というあり方をしていることを再確認させるのである。

　したがって，死への存在に関しては，「可能性としての死への存在の何よりも近い近さは，現実的なものから可能な限り遠い」（SZ 262）と結論するべきである。その場合，予期は「可能性の内への先駆（Vorlaufen in die Möglichkeit）」（SZ 261）という別の構造にとって代わられる。この実存論的構造をもっと具体的に性格づけるためにはどうすればよいのであろうか。いずれにせよ，それもまた覆われた形の先取なのであろうか。第31節で導入された理解の実存論的定義を思い起こすならば，ここで記述しなければならないのは，実は特殊なあり方をした理解であることが分かる。「理解とは，第一次的には，ある意味を眺めること（Begaffen eines Sinnes）を意味するのではなく，企投のうちで暴露される存在可能において自らを理解することである」（SZ 263）。

　この可能性への先駆を，ハイデガーは以下の五つの特徴によって規定するの

であるが,それらの特徴には,全てある種の本来性の観念が含まれていると思われる。

1／現存在のもっとも固有な可能性——「死は現存在のもっとも固有な可能性である。死への存在は現存在にそのもっとも固有な存在可能を開く。そこでは端的に現存在の存在が問題になる」(*SZ* 263)。

2／没交渉性(*Unbezüglichkeit*)——「もっとも固有の可能性は没交渉的である」。この概念は,できるかぎり字義通りに,すなわち関係の不在による「絶対的」分離として受けとらねばならない。この意味で,死への存在には極度の単独化の力がある。「先駆において理解された死の没交渉性は,現存在を現存在自身へと単独化する(*vereinzelt*)」(*SZ* 263)。

3／追い越し不可能性——「もっとも固有で没交渉的な可能性は,追い越し不可能(*unüberholbar*)である」(*SZ* 264)。このように言うと,運命論的な意味での不可避性と混同されてしまうかもしれないが,そのように解するならば,可能性という性格が消されてしまう。たしかに,追い越し不可能であるというのは有限性のしるしではあるが,それは,籠に閉じこめられた動物,オルフェウス教の神話でいわれる身体という牢獄に閉じこめられた魂のように,現存在が有限性という牢獄に閉じこめられているということではない。実のところ,この追い越し不可能性は有限な自由の同義語である。というのも,先駆は自己の明け渡し(*Selbstaufgabe*)という最極端の可能性において実現されるからである。自殺とは,この自己放棄が本来的に実現するものの戯画である。こうして,自らの生を自由に明け渡すということは,「**全体的な存在可能として実存するという可能性**」(*SZ* 264)の表現なのである。

4／確実性——これについてはすでに前節で言及されていたが,先駆の特有の様態として理解すべきであるのは,認識論的な確実性ではなく,実存論的な確実性である。「先駆においてはじめて,現存在は,自らのもっとも固有な存在をその追い越し不可能な全体性において確信できるのである」(*SZ* 265)。『時間概念の歴史への序説』で強調されていたように,この確実性は,デカルト的コギトの自我論的な確実性にとって代わるものである。デカルト的コギトが「我在リ,我存在ス(*sum, existo*)」と言うのに対して,ハイデガー的現存在は「我死ニツツ在リ(*sum moribundus*)」と言う(*GA* 20, 437)。この二つは確実性の二つの型として比較不可能なものであって,前者は認識論的確実性,後者は実存論的−存在論的確実性である(*GA* 20, 440)。ハイデガーは,コギ

トの確実性は現存在の実存論的確実性と張り合うことはできない，とさえ言う。「私が自ら死につつある（*Sterbenwerden*）時に私自身であるというこの確実性は，現存在そのものの根本確実性であり，現存在の真の言明である。それに対して，《我考ウ，我在リ》は，そうした確実性の仮象でしかない」（*GA* 20, 437）。[15]

　5／無規定性──最後に，先駆の光に照らして，死の確実性を特徴づける無規定性を解釈し直さねばならない。これは，非本来性の領域では，期限がつねにまた延期されるということでしかなかったが，今やその真の姿を現す。すなわちそれは，「自らの〈現〉から発源する立て続けの脅威」（*SZ* 265）なのである。この立て続けの脅威（*ständige Bedrohung*）がまさしく不安によって開示されるというのは，驚くべきことではない。「死への存在は本質的に不安である」（*SZ* 266）。

　死への存在の実存論的構造を規定する要素は，これで全て出揃ったことになる。

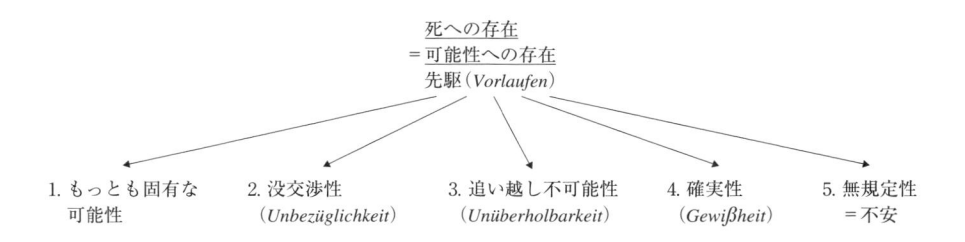

<pre>
              死への存在
            ＝可能性への存在
              先駆（Vorlaufen）
      ↙   ↙   ↓   ↘   ↘
1. もっとも固有な 2. 没交渉性   3. 追い越し不可能性   4. 確実性   5. 無規定性
   可能性   （Unbezüglichkeit）（Unüberholbarkeit）（Gewißheit）   ＝不安
</pre>

　以上の五つの特徴を総括して，本来的な死への可能的存在は次のように規定される。「先駆は現存在に対して，ひと－自己への喪失を露わにし，現存在を，配慮的な顧慮に第一次的には頼らずに自己自身であるという可能性へと直面させる。しかもこの自己は，情熱的な，ひとの諸々の幻想から解き放たれた，事実的な，その可能性自身を確信して不安になっている死への自由において自己自身であるという可能性である」（*SZ* 266）。

　死への存在の実存論的分析を締めくくるこの規定については，次の二点を指摘しておく必要がある。

　1／死に面する自由が「情熱的〔苦悩にみちた，狂おしい〕(*leidenschaftlich*)」

と形容されるのは驚くべきことである。ハイデガー自身は，この語にどういう意味を与えるべきかをまったく説明していない。死への自由がいかなる意味で「情熱〔情念・パトス〕」という姿をとるのかを考えることは，解釈者の課題であろう。

2／次いで，ハイデガー自身のテキストに基づいて，以下の論述にとっても決定的な意味をもつ指摘をしておこう。それは，この規定はまだ本来的な死への存在の単なる可能性でしかない，ということである。この可能性を実践することができるか，どういう条件のもとでならばそれが可能になるかといったことについては，何の保証も得られていないのである。それゆえ，さらに現存在自身を問いただして，そこに現存在自身のもっとも固有な存在可能から引き出され，その実存の可能的な本来性を告げるような証言を見出さねばならない。しかもこの証言は，「**実存的に可能なものとして本来性を告げるのみならず，まさに現存在自身から本来性を要求する**」（*SZ* 267）という仕方でなされねばならないのである。

「証言（*Zeugnis*）」「証し（*Bezeugung*）」「要求（*Forderung*）」という三つの概念が，以後の分析の核となるであろう。

この新たな分析に着手する前に，最後にもう一つ指摘しておく。死の実存論的な概念にとり組まねばならないとすれば，人生のもう一つの端である誕生という現象についても，同様に実存論的な分析を展開すべきではなかろうか。実存論的な誕生概念を生み出すべきであって，この概念は，実存の全体性を規定する上で，死と同様に決定的な役割を果たすのではなかろうか。誕生を単なる生物学的事実と見なすことに甘んじないならば，やはり誕生にも何らかの仕方で実存論的な意義を認めることが必要になるであろう。そしてその意義は，現存在の理解にとって，死への存在と同じく決定的なものになるであろう。その場合，われわれが実存論的な理解を展開すべきものは，現存在の「世界への到来」のみならず，現存在の恒常的な実存論的条件としての誕生である。

以上の全ての問いは，『**存在と時間**』の第72節で実存論的な歴史性概念が導入される際に，あらためて強力な仕方で立てられるであろう。だが，すでに今の時点で，アーレントが「生まれること(16)（*Gebürtigkeit*）」という美しい名を与えたこの現象について，その実存論的な地位を問うことができる。この現象において，気遣いはどのような役割を果たすのであろうか。誕生とは，実存論的

な可能性として記述できるものであろうか，それとももっぱら被投性によって支配されているのか。これらは暫定的でぎこちない問いであり，ハイデガー自身はさっと通りすぎてしまったものである。とはいえ，これらの問いが指し示す作業場は，たしかに実存論的分析論に属しているのである。

第二章　良心の呼び声

第54節　新たな問題——本来的な実存論的可能性は
　　　　　いかにして証しされるか？

　この節から始まる分析は，「証し（*Bezeugung*）」の観念に取り組むものである。この観念は，現存在の外部から与えられるのではなく，現存在の存在そのものの内に根ざす可能性を指している。「探し求められているのは，現存在の実存的可能性において，現存在自身によって証しされる，現存在の本来的な存在可能である」（*SZ* 267）。しかし，現存在の存在そのものに証しの根があると言うだけでは，この観念の正当化への最初の一歩を踏み出したにすぎない。というのも，あらゆる実存疇は，定義上，現存在の内にその根をもっているからである。

　証しに固有の対象を考慮に入れるならば，事態が明確になってくる。すなわち，証しとは，「ある本来的な自己存在可能を理解させる」（*SZ* 267）ものなのである。まさしくここで，「自己」と「誰」の問いとが再び姿を見せる。この二つの事柄は，ハイデガーが「自己の解釈学」を最初に素描した第25節から第27節で登場したが，それ以降姿を見せなくなっていた。その時には予想もできなかったことであろうが，この「自己の解釈学」についてはまだ決着がついていない。ここに至ってはじめて，ハイデガーはそれについて本格的な説明を始めるのである。

　では，「本来的な自己存在可能を理解させる」とはどのような意味であろうか。日常性の体制にあっては，現存在は「〈ひと〉の内に失われている」。現存在は，日常生活が課してくる無数の行動規則，行為基準，課題に身を屈している。それらは現存在が選択したものだとは言えず，むしろ「しなければならない」ことである。だが，この「しなければならない」は，同時にアリバイにもなりうる。そうなった場合，意志すれば別の仕方で生きることもできたのだという事実が覆い隠されてしまう。しかし，このことを知ろうとしないのが，一つだけ例を挙げれば，「仕事の虫」，ワーカホリックたちなのである。実存的な

態度変更には，つねに一人称の選択，自己の選択という代価が伴う。そこでは，これまで〈ひと〉の法則として被ってきたものが選択の対象になるからである。「一つの選択を取り戻すということは，この**選択を選択する**ということ，固有の自己に基づいて一つの存在可能へと自己を決することを意味する。選択を選択することにおいて，現存在ははじめて自己の本来的な存在可能を**可能化する**のである」（*SZ* 268）。

「選択の選択」というこの奇妙な冗語的構造は，どのような条件のもとで思考されうるのであろうか。現存在に「自分を取り戻せ！」と言うのは誰なのか。当の現存在は，「それが可能だということを証明してみせてくれ！」と抗議するだろうが，それは無理もない反応である。だが，要求された証明は，ただ証しという形しかとることができない。今，現存在へと向けられた対話の形で状況を描いてみたが，これは修辞上の都合ではない。実際，この対話はけっして虚構ではなく，それどころか現存在の自己解釈の本質的な次元をなしている。「良心の声（*Stimme des Gewissens*）」という現象は，まさしくそのようにして聞き届けられるのである。この良心の声こそが，ハイデガーが探し求めてきた証しの場である。彼はこの現象を，心理学的記述，神学的解釈，科学的説明，道徳的配慮ではなく，存在論的分析に属させようとする。それによって，良心の声は「**現存在の根源的現象**」（*SZ* 268）と，すなわち一つの実存疇と見なされるのである。

これはつまり，良心の声を固有の開示力をもつ特別な理解様式と見なすということである。良心のこの開示力は，情態性，理解，話，頽落という様態をもつ現存在の開示性（*Erschlossenheit*）と結びつけられねばならない（*SZ* 269）。ここでとくに再び取り上げられるのが，「話（*Rede*）」という実存論的概念である。良心の呼び声の分析は，第34節で話すことと聞くことの連関について言われたことを検証する範例となる。実際，この呼び声は特異な事例であって，そこでは呼びかけるものと聞くものとが同一なのである。というのも，「良心の呼び声は現存在をもっとも固有な自己存在可能に対して呼びかけ（*Anruf*），しかももっとも固有な責めあることへと呼び起こす（*Aufruf*）という仕方で呼びかけるという性格をもつ」（*SZ* 269）からである。ここで三つの中心的な観念が一挙に出てくる。すなわち，「呼びかけ」「呼び起こし」，そしておそらくもっとも謎めいた観念である「**責めあること**」，の三つである。これらの概念には，詳細な現象学的解明が必要である。

第55節　良心の存在論的－実存論的な諸基礎

1／良心の分析における第一の賭け金となるのは，良心とは理解の特殊な様態だということである。これは，情態性と理解との連関について以前述べた全てのことが，良心の分析にも当てはまるというだけのことではない。それらは良心の分析によってさらなる正当化を得るのであって，そうして情態性と理解の構造自体がいっそう根源的に把握されるのである（SZ 270）。したがって，一般理論（理解理論）が「特殊例」（道徳的良心）に適用されているのではない。むしろ，ここには互いに包摂しあうという複雑な関係があると言うべきであろう。すなわち，良心の呼び声によって，理解の実存論的意味がよりよく理解されるのである。

2／次に重要であるのは，良心の声という「イメージ」を文字通りに捉えることである。実際，これはけっしてイメージや喩えといったものではない。現象の本質そのものからして，このようにしか表現できないのである。したがって，良心の分析が真に課題とするのは，メタファーを排して文字通りの意味と称するものに戻ることではない。そのような声は「私的言語」にすぎない，といった「言語論的」な反論をもハイデガーは一蹴する。「良心の声」というのは話とは違ってまったく「心的」で私的な現象だ，と言っても反論にはならない。というのも，実存論的観点からすれば，話そのものが「心的」な現象だからである。それゆえ，「話」と良心の声とは，まるで同じ周波数で運動しているかのように見える。おそらくこれは，別の伝統に立つならば，内心ノ言葉（verbum mentis）という術語で言い表される事態であろう。(17)「われわれは，話にとって，それゆえまた呼び声にとっても，音声を発することは本質的なことではないことを見逃してはならない。あらゆる発声や《叫び（Ausrufen）》は，すでに話を前提しているのである」（SZ 271）。したがって，呼び声をアナロジーや喩えにすぎないと考えてはならない。「この現象は何らかの呼び声に喩えられるのではないのであって，話として，現存在を構成する開示性から理解されねばならないものである」（SZ 271）。

3／その場合，「そのように呼びつつ理解するように促す」（SZ 271）ものの特殊性を分析しなければならない。ここで一挙に呈示されるのが，次の二つの現象学的特徴である。

——良心の呼び声は，それまでの聞く営みを中断させる。現存在は，いつもすでに，無数の声の公開的な空話を聞いている。「〈ひと〉の公開性とその空話へと自らを喪失しつつ，現存在は，ひと‐自己を聞く中で，固有な自己を聞き落とす（*überhört*）」（*SZ* 271）。このような形での聞くことに終止符を打つのが，良心の呼び声である。それは，「騒ぎ立てず，曖昧にならず，好奇心を支えとせずに」呼びかけるのである。

——この中断という契機に加えて，新たな理解可能性を開く衝撃ないしは動揺という契機がある。「呼び声の開示傾向には，衝撃の契機，断ち切り揺り起こすという契機が存する。呼び声は，遠くから遠くへと響く。呼び声に打たれるのは，引き戻されてあろうと意志する者である」（*SZ* 271）。幾人かの解釈者は，この記述のうちに，切り離された遠い神からの呼び声というグノーシス的な概念への隠れた暗示を読みとろうとした。それは，選ばれた者を打ち，認識（グノーシス）によってのみ接近できる真の祖国を想起させる呼び声である。

第 56 節　良心の呼び声性格。呼び声の構造

　以下の三節では，良心の呼び声の特殊な性格を説明することが目指される。話は，その指示領域（それについて話されているもの（*das Beredete*）），話が運ぶメッセージ（*das Geredete*），他人とのコミュニケーションには欠かせない発声（*Verlautbarung*）という三つの次元からなるのであった。この三契機を良心の呼び声という現象に適用するのは，はたして正当なことであろうか。

　このように問うならば，たちまち全くの逆説に陥ってしまうように思われる。

　1／まず第一に，ここでわれわれが直面するのは，「対象なき」話であり，厳密な意味での指示領域をもたない話である。しかも，呼びかけられ，呼び止められるのは，現存在自身にほかならないというのである。それが意味するのは，呼び止められるのが「配慮しつつ他人とともにある共存在のひと‐自己」（*SZ* 272）だということである。だが，呼び声が本当に向けられているのは，「固有の自己」（*SZ* 273）以外にはない。「自己は……呼び声によってそれ自身へともたらされる」のであり，「ひと‐自己は自己自身へと呼び出される」（*SZ* 273）のである。

　ここで起こりうる誤解に対して，ハイデガーはただちに予防線を張る。すなわち，「自己への呼び戻し」とは，自分の心の状態をあれこれと探る内観でも

なければ，精神分析のような行程でもない，と言うのである。精神分析については，心の状態やその背後思想の観察（Begaffung）に耽っているだけではないか，という疑いがかけられる。「自己への呼び戻し」とは，世界に背を向けて内面へと「引きこもる」ような営みでもない。なぜなら，呼びかけられる「自己」には，世界内存在が刻みこまれているからである。

　2／呼び声の内容についても，上と同じ逆説が当てはまる。呼び声は，情報価としては無に等しいものである。「呼び声は何も伝えない，呼び声は世界の出来事についていかなる情報も与えない，呼び声には何も語ることがない」(SZ 273)。良心の声は，事実を確認するのでも物語るのでもなく，また「心の中での独り言」でもないのであるが，それでもすぐれて行為遂行的な価値をもつメッセージを運んでくる。それは，「もっとも固有な諸可能性の内へと（「前へ」向かって）現存在を呼び出す」(SZ 273) メッセージなのである。

　3／最後に登場する逆説は，「呼び声はいかなる発声をももたない」ということである。それゆえ，これは言語学が扱える事柄ではない。音声で言い表されない以上，それは言語学的には現象しないものであるが，現象学者は，これを全く特別な言語現象として認めなければならないのである。この呼び声が，第34節で提示された沈黙と発話との連関を証示するものだということだけからしても，そのように言える。すなわち，「良心は沈黙するという仕方でのみ，またつねに沈黙するという仕方で語るのである」(SZ 273)。

　したがって，無規定なる謎の声の所在を指摘するだけでは，この声を現象学的に解明したことにはならない。実のところ，これはけっして無規定な声ではなく，独特の一義性をもっている。すなわち，この声が現存在を撃つ時には，現存在は彼へとあてられた「メッセージ」を聞かないわけにはいかない。良心の声のこうした断定的な性格については，詳しく分析する必要がある。

　以上，呼び声のさまざまな特徴をとりだしてきたが，それらは本節の最後で次のようにまとめられている。「われわれは良心を呼び声として性格づけるのであるが，この呼び声は，ひと－自己に，その自己において呼びかけるものである。そのような呼びかけとして，自己の呼び声は，自己をその自己存在可能へと呼び起こし，したがって現存在をその諸可能性の内へと呼び出すのである」(SZ 274)。

第 57 節　呼びかける審級――気遣い

　［呼びかけられるものから］目を転じて呼びかける審級へと向かうならば，また別の諸困難に出くわすことになる。それらの困難は，本質的には，この審級の逆説的なあり方から生じてくるものである。

　1／「公共言語」のレベルでは，誰がメッセージを発したのかを確認することはいつでも可能である。それに対して，良心の声において呼びかける者の素性には，奇妙な無規定性がある。われわれは誰が呼びかけるのかを知らない。実存的な観点では，この問いを保留しておくこともできる。だが，実存論的分析論の観点からすれば，「現存在は良心において自己自身を呼ぶ」（SZ 275）というのは，正しい答えではあるが不十分であって，それだけでは満足できないであろう。この状況をより十全に定式化すれば，「呼び声は私からしかも私の上へと降りかかってくる（Der Ruf kommt aus mir und doch über mich）」（SZ 275）ということになる。この言明が，良心の声に関するハイデガーの全分析の枢軸となることは確かである。というのも，ここでは自己性のただ中で他性が生起してくるのが見てとれるからである。この他性の地位については，きちんと規定することが必要であろう。(18)

　呼びかける審級の源泉を神と同一視するのは，誤りというわけではないが，ただそう解釈すると現象的な所与から遠ざかってしまうことになる。生物学や社会学の説明を持ち出すならば，現象をもっと深く裏切ることになってしまう。中心となる現象的所与は，「呼び声は私から，しかも私を越えて来る」（SZ 275）ということである。分析はこれを尊重し，実存の用語で解釈しなければならない。

　これは難しい課題である。良心の呼び声の逆説的構造を説明するために，フロイトの第二局所論（自我，エス［「それ」を意味する］，超自我）を持ち出してくるならば，事は余計に厄介になる。実際，「〈それ〉が私を呼ぶ」ということは，フロイトの場合，超自我が特別な心的審級として形成されるためにはエスの欲動的エネルギーの一部を借りる必要がある，ということから説明されるのである。いずれにせよ，精神分析の「魔術的リアリスム」が，良心の声というメタファーを，ハイデガーの実存論的分析論と同様に――あるいはそれ以上に――真剣に受け取っている点は注意しておくべきである。

　問題となるのは，現存在に突き入ってくる（in das Dasein hineinragend）

(*SZ* 275) 異他的な力として良心の声を捉える解釈を，現象学的な記述と合致させることができるかどうかである。それゆえ，われわれに呼びかけ，われわれを呼び起こす「それ」の固有な地位を規定することが重要になる。さて，そこからわれわれは不安の分析へと立ち戻らされる。不安の存在論的身分は，まさしく不気味さ＝我が家にいないこと（*Unheimlichkeit*），すなわち「異邦（人）性（étrang(èr)eté）」として記述されていた。ハイデガーは，良心の呼び声という現象を，まさしくこの不安という存在論的構造に根づかせようとするのである（*SZ* 276）。というのも，そのような解釈は，この現象の全ての特徴からして裏づけられるものだとハイデガーは確信しているからである。すなわち，不気味な声（「それが私を呼ぶ」）として知覚されるという特徴や，公共言語において聞かれるものではなく，情報価はゼロに等しいという特徴である。良心の声は，優れて反－空話的なものであって，現存在を徹底的にそれ自身へと委ね渡しつつ，沈黙という仕方で現存在を代替不可能な単独性へと呼び戻す。つまり，「現存在自身が，良心として自らの存在の根拠から呼びかける」（*SZ* 277）のである。このような理由から，呼び声は不安という気分を帯びることになる。そして，すでに気遣いと不安が連関づけられているのだから，「良心は気遣いの呼び声として現れる」（*SZ* 277）と結論しなければならない。またしても，気遣いが実存論的分析論において中心的位置を占めるものであることが示される。「良心の呼び声，すなわち良心そのものは，その存在論的可能性を，現存在がその存在の根拠において気遣いであるということのうちにもっている」（*SZ* 277-278）。

　こうしてハイデガーは，「超越的な諸力」（神，超自我など）を動員することを回避しつつ，呼びかける審級にまったく忠実な解釈を見出したと考える。ハイデガーがほのめかす見解によれば，超越的な力をもちだす解釈は，良心の「力」としての面をより良く理解するどころか，自らの実存の不気味さに十分に直面できないでいる現存在の逃避の表れでしかない（*SZ* 278）。とくにそれは，〈ひと〉の空話のこだまでしかないような「公共的良心」に当てはまることである。

　さらに重大な難問は，このような実存論的解釈は良心の「自然な経験」と隔たっているということである。良心の自然的解釈は，良心の声が非難（後悔の現象），警戒，禁止といった形――「汝殺すなかれ」「カインよ，お前の弟はどうしたのか」等々――をとることにとりわけ敏感である。良心の声を単に「本

来的な存在可能へと呼び起こす者」（SZ 279）と見なす実存論的解釈では，これらの特徴はひとまとめにして消されてしまう。ここで再び，フロイトの方が良心の道徳的性格に忠実だったのではないか，と問うことができる。フロイトは，罪責性を優れて道徳的な感情と見なし，良心を内から苛み，時として強迫神経症の絶えざる自己非難となる後悔の現象を際立たせたのである。フロイトによる良心のメタ心理学的説明は，ハイデガー同様内的な声という現象を真剣に受け止めているだけではない。超自我の理論は，良心の声を自我の内にありつつ自我へと襲いかかってくるものとして記述している。超自我のとり込みの起源をメラニー・クライン学派のように考えるならば，この良心解釈はいっそう強力なものとなるであろう。

コラム㉜　頭の中の声。呼びかけのメタ心理学的説明

　ナルシシズム的満足の確保を自我理想の方から監視するという課題を果たし，またそういう意図をもって現実の自我を絶えず観察して理想と比較するような特別な心的審級をわれわれが見出したからといって，驚くにはあたらない。自我理想は，絶えず現実的自我を観察し，それを理想と比較している。こうした審級が実在するとしても，それが思いがけず発見されるなどというわけにはいかないだろう。われわれはそれをただそうしたものとして承認するほかないのだが，それはわれわれが**良心**と名づけているものがもっている性格である，と言ってもよい。この審級を承認することで，われわれはいわゆる注意妄想，より正確には**監視妄想**を理解することができる（*das Verständnis des sogenannten Beachtungs-oder richtiger Beobachtungswahnes*）。こうした妄想は，パラノイアの諸症候において明瞭に現れるものであるが，単独の散発的な感情として現れることもあれば，転移神経症において生じてくることもあるだろう。この場合，患者たちは，ひとが自分の考えを知っている，とか，ひとが自分の行動を観察し監視している，と訴える。彼らは，自らに話しかけてくる声によってこのような審級による支配を知らされるのであるが，その声は，特徴的なことに，三人称で彼らに話しかけてくるのである（「いま彼女はまたそのことを考えている」「いま彼は立ち去る」）。こうした訴えはもっともなことであって，それは真実を述べているのである。われわれの意図をことごとく監視し，関知し，批判するこの種の力は，実際に存在しているのであって，正常な生を営むわれわれ全てに見られるものである。監視妄想はこの力を退行的な形で表現しており，まさにそれによって，この力の生成過程と，患者がなぜそれに反抗するのかという理由も暴露しているのである。

　良心がその番人となる自我理想の形成を引き起こしたのは，まさに声によって媒介された両親の批判的影響であって，さらに時間が経つにつれて，これに教育

者や教師，その他周囲にいる数え切れない不特定多数の人々（同胞，世論）が加わってきたのである。（ジークムント・フロイト「ナルシシズム入門」，第Ⅲ章）

　こうしたタイプの説明に注目するだけで，ハイデガーの解釈がどれほど自然的な経験から隔たっているかが分かる。極限においては，ハイデガーは「安らかな」良心と「やましい」良心との差異を消してしまっているのではないか，と問うこともできよう。ともあれ，こうした反論の正当性を認めざるをえないということは重要である。だが，ハイデガーから見れば，そうした反論は，良心という現象がまだ最後まで解明されていないことを示しているにすぎない。
　実際，一方では，「良心を，現存在の内に存するそれ自身のもっとも**固有な存在可能の証**しとして理解させること」（SZ 279）がなお必要であり，また他方で，良心の声を聞くこと（あるいは聞かないこと）の諸様態を分析に組み入れねばならない。したがって，呼び声が理解するように促す「責め」の実存論的意味を規定することが，新たな課題となってくる。

第58節　呼び声の理解——「責め（Schuld）」

　このきわめて難解な節は，良心という現象に関するハイデガーの分析にとって，真の意味で中心となるものである。たちまちここで，われわれはこの現象の全解釈に関わる翻訳上のきわめて微妙な問題に突き当たる。それは，Schuldという術語をどう翻訳すべきかという問題である。ヴザンは「過ち（faute）」，マルティノーは「負債（dette）」と訳している。先に見たような良心の声の自然的解釈（われわれに有罪宣告する内的な声としてのやましい良心，あるいはわれわれの「無罪を立証する」よい良心）を導きとするならば，「罪責性（culpabilité）」という訳も考えられる。どうしてもこれでなければならないとは思われないが，ここではマルティノーの訳語を採用したい。ただし，この選択を支える理由を，ハイデガーの分析自身の内に見出さねばならない。
　ここではっきりさせねばならないのは，良心の呼び声の「内容」である。すなわち，この内的な声は，現存在に宿っていながら現存在が統制できないものであるが，このような声を聞くという時，そもそも現存在は何を聞いているのか，ということである。この点をはっきりさせるためには，まず「呼び出しつつ呼び戻すこと（vorrufender Rückruf）」（SZ 280）という呼び声の形式的構造をあらためて思い起こすことが必要である。実際，呼び声は「現存在をその存

在可能へと呼び出す」一方で，現存在をそれ自身へと，そのもっとも固有な単独性へと呼び戻すものでもある。良心の呼び声をこのように記述する場合，それが生の理想を提示するものではないということが重要である。すなわちそれは，汝の理想を実現すべく汝自身を乗り越えよ，と私に命令してくるものではない。「呼び声は理想的で普遍的な存在可能を理解させるものではない。この存在可能を，呼び声はそのつどの現存在のそのつど単独化された存在可能として開くのである」(ibid.)。

　この観点からしても，ハイデガーが提示する呼び声の解釈は，フロイトの超自我概念の基底にあるものとはまったく異なっている。フロイトが，呼び声という審級の立法，検閲，禁止という側面に注目するのに対して，ハイデガーは本来性という側面，つまり自己自身への責めという側面に関心を寄せる。まるで，ハイデガーの解する良心は，その途上で道徳法則に出会うことなどけっしてないかのようである。このように立法的審級への言及が全くないというのは，いったいどういうことであろうか。おそらく，このような回避の意味を照らしだすためには，「理想自我」と「自我理想」というフロイトの区別を思い起こすべきであろう。自我の前に何らかの要求を立てる自我理想の方が，主体の全能感のナルシシズム的な理想化である理想自我よりも，法や倫理の問題に直接結びつくものである。理想を自らに課すことを拒否し，もっぱら本来性の道を進むことによって，ハイデガー的主体は危険な〔すなわちナルシシズム的な〕理想化にひそかに身をさらしているのではないか。

　これは言い過ぎであるように聞こえるかもしれないが，このような仮説には，良心の声の自然的解釈からただちに距離をとるハイデガーのやり方を問いただすという利点がある。自然的に解釈される良心の声は，「私は有罪である」とか「有罪でない」と言い，あるいは「詩篇」におけるように，「あなたに，あなたにのみ私は罪を犯した」(「詩篇」51.4) と言うかもしれない。実際，ハイデガー自身も，こうした解釈を完全な誤りとして非難するのは不当だと言うであろう。そうした解釈の真の難点は，そこに含まれている罪責性概念が多義的であるために，罪責があるということの実存論的意味は全く明らかにされないままになっていることである (SZ 281)。したがって，責めの概念を現存在の存在の解釈からくみ出してくることが必要になる。それはつまり，「罪責ある〔有罪の〕」という形容詞について，その根源的な実存論的意味を規定するための規準を探究するということである。これは単に行為を形容する言葉に見える

だろうが，むしろ「私は……である」の述語として考えられなければならない。こうして，「私は有罪である」は，前章で出てきた「我死ニツツ在リ」という言明と同様に，決定的な意味をもつ存在論的言明となる。これは実存論的な言明であって，私は道徳的に非難されるべき X 個の行為をしてしまった，という告白には還元できない。この言明に含まれる告白は，「現存在は，事実的に実存するそのつど，すでに責めあるものである」(SZ 281) というものなのである。

こうして，事実性の観念は，「責めある存在 (Schuldigsein)」という新たな次元を得て豊かになる。ここでもまた，通常の経験から得られる言語的所与を概念へと高めることが必要である。実際，「責め＝負債」という語は，誰かに債務がある，「つけ」がある，借りを作る，借りがある，といった一般的経験を指示している。この現象は，金銭的あるいは経済的な側面にのみ限定されるのではなく，さまざまな仕方で他人との共存在に含まれるものである。

「責任」の観念もまた，このような状況の中に含まれている。例えば，フランス情報機関はレインボー・ウォーリアーの事件に責任があるという時，とりわけそこに規則の侵犯，すなわち過ちの観念が加わる場合には，罪責性という観念が必要になってくる。つまり，「責め［過ち］あるものとなる (sich schuldig machen)」，他人に対して責め［過ち］ある者となる (Schuldigwerden an Anderen)，他人に不正をなす，といった状況である。

こうした意味論的データをまとめると，Schuld の観念が三つの意味の核へと区分されることが分かる。翻訳者によって訳語が違ってくるのはそのためである。

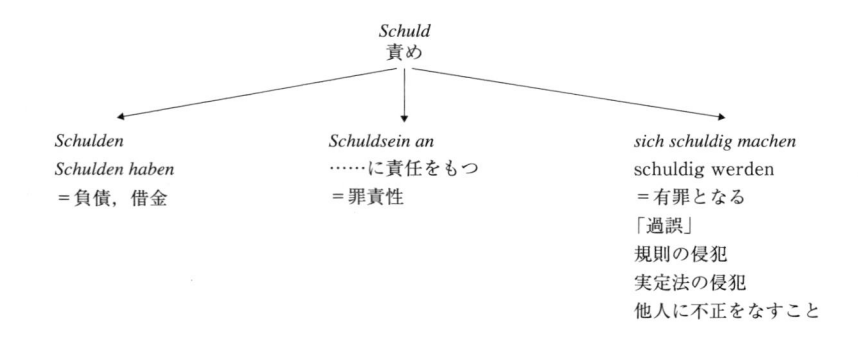

Schuld
責め

Schulden	*Schuldsein an*	*sich schuldig machen*
Schulden haben	……に責任をもつ	schuldig werden
＝負債，借金	＝罪責性	＝有罪となる
		「過誤」
		規則の侵犯
		実定法の侵犯
		他人に不正をなすこと

Schuld という語には，このようにさまざまな意味の力線があるのだが，これに対するハイデガーの戦略上の決定は，「現存在に固有の存在様態から責めあることの観念を」考える，というものである。そのためには，「他人との顧慮的共存在に関わるような責めの通俗的諸現象が脱落する (ausfallen) に至るまで」(SZ 283)，形式化を行う必要がある。この決定が，きわめて重大な帰結をはらむことは確かである。すなわち，責めある存在の実存論的意味を確定するためには，われわれが互いに責めを負う場合の諸様態をカッコに入れなければならない。また，先に見たように，当為や法への関係もカッコに入れなければならなくなる。これでは，良心が「脱道徳化」されてしまう恐れがあるのではなかろうか。
　このような排除は，責めの現象を根拠ある仕方で存在論的に解釈することによってしか正当化されないものである。ハイデガーの想定――ただしこの想定は自明というわけではない――は次のようなものである。〔ハイデガーとは〕反対の仮説をとって，責めを倫理的に解釈すると，責めが存在するのはわれわれが自らに先行する命令に応じない場合のみだということになるが，そうすると「過ち」は単なる「欠如 (Mangel)」と見なされることになる。「私は自分の義務を怠った」と言うような場合がそうである。だが，「欠如」というと，目前性のカテゴリーへと戻ってしまうように思われるのである。しかし，本当にそうだろうか。なぜ，逆の仮説をとって，「欠如」ないしは不足の現象の実存論的解釈を考案してはならないのであろうか。おそらくここにおいて，リクールとともに，このような「良心の脱道徳化」からは倒錯した帰結が出てくることもありうるのではないか，と問うべきであろう。そこでは，責めの観念が「あまりに性急に存在論化されて，その代価として負債を負うことの倫理的次元が失われている」。すなわち，この存在論化の代価として命令の観念が失われるのである。
　ハイデガー自身は，責めの実存論的解釈を「欠如」とはまた別の現象へと方向づけている。つまり「ではない」および「非性 (Nichtigkeit)」(SZ 283) という現象である。これはある種の実存論的「否定性」であって，現存在の存在そのものを構成している。「**責めある存在**は，責めを負うことからはじめて帰結するのではなく，逆に……責めを負うことは，ただ**根源的な責めある存在**という《根拠に基づいて》のみ可能なのである」(SZ 284)。
　このような「根源的な責めある存在」は，機能的には「原罪」という神学的

概念に相当するものであろうか。そうではない。今問題になっているものは，むしろ「原罪」の可能性の存在論的条件なのである。⁽²²⁾

　現存在の存在を構成するこの「ではない」という否定性の実存論的意味は，被投性の次元に探し求めるべきものである。被投性としての現存在は，「つねに自らの諸可能性の背後に立ち遅れたままである」（SZ 284）のであって，この意味で，現存在は自己自身の根拠で・は・な・い・。まさにこうした仕方で，「ではない」は実存論的意味をもつことになるのであるが，それをハイデガーは，企投，頽落，さらには気遣い自身といった他の実存論的構造へと転移させる。そうして，最終的には「気遣いは……徹頭徹尾非性によって貫かれている」（SZ 285）と言わねばならないことになる。

　以上の全てにおいて重要であるのは，この実存論的「非性」^(vii)が欠如や不足といった観念と対立するものだということである。ここでハイデガーが，悪をたんなる善ノ欠如（privatio boni）とみなす伝統的な定義——この定義がトマス主義の思想において重要であることはよく知られている——に戦いを挑んでいることは明らかである。だが，この楽観主義的に過ぎる悪の捉え方を退けるやいなや，「ではない」に単なる論理的地位ではなく，存在論的地位を見出すことが課題となるであろう。この問題は，『形而上学とは何か』において，また別の文脈で捉え直されることになる。

　このようにして，根・源・的・な責めある存在と道徳性との間に，はっきりと優先順位が設定されることになる。道徳性とは，結局は安らかな良心とやましい良心という現象であり，ニーチェが『道徳の系譜』の有名な考察で扱ったものである。責めある存在が道徳性の可能性の条件となる。「気遣いがその存在であるところの存在者は，事実的な責めを負いうるのみならず，自らの存在の根拠において責めあるもので在る。この責めあるもので在るということによって，はじめて現存在が事実的に実存しつつ責めあるものとなりうることの存在論的な条件が与えられる。そして，このように本質的に責めあるもので在るということが，等根源的に，《道徳的》な善と悪とを，すなわち道徳性一般およびその事実的に可能な諸変様との可能性の実存論的条件なのである」（SZ 286）。

　たしかにこれは決定的な宣言であって，以後道徳が，第一哲学という称号の候補者として実存論的分析論の舞台に出てくることはなくなる。道徳の重要性がどれほどのものであっても，それがより根本的なものを規定することはない。⁽²³⁾ハイデガーは，倫理学に対する存在論の優位を確立した後で，反対に存在論か

ら倫理学へと向かうにはどうすればよいかを示そうとはしなかった。リクールのように，これを残念なことだと考えることもできる(24)。ハイデガーの主張は，安らかな良心とやましい良心というのが，われわれの内的経験によって十分に証示されている現象であることと衝突してしまう。このような困難をハイデガーが知らなかったわけではない。責めある存在が，よい良心ややましい良心と同じように内的経験によって証示されていると言い張ることは難しいだろう。責めある存在は，内的な知も含めて，知の領域からわれわれを引き離してしまうものだからである。ここでもまた，現れるものの現象学から現れないものの現象学への困難な移行が求められているのである。

　　　現れる現象　：　呼び出しつつ呼び戻すこととしての呼び声
　　　　↓　　　　　　（安らかなあるいはやましい良心，後悔，等々）
　　　現れない現象　：　責めある存在

　たしかに，責めある存在への呼び出しなるものがそもそもありうるのかどうか，ということは問題になる。言い換えれば，責めの観念を存在論化し，それに道徳的意味を与えることを禁じるやいなや，分析全体を支える良心の呼び声という現象が見失われてしまうように見える(25)。この問題をハイデガーは一気に解決する。すなわち，責めある存在とは呼び声に向かって自由になることだというのである。「現存在は，呼び声を理解しつつ，自己のもっとも固有な実存可能性へと聞き従う。現存在は自ら自身を選択したのだ」(*SZ* 287)。
　それゆえ，責めによって聴従が覆い隠されるとは言えないのであって，むしろ，聴従することによって呼び声に新たな輪郭が与えられるのである。つまり，「呼び声を理解するとは選択すること」であり，「呼びかけを理解するとは，良心をもとうと意志することである」(*SZ* 288)。この内的態勢——そのように呼べるとしてのことだが——がなければ，責任ある行為というものもなくなってしまう。逆から言えば，責任とは，何よりも「現存在がもっとも固有な自己自身を自己の内で行為させる（*in sich handeln*）」(*SZ* 288)ということである。この意味では，責任ということが，全ての道徳的行為に関する前道徳的な可能性の条件の規定になると言えるかもしれない。とはいえ，ハイデガーが道徳的行為の理論，すなわち善と悪の間での選択を迫られる行為についての理論を提示しなかったというのは，否定すべくもないことである。

それだけになお，この文脈でまさしく証しのカテゴリーが導入されるということにもっと注目すべきである。「良心は……現存在の存在に属している証しとして自らを示す。この証しにおいて，良心はこの現存在をそのもっとも固有な存在可能の前へと呼び出すのである」（SZ 288）。ハイデガーにとっては，証しというカテゴリーの導入によって，良心の解釈は最終段階を迎えることになる（SZ 289）。この観念が前面に出てくるとともに，二つの新たな問いが生じてくる。すなわち，この観念の実存論的意義をどのようにして具体化すればよいのかという問い，そして，この観念もまた普通の良心経験を無理やりねじ曲げるものではないかという問いである。

第59節　良心の実存論的 解釈（インテルプレタツィオン）と通俗的な良心解釈

　上の二つ目の問いに答えるのがこの第59節である。良心の現象についての実存論的解釈は，「通俗的」経験の教えからは大きく隔たっており，その点が問題になるということは，ハイデガー自身よく承知していることである。なるほど，実存論的‐存在論的解釈とは，けっして単に通俗的経験を言い換えたものではありえない。だが，逆から言えば，通俗的な良心経験がまったく誤っているということもありえないのである。ここでもまた，存在論以前の次元が，厳密な意味での存在論的次元に対して積極的な関係をもつとみなされるわけである（SZ 289）。したがって，実存論的分析論は，それがどれほど根源的なものであろうと，良心経験の所与についての人間学的，心理学的，あるいは神学的な諸理論に背を向けることはできないであろう。

　多くの事柄が，この二種類の言説の間の往還をどう考えるかにかかっていることは明らかである。ハイデガーは，ここでも実存論的分析論が純粋に存在論的な方向性をもつことをアリバイとして，むしろ二つの言説の間の可能な突き合わせを避けているように思われる。もっとも彼は，それでも避けることのできない「本質的問題」をいくつか挙げている。それは以下の四つの問題である。

1. 「安らかな」良心と「やましい」良心の区別をどのように説明するのか

　これは，ニーチェの『道徳の系譜』第一論文以来，避けて通ることが難しい問題であると思われる。だが，まさしくこの問いをハイデガーは避けているのではないか。良心とは「安らかな〔善い〕」ものであったり「やましい〔悪い〕」ものであったりするのであって，主体が自らのなした行為に後から付与

する道徳的判断である（もちろん，その行為が「善い」とか「悪い」とか形容できるものであるとしての話だが）。この点について，ハイデガーは考慮していないように思われるのである。過ちが現実になされたり，現実に回避されたりした時に，安らかな良心ややましい良心といったものが存在する。だが，まさに行為の継起や展開のこうした順序を，実存論的分析論は逆転させてしまう。「なるほど声は呼び戻すのだが，しかしそれは，起こった行為を超えて，被投的な責めある存在の内へと呼び戻すのであって，この責めある存在は，あらゆる負債よりも《先に》あるものである」（SZ 291）。

したがって，責めとは悪しき行為の結果ではなく，悪しき行為に先立つものである。これはやましい良心の場合に言えることであるが，同じことは，必要な変更を加えれば，「安らかな良心」にも——安らかな良心にこそいっそう——当てはまる。ある行為を善いものとみなすことによって，良心という現象のそもそもの姿が捉えられるわけではないのである。ここには，シェーラーの良心解釈に対するハイデガーの反応が見られる。シェーラーによれば，「安らかな良心」とは，やましい良心の不在（あるいは欠如）でしかない。「平静な良心」をもち，「自らに非難すべきところが全くない」時，私は安らかな良心をもつのである。だが，ハイデガーはシェーラーのこのような解釈の妥当性に異議を申し立てるばかりか，さらにラディカルな解決を提案する。「《安らかな》良心とは，独立の良心形態でもなければ〔より根源的な現象に〕基礎づけられた良心形態でもなく，つまりはそもそもまったく良心現象ではないのである」（SZ 292）。

これと同様に，勧告として働く良心——「前へと指示し警告する」良心と，過ちを犯してしまった場合に叱責する良心という区別も，「根本においては現象に触れていない」と言うべきである。後から悔いても遅すぎるというだけではなく，〔前もっての〕勧告の作用でさえも派生的で第二次的な現象なのである。

2．良心の日常的経験は責めある存在の〈呼びかけられている〉
というあり方を見落としていないか

そのとおり，というのが答えである。この二つのレベルでの良心の記述は互いに大きく隔たっており，それぞれに結びつけられる理論的言説も大きく異なるものとなる。ハイデガーによれば，これは良心という現象そのものが二重に

隠蔽されているからである。一方で，良心を説明しようとする理論は，責めという存在様態を把握できないので，もっぱら体験や心的過程の連続という考えにとどまる。他方で良心の経験は，裁き手や検閲官というイメージとともに，「《内心》の法廷」というイメージをもち出してくるのである。

この「内心の法廷」というものがカントの用いた表象であることを想起させつつ，ハイデガーは全ての道徳理論の前提には「人倫の形而上学」がなければならないという要請を立てるが，この「人倫の形而上学」をただちに現存在の存在論へと吸収している（SZ 293）。この箇所は，形而上学と基礎的存在論がどのように結びつきうるかを垣間見させるという点で，『存在と時間』では珍しい叙述である。だが，「人倫の形而上学」が現存在の存在論と全く同じでなければならないということは，何によって保証されるのであろうか。

3．良心とはなされた行為や意志された行為に必ず関わるものなのか

ハイデガーによれば，現存在は「借金家計」に喩えられるようなものではない。すなわち，口座に金がないのに小切手を切るといった無反省な行為の代価を払わされる家計のようなものではない。実際，こうした通俗的概念化では，負債とは一つの経験的な状況であり，回避することもできた事柄であることになる。そうなると，現存在の存在そのものが責めによって規定されているという考え方は成り立たなくなるし，自己の本来的な証しなどという考え方はなおさら成り立たなくなる。だが，負債のこうした「経済的」イメージは，さらに掘り下げて考えるべきものであるのかもしれない。それは，例えばフロイトが第二局所論で自我・超自我・エスという三つの審級を区別した時に行ったことである。

4．良心の批判機能は実存論的解釈によってどのように説明されるのか

最後にこのような問いを立てねばならないのは，良心の呼び声は積極的な情報を何も伝えないものだからである。結局のところ，カント的な形式的道徳とシェーラー的な「実質的価値倫理学」とを同時に回避する手段を見出すということが，ハイデガーにとっての問題である。カントが良心の純粋に批判的な機能を強調するのに対して，シェーラーは価値体系として具体化した積極的な行為指針を求めるのである。

実存論的な見地で問題になるのは，この二つのどちらとも異なる事柄である。

つまり，道徳的行為の可能性そのものを基礎づけることが問題となるのである。「実存論的意味では……正しく理解された呼び声は，《もっとも積極的なもの》を，すなわち現存在が自らにあらかじめ与えうるもっとも固有な可能性を与える。しかもこの可能性を，そのつどの事実的な自己存在可能へと呼び出しつつ呼び戻すものとして与える。呼び声を本来的に聞くというのは，事実的な行為に出ることなのである」(SZ 294)。このような見地からすれば，「私は何をなすべきか」という問いは，おそらく不適切な問いであることになるだろう。それは，「私は何を知りうるか」というのが不適切な問いであったのと同じことである。

以上の四つの問いと，それに対してハイデガーが示唆する答えをまとめてみれば，良心現象の通俗的解釈への「存在論的批判」ということになる。もちろんこれは，あれこれの良心解釈についてその実存的な道徳的価値を判定するような批判ではない。あるいはまた，良心の真剣さと本来性はもっぱら実存論的解釈が独占しており，他の全ての言説は取るに足らないものだ，ということでもないのである。

第 60 節　証しと覚悟性

良心の実存論的解釈が最終的に行きつくのは，「自己のもっとも固有な存在可能に関して現存在自身の内に存している証し」(SZ 295) という現象である。それは，「責めあることにおいて，もっとも固有な自己をそれ自身からそれ自身の内で行為させること」(SZ 295) である。これが本来性という実存論的体制の定義となる。ここで目を引くのは，本来性の実存論的な根を保証するのが，良心のもっとも深い次元としての証しであるということである。こうして，本来性は独特の存在論的アンガジュマンという性格を帯びてくる。それは，「自己性という様式で実存するという確信——信頼と信任」[26] なのである。

1．証しの三重構造——情態性，理解，話

この証しの概念だけでもすでに注目すべきものであるが，それに加えて，ここでは可能的なものというカテゴリーが再び登場している。これは，理解についての第 31 節の分析で導入されたものである。まるでハイデガーは，証しを情態性，理解，話という三つの実存疇と連動させようとしているかのようである。証しはこの三つと一種の家族的類似によって結びついているように思われ

る。すなわち証しは，情態性，理解，言語という三つの顔を同時に見せるのである。

1／まず第一に，証しとは一つの情態性であるが，どんな情態性でもよいわけではない。証しとは不安という根本情態性である。良心の不安（Gewissensangst）という言い方がされるのは，理由のないことではないのである（SZ 296）。

2／次いで，理解という点では，証しとは本来的な存在可能の理解，すなわちここでは「もっとも固有な責めあることへと自らを企投すること」（SZ 296）の理解だということになる。

3／最後に，——これはもっとも詳しく論じられている面であるが——証しとは特殊な様態の話に対応するものである。この話の根源性は，良心の呼び声＝訴え（appel）が「最終的＝上訴不可能（sans appel）」で取消しできないものだという点にある。ここでは Rede〔話〕に対する Gegenrede〔反論〕は認められない。良心の呼び声は「問答無用」なのである。それゆえ，対話的コミュニケーションをモデルにした図式は一切妥当しない。公開的〔公共的〕な話であれば，「終わりなき議論」をモデルにして分析できるが（ハーバーマスとアーペルが定義する「コミュニケーション的理性」のモデルを参照せよ），そのようなモデルは良心の声という現象に対しては機能しない。良心の声には内なる討論という形さえもないのである。

そのために，良心の声を言語現象とは認めない人もいる。だが，第34節では，沈黙することが話の根本的な可能性として現象学的に特徴づけられていた。それを思い起こせば，ハイデガーにとっては，良心の声を言語的現象とみなしても差し支えないことが分かる。実際，良心に固有の言語活動は，もっぱら黙秘（Verschwiegenheit）という様態で現れる。良心の呼び声は，けっして公共の議論の言葉で翻訳できるものではない。公共の空話は，逆に言葉の洪水によってこの内的な沈黙の話をふさいでしまうのである。実際，黙秘は「〈ひと〉の分別ぶった空話から言葉を奪い去る」（SZ 296）のであるが，それに対して，ひとの空話の側では，事実しか問題にしない純粋に事実確認的な言語の側に立って，この内的な発話の存在をかたくなに否定するのである。

このようなわけで，要するに良心は，「不安という情態性と，もっとも固有な責めある存在への自己企投としての理解と，黙秘としての話によって」（SZ 296）規定されるのである。

2．証しから覚悟性へ

　以上，証しの三つの面を述べたが，それらの家族的類似の基礎となる実存論的な共通分母について，もっとはっきりと示す手立てはないであろうか。それを指示するためにハイデガーが選んだのが，「覚悟性（*Entschlossenheit*）」という術語である。この新たな実存論的構造によって，実存論的分析論は決断主義的な，さらには主意主義的で英雄的な様相を呈することになると言うべきであろうか。以下のいくつかの点で，ここは実存論的分析論にとっての決定的な岐路となる。

a）　開示性（*Erschlossenheit*）と覚悟性（*Entschlossenheit*）（存在論的次元）

　まず注目すべきであるのは，覚悟性という構造が，第44節で実存の根源的真理として定義された現存在の「開示性（*Erschlossenheit*）」と同一平面上に置かれていることである。覚悟性によって，この根源的真理は最大の**本来性**という方向へと向けられることになる。「覚悟性によって，**本来的であるがゆえに**もっとも根源的な現存在の真理が獲得されたのである」（*SZ* 297）。こうした存在論的観点から見た場合，以後，開示性に三つの根本様態を区別することが必要になる。

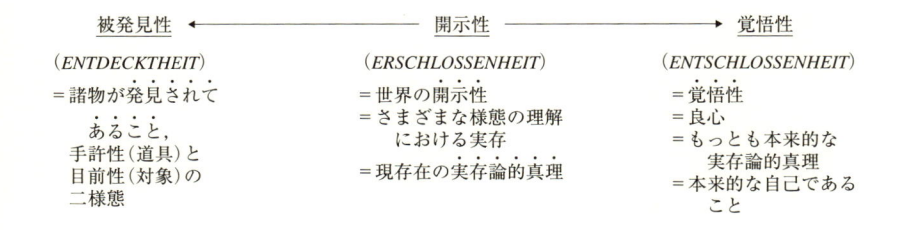

被発見性 ←	開示性	→ 覚悟性
（ENTDECKTHEIT）	（ERSCHLOSSENHEIT）	（ENTSCHLOSSENHEIT）
＝諸物が発見されてあること，手許性（道具）と目前性（対象）の二様態	＝世界の開示性 ＝さまざまな様態の理解における実存 ＝現存在の実存論的真理	＝覚悟性 ＝良心 ＝もっとも本来的な実存論的真理 ＝本来的な自己であること

　さて，覚悟性という契機が見出されると，それが世界と他人という別の二つの次元へと還流していくことによって，諸々の事物や他の実存者への関係が違った様相を呈してくるように思われる。「この**本来的な開示性**は，それに基づいた《世界》の被発見性と，他の人々の共現存在の開示性とを等根源的に変様するのである」（*SZ* 297）。

　他人への関係の場合をとってみれば，覚悟性（本来的な自己存在）があるところでのみ，もっとも本来的な意味での顧慮もまた存在しうるということにな

る。この顧慮とは，他人の他性を鋭敏に感じとり，他人が全面的に自分自身となることを助けられるような「良心」である。それが「先んじて飛んで解き放つ」顧慮（第26節，SZ 122）の課題であった。ここから出てくるのが次の重要な言明である。「覚悟性という本来的な自己存在からはじめて，本来的な相互存在が湧き出してくるのであって，〈ひと〉や〈ひと〉の企てにおける曖昧で嫉妬深い合意や言葉だけの親睦からではない」（SZ 298）。ハイデガーがこの言葉だけの親睦の実に不愉快な見本となる「総長就任講演」を行ったのは，それからわずか5年後のことであった。

b) 覚悟性と決断――実存論的なものと実存的なものとの接合

「覚悟性がそれ自身を確たるものとするのは，ただ決断としてのみである」（SZ 298）。覚悟性が実存論的構造である以上，それを特徴づける固有の規定を，「規定された」意志の働き，すなわち「自分が何を意志しているかを知っている」意志の働きと混同すべきではない。だからこそ，覚悟性が具体化するためには，具体的で実存的な決断が必要なのである。規定と未規定とのこうした弁証法は一見理解しがたいものであるが，それをよりよく理解するためには事実性ということから考えてみるのがよい。事実性には，事実的現存在はいつもすでに「〈ひと〉の独裁」の支配下にあるということが含まれている。現存在はこの支配から身を守ることはできない。このように〈ひと〉という独裁者に屈服するというのは，覚悟性と反対の「不覚悟性（Unentschlossenheit）」である。まさしくこの不覚悟性に終止符を打つのが，良心の呼び声の「果実」としての覚悟性である。それゆえ，覚悟性のみが現存在に「その本来的な透見性」（SZ 299）を与えるのであり，それによって現存在は自分自身に対して真に「透明」になるのである。

以上の全分析において，実存論的構造と心理学的類型とを一緒くたにしないようにすることが肝心である。ハイデガーの説明によれば，不覚悟性とは，心理的な制止によって決断や行為ができなくなっているような主体の心的状態のことではない。反対に，覚悟性とは決断力や行動力にあふれた者だけの態度ではないとも言えよう。このことは，覚悟性に関する次のような規定からはっきりと引き出されることであり，またそれは反対から見れば不覚悟性の規定にもなるのである。「覚悟性において，現存在にとって問題になるのはそのもっとも固有な存在可能であるが，それは被投的な存在可能として，一定の事実的な

諸可能性へと向かって自らを企投することができるだけである」（SZ 299）。

　方法論的な視点から目に付くのは，覚悟性の観念によって，これまではっきりと区別されてきた二つの次元の結合がなされるということであろう。その二つとは，実存論的構造と実存的選択である。たしかに，すでに第 42 節で，実存論的構造（第 42 節の場合は気遣いという根本構造）が存在論以前の実存的な証言によって確証されるという可能性が垣間見られていた。だが，これまで可能性でしかなかったものが，今やある種の必然性となったのである。この意味で，リクールとともに，覚悟性の観念の導入は『存在と時間』の解釈学的現象学にとってもっとも重要な結節点であると言える(27)。というのも，「良心が覚悟性に与える証言は，根源性に本来性というしるしを刻みつけるからである(28)」。

　しかし，この驚くべき結合の結果，実存論的なものと実存的なものの区別が相対的に薄れてくることになる。その代償がどのようなものになるかということも問うておくべきであろう。ここまでハイデガーは，純粋に実存論的な次元に立てこもっていたので，実存に関するさまざまな実存的解釈の間の「諸解釈の葛藤」*25 に介入しなくてもすんでいた。だが，今やハイデガーは，彼個人の覚悟性概念——これが「ある種のストア主義の影響」(29)を帯びていないとは断言できない——を，アウグスティヌスやキェルケゴールらの解釈と競合させることになる。こうして，事態はあたかもハイデガーが裁判官でありかつ裁判の当事者であるかのような様相を呈してくるのである。

c）覚悟性と状況（行為の問題）

　さらに，最後の実存論的現象の一つとして言及すべきであるのが「状況（Situation）」である。「決断はつねにある《状況》と関係する(30)」。この状況という観念によって，第 24 節の実存論的空間性に関する分析がある仕方であらためて指示される。現存在の世界への現前を性格づける諸々の空間的な特徴に，ここでもう一つ新たな次元が加わるのである。「現の空間性が開示性に基づいているように，状況は覚悟性を基礎としている」（SZ 299）。

　「状況」の実存論的意味をきちんと理解しなければならない。この意味での状況とは，われわれの行為の外的枠組を定める諸々の事情や偶然のことではない。覚悟性によって創り出され，覚悟性からその意味を引き出してくるという点に，その特性があるのである。

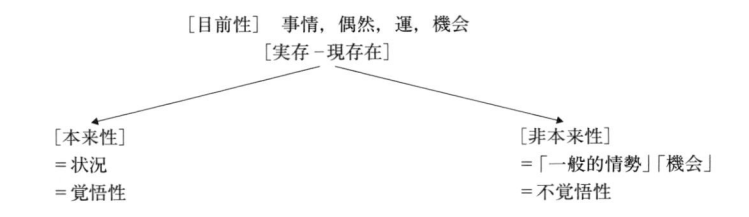

```
           [目前性] 事情，偶然，運，機会
             [実存-現存在]


    [本来性]                           [非本来性]
    ＝状況                            ＝「一般的情勢」「機会」
    ＝覚悟性                           ＝不覚悟性
```

　注意すべきであるのは，「ひと」は「状況」を知らないわけではないが，状況は本質上「ひと」には閉ざされているということ，それに対して「覚悟性は〈現〉の存在をその状況の実存へと運び入れる」（SZ 300）ということである。それゆえ，状況という概念は，良心の呼び声（および覚悟性）を二重の誤解から守るものとみなされる。一方で，繰り返しになるが，呼び声とは，あるべき主体の姿についての理想を提示したり，現実の自我と理想自我との隔たりを主体に告げるものではない。他方で，覚悟性とは，あれこれの行為への「意向」や「傾向」（ハビトゥス（habitus））にすぎないものでもないのである。[31]

　ハイデガーの覚悟性観念は，意志の哲学に属するものではないのと同様に，行為の哲学に属するものでもないと思われる。覚悟性には行為の哲学など必要ではない。なぜなら，覚悟性とは，行為を準備する内的活動などではなく，行為そのもの，その実存論的源泉において捉えられた行為だからである。「覚悟したものとして，現存在はすでに行為している」（SZ 300）。この言明の重要性は明らかである。というのも，それは実存論的分析論と行為の哲学――アーレントが『人間の条件』で展開したような――との関係という問題に全面的に関わってくるからである。[32]

　ハイデガーは，彼が行為という概念を意図的に避けようとしていることを明言している。行為〔能動〕（action）という概念には二重の不利益が伴う。すなわち，能動性が重視されて受動性が無視されてしまうことと，ほぼ宿命的に理論的なものと実践的なものとの対立を招いてしまうということである。だが，理論と実践の対立というのは，すでに見たように，実存論的分析論が最初から異を唱えてきたことである。また第一の不利益については，情態性と理解，あるいは被投性と企投の接合によって乗り越えられるものである。

　それゆえ，行為の哲学なるものがあるとすれば，それはこの二重の障害を乗り越えられるという証拠を提示しなければなるまい。[33] 実存論的分析論の方でも，「主題的な実存論的人間学」（SZ 301）を参照して，覚悟性の構造とそのさま

ざまな現れを具体的に解明しなければならない。存在論的探究という観点から見れば、われわれが探してきた「**本来的な全体存在可能の存在論的意味**」が、覚悟性によって保持されるものであることを発見したというのが主たる成果である。それによって、「現存在の本来性とは、空虚な名称でもなければ捏造された理念でもない」(*SZ* 301) ことが分かるのである。

　またしてもここで、はたして良心という現象は、このように本来性のみを強調することによって十分正当化されるものであるのか、という問いが出てくるであろう。良心の内で響き渡る比類ない内的な声には、責めと命令の両方の契機が結合した形で含まれているのではなかろうか。この声は、他人の他性に還元されるわけではないとしても、ハイデガーが認める以上に他人の他性を強く前提していることは確かではないのか。最終的には、リクールが明察していた(34)とおり、少なくともハイデガーから受け継ぐことができるのは、良心を他人の他性に還元できない独特の他性（および受動性）の一源泉として認めなければならない、という論点である。だが、この点を踏まえるならば、責めを超えて命令〔という現象〕を「救う」ことがなおさら急務となるのである。

　こうした問いは、ハイデガーの分析で論争になりうる点に関わるものであるが、ハイデガー自身の歩みの内側に立って見るならば、これとは別の難問が目についてくる。すなわち、長きにわたる現存在の全体性の探究もこれでようやく終わりだと思われるかもしれないが、実はそうではないということである。まだこれは実存論的企投にすぎないのであって、その実存的な証しをさらに探し求めなければならないのである。

第三章　気遣いの存在論的意味としての時間性

第61節　現存在の本来的な全体存在と時間性の現象

　終わりに辿り着いたかと思いきや，またしてもここで，われわれは現存在の全体性という謎に直面させられる。この謎は，『存在と時間』の第二篇全体を支配するのである。こうして，先に指摘しておいた「延期戦略」の重要性が再び確証される。だが，とうとうこの章で，われわれは本当に時間性の現象に出くわすことになる。この現象は，これまでの記述全体の前提でありながら，まだ一度も主題的に扱われていなかったのである。このように新たな閾を越えなければならないのだから，当然方法上の問題が重要になってくる。本節では主にそうした問題が扱われる。

　先の二つの章では，苦労の末二つの現象が獲得された。すなわち，死への存在の分析の側には先駆の構造（第58節），良心の側には覚悟性の構造（第60節）が見出されたのである。第一の難問は，この二つの構造の関係は正確に言ってどのような性質のものになるのか，ということである。さて，少なくとも一見した限りでは，先駆と覚悟性とは別々の事柄である。現象を無理やりねじ曲げようとするのでなければ，この二つを一緒くたにすることはできないであろう。だが，どちらの現象にも実存という理念が含まれている。

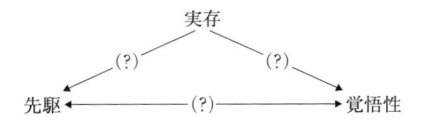

```
                実存
              /      \
           (?)        (?)
           /            \
        先駆 ←── (?) ──→ 覚悟性
```

　両者の結びつきの性質が解明されていない以上，先駆と覚悟性という二つの現象は，なお「実存論的に《終わりまで考え抜かれて》(ix)（*existenzial "zu Ende gedacht"*）」(*SZ* 303) いないと言わねばならない。ところで，「終わりまで考え抜く」ことは，「解釈（インテルプレタツィオン）という仕方で現存在を実存の最極端の可能性へと解放する」(*SZ* 303) という形をとらねばならない。この定式に促されて，われわれはハイデガーの歩みの「解釈的」（＝解釈学的）なあり方へと注意を向

けることになる。現れない現象の典型である時間性という現象との出会いへと向けて準備している今、われわれは、そのような出会いへと赴くことができるのは「解釈学的現象学」のみであることを心に留めておくべきである。こうした方法論的考察の重要性は、本章を読み進めるにつれてますますよく見えてくるであろう。とくに第63節は、解釈学の小「方法序説」として読めるものである。

　現存在の全体性が最初に見出されたのは、気遣いという現象としてであった。だが、この現象の分析を深めていくのに伴って、実存論的分析論は自らの方法論的企投を明確化しなければならなくなったように思われる。「これまで明らかにされてきた現存在の基礎的諸構造は全て、その可能的な全体性、統一性、展開から見れば根本において《時間的》であって、時間性の時熟の諸様態として把握されねばならない」（SZ 304）ということ、この点を証示することが新たな課題となるのである。

　こうして、ハイデガーの歩みの第二の特徴が明らかになってくる。それは、すでに第45節で垣間見たように、世界内存在に関する約200ページもの膨大な分析は時間ノ相ノモトニ（sub specie temporis）反復されねばならない、ということである。この反復作業は、本章から始まって、次章の大部分を費やして行われることになる。だが、ここでいう反復とは単なる繰り返しではないことをきちんと理解しておかねばならない。反復とは再解釈ということなのである。このように表明された課題は、それ自体新たな問題を含んでいる。世界内存在の実存論的諸構造に含まれた時間性とは、どのようなものなのであろうか。それが、「時間の通俗的経験」を支配している年代記的な時計の時間ではないことは明らかである。それゆえ、「時間性の根源的現象」を探し求めねばならない。この現象を語る言葉をわれわれがもち合わせているかどうかは定かではないが、それでも骨折って探し求めねばならないのである。

第62節　先駆的覚悟性としての現存在の実存的に本来的な全体存在可能

　この節の表題は〔通常の言語表現にはなじまない〕破格のものであるが、それによって予告されるのは、言語の上だけではなく概念に関わる困難が待ち受けているということである。実存論的なものと実存的なものとの接合は、すでに覚悟性の分析において垣間見たものであるが（第60節、SZ 298-301）、今やこの接合が、覚悟性と死への先駆という二つの現象を「溶接（Zusam-

menschweißen）」しようという試みのおかげで，はっきりと姿を現してくる。二つの現象を「終わりまで考え抜く（*Zu Ende denken*）」ようにという要求は，この溶接によって果たされるのである。

　前節で用いられた「終わりまで考え抜く」という言い回しが，ここで何度も繰り返されていることに目を留めておこう。まさしくこの表現が，問題解決の原理を告げるものとなる。すなわち，「終わりまで考え抜かれた」覚悟性は，死の実存論的概念の規定である「終わりへの存在（*Sein zum Ende*）」（第52節）に自らが直面していることに気づくのである。「覚悟性は，**終わりへと理解しつつ存在すること**として，すなわち死の内への先駆として，本来自らがそれでありうるところのものとなる」（*SZ* 305）。このような溶接では，意味上の手品にすぎないように見えるであろう（「終わりまで考え抜く」が〔現存在の〕「終わりまで（*bis zum Ende*）」になるわけである）。だからハイデガーは，この「連関」を現象として規定することが不可欠だと言うのである。

　そのためには，まず覚悟性の実存論的地位がどのようなものであったかを思い出さねばならない。覚悟性は責めある存在に関わるが，そこでは責めが量的に区別されたり，時間的に中断されたりすることは絶対にありえない。つまり，現存在は「より多く」有罪であったり，「より少なく」有罪であったりすることはないし，ある時は有罪だが，別の時にはそうではないということもないのである。現存在は，「それが実存する間ずっと」（*SZ* 305）ただひたすら罪ある（「責めある」）者なのである。死への先駆は，責めある存在のこのような恒続性（*Ständigkeit*）に含まれている。まさしくそれは，覚悟性自身の本来性という実存的様相として（*SZ* 305），そこに含まれているのである。

　こうして，先駆的覚悟性において，本来性，全体性，根源性という三つの特性が結びつけられる。「先駆的覚悟性がはじめて，責めある存在でありうることを，**本来的**にかつ**全体的**に，すなわち**根源的**に理解するのである」（*SZ* 306）。

　最後の「根源的」という形容詞については，その意味を説明するために重要な注が付けられている。この語は誤解を招きかねないものであって，実際，神学的人間学や「原罪」の教義——最初の男女の堕落以来，人間は堕落ノ状態（*status corruptionis*）にあるとする教義——と結びつけたくなってしまう。事実，人間の現実的で永続的な存在をいかなる質的差異も許さずに規定すること——ここに「原罪」概念の逆説がある——が，神学的人間学の狙いなのである。

最初のアダムが犯した過ちの現実性は，後の人類の状態に刻みつけられ，救い主によって恩寵ノ状態（*status gratiae*）へと高められるまではそのままの状態が続く。だが，ハイデガーにとっては，過ちのこのような現実性が〔彼の言う〕責めある存在なのではない。反対に，責めある存在こそが，原罪の可能性の存在論的な条件なのである。「神学は，実存論的に規定された責めある存在の内に，自らの事実的な可能性の条件を見出すかもしれない。この堕落ノ状態という理念に含まれる責め（*Schuld*）は，まったく独特の種類の事実的な過誤である。それには独特の証しがあるが，この証しは，根本的にいかなる哲学的経験に対しても閉ざされたままである。責めある存在の実存論的分析は，罪の可能性に賛成も反対もしない。現存在の存在論は，哲学的問いとしては根本的には罪について何も《知る》ことはないのであって，その限りにおいて，厳密には，この存在論はそれ自身から罪の可能性を総じて未決定のままにしておくのだ，と言うことさえできないのである」（*SZ* 306, note）。

　この注記は明らかに綱領的な性格のものであって，それについてはコメントしておくべきことがいくつもある。

1／この注記が，哲学と神学との関係についてきわめて明確な考え方を採用していることは明らかである。この考え方は，ほんの概観でしかないが，1927年のテュービンゲンでの講演「現象学と神学」で説明されている。この講演は，目下検討中の「『存在と時間』の作業場」に属する重要資料であるのだが，これについてはまた後で立ち戻ることにしたい。
2／哲学の言説と神学の言説は徹底的に分離しているものだという考えが，最初から示唆されている。「哲学は罪について何も知らない」のである。しかし，だからといって，二つの言説が全く連関をもたないというわけではない。それどころか，責めある存在という存在論的観念は，神学者に対して，罪の事実的可能性の「存在論的条件」として提示されるのである。これが神学にとって救いの手となるのかどうかは，神学者が決めるべきことである。
3／しかし，哲学者に問いが投げ返されるということもありうる。人類の祖先による現実の過ちが，「意志の経験論[*26]」でしか把握できないような独特のあり方をしているとしたら，はたして哲学は，この過ちが哲学的経験からはけっして接近できない「独自な証しの様態」をもっていることを確認す

るだけでよいのであろうか。やはり哲学者は，そのような安易な仕方で手を引くのではなく，そうした様態の証しにさらに関心を向け，必要ならば，哲学本来の概念的要求を捨てることなしに，そのような証しによって教えられるべきではなかろうか。まさにこうした可能性に賭けているのが，リクールの『悪の象徴系』である。そこで彼は，まず最初に告白の言語とそこから作動する過ちの第一次的象徴へと関心を向け（第一の様態の証し），それから悪の神話へと移る（第二の様態の証し）のである。⁽³⁷⁾

　以上，一つの重要な注をきっかけに話が「哲学的神学」へと逸れてしまったが，再び『存在と時間』の本文に戻ることにしよう。そうすると，もう一つの重要なモチーフが見出される。「自らに固有の存在可能が本来的になり，全体的に透見されるようになるのは，もっとも固有な可能性として死に理解しつつ関わっている存在においてである」（SZ 307）。今や反省的コギトが探し求めていた自己への透見性は，「我死ニツツ在リ（sum moribundus）」を全面的に引き受けることによってのみ生じうる「透見性」へと決定的に場所を明け渡すのである。したがって，「確実性」というデカルト的な主題——これは第52節で死への存在を論じる時にはじめて出てきたものである（SZ 255-258）——が，この文脈で再登場するのは何ら驚くべきことではない。今やこの確実性は，最終的な，追い越し不可能な，決定的な形で次のように表現されることになる。「覚悟性が先駆しつつ自らの存在可能の内へと死の可能性を取り込む時，現存在の本来的実存は，もはや何ものによっても追い越されることがありえない」（SZ 307）。以後，確実性という主題は認識論的な含意から完全に解き放たれ，実存的な確信として決断において証しされたものとなる。だが，やはりレヴィナスとともに次のように問うべきであろう。他人はどれほど本来的な実存をも「人質にとる」のであって，この全面的な自己確信は他人の闖入によって乗り越えられるのではなかろうか，と。

　覚悟性に固有の確実性を状況に根を下ろしたものと見なしたくなるのは当然であろう。そうすると，個別的な状況の数だけ異なる「確実性」があることになる。だが，ハイデガーの定義によると，覚悟性に固有の確実性とは，「可能でありかつそのつど事実的に必然的である自らの撤回（Zurücknahme）へと向かって自らを自由に開いておくこと」（SZ 308）である。覚悟性とは，あれこれの状況に囚われたものではなく，それどころか「自らを撤回する」ことによ

ってそれ自身を反復する（*Wiederholung ihrer selbst*）ものである。というのも，まさしく覚悟性の恒続性は死の確実性に根をもっているからである。

　第44節で規定されたように，根源的な実存論的真理は真理と非真理との弁証法的関係によって性格づけられるものであった。覚悟性にも同じ弁証法的関係が響いている。実際，覚悟性に伴う確実性には，「実存する存在者を徹底的に支配している無規定性」（*SZ* 308）についての知が含まれている。これは死の確実性の無規定性であり，根源的には不安として暴露されるものである。したがって，覚悟性に固有の確信は，不安を自らの背後に置き去るものではない。不安は「現存在がそれ自身へと委ね渡されていることを覆う全ての隠蔽物を取り払う」（*SZ* 308）。そうである以上，この確信はむしろ全面的に不安へと曝されているのである。

　このようにして，実存論的な死への存在を性格づける際に用いられた様態化の諸契機（第53節，cf: *SZ* 263-265）は，全て覚悟性の構造へと移された。だが，反対から見れば，覚悟性と先駆を強力に結合させたことによって重大な帰結が生じることになる。つまり，これまで実存論的な構造でしかなかったものが，今や実存的な存在可能の証となるのである。これはきわめて大きな変化である。現存在の準備的分析では，実存論的なものと実存的なものとがきわめて注意深く区別されていたのであるが，その二つが重なりあうのである。「本来的な《死を思うこと》は，実存的にそれ自身に透見されるようになった，〈良心をもとうと意志すること〉である」（*SZ* 309）。

　実存論的なものと実存的なものの一致をこのように言い表す場合，次のような問題が生じてくる。

1／その場合，意図せずして，良心の現象からまさしく良心を良心として性格づけるもっと固有な特徴を奪ってしまう恐れはないであろうか。これは，すでに前章の終わりで提起した難点であるが，ここにきて困難はさらに強まるのである。
2／「死を思うこと」をもち出すことで，ハイデガーは，哲学の使命は「死の修練」であるという古来の思想を追認しようというのであろうか。だが，哲学することが実存的な死ノ技法（*ars moriendi*）となるとすれば，死へのさまざまな実存的アプローチと対決せざるをえないであろう。実際，この節の最後では，ハイデガー自身の考える死への実存的な態度が，他の可

能な態度との競合の中でさまざまに形容されている。すなわち，世界から逃避する「離脱（Abgeschiedenheit）」を拒否すること，慰めを拒む「幻想を脱した」態度，「冷静な不安（nüchterne Angst）」（奇妙な表現だが）と結びついた落ち着いた態度，「心構えのできた歓び（gerüstete Freude）」といった表現である。これらは全て，偶然や迷妄から解き放たれていると主張する一種のストア主義を表しているのではなかろうか。

3／ハイデガー自身，こうした批判的な問いかけを受けざるをえないことを意識しているように見える。なぜならハイデガーは，良心の分析の全体にわたって，現存在に生の理想を提示するような言い方を周到に避けていたにもかかわらず，ここで一つの理想的な実存のあり方を提示してしまっていることを認めているからである。「だが，以上で遂行された現存在の実存の存在論的解釈（インテルプレタツィオン）の根底には，本来的実存に関する特定の存在的な把握が，すなわち現存在のある事実的な理想があるのではないか。実際そのとおりである」（SZ 310）。この告白から出てくる帰結は重大であって，そこから新たな方法論的考察が必要になってくる。それは，『存在と時間』においてもっとも重要な方法論的考察の一つとなる。

第63節　気遣いの存在の意味の解釈（インテルプレタツィオン）のために獲得された解釈学的状況と，実存論的分析論一般の方法論的性格

『存在と時間』の第二部の冒頭（第45節）では，気遣いの存在の意味の解釈（インテルプレタツィオン）を可能にする「解釈学的状況」はまだ十分に根源的ではない，と言明されていた（SZ 232-233）。今やこの障害は取り除かれている。なぜなら，『存在と時間』の序論（第5節）で出てきた「そのつどわれわれ自身がそれであるところの存在者は，存在論的にはもっとも遠いものである」（SZ 311, SZ 15参照）というテーゼは，気遣い〔の構造〕に照らせば完全に理解できるからである。実際，気遣いによって，われわれはまず配慮の直接的ないしはもっとも近い対象である世界の諸事物へと送り出される。それゆえ，現存在の根源的な存在は，一種の対抗運動（im Gegenzug）においてこの支配体制から奪回される（abgerungen）という仕方でしか解放されえないのである（SZ 311）。

したがって，存在論的解釈（インテルプレタツィオン）は，ある意味でこの実存的運動と結びつかねばならない。なぜなら，「現存在の**存在様式**は，現象的提示の根源性を目標として提示してきた存在論的解釈（インテルプレタツィオン）に対して，この存在者の存在を当の存

第三章　気遣いの存在論的意味としての時間性　357

在者自身のその固有の隠蔽傾向に逆らって奪い取ることを要求する」(SZ 311) からである。これはけっして自然な運動ではないのであって，そうである以上，ある種の暴力 (Gewaltsamkeit) という形でしか起こりえない。それゆえ，先にまったく別の文脈で出てきた「解釈の暴力」という観念を，われわれは存在論的解釈（インテルプレタツィオン）に適用しなければならない。生じうる誤解を避けるために，以下の二点に留意すべきである。

1／解釈があるところには，つねにある種の「暴力」がある。それはもっぱら理解の企投的性格から由来するものである以上，けっして恣意的なものなのではない。
2／当然この「暴力」は，提示された解釈に必要ならばレトリックを駆使してでもしがみつこうとするような，ある種の強制力なのではない。単にそれは，解釈が日常的な説明の擬似明証性――その意味での「常識」に――ある程度「暴力的に」ぶつかることから生じるものである。

　この「解釈の暴力」は，「予め与えられた存在者をそれに固有な存在へと企投し，この存在者をその構造に関して概念化しようとする」(SZ 312) 存在論的解釈（インテルプレタツィオン）にも当てはまることである。存在論的解釈（インテルプレタツィオン）は，不透明で盲目的な実存へと接ぎ木されるわけではなく，単に現存在の自己解釈の内にある存在論以前の「含意 (Einschlüsse)」を概念化するだけである。この含意が，厳密な意味での存在論的理解のための前置キ (praeambula) としての役割を果たしているといえよう。
　だが，本来的な実存を決するのは，いったいどのような審級であろうか。決定的な問いがあるとしたら，これこそがそれである。この問いを皮切りにして，まるごと 1 ページにわたって次々と問いが繰り出されるのは偶然ではあるまい (SZ 312-313)。一方でハイデガーは，「実存論的解釈（インテルプレタツィオン）は，諸々の実存的な可能性や拘束力に対して強権を発動しようとするものではない」(SZ 312) と言う。そんなことをすれば，「よき生」への指針をいろいろと含んだ「倫理」になってしまうであろう。実存論的分析論が道徳や倫理になることもできず，またなろうともしないというのは，全く明白なことである。
　にもかかわらず，他方で実存論的解釈（インテルプレタツィオン）は，それを可能にする実存的な諸可能性について自らを正当化しなければならない。1919／20 年度の最初の

講義で，ハイデガーは哲学を固有の生の様式として提示していた。「企投の暴力は現存在の現象的な成り立ちをそのつど歪めずに明け渡すことになる」（*SZ* 313）［ハイデガーの原文では「ならないだろうか」という修辞疑問形］などと言えるのは，もっぱら後から振り返ってのことであって，ひとたびこの生の様式（ある形での「暴力」を含む）をよきものとして採用した後の話である。事後的に見れば，哲学を生の様式として選ぶ哲学者の実存的「覚悟性」と，実存論的分析論が哲学者にとっておいた場所との間には，もともと暗黙の同盟関係があったかのように映る。純粋に個人的な決断という面をもつ事柄（皆が哲学者になることを選ぶわけではない——幸いなことに）が，事後的に普遍的必然性という相貌を帯びるのである。この普遍的必然性を，ハイデガーは次のような修辞疑問によって語っている。「世界内存在は，自らの存在可能に関して自らの死よりも高い審級をもっているであろうか」（*SZ* 313）。

これではアポリアになってしまうように見えるかもしれないが，実はこれは生産的な解釈学的循環である。目下の文脈では，存在理解の循環性を規定するということがはっきりと問題になっている。注目しなければならないのは，まさしくここで，第32節ではじめて出てきた解釈学的循環のモチーフがあらためて登場していることである。

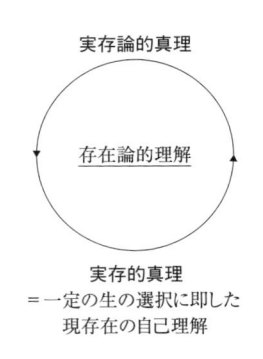

```
           実存論的真理
              ↓
          ╭───────╮
          │       │
       →  │ 存在論的理解 │  ←
          │       │
          ╰───────╯
              ↑
           実存的真理
      ＝一定の生の選択に即した
          現存在の自己理解
```

気遣いの基礎的構造を受け入れるならば，実存論的分析論は，循環を免れないだけでなく，全面的に循環の内で動くのであり，実存論的分析論自体が循環であるとすら言えるかもしれない。そうすると，「循環だという非難（Zirkeleinwand）」（*SZ* 315）は外からの批判にすぎないことを見てとることがますます重要になってくる。それは，純粋な「整合性の論理学」の形式的制約

に固執して，実存論的分析論を純粋に演繹的な体系として展開するように求める論理学者の批判である。循環を非難する声は，外から（問題となっていることを何も理解せず，また理解しようともしない人々から）発せられるだけではない。むしろこの声は——こちらのほうがよりいっそう深刻であり，逆説的であるが——現存在のまさに内側からも発せられる。あたかも，現存在自身が存在論的理解の企投的性格を自ら「封印する」かのようである。これこそが，「現実に」経験の対象となっている存在者に甘んじようとする「悟性分別 (*Verständigkeit*)」の態度である。悟性分別は，理解の真の要求に反抗し，文字通り「理解を誤［理］解する (*Verständigkeit mißversteht das Verstehen*)」(*SZ* 315)。暴力が必要となるのはこのためである。すなわち，「根源的かつ全体的にこの《環》のなかへ跳び込んで，現存在分析の発端においてすでに，現存在の循環的存在への十分な眼差しを確保しようとする」(*SZ* 315) ように努めねばならないのである。

「悟性分別は理解を誤［理］解する」という命題は，一見実に逆説的に見える。だが，シュライアーマッハーもまた，「誤解 (*Mißverstehen*) は自ずから生じるものであり，理解は逐一意志され，探究されるべきものである」ということが厳密な解釈学理論の原理であると主張している[39]。それを思い起こせば，ハイデガーの命題もそれほど躓きにならないかもしれない。つまり，誤解とは，いわゆる「晦渋な文章」の解釈学が想定するような例外的事態，コミュニケーションの過程での偶発事ではないのであって，むしろ誤解の方が通例なのである。同様の流儀で，ハイデガーならば，悟性分別が通例であり，理解が例外だと言うであろう。存在論的理解の領域でも，それ以外のどんな場所でも，本来的な理解への接近というのは絶えざる戦いなのである。この戦いでは，循環を（つまりは理解が現存在の存在の，つまり気遣いからなる存在の基礎的な様態として認められねばならないという事実を）否定し，隠蔽し，乗り越えようとする策略が山のように繰り出されてくる。例えば，主観は無世界的なものであり，自らを関係づけることができる客観を求めるものであるという前提，死の問題は棚上げして生の問題にのみこだわる態度，理論的主観を孤立させておいて，実践的ないしは倫理的な補足を必要とする見方，などが挙げられる。

理解のこのような循環構造には，第44節で「真理がある限りにおいてのみ……存在は《ある＝与えられている (*es gibt*)》」(*SZ* 230) と定式化されていた真理の根源的現象が属している。「実存論的分析の存在論的《真理》は，根

源的な実存的真理に基づいて形成される。けれども，実存的真理は必ずしも実存論的真理を必要とするわけではない」(SZ 316)。

第 64 節　気遣いと自己性

　ここで，第 41 節について論じた際に最後に提示したテーゼを思い出さねばならない。それは，気遣いは分節化された構造をもつがゆえに，真の意味で存在の多義性の番人となる，というテーゼであった。このテーゼによって，現存在の構造の全体性がはじめて画定できるようになったのであった。自らに先立つという気遣いのあり方——それは後に死への存在，良心の呼び声，責めといった現象に連なっていく——が考究されることによって，この全体性はあらためて問題化された。とはいえ，気遣いの構造によって，この全体としての存在可能という理念が無効にされるということではなかった。というのも，まさしく気遣いこそがこの理念の可能性の条件だからである。それゆえ，「この**全体性の統一への実存論的な問いはいっそう緊迫したものとなる**」(SZ 317) のであって，それが無効になることなどない。

　このように現存在の実存論的な統一性が問われると，それに伴って自己性の存在論的地位という問題が浮上してくる。それは，第 25 節で喚起されただけで解決されていなかった問題である。第 25 節の表題を正確に再現すれば，「現存在であるのは**誰か**という実存論的な問いの端緒 (Ansatz)」となっていた。『存在と時間』の第一篇では，この問いはただ「端緒についた」だけだったのである。今や，気遣いと自己性との実存論的な「連関」に照らして，この問いをさらに詳しく吟味しなければならない。両者の間にはきわめて密接な連関があるのであって，それゆえ第 41 節では「自己の気遣い」という表現は同語反復だと言われていたのである。

　「《私は》と言う」というのは日常言語のいたるところで見られる現象であるが，この現象は現存在の自己解釈の自然な場となるものであって，その限りにおいて，日常言語がここでの考察の適切な出発点となる[40]。カントが純粋理性の誤謬推理論で理解していたのは，まさしくそのようなことである。そこでカントが示そうとしたのは，「私は」と言う自我がもつ単一性，実体性，人格性という性格が，そのさまざまな言明行為を通して**同一**であり続ける主観の同一性——そうした言表を実際に発する経験的自我はかならずしもつねに同一というわけではないが——を構成するために必要なものだということであった。それ

ゆえハイデガーは、「真正の前現象学的経験」(SZ 318) を尊重したという功績をカントに認めているのである。

　残念なことに、カントは不適切な自我概念を拒否する際には現象学者であったが、自己性の適切な存在論的解釈(インテルプレタツィオン)のための場を積極的に準備することはできなかった。このような挫折は驚くべきことではない。カントは実体性の存在論によってがんじがらめになっていたからである。こうしてカントの主観理論は、積極的な成果と明白な挫折とが入り交じった奇妙なものであることになる。一方でカントは、自我を実体へと存在的に還元できないものであることを認め、超越論的統覚の分析において、全経験に伴いかつ先立つ「我考う」の根源性を解明することに力を入れている。しかし他方で、彼は主観の存在論的概念を「同一性(Selbigkeit) といつもすでに目前に在るものの恒常性」(SZ 320) によって性格づけるのである。それゆえ、あたかもこの同一性が自己としての自我の真の自己性を遮蔽するかのように事は進むのである。

　カントがこのような失敗を犯したのは、実体性という不適切な存在論的カテゴリーに依拠したことに加えて、「我考う」に特有の志向的構造に注意を向けなかったからである。ハイデガーは、カントの誤謬推理論の根本的な重要性を認めながらも、そこにおいて「デカルトの《思考スルモノ》からヘーゲルの《精神》概念にまで至る自己性の問題系の存在論的な地盤喪失」(SZ 320, note) が確証されていると見る。ここでもまた、前に言及した「解体の法則」が見てとれる。すなわち、カントの失敗はデカルトの失敗、そしてヘーゲルの失敗なのであって、カント独自の教説の表現としての「カント主義」の失敗ではないのである。自己性の存在論的地位を問うところまで行かない者たちに比べれば、カントの失敗にはより多くの真理が含まれている、とさえ言わねばならない。この問題については、1927／28年の講義『カントの純粋理性批判の現象学的解釈』でハイデガーが構想力について述べたのと同じことが言える。「それゆえ、われわれはカントに賛成し、カント主義に反対する。そしてカントに賛成するのは、カントに生きた論争の内で再びわれわれとともに生きる可能性を与えるためにほかならない」(GA 25, 279)[41]。

　目下の文脈で明らかであるのは、カントは「私」が諸表象に伴う仕方、結局のところ「私は何かを考える」という厳密な志向的構造を明示できなかったということである。とりわけ、この志向的構造が基本的に世界内存在という現象を前提としていることが、カントには見えていなかった。だが、「私 − と言う

ことの内で，現存在は自らを世界内存在として語り出すのである」（SZ 321）。
　日常的な自己解釈では，この現象は覆い隠されたままである。それゆえ，そこで表現される「私」は自分自身を「見落して（versieht）」しまうことになる。「私は，私は，」といつも言っている者は，実は「ひと」なのである。「《自然に》私－と言うことを遂行するのはひと－自己である。《私》において自らを語り出しているのは，私がさしあたってたいていは本来的でない仕方でそれであるような自己である」（SZ 322）。実体性の存在論を引き合いに出すという存在論的な誤謬は，まさしくこの「自然な」見落としによって支えられている。この存在論によって，自己は気遣いのつねに目前的な基礎と見なされてしまうのである。それゆえ，気遣いを諸変化のもとに横たわる永続的で恒久的な主観（基体の永続性（Beharrlichkeit des Subjektums））に基礎づけるのではなく，気遣いから自己性の恒続性（Ständigkeit）の意味を考えなければならない。「自己性は，実存論的にはもっぱら本来的な自己存在可能に即して，言い換えれば，気遣いとしての現存在の存在の本来性に即して解読されねばならない」（SZ 322）。解読（ablesen）という言葉遣いによって，自己性の実存論的地位を発見することが解釈学的操作であることが示されている。この特徴から再確認されるのは，最初に強調しておいたように，自己性の理論が「自己の解釈学」という形をとらざるをえないということである。ここでは，この「恒続性」の時間的意味を見定めて，自己の解釈学に時間的要素を書き加えることが問題になる。
　以上見てきたカント的主体とハイデガー的自己性の間の対立点を一覧表にしておくことにしよう。

カント的主体	ハイデガー的自己性
全表象に伴う「私」の永続性（Beharrlichkeit）	世界内存在の恒続性（Ständigkeit）
自我－実体	覚悟性の自－立性（Selbst-ständigkeit）
目前性の存在論	
［同一性（Selbigkeit）］	［自己の自己性（Selbstheit）］

　この表については，いくつもの注釈が必要である。
　1／最初に注目されるのは，恒続性という観念に与えようとする意味をハイデガー自身がさらに説明する際に，確固として立っていること（Standfestigkeit）という微妙に異なる語を導入していることである。それが意味するのは，

ひとが当てにでき，信頼を託すことができるような内的姿勢の「揺るぎなさ」である。言い換えれば，「自‐立性（Selbst-ständigkeit）」の「恒続性」を考えることができるのは，ひとえに覚悟性によってであり，覚悟性から出発してのことである。「自‐立性とは，実存論的には先駆的覚悟性以外の何ものをも意味しないのである」（SZ 322）。

2／まさしく不信感のもとになりうるのは，このような覚悟性の排外主義，もっと言えばその帝国主義である。ここであらためてリクールの自己の解釈学との突き合わせを行うならば，示唆が得られるであろう。リクールの場合は，自己の問題系に時間的要素が導入されることによって，同一性と自己性の弁証法が引き起こされ，物語的自己同一性がその均衡点となるのであった。というのも，物語的自己同一性によって，人の性格の安定した恒久性によって例示される同一性の極と，約束への忠実性によって例示される自己性の極とが交差するからである。(42) まさしくこのような文脈で，リクールはハイデガーの自‐立性という概念を，ハイデガーほど覚悟性の「自‐立性」と強く結びつけずに受け取り直すのである。自‐立性＝先駆的覚悟性というハイデガーの等式を緩めることによって，自‐立性の他の様態や相貌が見えてくることがありうるのではないかということ，おそらくこれは掘り下げて考えるべき提案であろう。「自‐立性」は，それを厳密に実存論的な意味で受け取る場合には，やはり多様な仕方で語られねばならないのではなかろうか。

だからといって，本来的自己に関するハイデガーの主張，すなわち，本来的な自己は「私は，私は，」と絶えず言い立てるのではなく，むしろ沈黙することによって，先に良心の呼び声という現象との関連でその構造を分析した黙秘という様態で自らを表現するのだという主張を問い直さねばならないというわけではない。とはいえ，ここでもやはり，「黙秘」の多様な可能的様態を検討すべきであろう。責任や慈愛もまた，覚悟性とは別の意味で「黙秘」ではなかろうか。そう考えると，「覚悟した実存の沈黙が顕わにする自己は，《我》の存在への問いにとっての根源的な現象的地盤である」（SZ 323）というような言明は，かなり問題を含んだものであることが分かる。

3／気遣いとしての自己性についてのこのような規定から出発した場合，実体性，単純性，人格性といった「自己」の他の諸特徴はどのようにして意味をもちうるのか。ハイデガー自身が指摘しているとおり，これはさらに考察すべき残された問題である。

第65節　気遣いの存在論的意味としての時間性

　これまで何度も見てきたように，実存論的分析論は，体系を構築するわけではないが，かといって単なる寄せ集めという様相を呈するのでもない。『存在と時間』のひそかな核を指摘しなければならないとすれば，それはおそらくこの節に求めるべきであろう。実際，これまで長々と続けられてきた延期戦略によって，時間性の現象の分析を先延ばしにすることを余儀なくされてきたのであるが，ここでそれが終わりを告げることになる。というのも，今や究極的な現象，優れた意味で現れない現象を扱う準備ができているからである。その現象とは，気遣いに包まれた時間性である。[43] この現象に接近するにあたってハイデガーが導きとする直観は，「気遣いそのものの内に未来，過去，現在への時間の複数化の原理を探究すること」[44] である。「気遣いは，それ自身時間であり，時間の事実性そのものとなるような仕方で，時間に《よって》規定されている」（*GA* 21, 409）。したがって，時間は主体の生を位置づけるための単なる外的な枠組ではなく，まさしく現存在の内的な構造となるのである。

　自己性の現象を気遣いの全体構造の内に書き加えると，あとは気遣いの存在論的意味を規定するべく最後の一歩を進めるだけである。そのためには，まず意味概念の実存論的定義を思い出す必要がある。それは，理解と解釈という実存疇との関連で第32節において提示されたものである。「意味とは第一次的企投の〈向かう先〉を指しており，そこから，あるものがそれで在るものとして，その可能性において概念把握されうるのである」（*SZ* 324）。企投の構造と可能的なものへの定位という意味概念のこの二つの実存論的特徴は，気遣いの意味の規定にあたってかつてないほど重要になってくる。事実，この二つを問うことによって，われわれは気遣いの分節構造（*ausgefaltete Gliederung*）の可能性の諸条件という問題にあらためて出会うことになる。それは，分節を内在させながらも自らの統一を脅かすことのないような構造である。

　ここでもまた，気遣いは存在の多義性の真の番人であるというわれわれの仮説の妥当性が確証される。気遣いこそがあらゆる人間的経験を可能化するのである以上，[45] 気遣いは存在の多義性の真の番人なのである。というのも，存在論的に解された意味概念は，「存在理解の第一次的企投の向かう先」を目指すものであって，「存在理解の第一次的企投が意味を《与える》」（*SZ* 324-325）と言えるからである。

この意味を与える審級自体を見定めるためには，もう一歩進むだけでよい。それは，先駆的覚悟性の分析によって可能となり，また必然とさえなった一歩である。すなわち，気遣いの存在論的「意味」となり，言い換えればその究極的な可能性の条件となるものは時間性なのだということである。だがどのような時間性であるのか。ここでは，諸々の現象的所与をこれまで以上に尊重しなければならない。「現存在の諸構造，つまり時間性そのものは，可能な目前的なるもののために絶えず使用できる骨組みのようなものではなく，そのもっとも固有の意味からして，現存在が存在するための諸々の可能性であり，そのような可能性でしかないのである」（GA 21, 414）。

1．時間と本質

　時間性についての検討に入る前に，ハイデガーの言葉づかいに関して一言述べておこう。まさしくここで，ハイデガーは本質や本質的という言い方をひんぱんに用い始めるのである。節の最初からそのような調子であって，現存在は「先駆的」覚悟性として自らを構成する本来的実存において「本質的」となる（SZ 323），と言われている。あたかも気遣いの時間的構成を説明しようとすると，こうした言い方が避けられなくなるかのようである。それゆえ，現存在の本質的なものは根源的時間性であるというテーゼを，あえて第一テーゼとしてうち出すことができる。この節の最後に，節全体を要約する四つのテーゼが記されるのであるが，このテーゼは，その内の最初のものである「時間は時間性の時熟として根源的であり，そのようなものとして気遣いの構造の構成を可能にする」（SZ 331）というテーゼを言い換えたものにすぎない。

2．時間の「脱自的」三重展開

　時間とは本質的に可能化の能力であるとすれば，日常言語で時間を指し示すために用いられる諸々の名詞が不適切なものであることも大いにありうる。それゆえ今後は，時間性の真の構造を画定するためには，動詞と副詞の力を引き出してくる必要がある。そうすると，かならず語彙に暴力を加えることになってしまう。というのも，フッサールが『内的時間意識の現象学』で予感していた(46)ように，われわれが自ら探究しているものを言い当てる語をもっているとは限らないからである。それゆえ，ここでは言語の基礎危機のようなものを引き受けねばならないのである。

> コラム㉝　時間そのものの現出をどのように語るか
> 　それゆえ，時間を構成する諸現象は，時間の内で構成される対象性とは明らかに原理的に異なる対象性である。それらの現象は，個体的な客観や個体的な過程ではないのだから，時間の内で構成される対象性に関わる述語をそれらに対して有意味に適用することはできない。それゆえ，時間を構成するそれらの現象について，「それらは今存在しており，以前にも存在していた」「それらは時間的に継起する」「それらは同時に並存している」などと言うのは（しかも〔個体的な客観や個体的な過程に対する場合と〕同じ意味でそう言うのは）無意味である。しかし，それにもかかわらず，「現出のある連続，すなわち時間を構成する流れの位相であるような現出の連続）は，一つの「今」に，すなわちその現出の連続が構成している今に属し，またそれが〈以前〉を構成する（構成した，と言ってはならない）現出の連続である以上，それは〈以前〉に属しているとも言えるのであり，またそう言わねばならない。それにしても，流れそれ自体は一つの継続関係ではないのか。……われわれとしては，「この流れは構成されたところのものにならってそのように呼ばれる何ものかではあるが，しかしそれは時間的に《客観的》なものではない」とだけしか言えない。それは絶対的主観性なのであり，そしてこの主観性は，比喩的に「流れ」と形容され，顕在性の時点，根源的な源泉点である「今」の時点に発源するものがもつ諸々の絶対的特性を備えているのである。この根源的な源泉点と一連の残響の諸契機を，われわれは顕在性の体験の内に所有しているのである。こうしたことの全てを言い表す名称が，われわれには欠けている。（フッサール『内的時間意識の現象学』第36節）

　ここで分析すべき現象は，その本性自体からして，存在者の諸特性——本質的または偶有的——を述べようとする述定的な話に対して深く抵抗するものである。それゆえハイデガーは，この現象にふさわしいのは「解釈学的‐告示的」な言語だけであることを入念に説明する。この言語は，その働き方そのものにおいて現存在の理解を反映するものである。そこでは，全ての語が「現存在とその構造，ならびに時間の構造を指示するのであり，また現存在の諸構造についての可能な理解と，そこにおいて手にしうるであろう概念的な把握の可能性を指示するのである」（GA 21, 410）。

　このような文脈で登場するのが，「時間性とは本質上脱自的である」という第二のテーゼである。これによって，われわれはハイデガーの時間性概念の核心へと導かれることになる。この脱自的という性格は，どのように理解すべきものであろうか。

a）外から見ると，「もはやない」不動の過去と「まだない」全く未規定なる未来とが，単に並列されて点的な現在に根を下ろしているというように見えていた事態が，今や三つの時間的脱自の「内的な相互包含」(47)という関係の網に取って代わられねばならなくなる。フッサールが未来予持および過去把持の意識について語る場面で，ハイデガーは，先駆的覚悟性を支えとして，何よりも先に「可能性において自らを自らに将来させる（auf sich Zukommen lassen）」（SZ 325）運動を判別する。この「将来すること（advenue）」が，通常将来（avenir）と呼ばれているものの根源的な現象なのである。
　まさにこのことによって，未来への関係からも，また同時に過去への関係からも，否定性という指標が取り除かれる。伝統的な諸思想は，過去と未来への関係を否定的な様態で捉えていた。過去とは消えて過ぎ去った現在であり，将来とはまだ存在しない現在だというわけである。ここでは，実存論的な意味で把握されることによって，将来は逆にまったく積極的な現象となる。それだけでなく，すぐ後で見るように，将来こそが実存論的時間性の第一次的構造を規定するものとなるのである。「ここで《将来》というのは，まだ《現実的》になっていないが，いずれは存在するであろう今のことではない。そうではなく，現存在が自らにもっとも固有な存在可能において自らへと将来する，その《来る》という働き（Kunft）なのである」（SZ 325）。これは言葉の操作によるごまかしにすぎないのではないか，という疑いが起こるかもしれないが，それは間違いであろう。将来（Zukunft）の実存論的意味は，この語彙を機械的に Zu と Kunft という二つの形態素へと分解することによって得られるものではない。そうではなく，気遣いという実存論的現象にそもそも将来の優位が含まれているからこそ，このような語彙分解が意味をもつのである。
　b）これに続いて，時間性へのこのようなアプローチのもう一つの独自性がただちに明らかにされる。それは，実存論的に解する場合，将来とは過去の対立極であるどころか，「過去」そのものを含んでいるということである。実存論的な意味での過去が，被投的で本質上責めある存在であることを「引き受ける（Übernahme）」ということである以上，そのようになるのである。ここでもまた，ヘーゲルがその『大論理学』の「本質論」で最初からそうしていたように，本質（Wesen）という語をもち出して語るのが適当である。ヘーゲルは，ドイツ語に蓄えられた言語的な可能性を用いて，「本質とはかつてあったものである（Das Wesen ist, was gewesen ist）」と言う。つまり，ヘーゲルの説明に

よれば，本質とは「過ぎ去って在るもの，しかし無時間的に過ぎ去って在るもの (das ist das vergangene, aber zeitlos vergangene Sein)」なのである。この定式は，ヘーゲルの分析とハイデガーの分析の間の共通要素と決定的差異とを同時に示しており，その点で注目すべきものである。どちらの場合も，過去を存在から切り離すことが問題になるのではない。そんなことをすると，過去は実在しなくなってしまうであろう。だが，ヘーゲルにとって，本質的なものの次元が得られるのは，もっぱら時間を廃棄し無時間性 (Zeitlosigkeit) という代価を支払うことによってであるのに対して，ハイデガーにとっては，本質的なものとはむしろ時間それ自体なのである。

目下の文脈では，将来の内に過去の引き受けが含まれているというのは，「現存在がそのつどすでに**存在していた**あり方において本来的に**存在すること**」(SZ 325) を意味している。まさしくこの定式によって，将来の本質をしるしづけるものを過去へと移すことが可能になる。それは，ヘーゲルの注意を引いた意味上の可能性を利用して，「私は存在したもので在る (Ich bin gewesen)」と言うことによってである。こうして，過去の実存論的な真の名前は「既在性 (Gewesenheit)」ということになる。これが本来的な将来からしか真に理解されないものであることを銘記しておこう。「既在性はある意味で将来から発源してくる」(SZ 326) のである。

c) 以上のようにしてのみ，現在に実存論的意味を与えようという試みもまた可能になる。ここで問題となる現在は，アウグスティヌスの「三重の現在」が範を示すような現在，すなわちそこから他の二つの脱自を導出できるような原初的脱自ではない。それどころか，現在とは「その本来性がもっとも著しく隠蔽されている時間性の様態」である。現在は気遣いがあるところにのみあり，そして真の現在とは「状況」の端緒となる覚悟性の現在である（第60節，SZ 299-300）。この点を考えに入れることによってのみ，現在の本来性に到達することができる。それゆえ，実存論的現在とは，時間の矢の上の一点として描かれるような点的な瞬間に還元できるものではない。この現在は，覚悟性の作用点である「状況」と一体なのである。「覚悟しつつ，状況のうちに手許的にあるもののもとに存在するということ，すなわち環境世界に**現在**しているもの (des umweltlich Anwesenden) を行為しつつ出会わせることは，この存在者の**現在化** (Gegenwärtigen) においてのみ可能である」(SZ 326)。

三つの脱自のこのような分節化された統一をとりまとめて言えば，次のよう

になるであろう。「覚悟性は，将来的に自己へと帰来しつつ，現在化しながら状況へと自らをもたらす」(SZ 326)。これこそが，厳密な意味での時間性の現象，すなわち気遣いの存在論的意味を規定する定式である。この現象の根源性をよく見てとることが肝心である。それを「通俗的」な時間概念と混同することはけっして許されない。通俗的時間概念にも「過去」「現在」「未来」という区別はあるが，それらはもっぱら対立しあうだけなのである。

コラム㉞　脱自的時間性の先行形態——三重の現在

　以上の考察によって，今や次のことは明瞭かつ不可疑である。すなわち，未来も過去も存在しないということ，そして過去，現在，未来の三つの時間があると言うのも正しくないということである。むしろ，過去の現在と現在の現在と未来の現在という三つの時間がある，と言う方がおそらく正しいであろう。実際，これらは魂のうちでいわば三つのものとして存在し，そしてそれらは魂以外のところには見出されないのである。すなわち，過去の現在は記憶（memoria）であり，現在の現在は直覚（contuitus）であり，未来の現在は期待（expectatio）である。こう語ることが許されるなら，私は三つの時間を見ることになる。そう，私は三つの時間があると告白しよう。また，習慣による不正確な言い方だが，三つの時間，すなわち過去，現在，未来がある，と言っても差し支えあるまい。私はその言い方を容認するし，反対したり非難したりはしない。ただその語ることが理解されて，未来も過去も今は存在しないことが把握されてさえいれば，差し支えないのである。実際，われわれが正しい仕方で語るのはまれであって，たいていは正しくない仕方で語るものであるが，それでもわれわれの言おうとすることは理解されるのである。（聖アウグスティヌス『告白』第 XI 巻，第 xx 章）

　そうすると，今記述された実存論的時間性と「通俗的時間理解」との関係がどうしても問題になってくる。通俗的時間理解をとくによく表現しているのは，ドイツ語で Tempora と呼ばれる文法上の諸時制である。こうした時間理解を，ハイデガーは時間理解としてまったく失格だと考えるのではないか，と予想されるかもしれない。だが彼は，それがある種の現象学的な妥当性をもつことを認めている。「通俗的時間理解の《時間》はたしかに真正な（echt）現象を提示しているが，ただしそれは派生的な現象である」(SZ 326)。これが重要な譲歩となることは明らかである。この理解を戯画化して，次のような幼稚な図式に還元してしまわないようにする必要がある。

```
―――――――――――|――――――――――→
   過去      現在      未来
```

この単純すぎる図式が効力をもたないことは，さまざまな言語で時間がどのように構築されているかを少し見るだけで分かる[51]。だとすれば，言語学的な諸時制の組織図の内に，気遣いだけがその固有の時間的構造によって開陳できる諸々の実存論的意義が反映されていないかどうか考えてみるべきである[52]。「自らに先立つことは，将来に基づいている。……の内にすでに在ることは，それ自体において既在を告げている。……のもとに在ることは，現在化において可能にされる」(SZ 327)。

いずれにせよ，以上の全分析によって仕掛けられる論争の矛先は，アウグスティヌスの「三重の現在」概念も含めて，時間の伝統的な哲学が全て現在に優位を置いてきたという点に向けられている。実存性の次元では，この優位が現在から奪いとられ，将来に与えられることになる。実際，「**実存性の第一次的な意味は将来である**」(SZ 327)とすれば，根源的時間性という様態で捉えられた現在化も「**将来と既在性の内に包み込まれている**」(SZ 328)。このように包み込まれているということによってのみ，「**瞬間（Augenblick）**」という観念は実存論的な意味を獲得できるのである。ハイデガーが「瞬き」という次元を強調して Augenblick と書くのは偶然ではない。実存論的な意味での瞬間とは，けっして「一瞬」の事柄ではない。それは「現在の状況」を視野に収める「瞬き」ないしは「目撃」である。とはいえこれは，いくらかの時間を要するものであって，「瞬く間」に成就することはまれなのである[53]。

この分析から引き出される存在論的な帰結は決定的なものである。「時間性は気遣いの意味《である》」(SZ 328)と言うことが正当であるならば，時間性はあれこれのものであるとか，将来，既在，現在化の三つの「契機」からなるものだとか言うことは不可能になる。時間を諸々の属性を付与すべき一つの存在者として扱うこうした言い草に反対して，時間は「自ら時熟する」と言わねばならない (SZ 328 ; GA 21, 410)[54]。実体でなければならないと思われていたものが，一つの過程と化すのである。時間の性格とされるこのような「過程的」あるいは「出来事的」な次元は，いずれ存在の理念そのものに反響することになるのであろうか。これは『存在と時間』以後の問いとなるであろう。その時には，存在自体が過程として，すなわち性起（Ereignis）として考えられ

第三章　気遣いの存在論的意味としての時間性　371

るようになるはずである。

　だが，ハイデガー思想のこのような重大な転換については，1936-1938 年まで待たねばならない[55]。『存在と時間』の文脈において理解しておかねばならないのは，時間性が三つの次元の相互包含であるとしても，時熟の運動は「それ自身においてかつそれ自身にとっての根源的な《自らの外に》」(SZ 329) と見なすことしかできないものだということである。このように現存在は絶えず自己から引き抜かれるのであって，現存在は「外に在る」(SZ 62) という第13節以来のテーゼは，これによって正当化されるのである。脱自的時間性という言い方は，分散しつつ取り集める時間性の過程を説明するものにほかならない。すでにアウグスティヌスが魂の時間の性格と見なしていた魂ノ集中 (intentio) と分散 (distentio) の弁証法は，この脱自的時間性によって頂点へともたらされるのである[56]。通俗的時間が派生的と言われる意味は，この脱自的構造から理解できる。つまり，基本的には，時間の脱自的な性格を水平化すれば，現在・過去・未来についての通俗的な観念が得られるのである。

　簡単に分かることであるが，脱自的時間性を幾何学的に描こうとすると，フッサールが過去把持的意識を幾何学的に図示しようとした際に経験したのと同様の強い抵抗を受けることになる。フッサールの図は少なからぬ解釈者たちを困惑させてきた[57]。では，今浮き彫りにした脱自的時間性の構造を図示するという試みは，一切断念すべきなのであろうか。ハイデガーは，最終年度のマールブルク講義で，脱自的将来を表しうるものとして自ら次のような図を描いている (GA 26, 266)。

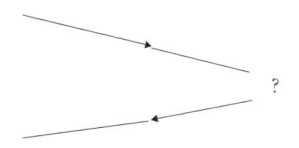

　これではがっかりするしかないが，それでも次のような図を描いてみることはできる。これは，脱自的－地平的な時間概念における将来の優位を何とか説明しようと試みたものである。

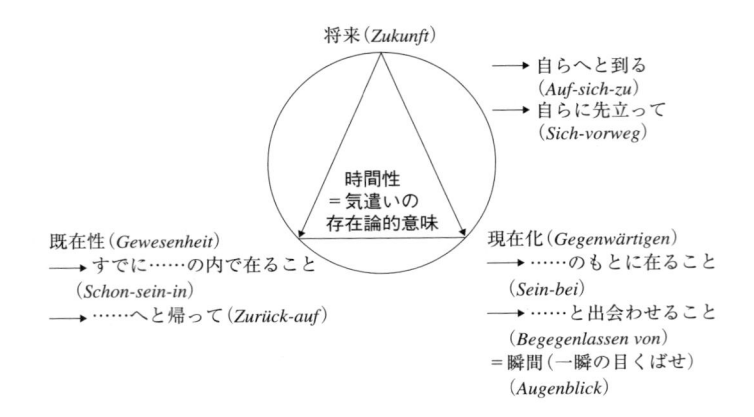

```
                          将来 (Zukunft)
                               △              ──→ 自らへと到る
                              ╱ ╲                 (Auf-sich-zu)
                             ╱   ╲             ──→ 自らに先立って
                            ╱     ╲                (Sich-vorweg)
                           ╱ 時間性 ╲
                          ╱ ＝気遣いの╲
                         ╱  存在論的意味 ╲
   既在性 (Gewesenheit)  ╱             ╲  現在化 (Gegenwärtigen)
   ──→ すでに……の内で在ること              ──→ ……のもとに在ること
       (Schon-sein-in)                          (Sein-bei)
   ──→ ……へと帰って (Zurück-auf)          ──→ ……と出会わせること
                                                 (Begegenlassen von)
                                              ＝瞬間（一瞬の目くばせ）
                                                 (Augenblick)
```

3．根源的時間性と有限性

　通俗的時間概念の派生的性格を際立たせるためには，もう一つ方法がある。それは，根源的時間性を性格づける有限性と，未規定な未来へと無際限にかつ均一に展開していく通俗的時間に固有の無－限性とをはっきりと対照させることである。「根源的時間は有限である」（*SZ* 331）というハイデガーのテーゼの哲学的な重要性は，容易にうかがえよう。だが「有限性」という術語がここで何を意味するのかをよく理解する必要がある。普通は，つまり「通俗的」な理解では，「有限な＝終わった（fini）」というのは，ある存在者の終結（*Aufhören*）を指す語である。「見せ物の終わり」「パーティーの終わり」というように，もっと続いてほしいと願っているかもしれないものが停止し，存在しなくなるのである。

　簡単に分かるように，この意味での有限性は否定性の指標を帯びており，それとの対照によって，そうした否定的特徴をもたないことが無－限の特性となる。ヘーゲルが「悪無限」と言うのは，まさしくこの意味においてである。それは，数学で考えられているような，無限に続く「以下同様」である。ハイデガーの考えでは，ヘーゲルがしたように，精神の積極的な無限である「良い無限」をこの「悪無限」に対置するというのは，悪無限を終わらせる最良の手立てではない。そうではなく，悪無限には，いわば「良い有限」を対置するべきである。日常の言葉使いにも，この「良い有限」の証しとなるものがある。例えば，作品や物語は，それが仕上げられて，何を付け加えても質の低下にしかならない状態に達した時に，「終わった」と言うのである。

根源的時間性の有限性を語る際にハイデガーが用いるのは，まさしくこの〈仕上げられる〉という言葉使いである。「根源的将来の脱自的性格は，まさにそれが存在可能を締めくくる（schließt）ことに，言い換えればこの将来そのものが締めくくられており（geschlossen），しかもそのようなものとして，実存的に覚悟しつつ非性について理解することを可能にするという点に存するのである」(SZ 330)。翻訳すると分かりにくくなるが，引用した文では，ドイツ語の可能性によって，schließen（締めくくる），geschlossen（締めくくられた），Entschluß（決断）が意味的に一列に並べられている。これらの語は，有限性の積極的なしるしとしての仕上げという理念を含んでいるのである。

　こうして有限性と無限性の関係についての最初の規定が得られるわけであるが，もちろんこれはまだ暫定的な規定である。それによって，永遠性という観念が全て古びてしまうことになるのかどうかはまだ分からない。ただ，無－限性というのが，今定義した意味での有限性から派生しなければならないものであることが見えてきただけである。「根源的時間性が有限であるがゆえにのみ，《派生的》時間は無－限なものとして時熟しうるのである」(SZ 331)。

第66節　諸々の新たな課題——実存論的分析をより根源的に反復するという必要性

　第三章の最後に置かれたこの節は，プログラムの予告という姿をとり，以下の三つの章の全般的な計画を素描するものとなっている。この節は，いわば休止符のような位置にあって，そこで延期戦略が「反復戦略」へと切り替えられることになる。時間性の現象が取り出されると，今度は世界内存在を特徴づける実存論的諸構造の総体へと向けて，この現象を詳細に検証しなければならなくなるのである。こうして，現存在の実存論的構成には，気遣いだけでなく全ての実存疇について「時間的解釈（インテルプレタツィオン）」を行うことが必要になる。この「全般的反復」は，大きく言えば，以下の三つの動きをとって遂行されることになる。

　1／まず第一に，先駆的覚悟性として開示される本来的時間性の対極へと赴いて，日常性あるいは非本来性をとり上げねばならない。実際，日常性とそれに特有の時熟様態は，実存論的解釈（インテルプレタツィオン）から排除される恐れがあるが，それらもこの解釈の一部とならねばならない。また，このような時間的解釈を貫徹することによってのみ，「日常性」という語がもつべき意味も真に理解できる

ようになるであろう。

　方法論的観点では，ハイデガーが反復の戦略に二重の機能を与えていることに注目すべきである。実を言えば，この戦略は思ったほど「反復的」ではない。日常性の諸現象の時間的次元を考慮することによって，われわれはすでに知っていることを確認するというだけではなく，それらの現象の意味をより深く理解するのである。それゆえ反復とは，すでに現存在の準備的分析で辿り終えた諸段階を「図式的に辿り直す」（SZ 332）だけの作業ではない。反復には発見的機能があるのである。

　2／このことは，自己性と気遣いとの関係が表明的にうち立てられるところでもっともよく示される。自己性そのものが時間的意味をもつということは第64節で示されたとおりであるが，そこからわれわれは，「現存在は歴史的である」（SZ 332）という新たな言明へと導かれるのである。こうして，現存在の時間的解釈によって，現存在の歴史性（Geschichtlichkeit）という新たな現象が発見されることになる。これはきわめて重要な現象であって，第五章の全体がその分析に当てられるであろう。最初からハイデガーは，そのような歴史性に基礎を置く本来的な歴史的理解が，諸々の歴史科学が現れるための条件となるのだと述べているのである。

歴史性（Geschichtlichkeit）
↓
歴史的理解（historisches Verstehen）
↓
学としての歴史（Historie）

　3／最後に問題となるのは，通俗的時間経験が根源的時間から派生するということの意味である。通俗的時間概念の主な特徴は，客観的に測定可能だということである。このレベルでは，「それぞれの物はその時間の内にある」と言うだけでは不十分であって，「それぞれの物はその時間をもつ」と言わなければならない。「薔薇よ／汝は美しき薔薇のさだめを生きた／ひとつの朝の間……」。世界内存在には，「時間を考慮に入れる」（実存論的な）必要性と同時に，時間を計算し測定する（通俗的な）必要性もある。現存在の根源の時間性は計算も測定もできないものであるが，とはいえハイデガーはベルクソンに追[*27]

第三章　気遣いの存在論的意味としての時間性　375

随することを拒否する。つまりベルクソンのように，内的持続の純粋に質的な時間を，時間の空間化が疑われる諸科学の量的－年代記的時間から区別するのではないのである。そうではなく，「時間内部性（Innerzeitigkeit）」もまた，根源的時間性自体に源泉をもつ「真正な時間現象（ein echtes Zeitphänomen）」であることを示さねばならない。この点については，『存在と時間』の最後の章となる第六章で詳論されるであろう。

以上の三つの局面を踏破し終わった後には，現存在の存在論は，想像していたよりもずっと複雑なものになるであろう。それゆえハイデガーは，これまで考察の導きとなってきた手許性と目前性の区別を越えていく「錯綜（Verwicklungen）」を予告するのである。その時には，ただ「存立する（Bestehen）」という存在様態をも考慮に入れねばならなくなるであろう。こうして実存論的分析論の「時間的反復」は，最終的には存在概念をさらに掘り下げて検討するように求めるのである。

自然を性格づけるこの「存立」の存在論的地位がどのようなものとなるのかは，明らかに一つの存在論的な謎である。それは，目前性という術語が示す現前の様態には還元できないように見えるのである。

さらにもう一つの謎を指摘することができる。これは，『存在と時間』の最後の数章を理解するためだけでなく，基礎的存在論の企て自体にとって決定的な謎である。それを端的に言い表せば，「本来的時間性は根源的時間性と同一のものであるか[61]」，ということになる。これはアールの問いであるが，彼はその興味深い分析の中で[62]，覚悟して存在しているというのが気遣いのもっとも本来的な表現であるとすれば，このことによってのみ根源的時間性への突破が実現できることになる，と指摘している。この意味で，第61節で明言されていたように，覚悟性と根源的時間性は強力に結びついている。すなわち，われわれは，「時間性そのものが過去，現在，未来を統一し協働させるべく介入し，しかもそのつど独特の決断という場面でそうする具体的な有りよう[63]」を覚悟性を通して見出すのであるが，他方で根源的時間性の働きそのものは，三つの時間的な脱自によって規定されているわけである。この結びつきからして，覚悟性を根源的時間性の認識根拠（ratio cognoscendi）のようなものと見ることができる。反対に，根源的時間性は覚悟性の可能性の条件，すなわちその存在根拠（ratio essendi）となるのである[64]。

アールにとって，ここから出てくる帰結ははっきりしている。つまり，もし

「覚悟して存在することが時間性を可能にするのではなく」，逆に「覚悟して存在することが時間性の根源的構造を前提としている」のであるならば，覚悟性の内で開示される本来的時間性と，その可能性の条件となる根源的時間性とを明確に区別しなければならないのである。そうであれば，三つの時間的脱自の「自らの外へ」には，単なる覚悟性に含まれうる以上のものが含まれていると言うべきである。

このような区別によって，時間性の諸現象に関する以後の解釈にどのような帰結がもたらされるかは容易に推測できる。その場合，本来性と非本来性との二項対立を用いて考察を進める代わりに，根源的なもの，本来的なもの，非本来的なもの，という三重の次元をつねに考えに入れることが必要になるであろう。このように読めば，第65節は『存在と時間』第二部の分析全体におけるある種の「転回」を提示しているということになる。これは，1930年代の「転回（ケーレ）」をひっそりと予告するものだと言えないこともない。後の「転回」では，根源的なものは，もっとはっきりと現存在から存在そのものへと移されることになるのである。

第四章　時間性と日常性

第67節　現存在の実存論的体制の
　　　　時間的解釈(インテルプレタツィオン)に関する暫定的素描

　第65節で突破がなされた後は，すでに幾度か注意を喚起したように，「反復」戦略と結びついた拡大運動のための場が開かれることになる。だがその場合，実存論的分析論の全体をもっぱら気遣いのみに集中させてしまうという危険がありうる。第67節は，そのような危険を避けようとするものである。今一度，準備的分析によって引き出された実存論的諸構造の多様な分節を思い出しておくべきである。すなわち，「実存するということは多様に語られる」のである。現存在とは一枚岩のものではないのであって，それを気遣いだけに還元することはできない。とはいえ現存在とは，異質な諸構造を集めて並べただけのものでもない。そのように考えたくなるという誘惑を，日常的現存在の時間的解釈(インテルプレタツィオン)は乗り越えなければならない。この解釈は，実存論的諸構造の多様性を辿り直しつつ，脱自的な，つまり根源的な時間性からそれらの構造の深い統一性を照らし出さねばならないのである。

　まず最初に，理解，情態性，頽落，話という内存在を規定する諸構造を再検討し，それらに特有の時熟様態を規定することが課題となる（第68節）。これに続いて，さらに反復を拡大して，世界内存在そのものの時間的次元を考察する。それによって，世界の超越という問題を適切に表現できるようになる（第69節）。そうしてはじめて，実存論的分析論とは一切の超越観念を除外してひたすら純粋な内在性に閉じこもるものであるのか，という問いに対する可能な答えが垣間見られるであろう。第70節は，この読み直しの試みにおいてとくに注目すべき箇所である。そこでハイデガーは，実存論的空間性の性格づけを再びとり上げて，逆説的にもそれに時間的な意味を与えるのである。こうして全ての要素がしかるべき場所に置かれることによって，日常性の時間的意味が規定されることになる（第71節）。

第68節　開示性一般の時間性

　それゆえ，気遣いに固有の時間性についての概要を得た後で，理解，情態性，頽落，話という構造契機の時間的解釈を展開しなければならない。すぐに気づくのは，これらの契機が，第一部で登場した時とは異なる順序で並べられていることである。これは意味深い違いであって，それによって，脱自的時間性とは，外的な係数のように，すでに意味の確定した現象に外から接ぎ木されるものではないことが分かる。むしろ，脱自的時間性を考えに入れることによって，諸現象そのものの解釈が変えられるのである。反復とは，実はこれらの実存論的諸構造を新たに分析するということである。こうして，先述の主張が具体的に検証されることになる。その主張とは，「反復的分析を別の仕方で分節させる」（SZ 332）諸動機は，まさしく諸々の現象のただ中で現れてくるのだ，というものである。脱自的時間性の本性の内にその理由を探るべき変化として，ただちに目に付く主要なものが二つある。一つには，情態性に対して理解に優位が認められていること，もう一つには，話の中にあらかじめ頽落が組み入れられていることである。⁽⁶⁹⁾

1．将来のしるしのもとに——理解の時間性（SZ 336-339）

　理解に固有の時間的構成を考慮に入れることによって，理解がいかなる形の因果的説明や主題的認識にも還元できないものであるということがはじめて十分に見てとれる。「**現存在がそのつどそのために実存している一つの存在可能へと企投しつつ存在すること**」（SZ 336）というのが理解の実存論的規定であるが，そこから理解とはまさしく将来という時間的脱自に服するものであることが分かる。理解から分析を始めねばならないのはそのためである。すなわち，第65節で宣言された将来の優位を尊重しなければならないのである。

　1／将来することが理解の存在論的可能性の条件であるとすれば，**本来的将来と非本来的将来**とをはっきりと区別し，それに相関して，本来的な理解と非本来的な理解をも区別することが肝心である。「時間性はつねに本来的将来から時熟するわけではない」（SZ 336）ということを忘れてはなるまい。

　この区別の重要性は，いくつもの術語上の決定からも確認される。まずは，将来に関する「形式的に無差別な術語」（まだ本来性と非本来性という様態上の区別を介入させていない概念）から出発しなければならない。将来の本来的

様態と非本来的様態を規定するのは，その後のことである。

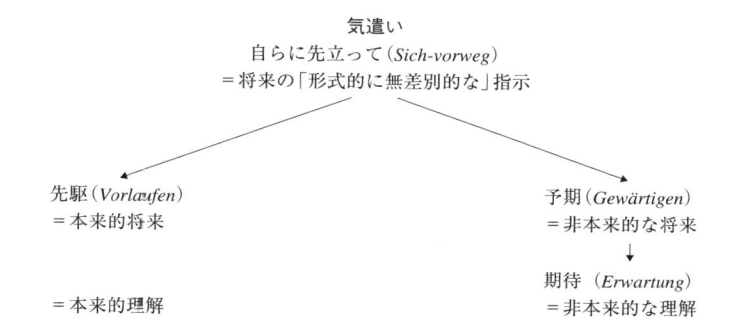

```
                          気遣い
                   自らに先立って(Sich-vorweg)
                  ＝将来の「形式的に無差別的な」指示
                    ↙                    ↘
       先駆(Vorlaufen)                     予期(Gewärtigen)
         ＝本来的将来                        ＝非本来的な将来
                                                ↓
                                         期待 (Erwartung)
         ＝本来的理解                        ＝非本来的な理解
```

　以上の術語決定によって，われわれはハイデガーの時間性分析の重要な岐路へと導かれる。最初に気づくのは，本来的将来に接するということが，現在ではなく，非本来的な将来に対する戦い，あるいは勝利として提示されていることである。「将来は，まずは何らかの現在からではなく，非本来的な将来からそれ自身を獲得しなければならない」(SZ 337)。

　非本来的将来は，予期（Gewärtigen）として特徴づけられる。それは，多くの仕事と日々の配慮にのみこまれている状態である。この術語は翻訳上デリケートな問題を含んでいるが，ハイデガー自身は，予期とは期待（Erwarten）の具体的な諸相の可能性の条件であると強調している。「期待すること（Erwarten）は，本来的には先駆として時熟してくる将来の，予期（Gewärtigen）に基づいた様態である」(SZ 337)。そして，予期と期待のこの区別は，すぐさまこの分析の大半の背景にあってそれを支配している現象へと，すなわち死への存在へと適用される。「先駆においては，死の配慮的な期待においてよりもさらに根源的な死への存在が存している」(SZ 337)。

　理解の特徴である将来への関係については，これで全ての様態が出尽くしたのであって，もう話を次に進めてもよいと思うであろう。だが，けっしてそんなことはない。ここで三つの時間的脱自の相互包含という公理を思い出すべきである。理解はまずは将来へと向かうとしても，既在性および実存論的現在とも一定の関係をもっているのであり，この二つについても特徴づけなければならないのである。

　2／その場合，現在についても本来的現在と非本来的現在とを区別せざるを

えない。本来的現在とは覚悟性の現在であり，かならず将来と既在性への関係を含む一つの状況へと結びつけられた現在である。この本来的現在を，ハイデガーは瞬間（Augenblick）として指し示すのであるが，その際に強調されるのは，瞬間という現象は本性上脱自的なものである以上，この現象を「今ということから解明することは根本的に不可能である」（SZ 338）ということである。実際，今というのは，かならずしも点的なものではないとしても，時間内部性の次元に属する時間現象である。これについては第六章ではじめて分析されることになる。

　ハイデガーは，キェルケゴールが瞬間の観念の実存的意義を見出した最初の人物であるという点で，自らがキェルケゴールに負っているものがあることを認めている。しかしハイデガーは，時間と永遠との対立の中に閉じこめられていたという点でキェルケゴールを非難している。このような対立もまた，時間内部性の次元に属するものなのである。「時間内部性としての時間は今を知るだけであって，瞬間を知ることはけっしてない」（SZ 338, note）。

　これに対して，非本来的な現在とは，いつも決断の瞬間をとり逃がしてしまう不覚悟性の現在化（Gegenwärtigen）である。事実，「本来的な将来から時熟する」瞬間とは違って，非本来的な理解は将来に背を向けて，それ自身に閉じこもってしまうのである。

　3／最後にこの分析を「後ろへと」，つまり既在性に向けて拡大しなければならない。先駆的覚悟性には「自らの単独化へと投げられたもっとも固有な自己への帰来」（SZ 339）が含まれている。この脱自的運動において，「現存在はもっとも固有な存在可能の内へと前進しつつこの存在可能を再び取り返す（holt sich das Dasein wieder in das eigenste Seinkönnen vor）」（SZ 339）。これが，ハイデガーが「反復（Wiederholung）」と呼ぶ本来的な既在性である。これに対置されるのが，過去を中性化し「忘却（Vergessenheit）」するという非本来的な運動である。この実存論的構造としての忘却を，「私は傘を忘れた」という言明に反映されるような通常の意味での忘却と混同してはいけない。そのような派生的で通俗的な意味の忘却は，保持していないこと（Nichtbehalten）にすぎないからである。

　ここでハイデガーは，記憶というアウグスティヌス的問題系と交差することになる。この問題系は，フッサールの『内的時間意識の現象学』でも重要な役割を果たしている。実際，「保持していないこと」という術語は，保持するこ

第四章　時間性と日常性　381

と（Behalten）と対になるものであって，「過去把持的意識」というフッサールの有名な観念の内に見出されるのである。だが，ハイデガーの分析は，過去把持と未来予持，あるいは「第一次的記憶」と「第二次的記憶」というフッサールの区別からはほとんど何も受け継いでいない。予期（「未来予持的意識」）は「期待すること」へと，記憶（過去把持的意識）は忘却へと送り返されるのであって，いずれも非本来的理解に属することになるのである。ハイデガーが唯一認めるのは，両者が一体となって「固有の脱自的統一」（SZ 339）を形作るということだけである。

　理解の時間性に関する以上の術語決定を全てまとめれば，次のような表になる。

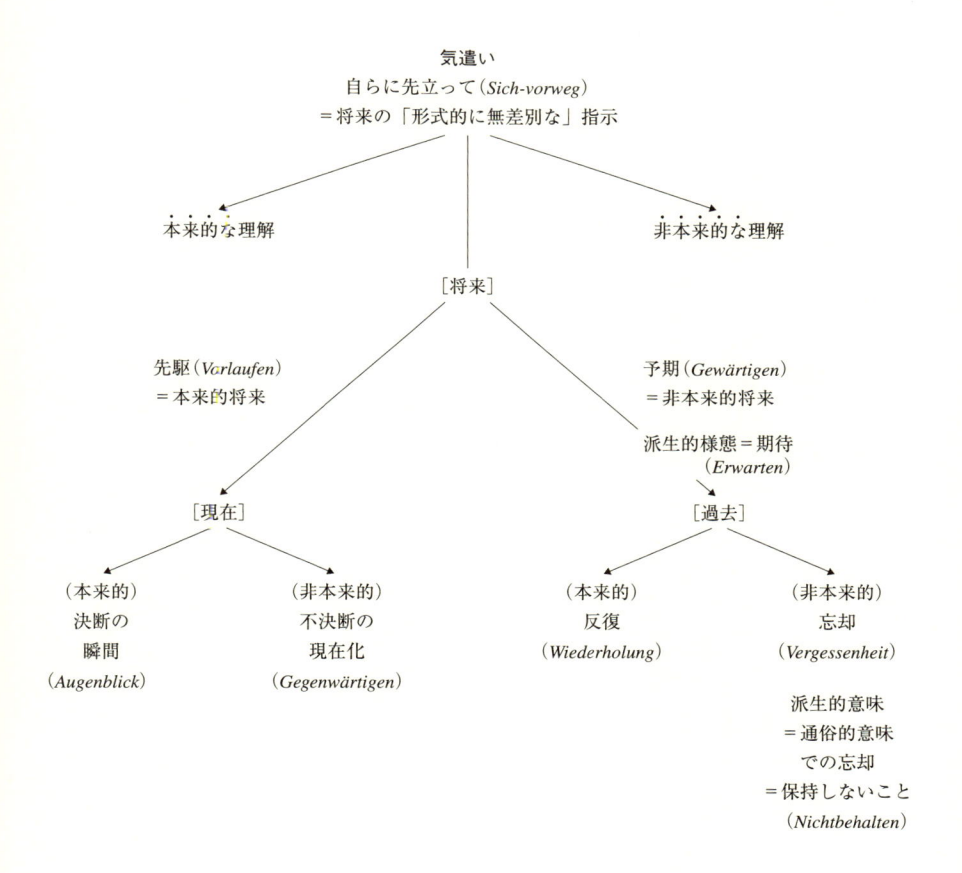

```
                        気遣い
                自らに先立って（Sich-vorweg）
              ＝将来の「形式的に無差別な」指示
                    ／              ＼
              本来的な理解          非本来的な理解
                   ［将来］
                    ／                ＼
         先駆（Vorlaufen）          予期（Gewärtigen）
         ＝本来的将来              ＝非本来的将来
                                    派生的様態＝期待
                                      （Erwarten）
              ［現在］                  ［過去］
              ／    ＼                 ／      ＼
         （本来的）  （非本来的）    （本来的）   （非本来的）
          決断の     不決断の         反復          忘却
          瞬間       現在化      （Wiederholung） （Vergessenheit）
       （Augenblick）（Gegenwärtigen）
                                              派生的意味
                                            ＝通俗的意味
                                              での忘却
                                            ＝保持しないこと
                                            （Nichtbehalten）
```

2．既在のしるしのもとで——情態性の時間性

　理解の時間性の分析が将来の脱自を導きの糸としていたのに対して，情態性の時間性は既在性を出発点とする。「理解は第一次的には将来に基づくが，それに対して**情態性は第一次的には既在性において時熟する**」(*SZ* 340)。とはいえ，理解の時間性の場合と同様に，情態性の時間性は，既在性に根を下ろしながらも将来と現在に対して独自の関係をもっている。

　情態性の諸体験の時間的構成をその独自性に応じて記述することがきわめて困難な作業であることを，ハイデガーは意識していた。それらの体験は，逃れ行くもの，把握できないものであることを主たる特徴としている。したがって，最初の課題は，気分（*Stimmung*）そのものに固有の時間性を示すことである。これは，気分を純粋に時間的な現象へと還元してしまえるという主張ではない。この警告は真剣に受けとめなければならない。というのも，時間性の全体主義ないしは帝国主義を認めれば，実存論的分析論の全体が大きく損なわれかねないからである。「情態性の時間的 解 釈 は，時間性から諸々の気分を演繹し，そうしてそれらを時熟の純粋な諸現象へと解消しようと意図するものではありえない。肝心なのは，諸々の気分は，それらが実存論的に何をどのように《意味する》のかという点からすれば，**時間を根拠としなければ可能にならない**ということを立証することだけである」(*SZ* 340-341)。それゆえ，時間性は諸々の気分の**本質**というわけではなく，それらの志向的意味，すなわち実存論的意味の不可欠な条件である。もっともこのテーゼにしても，とりわけフランクのように，なお常軌を逸した主張であって見直しが必要だと考える者もいるのであるが。

　情態性と既在性の脱自との特別な結びつきは，全ての気分の実存論的根本性格が「……へと連れ戻す（*Zurückbringen auf*）」(*SZ* 340) ことであるという点に根拠をもっている。もちろん，それによって将来や現在への関係が排除されるわけではない。だが，将来や現在への関係も，「……へと連れ戻す」ということに特有の「情態的」な色合いを帯びてくるのである。

　このことは，第 30 節で扱った**恐れ**の記述を例にとって示される。恐れに固有の時間性を，伝統的な「情念論」のように，未来の切迫する悪の予期として記述することはできないであろう。恐れに固有の気分性格は，「恐れに属する予期（*Gewärtigen*）が，事実的に配慮する存在可能へと脅かすものを帰来させるということに存している」(*SZ* 341)。ハイデガーは，恐れの時間的－実存

論的な意味を構成するのは自己忘却であると述べている。それは，自らの事実的な存在可能を前にして狼狽し逃げ出すことである。そうしてこの脅かされた世界内存在は「手許のものを配慮する」(SZ 341) のである。

　ここでまたもやアリストテレスが証人として呼び出される。現象学に先立って，アリストテレスは恐れ特有の圧迫と狼狽をすでに見てとっていた (SZ 342)。そうした反応の例として，家が火事になった時，手許にあるものを何でももち出そうとする住人の「混乱した」行動を挙げることができる。恐れという現象はすでに第 30 節で分析されているが，その真の実存論的意義は，「恐れの時間性は予期し‐現在化しつつ忘却することである」(SZ 342) ということを認めた時にはじめて理解されるのである。

　そうしてここで，第 30 節から一足飛びに，根本気分としての不安を扱う第 40 節へと再度赴くことが必要になる。すでに見たように，不安の指標になるのは，世界の不気味さ (Unheimlichkeit) および無意味性である。それによって，「配慮されたものへと第一次的に基礎づけられる実存の存在可能へと自己を企投することの不可能性」(SZ 343) が露わになるのであった。このような情態性の時間的構成をどのように規定すべきであろうか。「不安は，不気味さの内に投げられているものとしての裸の現存在のために不安となる」(SZ 343)。このように，被投性が反復されうるものである限りにおいて，不安は被投性へと引き戻すのである。「反復可能性へと直面させることが，不安という情態性を構成する既在性に特有の脱自的様態である」(SZ 343)。

　このことから，なぜ不安の体験においては，恐れの体験とは違って，実存が可能な決断へと「跳躍しようとしている (auf dem Sprung)」(SZ 344) のかが分かる。とはいえ，実存は同時に奪取されている (Bennomenheit) のであって，それによって覚悟性の「実現」は妨げられている。こうして，恐れと不安の時間的構造化をそれぞれ考慮することによって，両者の類似性と本質的相違とが確認される。どちらの情動も，警告もなくいきなり「立ち現れ」て，現存在を奪取する。だが，それぞれが生じてくる「原因」と「場所」は根本的に異なっている。「恐れの誘因は，環境世界の配慮された存在者の内にある。それに対して，不安は現存在そのものから湧き出してくる。恐れは世界内部的なものから襲ってくる。不安は死へと投げられた存在としての世界内存在から立ち上ってくる」(SZ 344)。

　このことは，不安に固有の時間性に関して，「不安の将来と現在は反復可能

性への連れ戻しという意味での根源的な既在から時熟する」（SZ 344）ということを意味する。だが，ここでもまた，これを補完する性格づけがなされる。つまり，本来的な不安を感得するのは，恐れを超えた覚悟する人間のみだというのである。この場合，本来的不安と非本来的不安との境界線をどのように引けばよいのか，と問わねばならなくなる。非本来的不安は恐れと同じだということになるのであろうか。それとも，第40節で触れた「病理的」不安となるのであろうか。後者であるとすれば，どのような規準によって不安の病理的形態を確定できるのであろうか。以上の諸々の問いについては，次の二点が指摘されるであろう。第一には，ハイデガーが非本来的不安を定義している箇所はないということ，第二には，本来的不安の定義によってのみ，恐れと不安の区別が最終的に意味づけられるように思われることである。「不安は覚悟性の将来から湧き出てくるが，恐れは喪失された現在から，すなわち恐れを臆病に恐れて（die furchtsam die Furcht befürchtet），そうしてますます恐れへと頽落していく現在から湧き出てくる」（SZ 344–345）。

　この節の最後では，一つの可能な反論が取り上げられている。すなわち，これまでの分析は「苦しい」気分だけしか扱っておらず，それを一般化することはできないのではないか，という反論である。例えば，灰色の日常を特徴づける「色あせた無気分」に固有の時間性は何であるのか。その場合は，既在性に連れ戻されるというよりも，むしろ無定形な現在に捉えられているのではなかろうか。また，希望，歓び，熱狂，平安といったより積極的な情動もあるのであって，それらは嫌悪感（サルトルの『吐き気』を参照せよ），悲しみ，メランコリー，絶望といった「重苦しい」情動に対立するのではないか。

　ハイデガーは，こうした多様な気分を詳しく分析するためには，「仕上げられた実存論的分析論というより広い基盤」（SZ 345）が必要であると考えて，自らの分析はもっぱら着手や告示という程度にとどめている。とはいえ，この分析は一つの確信によって動かされている。それは，原初的に被投性に根ざしていることが全ての情態性に固有な時間性の根本規定であって，無関心のような「中立的」情動によっても，あるいは希望のような「積極的」情動によってさえもこの規定が問い直されることはない，という確信である。それゆえ，例えば希望の実存論的意味については次のように言われる。「心を圧迫する心配とは反対に，希望が心を軽くするものであるということは，希望というこの情態性もまた既在的に在るという様態でやはり重荷と関係づけられていることを

意味するにすぎない。高揚した気分，というよりは高揚させる気分が存在論的に可能であるのは，現存在がそれ自身の被投的根拠へと脱自的－時間的関係に連関していることにおいてのみなのである」(SZ 345)。エルンスト・ブロッホは，ハイデガーが希望にこのような地位を割り当てたことに対して憤慨した。ブロッホの希望の哲学は，この点に，「動物的－プチ・ブル的体験の現象学[70]」ではないかという嫌疑をかけるのである。不安の代わりに希望を根本情態性(Grundbefindlichkeit) としようというブロッホの企ては，そこから発してくるものである。ブロッホにとって，希望とは優れた意味でユートピア的な機能をもつものであって，それゆえ諸々の情緒，表象，思考の次元において，結局は存在そのものの次元において，希望に中心的な位置を与えなければならないのである。[72]

　倦怠や無関心といった中立的な気分についても事は同様である。無気力な「その日暮らし」は，「全てをそのままに《放っておく》が，このことは，被投性へと忘却しつつ自己を引き渡すことに基づいている。それは非本来的な既在性という脱自的意味をもっている」(SZ 345)。それゆえハイデガーは，無関心 (Gleichgültigkeit) に対して，本来性の側で平常心 (Gleichmut) を対置することができる。平常心とは，状況および瞬間と結びついた本来的な情態性の様態である。だが，平常心をこのように強調するというのは，いずれにせよストア主義的な色合いを帯びた実存的態度を特別視するということになってしまわないであろうか。

　以上の全分析の最後に，情態性の可能性の条件は既在性である，という基本テーゼが繰り返される (SZ 346)。ここでは，触発 (Affektion) という語が登場しているのが注目される。[xiii] 実存論的次元での触発＝情態性に動物性の次元で対応するのは，刺激 (Reiz) と興奮 (Rührung) である。だがハイデガーは，そのように特徴づけられる動物的生に固有の「時間的意味」への問いは，「別の問題として残る」[xiv] と説明している。これは「別の問題」であるとしても，けっして副次的な問題ではないことは容易に推測される。実際それが指示しているのは，衝動的生に固有の時間性ははたしてあるのかどうか，という難問なのである。[73]

３．現在のしるしのもとに——頽落の時間性

　現在の時間的脱自は，気遣いの第三の構造契機である頽落の母体となる。そ

れを検証するために，ここでは第36節で行った好奇心の分析が捉え直される。好奇心という実存論的構造の内に，われわれは見ることができるという視覚的機能の優位を認めたのであった。さて，事物そのものが現在的に与えられるところでは，事物は「有体的（*leibhaftig*）」に知覚されている。この意味で，有体性（*Leibhaftigkeit*）と現在性という二つのモチーフは必ず交わりあうのである。

　好奇心は，この交差を部分的に歪曲して利用する。事物の所与性を現実に理解するということは，事物の許にとどまり，時間をかけてその事物に親しむことを前提とする。だが，そのような理解でありうるはずのものが，好奇心においては事物の視覚的側面，すなわち眼差しで捉えられるもの全てへと還元される。そうして，事物は理解されるのではなく，好奇の眼のとりこになる。この意味で，好奇心は「それ自身の内に巻き込まれた現在化」(xv)（*SZ* 346）と化すのである。

　理解と情態性という他の二つの実存疇の場合にそうであったように，ここでもやはり，以上のことから未来と過去への特定の態度も引き出されてくる。未来はまだ見られていないものと化す（好奇心の強い人をやりこめたい時には，「君たちは見るものを見るだけさ」と言うものである）。これは非本来的な将来の極点である。好奇心は，ある意味では情熱的に未来へと，「まだ見ていないもの」へと向かうのであるが，それはまさに現在からの絶えざる逃亡という様態のもとでのことである。新しいものを見るためには，この現在から脱走する（*Entlaufen*）ことが必要になるのである。「落ち着いていない（*Unverweilen*）」という好奇心の特徴は，いつも現在から脱走しようとするが，実は現在の後を追って飛び出していく（*nachspringen*）のであり，しかもけっして現在に追いつくことはない，という逆説によって説明される。この実存的逆説こそが，「気晴らしの可能性の実存論的－時間的条件」（*SZ* 347）なのである。

　好奇心の第二の現象学的な特徴である所在なさ（*Aufenthaltlosigkeit*）についても同じように説明できる。そのためには，ドイツ語の文字通りの意味に立ち戻る必要がある。*Aufenthaltlosigkeit* とは，文字通りには滞留することができないということである。ここから前に言及した第二の逆説が発してくる。それは，「私はどこにもいると同時にどこにもいない」というものである。このように戯画化された現在は，もちろん「瞬間に対するもっとも極端な反対現象」（*SZ* 347）となる。好奇心の観点に立てば，瞬間など存在しないのである。

この非本来的な現在において，「誘惑，鎮静，疎外，自縛」といった頽落の他の全ての性格も一つ一つ表現されていく。「好奇心を《引き起こす》のは，まだ見ていないものが見渡しがたく無際限に広がっていること（die endlose Unübersehbarkeit）ではなく，自らを跳び出していく現在の頽落的な時熟の仕方である」（SZ 348）。「全てを見てしまったときでさえ，まさしく好奇心は新たなものを**案出する**のである」（SZ 348）。

　好奇心が逃れようとするのは時間性の**有限性**である。頽落は，「以下無限に同様」という好奇心の「悪無限」を自らのために案出する。この運動は「全てを見る」が，死への存在という本質的なものだけは見ることがない。そうしておのずから，現在は頽落の同義語のようになってしまう。頽落から解放されるには――こうなると，ほとんど頽落から治癒するには，と言ってしまいたくなるだろう――，覚悟性によるしかありえないのである。

4．話の時間性

　第29節から第34節の準備的分析で得た実存論的諸構造を時間性のもとで捉え直すことによって，いろいろと注目すべき変化が生じたのであるが，すでに見たとおり，そのうちの一つとして，頽落が話よりも前に置かれたということがある。その場合，話は余りもののようになってしまい，論述の中で落ち着きが悪くなる恐れが出てくる。実際，理解を将来に，情態性を既在性に，頽落を現在に関係づけたことによって，すでに脱自的時間性に含まれる可能性は全て尽くされたように思われる。そうすると，話を特定の時間の脱自に関係づけることはできなくなる。話は「第一次的にはある特定の脱自において時熟するものではない」（SZ 349）からである。この節の後半部では，「**時間性はどの脱自においても全体的に時熟する**」（SZ 350）ということ，まさしくそれによって「気遣いの構造の統一性」が基づけられるのだということが喚起されるのみである。

　実際のところ，このように原則的なことを想起してみても，話の時間的構成を解明する上でそれほど役に立つわけではない。さらにハイデガーは，**言語学**における時間と存在の関係という問題の扱い方に対して論争的な言明をしており，それによって事はいっそう複雑になる。「時制」の分析によっては，「話がそれ自体に即して時間的である」ことの意味，言い換えれば，話が「時間性の脱自的統一性」（SZ 349）に基づいていることの意味は理解できないというの

が，ハイデガーの内的確信なのである。

　だが，「簡潔かつ概要的な外観に驚かされる」⁽⁷⁴⁾以上のような考察によって，ハイデガーはどのような積極的な寄与を果たそうというのであろうか。フランクはラディカルな答えを提示している。すなわち，話が特定の時間的脱自に即して時熟するのではないとすれば，「話は本来的な実存疇ではありえない，つまり時熟の様態ではないということ」⁽⁷⁵⁾になる，と言うのである。この答えをハイデガーのテキストと両立させることは難しいであろう。そこで私としては，全ての時間的脱自の統一を保証するものとして話を捉えるべきであると言いたい。そうすると，話というのは，理解，情態性，頽落からなる現の全体的な開示性を分節する場だということになる。フランクが用いる「話の非時間性」という表現が，彼の中心テーゼに合致していることは明らかである。それは，話は時間性へと根源的に結びつくのではなく，「時間とならずに肉と化して広がり，そのことによって一切の存在論を逃れる」⁽⁷⁷⁾空間化する肉体に結びつくものである，というテーゼである。だが，以上述べた意味で，私には「話の非時間性」というこの表現は不適切であると思われるのである。

　加えて，ハイデガー自身，重大な譲歩をせざるをえなくなっている。すなわち，話を特定の時間的脱自に結びつけることはできないとしても，それでも現在化が話において「**優先的な構成的機能**」(*SZ* 349)を占めている，というのである。だが，奇妙なことに，ハイデガーはこの優先性を全く分析していない。どのような現在化が問題になるのか，本来的なものか，それとも非本来的なものか，あるいはそのどちらでもないのか。そういった問いは答えられないままになっているのである。

　これらの問いに分け入っていくためには，ハイデガーが何としても遠ざけようとした言語学という学科を関わらせることが有益ではなかろうか。動詞の時制に関する単に文法的な分析に閉じこもれと言うのではない。ここで何よりも先に考慮に入れるべきであるのは，それとは別の言語学的な現象である。それは，バンヴェニストが分析した言表作用の現在である。バンヴェニストの示したところによると，この現在は，ラングの体系に内在する諸々の時間的対立には絶対に還元できないものであった⁽⁷⁸⁾。このようなわけで，いま一度私はハイデガーに反対して，「より多く説明することは，より良く理解することである」という格率の生産性に賭けたいと思う。ハイデガーは，現在化が話において構成的役割を果たすと言うだけで，このテーゼを根拠づけることはできなかった。

だが，ある種の条件のもとでは，言語学的説明によってこのテーゼをよりよく理解する機会が提供されるのではなかろうか。このような想定に私は賭けてみたいのである。

第69節　時間性と超越——世界内存在

　この節でも，現存在の準備的分析を深化しつつ捉え直す作業が続けられるのであるが，ここでは，第一篇の第14節から第18節で記述された世界内存在の現象へと考察が広げられることになる。まず最初に，中心となるテーゼが立てられる。すなわち，第28節で言及されていた「現存在の明け開かれ」について，それが脱自的時間性に根をもつものであることが主張されるのである。「脱自的時間性が現を根源的に明るくする。それは現存在のあらゆる本質的な実存論的構造の可能的統一を第一次的に規制するものである」（*SZ* 351）。

　このように統一原理を確認し，記述したことによって，今や世界内存在の分析を完成することが可能になる。その際，以下のような問いが導きの糸となる。目配り的配慮に特有の時間性とは何か。目配り的配慮から理論的認識へはどう移行するのか。この体制変革とも言うべき移行にあたって，時間には何が起こるのか。いかなる意味で世界は「超越的」であると言えるのか。

1．目配り的配慮の時間性

　環境世界との交渉（Umgang）(xvi)が世界内存在の根本的特徴であることは，すでに第15節で認めたとおりである。「配慮」と名づけられた現存在の態度——より厳密には現存在の存在様式——と，この配慮の対象となる道具との関係を正しく定義するにはどうすればよいのか。全てはこの問いにかかっている。これについて，次のように説明されることがある。人間は欲求に動かされているが，生物学的に未成熟で，本能の確実性を奪われている。そこで道具を手にし，そのことから人間に特有の態度とふるまいが生み出されるのだ，と。あるいは，道具をそれに先立つ態度から直接に演繹してくるような説明もある。だが，どちらの説明も間違っている。前者の解釈が，さまざまな形の功利主義や行動主義となるのに対して，後者の解釈では，われわれの実存のプラグマティズム的な面に十分な注意が向けられない恐れがある。プラグマティズム的な見方と「超越論的」な見方との適切なバランスの内に，先に私が提案した呼称で言えば「実存論的プラグマティズム」の内に，真理を探し求めるべきである。

「実存論的プラグマティズム」とは，道具性とそれに対応する態度がわれわれの世界内存在の解明にとって根本的であることを認めるだけのものではない。さらにそれは，「原子論的」ではなく，むしろ「全体論的」であることを特徴としている。すなわち，個々の道具だけではなく，「道具連関（Zeugzusammenhang）」（SZ 352）として「そのつどすでに開かれている仕事世界」（SZ 352）が考慮されるのである。さらに，ハイデガー自身は言わなかったことを付け加えるとすれば，このような全体論的見地では，諸々の行為が，それ自身つねに「実践」とのつながりにおいて考察すべきものとなるのだと言えよう。[79]

　しかも，環境世界についての最初の現象学的記述は，「配慮される存在者のもとで実存しつつ存在することを，単に個々の手許にある道具に向けてではなく，道具全体に向けて分析する」（SZ 353）という方針によるものであった。そのような記述の中で，われわれはこの「全体論的な」把握をうまく表現する語に出会ったのであった。それは「帰趨（Bewandtnis）」という語であり，この語はまた有意義性と不可分なものである。この帰趨という現象は，特定の時熟様式を実存論的な可能性の条件とするものであろうか。今問題になるのはその点である。

　一つの道具のごくありきたりな操作でさえも，すでにある種の「帰趨」の理解を含んでいる。それによって，この道具は他の道具と「有意義な」連関に置かれ，道具として「使用可能」になる。このことを考えてみれば，帰趨は予期すること（Gewärtigen）という時間的な構造をもっている，と言うべきである。ここで翻訳者は，「……のもとに（Wobei）」「……について（Womit）」「…のため（Wozu）」といった小さな言葉につまずかざるをえない。だが，こうした言葉の働きが帰趨の構造そのものを規定しているのである。「《……のもとに（Wobei）》を予期することは，帰趨の《……について（Womit）》を把持すること（Behalten）と一体となっており，道具を操作特有の仕方で現在させることを，その脱自的統一において可能にしている」（SZ 353）。

　このように，帰趨の概念によって探究される新たな概念配置は，制作，質料因，形相因，目的因といった旧来の「目的性」概念を乗り越えるものとなる。このような概念配置は，最終的には，ただ脱自的時間性によってのみ保証されうるであろう。「時間性のうちに基礎づけられている帰趨化（Bewendenlassen）が，配慮がそこにおいて目配り的に《動いて》いる諸連関の統一をすでに創設している」（SZ 354）。

ここでわれわれの関心を引くのは「予期」の時間的構造であるが，これは二重の「忘却」によって特徴づけられる．すなわち，配慮に没頭しうるためには，我を忘れねばならないのである．もちろんこれは，実存論的な意味での忘却である．我を忘れて道具の目配り的操作に没頭するのは，傘を「忘れる」のとはわけが違うのである．

　以上の考察を基礎に，ハイデガーは，第16節で導入された目立つこと（*Auffälligkeit*），のしかかること（*Aufdringlichkeit*），押し迫ること（*Aufsässigkeit*）という三つの現象的指標について，その時間的統一を明らかにしようと試みる．

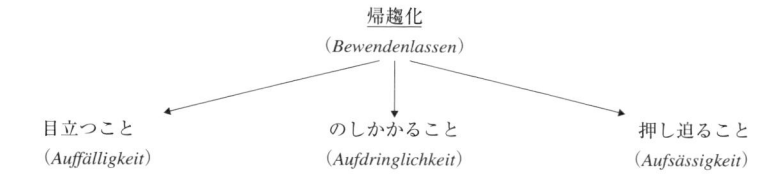

```
                    帰趨化
                （Bewendenlassen）
         ↙            ↓            ↘
    目立つこと    のしかかること    押し迫ること
  （Auffälligkeit）（Aufdringlichkeit）（Aufsässigkeit）
```

　すでに第一篇で素描された分析をあらためて取り上げるのは，事物が有体的に与えられる根本的な場であるという特権を，知覚から剝奪するためである．知覚することが事物の客観的特性を注意深く観察することだとすれば，それが失敗に終わることは明らかである．なぜなら，道具が使えないとか壊れているとかいうことは，どれほど注意して観察してもけっして捉えられないことだからである．そういったことは，長さや重さのような対象の特性ではないのである．ある事物が道具だということは，もっぱらそれを取り扱うことによって見出される．この点に関しては，すでに指摘したように，『存在と時間』のハイデガーは，後期ウィトゲンシュタイン同様「プラグマティスト」である．「操作（*Handhaben*）が妨げられることがありうるからこそ，操作できないもの（*Unhandliches*）が出会われるのである」（*SZ* 355）．環境世界の分析の随所で出てきていた「手（*Hand*）」が，ここでもまた姿を現している．

　さて，道具を操作しつつなされるこうした探究をさらに詳しく見ると，そこには独特の時間構造が見出される．機械が壊れると，「帰趨」の普通の運動は「停止される（*aufgehalten*）」．例えば，お決まりの「本番」の掛け声とともに映画のカットの撮影を始めようとした時に，カメラが故障して撮影が中止され

たとしよう。この唐突な中止によって，予期はさらに増大し，道具は以前よりもいっそう「現前」することになる。道具を点検し，必要とあらば分解などしなければならない。こうして，目立つことという指標が「予期しつつ－把持しつつ－現在化するという脱自的統一」（SZ 355）に基づいていることが分かるのである。

　「欠落（Vermissen）」についても事は同様である。この語が目下の文脈で意味するところを理解するためには，道具の実際的な操作に関するありきたりの例を導きとすべきである。カメラが壊れた。監督が怒りを爆発させているからかもしれないが，ともかく誰もが忙しく動き回る。点検してみると，部品を一つ交換しなければカメラを動かせないことが判明した。しかし，ちょうどその部品がすぐに手に入らない。このように「欠落」が確認されるということ，それは，「期待されていたもの，あるいはいつもすでに手に入っていたものを非現在化するという意味での現在の欠如態の一つ」（SZ 355）である。

　逆に，「不意を打たれ」，驚かされるという可能性の時間的基礎は，予期的現在化の領域が「無意識的」要素を，より正確に言えば，然るべき時に予期されるべき「非－予期的（ungewärtig）」要素を含んでいるという点にある。たいていの事故が愚行と見なされるのはそのためである。自動車事故を起こした運転手は，事故という状況によって不意打ちされたのであるが，彼はそれを「心に留めて（現在させて）（présent à l'esprit）」おくべきであったにもかかわらず，そうしなかったのである。

　こうした支配しきれない要素は，日々いたるところで経験されている。それによって，日常の経験は「……に甘んじること（Sichabfinden mit）」（SZ 356）という独特の時間的構造をとることになる。「……に甘んじる」とは，「予期的に現在化する不把持（Unbehalten）」である。「抵抗するものが配慮の脱自的時間性に基づいて見出される限りにおいてのみ，事実的現存在は，けっして自らが主人となることのない《世界》へと引き渡されていることを理解できるのである」（SZ 356）。ここで再び抵抗という現象が登場する。この現象は，第43節で，実在性の観念に関する不十分だが本来的な現象学的指標として提示されていたものである。世界は決定的な支配に抵抗するものとして経験されるのであって，世界経験のこのような根本性格から，認識という新たな態度が生じてくるのである。次に，この態度の時間的諸相を規定しなければならない。

2．配慮から認識へ

　こうして，第13節で提起された問いが再び現れてくる。目配り的な配慮はさまざまな姿をとりうるが，そのいずれとも根本的に異なる理論的で認識的な態度が誕生するということを，どのように説明すればよいのであろうか。より一般的に言い換えれば，問題は，実存論的な学概念（独特な存在様式としての学）をどのように特徴づけるべきか，ということである。それは，認識論的な学概念（知に特有の形式としての学）でも，論理的な学概念（真なる命題，すなわち根拠づけられた命題の総体としての学）でも，あるいは史学的な学概念（知のアルケオロジーの対象としての学）でもない。今日，すでに得られた結果を形式化する論理とは異なるものとして，「発見の論理」という言い方が好まれているが，ここでハイデガーは，ある種の「発見の現象学的論理」を提示しようとしているのである。

　ハイデガーの独創性は，理論と実践というおなじみの対概念による規定を斥けるところにある。通例では，一方に実際の事物操作に直結する知の関心づけられた諸形式（ノウハウ）が置かれ，他方に純粋に無関心的で，もっぱら理論的な好奇心で動いていると見なされるような，厳密な意味での知が置かれる。このような考えが正しいのであれば，知の王国に入るためには手を動かすのを止めればよい，ということになろう。だが，そうではないことは経験によって明らかである。理論は実践を止めることで奇跡的に生じてくるものではない。実を言えば，実践にはすでにある種の「視覚」，ある種の「知」が含まれているし，また逆に，理論的探究をそれに特有の実践から切り離すことはできないのである。それゆえ，「理論的」態度と「非理論的」態度（SZ 358）との間の存在論的な境界設定を，もっと適切な形で行うことが重要になってくる。

　ここでもまた，われわれはすでに何度も触れた問いへと引き戻される。すなわち，「認識すること（Erkenntnis）」と「見ること（Sehen）」とはどのように関係するのか，という問いである。なぜなら，「直観（intuitus）の理念がギリシャの存在論のはじめから今日まで，認識に関するあらゆる解釈（インテルプレタツィオン）を導いている」（SZ 358）からである。とはいえ，このような「見ること」の優位を正しく分析するためには，「盲目的な」実践的操作と純粋な理論的「観想」という対立図式を避けねばならない。「見ること」を，すなわち学的な手続全体に固有の「見方」を実存論的に基礎づけようとするならば，むしろ原初的な「見ること」から，すなわち「手許にある道具連関の帰趨の諸関連の中で働い

ている」(*SZ* 359) 目配りから出発しなければならない。この「見ること」の特徴は，けっして個々ばらばらの対象に向けられるのではなく，有意義性の全体を「概観（*Übersicht*）」しようとするものだということである。それは，例えば「司教」(*epi-skopos*〔見張り〕)が，信者の共同体の生を構成する有意義性の全体を「概観」する者である——あるいはそうでなければならない——のと同じことである。

さて，この「概観」の前提となるのが，「考量（*Überlegung*）」の能力，すなわち環境世界の経験を「AならばB」という図式に応じて解釈する能力である。この目配り的な考量の実存論的な意味が現在化であるが，その現在化というのもまた，「幾重にも基礎づけられた現象」(*SZ* 359) である。実際，一つの脱自が他の全ての脱自を呼び求めるというのは，脱自的時間性では必ず起こることであるが，それと同じように，考量の前提には，前述定的理解の特徴としてすでに出てきた「……として」の構造がある。仮定の「ならば」は全て，明に暗に解釈学的な「として」に依拠しているのである。

ここでは，もう一歩進んで，この「《……として》は，理解および解釈一般と同様に時間性の脱自的・地平的統一に基づいている」(*SZ* 360) ことを示さなければならない。それによって，目配り的配慮から「理論的発見」(*SZ* 360) への転換（*Umschlag*）の真の本性が理解されるのである。論証はハンマーを例にとって行われる。「軽すぎる」とか「重すぎる」とかいうのは，ハンマーについての配慮から出てくる言明であって，道具としてのハンマーの「適性」や「不適性」を形容するものである。ハンマーに厳密な意味での性質を帰属させられるようにするには，真の意味での眼差しの転換，ハンマーを道具から目前の対象へと変えるような転換がなければならない。それは単なる「見方」の変化ではない。そこでは，一つの存在論的レベルから他の存在論的レベルへの転換，すなわち手許性から目前性へとわれわれを移行させる転換が起こっているのである。

だが，この転換は，どのような意味で学の実存論的発生と一致するのであろうか。最後にその点を示さねばならない。実際，注意しなければならないのは，転換によって，対象は道具としての性格を失うだけではなく，それに固有の空間性をも失うのだということである。道具としての対象は，特定の性質を帯びた「場所」へと定位されていたが，ひとたび転換が行われると，全ての場所は任意の場所となる。これは，実を言えば，「場所」というものがなくなって，

任意の位置だけになるということである。特定の場所に指定されることを一種の「制限＝境界」と見なすならば，これは「解放」のように見えるかもしれない。そうすると，環境世界は「閉鎖」あるいは「閉域」のように見えるかもしれない。理論的認識の解放された眼差し，すなわち境界撤去（Entschränkung）[xviii]された新たな眼差しは，この閉域に対して，無限に開かれた宇宙の姿，目前性の宇宙の姿を対置するのである。

　このように，制限＝境界の撤廃に応じて，世界は宇宙へと転じられる。だが，この変化は，ただ一つの存在領域に縛られるという新たな拘束を伴っている。すなわち，「目前的存在者の《領域》の境界づけ」（SZ 362）による拘束である。宇宙は「世界」に比べて比較できないほど広大であるが，存在論的には，宇宙が世界よりも貧しいものであることは十分ありうるのである。まさにこのような存在論的還元が，学の方法論的選択全体の土台，とくに学の範型である数学的物理学の土台である。「自然の数学的企投」にはアプリオリなものが含まれているが，そこからは重大な帰結が生じてくる。すなわち，自然を純粋な目前性として規定することによって，この企投は「客観化する主題化」（cf: SZ 363）という特性を与えられるのである。

　ここで客観化というのは，「卓越した現在化」のことである。なぜなら，ハイデガーが注において明確に述べているように，認識作用は直観（フッサール現象学におけるものも含む）に卓越した意味を認めるが，この卓越性は時間的意味をもっているからである。すなわち，「全ての認識作用は現在化である」（SZ 363, note）。ハイデガーが理解する意味での現象学は，「意識」の志向性が現存在の脱自的時間性に基づいていることを示すことを固有の課題とする。実存論的な学概念は，まさしく目配りする現在から客観化する主題化としての現在化へのこの転換によって規定されるのである。

3．世界の超越の時間的問題

　「境界撤去」ということを言い出すと，「超越」についても語らねばならなくなるのではなかろうか。そうであるともないとも言える。学的な客観化は，環境世界の境界を撤廃する「踏み越え」能力を前提としているが，この能力の源泉となるわけではない。「超越は客観化に存するのではない。客観化が超越を前提としているのである」（SZ 363）。言い換えると，超越は学的認識の客観化能力から派生するのではなく，環境世界の諸事物に対する現存在の「プラグ

マティックな」連関の内にすでに潜んでいるのである。したがって，超越の真の源泉は時間性の内に求めるべきである。このテーゼは，後期マールブルク講義の中で再度取り上げられ，敷衍されることになる。「超越の内的可能性とは根源的時間性としての時間である，と私は主張する」（GA 26, 252）。

$$\text{時間性} \xrightarrow{\text{超越}} \text{現存在という世界内存在}$$

　ここでは，この超越の地位をどのように特徴づけるかが問題になる。「世界の可能性の実存論的‐時間的条件は，脱自的統一としての時間性が何らか地平的なものをもっているということにある」（SZ 365）。これがハイデガーの中心テーゼである。そこで重要なのは，脱自と地平という二つの概念が緊密に結びつけられていることである。脱‐自（ek-stasis）という概念は，自ずから超越の運動，自己から出る運動をすでに含んでいる。だが，ハイデガーは「脱自とは単に……へと離脱すること（Entrückungen）ではない」（SZ 365）と言う。脱自は［消失遠近法における］「消線」のようなものではなく，ある「行き先」を，つまりは「地平的図式」を含んでいるのである。
　この分析で第二に注目すべき点は，地平の概念と図式の概念との結びつきである。図式の概念が，カントの図式論と構想力の学説を参照しているのは明らかである。すでに1925／26年度の冬学期の講義で，ハイデガーは，1929年の『カントと形而上学の問題』でも保持されることになる立場をうち出している。その立場とは，カントを「現象学的クロノロギー」（GA 21, 200）の分野に深く入り込むことに成功した稀有な哲学者の一人と見なすことであるが，それだけでなく，「人間の魂の内奥に隠された術」としての図式論の学説の内にカントの試みの重心を探し求めるべきだということである。この講義でハイデガーは，かなり大仰な言い方で，自分はカントには暗く近づきがたいものであった夜を照らそうとしているのだ，と告げている（GA 21, 201）。その場合，カントの構想力論が想定していたような感性（＝受容性）と悟性（＝自発性）の裂け目を乗り越えなければならないことは明らかである。とくに抵抗しなければならないのは，時間をもっぱら感性の側に位置づけさせようとする誘惑（超越論的感性論で提示されたテーゼによれば，時間と空間は直観の形式とされる）である。時間を別の意味で捉えて悟性自体の諸作用の内に見出し，最終的には，

時間の源泉が構想力の内にあることを突き止めねばならない。それが可能になるのは，時間の概念を自然の時間に還元することを止め，感性の受容性によってもたらされた多様な所与を秩序づける図式（GA 21, 203）と見なすことを止める場合のみである。

したがって，「理解一般を形成するための時間の機能」（GA 21, 357）を規定しなければならない。まさしくそのような見地に立って，ハイデガーはカントの純粋悟性概念の図式論を詳細に解釈するのである⁽⁸³⁾。「時間は現存在の存在において……**構造**として働くのであって，**枠**として働くのではない（*struktur*mäßig und nicht *rahmen*mäßig fungiert）」（GA 21, 409）ことを示すというのが，この解釈の最終的な狙いである。カントが純粋な知性的綜合と区別して「形像的綜合（*synthesis speciosa*）」と呼んだ作用は，感性の純粋な受容性でも悟性の純粋な自発性でもない一つの能力に結びつけられねばならない。この逆説的な「盲目の能力」が構想力である。構想力がヤヌスの双頭をもつこと，すなわち一方の頭を自発性（産出的構想力）へと向け，他方を受容性（再生的構想力）へと向けていることは容易に理解されよう。ところで，形像的綜合は，どのようなレベルで働くにしても，何らかの時間理解を含んでいる。そのことを示すために，ハイデガーは，**量**の図式（時間と数の連関），**実在性-質**の図式（時間と感官の連関），**実体**の図式（時間と永続性の連関）を順に検討していく。

量 ── 時間の産出（*Zeiterzeugung*） ＝ 数えられること（*Zählbarkeit*）
実在性 ── 時間の充実（*Zeiterfüllung*） ＝ 感覚できること（*Empfindbarkeit*）
実体 ── 時間の永続（*Beharrlichkeit*） ＝ 規定可能なこと（*Bestimmbarkeit*）

ハイデガーは，『純粋理性批判』の図式論が統一性を欠いていることを認めながらも，それが「でっち上げや思いつき」ではなく，時熟の諸様式とレベルを区分する「基礎的な区別作業の領野」（GA 21, 395）であることを主張する。カントの図式論では，「哲学においてはじめて，超越論的真理全体のアプリオリな構成の内部で，つまりは現出の可能性を積極的に規定するものの内部で，時間が超越論的機能において考察されている」（GA 21, 397-398）。これが本当であるならば，ここで区別される時熟のさまざまな様式とレベルを，ハイデガーの時間性分析は必ず考慮に入れねばならないことになる。

以上，『存在と時間』を離れて1925／26年度の講義を参照したのは，もっぱら，図式概念と地平概念の間の謎めいて見えた結びつきを歴史的に説明するためであった。今や第69節に立ち戻ることができる。すなわち，それぞれの時間的脱自はある独特の「地平」[84]を含んでおり，それぞれの「地平」は特定の図式に対応しているのであるが，すでに見たように，それらの脱自の総体は，脱自的－地平的時間性の統・一・性に根拠をもっているのである。

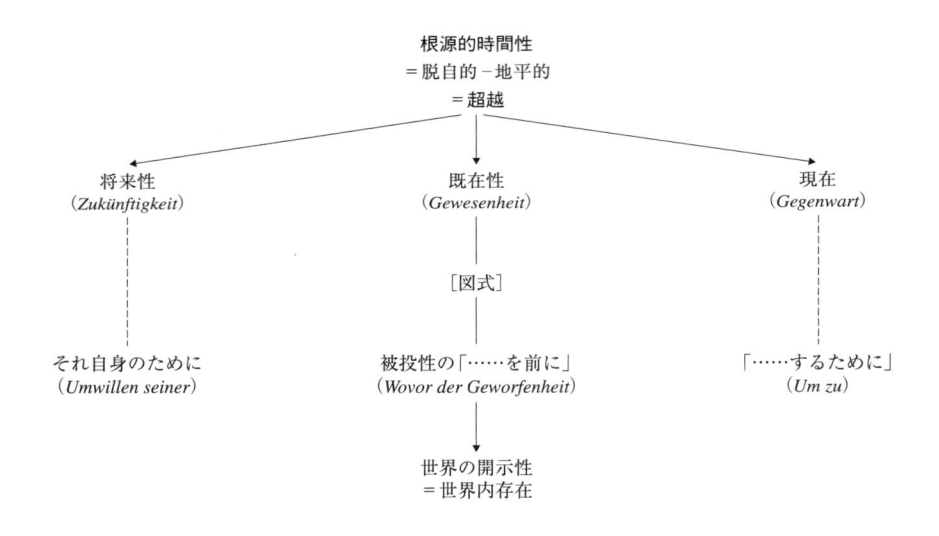

```
                    根源的時間性
                　＝脱自的－地平的
                    ＝超越
         ┌──────────┼──────────┐
       将来性         既在性          現在
   (Zukünftigkeit) (Gewesenheit)  (Gegenwart)
                        │
                      [図式]
                        │
   それ自身のために  被投性の「……を前に」  「……するために」
   (Umwillen seiner) (Wovor der Geworfenheit)  (Um zu)
                        │
                    世界の開示性
                    ＝世界内存在
```

　こうして，時間性と世界の超越との結びつきが説明される。世界は目前性でも手許性でもなく，「時間性の内で時熟するのである」(SZ 365)。もし現存在が実存しなかったら，世界もまた「《現に》存在することはないであろう」。もちろんこれは，世界は現存在のおかげで実在しているのだということではない。それが意味するのは，もっぱら次のようなことである。「脱自的時間性の地平的統一に基づいて，世界は超越的である。世界内部の存在者が世界から出会われるためには，世界がすでに脱自的に開かれていなければならない」(SZ 366)。
　これによって，主－客関係の通常の見方が根底から変えられる。現存在とは，不分明な生の質料に形式の網をかぶせて有意味な世界に変える主観ではない。近代では，「超越の問題」は優れて認識論的な形で提示される。例えば，世界

から切り離された主観もしくは精神（mens）が、どうやって自己から出て客観に到達しうるのか、という形である。だが、ハイデガーは、もはやそのような仕方で超越を問題にすることはない。脱自的‐地平的超越から考えれば、「世界は《主観的》」であると同時に、「いかなる可能的《客観》よりも客観的」（SZ 366）なのである。

第70節　現存在に適った空間性の時間性

　本節の表題が逆説的な表現になっていることに目を留めてほしい。この表題は、第22節—第24節で展開された実存論的空間性の分析に立ち戻らせる。準備的分析では、現存在には独自の空間性を認めねばならないことが示された。とすれば、この空間性は、『存在と時間』第二篇における現存在の時間的‐実存論的分析にとって、本性的に乗り越え不可能な限界とならざるをえないのではなかろうか。これがきわめて重要な問題であることは、容易に推察される。実際、空間性が実存論的時間性と競合する現象であるならば、『存在と時間』という書名は偽りであって、本当は『存在と時間と空間』でなければならないことになるだろう。まさしくこの見かけ上の限界を打ち砕くために、ハイデガーは、現存在に固有な空間性もまた、時間性の内に基礎をもっていることを示そうとするのである。もちろんこれは、空間性を時間性から演繹できるということではないし、空間的現象を純粋に時間的な現象に解消してしまいたいという誘惑に負けてはならないのだが、それでも現存在の空間性は時間性の内に基礎をもつのである。

　実存論的な空間性と時間性の真の本性を性格づけるために、ハイデガーは包括（umgriffen）（SZ 367）の関係という言い方をする。あたかも時間性が実存論的空間性を「包括する」かのように言われるのは、ただ実存論的空間性において、すでに気遣いが働いているからである。現存在は、空間の一部を「埋める」事物とは異なり、文字通り空間を「占める」ものである。あるいは、ある空間を「活動空間」（もちろんサッカーの「競技エリア」を例としてこれを説明してもよい）として、そこに「入りこみ」「住みつく」のだ、とも言える。現存在がある空間に入りこむと、その空間は必ず「気遣いの活動空間」となるのである。

　したがって、気遣いがある限り、クロノロギーとトポロギーを別々の次元で展開してはならない。まさしくそれゆえに、布置と距離という実存論的空間性

の主たる二現象が完全に理解できるのは，もっぱら実存論的時間性の光によってのみである。「方面 (Gegend)」は現在化の内に基礎をもっているのである。「現存在は，時間性として，自らの存在において脱自的－地平的であるがゆえに，空けられた空間を事実的かつ不断に携えることができるのである」(SZ 369)。この文脈で，「活動空間」という表現が二回現れているが (SZ 368, 369)，これはもちろん偶然ではない。それは単なるイメージではなく，空間性が時間性に包括されていることを，おそらくもっとも上手に表現する言い方である。そのような意味をもつものとして，この表現は，後のハイデガーのテキストの中で展開されていく。そうしてついには，性起 (Ereignis) の「時間－活動－空間 (Zeit-Spiel-Raum)」へと行きつくのである。[85]

したがって，「脱自的－地平的時間性を基礎にしてのみ，現存在が空間のうちに入り込むこと (Einbruch) が可能になる」(SZ 369) というテーゼは堅持しなければならないが，だからといって，ハイデガーは空間性を時間性に還元するのではない。そうではなく，空間性の独立は時間性によってのみ保証されると考える。また同時に，言語の意味論的な資産において空間的な意味が重要な役割を果たすことを認めながらも，それを正当化するのは時間性であると考えるのである。

これで空間的現象の自律性は十分守られるであろうか。この点については，疑いをさしはさむことができる。後に講演「時間と存在」の中で，ハイデガー自身，「現存在の空間性を時間性へと送る『存在と時間』第70節の試みは，維持できるものではない」と明言している。[86]しかし，それだけではなく，とくにフランクが示したように，すでに『存在と時間』の段階でも，「現存在の空間性がその根源的な存在論的意味である時間性へと還元できないことの現象学的理由」[87]を探そうとすることができる。フランクは，空間の問題についてのハイデガーの言明を詳細に検討した後で，ハイデガーの挫折を肉体〔の概念〕をもち出して説明する。すなわち，肉体とは，「他の肉体に出会いまた出会われるものとして空間化する」ものである以上，「脱自的時間性へと還元されることはない」[88]，と言うのである。そうなると，言語が空間的な意味と大きな親縁性をもつのは，気遣いではなく肉体によってだということになるであろう。[89]このように，肉体の分析論が現存在の（時間的）分析論にとって代わるとすれば，『存在と時間』の企図そのものの挫折を結論しないわけにはいかない。「『存在と時間』で時間の優勢を示すために拠り所とした概念体系は，肉体と空間とが

引き起こす諸々の問いとアポリアによって限界に達してしまう」(90)からである。

第71節　日常性の時間的意味

　第四章の表題「時間性と日常性」によって予告されていた問題が，ようやくこの章の最後の節になって，はっきりとした形で取り扱われることになる。それは，日常性という概念の時間的意味をどのように定義するか，という問題である。日常性の概念は第9節で導入されたものであるが，その実存論的‐存在論的な地位はまだ明らかになっていない。日常性という術語自体，時間性への関わりを含んでいる。だが，そのように「日々」生きられているものの時間的意味を，どのようにして特徴づければよいのであろうか。たしかに，日というのは社会的時間を測る基礎的単位であるから，日常性は暦の時間への関わりを含んでいる。しかし，日常性の実存論的意味は，日々を加算していけば得られるものではない。その意味はむしろ，「その日の苦労はその日一日だけで十分である」〔「マタイ福音書」6, 34〕といった表現に反映されている。

　日常性の内にハイデガーが読みとるのは，「現存在を《一生の間（zeitlebens）》支配している実存の特定のあり方」（SZ 370）である。このように解された日常性は，日々のあらゆる行動に浸透しつつそれらを超えている生の「質」——あるいはそのような「質」の欠如——を指している。その意味で，日常性にはある種の「習慣への自足」が含まれている。このことは，辛い習慣の場合，例えば毎日やりがいのない仕事をしに行く人や，毎日長い時間地下鉄に乗って通勤しなければならない人の場合でも同じである。単調な日常においては，明日もまた今日や昨日と同じであることが分かっている。こうした日常性に固有の生の様態についての現象学的記述は，ここではほんの少し手をつけられただけであり，その諸相をめぐってさらに探究を深める余地があることは言うまでもない。(91)

　日常性が見せる「様相」がどれほど多様なものであるとしても，ハイデガーにとっては，日常性には「公開的な顕現性」（SZ 371）への関わりがつねに含まれているということが肝要である。このことは，「〈ひと〉を自分たちの《英雄》として選ばなかった」（SZ 371）者たち，つまりまだ完全に日常性に順応していない者たちにも当てはまる。したがって，例えば19世紀末にいたボヘミアン芸術家のような人嫌いの非順応主義者であっても，日常性からは逃れられないであろう。なぜなら，実存的に単独性と絶対的独自性を選んだ場合でも，

日常性をもっともよく示すものとハイデガーがみなす「色あせた無気分という情態性」を感じることはありうるからである。それを表す極端な例として，オスカー・ワイルドによって体現された伊達者の憂鬱が挙げられるであろう。

　もう一つの可能性は，受身的な形で「日常的」に消耗していくことによって，無気力に身を任せ，そこにはまりこんでいくこと，あるいは——これは何の解決にもならないが——前方へと逃げを打って気晴らしを求めることである。こうした可能性の例としては，仕事中毒のビジネスマンが休暇を取ったり緊張をゆるめたりできなくなる場合や，ジェット機で飛び回る富豪たちが延々と社交接待を繰り返す場合などが挙げられる。

　もちろん，日常性についてこうした「存在的」な例はいくらでも出せるであろうが，その場合，ハイデガーが強調するように，「存在論的‐実存論的には」日常性という現象が「謎また謎を秘めた」「戸惑わせる」(*SZ* 371) ものであることを忘れてしまいかねない。この謎を解くためには，地平的‐脱自的時間性をもち出すだけでは十分ではない。他方で日常性は，なるほど時間，日，週，月，年の連続である天文学的‐暦法的時間には還元できないが，それでもそこには，日々の継起を介して実存の伸張性（*Erstrecktheit*）の経験が含まれている。われわれの生きる日々が数えられるものである以上，われわれは時間を考慮（勘定）に入れ，さらには時間を「計算」しなければならない。時間を計算するというこの経験は，実存の意味そのものの一部をなしているのである。

　さて，こうして新たに出てきた二つの複合的な現象が，以下の二つの章で分析されることになる。すなわち，誕生と死の間での生の伸張性の経験は，第五章で歴史性として分析され，「時間を考慮（勘定）に入れる」必要性は，第六章で時間内部性として分析されるのである。

第五章　時間性と歴史性

第72節　歴史の問題の実存論的-存在論的提示

　第五章の冒頭で，ハイデガーはあらためて実存論的分析論が存在論的な目的をもつものであることを述べている。すなわち，それは存在の意味の問いに答えることを目指すものであり，その場合，現存在が担う存在理解は記述可能なものであることが前提されているのである。今やこの記述作業について，最初の決算報告を行うべきである。ここまでの分析では，時間性が気遣いの根源的な可能性の条件であり，その気遣いによって，今度は死，責め，良心の等根源的な結びつきが基礎づけられることが解明された。この点の解明によって，実存論的分析論は目的を達成したのであろうか。あるいは，「現存在は，その本来的実存の企投におけるよりも，さらにいっそう根源的に理解されうるのであろうか」(SZ 372)。

　ハイデガーの見地からは，この問いには否と答えるしかない。とはいえ，これは単なる修辞疑問ではない。とくに現存在をその日常性において考察する場合，現存在の全体を終わりへの存在として記述することは本当に可能なのであろうか。このような「重大な懸念（schweres Bedenken）」は，提示されてしかるべきものである。いかに平凡な経験をとってみても，われわれの存在が誕生と死という二つの極の間に延び広がっていることを示しているのではなかろうか。この「生と死の間の現存在の伸張」(SZ 373) もまた，独自の実存論的意味をもつのではなかろうか。この「生の連関（Zusammenhang des Lebens）」の実存論的な意味は，どのように規定すべきものなのであろうか。ここでハイデガーが生の連関という表現に括弧を付けているのは偶然ではない。それは，この語がディルタイからの間接的な引用であることを示している。この語はディルタイの解釈学の中心概念であって，『精神諸科学における歴史的世界の構築』で重要な地位を占めているのである。[92]

コラム㉟　生の連関
　これは，精神諸科学においてはさらに決定的な概念である。精神諸科学の及ぶ

範囲では、われわれは必ずある全体に、ある連関に関わりあう。どんな場合でも、生じる事柄は当たり前のごとくにこの全体のうちに蓄えられている。だが、歴史は諸々の変化を理解し表現しようとするのであるから、それらの理解と表現は、歴史的力のエネルギー、運動の方向や転換を表現する諸概念によって生じることになる。歴史学の諸概念は、こうした性格をもつものとなればなるほど、対象の本性をよりよく表現するであろう。対象が概念に固定されて、時間から独立して妥当するという性質を得るのは、もっぱら概念の論理的形式による。だが重要であるのは、生と歴史の自由を表現するような概念を形成することである。ホッブズは、生とは絶えざる運動であると繰り返し述べている。ライプニッツとヴォルフは、個人にとっても共同体にとっても、幸福は進歩しているという意識のうちに含まれている、と述べている。

　生と歴史のこうしたカテゴリーの一切は、言明に関わる形式であり——もっとも、体験可能なものに関する言明が全てそうだというのではなく、他の諸作用によって展開されてのことであるが——、精神諸科学の領域において一般的に適用される。これらのカテゴリーは体験そのものに由来する。それらは体験に付け加わる形式化のようなものではないのであって、そこでは生の構造的形式そのものが、その時間的経過の内で、意識の統一に根拠づけられた形式的な操作に基づいて、表現へともたらされるのである。では、体験の領野の内で、これらのカテゴリーの主体となるのは何であろうか。それはまずもって生の経過である。すなわち、ある身体に起こり、意図とそれを妨害するものや外的世界からの圧迫に関わる一個の自己として、体験不可能で異質なものとしての外部からは区別されるような経過である。もっとも、その詳細な定義は、まさしく先に提示した〔カテゴリーによる〕述定から得られるのであって、われわれがこうして行っている言明も全て、すでに体験の領野のなかにあるのである。というのも、そうした言明は自らの対象を生の経過の中にもっており、その本性からして、この言明は生の経過について、まずはある特定の生の連関について述定するものでしかないからである。こうした言明が共通で一般的であるという性格をもつのは、その背後に客観的精神をもち、またつねに他の諸人格を相関者とすることによる。（ディルタイ『精神諸科学における歴史的世界の構築』）

　われわれが求めているのは、生そのものに固有の連関の様式である。われわれはそれを生の個々の出来事について求める。生の出来事の一つ一つは、連関のために役立てることができるはずであって、そこには生の意義の何がしかが含まれていなければならない。そうでなければ、生の連関から生の意義が生じてくることはありえないであろう。自然科学が、物理的世界を支配する因果性を提示する諸概念に関して普遍的な図式機能を有し、その因果性を認識するための固有の方法論を有しているのと同様に、ここでわれわれに開かれるのは、生の諸カテゴリーへの、それらの相互関係や図式機能への、そしてそれらを捉える方法への入り

> 口である。自然科学においてわれわれが関わるのは，ある抽象的な連関であり，その論理的な本性によって完全に見通しのきくものである。〔これに対して〕精神科学においてわれわれが理解すべきであるのは，生の連関であり，認識によって完全に接近できるようにはならないものである。（同上）

　以上，『精神諸科学における歴史的世界の構築』から少し引用したが，これだけでも，ディルタイによる精神諸科学の基礎づけにおいて中心的な役割を果たすこの「生の連関」という概念がどれほど問題をはらむものであるかがよく分かる。ハイデガーのディルタイ批判は，まさしく「連関」の観念に含まれる存在論的な謎を見分けられなかったという点に向けられる。ディルタイは，この窮地を切り抜けるべく，時間の内で不断に継続する心的体験をもち出してくる。そうすると，主体が点的な今から別の今へと跳び移っても，体験の不断の継起によって自己の同一性と安定性は保証されているように見える。
　だが，そのような不確かなものを基礎にしていては，生と死の間の現存在の伸張についての真の存在論的分析を実行することができないばかりか，それが問題として確定されることさえありえない。「現存在は，次々に現れては消える諸体験の瞬間的実在性の総体として実存するのではない」(SZ 374)からである。考察すべきであるのは，伸張としての自己自身に固有の存在体制である。なぜなら「現存在の**存在**の内に，すでに誕生と死に関わる《間》が含まれている」(SZ 374)からである。言い換えれば，連関の概念は，気遣いの概念へと送り返される場合にのみ，存在論的に位置づけることができるものである。「気遣いへと結びつけられるならば，〈生と死の間〉は，存在しない両極を分かつ間隔として現れることがなくなる」[93]。
　ここで目に付くのは，「自己自身（sich selbst）」と伸張の概念とが一挙に結びつけられていることである。厳密に言って，この結びつきはどのような性質をもつのか。アーレント[94]とリクール[95]を代表として，それを個人や史的共同体の物語的自己同一性として見ようとする哲学者たちもいるが，ハイデガー自身がそれほど強く物語的な仕方で伸張を規定しているとは思えない。ハイデガーの主たる狙いは，誕生と死の「間」の実存を，もはやない極といまだない極との間で引き裂かれたものとは見なさないこと，そのような同様に「非実在的」な二極によって，実存者の「現在の」実在性が枠づけられているとは考えないことである。実際，死に当てはまることは誕生にも当てはまるはずである。つま

り，誕生には実存論的な意味があるのである。

　だが，この実存論的な意味をどのように規定すればよいのであろうか。それについては，ハイデガーはいくつかの短い暗示を与えているのみである。ハイデガーは，「始まりへの存在（*Sein zum Anfang*）」（SZ 373）という言い方をもち出すことによって，誕生を実存論的な意味で解し，同じく実存論的に解された死と構造上対称的なものと見なしている。だが，この「始まりへの存在」の実存論的な意味については，それ以上解明しようとはしてしない。ハイデガーは，誕生は単なる目前性として解釈されるものではないと述べるだけであって，誕生の意味を規定するさしあたりの表現として，「誕生的に実存する（*gebürtig existieren*）」という言い方がされているだけである。「実存論的に解されるなら，誕生はもはや目前にないある存在者という意味で過去であるのではけっしてない。それは死が，いまだ目前にはなくこれから来るべき未済という存在様態をとってはいないのと同じである。事実的な現存在は誕生的に実存し，さらにまた死への存在という意味ですでに，誕生的に死ぬのである」（SZ 374）。

　ハイデガーは，アーレントの術語で「生まれること（*Gebürtigkeit*）」と呼ぶことのできる実存論的構造について，詳細な分析を行う必要があることを認めているが，そのような分析を展開することはできていない。なぜ，実存論的分析論にこのような中途半端な欠落が生じたのであろうか。いくつかの理由を挙げることができる。

1／もっとも一般的で〔実存論的分析論に〕特有のものではない理由を述べれば，ハイデガーは，大半の哲学者たちと同じく，誕生よりも死の問題に関心があるのだ，ということになろう。
2／もっと論述の文脈に沿った理由を挙げれば，この箇所でのハイデガーは，誕生の実存論的構造のありかを示すことだけにとどめていたということである。だが，ハイデガーの真の狙いは，誕生と死の間の生の伸張を分析することであった。だからこそ，彼はすぐさま歴史性へと論を進めていくのである。しかし，そのように急いで論を進めたために，始まりへの存在に固有の意味の少なくとも一部分が伸張によって覆い隠されてしまう恐れが出てきたのではなかろうか。
3／気遣いのみが「生の連関」を保証しているという〔当面の問題に〕関連が深いテーゼを考慮に入れると，疑いはさらに深まってくる。つまりその場

合，気遣いが全てを支配するということが本当にありうるのか，という疑問がまたもや出てくるのである。気遣いに特有の諸様態を，誕生の現象とその前提となる性差や「世代」という現象と連関づけて分析するということが，気遣いの「帝国主義」に陥らないための最良の方法となるのではないか。

4／このような意味で問いを理解することによって，われわれはフランクの主張へと近づくことになる。すなわち，ハイデガーが「生まれること」という現象を部分的に看過してしまったのは，そもそも肉体という現象を捉え損ねたからではないか，と考えるのである。

　いずれにせよ，現存在の伸張もまた，他の全てのものと同様に，「この存在者の時間的体制の地平」（*SZ* 374）から解明されねばならない。ハイデガーにできるのは，この中心的テーゼをあらためて主張することだけである。ディルタイのいう「生の連関」は，そのような地平の内で考察されることによって，出来事的－歴史的な広がりを得ることになる。この広がりをもっともよく表現するのが，生起（*Geschehen*）という語である。ここで見落としてはならないのは，「生起する」という動詞が「時熟する（*Zeitigen*）」という動詞と呼応するものであり，双方とも時熟作用を含意するものだということである。[xix][96]

コラム㊱　さらに見出されるべき実存疇――生まれること
　人間的なことがらは，それに干渉せずにおくなら，可死性の法則に従うばかりである。誕生と死の間を過ごす生にとって，この法則はもっとも疑いえない，唯一確かなものである。それに干渉するのが行為する能力である。なぜならこの能力は，日常的な生の容赦のない機械的自動性を中断するからである（もっとも，この日常的な生そのものが生物学的な生のプロセスのサイクルを中断させ，それに干渉するものなのではあるが）。人間は死に向かって突進する。その動きを一時中断し，新たなものを始める能力がなかったとしたら，人間の寿命とともに人間的なものの全てが破滅と破壊へ至ることは避けられないだろう。行為固有のこの能力によって，人間は死すべきものではあっても，死ぬためにではなく始めるために生まれたのだということを絶えず思い起こすことができる。自然の観点に立つなら，人間の寿命とは誕生と死の間の直線運動であって，自然に共通な循環運動の法則から逸脱してしまっているように見える。それと同様に，世界の動きを支配しているのは機械的自動的なプロセスだとする観点に立つなら，行為とは奇蹟のようなものだろう。自然科学の表現に従うなら，それは「規則的に生じる

> 限りなく非蓋然的なこと」である。行為とは，人間がもつ唯一の奇蹟を生み出す能力なのである。ナザレのイエスはおそらくこのことをよく知っていたに違いない。だからイエスは赦しの力を，奇蹟の成就というより一般的な力になぞらえ，さらにそれら二つの力を同じレベルの，それも人間の手の届くところのものと考えたのである。このような人間の能力を見抜くイエスの炯眼は，思惟の諸々の可能性を見抜くソクラテスの炯眼同様，独創的で先例のないものである。
>
> 　人間的なことがらの領野である世界は，通常は「自然に」滅びゆくものであるが，そのような世界を救う奇蹟とは，究極的には生まれることという事実である。行為する能力はこの事実に存在論的に根づいている。言い換えれば，奇蹟とは新たな人々の誕生，新たな始まり，人々が生まれたことによってなしうる行為である。この能力を完全な仕方で経験することによってのみ，人間的なことがらに信仰と希望が授けられる。信仰と希望は実存の本質的な特性であるが，古代ギリシャ人はどちらも無視してしまった。ギリシャ人にとって，信仰をもち続けることはきわめて稀なことで，さして重要ではない徳でしかなく，また希望とはパンドラの箱の有害な幻想の一つに数えられるものでしかない。だが，福音書が「よき知らせ（福音）」を宣べ伝えたとき，短い言葉によって，おそらくもっとも栄光に輝く仕方で，もっとも簡潔に表現されたのは，世界に対するこの信仰と希望であった。その言葉とは，「われわれに子供が生まれた」[*28]というものである。（ハンナ・アーレント『人間の条件』）

　この時熟作用から出発することによって，歴史性（*Geschichtlichkeit*）を存在論的に理解することができる。歴史性は，時間を通しての「自己の恒続性（*Ständigkeit des Selbst*）」[*29]を保証するものとみなされる。ここでいう恒続性とは，実体の永続性には似ても似つかず，また体験の寄せ集めに類したものでもない。ここでハイデガーが取り組む問題は，「歴史の問題」の実存論的な場所を指し示すということである。ジンメルやリッケルトはこのようなことを行わなかった。彼らは歴史をあくまで認識論的に取り扱ったのである。認識論的な観点では，問題となるのは歴史学（*Historie*）の地位であって，歴史性という現象は，忘れ去られ，触れられないままである。だが，歴史学とは18世紀から19世紀の変わり目になってようやく誕生したものであるが，その前からすでに，人間の実存の存在論的構造は「歴史的」だったのである。こうして，ハイデガーは認識論的な研究に断固として背を向けることになる。歴史研究が重要でないというわけではない。ただ単に，別の出発点をとるのである。「いかにして歴史は歴史学の可能な**対象**となりうるのか。この問いに対する答えは，歴史的なも

のの存在様態から，つまり歴史性と，歴史性が時間性に根差していることからのみ導き出されうる」(SZ 375)。

こうして，「通俗的な歴史概念」から出発して，歴史性の概念を「現象学的に構成すること」が固有の課題となる。通俗的な歴史概念がさまざまな点で不十分であることを批判的に分析することによって，よりラディカルな存在論的問いかけへの道が開けてくる。この問いかけにおいては，気遣いの根源的時間性によって規定される現存在の全体性が導きの糸となるであろう。こうして，第五章の分析は，前章で着手された日常性の探究を引き継ぐものともなる。日常性とは，いわば「現存在の非本来的歴史性」(SZ 376) なのである。

以上のことを考えると，ディルタイの歴史の解釈学と突き合わせることによって，ハイデガーの解釈学モデルの有効性をあらためて検証するための機会が得られる。ディルタイの企てとは，1910 年の未完の著作『精神諸科学における歴史的世界の構築』で最終的な表現をみたものである。思い出しておきたいのは，すでに 1923 年に，ハイデガーはディルタイが推奨する解釈学的問題への認識論的なアプローチを斥けているということである。(97) 歴史が解釈的次元をもつものであることは，二人とも認めている。だが，ディルタイがまず最初に歴史学に固有の主題化について考えるのに対して，ハイデガーは，歴史的実存と歴史的行為を性格づける解釈へと立ち戻って考える。「歴史学の存在論的由来を現存在の歴史性から」(SZ 376) うち立てるということ，それこそが，ハイデガーによる歴史学の実存論的 解 釈(インテルプレタツィオン)が自らに定める唯一の狙いなのである。

課題をこのように規定するということには，控えめさと大胆な野心の両方が含まれていることに留意すべきである。一方で，ハイデガーの分析は，歴史学の完全な認識論を提示しようというものでもなければ，歴史的認識の完全な理論を提示しようというものでもない。(98) 彼の分析の唯一の狙いは，次のことを示すことにある。すなわち，現存在が「《時間的》」であるのは，現存在が《歴史の中に位置する》からではなく，その逆に，現存在がその存在の根底において時間的であるからこそ，現存在は歴史的に実存し，また実存することができるのである」(SZ 376)。しかし他方で，この分析は，歴史学の認識論の活動すべき範囲について，その限界を定めることができると主張するのである。

はたしてこれで，歴史学の認識論が歴史性の存在論に規制されることが正当化されるのであろうか。それとも，両者の関係をもっと積極的に規定する可能

性を検討すべきなのであろうか。第34節に関して，われわれは，話の現象への実存論的アプローチと言語学および言語の分析哲学との間に実りある出会いがありうるという方に賭けた。おそらくこの問題についても，それと同様の賭けを敢行すべきであろう。即座に指摘しておかねばならないのは，ハイデガーが次の点で譲歩を行っていることである。すなわち，現存在を構成する歴史性がどのようなものであるにせよ，歴史的存在としての現存在は，歴史学の登場に先立って，暦を用いるのだということである。暦によって，（どれほど原始的な時計であれ）時計で測られる社会的時間に区切りが入れられて，時間の流れが計測できるようになる。こうした行動の背後にあるのが，次章で分析される時間内部性の現象である。

だが，おそらく最大の難点は，この節で提示されるさまざまな綱領的な定式化が，アポリアを含んでいるように見えるということであろう。実際，一方では，歴史性は時熟の独自の位相とみなすべきものであって，それを時間内部性と混同することはできない。それゆえ，時間内部性の分析にいきなり跳びこんでいくのではなく，「現存在の根源的時間性から歴史性を純粋に《演繹する》こと」（SZ 377）を試みる必要がある。とはいえ，この「演繹」によって時間内部性が完全に「生み出される」ことはありえない，とハイデガーは主張する。なぜなら，「歴史性と時間内部性は等根源的なものとして証示される」（SZ 377）からである。少なくとも，ここには一つの謎があると，おそらくはアポリアがあるとさえ言える。どのようにして，歴史性を時間内部性よりも前に置きつつ，しかもこの二つを等根源的なものとして記述することができるのであろうか。この難点をめぐっては，緻密で批判的な議論が必要である。

時間性から歴史性へと移行させる「派生」について問うならば，事はさらに複雑になる。そのような派生がなければ，歴史性が存在論的地位を得るということはあるまい。だが，逆から見ると，実存論的に解された歴史性は，根源的時間性のすでに確定された地位を確認し例示するだけではなく，それに新たな特徴を付け加えるように見える。そうして，例えば派生後の「自己」は，第64節でのそれとはもはや同じではなくなるのである。それゆえ，常識外れに聞こえるであろうが，「派生的なものによる根源的なものの豊富化」とか，「新たなものを生む派生」(99)という言い方をしなければならなくなるであろう。

ハイデガー自身，問題の複雑さを考えれば，「一撃で」（SZ 377）——存在論の一撃であっても——解決できるものではない，と念を押している。ハイデガ

ーの探究は，問題を完全に解決しようとするのではなく，むしろ単に歴史性の問題を扱う本源的な場所を指示しようという試みである。つまりそれは，ディルタイの研究を否定するものではなく，むしろディルタイの研究を我が物とするための地ならしなのである。
(100)

第73節　通俗的な歴史理解と現存在の生起

　通俗的な歴史理解に関する検討は，まずは，「歴史」や「歴史的」という語*30が現存在の通俗的な解明においてもつ多義的な意味を分析することから始まる。この多義性のゆえに，人間の知の領野で Historie という語がもつ意味（歴史学）は，少なくとも暫定的には脇に置いて，「歴史的現実」という概念自体が含む多義性のみを取り上げねばならない。この概念の内に，ハイデガーは四つの基本的意味を見分けている。それらは次のように図示することができる。

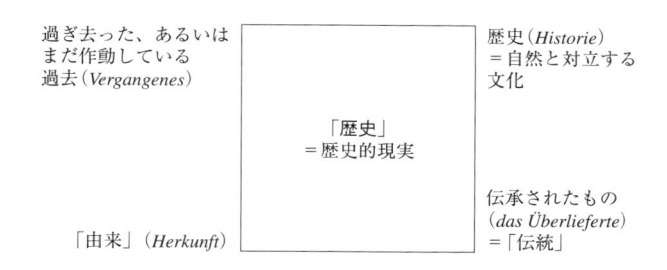

```
過ぎ去った、あるいは                          歴史（Historie）
まだ作動している                              ＝自然と対立する
過去（Vergangenes）                          文化

                    「歴史」
                    ＝歴史的現実

                                            伝承されたもの
                                            （das Überlieferte）
「由来」（Herkunft）                           ＝「伝統」
```

　1／歴史的現実と言えばまず思い浮かぶのが，過ぎ去ったもの（Vergangenes）である。その場合，歴史的過去への関係には，二つの異なった様態がありうる。まずは，「過ぎ去った」という様態である。われわれは，過去とは自らの背後に置いてきたものであって，もはや自分に関係がなくなったものだと考える。「それは過ぎた事だ」「古い話だ」というわけである。これは——その是非はともかく——純粋に回顧的な過去観である。だが，過去とはまた，われわれがまだその影響を受けているもの，良かれ悪しかれその帰結がわれわれに作用を及ぼすものでもありうる。この意味で，リクールは「過去によって作用を受けること」と言い，ガダマーは影響作用史（Wirkungsgeschichte）および影響作用史的意識（wirkungsgeschichtliches Bewußtsein）という言い方をしている。
(101)
(102)

　この影響作用史という概念は，ガダマーの歴史的意識の解釈学において中心

的な役割を果たすものであるが，ハイデガーから直接とり出してきたものであって，ハイデガー自身も，影響（*Nachwirkung*）や作用連関（*Wirkungsbezug*）という言い方を用いている。「ここで歴史という語が指し示すのは，過ぎ去ったものではあるが，しかしいまなお影響を及ぼしているものである」（SZ 378）。環境世界は，過去への複雑な関係を含む対象で満たされている。すなわち，廃墟，遺物，遺跡などは，少なくとも一見したところ，過ぎ去った過去という一方の極を表しているが，他方で，記念建造物，石碑，凱旋門などは，まだ作用し続けている過去というもう一方の極を表しているのである。

　2／「歴史的現実」という概念が二番目に含んでいるのは，「由来（*Herkunft*）」という意味である。この場合，歴史は，ある生成が進展する道筋——発展であれ衰退であれ——という姿をとる。これによって，歴史的影響作用という観念がさらに強化されることになる。「ここで歴史とは，《過去》を通じて《現在》と《未来》を貫通していく，出来事連関および《作用連関》を意味している」（SZ 378-379）。この観念は，例えばディルタイが長々と分析した時代の概念によって表現されるものである。ここでラインハルト・コゼレックの用語をもち出すのは有益である。それを用いて言えば，「由来」は「経験の空間」を規定するが，この空間自体は「予期の地平」と連動している，と言えるだろう。こうして，すでにこの第二の意味によって，歴史の理解における過去の優位は疑わしくなるのである。[103]

　3／歴史という語が三番目に指示するのは，生成する存在の特定の領域，すなわち人間の介入の結果生じる生成である。これは，自然と文化というコントラストにおける一方の極としての歴史である。なるほど，例えば自然史と文化史のように，他にもさまざまな対立図式があり，その重要性を低く見積もるのは間違いであろう。だが，それらの対立もまた，自然と文化というコントラストに依拠しているのである。「歴史」という語が，自然の生成に適用される場合と人間の行為の領域に適用される場合とで意味を変えるということは，絶対に見逃してはならない。

　4／歴史の概念が最後に想起させるのは，伝承の観念と，それに結びつく「伝統」ないし遺産の観念である。ここでもまた，自明視されている伝統と歴史的に明確に再認識された伝統との区別を始めとして，これらの現象全てについて，その複雑さを考慮に入れることが大事である。ここではさしあたり簡単に触れられているだけだが，伝承という現象は，歴史的意識の解釈学ではかな

らず中心的な役割を果たすものである。それゆえ，この問題には後でまた立ち戻らなければなるまい。

　以上の四つの意味をまとめると，目下の文脈で「歴史」という語がもつべき意味の第一の定義が出来上がる。「歴史とは，実存する現存在の，時間の中で起こる独特の生起であり，しかもその際，相互共存在において《過ぎ去った》と同時に《伝承され》作用を及ぼし続ける生起が，強い意味で歴史と見なされるのである」(SZ 379)。四つの意味を相互に結びつける共通分母は，出来事の「主体」としての人間である。だが，問題となるのは，人間や主体という概念が，実存論的分析論においてその地位を一変させてしまったということにだけではない。出来事という概念の地位もまたさらに問題となるのである。実際，さまざまな「事件（*Begebenheiten*）」を結節点とする単なる諸「経過（*Vorgänge*）」の連続が，どのようにして歴史的出来事という地位を受けとりうるのであろうか。諸々の状況や事件の経験的な組み合わせに理解可能な「上部構造」のようなものを貼り付ければ，それで歴史になるとでもいうのであろうか。

　こうした問いは，今日でもなお分析哲学の分野で活発に議論されているものであるが，それに対して，ハイデガーはきっぱりと明確に答えている。すなわち，孤立した諸事象がまずあって，後からそれらに「史的」な意味が与えられるとする実証主義的な考え方は，絶対に認められない。現存在の存在そのものである「生起（*Geschehen*）」こそが真の「基本的与件」なのであって，「**現存在がその存在において歴史的だからこそ**，状況や事件や歴運のようなものが存在論的に可能となるのである」(SZ 379)。

　歴史性の分析は，手始めに上の四つの内の最初の意味をとり上げて，過ぎ去った過去に属する道具の歴史性とは何か，と問う。例えば，ポンペイの遺跡で発掘され，現在ナポリ考古学博物館に保存されている無数の調度品を考えてみよう。そうすると，どこに逆説があるかがすぐに分かる。それらの道具は，現になお実在しており，必ずしも壊れているわけではない。古代の広口壺の中には，巧みな修復によって，まるで陶工の窯から出てきたばかりのような印象を与えるものもある。だとすれば，どのような基準によって，これらの道具は過去のものとみなされるのであろうか。「廃用品」だからであろうか。しかし，トラクターやコンバインのような今日の道具の場合でも，同様に廃用品にもなりうるではないか。

　道具が過去のものであると言える真の基準は，それらが属している環境世界

がもはや実在していない,ということである。だからこそ,『精神現象学』の有名な一節——これはガダマーも注解している箇所である——(105)で,ヘーゲルは,ギリシャの精神世界が取り返しのつかない形で失われてしまい,作品だけが木から摘み取られた果実のようにわれわれの手に残されたことを嘆いているのである。

コラム㊲ 過ぎ去った環境世界——ギリシャ世界

　したがって,法的状態において,人倫的世界とその宗教は喜劇の意識の中に沈みこんでしまっており,そして不幸なる意識はこの喪失の全てを知っている。この不幸なる意識にとって,その無媒介の人格性がもつそれ自身の価値のみならず,媒介された,すなわち思考された人格性の価値もまた失われてしまっている。神々の永遠なる法への信頼は押し黙り,特別なものを教えてくれる神託への信頼もまた押し黙ってしまった。彫像はいまや,それに生気を与えていた魂が逃れ去った亡骸であり,讃歌は信仰の去ったただの言葉となっている。神々の食卓の飲食物は精神を失い,競技や祭によっても,意識と本質との至福の統一が意識に与えられることがなくなった。かつて精神は,神々と人間とを押しつぶす力が自らの確信からほとばしり出るのを目の当たりにしていたが,ミューズの作品からは,その精神の活力がなくなった。それらの作品は,いまやそれがわれわれに対してあるとおりのもの,すなわち,木から摘み取られてしまった美しい果実となってしまっている。それは,少女が差し出してくれる果実のように,好意的な運命によってわれわれに与えられるのであるが,もはや〔果実が〕そこにあったときの現実の生はなく,果実をつけていた木も,大地も,果実の実体をなしていた諸元素もなく,果実のありようを決定するものであった気候も,それらの生成過程を支配していた季節の移り変わりもない。——このように,運命は,芸術作品によってその作品の世界を渡してくれはしない。すなわち,作品が花開き,成熟していった人倫的生の春と夏がわれわれに手渡されることはないのであって,ただ,それらの現実性を封印した記憶が手渡されるだけである。それゆえ,これらの作品を享受するときのわれわれの行為は,われわれの意識にそれを満足させる完全な真理を生じさせるような,神々への礼拝ではない。われわれの行為は,これらの果実から雨滴や埃をいくつか払い落とすだけの外面的なものであって,果実をとりまき,生み出し,精神を与えていた人倫的現実性の内的な諸元素の代わりに,その外面的な実在,言語,歴史といった死んだ諸元素を延々と組み立てていくのであるが,それは果実の内に入り込んで生きるためではなく,ただ果実を自己自身の内で表象するためなのである。(ヘーゲル『精神現象学』)

第五章　時間性と歴史性　415

　こうして，なぜハイデガーが「古代博物館」に保存されている「骨董品」の地位から考察を始めているのかがよりよく理解される。過去の遺物が博物館に保存されるのは，過ぎ去った時に属しているからであるが，まさしく博物館という独特の「環境世界」に組み入れられることによって，この遺物はあり方を変えるのである。

　だが，「今なお保存されている古代の遺物の歴史的性格は，現存在の《過去性》に基づいており，それらの遺物はその現存在の世界に帰属している」（*SZ* 380）ということが真であるとすれば，遺物のこの「博物館的な」あり方を現存在自体に移し替えることは可能であろうか。当然，答えは否となるはずであろう。実存そのものの博物館や保管所などはありえないからである。どんなに歳をとっても，一人の人間が「骨董品」になることなどありえない。それは，時間の影響を受けないからではなく，実存は「過去形」にされることがないからである。まさしくそれゆえに，「もはや実存しない現存在は，厳密な存在論的意味では，過ぎ去ったのではなく，現に既在する（*da-gewesen*）ものである」（*SZ* 380）。自らの過去へのこの実存論的関係こそが，「第一次的に歴史的なもの」であるが，これが現存在によって道具そのものへと移され，そこへと投入されるということがありうる。『魔の山』のはじめに，老市参事会員ハンス・ロレンツ・カストルプが，父母を失って孤児となった孫の幼いハンス・カストルプに洗礼盤を見せる箇所があるが，この描写によって，トーマス・マンは，ある種の道具が実存論的過去を喚起する力をもつことを印象的な仕方で示している。最初は客観的な歴史における一つの骨董品の細密な描写でしかなかったものが，次第に，主体が自らの歴史をそこに読み取ることのできる道具を喚起していく。そうして，「第二次的に歴史的なもの」から「第一次的に歴史的なもの」へと移行するのである。

コラム㊳　第一次的に歴史的なものと第二次的に歴史的なもの——洗礼盤
　その皿の裏には，長い年月の間に代々それを所有した家長たちの名前が，それぞれ違う書体で点刻されていたが，すでに七人の名前があって，それぞれにこの盤を相続した年が添えられていた。襟飾りをした老人は，指輪をした人差し指で，いちいちそれらの名前を孫に指し示していった。少年の父の名もあったし，祖父自身の名も，そして曾祖父の名もあった。読み上げていく祖父の口の中で，「曾」という前綴りが二つになり，三つになり，四つになっていくと，少年は頭を横にかしげて，考え深そうな，あるいはぼんやりと夢見るように目を凝らし，つつま

しく眠たげに口を開いたまま，「曾，曾，曾，曾，」という音に耳を傾けていた。その音は，墓穴の音，時が埋もれていく暗く深い音であると同時に，現在の少年自身の生活と深く埋もれてしまったものとの敬虔なつながりをも表しており，少年にとても奇妙な印象を与えた。まさにそれが少年の表情に表れていた。この音を聞いていると，少年は，かび臭いひんやりとした空気，聖カタリーナ教会や聖ミヒャエリース納骨堂の空気を吸っているように思い，帽子を手に持って恭しく身を屈め，爪先立ちで歩むべき場所の息づかいを感じた。そしてまた，音の反響するそうした場所特有の，外界から隔離された平穏な静寂を聞いているような思いがした。そのくぐもった音を聞いていると，宗教的な感じと死や歴史の感じが混ざり合い，その全てが少年にはなんとなく心地よく思えた。少年が盤を見たいとたびたびせがんだのは，この音のためであって，それを聞いて自分でも真似をしてみたかったからかもしれない。（トーマス・マン『魔の山』）

　こうした例によって，第一次的に歴史的なもの（現存在）と第二次的に歴史的なもの（過ぎ去った環境世界の諸道具）というハイデガーの区別をどう理解すればよいかが分かる。第二次的な歴史性には，〔道具だけでなく〕自然に対するある種の関係も属している。このような歴史性を，ハイデガーは「世界歴史的なもの（*das Weltgeschichtliche*）」（*SZ* 381）という語で表している。この概念をヘーゲルの普遍的歴史という概念と混同してはならない。後に第 75 節で，ハイデガーは，通俗的な普遍的歴史概念が世界歴史的なものから派生するものであることを示そうとするであろう。したがって，以下の三つのレベルを注意深く区別すべきである。

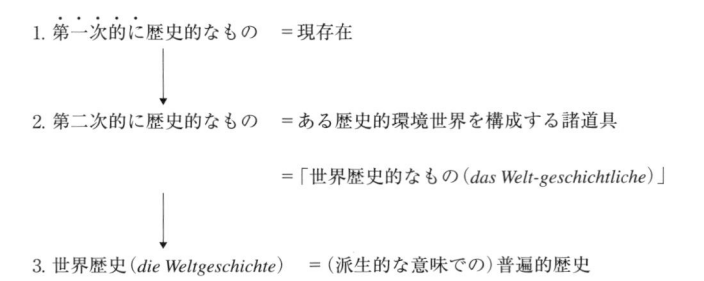

1. 第一次的に歴史的なもの　＝現存在
   ↓
2. 第二次的に歴史的なもの　＝ある歴史的環境世界を構成する諸道具
   　　　　　　　　　　　　＝「世界歴史的なもの（*das Welt-geschichtliche*）」
   ↓
3. 世界歴史（*die Weltgeschichte*）　＝（派生的な意味での）普遍的歴史

　このような区別を行う場合にのみ，過去の優位を問いただす機会が得られるであろう。過去を優位に置くならば，あるものが時間の内でわれわれから遠ざかるにつれて，次第に「歴史的」になっていくと考えねばならない。しかし，

これは年代記的な時間観から借りてきただけの客観的指標であって，つねに「主体」の現前を伴う「歴史的時間」に独特の構造を説明することはできない。とはいえ，どのような意味で「現存在は歴史の第一次的な《主体》である」（SZ 382）と言えるのかを，もっと正確に規定する必要がある。これこそが第74節の目的であり，そこでわれわれは，ハイデガーの歴史性分析の核心へと導かれるのである。

第74節　歴史性の根本体制

　この節の冒頭に，ハイデガーは，前節の主な成果を要約するテーゼを置いている。「現存在が，事実上そのつど自らの《歴史》をもっており，またもつことができるのは，この存在者の存在が歴史性によって構成されているからである」（SZ 382）。現存在とは「歴史性によって構成された存在」であるというわけであるが，このテーゼによって，歴史という存在論的問題は，実存論的問題として提起されることになる。それは，歴史性をこれまで仕上げられてきた実存論的規定の総体に結びつけて，「時間性のより具体的な仕上げ」（SZ 382）として現出させるということである。

　だとすれば，実存の究極的可能性としての死への先駆が導入された時点で全てが言い尽くされてしまった，という印象は訂正しなければならない。このように規定してしまうと，自己の世界への被投性が覆い隠されてしまう恐れがある。だが，そのように「世界」および他人へと「依存」しているということも，実存理解の一角をなすはずである。ここで，新たな現象を考慮に入れるべきである。それは，引き受け（Übernahme）という現象であり，この現象は，われわれに自らを伝承する（Sichüberliefern）諸可能性からなる遺産の概念と結合している。これらの概念は，「伝承」という複合的現象と結びついている。実存するとは，「遺産相続する」こと，すなわち自らを受け取ること，諸々の存在可能性を引き受けることを意味する。歴史概念の意味論的解明の際に出てきた重要な現象が，ここであらためて見出される。この伝承という現象は，ハイデガーの歴史性分析全体において，蝶番の役割を果たすのである。

　もっとも，この現象を特徴づけるにあたって，ハイデガーは「伝統主義的」な含意は一切もちこんでいない。というのも，まず第一に，伝承されるものとは，傷をつけずにそのまま次世代に手渡すべき「預かり物」ではなく，「単に可能的なもの」だからであり，加えて，この「遺産」が真に引き受けられるの

は，覚悟性の態度においてのみ，要するに，自らが死への存在であることに直面する場合のみだからである。

　ここにおいて，伝承と同じ概念領域に属する新たな語が導入される。すなわち「運命（Schicksal）」（SZ 384）という語である。そこには，必然（Anankê）という運命論的な意味，誰も逃れられない不可避的な出来事という意味は全く含まれていない。それは，「本来的な覚悟性の内にある現存在の根源的な生起」を意味するのであって，「この生起において，現存在は，死に向かって自由に開かれつつ，遺産として相続されながらも選びとられたものである可能性の内で，自己を自己自身へと伝承する（überliefert）」（SZ 384）のである。それゆえ，もっとも本来的な形の運命とは，自己の自己に対する関係，そして自己自身の実存論的諸可能性に対する関係の内に見出すべきものである。運命とは，偶然の出来事や状況に由来する，幸福な結果や不幸な結果のことではけっしてない。現存在が「運命の一撃」に見舞われるのは，ひとえに現存在がその存在自体において運命である，ないしは運命的であるからなのである。

　では，「主体」は「自らの運命の主人」だということになるのであろうか。必ずしもそうではない。というのも，実存論的運命は，有限な自由の「超力（Übermacht）」と自己に引き渡された「無力（Ohnmacht）」という，力と無力との独特な「弁証法」を含んでいるからである。この運命は，運命的実存が本質的に他人との共存在の次元を含んでいる限りにおいて，「歴運（Geschick）」(xx)という姿をとる。ハイデガーにおいて，これは「共同体の，民族の生起」（SZ 384）を指示する語である。

　運命の共同性というこの考えを，ハイデガーは直ちにより個別的な規定によって説明しているが，それらの規定については吟味が必要である。言うまでもなく，共同的な運命には，個々人の運命の単なる加算以上のものが含まれている。だが，「伝達（Mitteilung）と闘争（Kampf）においてはじめて，歴運の力は自由に解き放たれる」（SZ 384）とハイデガーは言明している。この言明はどう理解すべきであろうか。Mitteilung とは正確に何を意味するのであろうか（「分かち合い」か，「伝達」か，それとも両方か）。こうした問題に加えて，驚くべきであるのは，闘争という「好戦的」な価値が際立せられていることである。これは覚悟性を強調したことによる代償なのであろうか。覚悟性が間主観的に現実化するとしたら，戦いとなるほかはないのであろうか。

　もちろん，Kampf という語をかならず「闘争（combat）」と訳さねばならな

第五章　時間性と歴史性　419

いかどうかを問題にすることもできる。「争い（lutte）」や「衝突（conflit）」と訳してもよいかもしれない。また最後に，「歴運」という観念の下で，共同体と民族という両観念がこれほど緊密に結びつけられるのはなぜなのか，という点も問題となる。

　こうした問題については，それぞれの解釈者が解答を出すべきであるが，ただしその場合，ハイデガー自身が指示している文脈をも考慮すべきである。(106)とくに注目すべきは，ハイデガーのいう「運命的な歴運（schicksalshaftes Geschick）」とは，実存論的分析論においてディルタイの「世代」概念に対応(107)するものだという点である（なお，ディルタイのこの概念は，後にカール・マンハイム(108)とシュッツ(109)によって取り上げられている）。この概念について，近年リクールが透徹した分析を行っていることも思い起こしておきたい。リクールによれば，世代という概念は，主体の現象学的時間と主体を欠いた世界の時間とを連接させる重要な結合子である。この場合，生物学的なものによって歴史的なものを支えるということが，この概念に特有の機能となる。そしてこの支えが，歴史的時間を「第三の時間」として構築する上で不可欠な標柱となるのである。(110)

　いずれにせよ，ハイデガーの見地に立てば，運命および歴運ということが，第65節で分析された地平的‐脱自的時間性を前提としていることは確かであろう。「**本来的な時間性——それは同時に有限である——のみが，運命というようなこと，すなわち本来的な歴史性を可能にする**」（*SZ* 385）。

　歴史性の分析が関心を向けるのは，現存在の伝承された理解の中から実存的な存在可能を取り出してくるという明示的な可能性である。このようにして過去の内に含まれる諸可能性へと還帰することを，ハイデガーは，反復（*Wiederholung*）というキェルケゴール的な概念で表している。(111)これは遺産と対をなす概念であって，それと同じくらい重要なものである。この概念によって，実存論的な歴史性概念の構成は最終段階を迎えることになる。(112)ここでまたもや，執拗に好戦的なイメージが用いられていることに驚かされる。すなわち，反復とは現存在が「自分の英雄を自ら選ぶ」ことだ，と言われているのである。(xxi)

　過去へと関わるにあたって，現存在が，英雄の立場ではなく，犠牲者の立場やその他の可能性を選ぶことができるというのは稀なことではない。そういったことを忘れて，自己を英雄へと同一化することに価値を与えるのはなぜであろうか。とりわけ問題であるのは，先駆的覚悟性が，今や「反復可能なものへ

の闘争的な従順(Nachfolge)および忠誠へ向かって自由であらしめる選択」(xxii)(SZ 385)と一体化してしまっているように思われることである。

ここで，奇妙な逆説が目に付くであろう。良心の呼び声の分析では，理想を導きとすることを拒絶したハイデガーであるが，歴史性のレベルでは，その留保が適用されないかのようにふるまうのである。運命と歴運という二つの概念は，英雄的-好戦的な理想によって重層決定されている。そこから生じる曖昧さを取り除くことができるかどうかは定かではない。だが，少なくとも別の読み方が可能であることを示唆しておきたい。われわれの念頭にあるのは，Nachfolgeというドイツ語〔文字通りの意味では「後に続く」ということ〕が共観福音書においてもつ意味である。パウロがその手紙で信徒らを鼓舞して言うように，「キリストに続いて歩む」使徒もまた，「信仰の兵士」である。だが，(113)福音書のこのテーマが英雄的で好戦的な意味を帯びるのは，ドイツの叙事詩『ヘーリアント』*31のような場合に限られるのである。

翻訳およびそれに対応する解釈の問題は，これで終わりではない。「反復」とは可能的なものの自己化であって，一定の生の様式や行動類型を機械的に繰り返すだけのことではない。だとすれば，いったい反復とは何であろうか。このことをあらためて問うてみる必要がある。「可能的なるものの反復とは，《過ぎ去ったもの》を連れ戻すことでも，《時代遅れのもの (das »Überholte«)》へと《現在》をつなぎなおすこと (Zurückbinden) でもない」(SZ 385-386)。反復とはけっして「同一者の永遠回帰」ではないのであって，逆に反復によって，歴史性の概念が将来へ向けて据え直されるのである。過去への創造的な関係を規定するために，ハイデガーは，発話の領域からイメージを借りてきて，過去は並外れた説得 (überreden) の力をもっていると言う。すなわち，聴衆を意のままに操ることに長けている演説家に少し似た仕方で，過去は現在を侵略し，征服し，現在になり代わろうとするのである。この説得の力に抵抗しなければならない。真の反復は，そのように過去へと従属するのではなく，反対に過去へと「応答(Erwiderung)」するものである。反復とは反論ができるということだ，と言ってもよかろう。つまり，反復とは創造的で革新的な捉え直しであると同時に，単なる「反響」や延長として解された「過去」を「撤回(Widerruf)」することでもある。捉え直しと撤回のこのような弁証法の狙いは，明らかに，伝統主義か進歩主義かという二者択一を回避することである。(xxiii)

以上の分析から，驚くべき帰結が引き出されてくる。すなわち，運命を開始

する創造的な捉え直しであるような本来的な歴史性は，本来的な時間性と全く同じで，将来を起点として考えるべきものとみなされるのである。だが，まさにこの理由から，死への存在と関わる本来的歴史性には有限性の痕跡が刻まれることになる。「死への本来的存在，すなわち時間性の有限性は，現存在の歴史性の隠れた基礎である」(*SZ* 386)。

以下のようにまとめておこう。

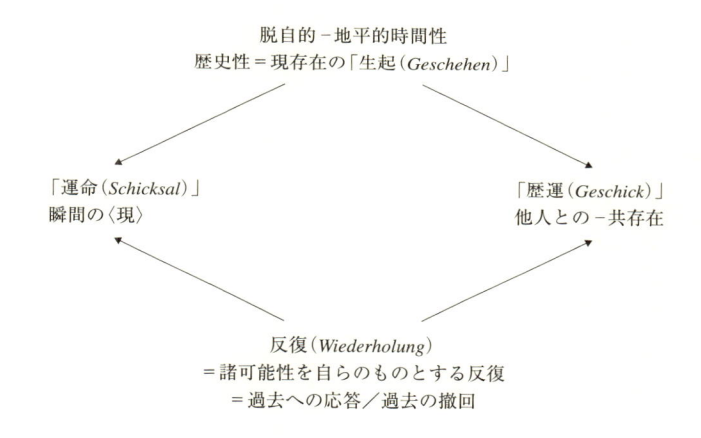

```
                    脱自的－地平的時間性
                歴史性＝現存在の「生起(Geschehen)」

    「運命(Schicksal)」                      「歴運(Geschick)」
    瞬間の〈現〉                              他人との－共存在

                    反復(Wiederholung)
                ＝諸可能性を自らのものとする反復
                ＝過去への応答／過去の撤回
```

この図表によって，現存在の本来的歴史性の構造がまとめられる。それは，「伝承と反復という，将来に根ざした諸現象」(*SZ* 386) によって特徴づけられるのである。

では，これによって，生の連関というディルタイ的な問題に関して，探し求めていた答えが手に入ったことになるのであろうか。これに対しては，ハイデガー自身が挙げているように，覚悟性とは数ある「心理的体験」の一つなのではないか，という反論がありえよう。仮にそうだとすれば，覚悟性が誕生と死との間に広がる生の全連関を最終的に保証するという考えは，大いに疑わしくなってくるであろう。それゆえ，生の連関という謎めいた概念をさらに分析し，この概念をめぐる偽の明証性を問い直して，この概念によって答えようとする問いの根源そのものへと遡らねばならない。

ここで素描されているのもまた，ある解体の作業である。実際，「生の連関」という概念は，すでに特定の歴史性観念，すなわち非本来的な歴史性の観念によって支配されているのである (*SZ* 387)。この観念の地位を検討することに

よって，すでに第 73 節で出てきた「世界歴史（Welt-Geschichte）」の問題がまたもや登場することになる。

第 75 節　第一次的な歴史性から第二次的な歴史性へ
　　　——「世界歴史」の地位

　われわれは，もう一度目配り的な配慮の世界へと立ち戻らなければならない。以前の分析で徐々に明らかになってきたのは，この世界に特有の「連関」は有意義性と帰趨という現象に依拠しているが，それらはいずれもすでに時間性を内包する現象だということである。ここでその最後の特徴として付言すべきであるのは，これら基本的な帰趨と有意義性には，車の故障，仕事上の事故，新しい機械の特別な売上げ等，あらゆる種類の出来事，事件，事故もまた含まれることである（*SZ* 388）。こうしたことからして，気遣いの世界はウィトゲンシュタインの『論理哲学論考』の世界ではない，ということは全く明らかである。それは，「成立している事柄の総体」からなる世界ではなく，一切のもの，ないしほとんど一切のものが起こる，あるいは起こりうる世界である。それは，われわれの日々の事実と所作が繰り広げられる「諸行為の劇場」としての世界である。そして，事物に起こること——変形，損壊，破損等——を通して，われわれは自分に何が起こる——あるいは起こりうる——かが分かるのである。

　なぜわれわれは，実存の連関を環境世界の出来事全体との単なる類比で考えてしまいがちであるのかが，このようにして理解される。現存在の「生起」の捉え方は，次の両極のいずれかになりがちである。一方の極にあるのは，現存在の「生起」を，一つの対象が変化する際に起こる諸々の運動や状態の連続体のようなものとしか考えないという傾向である。その場合，春に溶ける氷——カナダのフランス語では「解氷（*débâcle*）」という美しい言い方をする——を思い浮かべてしまうかもしれない。だが，周知のように，歴史的事件としての〔軍隊の〕潰走（*débâcle*）は，氷が溶けるようにして起こるものではないのである。他方の極は，これとは逆に，もっぱら世界と無関係に心の内を流れていく諸体験の連鎖として現存在の生起を捉える傾向である。実存論的分析は，この二つの傾向の間に苦心して道を切り開かねばならないのである。

　実存論的に解するならば，生の連関は，主体と客体との間の独特の「連鎖」として考えられなければならない。物語の理論ならば，ここで物語の筋立てのプロセスを引き合いに出すであろう。筋立てによって，物語は「異質なものの

第五章　時間性と歴史性　　423

綜合」を遂行することができ，そのおかげで，内的な動機が行為の外的な状況と接続されるからである。ハイデガーにとっては，歴史性と現存在の世界内存在との間の根本的なつながりを見失わないことが肝心である。「**歴史の生起とは世界内存在の生起である**。現存在の歴史性とは本質的に世界の歴史性であり，世界の歴史性は脱自的‐地平的時間性を基礎として，この時間性の時熟に属しているのである」（*SZ* 388）。

　以上のことから，このような非本来性の領域でも，実存論的歴史性のある種の特徴が環境世界の諸道具に託されて，それらに「歴史的」意味を負わせるということがありうると考えられる。こうして，歴史的な活動の痕跡を残す限りにおいて，本は「運命」を有するし，自然がそれ自身「歴史的」になることもありうるのである。クレシー，ワーテルロー，ヴェルダンといった地名は，われわれにとって今や単なる地理的な名称ではない。とはいえ，痕跡とはこうした古戦場に限られるわけではない。こうした史実性には，もっと目立たない活動の痕跡をも含めるべきである。例えば，ヨーロッパの農村「風景」の変化のような長期持続的な活動が挙げられる。もちろん，以上述べたことは全て，「科学的」概念としての自然史とは何の関係もない。[114]

　第 22 節と第 23 節で，世界内部的な道具の空間性と現存在の世界内存在自体の空間性との関係がうち立てられたが，結局ここで確認されているのは，必要な変更を加えれば，それと同種の事柄である。歴史性という実存論的概念のただ中にこのような区別をもちこんだことが，ハイデガーの世界歴史という概念の主要な独自性であると思われる。この概念は，「現存在との本質的で実存に基づく統一の内での世界の生起」を示すと同時に，「手許的なものと目前的なものの世界内部的《生起》」（*SZ* 389）をも示しているのである。

　この三つのレベルを通して，生起（*Geschehen*）という語の多義性を考慮す

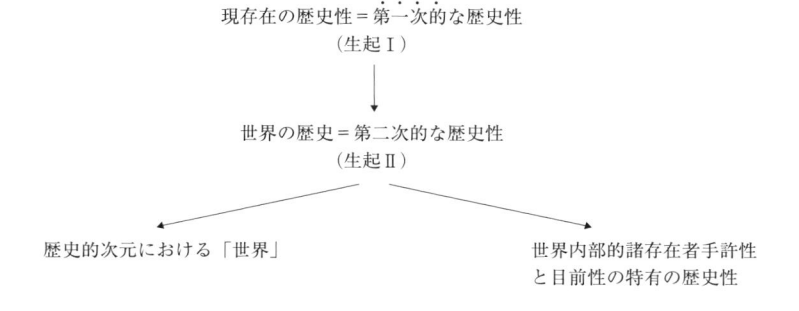

```
          現存在の歴史性＝第一次的な歴史性
                  （生起Ⅰ）
                     ↓
           世界の歴史＝第二次的な歴史性
                  （生起Ⅱ）
              ↙              ↘
  歴史的次元における「世界」    世界内部的諸存在者手許性
                              と目前性の特有の歴史性
```

ることが重要である。この語が表しているのは，単なる場所の移動には絶対に還元できない運動，独特の「動性（Bewegtheit）」である。結局ここで行われているのは，生起の存在論を下準備し，少なくとも「動性一般の存在論的謎」のようなものを垣間見させることでしかない。お望みならば，ハイデガーは，すでに1922年の『ナトルプ報告』で示された計画に従って，アリストテレスの『自然学』を実存論的な見方のもとで読み直そうとしたのだ，と言ってもよい。(115)実際，『自然学』は，〈運動の内にある〉という存在のあり方を体系的に解明した最初の試みだったのである。

　現存在の歴史性という実存論的概念には，このように広大な領域の現象が含められるのであるが，それによって二つの帰結が生じてくる。まずは存在論的な帰結である。世界内存在が，今記述したようなさまざまな様相において歴史的次元をもつということになれば，この歴史的次元とは，「歴史的意識」にも，またそこから知や学を引き出そうとする学的な試みにも先行するものであると言わなければならない。存在論は認識論に先行するのである。

　さらに第二の帰結として，自然的な自己理解にあっては，現存在は世界歴史的なものに導かれるということを認めなければならない。言い換えれば，自らの歴史を世界的な出来事として解読しようとし，極限的には，発生と消滅の一般法則に服する目前的な存在者として自らを理解するというのは，現存在にとって自然な抜きがたい傾向なのである。「薔薇よ，汝は美しき薔薇のさだめを生きた／一つの朝の間」。このような表現を現存在に移して用いてもよいとすれば，それによって，第一次的に歴史的なものと第二次的に歴史的なものとの区別は全く消え去ってしまうであろう。

　このように〔第一次的なものと第二次的なものの〕区別を消し去ってしまう運動については，先に何度も分析した通りであるが，そうして生じる消去作用が，頽落した日常性の体制の特徴である。「日常的現存在は，毎日《過ぎ去っていく》幾多の事柄の内に分散している」（SZ 389）。まさしくそのような分散，「脈絡のない（Unzusammenhang）」，「ばらばらの」散乱を日々経験しているからこそ，実存のさらなる一貫性が必要になる。これこそが，「生の連関」の観念の真の実存論的起源なのである。生の連関とは，けっして自明のものではなく，たえまなく続く心的体験によって確証できるものではない。そうであるからこそ，生の連関は，覚悟性のみが実存的に果たしうるような課題として現れるのである。

ハイデガーの考えでは，以上のようにして，「生の連関」の観念を用いることは不可避であるが，この観念は「現存在の生起全体についての根源的かつ実存論的解釈(インテルプレタツィオン)に対しては不適切」（*SZ* 390）であることが示されたことになる。生の連関を保証するものは現存在自身の内にしか見出されないのに，現存在は自ずからその保証を世界へと求めてしまう。そこにこの観念の不適切性が存するのである。

　より正確に言うなら，実存の本来的な連関を保証するのは，覚悟性であり，覚悟性以外の何ものでもないのだが，ここではそれは，「諸可能性の遺産を先駆しつつ自らに伝承するという仕方で反復する（*das vorlaufend sich überliefernde Wiederholen des Erbes von Möglichkeiten*）」（*SZ* 390）という形をとる。その場合，実存の本来的連関とは，もはや個々の体験を後からつなぎ合わせたものではなく，それ自体，現存在の運命の生と死の間に「延び広がった恒続性(xxiv)（die *erstreckte Ständigkeit*）」（*SZ* 390）なのである。われわれにあるのは，個々ばらばらの体験ではなく，第60節で規定された意味での「状況」である（*SZ* 299-301）。「このように遺産を自らに伝承することに伴って，《誕生》は，死の追い越しえない可能性からの立ち戻りにおいて，**実存の内へと取り込まれている**（*in die Existenz eingeholt*）のだが，もちろんそれは，実存が自らの現の被投性をより幻想なく（*illusionsfrei*）受け取るためでしかない」（*SZ* 391）とハイデガーは述べている。ここでは，誕生に実存論的な意味を与えることが示唆されているように見える。だが，これで十分なのであろうか。その点に疑いをかけることもできよう。

　通常の理解では，歴史的意識には，最小限の「歴史的連続性」の感覚が含まれており，時にはこの感覚が，過去の世代への負債の感情によって裏打ちされることもある(116)。だが，ハイデガーの考えでは，そうした「価値」は全て，覚悟性との連関で読み直すべきものである。「覚悟性は，実存のそれ自身への忠誠を構成する。同時に，その忠誠は，不安への心構えができた覚悟性として，自由に実存することがもちうる唯一の権威への，つまり実存の反復可能な諸可能性への可能な畏敬である」（*SZ* 391）。覚悟性には，現に次々と行われる決断を超越する力があるのであって，それによってしかじかの決断が放棄されても，実存の恒続性が中断されることはない。覚悟性によって，実存の恒続性はもっぱら確たるものとなるのである。

　だが，この運命的な恒続性を覆い隠してしまうのが，まさしく非本来的な歴

史性である。というのも，この歴史性は「可能性に対して盲目」であって，ハイデガーが他のテキストでも非難しているように，体験への酩酊（*Erlebnistrunkenboldigkeit*）のようなものに陥ってしまうからである。そこでは，過去に対して保存し修復するという態度がとられる。すなわち，博物館にもっとも典型的な態度である。この場合，究極的には，過去の残滓（*Überbleibsel*）の全てを保存し，過去に関わる情報の全てを記録しなければならなくなる。こうして，歴史的時間の概念の構成に際して中心的な役割を果たす文書，記録，痕跡といった観念が，ハイデガーにあっては「否定的」に扱われるのである。もちろん，これらの観念をもっと深く分析する必要があるのではないか，と問うこともできよう。[118]

この博物館的な態度においては，過去はもっぱら現在の見地から考察されるのであって，「可能的なもの」（抑圧されていたり，まだ現実化されていなかったりしていても）の貯蔵庫と見なされることはない。まさしくそれゆえに，なお現在に呼びかけうるものとして過去が捉えられることもない。本来的な歴史性の特性は，まさしく批判的な距離をとれるようにすること，現在を文字通り「脱現在化（*Entgegenwärtigung*）」（*SZ* 391）できるようにすることである。これによって可能になる事柄を，ハイデガーは，「〈ひと〉の慣例からの脱却（*eine Entwöhnung von den Üblichkeiten des Man*）」（*SZ* 391）という鮮やかな言い回しで表している。これは，麻薬中毒者が解毒治療で薬物の習慣性を断ち切っていくことを学ぶのに似ている。このような比較はけっして的外れではない。なぜなら，非本来的歴史の見地に立つ場合，過去はガラクタばかりが詰まった荷物であって，それを引きずっている限り，「現代的」とか「流行に乗っている」と感じることはできない，と考えられるからである。過去とは隠された諸可能性の回帰であることを理解したときにはじめて，ひとは本来的な歴史性へと近づくのである。

だが，本来的な歴史性への開けは，けっしてあらかじめ保証されてはいないのであって，それゆえ絶えず闘い続けねばならない。加えて，ハイデガーがこの節の最後の謎めいた結論で宣告しているように，歴史性の問いは，**存在と運動**にまつわる存在論的な謎へと不可解な形で送り返されることになると思われる。ここで告げられているのは，歴史性の概念をさらに存在論的に徹底化するという方向であろう。それによって，運命はもはや実存だけの事柄ではなく，存在そのものの事柄になる。そうすると，「転回」後のハイデガーがしている

ように，「存在の歴運」（*Seynsgeschichte* または *Geschick des Seins*）を語ることが必要になるであろう。だが，そこまで視野に入れると，『存在と時間』の範囲外に出てしまうことになる。この著作の問題系列で取り組む用意ができたのは，それとは別の問題，すなわち哲学史の「解体」という課題である。これは，すでに第6節で告知された課題であるが，このように歴史性の実存論的概念を手に入れてはじめて，それを本当に実行することができるのである。

第76節　歴史学の認識論的地位と，現存在の歴史性に基づく歴史学の実存論的起源

　第73節では，*Historie* という語の意味の範囲を解明するにあたって，歴史学という意味を暫定的に脇に置いておかざるをえなかった。今やその括弧を外すべき時である。すなわち，これから検討しなければならないのは，歴史を対象とする特殊な学(xxv)の認識論的地位なのである。ハイデガーは，いきなり次のようなテーゼを提示する。そもそも学というものがそうであるように，前提のない「歴史学」はないのであって，一切の歴史学は事実上，ある「支配的な世界観」に「依存して」いる。一つの学に社会の関心が反映されていることは，「いかなる究明も必要としない（*bedarf keiner Erörterung*）」（*SZ* 392）事実だというのである。

　節の始まりに置かれるこの主張は，どのように解するべきものであろうか。「時代の産物」であることはあらゆる学に当てはまる一般的な法則であって，それが歴史学でも追認されるということにすぎないのか，それとも，この依存関係が歴史学では独特な様相を帯びることになるのか。ハイデガー自身が「依存」と「支配的な世界観」という語に括弧を付ける必要を感じたということからも，この「依存」関係は分析に値するものであることが分かる。すなわち，この「依存」はいかにして具体的に現れるのか，ある時代や社会階級の「支配的世界観」とは何であるのか，といった分析である。だが，独断的に提示されたこの「事実」に関して，ハイデガーはこうした問いを一切立てていない。ハイデガーの関心は，もっぱら「諸々の学が現存在の存在体制に起源をもつことの存在論的可能性」（*SZ* 392）という問題——すでに第4節で出てきた問題——へと向けられる。

　このような観点に立つならば，二つのケースを区別しなければならなくなる。まずは，諸学全体という一般的ケースである。すなわち，現存在の歴史性の痕

跡は，各々の学において見出せるはずである。その場合に問われるのは，要するに，現存在の歴史性の光のもとで諸学の歴史をどのように解読できるか，ということである。次に，「現存在の歴史性を独特かつ特別な仕方で前提とする」(*SZ* 392) 歴史学という独特のケースである。この言い方は，先に提起された最初の問いへの回答となっている。すなわち，歴史学は独特かつ特別な仕方で歴史性を前提としているのである。

　歴史学のこのような特性を，どのようにして説明すればよいのであろうか。それを説明するのは，歴史学の「対象」とその認識様式（方法論的手続と固有の概念性をも含む）の独特の性質である，と言いたくなるかもしれない。つまり，歴史学の対象とは最終的には現存在の歴史であり，歴史学の認識様式は，「歴史学的認識は現存在の〔歴史的に〕生起する態度として歴史的なのである」(*SZ* 392)。こうしたことは間違いではないし，それによって，歴史学が作動させる「歴史的志向性」の分析が深められるかもしれない。[119]

　ハイデガーは，もっと根底的な規定を提示している。それは，彼の歴史学についての理念の表明であり，歴史的志向性について独自の見解の表明とも言えるようなものである。「**歴史の歴史学的な開示**（*Erschließung*）[xxvi]は，それが事実的に遂行されるかどうかにかかわりなく，それ自体において，その存在論的構造により，**現存在の歴史性の内に根を下ろしている**」(*SZ* 392)。まさにこのテーゼによって，ハイデガーは，歴史学の実際の作用の経験的な分析から歴史学の理念のアプリオリな演繹へと一挙に身を移し，「歴史学の理念を現存在の歴史性から存在論的に企投すること」(*SZ* 393) ができるのである。もちろん，認識論者――認識論者だけではあるまいが――からは，このように存在論を強力に押し立てるとかえって裏目に出ることはないのか，認識論的な分析と存在論的な基礎づけとをもっと穏やかに交流させられないのか，という問いが出てくるであろう。[120]

　歴史学の課題は，全ての学と同様，ある特定の領域の存在者を主題化することである。歴史学で問題になるのは，現代史をどう位置づけるかという問題を留保するとすれば，過去を主題化するということである。だが，それが可能であるためには，「過去」がすでに接近できるようになっていなければならない。それゆえ，このように過去へと接近できるということを，歴史家だけの特権とみなさないようにすべきである。反対に，歴史学の研究対象となりうるものは，まさしく現であった現存在によって与えられるのである。そして，廃墟，記念

物，文書等，あらゆる種類の「遺物」は，過ぎ去った歴史的世界の一部として理解され解釈される場合にのみ，歴史家にとっての基礎「資料」となるのである。「資料を入手し，分類し，確証することによってはじめて《過去》への遡行が始まるのではない。むしろ，そうした作業は，現であったものである現存在へと関わる**歴史的存在**を，すなわち歴史家の実存の歴史性をすでに前提としているのである」(SZ 394)。

　以上のような考えに基づいて，ハイデガーは，歴史家が真に行っている仕事を，すなわち歴史家の実存論的な意味を性格づけようとする。そもそも歴史性とは「実存の本来的諸可能性の反復」*32なのであって，歴史家の仕事とは，これを専門的な作業という形で引き継ぐことでしかないと言えよう。こうして，歴史叙述の実証主義的な捉え方は全てお払い箱にされる。歴史理解の本当の対象とは，「これこれの出来事が何月何日に起こった」というような，「実際的」実証性における「事実」ではなく，「可能的なものの静かなる力」と呼べるようなものである。「《実際上》本来的にすでに現であったものとは，実存的な可能性であって，その内で運命，歴運ならびに世界－歴史がかつて事実的に規定されたのである」(SZ 394-396)。

　思弁的な精神哲学の名のもとで，事実への盲目的な服従に抵抗したヘーゲルは，「事実とは精神の所行である (Tatsachen sind Taten des Geistes)」という尊大な一文を書き残した。観念論的な精神の形而上学に根をもつこのような言明を，そのまま実存論的分析論へと移しかえるわけにはいかない。だが，これに手を加えて，「事実とは現存在の（既在的）諸可能性である (Die Tatsachen sind (gewesene) Möglichkeiten des Daseins)」とすれば，実存論的分析論にふさわしいものとなるであろう。

　このようにハイデガーは，論理実証主義の認識論で長い間論争を呼んできた問題を，力業で一気に解いてみせる。その問題とは，C. G. ヘンペルが規定した例の法則論的な歴史的説明のモデルによって，「歴史的認識において個的なものと普遍的なものはどのように連関するのか」とか，「個々の事例の多くに適用でき，場合によっては予測をも可能にするような一般《法則》はあるのか」というように言い表されるものである。(121)しかしハイデガーは，点のようなものでしかない個別性と法則論的なタイプの普遍的規則性とを裁断するような二者択一を退ける。なるほど，事実性の観念自体はつねに単独性を指示するものである。だが，この単独性には可能的なものの地平が含まれていなければな

らないのである以上，問題となるのは反復可能な諸可能性なのである。

　本来的歴史性がつねに将来から時熟するものであるとすれば，歴史学自身，次のような理由からでしかないとしても，ともあれ何らかの形で将来への内在的な関係を保持していることになる。「歴史学にとって可能的な対象となるはずのものの《選定》は，現存在の歴史性の事実的かつ実存的な選択においてすでに行われてしまっている（ist schon getroffen）のであって，歴史学はこの現存在の内ではじめて発源し，そこでのみ存在するのである」(SZ 395)。

　この「運命的反復」によってのみ，真の意味で事実を尊重するという，歴史学に固有の「客観性」が保証される。歴史理解における「可能的なもの」の次元を考えに入れない平板な実証主義は，理解されるべき与件の真の性質を知らずに歪めてしまう。実際，歴史的人物が自らの行為について与える解釈や，自分の行為（ないしは行為しなかったこと）についてもち出す理由といったものをも，歴史家は，歴史を別様に解釈しなければならなくなるのを覚悟の上で，「与件」の一部として考えに入れねばならないのである。「歴史は，自らを伝承するものとして，そのつどそれ固有の被解釈性のうちに存在しているが，この被解釈性そのものが固有の歴史を持っている。したがって，歴史学はたいていの場合，伝承の歴史を通してはじめて，現であったものそのものへと迫っていくことができるのである」(SZ 395-396)。

　ここでハイデガーは伝承の歴史（Überlieferungsgeschichte）という言い方をするが，これはある意味でガダマーの言う影響作用史（Wirkungsgeschichte）に対応する。歴史とはたんなる事実の総体――ウィトゲンシュタインの注釈者ならば，「成立していた事柄」の総体と言うだろうが――ではなく，諸々の解釈プロセスの連鎖でもある。そう考える場合，そうした解釈プロセスの結果であると同時にその背景でもある「世界観」の次元だけに注意を向ければよいと思えてくる。だが，ハイデガーの批判は，まさしくドイツの歴史学派で中心的な役割を果たすこの「世界観」という概念へと突きつけられる。すなわち，歴史家がほとんど審美的な仕方で，利害関心を離れた超然たる態度で過去の時代の「世界観」を観想する場合でも，真の歴史的理解に達したかどうかは保証の限りではないのである。

　ここで「審美的」という形容詞を用いる場合，第一に標的となるのはレオポルト・フォン゠ランケである。ガダマーが示した通り，ランケは，歴史的認識と審美的認識との類比関係を極限まで推し進めている。だが，ここでの批判は，

ランケに限られるのではなく，さらに一般的な射程をもっている。実のところ，この批判は，歴史主義全体を標的としているのである。全てを「歴史的」という言い方で説明しようとする歴史主義の要求――エリック・ヴェイユの用語で言えば，(歴史的)「理解」という哲学的カテゴリーの出現――は，ハイデガーの考えでは，まさしく兆候としての意味をもっている。つまりこれは，「歴史学が現存在をその本来的歴史性から疎外する」(SZ 396) 瞬間を示しているのである。だが，歴史的世界観の登場は，人間の歴史の中の一挿話に過ぎないことを見失ってはならない。他の時代にそのような世界観がなかったことから，「歴史なき人々」，すなわち「歴史感覚」を全く欠いた人々がいたと考えるのは，もちろん間違いであろう。すなわち，「歴史家がいない (uuhistorisch) からといって，その時代が非歴史的 (ungeschichtlich) だということにはならないのである」(SZ 396)。

まさにこの歴史主義批判という文脈で，ハイデガーがニーチェの『反時代的考察』の第二考察に言及しているのは，驚くべきことではあるまい。それは，「生に対する歴史の利害」と題された有名な考察である。そこでは，生が歴史に対してもつ相異なる「関心」が，記念碑的歴史，好古的歴史，批判的歴史という三種類の歴史によって表されていた。ハイデガーは，この三種類の歴史もまた，実存論的歴史性の概念によって基礎づけねばならないと主張する。ハイデガーのニーチェ再読は，歴史に対してとりうる態度を並列するだけの類型論を問題にするのではなく，歴史性に内在し，脱自的‐地平的時間性に根づいた三つの次元を問題にするのである。

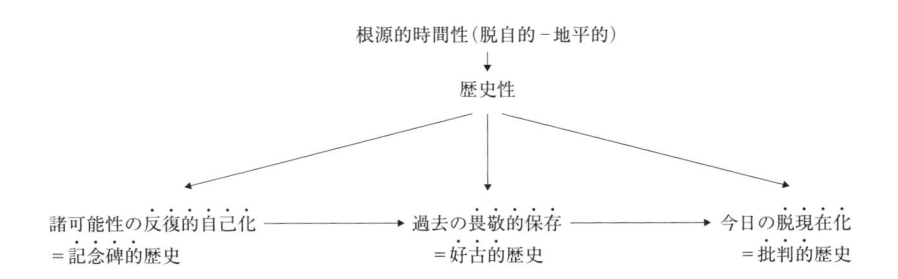

```
                   根源的時間性(脱自的‐地平的)
                              ↓
                           歴史性
                 ↙            ↓             ↘
    諸可能性の反復的自己化 →  過去の畏敬的保存  →  今日の脱現在化
       ＝記念碑的歴史          ＝好古的歴史          ＝批判的歴史
```

1／歴史性が第一に記念碑的次元を含んでいるのは，過去が運んでくるものが，反復作業によって自己化すべき諸可能性の遺産だからである。古の記念物

とは，もはや存在しない過去の遺物ではなく，埋もれている可能的なものである。このことは，「歴史的モニュメント」とそれが国民生活において果たしうる役割へと容易に適用できる事柄である。

　2／このような対象を見れば，記念碑的次元から好古的次元への移行が容易に起こり，かつ避けられないものであることが分かる。その場合，過去に対する関係は，「捉えられた可能性がそれに即して露わになるような現であった実存を畏敬しつつ保存すること（verehrende Bewahrung）」(SZ 396) となる。

　3／最後に批判的歴史の名のもとに置かれるのは，現在への関係である。これは上の二つよりも注目すべきものであって，そこではニーチェの問題設定がひそかに大きくずらされている。ニーチェの場合，批判的歴史を担う典型的な人物像となるのは変革者であった。変革者は，現在がもつ未曾有の新しさによって，過去ときっぱりと縁を切り，過去に対して最終の判決，それゆえ不正であらざるをえない判決を下す。これに対して，ハイデガーにとっては，批判的歴史において重要であるのは，ミシェル・ド・セルトーの言う「創設的な断絶」である。この断絶は，記念碑的なものと好古的なものの力を結合して，「〈今日〉の脱現在化」，すなわち「今日の頽落的な公開性から苦しみつつ離脱すること（das leidende Sichlösen）」(SZ 397) を可能ならしめようとするのである。

　こうした言い回しから，「本来的歴史性が歴史学の三つの様態の可能な統一の基礎である」(SZ 397) というテーゼに基づくハイデガーの再解釈によって，ニーチェの問題設定がどれほど深く変容されているかが見て取られる。批判的歴史という考え方については，批判を向ける点がニーチェとハイデガーでは正反対であるように見える。ニーチェは現在の名において過去を放棄するが，ハイデガーの場合は，まさに現在が「裁かれる」のである。

　こうした再解釈が，気遣いの実存論的な存在意味としての時間性を隠れた原理としていることは言うまでもないが，これによって，ニーチェの三種の歴史の概念がもつ豊かさが分かる。この概念をめぐっては，ハイデガーの解釈と突き合わせるべき再解釈の試みが幾つもあるが，とくに言及しておくべきものは，この概念を哲学史に適用するフィンクの試み[125]，「知の考古学」という構想の延長でなされるフーコーの試み[126]，そして最後になるが，リクールがその歴史的意識の解釈学の中で提示した再解釈である[127]。リクールにおいて，〔行為者の〕イニシアティヴがもつ生きた現在がとくに強調されている点に注目しておこう[128]。

これは，ある意味でハイデガーからニーチェへの還帰である。
　歴史学の認識論的地位に関する〔この節での〕ハイデガーの分析は，歴史学的真理の観念に軽く触れるところで終わっている。すなわち，「歴史学的な諸科学の根本諸概念は，これら諸科学の対象に関わるにせよ，対象の扱い方に関わるにせよ，実存概念である」(*SZ* 397) のであって，このことを認めるという条件でのみ，歴史学的真理というのが正当な観念になるのである。そこからの帰結として，歴史学が解釈学的な性格をもつことを認めねばならない。つまり，歴史学的な主題化は全て，「歴史的に実存する現存在が，現であった現存在を反復しつつ開示することへと決意することによって開かれるような解釈学的状況の形成」(*SZ* 397) を提示するのであって，そのことからして，歴史学は解釈学的なのである。
　とはいえ，「《歴史学的》という語を人文諸科学における意味で理解できるのは，《歴史的》という語を解釈学的な意味で理解する場合のみである」(129) と言うだけで十分であろうか。直ちにまた，既在性から歴史学的な過去へとどのように移行するのか，という逆方向の問いを立てねばならなくなるのではないか (130)。このように存在論と認識論とのより積極的な連関を問い尋ねるというのは，ある意味でハイデガーからディルタイへの還帰である。

第77節　以上の問題系がディルタイの諸研究　　　　　　ならびにヨルク伯の諸構想ともつ関係

　第五章の結びとなるこの節は，これまでの分析に新たなものを付け加えるわけではない。だが，ここではじめて，歴史性の問題に関するハイデガーの論述が二人の先人に多くを負うものであることが明らかにされる。その二人とは，ディルタイとその文通相手であるヨルク゠フォン゠ヴァルテンブルク伯である (131)。まず最初に，周到に言葉を選んだ表題〔「歴史性の問題についてのこれまでの解明と，W. ディルタイによる研究，ならびにヨルク伯の構想との関係」〕に注目しておこう。すなわち，ディルタイは「研究者」として，文通相手のヨルク伯は「構想の提供者」として，異なる姿で登場するのである。その場合，ハイデガーは研究者の側に立つだろうと思われるかもしれない。だが，ハイデガーが実際にとる立場はもっと複雑である。たしかにそれは，長い間ディルタイの研究を吸収してきた結果として形成されたのであり，その痕跡は1919年から28年の全期間にわたって数多く残されている (132)。しかし，同時にハイデガー

は，ディルタイの研究を我が物としていくこの作業が，「ヨルク伯の諸テーゼを通して確認されると同時に強化された」（SZ 397）ことをも明言している。それゆえ，本節の最後でもう一度念を押している通り，「ディルタイの著作に仕えるためにヨルク伯の精神を培う」（SZ 404）というのがハイデガーの目指すところである。というわけで，ヨルク伯はディルタイの研究の単なる引き立て役にはとどまらない。実際には，ヨルク伯によって，ディルタイの問題設定はハイデガーの関心を引く方向に引き寄せられる。すなわち，論理的－認識論的関心よりも存在論的な配慮の方にはっきりと優位が置かれるのである。

したがって，この節はディルタイの業績に対する熱のこもった賛辞から始まっているが，この賛辞には暗黙の批判が込められている。すなわち，同時代の哲学論争や，認識論に強く支配された哲学状況に気をとられたために，ディルタイの諸研究は，その真の狙いとは裏腹に，認識論の領域――ディルタイの言い方では「精神諸科学の論理」――へと傾きすぎてしまった，というのである。ディルタイの真の狙いは生そのものを理解することである。解釈学は「この理解の自己解明」なのであって，歴史諸科学の方法論となるのは第二次的で全く派生的な仕方でのことにすぎない（SZ 398）。

以下5頁にわたって，ヨルク伯の書簡からの引用が続けられる（このような引用集は『存在と時間』では他に例がない）のであるが，この長大な引用集を導いているのは，歴史諸科学の認識論と方法論に対する解釈学の優位を正当化するという狙いである。

ハイデガー自身は，たいていは引用集の背後に姿を隠しているが，引用にこっそりと加えられたコメントから，ハイデガーの目指す方向がはっきりと見てとれる。

1／第一に問題になるのは，認識論に対する原則的な立場である。すでに第3節で明示されたように，哲学は，単に認識理論となって学問の方法論を後追いするだけではなく，逆に認識を基礎づけることを務めとしなければならない。これは，諸学に先立ち諸学を導く哲学的論理学を求めるということであって，第3節で表明された要請（SZ 10）に適ったことである。

2／第二に，ヨルク伯は歴史主義が無自覚に課題としていた事柄を見抜いていた。それは，歴史主義における視覚的な図式の支配に関わる事柄である。そのような図式のもとでは，歴史家は「精神の望遠鏡」を備え，通常の人間よりも遠くの過去を見ることができる者と見なされることになる。これはとくにラ

ンケに見られる図式であるが，歴史的な理解よりもむしろ審美的な理解に適した図式である。

　3／ヨルク伯は，ハイデガーの確信を支える強力な援軍と見なされる。その確信とは，真の批判的歴史とは現在に対する批判である，というものである。それゆえ，認識論的な「歴史的批判」は実存論的な「批判的歴史」とならねばならない。この批判的歴史の真の狙いを描きだすものとして，ハイデガーはヨルク伯の次の一文を好んで引用する。「《近代の人間》，すなわちルネッサンス以来の人間は，もう葬り去られてよい頃である」(*SZ* 401)。

　4／ヨルク伯は，より控え目な仕方ではあるが，出来事を記述するだけの歴史ではない歴史を擁護しているようにも思われる。それは，華々しい出来事の連続からなる歴史ではなく，沈黙を知る者にのみその「隠れた源泉」を開く歴史，あるいは天使と戦ったヤコブ〔「創世記」32, 23-33〕のように，出来事から秘められた意味をもぎとる者にのみ開かれる歴史である。

　5／大きな接眼鏡のイメージに代わって，ヤボクの渡しでの闇夜の戦い〔天使とのヤコブの戦い〕のような見えない戦いのイメージが出てくるのは偶然ではない。これによって，われわれは単なる歴史的認識の次元から「生の顕現」としての歴史理解へと連れ戻される。そもそも「哲学することは生きること」(*SZ* 402) である以上，哲学自体もそのような生の顕現の一つなのである。

　6／だが，ヨルク伯が歴史理解の根を生の哲学に求めるまさにその地点で，ハイデガーは「問題設定のある原則的な徹底化」(*SZ* 403) を求める。実際ヨルク伯は，存在的なものと歴史的なものとの区別を根拠づけなしに前提しており，それを概念化するまでには至っていない。「存在的なものと歴史的なものとの差異の問題を研究の問題として仕上げることができるのは，ただ，存在一般の意味への問いを基礎的存在論的に明らかにすることによって，前もって手引きを確保しておいた場合のみである」(*SZ* 403)。ハイデガーのこのテーゼを認めるならば，ヨルク伯がこの差異を概念化できなかったのは偶然ではないのである。

　このように，歴史性の分析によって，われわれはすでに第5節と第6節で述べられていた根本的な要求へと連れ戻されることになる。その要求は，ここでは次の三つのテーゼによって言い表されている。

　1／以上の分析全体が示唆していたとおり，「歴史性への問いとは歴史的存在者の存在体制に関わる**存在論的な問いである**」(*SZ* 403) ことをはっきりと

認めるべきである。

2／存在的なものへの問いは，それ自身存在論的な問いを内に包み隠しているのであって，それゆえこの問いを単なる認識論に委ねておくことはできない。実証主義者の歴史家は，新たな「実証的事実」を捉えようとして「精神の望遠鏡」をいたるところへと向ける。そのような歴史家は「存在論的」仮象の犠牲者なのであって，あらゆる実在を目前的な存在者に還元できると言い張るのである。

3／したがって，存在論を完全に仕上げるためには，大胆な課題を引き受けなければならないことになるであろう。それは，存在的なもの（＝目前性）と歴史的なもの（＝単なる目前的なものには還元できない実在）とを同時に含むことのできる存在の理念のあり方を示すという課題である。

第六章　時間性と時間内部性

第78節　現存在についてのこれまでの時間的分析の不完全性

　『存在と時間』の最終章の最初の節にこのような表題が付いているというのは，驚くべきことである。最終章なのであるから，結論が期待できそうなものであるが，ここに至ってなお，これまでの分析の不完全性が際立たせられるのである。なるほど，実存の歴史的体制が発見されたのは大きな前進であった。だが，第71節の最後に日常性の時間的解釈との関わりで予告されていたように，われわれの歴史的実存を織りなす諸々の「出来事」は「時間の内で」経過するものであって，事実性にはそのような時間内部性の次元が内在しているのである。この点についてさらに説明しなければならない。

　時間の「内にある」というこの現象は，第一部（第29節-第38節）で分析された世界内存在の内存在（In-sein）と少なくとも同程度重要であるのに加えて，それを補完するものとして不可欠である。この現象を無視するならば，実存論的な時間性は，ベルクソンの内的な純粋持続のような姿をとらざるをえなくなるであろう。だが，ハイデガーによる時間内部性の分析は，まさしくそのような純粋持続というあり方に対抗するものである。それゆえハイデガーは，純粋に質的な持続と，測定可能で年代記的な，結局は空間に還元されてしまう時間との対立にわれわれを閉じこめるのではない。ハイデガーは，「計算する」と「考慮〔勘定〕に入れる（rechnen）」という二つの語の間の一見純粋に意味論的な区別を利用して，「現存在が一切の主題的研究に先立って《時間を考慮に入れ》，時間に合わせているという事実」（SZ 404）に実存論的な意味を与えようとする。多少とも精巧で高性能な「計時器」によって客観的な経過時間を測定する可能性をいろいろ分析する前に，この「時間を考慮に入れること」の実存論的な意味を解明しなければならない。

　普段われわれは，「私は時間をかけたい」「私の時間は大事だ」「時間が過ぎるのに任せる」といった言い方をするが，ここで問題となるのは，そういった表現の根底にある現象を把握するということである。こうして，「時間を考慮に入れる」（SZ 404）というこの基本的なふるまいは現存在の時間性そのもの

とどのように関係するのか，ということが問われることになる。これについては，歴史性の分析が始まった第72節ですでに解答が提示されていた。すなわち，「歴史性と時間内部性は等根源的なものとして証示される」（SZ 377）とされていたのである。今や，この解答を詳しく説明していくべき時である。それゆえ，時間内部性という実存論的観念と「通俗的時間」の観念を混同しないようにすべきである（「通俗的時間」については後述）。[133]

しかし，ハイデガーの時間内部性の分析は同時に二つの方向を視野に入れており，それによって事はさらに複雑になっている。つまり，一方では時間内部性を根本的根源的な時間性へと結びつけようとし（派生の問題），他方では，時間内部性のうちに通俗的な時間概念の根源を見出そうとするのである（水平化の問題）。

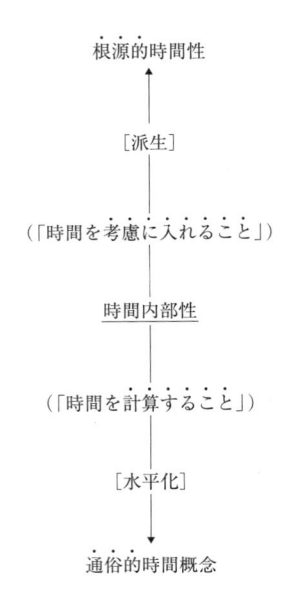

```
        根源的時間性
           ↑
         ［派生］
           ↑
   （「時間を考慮に入れること」）
           ↑
        時間内部性
           ↓
    （「時間を計算すること」）
           ↓
         ［水平化］
           ↓
        通俗的時間概念
```

時間内部性の派生は，実存論的時間性とは「世界時間」から逃れる「時間の内的意識」に還元できないものだという事実に基づいている。それどころか，「時間性そのものに世界時間といったものが——ここでいう世界とは厳密な意味で実存論的‐時間的な概念であるが——属している」（SZ 405）のである。この一文は重要である。現存在がつねに世界内存在である限りにおいて，ハイ

デガーは，アリストテレスとアウグスティヌスを対立させる世界時間と魂の時間とのアポリアにもはや閉じこめられはしない。われわれが「時間を考慮に入れる」時には，つねに自らの配慮の対象となっている環境世界の諸道具を参照している。「今はその問題に取り組むときではない」「そのことは後に分かるだろう」「不正経理の件に触れると危ないから，次の選挙後まで数ヵ月間，ほとぼりが冷めるのを待つことにしよう」等々。気遣いはこういった言い方で表現されるのである。

　実を言えば，ここから通俗的な時間概念まではほんの一歩である。日常性において「時間を考慮に入れる」ことは，道具としての諸事物（手許性）との，さらには目前の諸事物（目前性）との関係において時間を見出すことである。モンパルナス駅から地下鉄でパリ東駅に行くのには「半時間ほど」かかる，とか，経験上，私はノートパソコンの充電池の「最大寿命」は1年であることを知っている，といった具合である。

　以上の例に現れる通俗的な時間概念は，「根源的時間の水平化にその由来を負っている」（*SZ* 405）というのがハイデガーのテーゼである。つまり，逆から言えば，この由来を確証することによって，第65節で定義された根源的時間性の観念が正当化されることになる。結局，時間の内でいくつものレベルを区別しなければならないのは，この水平化という観念があるからである。このようなさまざまな時熟レベルの階層化を，リクールは『存在と時間』第二篇における第三の「素晴らしい発見」として数え上げている。

　通俗的時間概念については第81節で詳しく解釈されることになる。魂の時間と世界時間とのアポリアは，この通俗的時間概念のレベルで展開されるべき事柄である。この［二つの時間の間での］「奇妙な揺れ動き（*merkwürdiges Schwanken*）」（*SZ* 405）は，古代哲学では，時間についてのアウグスティヌス的アプローチとアリストテレス的アプローチによって範例的に表現されていたものである。はたしてこのアポリアは，ヘーゲルのように弁証法の力を駆り出して，時間と精神とを「止揚」によって調和させれば解決するものであろうか。その点が問われるべきであろう。第82節で示されるのは，〔二つの時間の〕分裂を乗り越えようとするという点ではヘーゲルと同じであっても，ハイデガーの解決の原理はヘーゲルとは全く異なるものだということである。ハイデガーが守ろうとする基礎的存在論的な時間性概念にとって，ヘーゲルは同志であるどころか代表的な敵なのである。そして最終節（第83節）では，ヘーゲルを

乗り越え，「ヘーゲルを断念する」ことによって，ハイデガーは『存在と時間』のもっとも根本的な主題である「現存在の実存論的−時間的分析論と存在一般の意味の基礎的存在論的問い」(SZ 406)へと立ち戻ることになる。

『存在と時間』の最終章をなしているこれらの節についてきちんと説明しようと思えば，やはり他のいくつかのテキストに見られる作業場に置き直してみる必要がある。最終章の数節は，相当量のテキストからなるこの作業場の一部なのである。そういったテキストとして，まずは1925／26年の冬学期の『論理学』講義の第2部全体を挙げるべきである。先に見たように，この講義では，時間に関するカントの問題提起が詳細に再検討されているだけでなく，ヘーゲル，アリストテレス，ベルクソンに関する貴重な教示も含まれている。それらの教示は後ほど活用することにしよう。さらに貴重なのは，『存在と時間』の直後の講義『現象学の根本諸問題』の第19節「時間と時間性」である。そこでは，アリストテレスが時間を扱った『自然学』第4章の詳細な解釈が提示されているだけではなく，上で引いた表現〔時間の通俗的概念は「根源的時間の水平化にその由来を負っている」(SZ 405)〕が示唆していた道が実際に辿られている。すなわち，『存在と時間』の見地に立って，水平化を重ねることで時間内部性から時間の通俗的概念を派生させるというのではなく，時間の通俗的概念から出発して時間内部性へと遡行するのである。この二つの見地が相補的なものであるということは，時間内部性の概念を正しく理解する上できわめて重要である。以上の二つのテキストに加えて，同じく『現象学の根本諸問題』の第20節から第22節と，マールブルク期最後のライプニッツ講義〔論理学の形而上学的な始元諸根拠〕の第11節から第13節を挙げるべきである。この二つの箇所は，『存在と時間』の刊行直後に基礎的存在論の地位そのものを詳細に説明したものとしてもっとも重要である。それらについては，本書の第Ⅲ部であらためて検討することにしたい。

第79節　現存在の時間性と時間の配慮

まず最初に，この節の表題が逆説を含んでいることに注意しておこう。第65節の表題が示していたように，根源的時間性の観念それ自体からして，時間とは「気遣いの存在論的意味」であると主張されていたはずである。そして，配慮とは気遣いの一特殊様態であって，環境世界の諸道具への関係にしか関わらないように思われていた。にもかかわらず，この節には，時間それ自体が配

慮の対象になるかのような表題がついているのである。
　この節の最初の段落は，第二篇第四章で繰り広げられた反復戦略の究極の実例となっている。そこでは，現存在の準備的分析の本質的な特徴が，きわめて凝縮した形でまとめ直されている。すなわち，まずは『存在と時間』のライトモチーフである「現存在はその存在において自らの存在そのものに関わる存在者として実存している」（SZ 406）という表現から始まり，自らに先立つこと，被投性と企投，他人との共存在といった事柄に触れ，「話において分節され発話において語りだされる平均的な被解釈性」（SZ 406）へと至るのである。

1．時間内部性を言い表す言葉

　ここで主にわれわれの関心を引くのは，今触れた要約の最後の局面，すなわち現存在が時間の内にある仕方を言い表す言葉である。なるほど，そうした言葉は絶えず編み出されるものである。だからこそ，ある種の文学作品によってなされる時間の想像的変容は，(144)文学的に重要であるのみならず，哲学的にも重要なのである。そのような文学作品が，「歴史物語によってはないことにされてしまう現象学的時間という未開拓の資源を探索する際に」(145)独自の力をもつことを認めなければならない。とくに永遠性の観念の想像的変容へと自らを委ねるフィクション物語のあり方からは，場合によっては，永遠性の観想に代えて死への存在の思想を立てるハイデガーの有限性の哲学に対する批判を引き出せるかもしれない。
　しかし，この節でハイデガーが関心を向けているのがそのような種類の問題でないことは明らかである。彼にとって真に問題となるのは，雨だとか良い天気だとかが話題となる日常の話である。そこでは，時間を言い表す言葉はすでに存在しており，しかも絶えず用いられている。その意味で，この節は第65節を補完するものである。というのも，過去，現在，未来といった通常の言語における名称を用いず，それに代えて既在性，将来，現在化といった専門的で現象学的な呼称を用いるというのが，第65節の戦略だったからである。
　第65節では，根源的時間性を言い表す言葉をわれわれはもち合わせていない，というような印象があった。それに対して，この節では，通常の言語から直接引き出してきた表現をふんだんに用いることができる。配慮という様態にある気遣いは，「その時に」「初めに」「今ではなく」「今はもうだめ」「後で」「同時に」「すぐに」「最近までは」「かつて」「昨日」「一昨日」等々と，絶えず

——必ずしも声を出してではないが——語っている。『現象学の根本諸問題』では，自らが日々時間を考慮に入れている仕方を語らざるをえない現存在に備わる表現力が，さらにはっきりと強調されている[146]。「自らのために時間をとるという仕方でそのつど実存する現存在は，自らを語り出す。現存在は，自らのために時間をとりながら，つねに**時間を言う**という仕方で自らを語り出すのである」（*GA* 24, 366）。明らかにこれは，「われわれは時間を測定しながら時計を見るよりも前に，いつもすでに時間を考慮に入れている」（*GA* 24, 365）ことを認める場合にのみ意味をもつ言明である。

ハイデガーはあくまで現象学的な手続に忠実であって，上で挙げたさまざまな副詞表現について，言語学的に立ち入って探究するようなことはない。時間を考慮に入れつつ時間に従う現存在の「**諸態度の自己解釈**」（*GA* 24, 367）を明確に捉えるということが，ハイデガーにとっては真の問題なのである。ところで，このような見地に立つ場合，これまで諸々の時間的脱自の最後に現れていた現在が，今や前面に出てくることになる。まさしくそれは，「目配り的に理解的な配慮は時間性に，しかも予期しつつ−把持しつつ−現在化するという様態における時間性に基づいている」（*SZ* 406）からである。このように時間内部性の分析という枠内において，アウグスティヌスの三つの現在のテーゼを支える見解が相対的に正当化されることになる。「配慮とともに，ついに現在が正当化された。アウグスティヌスとフッサールが現在から出発したのに対して，ハイデガーは現在へと到着するのである[147]」。

とはいえ，このレベルで「現在化には固有の重みがある」（*SZ* 407）ことを確認するだけでは十分ではない。この現在化の諸様態——「時間性が現在の内に巻き込まれる[148]」ということも含めて——を，予期せず忘却すること（cf. *SZ* 339）という様態のもとでさらに分析しなければならない。これは，非本来的自我が「私，私」（*SZ* 322）としか言えないのと同様に，「今，今」としか言えないという忘却の様態である。

2．日付の付与と日付可能性

全ての実存論的な今は，時間内部性を指す限りにおいては，ハイデガーが「日付可能性（*Datierbarkeit*）」という語で表す根本現象を指示している。この現象とともに，暦の時間という問題が登場する[149]。しかし，ハイデガーにとって重要であるのは，日付の付与という経験的事実（「第一次世界大戦は 1918 年

11月11日にヴェルサイユ条約の調印によって終わった」）と，その可能性の条件である日付可能性の超越論的構造（「私の祖父の頃は，人々は今日より幸せに暮らしていた」）との差異を尊重することである。今例に挙げた二つの言明には，はっきりとした差異がある。第一の言明が客観的な暦の指標に訴えざるをえないのに対して，第二の言明は話し手次第で意味を変えるものである。

　もちろん，二つの言明の間の差異はわずかであるとも言えよう。結局それは，正確な日付とあいまいで不確定な日付との差異なのではなかろうか。だが実際には，「時間的位置」をはっきりと指示しない全く不確定な言表の場合でも，ハイデガーは日付可能性について語っている。例えば，「寒い」と言うことは，「寒いので（寒い今は）……（maintenant que...）」（SZ 407）と言うのと同じことである。以下の言明は，まさしくそのような意味で理解すべきものである。「日付それ自身は，狭い意味で暦の日付である必要はない。暦の日付は，日付の付与という日常的な営みの一つの特殊様態にすぎない。日付が不確定であることは，今，あの時，その時，といったことの本質的構造である日付可能性の欠陥を意味するのではない」（GA 24, 371）。

　重要であるのは，日付の付与に対する日付可能性の先行性は，いわば今が「上演」されている（解釈学的に解釈されている）ことを前提としているという点である。実際，上に引いた言表では，絶対の「今」は「……である今」に姿を変えており，解釈の一般的構造，すなわち第32節で分析された解釈学的「……として」の一般的構造に参与することになる。この意味で，われわれはリクールによる次の定式に全面的に同意する。「解釈学的現象学の仕事とは，時間が諸々の日付の体系として表象される場合には身を隠し姿を消している解釈の活動を再活性化することである」。

　実際ハイデガーは，まるごと1頁をかけて（SZ 408），配慮を世界の諸事物へと結びつける「……のもとにあること」に支配された不断の解釈作用を明るみに出している。そこでこの解釈作用の基礎となり，可能性の条件となる現在化は，日付可能性を通して露わになるものである。このことからして，実存論的理解の分節において時間が絶対的に根本的な役割を果たしていることが確認される。時間とは文字通り一切の理解の究極の地平であり，すでに何度も触れた現存在の明け開かれにとっての可能性の条件なのである。「現という明け開かれを脱自的－地平的に構成しているからこそ，時間性は根源的に現においていつもすでに解釈できるようになっており，したがって熟知されているのであ

る」（SZ 408）。

　こうして日付可能性は，われわれの実存のもっとも基本的な営みを構造化している——たいていは無意識的で非主題的な仕方によってであるが——解釈の諸作用についての強力な例証となる。われわれが「今」と言うたびごとに，その言葉が「ある存在者の現在化」の解釈になっているとすれば，そのような「言語実践」には「時間性の脱自的体制の反映（Widerschein）」（SZ 408）が含まれていると言うべきである。この言い方は，日付可能性の構造とは，脱自的時間性から派生した現象であったり，それを水平化した現象であったりするのではなく，当然脱自的時間性に参与しており，「時間性という幹に由来し，それ自身が時間である」（SZ 408）ことを意味している。水平化された時間は，暦法的な意味での日付とともに始まる。それゆえ，日付の付与について二つの地位を区別する必要がある。すなわち，現の開示性に起源をもつ「第一次的な日付の付与」と，「第二次的な」すなわち暦法的な「日付の付与」の二つである。

　　日付可能性（→脱自的時間性）
　　　　↓
　　第一次的な日付の付与：「戸がバタンと閉まると（閉まった今）」「高速道路で立ち往生しているので（立ち往生している今）」等々。
　　　　↓
　　第二次的な日付の付与：「1992年7月3日（金），フランスの全ての道路はトラック運転手たちによって封鎖された」

　もちろん，これはハイデガー自身の問いではないが，一定の条件の下では，史的で暦法的な日付が実存論的意義を帯びることもありえるのではないか，と問うこともできる。ツェランは講演『子午線』の中で，われわれの現存在はいくつかの消去できない日付から出発して書かれる，と語っているが，その時彼が示唆しているのはそのような可能性であろう。[152]

3．延び広がりと伸張性

　日付可能性の分析は，当然次に時間内部性の第二の様相へと向かうことになる。それは，「今はまだ」「……している間に」「……する間」「その間に」といった表現に潜む様相である。ここでは，時間は間（intervalle）として，ある種の「持続（Währen）」を有する時間の経過（un laps de temps）として考えられ

ている。例えば,「次の夏の間ずっと」「新学年が始まってからずっと」というような場合である。問題になっているのは,単に量的ではなく,質的でもあるような現象である。つまり,そうした「期間（Zeitspanne）」は,極度に「緩んでくつろいだ」ものとして体験されることもありえるし（ヴァカンスの時間），反対に「ぴんと張り詰めた」状態で体験されることもありうる（遅れた電車を待つ時間）。ヴァカンスの時間が「緩和（息抜き）（détente）」という姿をとるのは,何も無意味なことではないのである。

　時間内部性のこの第二の面を示すために,ハイデガーは,すでに歴史性の分析で用いた伸張性（Erstrecktheit）という術語を用いる。ここでもやはり,「夏に」「晩に」「朝食の間に」といった表現に潜む時間的な伸張性は,歴史性という脱自的時間性の反映であると言えるかもしれない。「日付可能性に結びつくことによって,伸張性は期間（時間の経過）となるのである」(153)。『ドゥイノの悲歌』第七悲歌の第二,第三詩節は,文学におけるこの現象の見事な例となっている。

> **コラム㊴　時間的伸張性――質的現象**
> 　……そして水面には早くもただよう夏のけはい。
> おお,そこに含まれるかぎりない万象の予感。まず夏の朝々のさわやかさ,――
> 空はしだいに明けすすみ,きょうの一日を前に晴れてかがやく。
> 　だがそれだけではなく,やがて昼,それは花々をつつんでは繊細に,
> そばだつ巨樹をめぐっては威勢をほこる,
> 展開しきったこれらの力の深い静もり,
> だがそれだけではなく,ようやく傾く日ざしのなかの道々,牧場,
> たそがれ近い雷雨の後にしばし息づく明るいひととき,
> やがて夕べ,ちかづく眠り,ものおもい……
> だがそれだけではなく,それにつづく夜々,あの空高い
> 夏の夜々。さらに星々,地上の星々。
> おお,いつの日か死者の列に加わり,これらの星をきわまりなく知りえんことを。
> 天空にかがやくすべてこれらの星々を。なぜなら,どうしてどうして,これらを
> 忘れることができようぞ。（ライナー・マリア・リルケ『ドゥイノの悲歌』）

　これと同じ分析を,ハイデガーは『現象学の根本諸問題』でも再度とり上げており,そこでは時として,『存在と時間』の対応箇所の言い回しがそのまま

繰り返されている。だがそこでは，時間の伸張性（Gespanntheit）というテーゼについて，今とは単なる点ではなくある種の推移性を有するものである，というアリストテレスの根本的発見に現象学的な基礎を与えようとするものだ，という説明がなされてもいる（GA 24, 373）。

　もちろん，今というのは広がりにおいても強度においてもさまざまであるから，そのさまざまな今の継起を十分な仕方で表象するのは難しいことである。「時間をかける」「楽しく時を過ごす」，あるいは「時が過ぎるに任せる」といった表現が伝える「時間の内にあること」の様態はそれぞれ大きく異なっており，「時間を考慮に入れる」異なった仕方に対応している。ハイデガーは，時間に空いた「穴」や「間隙」というイメージに訴えている。おそらくそれは，現在から将来へと一直線に流れる時間という時間表象との違いをより強力に際立たせるためであろう。時間の伸張性という現象からすれば，「人生は長く静かな河」だ，などと言ってはならないのである。

　この「時間の穴」が最近の天文学理論の言う「ブラックホール」とは何の関係もないのは当然だが，それは単なる「記憶の穴」でもない。「時間の穴」とは，不可避的な隠蔽作用によって生み出されるものである。日々無数の仕事に没頭している現存在は，もはや自己自身を意識することなどなく，自分が「時間を考慮に入れている」仕方を隠蔽することによって自己自身を忘却してしまう。「その日その日を」生きている――あるいは生きるに任せている――といっても，現存在はロボットではないのだから，「純粋な今」を等質的かつ全く連続的に継起させているわけではない。まさしくここで「時間の穴」というイメージが登場する。今述べたような隠蔽に基づいて，現存在が自らに与える時間はいわば「穴」だらけのものとなるのである。このような「時間の穴」に対して，「記憶の穴」は自分がどのように一日を過ごしたか（あるいは無駄にしたか）を全体として取りまとめることができない状態を言うのであって，せいぜい存在的なレベルで「時間の穴」に近い事柄を表現するものにすぎない。

　ここでzusammenbringen（取りまとめる）という表現が用いられているが，これはディルタイの言う「生の連関（Zusammenhang des Lebens）」を想起させる。ディルタイの場合の「連関」とは体験の不断の継起として現れるもので，体験を導く赤い糸のようなものであるが，ここではそれが「横糸」のようなものになっている。しかし，だからといって，これを「途切れ途切れの」「ほころびた」糸と考えるのは誤りであろう。事実ハイデガーは，「穴のあいた」時

間の「連関のなさ（Unzusammen）」とは，「寸断されていること（Zersrtücke-lung）」ではなく，「そのつどすでに開示され，脱自的に伸び広がっている時間性の一様態」（SZ 410）であると明言しているのである。

　ここで少しばかり本論から離れ，ハイデガーが『存在と時間』の枠内では扱っていない問いを提起しておこう。ハイデガーは，連続的な今の流れという理論的「表象」を退けて，「現存在が自らに時間を与え時間をかける諸々の可能な仕方は，そのつどの実存に応じてどのように**現存在が自らの時間を《もつ》**のかということから，第一次的に規定されるべきものである」（SZ 410）と主張している。だとすれば，われわれは次のような問いを立てたくなってくる。それは，現存在が自らの時間を「もつ」仕方を言語化──場合によっては「映像化」──する上で，形象化のどのような可能性を活用することができるか，という問いである。二人の現代哲学者が，それぞれかなり異なった哲学的前提から出発しながら，この問いに答えようとしている。その一人が『時間と物語』全3巻を著したリクールであるが，この著作については『存在と時間』第二篇に関するこれまでの解釈でたびたび触れてきた。だが，同じ観点から，映画における時間の形象化を論じたドゥルーズの二巻本にも触れておく必要がある。ドゥルーズにおいてまず注意を引くのは，もちろん，空間から間接的に時間を生み出すイマージュ - 運動と直接的な「イマージュ - 時間」との区別である。ドゥルーズの論述は，全てベルクソンの『物質と記憶』の確たる読み方に基づいている。それだけに，ハイデガーの分析との突き合わせが一層必要になるのである。

　以上提示された時間内部性の分析を一瞥した限りでは，覚悟性の審級に特別な地位を与える必要は全くないように見える。にもかかわらず，ハイデガーは，本来的実存と非本来的実存との対立を再び導入するという誘惑に屈してしまう。そしてこの対立を，すぐさま覚悟性と無覚悟性との対立と同一視するのである。まるで，「私には時間がない」という発言の背後に，出来事（Begebenheit）や偶発事（Zufall）の間を右往左往する実存の無覚悟性を何が何でも見つけ出さねばならない，とでもいうかのようである。反対に，覚悟した者は，つねに時間をもっている人として提示される。「非本来的な実存者が絶えず時間を失い，けっして時間を《もつ》ことがないように，本来的実存の時間性の卓抜さは，覚悟性の内にあってけっして時間を失うことがなく，《つねに時間をもつ〔暇がある〕》ということにある」（SZ 410）。覚悟のない者が束の間の出来事や偶

発事しか知らないのに対し，覚悟した者は瞬間の本来的現在の内で生きている。それは，先に見たように，将来によってそれ自身保持されている現在なのである。

　だが，このような対比によって，今しがた引き出してきた日付可能性と伸張性という二つの特徴が覆い隠されてしまう恐れはないであろうか。「瞬間的実存は，運命という性格を帯びた全体的な伸張性として時熟する。そこではこの伸張性は，自己が本来的，歴史的に立ち続けるという恒続性を意味している」（SZ 410）というのが真実であるとしても，この恒続性が生起しうるためにはいかなる「日付」が必要かということは，問うてしかるべきではなかろうか。「事実的に被投的な現存在が自らのために時間を《取ったり》失ったりできるのは，ただ，脱自的に伸張した時間性としての現存在に，その時間性に根拠づけられた現の開示性とともに，何らかの《時間》が与えられているからである」（SZ 410）。これが以上の考察の最後に来るテーゼであるが，当然これは，覚悟性の本来的時間性にのみ当てはまるテーゼではない。こうしてハイデガーのさまざまな定式を通して，またしてもわれわれは，根源的なものと本来的なものとの関係という困難な問題に直面させられるのである。

　時間内部性の分析は，日付可能性と伸張性を発見したことで終わるものではない。他にもまだ，さらに探究すべきさまざまな様相がある。とりわけ分析の中に含めるべきであるのは，「他者の時間」とでも呼びうるもの，言い換えれば，他人との共存在に直接に結びついた諸々の時間的構造である。この新たな要因をハイデガーはどのようにして導入するのか，それについて注意深く検討しなければならない。ハイデガーにおいては，「他者の時間」は「公開性〔公共性〕」と同義であるかのように扱われている。「他者の時間」を直ちにもっぱら公開性のもとで考えるのであれば，まさしくそのことによって，それは他者の時間ではなくなってしまう。それは，正しくは「共通な時間」と呼ぶべきものであろう。実際，ハイデガーにとっての「公開的時間」とは，何よりもまず，時計の時刻を合わせて同時に「今は……」と言う者たちにとっての「共通の時間」なのである。そこから分かるのは，この公開的時間を自己の恒続性からの疎外の可能性とみなしてもよいということである。「日常的配慮がそれ自身を配慮される《世界》の方から理解している限り，その配慮は，自分自身のために取ってくる《時間》を自分のものとして知ることはなく，《与えられてある》時間，ひとが考慮に入れる時間を配慮しながら利用し尽くすのである」

（SZ 411）。〔配慮された時間に関する〕このような特徴づけには，ある種の曖昧さが含まれているように思われる。この曖昧さが，次節の考察によってうまく払拭されるかどうかは定かではない。

第 80 節　配慮の時間と時間内部性

1．公開性――共通な時間としての公開的時間

　公開的時間についての分析はすでに前節の終わりで着手されているが，その現象的性格をより明確に規定する必要がある。それが必要であるのは，次のような印象を最初にきっぱりと打ち消しておくためである。すなわち，時間内部性とはもとは「私的」で内的な現象であり，「時間の公開化」（Veröffentlichung der Zeit）が必要と感じられるのは，とくにそれに「好都合な」状況でのことにすぎない，といった印象である。このような考えに従えば，歴史をもたない民族と「歴史感覚」をもつ民族という区別を時間内部性の次元へと投影して，「公開的時間を欠いた」民族と公開的時間をもつ民族を区分することもできるであろう。このように考えるのは馬鹿げたことである。なぜなら，気遣いがあるところには，必ず何らかの形の「公開的時間」が，すなわち，万人に共通な時間によって自らを方向づけるという現象が存在するからである（SZ 411）。

　また，この「公開性」をただの言語的様相に還元してしまうのも誤りであろう。たしかに，公開的時間というのは「語り出された時間」の典型であり，万人が承認した時間である。しかし『現象学の根本諸問題』においてハイデガーは，公開的時間を語りだす際には必ずしも言語的形態をとる必要はなく，「〈今〉は，口にされてもされなくても，そのようなこととは関係なく語り出されている」（GA 24, 373）と明言している。公開的時間の分析を進める前に，この言明をその文脈の中に置き直してみる必要がある。それによって，時間内部性において他人はどのような位置を占めるか，という先に触れた問いに立ち戻ることができるであろう。公開的時間とは「他者の時間」なのであろうか，それとも「共通な時間」でしかないのであろうか。

コラム㊵　公開的時間――一つの共通な時間
　計算され，語り出された時間という意味での時間に関して，その究極的な性格を時間の公開性（Öffentlichkeit）と言うことにしよう。今は，口にされてもされなくても，そのようなこととは関係なく語り出されている。われわれが「今」と

> 言うとき，われわれが考えているのは「しかじかのことが生じている今」ということである。このように日付を与えられた今は，一定の伸張性をもつ。日付を与えられ，張り渡された今を，共に相互にあること（Miteinandersein）において語り出す時，各人が理解していることはそれぞれに異なっている。われわれがそれぞれに「今」と言うとき，われわれは皆この今を理解しているが，それでもおそらくは，それぞれに別の物事や出来事からこの今に日付を与えているのである。例えば「教授が話している今」「諸君が板書をとっている今」「朝である今」「もうすぐ学期が終わる今」等々。われわれは，語り出された今を今として理解するために，その今に日付を与える仕方に関して互いに一致している必要は全くない。語り出された今は共に相互にあることにおいて，誰にとっても理解可能である。各人がそれぞれに自らの今を言うにもかかわらず，今はやはりあらゆる人にとっての今なのである。このように，今に対する日付の与え方がさまざまであるにもかかわらず，その今が誰にとっても接しうるものであるということ（Zugänglichkeit），このことが公開的なものとしての時間の特徴である。今は誰にとっても接しうる，したがって誰にも属していない。（GA 24, 373）

　この文章を読むと，公開的時間の中に他人のための場所はあるとしても，この現象が，それを「他者の時間」と化すことが絶対にできないような仕方で規定されていることは全く明らかである。このように公開的時間が共通の時間でしかないのだとすれば，別のルートで他人の他性を導入する方法がないかをさらに問題にしなければなるまい。

　少なくとも一読した限りでは，『存在と時間』の第80節は，先行する諸節よりも他人の不在がさらに目立つように見える。実際，公開的時間の存在が確立されると，真に問題となるのは，そこからどうやって天文学的で暦法的な時間を計算するという可能性を確立できるか，ということであろう。つまり，気遣いとは時間を考慮に入れねばならないものではあるが，それがどのような条件のもとで，ある程度洗練された時間計算や時間測定の体系を編み出すように促されるのかが問われるのである。公開的時間とは，つねに「時計」によって区切られた時間——もちろんそれに尽きるわけではないが——であって，日付入り手帳，計画表，列車の発着時刻（ミニテルで調べることもできる），空港での搭乗時刻や離陸時刻，といった姿をとる。この公開的時間を，実存論的－存在論的解釈は頽落という実存疇に関係づけるのである。「現存在は，その本質に沿って被投的なものとして頽落しつつ実存するがゆえに，自らの時間を時間計算という仕方で配慮しながら解釈する。この時間計算において，時間の《本

来的な》公開化が時熟する。それゆえ，現存在の被投性は時間が公開的に《与えられてある》ということの根拠である，と言わなければならない」(SZ 411-412)。

したがって，時間計算は時間の数量化に根をもつのではないのであって，気遣う現存在が時間を考慮に入れる仕方の内にその起源を探るべきなのである。このような分析を行う場合，皆が共有する経験からの教えを完全に退けるわけにはいかないとしても，経験的な擬似明証性に寄りかかってしまわないようにたえず気をつけねばならない。例えば，太陽が天空を移動していくというのは誰もが観察できる現象である。だが，そこから「自然の時計」が存在するという帰結を引き出して，測定可能で数量化可能な共通な時間を考えなければならないとすれば，誤りを犯してしまうことになろう。自然の時計から出発するのではなく，逆にそこへと到達すべきである。そのためには，太陽が天空を移動していくという経験的に観察可能な現象を「自然の時計」として解釈するということはいかにして起こりえたのか，というように問わねばならないのである。

ここでもやはり，出発点とすべきであるのは気遣いであり，気遣いが世界に「面して」そこに「有意義性」と「帰趨」を発見する仕方である。昼夜の交替運動の中に時間が与えられるということの根本様態を見てとるのは，まさしく気遣いであり，気遣いをおいてほかにない。「太陽は配慮において解釈された時間に日付を与える」(SZ 412-413) のである。それによって，われわれは時間測定の基本単位である「一日」を手に入れるだけでなく，気遣いに根を下ろした確信をも手に入れる。それは，われわれのこの有限な時間においては「われわれの日々は数えられている」という確信である。そうして最後に，「日々(tagtäglich)」(SZ 413) 生きられる日常的実存という観念そのものが得られるのである。以上のことから分かるのは，一日というのは時間測定の「自然な」単位に見えるが，実はきわめて複雑な現象だということである。われわれが「時間を考慮に入れる」のは，「公開的に接近可能な尺度」(SZ 413) に従った「共通な時間」に合わせることによってである。そのようにして時間を考慮に入れるさまざまな仕方——それらは必ずしも数量的な仕方とは限らない——を反映しているために，一日というのは高度に複雑な現象となるのである。

このような文脈でのみ，すなわち共通の公開的時間というレベルでのみ，「時間を考慮に入れること」と「時間を計算すること」という二つの操作が実際上等しくなるように思われる。人間がつねにより正確かつ精巧な計時器を発

明し使用しなければならなかった真の理由は，そこから理解されるであろう。時間の測定の「対象」——そう言えるとしての話だが——となるのは「配慮された時間（*die besorgte Zeit*）」（*SZ* 414）である。とはいえ，時計，日付入り手帳，時刻表，計画表（クォ・ヴァディス〔フランスで一般的な日付入り手帳のブランド名〕でも何でもいい）などが，公開的時間の「表示」でしかないというのではない。実を言えば，それらは公開的時間を「開示」し，その真の本性を暴きたてるのである。ハイデガーの分析が主観的／客観的という対立と同様に私的／公的という対立をも超えるものであることを考えると，たしかに曖昧な言い方になるが，現存在は腕時計を着けるまでもなく自分の「内的な時計」を携えているのだ，と言ってもよいかもしれない。「被投的に《世界》に委ね渡されつつ，自らに時間を与えている現存在の時間性とともに，すでに《時計》というようなものが発見されている。すなわち時計とは，手許にあるものの中でも，その規則正しい反復動作において，予期的な現在化を通して接近可能になっているものである」（*SZ* 413）。だが他方で，「公開の時計」という名前が不当だというわけではない。時計とは，配慮と時間測定との必然的な結びつきを，万人に公開的に明示するものなのである。「時間‐測定が配慮された時間をはじめて《本来的に》公開するとすれば，そのように《計算的な（*rechnend*）》日付の付与において日付けられたものがどのように示されるかを追跡していくことによって，公開的時間に現象的に覆われない形で（*unverhüllt*）接することができるにちがいない」[(157)]（*SZ* 414）。

２．有意義性と世界時間

　以上，「時間を考慮に入れること」と「時間を計算すること」との結びつきが確定された。たしかにこれによって，時間へのアウグスティヌス的なアプローチとアリストテレス的なアプローチとを融和させることができる（魂の時間とは「時間を考慮に入れる」ものであり，世界時間とは，太陽という自然の時計において観察できる諸々の運動現象を導きとするものである）。だが，時間内部性の分析はこれで終わりではない。それは，時間測定という現象の探究がまだ終わっていないからというだけではなく，ここまで問題にされてこなかった時間内部性の最後の局面〔世界時間〕をさらに考察しなければならないからである。『存在と時間』の中でこの現象の分析にあてられているのはただ一段落だけであるが（*SZ* 414-415），だからといってこの現象が重要でないという

わけではない。

　この新たな現象によって、われわれは第18節の分析へと引き戻される。そこでは、世界の世界性が「帰趨」と「有意義性」という一組の特徴によって規定されたのであった。さて、この二つはどちらも時間的に解釈されねばならない。すでに見たように、ハイデガーにとって、「帰趨」とは厳密な意味で何かを当てにし考慮に入れるということによって成り立つものであって、そこに時間が含まれていることは容易に理解できる。同様にして、有意義性も世界内存在の根本的な時間的特徴として捉えなおされるべきである。目覚まし時計は、私を眠りから多少とも手荒く引き離すことによって、「一日の仕事にとりかかる時だ」（SZ 414）と告げている。同様に、「今はかれこれのことをする時ではない」というのは、「今この時にかれこれのことをするのは意味がない」という意味なのである。

　こうして、有意義性の現象には、「都合のよい」時と「都合の悪い」時、「適切な」時と「不適切な」時があるという発見が含まれていることになる。まさしく第18節の初めに（SZ 83）、「適切な」「不適切な」という表現が登場していたことが思い出されよう。今われわれが見出しているのは、そうした事柄の時間的次元なのである。「……の時である」とか「……の時ではない」ということ、これこれの事をするのに都合の悪い時（die Unzeit）とか不適当な時というのは、いったいどのようなものでありうるのか。それをきわめて印象的に描き出すのが、聖書の「コヘレトの言葉」の一節である。

コラム㊶　適切な時と不適切な時——有意義性としての時間内部性
何事にも時があり天の下の出来事にはすべて定められた時がある。
生まれる時、死ぬ時　植える時、植えたものを抜く時
殺す時、癒す時　破壊する時、建てる時
泣く時、笑う時　嘆く時、踊る時
石を放つ時、石を集める時　抱擁の時、抱擁を遠ざける時
求める時、失う時　保つ時、放つ時
裂く時、縫う時　黙する時、語る時
愛する時、憎む時　戦いの時、平和の時。（「コヘレトの言葉」3, 1-8）

　ハイデガーは、第18節の世界性の分析に完全に対応する形で、時間的有意

義性のこのような特徴を示すために「世界時間（Weltzeit）」という術語を選ぶ。ここではこの概念の意味を正確に理解することが大事である。これは「宇宙的時間」の同義語ではない。「世界」という語は，第18節でこの語が持っていたのと全く同じ意味で解するべきものであろう。すなわち，「世界時間」とは，実は「世界内存在の時間」なのであって，帰趨と有意義性の特徴である「……するために（um-zu）」という構造をつねに伴っているのである。「実存論的－存在論的な意味で」（SZ 414）解釈された〔インテルプレティールテン〕世界には，かならず時間的有意義性が属している。この意味で，ハイデガーの言う「世界時間」とは当然「現象学的時間」であると言える。(159)

3．有意義性と他性

ここで注釈をいったん中断し，すでに二度言及した批判的な問いに戻ってみたい。時間内部性のさまざまな現象学的特徴についての厳密な意味での記述は，その本質的な点をまとめれば次のように要約できる。すなわち，われわれがその「内部」で進む時間については，「日付可能で，張り渡され，公開的であり，そのように構造化されたものとして世界それ自身に属している」（SZ 414）と言わねばならないのである。有意義性，日付可能性，伸張性，公開性というのは，『現象学の根本諸問題』において，語り出された時間の四つの根本特徴として取り出されたものである。(160)だが，そこでは四つの特徴が登場する順序が，『存在と時間』とは違っていることが目に付くであろう。有意義性すなわち世界時間は，『現象学の根本諸問題』では最初に来るのに対して，『存在と時間』では最後に来ているのである。

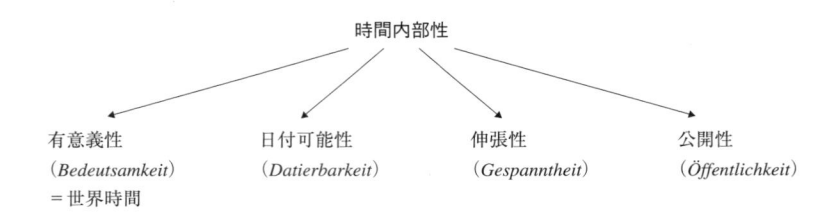

```
                    時間内部性
        ┌──────┬──────┼──────┬──────┐
        ▼      ▼             ▼      ▼
     有意義性  日付可能性   伸張性   公開性
  (Bedeutsamkeit)(Datierbarkeit)(Gespanntheit)(Öffentlichkeit)
   ＝世界時間
```

現象学的記述の原理からして，これらの特徴は互いに演繹できるようなものではない以上，登場の順序の違いは重要なものではない。それに対して，有意義性と世界時間を等号で結ぶことが全面的に認められるかどうかという点は，

問題にすることができよう。その場合，「他者の時間」が覆い隠される恐れはないであろうか。こうして，ハイデガーの時間内部性の分析における他性の位置（ないし位置の欠如）という問いが，ここであらためて登場することになる。ハイデガーの立場に代わるもっともラディカルな選択肢は，おそらく世界性ではなく他性を起点として有意義性を考えるという立場であろう。

　そうした立場へと道を切り開いた思想家は幾人もいるであろうが，もちろん最初に思い浮かぶのはレヴィナスである。レヴィナスは，『時間と他者』という意味深い題名をもつ初期の研究以来ずっと，ハイデガーとは異なった時間概念に立って，時間性に関するハイデガーの見解を問いただしてきた。すなわち，隔‐時性（dia-chronie）という時間概念に立って，死，性，父性を多元的実存の根本形態として分析するのである。そうしてはじめて，パルメニデスと縁を切ることができるようになる。次の一節は，このような考えの核心部を要約するものとして象徴的である。「将来とは把握されないものであって，不意にわれわれに訪れ，われわれをとらえる。将来とは他者である。将来との関係とは，他者との関係そのものである」。「将来とは他者である」という表現は，父子関係のように，ハイデガーの時間内部性の分析では登場しなかった現象へと注意を向けさせるだけではない。この表現は，すでにハイデガーとは異なる根源的時間性の考え方を前提している。なるほど，二人とも将来に原初的な意味を認めるが，レヴィナスにあっては，将来は全く異なる顔（これはこの場合にこそぴったりの言葉である）を見せるのである。「将来との関係，現在における将来の現前は，やはり他人との対面において成就するように思われる。対面の状況は時間の成就そのものであろう。現在による将来の侵食とは，単独の主体のなせることではなく，間主観的関係なのである。時間の条件は人間同士の連関のうち，ないし歴史のうちにある」。

　以上二つ引用したが，同種の表現はレヴィナスの著作のいたるところに登場する。この二つの引用によって，少なくとも，ハイデガーに対する批判的な問いにレヴィナスが託している事柄がより明確になる。少なくともこの問いは，真の時間的有意義性はいつもすでに他人への関係という特徴を帯びているのではないか，と考えてみるように迫ってくるのである。だとすれば，この問いは遅かれ早かれ根源的時間性の観念そのものに跳ね返ってくるであろう。その点を告げるものとして，以下，レヴィナスの時間性概念のエッセンスを要約する『全体性と無限』の長大な一節を引いておこう。

コラム㊷　時間的有意義性と他性——「時間とは他者である」

　過ちの赦しは逆説を孕んでいる。この逆説は，赦しが時間そのものをなしていることを指し示している。瞬間は差別なく相互に連結しあっているのではなく，他人から私へと並べ広げられているのである。将来は私のもとに到来する。とはいえ，可能的なもののうごめきがはっきりした形をとらずに私の現在へと押し寄せ，私に捉えられた結果，そのうごめきの中から将来が私のもとに到来したことになるのだ，というのではない。将来は，絶対的な間隙を超えて私に到来するのである。しかも，絶対的他者である他人——たとえそれが私の息子であるとしても——のみが，この絶対的間隙の対岸で境界を画し，その側で過去を継ぐことができる。だが，それによって古き欲望が忘れられずにすむのである。それは，過去を生気づけていただけでなく，各々の顔の他性によってさらに深まる欲望である。時間というのは，相互に差別のない数学的な瞬間を次々に生起させるものでも，ベルクソンの言う連続的持続を成就するものでもない。ベルクソンによる時間の考え方は，なぜ「砂糖が溶ける」のを待たなければならないのかを説明する。ベルクソンによれば，もはや時間とは，第一原因のうちに全て含まれていた存在の統一が，仮象的で空想的な因果連関へと分散する不可解な作用を表すのではない。時間は存在に新たなものを，絶対的に新たなものを付け加える，という。しかし，瞬間は理の当然として先立つ瞬間に似通うものであって，その瞬間の中で花開く春の新しさは，それまでに体験された全ての春の重さを既に荷っているものである。自らの父との関係を絶つ主体の内で，時間の深遠な営みはこのような過去から解き放つものとなる。時間とは決定的なものがはらむ非‐決定的なもの，成就したものがはらむつねに再開される他性，すなわちこの再開の「つねに」である。持続の連続性は，決定的なものの既決性を保留する。これに対し，時間の営みはその保留よりもさらに彼方へと赴く。連続性の断絶と，その断絶を超えた継続が必要なのである。時間において本質的なことは，ドラマであること，多数の幕があり，後続する幕が第一幕を解きほぐしていくドラマであることに存する。存在は一挙に，決定的に現在的に生起するのではない。現実はかく存在するものだが，再度別の機会に，自由に繰り返され赦されるようなものである。無限な存在は時間として生起する，すなわち父と息子を分かつ死の時間を超える複数の時間のうちに生起する。ハイデガーが考えたのとは異なり，時間の本質をなすのは存在の有限性ではなく，存在の無限である。死の停止は，存在の終末として近づいてくるのではなく，未知なるものとして近づいてくる。それは，権能それ自体を一時停止させる。間隙の形成は存在を運命の限界から自由にし，死を呼び求める。間隙という無，すなわち死の時間は無限の生起である。復活が時間の主たる出来事である。それゆえ，存在のうちには連続性はない。時間は不連続である。ある瞬間が別の瞬間から絶えず脱自的に出てくるというのではない。瞬間は連続したとしても，死に出会い，復活する。死と復活が時間を成す。しかし，

> このような形式的構造が前提とするのは私から他人への関係である。さらにその基礎をなすものとして前提とされているのは，不連続を超える繁殖性である。繁殖性が時間を構成している。（エマニュエル・レヴィナス『全体性と無限』）

　フランクもまた，レヴィナスと似た形で時間性を徹底化していく。まず彼は，フッサールに基づいて，客観的な自然と世界を前提とする通常の時間性が他我の構成から派生するように見えることを示す(164)。だがもう一歩進んで，他者は「すでに受肉した生きた現在の自己構成の内に」入りこんでいるのではないかと，さらには「根源的時間性とは他者への関係であり，つまりは肉体的関係，性的差異，愛撫と衝撃といったものではないのか(165)」，と問わねばならない。現存在の時間的分析論を「肉体の分析論(166)」に置き換えねばならない，というのがフランクのテーゼであることはすでに何度も触れたとおりであるが，その源泉には「他性は時間の自己構成の最奥部ですでに作用している(167)」という確信が存しているのである。こうして，まさしく肉体が「時間を構成するのであり，しかも肉体は全て他の肉体を指示するものであるから，肉体的な差異と関係が時間を時熟させるのだ，ということになる(168)」。
　根源的時間性についてのハイデガーの考えを，「将来とは他者である」とか「固有でありかつ固有ではない肉体が時間を与える(169)」といった強力な主張に反映されている他の考えと突き合わせるという作業は，当然単なる注釈という本書の枠内ではこれ以上進められないものである。われわれとしては，時間的有意義性と世界時間とを結びつけるハイデガーの見地に含まれる問題性を示したことで良しとしておきたい。

4．考慮に入れることと測定すること[*36]

　寄り道はこのくらいにして，ハイデガーのテキスト自体に戻ることにしよう。考慮に入れることから測定することへの移行についての探究は，まだ終わっていなかった。ハイデガーの問題関心は，最初期の自然の時計に始まり現代の原子時計に至る時間測定のシステムの歴史でもなければ，それに対応する認識論的な諸問題でもない。その点については，相対性理論に関する次の言明が示すとおりである。「物理学における測定技術の公理論が成り立つためにもこの種の研究が不可欠なのであって，この公理論自身が時間の問題をそれとして展開することは不可能である」（*SZ* 417-418, n. 1）。とはいえ，時間測定のそうし

た発展を尊大にも無視しなければならないというのではない。ハイデガーが関心を向けるのは，時間計算と時計使用の「発展傾向（*Ausbildungstendenz*）」をめぐる実存論的－存在論的な問いでなければならないであろう。すなわち，哲学的に関心を引くのは，この発展の技術的な詳細ではなく一般的なありようであって，後者には偶然的なところも偶発的なところも全くないのである。

「時間測定は——ということは同時に，配慮された時間の表明的な公開化は，ということでもあるが——現存在の時間性に基づいており，しかもその時間性の一つの全く特定の時熟に基づいている」（*SZ* 415）。このことを確認した上で，さらに，いわゆる「原始的」実存とその実存が時間を考慮に入れる仕方を，今日のはるかに「発展した」時間測定システムと比較しなければならない。今述べた「発展傾向」は，まさしくそのような比較によって明らかにされるのである。さて，時間測定法はたしかにめざましい進歩を遂げてきたが，通常考えられるのとは逆に，その進歩は偏狭化と水平化を伴っている。実際，文字盤（デジタル表示であってもなくても）の上で直接に時間を読みとれる時計が太陽と競合することになると，「夜」と「昼」の違いは重要ではなくなってしまうのである。

実を言えば，いわゆる「原始的」な現存在も，すでに天空の太陽の動きを直接読みとってはいなかった。太陽の動きを測定するよりも，壁に映る棒の影を測定する方がはるかに簡単であって，「農夫時計」とはそのようなものであった。このように，原始的実存においても，配慮の必要および他人との共存在の必要と結びついて，最低限の精度と尺度の必要性がすでに感じられていたのである。公開の日時計とは，このようにある仕方で現存在自身がそれ「である」時計が「公開化」したものである。

まさにこのきわめて「原始的な」器具によって，「時間を読み取るとは何を意味するのか」（*SZ* 416）という決定的な問いに答えることができる。その答えは，「時計を見て自分を時間に従わせることは，本質的に今と言うことである」（*SZ* 416），となるはずである。この「今」は日付可能性，伸張性，公開性，有意義性という四つの構造的契機を含んでいるが，今やそれらの契機は測定という刻印を帯び，それによって目前的なものの現在化が特別な地位を占めることになる。そうして，普遍的に接近可能な「共通の」時間は，どれも同じで特性のない諸々の今の単なる継起と見なされるのである。[170]

この場合，時間と空間との関係も変容を被ることになる。すでに見たとおり，

ハイデガーは第70節で根源的時間性を実存論的空間性の可能性の条件としていた（SZ 367-369）。こうした「依存関係」をあらためて疑いにかけるというのは論外である。その一方で，日付の付与という実存論的現象が，「ワーテルロー」「アウステルリッツ」「トラファルガー」といった時間的・空間的名称——これらは地名と出来事を同時に指し示す表現である——と密接に結びついていることには異論の余地がない。しかしハイデガーにとっては，時間に与えられた可能性の条件という超越論的地位を問いに付すことは，どうしても認められないことである。「時間がある場所に結びつけられるのではない。むしろ時間性こそが，日付の付与が空間的 - 場所的なものに結びつけられ，しかもこの空間的 - 場所的なものが尺度として全ての人を拘束するようになるための可能性の条件なのである」（SZ 417）。

ハイデガーは，このようにすれば，空間に還元された時間と内的持続という真の時間との絶対的な対立というベルクソンのアポリアを回避できると考える。測定＝時間の空間化という表に現れる現象の背後には，可能性の条件として表に現れない現象が控えている。それが現在化という現象である。そして，天文学的時間も歴史的 - 暦法的時間もそれぞれ多様であるが，それらはこのような存在論的基礎によってのみ説明されるのである。

最後に，主観的時間と客観的時間との対立を超越する世界時間の地位を規定しなければならない。世界時間は，一方では「《ありうるどのような客観よりも客観的》」であるが，他方では「ありうるどのような主観よりも《主観的》」である。実際それは，「《主観》のうちにも《客観》のうちにも目前的にあるのではなく，《内》にも《外》にも目前的にあるのではなく，そしていかなる主観性，客観性《より先に（früher）》《ある》。なぜなら時間は，この《より先に》ということの可能性の条件そのものを表しているからである」（SZ 419）。このような言明は，われわれが『時間概念の歴史への序説』からすでに垣間見ていた事柄の再確認でしかない。それは，ここで規定されたような根源的時間性こそが真のアプリオリだということである。この場合，実存論的分析は同時に二つの前線で戦わねばならなくなる。つまり，世界時間は当然時間性の時熟に属するのであって，それを「《主観主義的に》蒸発させる」ことにも，また「悪しき《客観化》において《物象化する》」ことにも抵抗しなければならないのである（SZ 420）。

第81節　時間内部性と，時間の通俗的概念の発生

残る課題は，時間内部性からの通俗的時間概念の発生を検討することである。水平化を重ねて進む派生の過程を図にしておけば，次のようになるであろう。

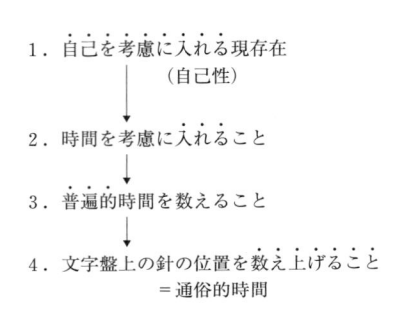

1．自己を考慮に入れる現存在
　　（自己性）
　　↓
2．時間を考慮に入れること
　　↓
3．普遍的時間を数えること
　　↓
4．文字盤上の針の位置を数え上げること
　　＝通俗的時間

要するに，狭隘で「通俗的な」時間概念，すなわち時計の文字盤上の針の動きに現れるものでしかないような時間の概念を手に入れるためには，実存論的－存在論的な見地では到達点でしかありえないものを出発点とすればよいであろう。このことは，アリストテレスによる時間の定義の諸要素に厳密に対応している。その定義とは，「なぜなら時間とはまさにそれ，すなわち前と後という観点から見た運動の数であるから」[171]，というものである。これをハイデガーは次のように訳している。「なぜなら，より先・より後という地平において出会われる運動に即して数えられたもの，それが時間だからである」（*SZ* 421）。この訳文は，この定義に関するハイデガー自身の実存論的－存在論的解釈と調和している。時計の使用において現れる時間とは，「動いている針を現在化し，数えながら追跡することにおいて示される数えられたもの（*das Gezählte*）であり，しかもその際，その現在化することは，より先とより後へと地平的に開かれた把持することと予期することの脱自的統一において時熟するのである」（*SZ* 421）。この凝縮された一文に，『自然学』第4巻の実存論的－存在論的解釈のさまざまな指針が畳み込まれているが，これについては『現象学の根本諸問題』で詳しく解釈されている[172]。『存在と時間』でも，アリストテレスの時間分析がもつ基本的な射程とその限界を明らかにしようとしていくつかの言明がなされているが，それらは綱領的なものでしかない。これらの言明を注釈するものとして，『現象学の根本諸問題』の該当箇所を参照すること

が不可欠である。

　1／ハイデガーの『自然学』解釈は，アリストテレスのテキストが現象学的な射程をもつものであることを主張することから始まる。そのような観点から，『現象学の根本諸問題』では，プロティノスにおける時間への思弁的なアプローチと，アリストテレスのより「現象学的な」アプローチとの意味深い相違が確認されている。すなわち，プロティノスが「時間について，現象そのものに厳密にとどまって現象を概念へと追い込んでいく解釈（インテルプレタツィオン）よりも，神智学的な思弁をより多く提示している」（GA 24, 327-328）のに対して，アリストテレスは「見る目をもっていた最後の偉大な哲学者であった。そしてさらに決定的なことは，探究をつねに繰り返して諸現象および見られたものへと押し戻し，乱暴で当てにならない思弁は全て，常識の心に適うものであっても根底から無視する力と粘り強さである」（GA 24, 329）。

　2／次に歴史的な仮説が提示される。すなわち，アリストテレス以後の時間概念の哲学的形成は，いずれもアリストテレスが描いた枠を外れるものではないというのである。それどころか，後代の時間概念は全てアリストテレスの定義に依存し続けており，「目配り的配慮のうちに現れるような時間を主題としている」（SZ 421）。それゆえ，「時間の謎を解き明かそうとするいかなる試みも，アリストテレスとの対決を免れるわけにはいかないであろう」（GA 24, 329）と言われる。アリストテレスの時間概念への依存というこのテーゼは，アウグスティヌスやベルクソンのような，一見アリストテレス的なアプローチの対極にいるように思われる人々にすら当てはまるのである。(173)

　3／アリストテレスの力となっている点は，同時に弱点でもある。というのも，「こうして露わになった時間の根源は，アリストテレスにとっては問題となっていない」（SZ 421）からである。アリストテレスの時間の定義は，けっしてスコラ的な定義ではないにせよ，時間性の本質を画定するという印象を与えるが，実は一つの「接し方による定義（*Zugangsdefinition*）」でしかないのであって，「時間の解釈（インテルプレタツィオン）の着手に過ぎない」（GA 24, 362）のである。この意味で，アリストテレスの定義は，根源的時間性への入口となりうるものであるにもかかわらず，歴史的には，時計の時間に閉じこもって，この入口に鍵をかけてしまうという役回りを果たしてしまったと思われる。

　4／このように，アリストテレスの『自然学』は，まさしく学以前の通俗的時間理解を強固にするという歴史的役割を果たすことになってしまったのであ

るが，この失敗の理由を分析しなければならない。これは，『存在と時間』の第6節で予告された解体という課題に当たる作業である。ここでは以下の二点を注記しておく必要がある。(a)アリストテレスの時間分析を通して，解体とは取り壊しの同義語ではなく，「古代の存在論一般の問いの立て方を批判的に限界づけた上で積極的に我が物とすること（Zueignung）」（SZ 421）を目指すものであることが示される。(b)アリストテレスの時間解釈自体，ある特定の「自然な」存在理解の反映である。それゆえ，「アリストテレスの時間分析は，存在の問いが解決した後ではじめて主題的に解釈（インテルプレティールト）される」（SZ 421）。だとすれば，アリストテレスの時間分析についてここで述べられていることも，また『現象学の根本諸問題』でより詳しく述べられていることも，全てはまだ暫定的なものにとどまることになる。アリストテレスとの本当の出会いは，将来〔『存在と時間』以降〕に求めるべきものである。それは，『存在と時間』がそこへと歩みを進めながらも足を踏み入れることのできない基礎的存在論の約束の地であり，最終節に至っても，モーセがネボ山から眺めたように，われわれはなおこの地をはるか遠くから眺めやるのである。

　5／ハイデガーによる『自然学』の読解は，アリストテレスの言う今（τό νῦν）に全重心を置くものである。その結果，アリストテレスの時間は，本質的に「今 – 時間（die Jetzt-Zeit）」（SZ 421）であるということになる。[174]

　この点的な今という概念を軸にして，ハイデガーは通俗的時間を派生させようとする。水平化のメカニズムと派生のメカニズムを同時に明らかにできるという点で，この概念に勝るものはない。というのも，リクールが言うように，点的な今という概念は，「通俗的な時間概念を，現象学的時間として解読できる最後の形態にもっとも近いところから引き出してくるという点で明らかに優れている」からである。[175]

　水平化の最後の段階では，時間は絶えず「目前」にあって「過ぎ去ると同時に到来する」今の連続と見なされ，今の「流れ」や「時間の歩み」（SZ 422）という形をとることになる。この水平化の作用がまず関わるのは，「時間内部性の全体構造」の最初の二つの特徴である日付可能性と有意義性である。この二つの特徴が，「世界時間を水平化する隠蔽」によって最初に「切り落とされる（beschnitten）」のである。この隠蔽は，偶然ではなく根本的なものである。なぜなら，「世界時間を今 – 時間とみなす通俗的解釈（インテルプレタツィオン）は，世界，有意義性，日付可能性といったものを自らに接しうるようにできる地平を全く掌握し

第六章　時間性と時間内部性　463

ていない」(SZ 423) からである。
　この場合，伸張性と公開性という他の二つの特徴は，そのまま保持されるものと見なされるかもしれない。だが，実を言えば，日付可能性と有意義性が切り落とされただけで，伸張性と公開性の意味は根本から変わってしまう。伸張性はもはや水平化以前の姿をとらないであろう。それは緩んでしまって，「中断も隙間もない」(SZ 423) 連続と化してしまう。これは，時間は「永遠性の動く模像」である，というプラトンの定式が適用できるような時間である。このように，「時間への配慮において自ら公開的となった時間性の脱自的統一」(SZ 423) から理解されなくなると，伸張性はそれ自身隠蔽作用に巻き込まれてしまう。そうしてついには，伸張性を特徴づける「区切られ」「穴のあいた」連続性は，目前的な存在者の恒常的な現前を範型とする恒久性（Stetigkeit）にとって代わられるのである。
　最後に，この隠蔽作用は，公開的時間の地位にも影響を与えないわけにはいかない。共存在の「共通な時間」であったものが，今や個別の実存を超越する普遍的な時間と化してしまう。「時間が公開的なものとみなされるのは，普遍的なものとして表明されるからである」。それは始まりも終わりもないような時間，つまり無限な時間である (SZ 424)。この時間は，先に見たように，点的瞬間が「以下同様」に際限なく続く「悪無限」であって，実をいえば，死によって閉ざされる時間的有限性の否定から生じたものにすぎない。
　とはいえ，ここでハイデガーが通俗的な時間概念の「誤り」を告発したり批判したりすることを意図しているのだと考えるならば，大きな間違いであろう。誤りは，賢明にもそれに気づくことができれば，いつでも訂正できる。だが，水平化のテーゼには，通俗的な時間概念は回避できないものだということが含まれている。したがって，通俗的な時間概念は，単なる誤りではなく，むしろ超越論的仮象として位置づけられる。それは，根源的時間性それ自体に，すなわち気遣いとして解された現存在の存在に淵源する仮象なのである。ゆえにそれは，「もっとも根源的な時間性と同時的な誤解」から生成してくるのでなければならない。
　こうして，例えば時間の無限性の観念に含まれる終わりの否定は，無害な論理的操作ではなく，気遣いそのものから発する正真正銘の否認だということになる。すなわち，死を前にした逃亡こそが，「世界内存在の終わりから目をそむけさせ」，死がもはや場所をもたない無限に続く時間という表象を生じさせ

るのである。したがって，これは有限に対する無限の勝利ではあるが，「けっして死ぬことがなく，終わりへの存在を誤解する」(SZ 425)〈ひと〉が手にするピュロスの勝利〔多大な犠牲を払って得られる引き合わない勝利〕にすぎないのである。ここで「誤解」と言われるのは，知らないということではけっしてない。というのも，〈ひと〉が得意とする逃避と回避の戦略は，否認という形で逆説的に死への存在を告げているからである。「……から目をそむけることは，それ自体において，終わりへと脱自的に将来的に存在することの一様態なのである」(SZ 424)。

解釈学的－系譜学的分析にできるのは，時間をめぐる通俗的な言説の裂け目に注意を向けさせることだけである。そこではつねに語るべきこと以上のことが語られている。例えば，任意の瞬間が次々と生起して無限に連続する，という考えを認めた後も，「時間は生まれる」と言ってもいいはずであるのに，そう言わずに「時間は過ぎ去る」と言ってしまうのである。このように喪失や否定性に対して本能的に優位性を与えてしまうのは，自らが死すべきものであり滅びゆくものであること（Vergänglichkeit）を現存在が経験するからにほかならない。「現存在があわただしく逃げ去る時間を知っているのは，現存在が自らの死を，当の死から《あわただしく逃げ去る》という仕方で知っているからである」(SZ 425)。だからこそ現存在は，必ずしも宗教的信条を共有していなくても，詩篇作者の次のような祈りの内に自分の姿を認めることができるのである。

> 教えてください，主よ，わたしの行く末を
> わたしの生涯はどれ程のものか
> いかにわたしがはかないものか，悟るように。
>
> 御覧ください，与えられたこの生涯は，僅か，手の幅ほどのもの。
> 御前には，この人生も無に等しいのです。
> ああ，人は確かに立っているようでもすべて空しいもの。
> ああ，人はただ影のように移ろうもの。
> ああ，人は空しくあくせくし
> だれの手に渡るとも知らずに積み上げる。（「詩篇」39, 5-7）

第六章　時間性と時間内部性　465

　あるいはまた，人間の生涯が朝に花を咲かせて育ち夕べにはしおれる草に喩えられ（「詩篇」90,5-6），そこから疼くような苦悩に満ちた告白が引き出される。

　　人生の年月は70年程のものです。
　　健やかな人が80年を数えても
　　得るところは労苦と災いにすぎません。
　　瞬く間に時は過ぎ，わたしたちは飛び去ります。（「詩篇」90,10）

　同じような悲痛な調子の嘆きが，リルケの『ドゥイノの悲歌』の第8の悲歌の最後に出てくる。

　　故里を去りゆくものは，いくたびもいくたびもあとをふりかえる。
　　何ごとをしようと，いつもわれわれはその姿態にもどるのだ。そうせずに
　　　はいられぬように
　　たれがわれわれを故里から遠ざけるのか。いま
　　最後の丘に立てば，もう一度その谷の全貌は
　　足下にひろがる，去りゆくものは顧み，歩をとめ，低徊する。
　　――そのようにわれわれは生き，いつも別離をつげている。（リルケ『ドゥイノの悲歌』）

　通俗的時間概念のただ中に根源的時間性がひそかに現れていることを示す徴候がもう一つある。それは時間の不可逆性である。任意の諸瞬間の単なる継起と化し，現在すらもなくなってしまったような絶対に等質的な時間は，不可逆的ではありえない。なぜなら，その継起はどちらの方向にも辿りうるものだからである。それでもわれわれが時間は不可逆であると主張する必要を感じるのは，脱自的時間性の特徴である将来の優位を放棄することができないからである。
　こうして，この節でハイデガーがとる戦略の真の姿がいっそうよく見えてくる。すなわちその狙いは，一方で通俗的時間概念にその「自然的権利」を取り戻させ（SZ 426），もう一方で現存在の時間性とそれに固有の時熟の諸様態に優先権を認める，ということなのである。根源的なものに対する派生的なもの

の関係を逆転させることはできない。「時間の通俗的理解の地平においては，時間性は接することができないままである」(*SZ* 426) からである。この観点からすれば，根源的時間性における将来の優位と，通俗的時間概念における単純な現在としての今の中心的役割とは，互いに競合せざるをえないということになる。後者が神的な永遠の現在という威光をまとったとしても，派生したものと根源的なものとの間の溝が埋められることはない。というのも，ハイデガーが注で明言しているように，いつでも引き合いに出せる最高存在者のとどまる今 (nunc stans) というもの自体が，真の神的な永遠性の戯画でしかない可能性は十分ありうるからである。「もし神の永遠性が哲学的に《構成》されるとすれば，この永遠性は，さらに根源的でしかも《無限な》時間性としてのみ理解されうるであろう」(*SZ* 427, n.1)。それゆえ，永遠性の概念を通俗的な時間概念の枠内で定義するのではなく，根源的時間性そのもののレベルで永遠性のより本来的な定義を求めねばならなくなるであろう。壮大かつ大胆な計画であるが，『存在と時間』以降の全著作のどこを見ても，いくつかのほのめかしを別にすれば，ハイデガーがこの計画を実行することはできなかったように思われる。

「通俗的」時間は全て時間内部性から派生させられるものである，という以上のテーゼを批判的に論じるために，リクールの分析を参照することにしよう。⁽¹⁷⁹⁾宇宙的時間と同一視される通俗的時間を全面的に時間内部性から引き出すというのはやはり不可能ではないか，とリクールは問うている。そうだとすれば，通俗的時間に対して，「時間の解釈学的現象学が汲み尽くすこともなければ，けりをつけてしまうことも絶対にない」独特の自律性を認めねばならない。⁽¹⁸⁰⁾このような仮説に立つならば，さまざまな科学的な時間理論やそれらが哲学に突きつける認識論的な難問についても，⁽¹⁸¹⁾頭から軽視するという態度を少し改めなければならなくなる。通俗的時間を全て派生させようとするハイデガーに対して，結局リクールは，すでにアリストテレスとアウグスティヌスの対比から得ている基本的な立場をもう一度主張するしかない。すなわち，世界時間と魂の時間は互いに還元できない，という立場である。その場合，時間を「運動の何ものか」とする定義と「気遣いの何ものか」とする定義とは，「原理的に相容れない二つの規定」であって，「通俗的時間と現象学的時間とを対照させる場合には，同等の権利」を認めねばならないことになる。⁽¹⁸²⁾この意味で，運動の時間（これはけっして「通俗的」時間ではない）の自律性は，「時間の現象学に

とって究極のアポリアであって,現象学が解釈学的な転回を遂げることによってのみ,このアポリアが全面的にラディカルな姿で露わになる」(183)のである。そしてこのアポリアは,まさしく『存在と時間』第二篇の時間に関する全分析が立ち向かってきたより根本的なアポリア性を指し示すものだということになるであろう(184)。

　第81節の最後では,すでに次の節の問題が予告されている。すなわち,通俗的な時間経験は,一見「宇宙的時間」に見える「世界時間」しか知らないように思われるが,そこには「主観」「魂」「精神」といったものへの関係が含まれている,というのである。アリストテレスは,運動の分析を主要な導きとしているにもかかわらず,そのような考え方の基準的な定義を提示している。そうして,時間を数えるためには魂が必要であることを認め,「もし魂が存在しなかったら時間は存在するのかどうか」(185),という厄介な問いを立てざるをえなくなるのである。だがこの問題は,アリストテレスが行ったのは口先だけの譲歩であって,それを自分の時間の定義に真の意味で組み入れることはできなかった,というような形で済ませられるものではない。アウグスティヌスになると,魂ノ集中 (*intentio animi*) と分散 (*distentio*) の弁証法や三つの現在のテーゼは,時間と魂の間に明確で根本的な結びつきを想定することによってのみ構想されうることになるであろう。ただしハイデガーは,リクールと違って,アウグスティヌス的アプローチとアリストテレス的アプローチとの両立不可能性には興味をもっていないように思われる。

　そうなると,表面的に解釈すれば,アウグスティヌスはアリストテレスの直観を確認しているだけであるか,せいぜいそれを明確にしているだけであるかのように見えてしまう。それと同じことが,ヘーゲルとカントの場合にも当てはまる。時間と魂の関係という問題は近代哲学にも引き継がれているが,そのことを証示する主要な思想家がヘーゲルとカントなのである。ただし,この二人の場合には,アリストテレスとアウグスティヌスの場合とは大きく異なる点が一つある。すなわち,次節に見るように,ヘーゲルが通俗的に理解された時間と精神との結びつきを取り出そうと明確な試みをしていたことは認めるとしても (*SZ* 427),カントにおいては「ヘーゲルにおけるよりもいっそう根底的な時間の理解が開かれている」(*SZ* 427, n. 4) ことを忘れてはならないのである。これは,注で指摘されているとともに,この時期にハイデガーが残したカントに関する全ての論考で詳細に論じられている点である。

第82節　時間と精神——ヘーゲルを断念する

　『存在と時間』の最後から二つ目の節となる第82節は，引用が多いところは第78節に似ているが，論争的な意図が露わになっているところが異なっている。すなわちこの節は，時間性，現存在，世界時間の間の実存論的‐存在論的な連関を，ヘーゲルの精神形而上学の全体に基づく時間と精神の関係の規定と対照させること（*Abhebung*）を目指しているのである。(186) その意味で，この節は，これまで行ってきた現象学的分析に新しく何かを付け加えるのではなく，せいぜいこれまでの分析を「明確化（*Verdeutlichung*）」するだけのものである。論争的な意図を露わにしているといっても，ヘーゲルを「批判」し論駁するという愚かな野心が問題になっているのではない。それぞれの立場が互いに還元できないものであることを明確に理解し，その意味で「ヘーゲルを断念する」(187) ことが重要なのである。それはヘーゲルの「誤り」を並べ立てることでは全くない。ではなぜヘーゲルなのか。それは，「ヘーゲルの時間概念は，時間の通俗的理解のもっともラディカルな，しかしあまりにも注目されないその概念的な展開を提示する」（*SZ* 428）ものである以上，逆説的にも，ヘーゲルはアリストテレスの後継者と呼べる唯一の人物だからである。

　ハイデガーは，二つの中心的問題をめぐってヘーゲルのテキストを分析している。すなわち，ヘーゲルによる時間の定義と，時間と精神の関係に関する規定の二つである。

1．ヘーゲルの時間概念

　ここでの分析は，『エンツュクロペディー』の第275‐第260節に拠っている。これは，自然哲学を提示する第二部の内で，力学を扱う第一篇の最初の部分であって，「抽象的相互外在」の領域とみなされる空間と時間の関係が分析されている箇所である。ハイデガーは，まず最初に，ヘーゲルの知の体系の枠内で時間についての論述が占めている体系上の場所に注意を向け，そこにアリストテレスへの依存の外的なしるしを見てとる。というのも，どちらにとっても，自然の存在論が時間の問題を論述する上での「自然な枠組」となっており，時間の分析は場所や運動の分析と同調——まさにこう言うべきである——させられているからである。

a）「時間としての空間」

とはいえ，ヘーゲルの弁証法的な空間概念によれば，むしろ諸点の抽象的な多数性としての空間の方が，時間の内にその「真理」を見出すということになる。この意味では，ヘーゲルは第70節のハイデガーと同じ戦いをしているように思われるかもしれない。なぜなら，ヘーゲルもまた空間と時間の並置に戦いを挑んでおり，空間性をその真理において思考しようとするやいなや，空間を時間として考えることを余儀なくされているからである（SZ 429）。実際，ただ表象されているだけではなく思考された空間は，今として思考された点なのである。このように考えることで，ヘーゲルはベルクソンの対極に立つように見える。ベルクソンは，時間の空間化という逆向きのプロセスに関心を向けるのである。だが，ハイデガーは両方の立場をまとめて退ける。「どちらのテーゼも支持できないものである。しかし，いずれも空間と時間の現象的連関を追跡してはいる。どちらも根本的には同じことを考えてはいるが，ただ，いずれも自分たちが互いに正反対の命題によって言おうとしていることを理解していないのである」（GA 21, 252）。

「空間は時間である」というのは，弁証法的な意味をもつ命題である。時間とは，点の確たる不動性を絶えず否定するものである限りにおいて，「直観された生成」である。ここで，マールブルクの講義〔『論理学』〕での対応箇所をまるごと引用する必要がある。先ほどわれわれは，空間と時間の抽象的並置を退けて，時間を空間の弁証法的真理とすることによって，ヘーゲルは逆説的にもハイデガーの同志となるのではないか，と問うた。この講義では，まさしくこの問いをハイデガー自身が提起しているのである。しかし，ハイデガーははっきりと答えている。絶対にそんなことはない，と。

コラム㊸　空間を時間として考えるのか，空間を時間から考えるのか
　——明確な二者択一

　ヘーゲルは空間の存在を時間として規定する。それゆえ，次のように問われるかもしれない。すなわち，ここではきわめてはっきりと存在が時間から規定されているではないか。ヘーゲルが時性（Temporalität）の問題系の圏内を動いていることは全くもって明白ではないか，と。なるほど，一見そのように思われる。しかし，彼はやはりその種の事柄からは天と地ほどもかけ離れている。というのも，次のことをまず押さえておくべきであろうから。すなわち，彼は空間を時間から規定するのではなく，時間として規定する。ここで彼は，実際にある存在を

> 時間との関係において規定している。しかし，そうしているのは空間の存在についてだけである。また，彼はその空間の存在を時間からではなく，時間として規定する。まとめて言うなら，
> 1／ヘーゲルが時間との関係で規定する存在者は一つだけであるが，その唯一の存在者についてでさえ，彼は時間の時的な機能を理解しない。むしろ彼は，この機能を誤解して――自らの方法に即して――空間そのものの存在にしてしまう。
> 2／ヘーゲルは原理的には，存在の解釈（インテルプレタツィオン）に対して時間がもつ機能を見ていない。というのも，もし見ていたなら，彼はただちにこの機能を存在一般の究明に導入したはずであるが，ヘーゲルがそのようなことをした形跡はないからである。むしろ，全く反対である。
> 3／ヘーゲルは時間の時的な機能を理解できない。というのも，彼は時間を伝統的‐教条的に今‐時間として把握しているからである。
> 4／彼が時間をそのように把握していること，このことは彼が時間を空間と並列させていることに明らかに現れている。空間とは，同時デアルモノドモノ秩序（ordo eorum quae sunt simul）（ライプニッツ）である――同時に目前にあるもの，等しい時に，つまり各々の今に同時に現前するものの秩序である。ヘーゲルは時間を空間と並列させてしまう。時間と空間の間にある「と」を止揚してしまうほどに並列させてしまうのである。（GA 21, 256-257）

それゆえ，曖昧な点は一切ないのであって，空間を時間として考える弁証法的な考え方は，空間を時間から考えるハイデガーの考え方と一致するどころか，その対極にあるということになる。アリストテレスは現象を見る目を持っており，カントですらそうであるのだが，ヘーゲルはといえば，彼の諸概念がもつ弁証法的な力にもかかわらず，むしろまさにそのために，目が見えなくなってしまっている。「時性（*Temporalität*）については，ヘーゲルに期待すべきこともヘーゲルから学ぶべきことも何もない」（GA 21, 257）のである。

b)　「今のもつ法外な権利」

とはいえ，ヘーゲルの考える時間の本性は，もっと詳細に検討すべきものである。すでに引用した表現によれば，時間とは「直観された生成」なのであったが，それは，ハイデガーの注釈によると，時間とは「思惟されるのではなく，今の連続の内で単に自らを提示するだけの移行（*Übergang*）」（SZ 431）だということである。ただし，水平化された通俗的な時間の特徴であるこの「今の

第六章　時間性と時間内部性　471

法外な権利」[188]は，ヘーゲルにあっては，精神の永遠の現在と同一視されることでいっそう法外なものとなる。「直観された生成」[189]を概念として厳密に考えれば，発生という「肯定」面よりも消滅という「否定」面の方を重視しなければならない理由はない。にもかかわらず，ヘーゲルは，この点について，全ての「通俗的」な時間理解と同じ「誤り」を犯している。すなわち，時間を「食い尽くす〔こととしての〕抽象（Abstraktion des Verzehrens）」と名づけることによって，消滅の極の方を不当に重視し，「そうして通俗的な時間経験と時間解釈をもっともラディカルに定式化するのである」（SZ 431, cf. GA 21, 258-259）。だが，ヘーゲルの場合，このような一貫性の欠如は，時間の「通俗的な」表象への譲歩であるとも思われる。なぜなら，厳密な意味での時間の定義である時間の「形式的-弁証法的概念」においては，そうした通俗的表象も，時間の「流れ」というイメージも入り込む余地がないからである。ハイデガーが真に糾弾するのは，時間を「否定の否定」とするこの弁証法的な定義にほかならない。そこでは，「今の連続はもっとも極端な意味において形式化されており，それ以上ないほどに水平化されている」（SZ 432, cf. GA 21, 261）のである。

　以上略述したヘーゲルとの論争は，『存在と時間』以降も続けられている。とりわけ，1930／31年度のヘーゲルの『精神現象学』に関する講義の一節に注意を向けておこう。そこでハイデガーは，ヘーゲルの絶対知を存在-神-論（あるいは存在-神-自我-論）として分析するにあたって，自らの道がヘーゲルの道と交差しないわけにはいかないことを認めつつも，『存在と時間』の企てがヘーゲルの道とどこで分岐するのかをもう一度全て論じている[190]。まさしくこの文脈で，すでに言及した存在時（Ontochronie）という語が登場するのである。「『存在と時間』という表題に着目すれば，〔存在論（Ontologie）の代わりに〕存在時という言い方ができるかもしれない。この表現では，論（λόγος）に代わって時（χρόνος）がその位置を占めている。だが，単に両者を置き換えただけであろうか。そうではない。むしろ大切なのは，全てを徹底的に，また存在の問いの本質的な動機を受け継いで新たに展開することである。それはすなわち，ヘーゲルの表現に基づいて言い表すなら，概念が〈時間の力〉であるのではなく，時間が概念の力であることを示すことである。その際ヘーゲルは，もちろん〈時間〉という言葉でわれわれとは別のことを理解している。それは原理においては，アリストテレスが展開した時間の伝統的概念にほかならないのである」（GA 32, 144, cf. SZ 435）。

こうして，ハイデガーの基礎的存在論とヘーゲルの存在論とは，二重の意味で相容れないものとなる。前者がもはや存在‐論ではなく存在‐時であるのに対して，後者は存在‐神‐自我‐論である。前者が存在を有限性として，つまり「脱自的時間の地平」（GA 32, 145）として規定するのに対して，後者は存在を無限性として規定する。ハイデガーは以下のように付言している。「そのことによって私が言いたいのは，単に私の存在解釈（インテルプレタツィオン）がヘーゲルとは内容的に異なっているということではなく，解釈（インテルプレタツィオン）の根本的な方向づけ自体が──一方はロゴスへ，他方は時間へというように──根底的に異なっているということにすぎない」(ibid.)。[191]

　ヘーゲルのアリストテレスに対する依存をどのように理解するかという点について，ハイデガーは注という形で説明しているだけである（SZ 432-433）。ただしこれは，『存在と時間』でもっとも重要な注であって，デリダはこの注を詳細に分析している。[192] デリダがうち出した仮説は，『存在と時間』が〔フランスで〕受容されるにあたって重要な役割を果たしたものであるが，ここではそれを立ち入って検討することはできない。私としては，この注をデリダのようにその後のハイデガーの思想全体を視野に入れて読むのではなく，『論理学』講義の第21節に照らして読み直してみようと思う。[193] この注がそこでの論述を手直しして出来上がったものであることは明らかだからである。ここでハイデガーは，教え子の一人に促されて『イェーナ論理学』へと注意を向けるようになったことを打ち明けている（GA 21, 263）。『イェーナ論理学』では，まさに「アリストテレスの時間論の敷衍」（SZ 432 note; cf. GA 21, 265）であると思われるような時間の説明が展開されている。ただしこの説明は，まだ「自らの体系という拘束服」（GA 21, 263）にとらわれておらず，「具体的な弁証法」であるという長所を保持しているのである。ハイデガーは，とくに「現在の本質は将来である」という『イェーナ論理学』のなかのテーゼに狙いを定めて，それを「時間性の意味は将来である」（GA 21, 265）という『論理学』講義で定式化した自らのテーゼとより明確に対置しようとする。ここでもやはり，ハイデガーは，ヘーゲルのテキストの解釈の概略を示すとすぐに，自分とヘーゲルとは正反対の立場をとっているという主張へと進むのである。

　ヘーゲルのテキストはアリストテレスを敷衍したものでしかないというのは，ヘーゲルを貶めようとする主張ではない。というのも，「われわれの哲学がギリシャ哲学に，今日実際にそうであるよりももっと深く依存していたならば

——もちろん単に継承するというだけでなく，事柄に即して積極的に理解するという意味でのことだが——，その方がはるかに望ましいことである」（GA 21, 265）からである。ここでは，間接的ではあるが，ハイデガー自身によるギリシャ哲学の「自己化戦略」（バーバラ・カッサン）*37 が描きだされている。それは，後に「ヘーゲルとギリシャ人たち」において見られるような論述のラインに従うものである。「ここであらためて明らかとなるのは，アリストテレスはヘーゲルだけではなく，ヘーゲル以前の多くの哲学者たち，そしてなおさらに多くのヘーゲル以降の哲学者たちにも手を貸してきた（auf die Sprünge geholfen hat）ということである」（GA 21, 265）。ヘーゲルがアリストテレスに負うところがあるというのは，ヘーゲルの自然哲学全体に及ぶ仮説である。ヘーゲルの自然哲学は，隅から隅までアリストテレスの『自然学』の「敷衍」のようなものなのである。

アリストテレスに対するヘーゲルの負債を要約した上で，ハイデガーは，『存在と時間』の注には出てこなかった一つの告発によってそれに決着をつけようとする。「このように，〔ヘーゲル時間概念はアリストテレスの〕一つの敷衍ではあるが，すでにそれ自体全面的にヘーゲルの確信に満ちた弁証法の内を動いているのであって，アリストテレスの解釈の本来の事象内実（Sachgehalt）を殺し，いわば形式的で空疎な諸帰結を冷凍保存しておくものである」（GA 21, 266）。アリストテレスの暗殺者ヘーゲル，これが「敷衍」という語の中に聞きとるべき意味なのである。

『論理学』第21節の論述は，『存在と時間』の注と同様に，ヘーゲルとベルクソンとの逆説的な一致という主張で締めくくられている（GA 21, 266-268）。「時間とは空間である」というヘーゲルのテーゼと，「空間とは時間である」というベルクソンのテーゼとは，相反するものではなく，どちらも直接アリストテレスに連なるものだというのである。「われわれが区別し数える場として解された時間とは空間でしかない」(194) とベルクソンが宣言する時，その前提にあるのは，時間を今‐時間とするアリストテレスの定義である（GA 21, 267）。ここでもまた，ハイデガーが自らの考え方をベルクソンとヘーゲルの双方から対比的に区別する仕方に目を留めておく必要がある。「時間が空間であるわけでも，空間が時間であるわけでもない。そうではなく，時間とは，その中で空間の存在が実存論的‐時間的に規定されうる可能性でしかない。ただしそうであるのは，それが空間であるからではなく，各々の存在者の存在としての存在一

般が,時間から把握されなければならないからである」(GA 21, 267)。そしてハイデガーは,少し皮肉を込めてこう付け加える。「いずれにせよ,今日のわれわれの哲学的可能性の状況に従えば,存在はただここ〔時間〕からのみ把握されうるのである。私は全く独断的に,存在は時間からのみ理解されるということを主張したいのではない。もしかしたら,明日にでも誰かが別の可能性を発見するかもしれない」(GA 21, 267)。

　内的持続という質的な時間をもちだせば,ベルクソンの名誉を回復できるであろうか。そんなことはない,とハイデガーは言う。というのも,内的持続の内に時間の形而上学的本質を見出したと考えたこと自体,ベルクソンが「時間を把握しなかった」(GA 21, 268) ことの証拠だからである。ハイデガーは,ヘーゲルとベルクソンのどちらの肩ももたず,両者をよりよく理解されたアリストテレスへと,すなわち現象学的に理解されたアリストテレスへと送り返すのである。

2．時間と精神との連関についてのヘーゲルの解釈

　二番目の考察へのパスワードとなるのは,「歴史の発展は時間の内へと落ちる」というヘーゲルの言葉である。これは,『歴史における理性 ―― 世界史の哲学への序論』〔邦訳では『歴史哲学緒論』〕に現れるものであり,すでに本節の冒頭で引き合いに出されている。ここでいう発展とは,ヘーゲルの歴史哲学全体を支える公理系に従えば,歴史の境位における理念の発展でしかありえない。とすれば,真に問うべきであるのは,精神の本質において,精神が時間に身をゆだねてしまうことなく時間のうちに「落ちる (fallen)」ことを可能にするものは何であるのか,ということである。ここで fallen というドイツ語の動詞が注意を引く。というのも,本節で展開される引用の戦略は,この動詞がヘーゲルの精神哲学の枠内でもつ意味が,ハイデガーの頽落 (Verfallen) 概念の対極に位置することを示そうとするものだからである。したがって,ヘーゲルの自然哲学だけではなくその精神哲学も,実存論的分析論の「精神」とはまったく相容れないのである。

　ヘーゲルの精神哲学が実存論的分析論と相容れない第一の理由は,主体の概念 ―― むしろ「自己」の概念 ―― が互いに全く異なっているということである。ヘーゲルにとって,「精神の本質とは概念である」,すなわち「自己がそれ自身を概念把握するという仕方で概念把握されていること」(SZ 433) である。

このような精神は必然的に自由であって，時間の内で自らを明示することを強いる自己顕現の力を与えられている。普遍的歴史とはこの自己顕現の場なのである。この場合，時間は，精神がそれ自身の概念と完全に一致するまでは付き合わざるをえない外的な抵抗のようなものとなる。それゆえハイデガーは，『エンツュクロペディー』第258節のテーゼ，すなわち時間は概念に対して力をもたず，むしろ概念が「時間の力」（SZ 435）であるというテーゼをとくに非難するのである。同様の非難は，『存在と時間』以降にも繰り返されることになる(195)。

　ヘーゲルにおいて時間と精神との間に親縁性がありうるのは，もっぱら両者が形式的に「否定の否定」として規定されるからにすぎない。だが，この親縁性の存在論的な謎は解明されないままである。「ヘーゲルは水平化された時間の起源を明らかにしていないのと同様に，次の問いもまったく検討せずに放置している。すなわちそれは，否定を否定することとしての精神の本質体制は，一般に根源的時間性に基づくのでなければはたして可能なのかどうか，という問いである」（SZ 435）。

　それゆえ，時間は本当に精神が現実的で具体的になるために必要なものであるのか，それとも，精神は一種の形而上学的なアクシデントによって時間の内に「落ちる」のかということは，判然としないのである。実存論的分析論は，これとはまったく違う意味で「具体的」であろうとする。真の具体性とは，時間性を自らが可能化するための条件とする「事実的に被投的な実存」（SZ 435）の具体性である。「落ちる」という動詞は，ここでは根底から意味を変えてしまう。《精神》は，あとから時間の内に落ちるのではなく，時間性の根源的**時熟**として**実存する**のである」（SZ 436）。それゆえ，真に問題となるのは，時間の内に落ちることではなく，時間に従って存在することを受け入れて，時間から自らを理解しなければならない，ということである。「《精神》が時間の内に落ちるのではなく，事実的実存が頽落したものとして（*als verfallende*），根源的・本来的時間性から《落ちる》のである。ただしこの《落ちること》自体，この時間性の時熟の一様態の内に自らの実存論的可能性をもつものである」(196)（SZ 436）。

第83節　現存在の実存論的-時間的分析論と，
　　　　　存在一般の意味の基礎的存在論的問い

　この最後の短い節は，『存在と時間』を始動させた計画を締めくくる総括のようなものである。序言では，「《存在》の意味への問いを具体的に仕上げること」が著作の「意図（*Absicht*）」であり，「あらゆる存在理解を可能にしている地平一般として時間を解釈(インテルプレタツィオン)すること」がその「暫定的目標」（*SZ* 1）とされていた。今やこの目標は到達されたのであろうか。ともあれ到達されているのは，気遣いの存在論的な意味としての時間性であり，その意味で現存在の根源的全体性の「基礎」となるものとしての時間性である。

　この節は，相矛盾して見える二つの概念によって支配されている。すなわち，「根拠づけ（*Begründung*）」と「道（*Weg*）」という概念である。

　1／『存在と時間』の第一篇では準備的な分析が行われ，第二篇ではそれを掘り下げて捉え直したのであったが，第一篇と第二篇の主な相違は，方法論的な観点からすれば，前者が挙示（*Aufzeigung*）という体制をとるのに対して，後者は諸現象の根拠づけ（*Begründung*）という体制をとるという点にある。(xxxiv)(197)

　だが，そうして得られた結果がどれほど重要なものだとしても，まだ真の目標である「存在の問い一般の仕上げ」（*SZ* 436）への道を一歩踏み出しただけにすぎない。『存在と時間』の終わりに至っても，著者と読者は所有者ノ状態（*in statu possidentis*）には至らず，旅人ノ状態（*in statu viatoris*）にある。求めていた基礎的存在論にはまだ手が届いていないのである。とはいえ，ここまで踏破した道が無意味であり，失敗であったというわけではまったくない。そうではなく，手に入れた成果のどれをも捨てず，別の方向にも進まずに，さらに探究を進めなければならない。それは，第7節で提示され（*SZ* 38），ここで再確認されている哲学の定義に忠実であり続けるということである。「哲学とは，現存在の解釈学から出発する普遍的な現象学的存在論であり，この現存在の解釈学は，実存の分析論として，あらゆる哲学的な問いの導きの糸の端を，その問いが湧き出てまたそこへ打ち返すところへと結びつけておいたのである」（*SZ* 436）。湧き出ること（*Entspringen*）と打ち返すこと（*Zurückschlagen*）という表現が今一度思い出させるのは，『存在と時間』によって「解釈学的循環」の「理論」が提示されるというだけでなく，存在論的理解そのものがこのような循環性を範型とするものだということである。

しかし，存在論的理解の循環性を思い出させることによってハイデガーが読者に告げたかったのは，自分は『存在と時間』の最初のページから最後のページにかけて最大の弧を描いて舞ってみせただけであって，最後には元の場所に戻ってきたのだ，といったことではない。それどころか，最後に新たな問いと新たな困難が立ちはだかることになる。すなわち，ここで「根拠づけ（Begründung）」というのは正確には何のことであるのか，基礎的存在論にどんな基礎づけが必要なのか，といった問題である。「存在論は存在論的に根拠づけられるのか，あるいはそのためにも何らかの存在的な基礎が必要なのか，さらにはいかなる存在者が基礎づけの役割を引き受けなければならないのか」（SZ 436）。

2／このように問うや否や，実に多くの問いが雪崩のごとくに押し寄せてきて，存在論がなじんできた差異と区別のほとんどが問いただされることになる。ここでわれわれが出会うのが，道という第二の主要概念である。ハイデガーは，根拠づけという言い回しを繰り返して用いながらも，同時に「道」や「道を行く」といった言い回しにも訴えるのである。「大切なのは，存在論的な基礎的問いを明らかにするための道を求め，その道を行くことである。その道が唯一のものであるのか，そもそも正しい道であるのかは，それを歩んだ後ではじめて決められることである」（SZ 437）。

序言でエレアからの客人の声を介して新たな存在をめぐる巨人の戦い（γιγαντομαχία περὶ τῆς οὐσίας）（SZ 2）の必要性へと誘われて以来，ハイデガーに同行してきた読者には，ずいぶん長い道を歩み，多くの険しい道を踏み通してきたという印象があることだろう。最後にこの大いなる戦いから解放されるだろうと考えるならば，大きな間違いである。実際のところ，戦いはまだ始まったばかりである。「存在の解釈（インテルプレタツィオン）に関する争いが調停されることはありえない。なぜならそれはまだ点火されてすらいないからである」（SZ 437）。それでは振り出しにもどったことになるのか。そんなことはない。なぜならわれわれは，最初はこの争いを前にしてまったく丸腰だったのだが，今では「武装」し「用意を整えている（Zurüstung）」からである。何のための武装か。根源的時間性に関する全ての分析に潜んでいた問いに対して，ついに攻撃をしかけるためである。「ある一つの道が根源的時間から存在の意味へと通じているのか。時間そのものが存在の地平として自らを露わにするのか」（SZ 437）。これがその問いである。

第Ⅲ部　時間と存在
——存在論的差異の発明

一般的序論

　こうして『存在と時間』全体の解釈を終えてみると，私はクルティーヌの定式に従って，この著作が「二重の意味で未完」であることを認めないわけにはいかない。第一の意味での未完とは，予告されていた三つの大きな歴史的解体（カントの図式論，デカルトのコギト，アリストテレスの時間論に関わる）が欠如しているということである。これについては，すでに見てきたとおり，マールブルク時代の講義によって大部分を補うことができる。それに対して，第二の意味での未完とは，「時間と存在」と題されるはずだった第一部の第三篇が留保されたということである。これについては，第一の未完とは事情が異なる。『存在と時間』以降の作品でも，ハイデガーは，この部分が未完となった理由について絶えず説明し続けている（表現は必ずしも同じではないが）。全集第49巻『シェリング──「人間的自由の本質について」への新解釈』での長い自己解釈は，その点についてとくにはっきりと述べている。1941年のこの講義で，ハイデガーは，すでに印刷に回っていた『存在と時間』のこの部分を出版しないことにした時の状況を，聴衆に向けて詳しく語っている。それによると，出版中止を決めたのは，「1926年の12月末，ハイデルベルクにあるヤスパース邸滞在の時」（GA 49, 39），まさしく「リルケの死の知らせがわれわれのもとに届いた日」（GA 49, 40）のことであった。

　ここで言われていることはきわめて重要である。そこでは，出版中止の決定をドラマチックに見せようとするハイデガーの様子（リルケの死にさりげなく触れている）がはっきり表れているが，それだけではなく，この決定を引き起こした主要動機が示されているからである。つまりこの決定は，ヤスパースとの確執（数年後にはよりいっそう劇的な様相を呈することになる）と密接に関わっているのである。ヤスパースとの対話によって，ハイデガーは，とくに「『存在と時間』にふさわしい実存論的概念」に関して，この著作の練り上げが「不十分（unzureichend）」であることを納得させられたのであろう。だが，同じ文脈の中で，ハイデガーは，1年以内には「すべてがもっと明確に述べられるだろう」という希望をはっきりと述べている。まもなくこの希望が幻であったことが判明するのであるが，この短い明確化の時期が，マールブルク時代後

期の講義に当たる。本書の第Ⅲ部では，この時期をめぐって論を進めていこうと思う。この第Ⅲ部の総題として，『存在と時間』第三篇の表題（「時間と存在」）をそのまま選ぶことにするが，それは次の二点を解釈上の賭けとしたいからである。

　1／まずは，本書の企て全体が賭けている事柄を繰り返すことになるが，著作としての『存在と時間』の完成（これ自体不完全な完成である）は，作業場としての「存在と時間」の放棄を意味するのではない，ということである。ハイデガー自身，著作と作業場というこの区別をもち出さざるをえないと感じていた。その例は，『存在と時間』以降の彼の自己解釈を読めばいくらでも出てくる。例えば次の自己解釈を見てみよう。シェリング自由論に当てられた1941年秋学期の講義からである。

コラム㊹　『存在と時間』——一冊の「書物」と一つの「必然」

　そこで重要なのは，いわゆる「自分の立場」を強調することではない。また，危うくなった「オリジナリティ」を擁護することが問題なのでもない。もちろん，自分自身の事柄について語らざるをえないという難しさはある。以前に語った事柄に対して，すでに時間的に距離をおくことはできるようになっているが，そうであってさえ，ここでは自己欺瞞は避けられない。（『存在と時間』は私自身にとってすでに過去のものになったなどと言っているのではない。私は今日においてさえ「前進」したりはしていない。「前に」進んだりしてはならないということがますますはっきりしてきたからには，そんなことは論外である。もっとも，『存在と時間』で試みられた事柄にいくらか近づいたということはあるかもしれない。）

　私たちは『存在と時間』をある省察の名称として理解する。この省察の必然性は個々人の行いをはるかに越えている。個々人はこの必然的な事柄を「発明する」わけではないし，また克服することもできない。それゆえ，『存在と時間』という名で示される必然性と，そのような表題を与えられた「書物」とを区別することにしよう。（原存在（Seyn）それ自身における性起の名としての『存在と時間』。思索の歴史における一省察の定式としての『存在と時間』。この思惟を遂行しようと試みる論考の表題としての『存在と時間』。）この書物に欠陥があることは，私自身も少しは分かっているつもりである。それは，ここでは未踏の山を登ることに似ている。この山は険しく，しかし同時に未知の山であるから，この山を歩く者は時に転落してしまう。登攀者は気がつくと突然，道に迷っていたりする。時に転落することもある。読者の方はそれに気がつかない。というのも，

> ページ数はたしかに進んでいるからである。ここではさらに何度でも転落することがありうる。（GA 49, 26-27）

　以上の言明が明示しているのは，少なくともハイデガー自身の自己解釈では，著作の編集が終わったからといって，それに対応する作業場が閉鎖されるわけではけっしてないということである。したがって，ハイデガーはこの作業場の閉鎖をいつはっきりと決めたのか，という問いに対しては，ハイデガーは一度たりとも作業場を閉鎖しようとはしなかった，と答えるしかない。というのも，その後の全著作において，『存在と時間』の決定的な乗り越えを宣言した形跡は見当たらないからである。それどころか，ハイデガーは最後期に至るまで，『存在と時間』とともに開かれた問題の作業場が，道として今もつねに必然的なものであることを主張し続けるのである。もちろん，だからといって問題へのアプローチを変えなくていいというわけではない。むしろ，著しい変更が必要となるのである。[2]

　そうであるなら，真に問うべきことは，この作業場の手直しはいつ始まるのかということであろう。なかなか難しい問いである。というのも，ある日付をもって作業場が公式に閉鎖されたというような事情ではない以上，最初の業務一覧がいつからどのように変更されていくのかを確かめるのは，解釈者の仕事になるからである。われわれの仮説はまったく推測的なものである。講義の表題から「現象学」という術語が徐々に消えていき，「形而上学」という術語が多く現れるようになってくるといった変化を手掛かりにして，われわれとしては，1928 年から 1929 年頃に第一の区切りを置いてみたい。また，ペゲラーやクルティーヌをはじめとする幾人かの解釈者とともに，1929 年 7 月の就任講義『形而上学とは何であるか』を，存在の問いの展開における重要なステップと見なしたい。[4] そういうわけで，この新たな入り口の手前で，作業場「存在と時間」についてのわれわれの解釈を止めておくことにしたい。この入り口から，最初は控えめに，それから次第にはっきりと，「『存在と時間』による問いの設定にいっそう原初の形を与え」，「『存在と時間』で企てられた問いの端緒を内在的な批判に委ねる」（ZSD 61）という試みが始まることになるのである。

　2／本書の解釈が立ち入らないでおこうとするのは，まさしくこの「内在的な批判」である。ハイデガーは，マールブルク時代後期の講義は全体として『存在と時間』第一部の「時間と存在」に属しており，それらの講義は『存在

と時間』を明確化しようとしていた時期に当たると述べている（GA 9, 134; cf. GA 2, 55; GA 49, 54）。そうした発言を全面的に尊重して，ここでは『存在と時間』の直後，すなわち1927年から1928年の間のテキストのみを検討することにしたい。最初に扱うのが，1927年7月にチュービンゲンで，1928年2月にマールブルクでと二度にわたって行われた講演「現象学と神学」である。以下，第Ⅲ部のはじめにこの講演を「間奏」として置いて，それからマールブルク時代最後の三つの講義へと向かうことにする。すなわち，すでに何度も触れた『現象学の根本諸問題』（GA 24），『カントの純粋理性批判の現象学的解釈』（GA 25），そして，1928年夏学期の講義『論理学の形而上学的な始元諸根拠──ライプニッツから出発して』（GA 26）の三つである。この最後の講義で，ハイデガーのマールブルク時代は終わる。すでに見たとおり，マールブルク時代とは，とりわけ『存在と時間』の時代なのである。

　この三つのテキストについて，第Ⅰ部と第Ⅱ部での『存在と時間』の注釈と同じスタイルで統合的解釈を提示することは明らかに無理である。これらのテキストがそうした作業に値しないというのではないが，これまで以上に，「作業場訪問」という方法を文字通りに適用することが必要になるであろう。そのためには，三つのテキストから，それらが『存在と時間』の問題設定に属していることをもっともよく示してくれる特徴を引き出してこなければならない。必要なのは，ハイデガーが企てた明確化作業を基礎的存在論の理念そのものに結びつけることによって，この作業全体の進み行きを特徴づけることであろう。三つのテキストの読み直しは，通時的というより共時的なものとならざるをえないが，無理な解釈をしなくても，マールブルク講義の出発点となった現象学の三つの基礎的発見（志向性・カテゴリー的直観・アプリオリ）の力線を自ずから辿ることになると思われる。それゆえ，『存在と時間』の直後にこの三つの発見がどのように提示されることになるかを問うことによって，基礎的存在論という企図の独創性を全体的に見通すための最良の機会が得られるだろう。この三つの発見を検討した後，最後にハイデガーによる最初の自己解釈を一瞥することで第Ⅲ部の締めくくりとしたい。最初の自己解釈は，まさしくハイデガーがマールブルクを離れようとする際に始まるのである。

第一章　間奏──現象学と神学

　この「間奏」では，講演「現象学と神学」の公刊版(5)を分析の対象とする。この講演を『存在と時間』全体の解釈に含めるのは，以下のような理由による。
　1／まずは伝記的な理由が挙げられる。マールブルク時代のハイデガーは，神学者たちと頻繁な交流があり，その中には，ティリッヒやとりわけブルトマンのような教師ばかりでなく，ヨナスやアーレントのように多少なりとも神学的な問題系と関わりをもつ学生たちもいた。したがって，カントの『純粋理性批判』に関する 1927／28 年冬学期の講義でハイデガーがこの講演に触れている（GA 25, 17）のは，何ら驚くべきことではない。
　2／こうした外的な状況とは無関係に，この講演を『存在と時間』の問題設定自体に結びつけなければならないもっと根本的な理由がある。この講演のドイツ語版序文では，ハイデガー自身が，現象学の概念，および神学を含む実証的な学に対する現象学の関係については『存在と時間』の第 7 節を参照するように指示しているが，これは偶然ではない。講演「現象学と神学」は，ある意味で，すでに『存在と時間』第 3 節で表明されたテーゼの展開として読むことができる。それは神学の基礎危機に関するテーゼである。「神学は，神に関わる人間の存在を，さらに根源的に，信仰それ自身の意味によって予示されつつ信仰の意味の内にどこまでもとどまるような仕方で解釈（*Auslegung*）することを求めている。神学は徐々にルターの洞察（*Einsicht*）を再び理解し始めている。その洞察によると，神学の教義学的な組織体系は何らかの《基礎》に基づいているが，その基礎は第一次的に信仰しつつ問うことから生じてきたものではなく，またこの基礎の概念性は，神学的問題設定にとって不十分であるばかりか，それを隠蔽し歪曲してしまうのである」（*SZ* 10）。
　この言明に注目しなければならないのは，そこにルターという固有名詞が登場しているからというだけではない。先に指摘したように，ルターの名は，1923 年のハイデガーが自分自身のアイデンティティを規定しようとしてもち出した四つの固有名詞（フッサール・アリストテレス・キェルケゴール・ルター）の一角を占めるのである。だが，神学の基礎危機を教義神学の用いる概念への批判と同一視しているという点でも，上の言明は注目すべきものであ

る。これについても，『時間概念の歴史への序説』の中に同様のことをより明確に述べている箇所があり，そこを読めばこの批判の意味ははっきりする。「神学は，信仰を一新することから，すなわち，神学にとっての主題である現実への根本関係を一新することから出発して，神に関わる人間の存在をより根源的に説明することへと，すなわち，人間への基礎的な問いを教義学の伝統的組織体系から引き離すことへ進もうとする。というのも，この組織は，根本的にはある特定の哲学的体系と概念性とに依存しているからである。この概念性が，その意味からして人間についての問いと神についての問いのいずれをも，したがってまた人間の神に対する関係についての問いはなおのこと，逆立ちさせてしまった（*auf den Kopf gestellt hat*）からである」（GA 20, 6）。

　神学は再び両足で立って歩きださねばならない。ハイデガーがこのことを学んだのはもちろんルターからであるが，それはブルトマンとの交流から得た教えでもある。だが，この場合に必ず問われてくるのは，神学のもつこのような願望に対して，哲学——目下の文脈では現象学——が何の役に立てるのかということである。まさしくここで，事実性の解釈学の形成期に繰り返し現れる主張を考えに入れるべきである。そこでは，哲学の本性に由来し，神の否定を意味するわけではないような無神論がうち出される。このテーマは，すでに1921／22年の講義『アリストテレスの現象学的解釈』で，「哲学そのものは，ラディカルに理解されるならばそれ*自身無神論的な*ものである」（GA 61, 199）という形で断言されている。同じテーマは，ナトルプ報告の示唆的な一節で再登場するが，そこでは，ハイデガーが事実性の解釈学として哲学に割り当てる根本的な課題，すなわち「事実的な生を，それ自身の方から，それ自身の事実的な可能性に基づいて自分自身の上に据える」という課題は，必ずや「哲学が根本的に無神論的である」という結果をもたらすと言明されているのである（NB, 246）。

　ここでいう「無神論」は，けっして「神は存在しない，私は神に会ったことがない」といった理論上の命題ではないであろう。それは，この一節に付けられた以下の注記ではっきりと主張されているとおりである。「自己自身をあるがままに理解するいかなる哲学も，それが生の解釈の事実的様態である限りは，哲学がなお神について何らかの《予感》をもっていればこそ，哲学によってなされる生の生自身への引き戻し（*das von ihr vollzogene sich zu sich selbst Zu-rückreißen des Lebens*）は，宗教的には神に反旗を翻すこと（*eine Handaufhe-*

bung gegen Gott）だということを知っていなければならない。しかし，まさしくこのことによってのみ，哲学は，誠実に，つまり自己自身が用いうる限りの可能性に従って，神の前に立つのである。それゆえ，この場合の無神論的というのは，宗教性についてただ話すだけにさせてしまう誘惑的な配慮から自らを解き放っていることを意味する。宗教哲学という理念でさえも，人間の事実性を少しも考慮せずに提示されるならば，まったくの不条理ではなかろうか」(NB, 246, note)。

　ここでもまた注目すべき主張がなされている。まず最初に，引き戻し（Zurückreißen）や反旗を翻す（Handaufhebung）といった言い回しを意図して選んだことによる劇的な調子が目を引く。宗教が諸々の絆を結ぶ（religio＝religare）のに対して，哲学という営みは，これらの絆を解くということでしかありえないものであろう。それは，哲学というものが，ある種の哲学による宗教批判に見られるように，わざわざ論争を仕掛けるものだからではなく，哲学という営みが実存的な意義をもつものだからである。すなわち哲学とは，現存在をそれ自身の事実性へと，そして事実的な生の内で「この生にとっては自己自身と自らの存在とが問題である」(NB, 246) ことを示すものへと引き戻すこと（Zurückkreißen）なのである。翻って宗教的な観点から見れば，このような営みは，神に対する反抗——文字通りには「神に反対して手をあげる（Handaufhebung）」こと——という敵対的な意義しかもてないものであろう。とはいえ，この態度は，神的なものを「予感」することとならば両立しそうに見える。この予感（Ahnung）という語は，シュライアーマッハーが『宗教論』の中で，人類をはるかに超えた宗教的超越の可能性を喚起するために用いている語である。上の言明が狙いを定めている学科は，まず第一に宗教哲学なのであって，神学ではないのである。

　『時間概念の歴史への序説』にも同様の主張があるが，そこでもまた，問題はカテゴリー的探究に専心する現象学としての哲学であることが明言されている。「現象学は，それ自身を理解している限り，哲学内部でいろいろな予言が行われ，生を教導しようとする（Lebensleitung）さまざまな傾向が出てくるのに逆らって，このような探究の歩みを保持するであろう。哲学的研究は無神論であり，無神論にとどまる。それゆえに哲学的研究は《思惟の不遜（die Anmaßung des Denkens）》を得ることができるのであるが，そればかりではなく，この思惟の不遜が哲学の内的必然性であり，本来の力なのである。まさし

くこの無神論において，哲学は，かつてある偉人が言ったように《悦ばしき知》となるのである」（*GA* 20, 109-110）。

　後で見るように，この一節は，1927年の講演における唐突な結論を決定的に解明してくれるものである。この講演には哲学を無神論的とする叙述はないが，だからといって，『存在と時間』を著したハイデガーは，傲慢な部分を含まざるをえない哲学という「悦ばしき知」を真の神学には欠かせない信仰の謙譲に対立させるという構図を断念したのだ，と想定することはできない。実際，哲学の本性から発する無神論については，最終年度のマールブルク講義〔『論理学の形而上学的な始元諸根拠』〕でもなお註の中で語られているのであって，しかもこの註は，後でまたとりあげるが，超越の問題というはっきりと限定された文脈で登場するのである。この場合，二重の罠に引っかからないようにしなければならない。すなわち，純粋に認識論的な概念として考えられた超越の罠と，もっぱら「神学的」な概念として考えられた超越の罠である。前者の超越概念が，主観をカプセルの中にいるように自己自身の内在領域に閉じこめられたものと見なす（*GA* 26, 210）のに対して，後者の超越概念は，主観を偶然的なものと見なし，主観を超過する（「超溢的なもの（*das Überschwängliche*）」（*GA* 26, 211））がゆえに主観の支配が及ばないような無制約者をそれに対立させるのである。

　まさしくこのような文脈において，超越の問題に関するハイデガー自身のテーゼがもち出されてくる。それは，超越の問題は時間性と自由という問いの中で捉え直さねばならないというテーゼである。さて，このテーゼが含意しているのは，神学的超越と同じ役割を果たすものが，存在理解の内部にも見出せるはずだということである。この超越の等価物は，超過という言い方で表現されることになる。こうして，「超越」の二つの姿が，ともにドイツ語の接頭辞 *Über-* によって暗示されて，互いに突きあわされることになる。すなわち，一方は神学的な姿の超越（超溢者（*das Überschwängliche*））であるが，他方はここで新たに主題化されるもので，超力（超力的なもの（*das Übermächtige*））ないしは聖性として理解される存在論的な姿の超越である。これは，存在とダイモニオン（*daimonion*）との諸関係という，1928年以降のハイデガーが決然と身を投じてゆく考察の方向を予告するものである。

　講演「現象学と神学」に関するわれわれの解釈を支えるものとして，以下の二点を心に留めておくことにしよう。1／ハイデガーにとって，存在の理念が

超力として理解できるのは，絶対の汝・善（bonum）・価値・永遠者へと向かう全ての探究と対立し，もっぱら実存論的分析論から直接引きだされる超越概念によってのみである（GA 26, 211）。この論争的な言明は，シェーラーが表明するような宗教哲学を標的としている。2／このような超越概念の探究は，神への存在的な信仰とは何の関わりもない。その意味では，無神論と疑われるものである。だが——とハイデガーは付け加えて言うのだが——，本当の神喪失＝不信心（Gottlosigkeit）に陥っているのはどちらなのか，と問わねばならない。このような存在論的探究に専心する本来的な形而上学者は，もしかしたら，どんな教派にもいる習慣的な信者，「教会」のメンバー，さらには「神学者」よりもいっそう宗教的であるかもしれないのである。

　これは本書で扱う範囲内で「無神論」という語が最後に出現するテキストであるが，その主張は，すでに1921／22年にハイデガーが表明していた不快感にそのまま通じる。それは，生を封鎖するような〈生の解釈〉を要求する「教会・秘密集会・サークル・同業組合」の拡大に対する不快感である（GA 61, 188）。それゆえ，講演「現象学と神学」の「認識論的な」表向きの問題設定の背後にも，より深い実存的な選択を探ることが求められる。だが，「認識論的」側面しか考慮に入れようとしなくても，『存在と時間』との連関は容易に確かめられる。実際われわれは，『存在と時間』において，神学との間で起こりうる論争の痕跡を何度も見てとってきたが，神学もまた「基礎危機」の果てにその領域的存在論を明確化しなければならない学科の一つである（『存在と時間』第3節–第4節）以上，「認識論的」な次元の考察に関わるのである。このような考察に加えて，さらに人間学の次元の問いがある（神学的人間学は，ある意味ではいかなる哲学的人間学よりも実存論的分析論に近い（『存在と時間』第10節））。そして最後に，原罪の教説のような，さらに特殊な神学思想に関する議論が見られるのである（『存在と時間』第58節）。

　3／講演の表題には「現象学」という語が登場するが，これは偶然ではない。解釈者たちが，この語を哲学の言い換えでしかないと見なして，それに十分な注意を払ってこなかったのは確かである。こうした読み方には，この講演が，『存在と時間』の時期のみならず，それ以降の時期に関しても，哲学と神学の関係についてのハイデガーの見解を捉える上での規準となるものであることを明示するという利点がある。しかし，それにしても，哲学と神学のそうした関係は現象学的な固有性をもつものであって，その関係を解釈することが必要で

ある。
　4／3のような見地からこの講演を読み直すならば，今日のわれわれには，その諸テーゼを熟考すべき新たな理由が見えてくるであろう。ドミニク・ジャニコーの論争的な著作によれば，ここ15年ほどのフランス現象学は「神学的転回」を遂げたということであるが(6)，それが本当だとすれば，この講演について熟考してみるのは興味深いことであろう。現象学が我が身を捨てて——おそらくは「理性を捨てて」と言い足すべきだろう——「神学」へと飛びこみ完全に道を誤ってしまうことを防ぐための防波堤のようなものとして，このテキストが参照されるならばなおさらのことである。ジャニコーは論争的に過ぎるが，彼が提起しているのは重要な問いである。ただ，残念なことに，神学をあまりにも硬直した概念で考えているために，肝心の問いが隠れてしまっている。彼のように考えるならば，ユダヤ教神学とキリスト教神学の大きな違いもなくなってしまうし，組織神学，教義神学，神秘神学，霊性といったキリスト教神学の内部にある違いについても区別がつかなくなってしまう。この講演の利点の一つは，一定の神学概念を厳密に定義していることである。そこで言外に前提されている事柄を明示してくれるものとして，以下，エリザベート・ブロッホマン宛の長文の手紙を参照してみよう。

コラム㊺　「意図して二面的な仕事」——神学的な要求に直面した哲学者
　　　　　　　　　　　　　　　　　山小屋にて　1928年8月8日
親愛なるエリザベート様
　山小屋の前，午後の日差しの中で谷間をわたる風を感じながら，かえでの木の下でこの手紙をあなたに書いています。まずは，講演についてあなたが書いてくださった大部のお手紙に心から感謝いたします。
　あなたが書いてくださったお手紙の内容も書き方も，私にはたいへん喜ばしいものとなりました。というのも，あなたが述べられたことはみな本質的なことばかりだからです。ですが，すぐにお返事を差し上げることは，そうするのがたいていはいちばん望ましいことであるとはいえ，先学期が怒濤のように忙しかったおかげで果たせませんでした。今ではその先学期も無事に終わりましたし，聴講者や学生たちとも本当に気持ちよくお別れすることができました。今ではフライブルクにもだんだん慣れてきましたが，それはさまざまな課題をより深く設定し，以前にフライブルクにいた時にはまだ手のつけようがなかった事柄にゆっくりと挑戦してゆくことでもあります。この休暇中，そうしたことが日ごとに分かって

第一章　間奏——現象学と神学　491

きました。そういうわけで，外的な環境や条件が以前よりも快適になったということは別としても，私自身にとっては何かまったく新しいことが起こることになるだろうと思います。

　今夏のマールブルク最終講義は，すでにして新たな道，あるいはむしろ，かつては長い間，ただ予感することだけが許されていると思い込んでいた小道を行く歩みでした。

　あなたはたいへん正当に，そしてまったく明瞭に，いくつかの問いを出されています。それらの問いはすべて，この形而上学の領野に属するものです。私の講演は意図的に，まったく一面的な仕方で，ある特定の問題に合わせて限定されています。この問題は，当講演の〔最終〕目標によってあらかじめ与えられていたものです。つまり，神学者は現象学から何を学ぶことができて，何を学ぶことができないのか。このように言うことで，一方，哲学はたんに学問論的な〔学問論・科学論を営むという〕観点において，かつそれ自身「学問〔科学〕」として受け取られており，他方では神学が**前提**されているのであって，ましてやキリスト教神学が主題である以上，キリスト教信仰についてはなおさら**前提**されているのです。

　以上のように課題を立てると，私は哲学者としてはかなり胡散臭い目で見られることになるでしょう（*komme ich als Philosoph in ein ganz schiefes Licht*）。まったくお察しのとおりです。全体としてはキリスト教神学の弁証になってしまって，対決にはならないのです。もしも対決を課題としていたならば，そのための準備はもっと別のものとなっていたはずです——すなわち，哲学の概念を全体的に概観し，まったくお察しのとおり，神学のみならず宗教（キリスト教だけではなく）にも対立しなければならないでしょう。宗教は人間の実存の根本可能性の一つです。もちろん，哲学とはまたぜんぜん違うわけですが。哲学には哲学の信仰があります——それは現存在自身の自由です。この自由はまさに自由であることにおいてのみ現実に存在するに至るのです。

　そもそも神学は学であるのか。当然，このような問いが議論において取り上げられました。マールブルクではこの問いが，いかにもマールブルクらしいことに，学生たちの側から提示されたのです。神学は**決して**学ではないと個人的には確信していますが，それでも今日もなお，私はそのことを**本当に示す**ことができないでいます。それは神学が精神史において果たした大きな役割を**積極的に**〔**実証的に**〕理解することとセットでなければなりません。ただ否定するだけならたやすいことです。けれども，学そのものが何であり，神学が（哲学でも学問でもないのだとすれば）何であるのかを言うこと——こうしたことのすべては，私が目下の議論に引き入れるつもりにはなれなかった問題群です。これらの問題一般を立てるための地盤に，次第に近づいてきたとは思います——けれども自然に腰が引

けてしまい，講演においても議論においても，その手前で立ち止まってしまうのです。ひょっとすると，9月のベルリンではよい機会があるかもしれません。通常のやり方ではどうにもならないということはまったく確かです。学問・芸術・宗教やその他のものを何の根拠もなく弁証法的に対立させながら，ゲームのチップのように種々のフィールドに配当してゆくだけではだめなのです。この問題が生きたものになるのは，そこで第一に学その他の理念もまたよりいっそう根本的に変容する場合だけです。

あなたが指摘された事柄に関係しますが，史学的な学問には独自の実存理解があります。それどころか，私が確信するところでは，自然科学と精神科学という伝統的区別は，どのような形であれ，皮相です。形而上学的に見るならば，あるのはただ一つの学だけなのです。

あなたのご質問は，神学による説明とは異なる，信仰に相当するような哲学以前の存在理解に関わるものでした。きわめて的確なご質問です。そのような存在理解は，私たちが自然ノ形而上学（*metaphysica naturalis*）——自然的世界観と呼んでいるものの内にあるのです。もちろん，これが何であるのかを説明することは，もしかすると哲学においてもっとも難しい問題の一つかもしれません。

人間の現存在の本質には，実存する限りは哲学するということが属しています。人間であることはそれだけでただちに哲学することなのです——だからこそ**本来的**，かつ**表明的**な哲学を解き放つことは至難の業なのです。例えば，カントが超越論的弁証論において「仮象の論理学」というきわめて特異な形式において求めたものは——先の冬以来，私にはまったく明らかとなったことですが——自然的な世界観の形而上学なのです。これは，カント自身にとっても依然として覆い隠されていた問題であり，したがってドイツ観念論がなおさら見逃すこととなった問題なのです。

そういうわけで，あなたはきっと，なぜ私が「いつでも印刷に回せる状態にあった」例の講演を公刊しなかったのかを理解されるでしょう。もっとも，あの講演は私にとってマールブルク時代の記録でもあり，さらにどのように哲学を——すでにプロテスタント的なキリスト教信仰の内にあって神学を営んでいるならば——受け取らねばならないのか，ということを示すはずのものでした。もっとも，それは哲学を神学への助力としてだけ受け取って，神学を原理的に脅かすものとしては理解しない限りの話ですが。そういうわけで，マールブルクでの私の仕事はいつでも意図して二面的なものだったのです——つまり，神学にとって助力となるか，端的に脅威となるかということです——私のせいで神学から離れてしまったのは一人や二人ではありません——それがよいことであったかどうかは誰にも言えないでしょう。その若い人たちがそこに自らの内的自由を見出したのだとすれば，それもまた正しかったのだと思います。

神学，および信仰と原理的に対決することは，つねに積極的に哲学していくことにおいてのみ可能なのですが，そのためにはもちろん，方法的な準備作業として，神学をまさに**神学自身**がそうあろうと求めている姿において，きわめて明晰に，かつ最後まで突き詰められた仕方で構成することが必要です——そのようにしてはじめて，神学そのものをその中心と本質において攻めたてることができるのです——こういうことは，曖昧な概念を下敷きにしていてはけっしてできるものではありません。こうした予備知識を顧みずとも，あなたがまっすぐ原理的な事柄へと迫られたことを，私は嬉しく思います。（ハイデガー／ブロッホマン『往復書簡』p. 24-26.）

　講演「現象学と神学」の公刊された版では，第二部が入念に書き直されて「神学の実証性と現象学に対する神学の関係」と題されているが，この表題は講演の真の主題をより明確に示している。この表題の意味を理解するには，ハイデガーが『現象学の根本諸問題』第 1 節で定義していた現象学の理念を思い起こさねばならない。現象学とは，数々の哲学的学科の一つでもなければ，哲学の予備学にすぎないものでもない。「現象学的研究は，その根本傾向において把握される場合，学としての哲学の理念をより表明的に，より根本的に理解すること以外の何ごとをも表していないのだが，このような哲学理念を実現するために，古代からヘーゲルに至るまで，つねに更新されつつも統一的に連関した努力が捧げられてきたのである」（*GA* 24, 3）。哲学は，現象学という形を取ることで，「第一にして最高の学，あるいはドイツ観念論の時代に言われていたように，絶対的な学」（*GA* 24, 4）となるのである。

　したがって，この講演の冒頭における問題の立て方は，『現象学の根本諸問題』のそれとまったく同じである。どちらの場合も，哲学と神学との対立を二つの「世界観」の競合関係（さらには模倣的敵対の関係）と見なすような問題の立て方を，欠陥のある問題設定として斥けることから話を始めるのである。実際，20 年代初頭には，まさしくこれが時代のエピステーメーであったと思われる。つまり，「信と知」の対立として，さらに近代では「啓示と理性」の対立として言い表された古典的定式が，二つの異なる（宿命的に競合しあう）世界観の敵対関係へと姿を変じたのである。「哲学的」世界観が「啓示から距離を置き信仰から自由な世界と生の解釈」を提示する一方で，「神学的」世界観は，「信仰に適った——われわれの場合にはキリスト教的な——世界と生の捉え方の表現」である（*GA* 9, 47）。それゆえ，状況はイデオロギー戦争の様

相を呈する。「二つの世界観の立場の緊張と闘争」だけが問題というのであれば，必ずゲリラ戦となり，そこでは，より優れた論拠をもつ者ではなく，「世界観的な確信および告知（Verkündigung）の様式・規模・力」が勝利を収めることになるであろう（ibid.）。

　ハイデガーがこうした問題の立て方に陥らなかったのはなぜであろうか。その深い理由を見つけ出すには，『現象学の根本諸問題』第2節（GA 24, 5-14）を読み直してみれば十分である。根源学である限り，現象学は，「それ自身が世界観の卓越した原型（Urform）」（GA 24, 13）であるとしても，何らかの世界観（Weltanschauung）や人生観（Lebensanschauung）を作り上げることはけっしてありえないであろう。だが，世界観であってはならないということは，特定の神学概念にも関係する事柄である。そのような神学概念をさらに検討してみる必要がある。というのも，哲学，すなわち根源学としての現象学が遭遇する神学は，何らかの「世界観」を合理的に形成しただけのものとは限らないからである。自らの企図の根源性を自覚した現象学は，宗教的なものであろうとなかろうと，何らかの世界観からの誘惑をきっぱりと斥けねばならない。それゆえ次のように警告される。「カトリック的な現象学という概念は，プロテスタント的な数学という概念よりも，さらにばかばかしいものである」（GA 24, 28）。

　ハイデガーは，「イデオロギー的」な討論に迷いこむのではなく，二つの学の間の可能な関係を考えるというエピステモロジー的〔学問論的な〕見地から問題にとりくんでいる。といっても，今日「知の考古学」と呼ばれているような方針に沿って，二つの学の歴史的生成と現代の状況を歴史的に調査しようというのではない。そうではなく，これらの学の地位そのものについて，その理念自体に含まれる諸可能性——すでに実現されたものであれ，来たるべきものとしてまだ活用されていないものであれ——について，原理的に問うことが必要なのである。二つの学の真の関係は，その「二つの学の理念の理想的な構築」（GA 9, 47）によってのみ定められるものである。学としての現象学を問うことが現象学の諸可能性を問うことでもあるということは，すでに何度も登場したテーゼである。今問題にしなければならないのは，可能性としての神学とはどういうものであるか，ということである。というのも，現象学と神学が出会いうるとすれば，それは可能性と可能性との出会いになるだろうからである。

この〔現象学と神学との〕突き合わせがまず第一に前提しているのは，学そのものの一般的な理念である。それについては，ハイデガーは次のような「形式的定義」によって記述するにとどめている。「学とは，そのつどそれ自身で完結した存在者ないしは存在の一つの分野を根拠づけつつ暴露すること（*begründende Enthüllung*），しかも暴露されるということ自体を目指して暴露することである」（*GA* 9, 48）。この形式的定義は，『存在と時間』第3節で提示された「諸々の領域的存在論」の特徴づけに正確に対応している。さまざまな学が実行する方法論，概念形成，認識行程は，そのつど一つの「領域的存在論」を指示するのであるが，それは「基礎危機」の際にのみ全面的に露わになる。さらに，『存在と時間』の第4節の論述に沿って，学という企投は全て，一定の存在者領域に対する現存在の特定の態度に根づいていることを付言するべきである。このような学の実存論的な概念は，第69節であらためて深く論じられるが，この見地からすれば，「現存在の可能性」である学には，根本的には二つの表現しかありえない。すなわち，一つには，諸々の存在者の学の総体，さまざまな経験科学を下支えする領域的存在論の総体をとりまとめる存在的な表現であり，もう一つには，根源学としての，存在の学そのものとしての哲学に対応する存在論的な表現である。

　存在的な学は，「実証性〔実定性〕」を共通要素としている。これらの学が考察するものは，学以前にあらかじめ目前に存在している（*vorliegend*）ような存在者である。例えば，「自然」は物理学者の発明物ではなく，心は心理学者の発明物ではなく，言語は言語学者の発明物ではなく，人間は人類学者たちの発明物ではない。だが，哲学にはこの手の「実証性」は見出せない。存在論は多様な存在者を考慮に入れるが，それは存在論以外のどんな学にもない特殊な「見方」，すなわち「存在者へと向ける眼差しの変換（*Umstellung*）」によってである。それは，「存在者から存在へと眼差しを向けかえながらも，もちろんある変様された立場に対してであるが，なお存在者を眼差しの内に保持するような変換」（*GA* 9, 48）なのである。

　このような観点のみがハイデガーの注意を引くただ一つの「観点」であるが，そこからすれば，諸学の相対的な「学問論的」差異（「説明的な」学と「理解的な」学というディルタイの区別のような）は，否定する必要はないが，もはや重要ではなくなる。重要であるのは，実証的な全ての学を存在論としての哲学から分離する絶対的な差異だけである。哲学と神学の間には絶対的な差異が

あるというハイデガーの主張は，まさしくこのような絶対的差異の名において可能になる。「神学は一つの実証的学であり，それゆえそのような学として哲学とは絶対的に異なっている」（GA 9, 49）。したがって，結局のところ，何ら誇張なしに，神学は哲学よりも数学に近いと言えるのである。ハイデガー自身，このような主張が乱暴で極端なものであることを認めている。だが，このテーゼは，われわれをある種暴力的に「イデオロギー的」な規定から引き抜いてくれる。すなわち，「信仰の原理」によるか理性の原理によるかという，両立不可能な二つの世界観および人生観の競合状態から引き抜いてくれるのである。

　このようなラディカルなテーゼが立てられた以上，哲学と神学の論争は一刻も早くおしまいにするべきではなかろうか。これほどまでに異なった学科が，互いに言葉を交わし，接触することなどありえないように思われるからである。これほど根本的な差異に面した場合，ウィトゲンシュタインとともに，「語りえないことについては沈黙しなければならない」と結論するのがより慎ましいことではなかろうか。だが，それでもハイデガーは，語ることを選ぶばかりか，逆説的なことに，ある仕方で神学の名において語ることを選ぶのである。したがって，絶対的な差異からあらゆる関係の不可能性を帰結するのではなく，「いかにして神学は，このように哲学と絶対的に異なっているにもかかわらず，哲学へと関係するのか」（GA 9, 49）と問うのであり（だがこの場合，どのような権利から，どのような基準において問うのであろうか），そして，「神学を実証的学として特徴づけることと，この特徴づけに基づいて，神学とは絶対的に異なる哲学に対する神学の可能な関係を明らかにすること」（*ibid.*）を自らの課題とするのである。これは驚くべき定式である。いったいどのようにして，絶対的な差異が，それでもなおある関係——しかも後で見るような独自の関係——の基礎となりうるというのであろうか。

　これに対しては，次のように答えるしかない。すなわち，哲学と諸学を分かつ絶対的差異という向こう岸から実証性を検討する場合でも，全ての実証性が同等になるわけではないのである。それゆえ，神学の実証性は，その神学的な独自性の内で特徴づけねばならない。これは［神学への］最初の大きな譲歩である。つまり，キリスト教神学には——ハイデガーが論じているのはキリスト教神学の地位だけである——「こうした特殊な種類の実証性（*eine solche eigener Art*）」（GA 9, 49）を認めねばならないのである。だが，神学は学であるのか，いかなる意味で学であるのかという「もっとも中心的な」問いに決着

がつけられていないために，事は複雑になってくる。ここには奇妙な躊躇が存している。すなわち，神学があたかも学であるかのようにふるまわねばならない一方で，神学を学として位置づけるよりも神学の理念を解明する方が先だというのである。

　学一般の実証性を特徴づけるために，ハイデガーは以下の三つの根本基準を採用するのであるが，結局問題になるのは，いかなる意味でそれらを神学へと移すことができるのかということである。

　1／実証性の前提となるのは，存在者が一定の仕方ですでに暴露されつつ，あらかじめ現実に存在していることである。この存在者が何らかの仕方で，理論的な（いずれは特定の型の知へと行き着く）探究の可能的な主題として見出されうるようになっていることが必要なのである。この第一の規準は，より詳しく考えれば，次の三つの条件を含んでいる。とすると，どのような代価を払って，どのような意味で，これらの条件を神学に適用できるのかが問題になりうるであろう。

——「一定の仕方ですでに暴露されている存在者」が現実に存在するという条件。信仰される神は，いかなる意味で「一定の仕方ですでに暴露されている存在者」であると言えるのか。
——目前に見出しうること（Vorfindlichkeit）という条件。このドイツ語はけっして「実存」と訳すことができない。それは，文字通りに「すでにそこで見出されているもの」と解するべき語であって，目前性（Vorhandenheit）に結びつけることができる。信仰される神は，いかなる意味で目前に見出されうるものであるのか。
——対象化および理論的な問いかけという条件。分析哲学の伝統に立つ多くの宗教哲学者たちは，ウィトゲンシュタインを後ろ盾にして，神学をまったくプラグマティックないくつかの生の規則に還元しようとするが，そんなことが不可能であるのは認めてもよい。だが，それでもやはり，神学においては理論的なものと実践的なものとのきわめて独自な連関が前提されているのであって，他の学にはこれに相当するものはないのである。

　2／定立サレタモノ（positum）は，学以前のアプローチや交流によって接近されるのでなければならず，すでにそうした交流によって，問題となる領域とそれに対応する存在者の存在様式に独自の内容が明示されている。この基準

は，先の基準よりも簡単に神学へと適用できる。神学は，生きて現に働く信仰を前提とするはずだからである。

　3／特定の学の対象となる存在者に対するこうした学以前の関係は，「まだ非概念的なものであっても，ともあれ何らかの存在理解によってすでに明るくされ，それによって導かれて（*geführt*）いなければならない」（*GA* 9, 50）。この基準が表しているのは，概念の形式をとらざるをえない厳密な意味での存在論的理解は，いつもすでにある先行理解と必ず結びついており，それゆえわれわれが「理解の絶対零度」の状況に立つことはけっしてない，ということである。この基準を神学にどのようにして適用すべきであろうか。ここで重要であるのは，先行理解への「依存」といっても，各領域の特性に応じて「さまざまでありうる」ことをハイデガーが認めている点である。

　神学の実証性という問題を扱うにあたっては，以上のような基準論を背景に置かねばならない。この問題は，神学の学問性という問題と同じではないのである。

第1節　キリスト教からキリスト教性へ──神学に独自の実証性

　ハイデガーがとりあげる三つの問いの一つ目は，今挙げた第一の基準に対応するものである。その問いとは，神学に対して「前もって〔目前に〕与えられる（*vorliegend*）」のは何であり，神学によって「前もって〔目前に〕見出される（*vorfindlich*）」のは何であるのか，というものである（二つの問いは実際上同じ意味である）。まずは否定的な決定が下される。すなわちハイデガーは，定立サレタモノ（*positum*）をいわば実証主義的（*positiviste*）に規定し，神学を宗教に関する単なる人文科学へと変えてしまうような立場を斥けるのである。ところで，神学的な学における定立サレタモノとは，宗教史家が把握するようなキリスト教の史学的事実でもなければ，文化史家の関心を引くようなキリスト教の文化的事実でもない。そのようなアプローチの例としては，資本主義の歴史に関するウェーバーの研究や，エルンスト・トレルチやアドルフ・フォン・ハルナックの神学的立場が思い浮かぶであろうが，そこにハイデガーは神学の誤った規定（*Fehlbestimmung*）（*GA* 9, 51）を見てとる。神学を宗教の人文科学へと変えてしまう者は，単純に扱う品物を間違えているのである。

　とすれば，神学は永遠真理の不変的体系によって形成されるという超自然主義的な神学概念をもちだして，神学の歴史的次元を否定すべきなのであろうか。

けっしてそうではないのであって，神学は歴史的事実を無時間的に語るものではなく，それ自身がキリスト教的事実の歴史性に属している。それゆえ神学とは，「それ自身キリスト教の歴史に属しており，その歴史によって担われ，さらにまたその歴史を規定する学」（*ibid.*）である。この場合，同じことが神学以外の学についても当てはまらないかどうかをあらかじめ考えておく必要があろう。物理学について，この学は自然の歴史に属しており，「その歴史によって担われ，さらにまたその歴史を規定している」と言えるだろうか。社会学や歴史学といった人文科学については，おそらくそう言えるであろう。しかし，歴史学のような場合では，神学とは歴史的現象に内在する次元であるから，神学と歴史的現象との結びつきはその他の学の場合よりも緊密であると思われる。

だが，これではまだ，諸々の文化形成に関する一般史という地平を越えていない。神学を「キリスト教が世界史に現れる際のキリスト教の自己意識」（*GA* 9, 52）と見なすならば，まさにヘーゲル的なディルタイ主義者やティリッヒの流れをくむ神学者のように，何としても文化と神学を結びつけておきたいと望む人々を満足させるかもしれない。だが，ハイデガーにはそれでは不十分である。ディルタイ的に考えられた歴史や，ティリッヒ的に考えられた文化が，「キリスト教的現象」を「理解」しなければならないのではない。反対に，神学こそが，歴史と文化の現象を——神学的に！——理解しなければならないのである。それゆえ，神学をより厳密に定義すれば，次のようになる。すなわち神学とは，「キリスト教というようなものが世界史の出来事としてあることをまず第一に可能にしているものについての認識」，さらにいえば「キリスト教をまず第一に（*allererst*）ある根源的に歴史的な出来事にするものに関する概念的な知」（*GA* 9, 52）なのである。「実証的」な社会学的・史学的・文化的事実としてのキリスト教から，それらを可能にするより根本的な実証性である「キリスト教性（*Christlichkeit*）」へと遡らねばならない。

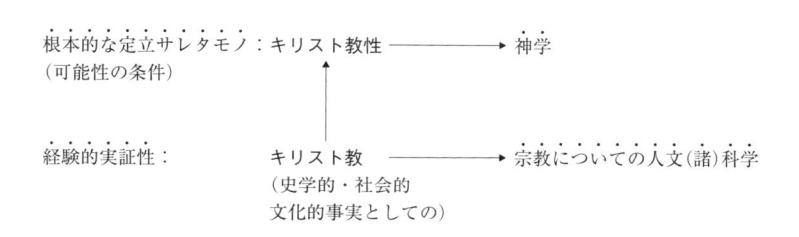

```
根本的な定立サレタモノ：キリスト教性 ─────→ 神学
（可能性の条件）                 ↑
                                │
経験的実証性：    キリスト教 ─────→ 宗教についての人文（諸）科学
                （史学的・社会的
                 文化的事実としての）
```

それゆえ，神学における真の定立サレタモノであるこのキリスト教性が何を意味するのかに，全てが掛かってくるであろう。この術語は，キェルケゴールにおいても重要な役割を果たしているが，そもそもバーゼルの神学者フランツ・オーファベック（1837年–1905年）から借りてきたものである。ニーチェの親友であったこの人物は，1873年に出版した小著『われわれの現代神学におけるキリスト教性について』の中で，当時のキリスト教とキリスト教神学を厳しく批判した。彼は，新約聖書文献の諸様式の発見を通して歴史的で批判的な聖書解釈法を推進していた一人であって，聖書のテキストを「原始キリスト教文献（christliche Urliteratur）」と教父時代の神学的著作とにはっきりと区別した。というのも，キリスト教とキリスト教神学はすでに初期の護教家の時点で道を誤っていたというのが，彼の確信だったからである。同じ手法で，彼は原始キリスト教の根本特徴である終末論と，当時の風潮に流された「歴史的キリスト教」とをきっぱりと区別し，後者が不合理でしかありえないことを明らかにした。講演「現象学と神学」の公刊版で，ハイデガーはオーファベックのこの著作を同年に出版されたニーチェの『反時代的考察』の第一編と緊密に結びつけているが，その理由は以上のことからよりよく理解できるのである。

　ハイデガーにとって，キリスト教性を定義する仕方はただ一つであって，信仰に照らして定義するしかない。形式的な観点からすれば（信ジル行為トシテノ信仰（fides qua）と信ジラレル内容トシテノ信仰（fides quae）への信仰ノ分析（analysis fidei）という古典的区別に沿っていえば，信じる行為すなわち信仰の業の観点からということになる），信仰とは，「人間的現存在の実存のあり方，しかも，この実存のあり方に本質上属している固有の証言に従えば，現存在から，また現存在によって自由に時熟させられるものではなく，この実存様式において，またそれとともに顕わになるもの，つまり信仰されるものから時熟する実存様式」（GA 9, 52）である。「生きているのはもはやわたしではありません，キリストがわたしの内に生きておられるのです」〔「ガラテヤの信徒への手紙」2-20〕，「あなたの持っているもので，いただかなかったものがあるでしょうか」〔「コリントの信徒への手紙　第一」4-7〕，信仰が信仰である限り，それはもっぱらこのような言述によって証されうるのである。信仰が証しするのは，ひとえにそれが人間の成果ではなく神からの賜物だということであるが，だからといって，それが真に人間的な働きであってはならないことはない。この信仰を共有しない者にとっては，それはつねに何らかの形の他律への服従

であるように見えるであろう。今引用した一節では，証言（Zeugnis）と時熟（Zeitigung）という二つの術語が互いに呼びあっている。これは翻訳でも保持されるべき事柄である。

「第一次的には信仰に対して，しかも信仰に対してのみ顕わなものであり，また啓示としてまず第一に（allererst）その信仰を時熟させる存在者，それは《キリスト教的》信仰にとってはキリストであり，十字架に架けられた神である」（ibid.）。この陳述とともに，われわれは〈信ジル行為トシテノ信仰〉から〈信ジラレル内容トシテノ信仰〉へと移行する。「キリスト教的」信仰にあっては，その名が示すとおり，「十字架に架けられた神」であるキリストが，信仰の中心的な「対象」であるだけでなく，信仰の源泉にして可能性の条件となるのである。なぜキリストを「時熟させる存在者」と呼ぶのであろうか。まず，消極的な理由としては，「キリスト教的」独自性をもつ信仰とは，存在者間の関係という存在的な次元を離れて存在論的理解の次元に到達させるものではないことを強調するためである。次に積極的な理由としては，キリスト教的信仰にはオーファベックが終末論的実存と呼ぶ独自の時熟様態が含まれていることを示唆するためである。

したがって，キリスト教信仰の対象はただ一つであって，十字架の出来事のみである。なるほどこれは「歴史的な出来事（ein geschichtliches Geschehnis）」——これは『存在と時間』第72節で分析された生起（Geschehen）の概念に引きつけて考えるべき表現である——であって，神話的な出来事ではない。だが，この出来事に「独自の歴史性」は，それを証する聖書から切り離せないものであって，信仰の眼差しによってのみ捉えられるものである。まさしくここで，哲学者がこの出来事の独自性自体を説明しようとすると，実存論的分析論の言語——これを「隠語」だという人もいるが〔アドルノのこと〕——に訴えざるをえなくなるのである。ただ一人の人の死，それ自身「《犠牲》という独自の性格」をもつ死を通して成就されるこの啓示は，「同時代的であろうとなかろうと，そのつど事実的に歴史的に実存する単独の人間に，あるいは教団（Gemeinde）というこれら個人の共同体（Gemeinschaft）に」（GA 9, 52）差し向けられる。ここで問題になっている「同時性（Gleichzeitigkeit）」は，第一世代の弟子をそれ以降の弟子と区別してイエスの「同時代人」と言う場合のような単なる史実的な（historique）カテゴリーとしてのみならず，キェルケゴールが信仰によってキリストと「同時的」になるという場合のように，歴史的な（historial) 意味でも解されねばならない。こうして啓示概念は単なる認識の領域から引き離される。すなわち，一定量の情報や知識の伝達 (*Übermittlung von Kenntnissen*) という意味での「コミュニケーション」ではなく，神的生への「参与」を基礎づけるような伝達，つまり「分けもつこと (*Mitteilung*)」が問題になるのである。

　信仰とはこのような参与の成就である限り，けっしてそれを「知識」と同一視することはできない。それに加えて，「参与」の理念自体にまったく独自の資格が与えられるというべきである (GA 9, 53)。というのも，ここでは，人間が自分から分け前をとるという仕方での参与 (*Teil-nehmen*) に先立って，いつもすでに神的な生という賜物によって，つまり分け前に与る [*Teil-haben*] という仕方での参与が働いているからである。この二重の意味での参与を成就することによって，信仰者は，自己の全実存を携えて，まったく新しい仕方で神と面することになる。このような前代未聞の状況に入った結果，理解の営みも根元的に変容される。信仰によってまるごとで神の前に立たされた現存在は，十字架との関係において，信仰の観点から見た自らの現状を発見する。それは，「神忘却 (*Gottvergessenheit*)」という状況である。

　この神忘却は，「存在忘却」と同じく能動的な意味をもつ。だが，類似点はそれだけであって，条件から見ても，結果から見ても，二つの忘却に似たところはない。神忘却が終わるのは，神自身によって神の前に立たされることによってであり，そこで前提されているのは，「信仰によって摑まれた神の慈悲の内へと，その神の慈悲によって実存が転じられること (*Umgestelltwerden*)」(GA 9, 53) である。たしかにこの転換は，先に哲学を開始するために必要だといわれた眼差しの変換と外面上は似ている。*Umstellung* というドイツ語は，哲学を開始するために――『現象学の根本諸問題』の指示に従ってより正確に言えば，「現象学的還元」を成し遂げるために，すなわち「素朴に捉えられた存在者から存在へと探究の眼差しを連れ戻す」(GA 24, 29) ために――必要な眼差しの変換を指すと同時に，新約聖書で悔イ改メ (μετάνοια) として記述されるもの，すなわち，新知識の獲得ではなく全実存の逆転をも指すのである。ともあれはっきりしているのは，ハイデガーにとって，信仰とは「内的体験の理論的確認」を課題とするような経験的知識ではありえないことである。このような定義は宗教心理学には当てはまるだろうが，信仰の学としての神学にはけっして当てはまらないであろう。

神学が問題とするのは，信仰の中でのみ受けとられ実行される新たな実存可能性，新たな理解可能性である。これはイエスとニコデモの対話の基本テーマであって，ハイデガーの全論述は聖書のこの箇所を指示するように思われる〔「ヨハネによる福音書」3 章を参照〕。実際，この節全体のキーワードは「再生〔新生〕」である。その「再生」に対して現存在は無力であって，現存在が「私は再生したい」と決意するのではない。この意味で，信仰には何らかの形の他律が含まれる。新たな実存可能性は，現存在に触れ，触発し，変形し，ついには現存在を「奴隷状態」に陥れる（*diese Existenzmöglichkeit..., in der das Dasein zum Knecht geworden*）。ハイデガーが用いるこの言い回しは，信仰に含まれる依存を劇的に描くために必要なイメージにすぎないものではない。実際，このイメージは，教皇中心主義に反対して論争を仕掛けた際，ルターが行った信仰の定義の中に出てくる。「信仰とはわれわれには見えない事柄に降伏すること（*Sichgefangengeben*）である」とルターは言うのである。ハイデガーの言い回しは，この定義を注釈し解明するものでしかない。以上述べてきた特徴をまとめると，信仰とは『存在と時間』における覚悟性の定義の反転であるように見えてくる。信仰と覚悟性は，視覚の支配を逃れるという点では共通しているが，それ以外は全ての点でまったく異なっているのである。信仰については，その歴史的（*historial*）次元にとくに注意を払うべきである。実際，再生とは点的で一時的な出来事ではなく，「啓示の出来事から始まる歴史の内に，事実的な信仰的現存在が歴史的に実存する様態」（*GA* 9, 53）なのである。このように，信仰の実存的意味が再生という観念から規定されることは，誕生の実存論的概念を展開しなければならないという前に述べた主張を裏付ける補足的な理由となる。

　以上の分析のどの要素を取ってみても，信仰が知識や認識の場から隔たるものであることははっきりしている。信仰を「別の仕方で変様された認識様式」（*GA* 9, 53）と見なすことは，とくに避けるべきである。反対に，信仰がキリスト教的出来事そのものの形成に寄与するのは，ひとえに啓示を我が物とする限りにおいてである。すなわち，信仰とは，「事実的現存在を，独特の歴運性（*Geschicklichkeit*）でもあるそのキリスト教性において規定する」一つの「実存様式（*Existenzart*）」（認識様式（*Erkenntnisart*）ではなく）なのである（*GA* 9, 54）。こうして，信仰は「学術的」には次のように定義されることになる。「信仰とは，十字架に架けられた者とともに顕わになる，つまり生起する歴史

の内で，信仰的に理解しつつする実存することである」(*ibid.*)。

　神学に先行する独自の実証性とは以上のようなものである。したがって，神学は「知への欲望」を表現するものではありえまい。信じるとは，何よりもまず「見えない事柄に捕らえられること」であって，神学はこの信じるという営みの根本的な実証性にあくまで忠実でなければならない。その場合，真に問うべきであるのは，神学がいかなる意味で「信仰から，信仰それ自身に，信仰のために課せられている（*auferlegt*）」(*ibid.*) ものであるのかということである。神学は「信仰の学」でしかありえない以上，信仰に依存し，信仰に奉仕し続ける。神学の根底には，避けることのできない解釈学的循環があるのであって，その循環に入りこむ術を学ぶことが必要である。だが，ここでまた問わざるをえないことが出てくる。「分けもつこと〔関与〕（*Teil-haben*）」「襲われること〔狼狽〕（*Betroffenheit*）」「出頭させられること（*Gestelltwerden*）」「奴隷と化した（*zum Knecht geworden*）」「降伏すること（*Sichgefangengeben*）」「課せられる（*auferlegt*）」というように，これまで神学の他律性を示す表現がいろいろ出てきたが，はたしてそれらは，「自由に遂行され，概念によって露わにする対象化作用」(*ibid.*) であるような学の理念そのものと相容れるのであろうか。信仰を主題化し，信仰の「内容」である啓示を主題化することだけが神学の課題であるとした場合，いかなる意味で神学を学と呼ぶことができるのであろうか。

　この難しい問いにどう答えるとしても，次のことだけは確かであろう。すなわち，神学が信仰を主題化することは，信仰に対して「批判的に」距離を取ることではないことである。というのも，「神学が信仰に課せられている限り，神学は信仰そのものの内でしか自らにとって十分な動機をもつことができない」(*ibid.*) からである。とすれば，真に問うべきことは，信仰は信仰である限り，本質上あらゆる「概念的解明」に逆らうのかどうかということであろう。信仰はけっして概念化できないというのであれば，どんな形の神学も不可能だという結論になる。というのも，信仰の外に出て，合理的な学問体系から神学の必要性を引き出してくるのは明らかに不可能だからである。シュライアーマッハーが神学を思弁的知の一分枝にすることを拒否した理由はそこにある。コーヘンのような新カント派の人々が考えているように，哲学の本質的な課題が諸学の哲学体系を練ることにあるとするならば，神学——少なくともキリスト教的に規定された神学——がそこに登場することはけっしてないであろう。そうなると，信仰とは叫びにすぎないという結論まではあと一歩である。すなわ

ち，信仰とは信者の心情が形をとったものであって，そこに合理的な言説を結びつけることは一切できないというわけである。まさしくこの致命的な一歩を踏み出さないようにしなければならない。神学が信仰自身によって，信仰において現れる概念への要求——これもまたきわめて独特な要求であろうが——によって正当化されうるという可能性に賭けてみなければならない。いかなる意味において，信仰は「キリスト教性を解明する学」の介入を，そのようなものとしてキリスト教性自身の歴史と不可分な学の介入を必要とするのであろうか。このこと自体，当の信仰が決するべきことなのである。

第2節　神学の学問性

次に問われるのは，神学に固有の学問性とは何かということである。以上見てきた信仰のきわめて独自な実証性を考慮に入れつつ，ハイデガーはこの問いに答えようとする。「神学とは信仰の学である」という命題にどんな意味を付与できるのか，全てはこの点にかかっている。ハイデガーはこの命題に四つの意義を認めている。

1／神学とは，「信仰の内で露わにされるもの，すなわち信仰されるものについての学」である (*GA* 9, 55)。この定義は信ジラレル内容トシテノ信仰 (*fides quae*) の次元を考慮するものであるが，この場合，それを信仰の外から考えて，信仰を理解不能な理論的命題の全体に対する盲目的信奉と見なしてしまわないようにすることが重要である。そのように外から考えると，先に指摘した他律のしるしは戯画化されてしまい，一切の思考を妨げるような権威への盲目的な服従と見なされるのである。

2／神学とは，「信仰的なふるまい自体についての，信仰心についての学」でもある (*ibid.*)。これは信ジル行為トシテノ信仰 (*fides qua*) の次元に対応する定義である。「信仰的なふるまいとしての信仰は，それ自身信仰されるのであり，それ自身信仰されるものに属している」(*ibid.*)。

3／第三に，神学とは，その起源からして信仰から生じる学であり，その動機と正当性をただこの起源自体からのみ引き出してくる。

4／最後に，神学とは，その目的からして信仰へと向かう学である。というのも，神学が対象化を追究するのは，ひとえに信仰心をよりよく理解するためだからである。

神学という学の個々の特徴を明示するためには，以上四つの特徴を意識しておくことが必要である。何よりもまず，神学は歴史的であると同時に解釈学的な学として規定されねばならない。〈信ジル行為トシテノ信仰〉（歴史的実存としての信仰）と〈信ジラレル内容トシテノ信仰〉（十字架刑の出来事への準拠）のどちらの面から見ても，神学は「その最内奥の核からして一つの史学的な学」（GA 9, 55）である。そして，まさにそのことによって，神学は解釈学的な学である。というのも，神学が追究するのは「信仰する実存の自己解釈」だからである。神学は，この自己解釈をそれ自身に対して透明化しようとするのであるが，それは信仰する実存が自分自身を理解する際に必要とするような透見性に従い，またその限界を尊重してのことである。それゆえ，神学が知識体系や形式的公理系のような澄みきった透見性を目指すことはけっしてありえないであろう。「この信仰的実存の透見性は，実存－理解として，つねに実存すること自身にのみ関わりうる」（GA 9, 56）。だからこそ，神学は解釈学的な学となるのである。

　以上のように神学を二重に〔歴史的かつ解釈学的な学として〕規定することから出てくる重要な帰結は，「理論」と「実践的応用」という通常の対立が通用しなくなるということである。神学とは，「任意の事態に関する宙に浮いた知識として蓄積されることはけっしてありえない」ものである。18 世紀の解釈学の術語で言われる知解ノ精妙サ（*subtilitas intelligendi*）と応用ノ精妙サ[*40]（*subtilitas applicandi*）は，神学の実行サレタ働キ（*actus exercitus*）においては一体化し，区別できなくなってしまうのである。まさしくそれゆえに，神学をその透見性と概念的解釈によって正当化し，その受容と維持を容易にするためには，必ず信仰という高い代価を払わねばならない。こうしてハイデガーは，信仰の真実性や信憑性について，実際に信仰を受け入れる前に行われるような研究（これは 20 世紀初頭のカトリック護教論に特徴的なものであった）を厳しく退ける。「同意の文法」——これはニューマン枢機卿〔1801 年—1890 年〕の有名な著作の題名である——が作られうるとすれば，それは信仰そのものからでしかありえない。つまり，ハイデガーにとって，神学は，信仰を容易にするどころか，「信仰をより困難にすることしかできない」のである。神学の課題とは，信仰の躓きを軽減したり除去したりすることではなく，信仰をまったき光の内に照らしだすべく，そこで真に賭けられている事柄を心底理解させる（*ins Gewissen schlagen lassen*）ことである。そうすることによって，信仰が新

しい実存様式の贈与であることが十分に真剣に受けとられるようになる。だが，ハイデガーは，神学がそうしたことを「なしうる」のは可能的な仕方で（*mö-glicherweise*）のことでしかないと明言する。その点において，彼はキェルケゴールとオーファベックに忠実であって，そのような理想に適った神学がすでに実在するかどうかは確かではない，とほのめかしているのである。

　神学は根本的には史学的かつ解釈学的な学として規定されるということであったが，この場合，さらに残る問題は，実践神学と組織神学の区別を筆頭とする神学の伝統的分類にとって，このような規定がどんな意味をもつのかということである。だが，ハイデガーにとっては，そのような問いの立て方自体が間違っている。もはや，シュライアーマッハーが有名な『神学研究の手短な記述』[9]でとりくんだように，釈義・歴史・教義・実践といったさまざまな神学科目を網羅する規範をうち立てることが問題なのではない。他方，神学は史学的な学であるという主張は，諸々の問いの組織的な吟味を顧みずに，歴史学という特殊な一科目だけを特別扱いせよということでもない。すなわち，例えば，神学大全を捨てて教理の歴史を選ぶ，といったことが問題になっているのではないのであって，ハイデガーが求めるのは，学としての神学の本質そのものの定義なのである。この根本テーゼを土台として，次に，この神学理念が組織神学，実践神学，（狭義の）「歴史」神学といったさまざまな科目を通して展開されねばならないのはいかなる神学的理由によるのか，という問いを立てることができるであろう。

　1／神学を根本的に史学的な仕方で規定する場合，この史学的な規定がいかにして組織神学の基礎となりうるのか。それは，神学の全概念が，根本的に言って，基礎となるただ一つの同一の出来事を参照していることを示すことよってである。この出来事こそが神学的な諸概念の一貫性を決定しているのである。この意味では，聖書釈義的な神学と「組織神学」とが対立することはありえまい。メルキョール・カーノに従えば，「組織神学」には，〈聖書〉〈伝統〉〈教導権〉などの多様な「神学的場」が区別される。だが，実を言えば，キリスト教神学の組織性〔体系性〕を決する場はただ一つだけである。すなわちそれは，新約聖書という場なのである。

　これはつまり，神学が組織的であるというのは非常に特殊な意味においてだということである。神学が「組織的」になるのは，新約聖書が他のさまざまな場と並ぶ一つの場となるような組織体系を生み出すことによってではなく，む

しろこの種の誘惑を回避することによってである（GA 9, 57）。それゆえ，神学者が哲学的な「知の組織体系」に対抗する潜在的な競合相手を自任することはけっしてありえまい。ヘーゲルを踏襲して思弁的かつ弁証法的に考えられた哲学体系であろうが，新カント派の路線で認識論的かつ批判的に考えられたものであろうが，その点には変わりがない。キリスト教神学者にとっての「組織体系」とは，十字架の出来事を中心とする啓示の形象の内的一貫性をおいてほかにない。歴史か組織体系かという二者択一が受け入れられないのは，まさしくこのような神学的理由からである。神学は，哲学的な概念やカテゴリーの体系を採用することによってではなく，「信仰の歴史性を言葉と概念にもたらすことによって」（GA 9, 58）組織的になる。このような仕方でのみ，神学は「その自生的な学問性において」（ibid.）哲学的にも考慮に値するものとなるのである。

また他方で，以上のような根本的な意味において史学的でありかつ組織的でもあるような神学によってのみ，狭義の「歴史神学」——つまり，教会史や教会論や教義史における「歴史神学」——が神学的に必要であることが理解できる。したがって，神学が史学的になるのは，19世紀に形成された「歴史意識」や歴史科学の圧力によってではない。そうではなく，史学的（ないし歴史的）次元が神学そのものの構成要素であるがゆえに，神学は歴史科学に関心をもつべきなのである。しかしここでは，先に『存在と時間』の第72節から第77節を解釈した際に展開した問いの延長線上で，神学と歴史科学との関係は，トレルチが理解していたように，二つの意味方向において読めるのではないか，と問うことができる。

2／同様に，神学の学問性を史学的-解釈学的に規定することによって，理論と実践という対立を乗り越えることができる。組織神学の「教え」の「応用」であるような実践神学など存在しない。神学とはキリスト教的実存についての知であって，この知はそれに対応する実践を必ず伴っている。キリスト教的信仰の自己解釈には，「真理を行う」〔「ヨハネによる福音書」3-21〕べしとのヨハネ的要求，すなわち，信仰の出来事に含まれた可能性を絶えず実行するようにという要求が含まれている。神学は，「組織的」である限りにおいて（それ自身の内的一貫性を作動させることによって），実践的（「説教的」ないし「宣教的」）なのである。要するに，神学とは「信仰的に行為する人間における神の行為についての学」（GA 9, 58-59）なのである。こうして，神学を解

釈学的に特徴づける場合，結果として三つの規定の間で循環が避けられなくなる。「神学が組織的であるのは，ただそれが史学的－実践的である場合のみである。神学が史学的であるのは，ただそれが組織的－実践的である場合のみである。神学が実践的であるのは，ただそれが組織的－史学的である場合のみである」(GA 9, 59)。

　この定式には，神学の「基礎危機」に対してハイデガーがなした寄与が凝縮されている。まさしくこれによって，キリスト教的神学が何ではなく，何ではありえないのかをより明確に告げることができる。

　1／神‐学(θεο-λογία)というギリシア語には，語源的に言って，「神についての思弁的認識」から生じる「神に関する合理的言説」を提示するという約束が含まれているが，キリスト教神学には，けっしてこの約束を果たすことはできない。「神学」をそのように解するならば，もはやまったく神学ではないものとなる。つまりそれは，当然の権利として形而上学に属することになる。スアレスに由来する，哲学教科書の古典的な分類によれば，神学は，宇宙論および合理的心理学とともに「特殊形而上学」の一翼を担い，その特殊形而上学は「一般形而上学」，つまり「存在論」と区別されている。アリストテレスが存在論と神学によって哲学を二重の仕方で性格づけたことについて，イェーガーはプラトン主義の名残にすぎず，いずれは消滅して唯一の存在論に帰するべきものと想定した。それに対して，ハイデガーは，『論理学の形而上学的な始元諸根拠』において，それだけでは説明できないと明言しているし，その後もこの点について絶えず考察を深めていっている。この根本問題に取り組むためには，「伝承されたものから生成してきた問題理解」が必要であり，とりわけ「存在論の概念を徹底化する」(GA 26, 17)ことが必要である。しかし，明らかにこの問題は，まもなく「形而上学の存在‐神‐論的体制」と名づけられる事柄に対応するものであって，キリスト教神学に関わりうるものではあるまい。

　2／したがって，哲学的神学は，どんな場合でも，キリスト教的独自性において解される神学のパートナーにはなりえないのであって，そうである以上，キリスト教神学が「宗教哲学」に関わり合う必要もないことになる。ここでいう「宗教哲学」とは，シュライアーマッハーの『宗教論』によって創始されたものであり，当時は，シェーラーの『人間における永遠なもの』が提示する現象学寄りのモデルと，トレルチによる批判哲学寄りのモデル，すなわち，あらゆる宗教性の表現が具えるべき最小限の合理性を保証する「宗教的アプリオ

リ」が人間の内に実在することを明らかにしようとする試みが代表的であった。まさにトレルチがしたように，神学を宗教に関する人文諸科学へと全面的に解消することなく，神学を「キリスト教についての哲学的－史学的－心理学的な学」(GA 9, 60) としながらも，何とかキリスト教を特徴づける絶対性の要請を保持しようとするとしよう。だが，〔哲学，史学，心理学を〕このように結びつけるだけでは，学問としての神学の観念を守るのに十分ではない。学問としての神学は，それに独自の実証性に結びつき，この実証性のもつ諸々の制限によって条件づけられているのである。

　実際，ハイデガーから見て一番難しい問題は，どのような意味で，信仰自身から概念および「概念的透見性」が要求されてくるのかということである。ただ単にあらゆる概念を拒絶する態度（その極端な例が原理主義である）と，透見性を求めるあまりに信仰自身に背を向けてしまう態度（過度に露光したネガの上では何も見分けられなくなるのと少し似ている）との間に，何とか均衡を見出さねばならないのだろう。つまり，信仰を単なる不透明な叫びに還元するのでもなければ，透明な知の内で消滅させてしまうのでもなく，この二つの間にある種の均衡を見出さねばならないのである。これは単なる中庸ではなく，困難な均衡である。なぜなら，この均衡を測る真の「尺度」を神学に教えるのは，十字架の愚かさだからである。

　3／こうして，なぜハイデガーが，いかなる学であれ，神学以外の学から引き出した明証性や厳密性の基準を神学に適用することを拒むのかが理解できる。神学にとっての明証性と厳密性の基準は，信仰の明証性という固有の場からしか出てこないのである。このことから，「学的な護教論」というのは本質的に矛盾した観念であることが明らかになる。「学的」な証拠は，それがどれほど強力で反論の余地がないものであっても，信仰が要請する明証性に匹敵することはけっしてできないであろう。合理性という手続きにおいて他の諸学と共通しているとしても，神学は「第一次的には信仰に根拠づけられている」(GA 9, 61)。神学が学問的であるのは，「基礎神学」としてであって，護教論としてではないのである。このような主張は，いかなる方向への逃避戦略でもない。というのも，神学の可能性を根拠づけるために信仰が必要とする明証性に対して諸学は影響力をもたない，と主張するだけでは不十分だからである。そうではなく，この逆説的な明証性そのものの上に，神学の可能性を実証的に基礎づけねばならない。「すべての神学的認識は，その事象内容に関わる正しさにつ

いては，信仰それ自身に根拠づけられており，信仰から発し，信仰へと跳ね返ってゆくのである」(GA 9, 61)。この根本的な循環性を逃れることはできない。基礎神学とは，いわばこの循環性を遂行することなのである。

第3節　哲学と神学――必然的に対立的な関係

　神学を「完全に自律した存在的な学」として規定し，哲学的神学と宗教哲学という二種類の哲学を解任した以上は，これほど完全に自律した学には哲学など無用であると思われるかもしれない。そうすると，神学と哲学は違いすぎて互いに接点のない分野であるという最初の仮説に戻ってしまうように見えるであろう。ハイデガーは，新しい区別をもち出すことによってこの仮説を退ける。すなわち，神学という学の基礎づけ自体と，この学の学問性とを区別するのである。神学の基礎，つまり神学の定立サレタモノは信仰のみであって，それを規定する作業に哲学が介入することはできまい。だが哲学は，神学の学問性の規定に対しては，基礎的だが限定的な仕方で介入することができる。この介入はいかなる意味で可能になるのであろうか。

　ここでこそ，前に出てきた解釈学的基準を思い起こさねばならない。それは，各々の学はその諸概念を自らが解明すべき存在者から引き出してくる(GA 9, 62)，というものである。これに対応する主張が，『現象学の根本諸問題』では次のように述べられている。「これらの分野の存在者は，さしあたってたいていは互いにくっきりと明確に境界づけることができないにしても，われわれが知っているものである。明確に境界づけられないといっても，暫定的な特徴づけ――実証的な学にとっては実際上，それで十分である――を行うために，われわれはその分野の事例となる存在者をいつでも挙げることができる。われわれはつねに，ある特定の分野の実例として，特定の存在者をいわば自らに手渡すことができるのである」(GA 24, 17–18)。神学については，このような実例を見つけることが非常に難しいのであるが，それでも賭けてみなければならないのは，神学という学を最高度の知的誠実でもって遂行する神学者ならば，優れて概念化できないものを問題にしているからといって，概念的努力を拒否することなどできないだろう，ということである。神学であっても，他の学と同様，概念が天から降ってくることはない。神の超越や啓示によって，鍵になるような便利な概念が提供されるわけではないのである（あるいは，「聖書形而上学」の信奉者たちが考えているように，概念が直接聖書の中に保管されて

いるわけでもない)。ドゥルーズの言い方に倣えば，神学においてさえ，概念
は産出されねばならないのである。ここで概念的解明の努力は限界に達するの
であるが，とはいえあまり急いで限界線を引いてはならない。神学に「概念の
危機」があるとしても，それを黙って放置しておいてはならない。まさしく概
念によって，この危機を語ることができなければならないのである。

　以上の全てにおいて，哲学はどこで介入してくるのであろうか。二つの異な
る存在的解釈の競合といったレベルの話ではないことは確かである。哲学者は，
例えば「神は存在する，私は神に出会った」と言う神学者に対して，「神は存
在しない，私は神に出会ったことがない」と言うのではない。哲学者の真の課
題は，神学の言説の根底にあり，「知られていなくても先行する概念以前の理
解」をとりだすことである。哲学者の仕事は，神学の諸概念と同じ次元でなさ
れるのではなく，それらに先立つ場所でなされるのである。こうして，哲学と
神学の関わりに対する以上の根本規定は，全面的に次の公理の支配下にあるこ
とになる。すなわち，「すべての存在的な解明は，存在論というさしあたりた
いていは隠蔽されている根拠の上を動いている」(GA 9, 62) という公理であ
る。

　それに加えて，第二の公理は次のようなものとなる。すなわち，どんな分野
であれ，諸々の根本概念が「体系を形成する」のは，それらが「第一次的な完
結した存在連関 (*primärer geschlossener Seinszusammenhang*)」(GA 9, 63) に根
づいているからである。すでに見たように，神学の場合でさえ，諸々の根本概
念が体系をなしているのである。さまざまな根本概念が一つのまとまりをなす
のは，もっぱら存在が閉じた回路の中で働くからである。この意味で，存在論
はあらゆる学の上に君臨し，それぞれの学に対して固有の「領域」を定めるの
である。

　とすれば，哲学から見た場合，神学はまずもって「領域的存在論」として現
れるということになるのであろうか。だが，この定義は，何よりもまず，至高
の存在者についての（領域的）学である哲学的神学に当てはまるものではない
のか。その場合，信仰のもつ「再生」という独自性が見失なわれないであろう
か。こうした反論から身を守るために，ハイデガーは実存論的分析論の成果を
総動員する。「高き天から再生する」というのは，いかなる合理的な知もそれ
自身の内から汲みとることのできない理念である。たしかに，このような再生
は啓示されねばならなかった。しかし他方で，この「再生」によって，第一の

第一章　間奏——現象学と神学　513

誕生（文字通りの意味であれ，比喩的な意味であれ）が廃棄されるのではない。ここでハイデガーは，ヘーゲル主義に敵対しているにもかかわらず，「止揚（Aufhebung）」というヘーゲル用語を避けずに用いている。すなわち，キリスト教的な出来事においては，「現存在の信仰以前の実存，すなわち非信仰的な実存が止揚されている」（GA 9, 63）と言うのである。信仰者は，信仰を受け入れ，悔い改め，高き天から再生することで，存在様式を根本から変える。そしてその時にのみ，信仰者はそれまでの自分の実存がどのようなものであったかを理解する。それは，単なる無知ではなく，神の拒否という罪の中にある実存だったのである。こうして，ハイデガーがヘーゲルの止揚概念をいわば実存論的に言い換えて，次のように言える理由が理解できる。「克服することは，押しのけること（abstoßen）を意味するのではなく，新しく用いること（in neue Verfügung nehmen）を意味する」（ibid.）。

　さらに考察を進める前に，この状況に関する諸々のデータを，新約聖書信仰の言葉をベースにして表現し直すことは無駄なことではない。数多くのテキストを参照できるが，その中から「ローマの人々への手紙」の一節を引用しておこう。それは，パウロが罪の内における実存とキリストにおける新しい生〔命〕とを対比している一節である。「あなたがたは，罪の奴隷であったときは，義に対しては自由の身でした。では，そのころ，どんな実りがありましたか。あなたがたが今では恥ずかしいと思うものです。それらの行き着くところは，死にほかならない。あなたがたは，今は罪から解放されて神の奴隷となり，聖なる生活の実を結んでいます。行き着くところは，永遠の命です。罪が支払う報酬は死です。しかし，神の賜物は，わたしたちの主キリスト・イエスによる永遠の命なのです」。ここでは，罪の内における実存と恩寵による実存という二つの実存形態がはっきりと境界区分されているが，ハイデガーによれば，そもそもこの一節が理解できるのは，どちらの実存の側でも，「死」と「生〔命〕」という語がすでに何らかの実存論的意味を有している場合のみなのである。こうして，ハイデガーの賭けている事柄の性質がよりよく理解できるようになる。その前提となるのは以下のようなことである。「あらゆる神学的な根本概念は，その完全な領域的連関に従って受けとられるならば，そのつど自らの内に次のような内実をもっている。それは，実存的には無力であり，すなわち**存在的には止揚されている（aufgehoben）**が，だからこそ当の根本概念を**存在論的に規定している**キリスト教以前の内実であり，それゆえ純粋に合理的な

仕方で把握されうる内実である」(ibid.)。懐疑的な神学者は，存在的／存在論的という区別の妥当性に問いを向けるが，それでも実存論的分析論へと，そしてそれと不可分な基礎的存在論へと送り返されるのである。

　まさにこの点が，目下の文脈での「キリスト教以前の」という術語の意味を規定する上で決定的である。この語がもつ意味は，信仰に至る前の「宗教的」ないしは「非宗教的」な状態を示すというような年代的なものではない。それは，実存論的分析論が言うところの存在論的意味をもつ。「あらゆる神学的概念は，自らの内に以下のような存在理解を必然的に含んでいる。それは，人間的現存在そのものが，そもそも実存する限りにおいて，それ自身からもっているような存在理解のことである」(ibid.)。こうして，「キリスト教以前」と「存在論的」という二つの術語はほとんど同じ意味になる。ここでわれわれは，講演「現象学と神学」のもっとも中心的な岐路に達する。このことは次の注記——これだけでも長大な議論が必要であろうが——によって裏付けられる。「信仰に中心を置いたあらゆる神学的実存概念は，ある独自な実存移行（Existenzübergang）を念頭においており，その移行の内では，キリスト教的以前の実存とキリスト教的実存とが独自な仕方で一つになっている。この移行性格は，神学的概念に特徴的な多次元性を動機づけているのだが，ここでこの問題を詳細に検討することはできない」(ibid.)。実存移行という術語は，「悔い改め」という神学用語を哲学用語に直したものである。あらゆる神学的概念は，例外なくこの実存移行に訴えて，この実存移行という意味において，諸々の存在様式やさまざまな実存次元を相互に関連づける。ハイデガーにとっては，そこに神学的概念の多次元性がある。ハイデガーは1921年の講義『宗教的生の現象学』の一部をアウグスティヌスの『告白』に当てているが，おそらくこうした経緯で，『告白』において機能している多次元性を分析してみたいという関心が生まれたのであろう。

　この場合，次のことが問われてくる。哲学は，例えば罪の概念を神学的に説明するための「導きの糸（Leitfaden）」となるわけだが，それでもこの糸は，神学の口を封じるための「手引き紐〔あんよ紐〕（Gängelband）」になるのではなかろうか。実存論的分析論の概念性が何らかの特殊な「哲学的立場（Standpunkt）」の表現であるとすれば，こうした結論は避けられないであろう。だが，この概念性は純粋な「形式的告示」——これは，後で見るように，ハイデガーの最初の自己解釈において本質的な「中立性」と呼ばれるものと同じで

ある——であって，それゆえにこの罠を逃れることができる。ここで罪概念の諸前提が説明の例となっているのは偶然ではない。信仰は必然的に罪の告白を，また現実の罪を前提としており，信仰のみが罪の経験をもっている。このように，再生への信仰は実存的現象としての罪に，すなわち信仰自身の「反対現象」である罪に出会う。しかし，罪概念の実質そのものを神学的かつ概念的に解釈する場合には，「キリスト教以前の」概念，すなわち『存在と時間』第58節の意味での「責め（*Schuld*）」の実存論的概念が必ず前提とされる。このカテゴリーによらねば原罪概念はなく，単なる罪概念すらもありえないのである。「責め」の概念によらない限り，神学的な罪概念は，空虚ではないにしても盲目でありつづけ，単なる表象に留まるのだ，と言ってもよいであろう。

　以上の意味において，概念的な企てとしての神学には，分析論が練り上げる実存論的諸概念を「導きの糸」とする必要がある。もちろん，その逆も考えられるのではないかと問うこともできる（ハイデガーはそんなことはしないのだが）。すなわち，信仰の経験と信仰の証しの諸相とが，あれこれの実存論的構造を見出す上で発見の手引きとしての役割を果たすこともありうるのではないか，という問いである。例えば，「クーラ〔憂い〕の寓話」は「存在論以前の証言」であるといわれるが（『存在と時間』第41節），それと同じことが，新約聖書のあれこれの「証言」にはなおさら当てはまるとなぜ言えないことがあろうか。例えば，使徒パウロはこう宣言している。「ところが，神は知恵ある者に恥をかかせるため，世の無学な者を選び，力ある者に恥をかかせるため，世の無力な者を選ばれました。また，神は地位のある者を無力な者とするため，世の無に等しい者，身分の卑しい者や見下げられている者を選ばれたのです。それは，だれ一人，神の前で誇ることがないようにするためです」[12]。ここで問いただされているのは，自己肯定を根本価値とするような存在論的言説ではなかろうか。

　それでもやはり，神学は哲学の保護下に置かれているのではないのか。ハイデガーはそうは考えていない。というのも，前提の順序は演繹の順序ではないからである。罪という神学的概念は必然的に責めという実存論的概念を前提しているが，後者から前者を演繹することはできない。ましてや前提は，罪や過ちという経験的事実の「合理的証明」ではありえないであろうし，罪や過ちの単なる可能性（リクールが人間の過誤性と呼ぶもの）についてさえも，「合理的証明」となることはありえないであろう。「導きの糸（*Leitfaden*）」と「手引

き紐（*Gängelband*）」という対立は，「指導」ないしは「導出（*Herleitung*）」と「矯正」ないしは「共導（*Mitleitung*）」との対立から捉え直されることになる。例えば，罪のような神学的概念は，キリスト教的信仰からのみ導出できるが，それでも実存概念である限りは，哲学のみが提供できるような「キリスト教以前の」実存論的理解を前提とするのである。

　もちろんここで，ハイデガーがとりあげていない問題を提起することもできよう。この二つの次元の連携は，いかなる審級によって決せられるのか。哲学によってか，それとも神学によってか。この連携は自ずから生じてくるのか，それとも困難な解釈行為を前提とするものであるのか。そういった問いである。ともあれ確かであるのは，ハイデガーにとって，「矯正」というのは，神学者の言説への哲学者の介入について，その積極的な必然性と厳格な制限とを同時に表す観念だということである。「**それゆえ，存在論は，神学的根本諸概念の存在的な，すなわちキリスト教以前の内実を矯正するものとしてのみ機能する**」（*GA* 9, 64）。ここで選ばれた「矯正」という術語が適切であるかどうかは確かではない。字面しか見ない読み手ならば，この言葉から，できの悪い生徒の答案をできるだけ厳しく「矯正」すべき教師の態度を連想してしまうからである。フランス人であれば，「神学とは距離のない哲学でしかない」というアランのアフォリズムを思い起こすことだろう。

　そのような考えるならば，ハイデガーが行う重要な説明を忘れ去ることになってしまう。この場合の「矯正」は，自然の存在論によって物理学の根本諸概念を矯正する場合のように機能するのではない。自然の存在論は，基礎づけの働きをするものであって，物理学の諸概念を「より上位の真理」に引き上げるのだと言えるのに対して，神学の場合，存在論的な諸概念は，純粋な「形式的告示」として機能する。こうして間接的に告げられているのは，神学をある特定の領域的存在論へと割り振るのは相当難しいということではなかろうか。領域的存在論として仮定された神学に対して，実際の神学は二重の欠陥をもっているように思われる。第一に，神学はそれ自身だけでは，けっして「責め」という存在論的概念を主題化できないということ，第二に，仮に「責め」を主題化できても，そこから罪という神学的概念を引き出すことはできないだろう，ということである。「**実存概念としての罪の概念が必然的に帰属せざるをえないような存在領域の存在論的性格**」（*GA* 9, 65）を指示することによって，哲学者は，神学が領域的存在論であることを認めねばならないと思われる。それ

だけに，はっきり神学と同定できるような領域的存在論が存在しないというのは，大きな謎である。

こうして哲学は，神学の「筋」には一切干渉できないものの，神学の場所を指定する者（*Platzanweiser*）としての役割を果たす。この意味で，形式的告示は束縛するのではなく，解放するものである。哲学者は神学者の「良心の指導者」ではなく，ただ神学的概念の真の実存論的本質を神学者によりよく理解させ，結局は神学者が身を置く場所の根源性をよりよく理解させるだけである。それゆえ，哲学と神学の関係についての第一テーゼは以下のようになる。「哲学とは，神学的な根本諸概念の存在的な，すなわちキリスト教以前の内実を，形式的告示をしつつ存在論的に矯正するものである」（*GA* 9, 65）。

このテーゼをよく理解するためには，さらに補足的な説明が必要である。哲学の本質は，「純粋に自立した現存在が自由に問いかけること（*das freie Fragen des rein auf sich gestellten Daseins*）」であって，神学の「矯正」ということは，けっしてこの本質に内属する必然性に呼応する事柄ではない。ここで，自由と自立という二つの中心的な規定が介入してくるが，いずれも実存論的分析論の枠内で受け取られる意味で理解すべき事柄である。哲学は，それ自身を理解するために神学を必要とするわけではない。諸学に対する哲学の一般的な関係に当てはまることは，神学への関係の場合にも当てはまる。ただ，そこには今述べたような特殊なニュアンスが伴うのである。

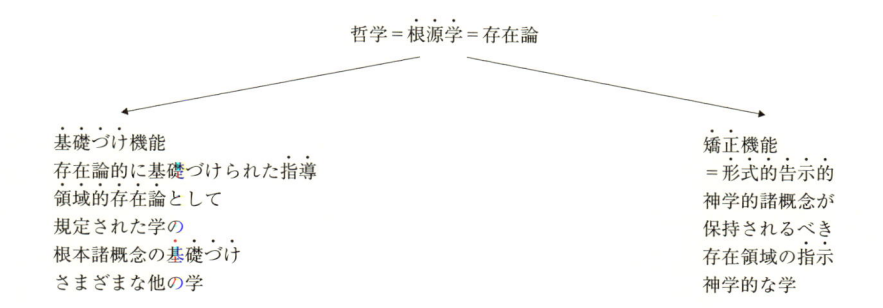

```
                哲学＝根源学＝存在論
               ↙              ↘
基礎づけ機能                      矯正機能
存在論的に基礎づけられた指導         ＝形式的告示的
領域的存在論として                  神学的諸概念が
規定された学の                      保持されるべき
根本諸概念の基礎づけ                存在領域の指示
さまざまな他の学                    神学的な学
```

それゆえ，哲学が自分自身を（いっそうよく）理解するために神学を必要とするということはけっしてない。ハイデガーにとって，哲学が神学に尋問されるなどというのは考えもつかないことである。微妙なニュアンスを言い表すた

めに，先に引用したテーゼは，より正確に次のように言い直されている。「哲学とは，神学的な根本諸概念の存在的な，すなわちキリスト教以前の内実を，形式的告示をしつつ存在論的に矯正することが可能なものである。だが，哲学は事実上こうした矯正するものとして機能しなくても，哲学そのものでありうる」（GA 9, 66. 強調は引用者による）。

　哲学と神学の関係についてのこのような規定とは別に，さらに付言しておくべきことがある。それは，実存的観点から見た場合，実存形式としての信仰は，それがいかなる歴史的表現を取ろうとも，哲学にとって不倶戴天の敵だということである。このレベルでは，信仰心をもつこと（Gläubigkeit）と「実存全体が自身を自由に引き受けること」との実存的対立は，乗り越えられないものである。神学者は，「十字架の愚かさ」があらゆる形の人知を非難するものであることを無視することができない。「キリスト教哲学」として提示される妥協も，そのような人知の一つでしかない。というのも，それは「非概念（Unbegriff）」であり，論理学者たちがいう「四角い丸」のようなものだからである。

　哲学者——少なくとも実存論的分析論を行う哲学者——は，分析論の企図全体を「覚悟性」に連れ戻さねばならない。そこにおいてのみ，実存論的なものと実存的なものが真に合致するからである。この観点からすると，覚悟性と信仰心との間には克服しがたい対立があるように思われる。その場合，極限的には，信仰心とは非覚悟性が取りうる形の一つではないか，と問うこともできるかもしれない。

　このような対立をめぐる議論は，この講演の範囲を超えて続けられるであろうが，ここでは『存在と時間』に照らしてこの講演の読解を試みてきたわけである。その結論ははっきりしている。それは，神学はけっしてハイデガー的な意味での現象学を自らに併合することはできない，ということである。ハイデガーに限っては，「現象学の神学的転回」も，あるいは「神学の現象学的転回」もありえない。神学者は，神学の「基礎危機」に対して可能な限り誠実な仕方で身をさらし，神学の諸概念を限界まで推し進めることによってのみ，同時に現象学的でもあれば存在論的でもあるいっそうラディカルな問いかけに開かれることができよう。この意味で，ハイデガーにとって哲学と神学が出会いうる唯一の空間とは，現象学的存在論の空間なのである。

第二章　志向性と超越

　以上のような「幕間」をはさんだ後で，今から，マールブルク時代最後の三つの講義をざっと読んでみることで，『存在と時間』の直後の時期における志向性の地位について，第一の作業仮説を吟味してみたい。すでに 1925 年に，『時間概念の歴史への序説』——この著作が以後の思索の綱領という意味をもつのは明らかである——において，ハイデガーは，以下のような言い方で「現象学的問題設定の根本批判」が必要であることを訴えていた。「気遣いという現象が現存在の根本構造をなすという事実から示されるのは，現象学において志向性とともに捉えられた事柄，またその捉えられ方が断片的で，外から見られた現象にしかなっていないということである。むしろ志向性として考えられている事柄は——それは単に〈……へと向かうこと〉でしかないのであるが——さらに〈すでに……のもとで存在していることにおいて自らに先立ってあること〉という統一的な根本構造へと引き戻され（zurückverlegt）ねばならない。これこそが本来的な現象である。この現象が言い当てているものを，非本来的に，ごく限られた方向でのみ考えたのが志向性なのである」（GA 20, 420）。したがって，『存在と時間』における気遣いの分析と，自らに先立つことの分析は，この引き戻し（Zurückverlegung）の体系的な実行として読むべきである。それによって，志向性が気遣いと一致させられる。そのおかげで，志向性という現象は，外からではなく内から見られるようになるのである。

　さて，志向性の隠れた姿が気遣いであることが見出されたならば，あとは「厳密な意味における現象」の解読という真の仕事を始めるばかりである。その場合，志向性の概念自体を超越の概念と関連づけて考え直さねばならなくなる。そのような超越概念は，すでに『存在と時間』の第 12 節，第 13 節から始まって第 69 節に至るまで，少しずつ展開されてきていた。こうして，『存在と時間』を終えた後にはじめて現れ出ることのできたのが，超越と志向性という問題である。第 69 節の註では，志向性は超越に基づくはずであることが示唆されているが，その証明は第三篇で行われることになっていた。「《意識》の志向性の方が現存在の脱自的時間性の内に基づいているという事実と，その仕方については，次篇で示されることになるだろう」（SZ, 363, note）。ここでは，

基礎的存在論の問題に対応する課題が予告されている（GA 26, 215）。それゆえ，1927年の『現象学の根本諸問題』でも，1928年の『論理学の形而上学的な始元諸根拠』でも，この課題がきわめて重要な地位を得ているのは偶然ではない。問題の全体像を急いで描き出してみることにしよう。[13]

第1節　志向性再考——存在的超越から存在論的超越へ

『現象学の根本諸問題』第一部では，志向性の地位についての考察が，伝統的存在論の中心となる四つのテーゼの分析と緊密に結びついた形で行われている。この分析は，まずは各テーゼの学説内容を順に提示し，次いでそれらを現象学的に明確化し，さらにこの明確化自体をより根本的に明確化する必要性を示す，という動きをとる。この論述はかなり特殊な構造をとっており，その位置づけは後ほど明確にする必要があるだろう。ところで，四回にわたって繰り返されるこの論述は，四回とも志向性の問題を巻き込んでいる。

1／まず最初に問題になるのは，知覚の志向的構造である。この構造は，知覚すること，知覚されたもの，知覚された存在といった知覚概念の多義性の裏に隠れてしまっており，この多義性のゆえに，「志向性というこの謎めいた現象はとうてい哲学的に十分には把握されていない」（GA 24, 81）と告白せざるをえない。それに呼応して，「まさしくこの現象をより判明に見てとる」（ibid.）ことだけを目指すような探究が必要であると結論される。それゆえハイデガーは，『時間概念の歴史への序説』の2年後に，当時手がけたのと同じ課題に立ち戻る。すなわち，知覚の問題を機縁として，志向性が「いかにして現存在の根本体制の内に存在論的に基づいているのか」（GA 24, 82）を示そうとするのである。だが，1925年には，志向性についての誤った哲学理論という外部の障害に対する論争が前面に出ていたのに対して，ここでは，むしろ真の障害はまさしく現存在の内部から生じてくるかのように論じられる。この「もっとも見えにくく，もっとも退けにくい」障害が，「志向性の現象を素直に先入見なく見る」ことを妨げているのである。

外部の敵（ナトルプ，リッケルト，とりわけハルトマン）がまったく視界から消えたわけではない。そうではなく，『存在と時間』を経て，何よりも根強い誤解のもとになるのは現存在の自然的理解だということが明らかになったのである。『現象学の根本諸問題』における志向性の分析では，すでに『時間概念の歴史への序説』で表明されていた数々のテーゼが再登場する。すなわち，

「志向的関係は，一つの客観が一つの主観に付け加わることではじめて成立するのではないのであって，……主観はそれ自身において志向的に構造化されている」(GA 24, 84) とか，志向性は「諸々のふるまいの本質に属しており，それゆえ，志向的なふるまいという言い方はすでに一つの冗語法である」(GA 24, 85) とか，あるいは同じことを逆から言って，このような言い方が冗語法であると言われないのは，「志向性が志向性として見てとられず，諸々のふるまいが混乱した仕方で考えられる限りにおいて」(GA 24, 86) のことだ，とかいったテーゼである。だが，ここで主に強調されているのは，超越の問題を提起する場合の良い仕方と悪い仕方ということである。本当に超越を問題にするためには，ハルトマンの新しい認識論的実在論に代表されるような「擬似的な超越問題」に対する批判を経由しなければならない。翌年のマールブルク時代最後の講義である『論理学の形而上学的な始元諸根拠』でも，同様の立場に対して厳しい批判が向けられることになる。

　ハルトマンに対して，ハイデガーは「両目を開いて諸現象を……それら自身が自らを与えるとおりに受け取る」(GA 24, 87) ことを求める。これは，「諸現象を前にして目を閉じ，諸現象自身に語らせない」ようなすべての「理論」(GA 24, 88) に別れを告げるということである。さて，超越の問題の誤った定式化へと通じる道をふさぐのは，パルメニデスにおいて女神が思索者に発する禁止の言葉「この道に入りこんではなりません」と同じくらい厳粛なる禁止である。すなわち，「いかにして内的な志向的体験が外のものへと至るのかと問うことは，私にはできないし，許されてもいない」(GA 24, 89) のである。そのように問う者は，「志向的なふるまいそのものが超越するということである」(GA 24, 89) という肝心なことを忘れてしまい，そのために誤った道へと迷いこんでしまうのである。したがって，「私はいかにして内在的な志向的体験が超越的な妥当性を獲得するのかを最初に問う必要はない。そうではなく，まさしく志向性の内でこそ，志向性の内でのみ，超越が存立しているのだということを見てとることが大切なのである」(GA 24, 89)。

　とはいえ，以上のことから単純に志向性＝超越という結論を引き出すならば，間違いを犯すことになるであろう。実際，「実存するものと目前的なものとを分けるのは，まさに志向性という性格の有無である」(GA 24, 90) という中心テーゼを受け入れると，志向性の地位はたちまち全面的に問題をはらんだものとなる。そこから帰結するのが，「志向性は超越の認識根拠 (*ratio cogno-*

scendi）である」のに対して，「超越はそのさまざまな機能における志向性の存在根拠（ratio essendi）である」（GA 24, 91），というテーゼである。少なくとも言えるのは，このテーゼによって，志向性という現象の謎めいた性格は一掃されるどころか，もっぱら確認されるだけだということである。ハイデガーは，知覚意識の第三の契機である被知覚性を，存在者の被発見性（Entdecktheit）の同義語として分析しているが，ここでも同じことが示されている。「知覚するとは目前のものを解放しつつ出会わせることである。超越するとは発見することである。現存在は発見する現存在として実存する」（GA 24, 98）。だが，超越することは発見することであるというこの等式は，それ自身時間の本質を参照させるのである（GA 24, 98）。

2／志向性と超越との関係が二度目に問題となるのは，本質と現実存在という伝統的な区別が論じられる時である。ハイデガーの解釈するところでは，この区別を現象学的に解明するためには，知覚とは別の現存在のふるまい，すなわち制作という態度の志向的構造を分析せざるをえない（GA 24, 159）。知覚意識の場合とまったく同様に，ここでもまた，現象学的な本質視（Wesensschau）によってのみ，制作に特有の志向的構造にはすでに特定の存在理解が含まれていることが発見できる。すなわち，「制作されたものは，それ自身へと解放されているがゆえに，それ自体で存在するものとして理解されるのである」（GA 24, 160）。さて，まさしくこの放免性格と解放性格（Entlassungs- und Freigabecharakter）において現れる独特の超越は，ハイデガーの主張によれば，「ただ時間性に基づくことによってのみ可能である」（GA 24, 161）。このテーゼは後で検証するが，制作の志向的構造の内に時間性が組み込まれざるをえない理由については，ここで指摘することができる。すなわち，同じ文脈でハイデガーが述べるように，制作とはこちらへと立てること（Her-stellung）であって，対象を意のままに使用できるように〔現存在の範囲へと〕近づける運動を意味するのである。

3／志向性と超越との関係が三度目に問題になる箇所は，おそらくもっとも注目すべきものであろう。そこで出てくるのは次のようなテーゼである。すなわち，近代哲学は，思考スルモノ（res cogitans）と延長シテイルモノ（res extensa）をどれほどきっぱりと区別しようとも，根本的な怠り（Versäumnis）の跡をとどめており，この怠りのゆえに主観の存在様式は誤認または無視されざるをえない，というのである（GA 24, 221）。このテーゼについては後でまた

とりあげることにしよう。ここから生じる根本的なアンビバレンツによって，近代のあらゆる主観哲学が性格づけられている。つまり，一方では主観と客観の持ち分は厳密に分割されているのであるが，にもかかわらず，存在論的な概念性を制作の領域から借りてくることによって，近代の主観哲学は，主観を一人の作者として，要するに制作者として考えざるをえなくなる。そうして主観と客観は秘密裡に共謀し続けるのである。

このようなアンビバレンツを指摘するだけではまだ不十分である。『存在と時間』で規定されたような志向性概念のみがこのアンビバレンツを克服できるのだということ，それを示すのが現象学的な批判の課題である。事実，現存在のあらゆるふるまいを特徴づけている志向的性格は，まさしく主観を主観でないものと関係づけるものであって，その点からして，すでに主観と客観の分裂というのは誤りである（GA 24, 221）。まず第一に必要なのは，「主観の存在への問いを，この……に関係するという本質規定が，すなわち志向性が主観の概念とセットで考えられるような仕方で立てる」（GA 24, 224）ことなのである。加えて，自己理解ということの地位を現象学的かつ存在論的に規定しなければならない。すなわち，「いかなる仕方で現存在自身にその自我や自己が与えられているのか，いかなる仕方で現存在は実存しつつそれ自身であり，自らを自分のものとしており，すなわち言葉の厳密な意味において本来的にあるのか（sich zu eigen, d.h.eigentlich），といったことを現象学的に問う」（GA 24, 225）ことが必要なのである。ところで，この「いかにして自己が与えられるのか」という問いは，明らかに，いかにして自己は世界に関わるのかという問いからけっして切り離せないものである。

ここで再び，「世界理解から現存在の解釈へと遡ること」が主張される。これは，すでに『存在と時間』の冒頭で出てきた主張である。その時に問題になっていたのは，主観を反省の運動によって最内奥の自己性に至るものと見なすような考え方と手を切ることであった。実存することが世界内存在を意味するのであれば，現存在とは，世界からのみ自己を理解する主観を「移し置く」ことによって成り立つ。この現象を名づけるためにハイデガーが選びとるのが，「現存在の超越」（GA 24, 248）という言い方である。すなわち，志向性はそもそもこのような超越を前提しているのに，そのことが今日の志向性概念によって覆い隠されているのである。まさしくこのような文脈で，現存在をライプニッツのモナドに接近させることが必要になってくる。モナドとまったく同じよ

うに，現存在は窓をもたない。というのも，現存在はすでに「宇宙の生きた鏡」である——実存論的分析論に翻訳すれば，現存在はすでに世界へと開かれている——のであって，そうである以上は窓などいらないからである。

> コラム㊻　現存在には窓はいらない
> 　われわれが展開した現存在の根本体制，つまり世界内存在，あるいは超越に基づいてはじめて，モナドは窓をもたないというライプニッツの命題が根本において意味するところを本来的に明らかにすることができる。モナドとしての現存在は，外にあるものを眺めやるために窓をもつといったことを必要としない。とはいえ，それはライプニッツが考えたように，あらゆる存在者がすでに殻の内部で接近しうるようになっており，したがって自らの内に閉ざされ，閉じこもっていてもかまわないからではない。そうではなく，モナド，つまり現存在が，それ固有の存在からして（つまり超越からして），すでに外にあるから，つまり他の存在者のもとにあるからである。このように〔外に，他の存在者のもとに〕あることが，そのまま現存在が自分自身のもとにあることなのである。現存在は何らかの殻の中に**存在する**のではない。根源的な超越に基づく限り，現存在にとって窓は不用である。ライプニッツは実体をモナド論的に，モナドは窓がないということによって解釈したが，その際，彼は間違いなく真正な現象を見て取っていたのである。ただ，ライプニッツは伝統的な実体概念を手引きとしていたために，モナドにはどうして窓がないのかという，その根拠を把握した上で，自らが見て取った現象を本当に解釈するということができなかったのである。モナドは本質的に表象する，つまり世界を映すがゆえに超越であり，実体のように目前にあるもの，窓のない殻ではない。ライプニッツはこのことを見て取ることができなかったのである。（GA 24, 427）

4／志向性と超越という問題が練り上げられる四番目の場は，『現象学の根本諸問題』の第17節から第18節で展開される，言明の現象学的地位を明確化しようとする企てである。この企ての根本的な難しさは，すでに『存在と時間』で喚起されていたように（SZ, 32），「このロゴスという現象全体の不十分な確保および確定」（GA 24, 292）という点にある。ここでもやはり，決定的な問題は，「単語の連なりを越えて，必然的にロゴスに属するものを第一次的に把握するにはどのようにすればよいのか」（GA 24, 293）ということである。そうである以上，論理学によっても，言語哲学——すでに見たとおり，これもまた論理学から引き出したカテゴリーを用いて仕事をする——によっても，そ

のように全体としてのロゴスを画定することはできまい。言明を現存在に独自の志向的ふるまいとして現象学的に分析する場合にのみ，この決定的な問いに答えることができる。言明のそのようなアポファンシス的性格から，『存在と時間』の第33節で示された命題的な言明の三つの特徴（述定的・規定的・伝達的構造）がどのようにして直接引き出されるのであろうか。その点を示すことがこの現象学的分析の課題である。

　これに加えて，ロゴス・ティノス（λόγος τινός），すなわち何ごとかについての言明を支配する志向的構造には，存在者の存在に関する独自の理解が含まれていることを示さねばならない。言明の真理性は諸物ノ内（ἐν πράγμασιν）ではなく，悟性ノ内（ἐν διανοίᾳ）にあるというアリストテレスのテーゼは，二重の意味で両義的であるが，長い伝統によって認められてきた。このテーゼを吟味するにあたって，内在と超越という対立が再び前面に出てくる。ハイデガーにとって，このテーゼに現象学的な意味を与える唯一の方法は，真理を諸物と現存在との「間の」中間領域として規定するということである。真理は他の事物と並び立つ一つの事物ではないという考えは，突き詰めれば，真理の意味は目前性ではない，ということになるはずである。もっとも，それは真理が主観的なものだということではない。というのも，存在者の志向的意味である暴露（プラトンにおける顕ワニスルコト（δηλοῦν），アリストテレスにおける真ヲ語ル（ἀληθεύειν））は，目前性と関わるか現存在と関わるかで，別の「顔」を見せるからである（GA 24, 307）。

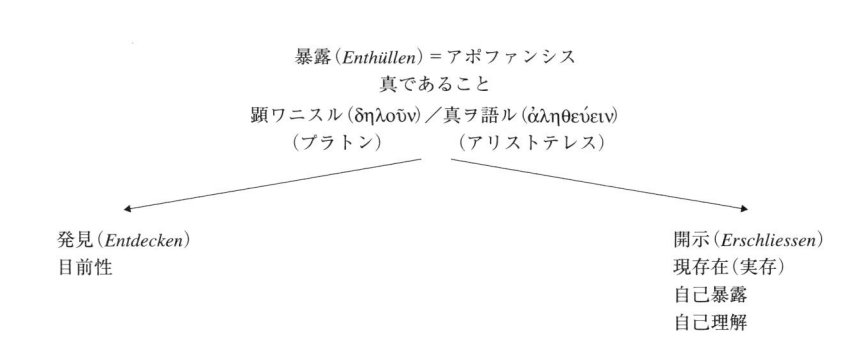

```
              暴露(Enthüllen)＝アポファンシス
                    真であること
         顕ワニスル(δηλοῦν)／真ヲ語ル(ἀληθεύειν)
            （プラトン）      （アリストテレス）
           ↙                              ↘
   発見(Entdecken)                    開示(Erschliessen)
   目前性                             現存在(実存)
                                      自己暴露
                                      自己理解
```

　この意味で，「真であることは，諸物の内にも魂の内にも目前にある（vorhanden）のではない」と言うべきである。ハイデガーはこれに短く付け足

して,「真理の現象は,現存在の根本構造と,すなわちその**超越**と関係している」(*GA* 24, 311) と言っている。以上の分析は,大筋において『存在と時間』の第44節 (*SZ*, 226-230) における真理の前提に関する議論と合致する。だが,この分析の最後には,第44節ではまだ現れていなかったが,『存在と時間』第二篇の全展開によって必要となった一つの結論が述べられている。「暴露することと暴露されていること,すなわち真理は,**現存在の超越に基づいて**おり,現存在自身が実存する限りにおいてのみ,実存するのである」(*GA* 24, 316)。

第2節　原超越と時間性の問題

『現象学の根本諸問題』の第一部は,以上のように志向性の概念の側から問題を立ち上げていたが,第二部では,同様の作業が超越の概念の側から行われている。その作業は,『論理学の形而上学的な始元諸根拠』ではさらに強力に遂行されることになる。実際,この講義の第二部は,大部分(第9節から第13節まで)が超越問題に関するより突っ込んだ議論にあてられている(*GA* 26, 160-284)。また,後で見るように,ハイデガーによる最初の自己解釈は,明らかに超越の問題へと向けられたものである。志向性の側からと超越の側からの二つのアプローチが相補的であるのは,けっして偶然ではなく,むしろ問題自体の内的必然性に対応する事柄である。現存在が世界に対して保持する関わりというレベルで,すなわち,『存在と時間』第12節および第13節で一般的構造を規定したような現存在の世界内存在というレベルで超越の問題を扱うならば (*GA* 26, 164),その時にはじめて,志向性の問題は,単なる認識論的な問題として(すなわち,古くからの主客関係の問題に独創的な解決をもたらしたものとして)ではなく,基礎的存在論の所与として定式化できるようになる。この所与が「現存在の本質構造として」把捉されるならば,「人間という概念全体が革新されるはずである」(*GA* 26, 167)。少なくともハイデガーにとっては,これこそがフッサールにはできなかったことであった。というのも,主客関係という擬似問題は,「志向性のもつ自然な意味」を保持しなければ解消できないからである (*GA* 26, 168)。

1／だが,この擬似問題から解放されるやいなや,志向性は二重の意味で再び問題化する。というのも,まず第一に,志向性概念の限界とその正確な機能を定義すると同時に,この概念の根本的な意義をも定義し直さねばならないか

らである。「現存在の超越が中心的な問題である」(GA 26, 170) 以上，志向性概念の再定義を前進させるためには，現存在の超越を十全に理解しなければならない。その際ハイデガーは，超越の二つの姿として，存在的超越と存在論的超越を区別することを提案する。前者の超越は，ノエシス的な志向性のことであって，それによって，主観は自らを乗り越えて客観に達することができる。後者の超越は，世界内存在のことであって，存在者へのあらゆる志向的関係を可能にする「原超越 (Urtranszendenz)」である。この「原超越」には真理の問題が直接含まれている。なぜなら，「真理の本質の全体はそもそも超越の問題としてのみ明らかにされうる」(GA 26, 171) からである。まさしくこの地点で，ハイデガーはその最初の自己解釈をはさみこむのであるが，この自己解釈は「《超越の問題》を確定する」(ibid.) ことを目指すのである。

超越の問題を確定するにはどうすればよいのか。ある意味では，すべては主観の主観性を，すなわち現存在の根本体制をどのように考えるかにかかっている。逆から言うと，「正しく理解された超越によってこそ，主観性の本質が捉えられる」(GA 26, 206) のである。通常の超越概念は，認識論と神学との双方に色目を使うことによって，もともと異なった二つの問題を混ぜてしまう。ハイデガーの課題は，そうした超越概念に伴う「中途半端にあるいは誤って立てられた諸問題」を一刀両断にすることである。

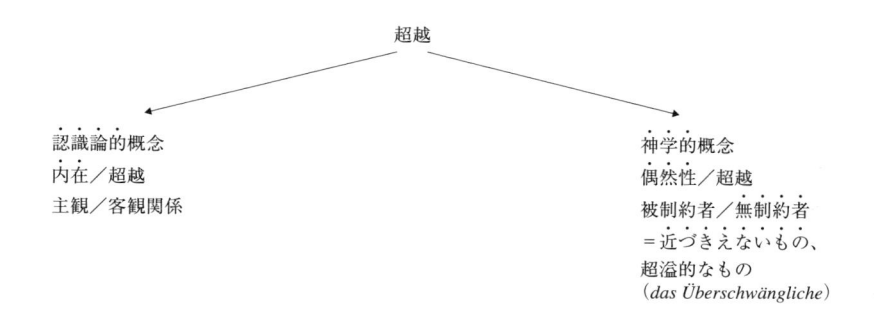

```
                        超越
                       ↙    ↘
      認識論的概念              神学的概念
      内在／超越                偶然性／超越
      主観／客観関係            被制約者／無制約者
                              ＝近づきえないもの、
                              超溢的なもの
                              (das Überschwängliche)
```

ハイデガーは，力づくで一挙に認識論の超越概念と神学の超越概念の両方を斥ける。「超越とは内的領域と外的領域との間の関係ではなく，したがってそこで超え出られるものは，主観を外的領域から切り離しているような，主観に属する障壁ではない。しかしまた，超越は第一次的には，客観に対する主観の認識的関係，主観にその主観性への添え物として属しているような認識的関係

でもない。ましてや超溢的なもの，有限な認識には近づきえないものの名称などではありえない」(GA 26, 210-211)。

　この二つの哲学的な超越概念を斥けるとすると，超越という語の哲学以前の使用法から思索の糧を得てくるしかない。その場合，超越は「越えて行くこと，通過すること，通り抜けることを意味し，ときには凌駕することを意味することもある」(GA 24, 423)。こうした表現が指し示しているのは一つの活動であって，まさしくそれを活動として考えなければならない。この活動に哲学的な意味を与えるためには，現存在自身が本質からして超出的なものであることを認めるしかない(GA 26, 211)。ハイデガーは，このような道を探究するのは（ほぼ）自分一人だけだ，と考えている。誰一人として——シェーラーでさえも，フッサールも，もちろんベルクソンも——この現象を見ることができなかったのである(GA 26, 215)。またハイデガーは，自分がこれまで行ってきた超越問題の練り上げについても，不十分であったと認めている。これまで考えてきたよりも「もっとラディカルな志向性」を考えねばならないのである。

　2／その場合に問題となるのは，超越という語の厳密に超越論的な，すなわち存在論的な，要するに「基礎存在論的な」使い方を定義することである(GA 26, 218-219)。このラディカルな意味で理解された超越の現象は，観想的直観と感性的直観という伝統的な区別を——ここでこそこの言い方を用いるべきであるが——超越する。この区別の手前に遡り，両者に共通の根へと立ち戻ることこそが，現存在の存在論が担う本質的な任務の一つである(GA 26, 236)。実際，理論理性に対する実践理性の優位を主張するだけでは不十分である。超越という現象が，理論的であれ，実践的であれ，美的であれ，ある特定の態度に収められないものである理由を理解すること，それこそが真の問題なのである。

　3／超越の観念を観想的直観に根づかせたのは，大体においてプラトンの責任であるが，逆説的なことに，より根源的な超越へと，すなわち実有ノ彼方へ（ἐπέκεινα τῆς οὐσίας）と超えていかねばならないことをもっとも深く理解したのもまたプラトンであった。より根源的な超越へと超えていくこと，それが善のイデアに独自の機能であろう。善のイデアとは，現代の人々——とくに新カント派——の言う「価値」の古い呼び名ではないのである(GA 26, 237)。実有ノ彼方へというプラトンの有名なテーマを解釈するにあたって，ハイデガーは，1924年の『ソピステス』読解の際に掲げたのと同じ解釈学的格率を指

針とする。それは，プラトンをプラトン自身よりもよく理解したのはアリストテレスである，というものである（GA 19, 11–12）。したがって，プラトンの善のイデアを考察するには，アリストテレスのフー・ヘネカ（οὗ ἕνεκα），すなわち〈……のために（Umwillen）〉から出発する必要がある。これによって，アリストテレスにおいては善が目的因として規定されることになる⁽¹⁴⁾。この〈……のために〉こそが「世界の超越論的組織化の形式」であり，それによって世界に独特の全体性が与えられるのである。

〈……のために〉があるところには，何らかの意志がなければならない（GA 26, 238）。ここで意志というのは，自由の実存論的概念のことである。そうすると，〈……のために〉というアリストテレスの概念は，カント『実践理性批判』の中心主題である目的自体としての人格という理念と関係づけられることになる。「現存在は，世界内存在という仕方で実存し，そのようなものとして**それ自身のために存在する**。この存在者〔現存在〕はただ単純に存在するのではなく，この存在者にとっては，自らが存在する限り，自ら自身の存在可能が問題となるのである。それ自身のために存在するということは，世界内存在という概念とちょうど同じで，実存するものという概念に属している。現存在は実存する。すなわち，現存在はそれ自身の世界内存在可能のために存在する」（GA 24, 242）。『論理学の形而上学的な始元諸根拠』では，この宣言に対応する命題が，より簡潔に，だがそれによっていっそう雄弁に語られている。「自由のあるところにのみ何らかの〈……のために〉があり，〈……のために〉があるところにのみ世界がある。要するに，現存在の超越と自由とは同一のものなのである！」（GA 26, 238）

ここで問題になっているのは自由の形而上学的概念であって，通常の自由意思の概念とは無関係に，強制か自発性かという伝統的な対立関係から引き離して考えるべきものである。超越の根本的な本質を自由として定義するとは，高慢な自律とは無縁な自己性であり，同時に隷従とは無縁な拘束（Bindung）であるものを立てるということである。「世界は，第一次的には〈……のために〉によって特徴づけられており，自由なものとしての現存在が自らに理解させるべく与えるものの根源的な全体性である。自由は自らに理解させるべく与える。自由は原理解である，すなわち自由自体を可能にするものの原企投である。趣旨＝何のために（Worumwillen）ということの企投そのものにおいて，現存在は自らに根源的な拘束を与える。自由は，現存在をその本質の根底にお

いて現存在自身に対して拘束的にする（*macht verbindlich*）。より正確に言えば，自由は現存在そのものに拘束の可能性を与える。〈……のために〉の内に存する拘束の全体が世界である。この拘束に従って，現存在は自らを，自己自身に対して存在しうることへと拘束する。それは同時に，目前にあるもののもとに存在しうることにおいて他人と共に存在しうることへと拘束することでもある。自己性は，自己自身にとっての，そして自己自身に対する自由な拘束性である」（*GA* 26, 247）。

4／これはまだ，自由の形而上学的本質に関する最初の特徴づけでしかない。そこでは，自由は世界企投（*Weltentwurf*）として現れ，世界は一つの活動空間として現存在に提示される。この活動空間において，あらゆる現実的な存在者を凌駕する（＝超越する）さまざまな可能事が展開されるのである（*GA* 26, 248）。このように現存在は本質的に凌駕するものという性格をもつのであるが，これは，存在的かつ実存的には，不足（アウグスティヌスのいう「私タチノ心ハ，アナタノウチニ憩ウマデ，安ラギヲ得ルコトガデキナイノデス（*inquietum est cor nostrum, donec requiescat in te*）」〔『告白』第 1 巻，第 1 章〕），不満足，欲求不満，絶望といった態度によって表現される。実際，それらの態度は，今述べたような自由の現象と結びつけねば理解できないものである。「世界は〈……のために〉の自由で凌駕的な対向者である（*Welt ist der freie übertriftige Widerhalt des Umwillen*）」（*GA* 26, 249）。まさしくこれが，プラトンの「彼方へ」（ἐπέκεινα）に対するハイデガー流の注釈なのである。

5／しかしながら，超越の現象をいっそう完全に特徴づけるためには，「世界企投（*Weltentwurf*）」の概念に加えて，時間的地平の中でのみ了解されるような「世界進入（*Welteingang*）」という概念を補足しなければならない。その「超越的」な自由において捉えられる現存在とは，世界のただ中で諸存在者が展開されるための可能性なのである。だが，諸存在者の世界進入の可能性自体，時間性に基づくものである。「存在者の総体において，存在者が現存在の実存においていっそう存在しているものとなる場合にのみ，すなわち時間性が時熟する場合にのみ，存在者が世界へと進入する時刻と期日とが与えられる」（*GA* 26, 249）。この「世界進入」が，世界創造の出来事とまったく無関係であるのは言うまでもない。現存在が諸存在者を現に存在させるというのは，デミウルゴスのようにそれらの現実存在の原因になるという意味ではない。現存在は，世界が形成する指示全体性のただ中で諸々の存在者を了解させるという超越論

的な可能性の条件でしかないのである。

　この「超越論的な」問いを実例によって説明しなければならないとすれば，「自我は《世界は私の世界である》ということを通して哲学に入りこむ」というウィトゲンシュタインの簡潔なアフォリズムを引き合いに出すこともできよう。なるほど，ハイデガーの立論において前提とされている超越論主義は，ウィトゲンシュタインが前提しているものとはかなり違っているが，いずれにしても超越論的な問いであり，そのようにしか理解できない問いである。ハイデガーがウィトゲンシュタインと明白に異なるのは，ハイデガーにとって，世界進入とは，現存在の歴史性と不可分な生起する出来事（*événement*）と見なすべきものだという点である。「世界進入は，超越が生起する時に，すなわち歴史的現存在が実存する時に起きる。……実存するものとしての現存在のみが，世界進入の機会を与えるのである」（*GA* 26, 251）。ハイデガー的な世界は，目前にある一つの存在者とも，それらの総体とも絶対に同一視できない。世界が目前的な存在者の総体であるとすれば，「世界とは目前にある〔成立している〕事柄の総体である（Die *Welt* ist alles, was *vorhanden* ist.）」というウィトゲンシュタインのような説明になりかねない。だが，まさに世界とはそうしたものでは無いと言うべきである。ただし，この「無」は消極的無（*nihil negativum*），すなわち単なる「何も無い」ではなく，根源的無（*nihil originarium*）である。「世界とは根源的に時熟する無であり，端的に時熟において，かつ時熟とともに発源するものである——ゆえにわれわれは世界を根源的無と名づける」（*GA* 26, 272）。

　この根源的無がそれ自身なお何ものかであるとすれば，それは，一切の贈与を与える源泉を糧とするからであろう。その源泉とは，まさしく〈ある＝それが与える（*Es gibt*）〉の場であり，根源的な時間性である。「超越の内的な可能性は，私の主張では，根源的な時間性としての時間である」（*GA* 26, 252）。『論理学の形而上学的な始元諸根拠』では，このテーゼを起点として，あらためて脱自的‐地平的時間性の詳細な特徴づけがなされている。そこでは，脱自的時間性と通俗的時間との差異が，『存在と時間』における以上に強調されている。「ごくまれにしか，われわれは時間を摑み取っていない。その時間とは，ある形而上学的な意味においてわれわれ自身を所有しているような時間のことである。ごくまれにしか，われわれは，自分自身がそれであるところのこの力の主人とならないし，ごくまれにしか，われわれは自由に実存していない」

(GA 26, 257-258)。

　諸脱自態の統一自体が脱自的である（GA 26, 268）というのが本当であれば，諸々の時間的地平の統一は，それ自身脱自域的統一（unité ekstématique）として解されるべきである。「時間性の地平のこのような脱自域的統一は，世界の可能性と，世界が超越に本質的に所属している可能性との時間的条件にほかならない」（GA 26, 269-270）。世界が世界するというのはこのような時熟のことであって，結局のところ，「世界進入」は，「形而上学的意味における原事実」としての時間性に基づいているのである（GA 26, 270）。

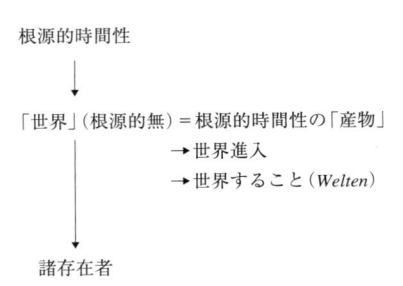

```
                根源的時間性
                    ↓
    「世界」（根源的無）＝根源的時間性の「産物」
                    → 世界進入
                    → 世界すること（Welten）
                    ↓
                 諸存在者
```

　6／超越現象に関する以上の分析は，さらに一般的な射程をもつものでもある。その点を際立たせるために，締めくくりとして次の三つのテーゼを付け加えておこう。

　(a) 根源的時間性こそが超越の究極的な起源であるというのは，根源的時間性に独特の「産出性」を付与するということである。超越論的な産出的想像力の教説において，カントはこの産出性を見てとっていたが，それを思索するすべをもたなかった。ハイデガーの考えでは，産出性を根源的時間性に付与することによってのみ，形而上学は論理学から解放されうるのである。

　(b) このようにクロノスをロゴスの支配から解放することによって，いかなる代価を払わねばならなくなるのであろうか。これではミュートスの曖昧な威力へと後退することになってしまうのではないのか。ハイデガーの考えでは，この根源的時間性というラディカルな概念を起点としてこそ，神話的言説の哲学的正当化を試みることが，言い換えれば，「神話の形而上学」を練り上げることが可能になる。『存在と時間』の第11節では，カッシーラーが『シンボル形式の哲学』第二巻で展開していたような神話の問題系に対して留保が表明さ

れていたのであるが，マールブルク時代の終わりのハイデガーは，根源的時間性の概念によって，『世界歴年』のシェリングの方向に進まざるをえなくなるかのように見える。世界進入（*Welteingang*），原性起（*Urereignis*），原歴史（*Urgeschichte*）といった概念は，いずれも概念的思考が破綻して神話的思弁へと沈みこんでいく様子を告げているのではなかろうか。必ずしもそうではない。というのも，超越を具体的に解明しようとする全ての試みは，気遣いの現象へと送り返されるからである。それによって，時間性は真の意味で個体化原理となるのである。

　（c）〔原性起や原歴史のように〕「原 −（Ur-）」という語彙の意味合いを強く鳴り響かせている哲学的語彙は，ほとんど不可避的に「根拠（*Grund*）」という意味を引き寄せてくる。事実，〈……のために〉という現象，すなわち超越の現象と「根拠の原現象」を関連させるというのは，ハイデガーにとって欠かせない事柄である。実存論的自由とは，現存在を「超越に基づいた自己性」（*GA* 24, 426）となすものであるが，それはまた根拠への自由（*Freiheit zum Grunde*）でもある（*GA* 26, 276）。このような自由には，「なぜ」という問いが課せられている。これは，閑人の贅沢な問いでもなければ，職業哲学者だけの問いでもなく，現存在の体制そのものに刻み込まれた問いである。「現存在とは，その形而上学的本質に従えば，なぜと問う者である。人間は，第一次的には（シェーラーが晩年の著作の中で言っていたように）否と言う者ではなく，かといってまた然りと言う者でもない。むしろ，なぜと問う者なのである」（*GA* 26, 280）。より正確に言えば，ライプニッツをめぐるこの講義の結論部でハイデガーが付言するように，現存在とは，なぜ無よりもむしろ何ものかがあるのか，と問う者である。この謎めいた……ヨリモムシロ（*potius quam*）こそが，現存在の過剰で超出的な体制を独自の仕方で証示しているのである。

第三章　基礎的存在論とその主題——存在論的差異

　こう言うとずいぶん軽はずみに聞こえるかもしれないが，目下本書の第Ⅲ部で扱っているハイデガーの諸テキスト〔『現象学の根本諸問題』『論理学の形而上学的な始元諸根拠』〕には，カテゴリー的直観の問題を直接検討し直した跡がかなりあると思う。この問題は，すでに 1925 年に『時間概念の歴史への序説』で提示されていた。だが，そこでカテゴリー的直観の提示がどのような主張に行き着いたかを簡単に忘れてしまってはならない。1925 年の講義では，カテゴリー的直観による対象性の理念の拡張によって学的な存在論への突破が可能になるのだ，と主張されていたのである。「それ〔カテゴリー的直観の提示〕とともに現れ出てくる現象学的探究において，古代存在論の求めていた探究様式が獲得される。現象学とは別に存在論があるのではない。それどころか，*学的な存在論とは現象学以外の何ものでもない*のである」(*GA* 20, 98)。

第 1 節　存在論の現象学的地位

　『存在と時間』が書き上げられた後でようやく，このテーゼ〔上述の『序説』講義のテーゼ〕の現象学的な意味が明らかになった。すなわち，「存在は哲学の真正にして唯一のテーマである」(*GA* 24, 15) 以上，このテーゼは，本質的に*存在論的*な使命を哲学に課すのである。実際，『現象学の根本諸問題』の第 3 節では，「哲学は存在についての学である」(*GA* 24, 15 ; 17) という主張が何度も繰り返されている。この主張の正確な意味を理解しなければならない。ただし，この主張の裏側には，次のような逆説的な確信がある。それは，「古代以来のあらゆる偉大な哲学が多かれ少なかれ表明的に自らを存在論として理解してきた」にもかかわらず，「これらの試みはつねに繰り返し挫折した」(*GA* 24, 16) という確信である。このような矛盾した状況を前にして，「存在を概念にもたらすこと」が「哲学のもっとも差し迫った課題」となる (*GA* 24, 19)。この見地からすれば，アリストテレスもプラトンも同じ戦いをしていると言うべきである。実際，『存在と時間』の冒頭に置かれたエレアからの客人の告白と同じ事柄が，アリストテレスによって次のように述べられている。「古くからずっと，また今も，これからもつねに求められるもの，そこで問いが繰り返

し破綻するところのもの，つまり《存在とは何であるか》という問題〔は結局のところ《実体とは何か》という問いである〕」。この問題はいろいろな形で表現されるであろうが，テキストから読み取ったものを思索しようとする者にとって，「存在とは何を意味するのか，存在一般のようなものはどこから理解されるべきであるのか，存在理解一般はいかにして可能になるのか」（*GA* 24, 19）といった問いが，哲学の最初で最後の問いであり，根本的な問いであることは疑いようがない。

『存在と時間』によって，この問いが実存論的な根をもつものであることが解明されたとすれば，次の課題は，この問いがもつ広がりと徹底性とを測定することである。実存論的分析論の目的は，まずは，「存在というようなものは，存在者に対するあらゆるふるまいの基礎となる存在理解においてわれわれに与えられるものである」（*GA* 24, 21）ことを示すこと，次いで，存在理解のもっとも根源的な体制である時間性（*GA* 24, 22）へと遡ることによって存在理解の諸相を取り出すことであった。ところで，明らかに決定的な意味をもつのは，根源的時間性が，実存論的分析論の終着点であると同時に，厳密な意味での基礎的存在論の出発点と見なしうるものだということである。こうして「存在と時間」の問題から「時間と存在」の問題へと移行することになる。

このような視点の変転を明示するのが，時間性（*Zeitlichkeit*）と時性（*Temporalität*）という術語の区別である。そこに含まれている複雑さを軽く見つもってはならない。なるほど，時性は時間性以外の何ものでもない。それは，実存論的分析論が基礎的存在論以外の何ものでもないのと同じことである（ともあれ実存論的分析論は，基礎的存在論への単なる予備学ではない。それは，約束の地に足を踏み入れるやいなや，すぐに背を向けることができるようなものではないのである）。だが，時間性から時性への移行においては，まさしく視点が変化しているのである。

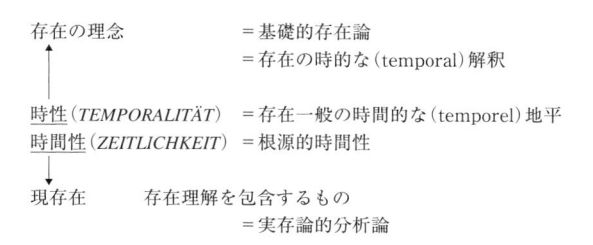

```
存在の理念         ＝基礎的存在論
  ↑              ＝存在の時的な（temporal）解釈
  |
時性（TEMPORALITÄT） ＝存在一般の時間的な（temporel）地平
時間性（ZEITLICHKEIT）＝根源的時間性
  |
  ↓
現存在        存在理解を包含するもの
              ＝実存論的分析論
```

この複雑な動きを辿ることによってはじめて，存在の問いの全ての広がりとその内部の「体系的」一貫性を視野に入れることができる。そのための方法が現象学的方法である。「存在論においては，現象学的方法という手段で存在が把捉され，概念的に把握されるべきである」(GA 24, 28)。これは複合的な方法であって，還元・構築・解体 (GA 24, 31) という三つの基本側面ないしは基本操作を含んでいる。ここでは三つの操作のそれぞれに対して，はっきりと存在論的な意味が与えられている。実際ハイデガーにとって，還元・構築・解体とは，それぞれ「探究する眼差しを素朴に捉えられた存在者から存在へと連れ戻すこと」(GA 24, 29)[18]，自由な企投において存在を眼差しの内へともたらすこと (GA 24, 29)，伝統から受け継がれた諸概念を批判的に脱構築すること[19] (GA 24, 31) にほかならないのである。

　存在の問題は，『存在と時間』の帰結として引き出されてくる基礎的存在論の理念によってはじめて，徹底的かつ普遍的な仕方で提示できるようになる (GA 26, 187-195)。存在の問題の徹底化というのは，魂と存在の関係，ならびに時間と存在の関係という二重の問いに関して要求される事柄である。この二つの問いが切り離しえないものであることは，実存論的分析論によってのみ理解することができる。というのも，魂を存在理解が展開される場として，すなわち現存在として考える場合にのみ，現存在自身がより根源的に解釈され，根源的時間性が必要とされるからである。普遍化の要求とは，まず消極的に言えば，存在論的問題を定式化する際には，認識理論やそこから生じる擬似問題（「外」界は実在するかという問題，認識主観から全く独立した「即自」的なものの探究）ときっぱりと手を切らねばならない，ということである (GA 26, 191)。

　これは，積極的に言えば，存在の問い一般に含まれる諸々の根本的問いについて，その内的連関を解きほぐして展開せよ，という要求である。『現象学の根本諸問題』でも，また『論理学の形而上学的な始元諸根拠』でも，四つの問いが問題となるのであるが，それらの問いの必然性は，先ほど定義した現象学的解体・還元・構築という三つのふるいにかけることによってはじめて見えてくるものである。それゆえ，『現象学の根本諸問題』の全論述の基礎にある独自の「論理」をきちんと理解するには，それを三つの図表で表現することが不可欠であると思われる。以下それを図示していくことにする。

　まず第一の図を提示しよう。これを「解体図表」と呼ぶことにする。この図

第三章　基礎的存在論とその主題——存在論的差異　537

表は，この講義の第一部で批判されている伝統的存在論の四つのテーゼからなっている。

```
(Ⅰ)                              (Ⅲ)
カント：                          近世的存在論：
存在はレアールな                   デカルト→カント
 述語ではない                     思考スルモノ／延長
存在＝知覚サレテ                   シテイルモノ
  アルコト
 (esse=percipi)
                (独断的図式)
                  解体
(Ⅱ)                              (Ⅳ)
中世的存在論：                     論理学：
本質－現実存在                     繋辞の地位
(essentia-existentia)
```

　一見すると，この図表は歴史上の諸テーゼを無根拠に選び出したもので，正確な年代順にも従っていないように見える。だが，「現象学的－批判的議論」を経て，これらのテーゼは，存在の問いの四つの次元を深く結びつけて体系化するものとして現れてくるはずである。その四つとは，この講義で登場する順序で言えば，(1) 存在論的差異の問題，(2) 存在の根本分節化の問題（存在は〈……であるか〉〈何であるか〉〈誰であるか〉といった諸問題に応じて分節化されるのであり，本質と現実存在との間の伝統的な区別もここから根拠づけられる），(3) 存在理念の統一性の問題（存在理念はさまざまな領域によって変様しうるが，にもかかわらず統一性をもっている），(4) 存在の真理性格の問題（繋辞の問題に対応），である。これら四つの問題は，1928年の『論理学の形而上学的な始元諸根拠』でも列挙されるが，そこでは順序が変わっている（GA 26, 192-193）。それを描いたのが第二の図表である。この図は解体よりもむしろ現象学的還元の操作――この操作は現象学的構築から切り離せないものである――に対応しているように思われる。

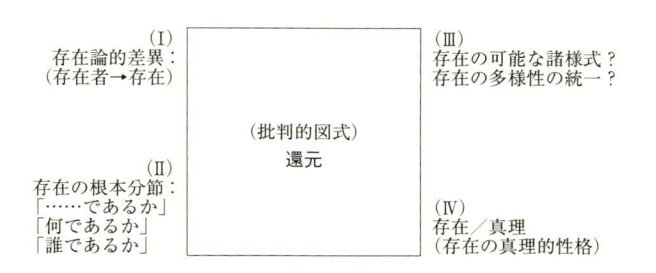

```
(Ⅰ)                              (Ⅲ)
存在論的差異：                     存在の可能な諸様式？
(存在者→存在)                     存在の多様性の統一？

                (批判的図式)
                  還元
(Ⅱ)                              (Ⅳ)
存在の根本分節：                   存在／真理
「……であるか」                   （存在の真理的性格）
「何であるか」
「誰であるか」
```

この図表を通して，現存在の存在理解から生じてくる存在理念に内在する問題群を意識することができる。だがさらに，これら四つの根本問題を現象学的に「概念へともたらす」ことが必要である。これが現象学的構築——この用語は「明らかにフッサールの《構成》を引き継いでいる」[20]——に特有の課題となる。この作業は以下のように図式化できよう。

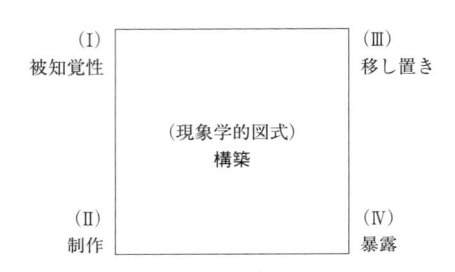

```
    (I)                    (III)
  被知覚性                 移し置き

          (現象学的図式)
             構築

    (II)                   (IV)
    制作                   暴露
```

第2節　「存在論的差異」の多様な側面

　もちろん，以上のような幾何学的な図表では，〔解体・還元・構築という〕三つの次元を結びつける深い根拠は説明できないであろう。それが可能になるのは，実際に現象学的な構築を行うことによってのみである。そうするとすぐに，それぞれの問題がたがいに響きあっていることが分かる。『現象学の根本諸問題』で舞台の前景を占めている第一の問題，すなわち存在論的差異の問題からしてそうである。なるほど，いかにして存在者の存在を考察すべきか，いかにしてその可能性を説明すべきかといった問題は，存在論の幕開けとなる真の意味での「開けゴマ！」として問わねばならないものである。というのも，「この差異によってはじめて，存在論の主題と，それとともに哲学それ自身の主題とが獲得される」(GA 24, 22) からである。だが，存在論的差異という問題を，「存在の超越論的学」(GA 24, 23) としての存在論を可能にするというこの第一の役割だけに閉じ込めることはできない。それは第一に方法上の理由による。つまり，存在論的差異とは現象学的還元にその真の意味を与えるものであって，この還元は普遍的な射程をもっているのである。第二に根底的な理由がある。つまり，『現象学の根本諸問題』第二部の第一章が示そうとしているように，時間性のみが「存在と存在者との区別可能性」(GA 24, 22) であるとすれば，この区別は単に存在論の入り口ではなく，存在論の核心そのものなのである。なぜなら，「存在論的差異の問題とともに，根源的な存在の問題と

存在の問いの中心とが差し迫ってくる」(GA 26, 193) からである。

マリオンは，『還元と贈与』の中で，この「存在論的差異というほとんど際限のない賭け金」に関する重要な研究を行っている[21]。その論述の細部には立ち入らずに，三つの主要テーゼだけを取り出してみよう。

1／まず第一に主張されるのは，「存在論的差異／区別（ontologischer Unterschied, Unterscheidung）」という表現がすでに『存在と時間』から用いられているということである。「《存在論的差異》は『存在と時間』の中でも文字通りの意味で登場している。なぜなら，〔『存在と時間』という〕1927年の突破は，まさしく存在論的差異のただ中で成し遂げられるからである[22]」。これがマリオンのテーゼである。そこで引き合いに出される語彙データには異論の余地がないにしても，これは文献学的な慎重さを要する問題であるから，私としてはこのテーゼをそのまま承認することは避けたい。むしろ，「存在論的差異」が公式に「術語としての命名」を得たのは『存在と時間』以後のことでしかないとするボーフレやサリス，グラネルの解釈で満足しておきたい。マリオンは彼らの解釈を「矛盾し筋が通らない[23]」と評するが，私にはそれほど不都合のない解釈であると思われる。『存在と時間』と後期マールブルク講義との時間的隔たりはきわめて小さいものであるから，この問題はそれほど深刻に考えなくてもよい。むしろ重要なのは，事象そのものに関しては，『存在と時間』はすでに差異の中を動いているということである。

2／事象そのものを理解する上でより決定的な意味をもつのは，「『存在と時間』を動かしているような存在論的差異へと達するための導きの糸は，フッサールに端を発するものである[24]」というテーゼであろう。とくに留意しておきたいのは次のような示唆である。「1927年以前からフッサールとハイデガーとの間にあった理論的な断絶は，まさしく《意識》（ないし実存）と《事物》（ないし実在）との……差異の解釈をめぐるものであった。ハイデガーがフッサールから離れていったのは，フッサールが知らなかった《存在論的差異》を導入することによってではなく，フッサールが未規定のまま放置していた本質および存在様式に関わる差異を，存在論的な差異として根源的に深化させることによってである[25]」。

3／マリオンの研究を締めくくる第三の示唆は，われわれの狙いにとってもっとも貴重なものである。マリオンは，「その〔存在論的差異という〕概念の語られ方と働きとが一致していない[26]」ことを確認した上で，『存在と時間』で

分節されている存在論的差異について、そのきわめて複雑な語られ方を再構成するよう促している。つまり、存在論的差異において、たがいに重なり合った三つの形態を区別するように提案するのである。その三つとは、(1) 意識と実在との存在的差異（フッサールがすでに垣間見ていたもの）、(2) 存在様式間の差異（ここから例えば目前性と実存との区別が出てくる）、(3) 存在と存在者との差異である。これらの内で『存在と時間』にもっとも特徴的であるのは第二の差異であろう。それはいわば、第一の差異と第三の差異の双方にまたがっているのである。こうした存在論的差異の語られ方とその帰結の曖昧さは、「標準的な存在論的差異」である存在と存在者の差異という二項図式が存在の問いを構成する三項構造と交差していることと関係があるだろう。マリオンは、「『存在と時間』では、存在論的差異が存在の問いの三項構成に従っていたために」、その後の存在論的差異における厳密に二元的な次元への通路が付けられなかったのではなかろうか(28)、とさえ考えている。

いずれにせよ、この三項構成の主たる結果として、「『存在と時間』における差異の分解(29)」が生じ、差異はほとんど変幻自在になる。マックス・ミュラーの証言によると(30)、ハイデガーは、『存在と時間』第一部第三篇のために、異なる三つの形の差異を用意していたという。これらの差異をそれぞれ示すならば、(1)「超越論的」差異、つまり狭い意味における「存在論的」差異（存在者とその存在者性との差異）、(2)「超越態的（*transzendenzhaft*）」差異、つまり広い意味における「存在論的」差異（存在者と存在との差異）、(3)「超越的」差異、つまり狭い意味における神学的差異（神と存在者・存在者性・存在との差異）となる。このことが示しているのは、マリオンが見てとったとおり、〔存在論的差異の〕「厳密な練り上げというよりもむしろ躊躇(31)」である。極言すれば、その躊躇は「すでに根底で感得されていたものを不十分に、あるいは間違って(32)」表現したものではないか、と問うことさえできるかもしれない。

どのような躊躇があったとしても、以上に提示された用語法から、一連の後期マールブルク講義を、〔『存在と時間』における〕手探りを厳密な練り上げへと変えてゆく最初の試みとして再読することが求められる。このような観点から、私は次の三つの仮説をうち出してみようと思う。

1／後期マールブルク講義は、「差異の遂行は現存在に帰せられる(33)」というテーゼをはっきりと確証している。それによって、現存在は「存在論的差異の」真の「担い手(34)」として現れることになる。

> **コラム㊼　存在論的差異の「担い手」としての現存在**
>
> 　現存在は，何らかの仕方で存在というようなものについて知っている。現存在は，実存するからには存在を理解し，存在者に関わっている。存在と存在者との区別は，たとえ表明的には知られていなくても，潜在的に現存在とその実存において現にある。区別は現にある，つまり，区別は現存在というあり方をもっている。区別は実存に属する。実存とは，いわば「この区別の遂行において存在すること」である。この区別をなしうる魂だけが，動物の魂を超えて人間の魂になる資格をもつ。存在と存在者との区別は，時間性の時熟において時熟させられている。区別は時間性に基づいて，時間性とともにいつもすでに時熟し，企投されている。つまり，暴露されている。だからこそ，区別がことさらに，また表明的に知られること，知られたものとして問いかけられ，問いかけられたものとして探究され，探究されたものとして概念的に把握されることもある。存在と存在者との区別は，先存在論的である。つまり，顕在的な存在概念を欠いたまま，潜在的に現存在の実存の内に現にある。そのようなものとして，区別は表明的に理解された差異にもなりうる。現存在の実存には，時間性に基づいて，存在理解と存在者へのふるまいとの直接的な統一性が属している。この区別は，それが実存に属するからこそ，さまざまな仕方で顕在的になりうる。存在と存在者を表明的に区別することによって，区別された両者がたがいに際立つがゆえに，そこでは存在は概念的な把握（ロゴス）の可能的な主題となる。それゆえ，われわれは存在と存在者との区別が表明的に遂行された場合に，それを**存在論的差異**と呼ぶことにする。それゆえ，存在論的差異を表明的に遂行し，形成することは，この差異が現存在の実存に基づいている限り，どうにでも左右できる，またついでの事柄では決してなく，現存在の根本的なふるまいである。このふるまいにおいて，存在論，すなわち学としての哲学が構成されるのである。（*GA* 24, 454-455）

　2／「存在の問いの三項的表現」[35]は存在論的差異の問題の定式化に深く影響したのであり，その結果，ついには基礎的存在論が「メタ存在論」につながることになった。

　3／ミュラーが引用する術語上の区別によって示されている存在論的差異の分解は，後期マールブルク講義では，明らかに，すでに上で触れた存在論の根本的問いの四方向への展開に従属させられている。

　以上の仮説を検証するためには，〔ハイデガーによる〕さまざまな現象学的

解明を注意深く吟味する必要がある。そうした解明は、『現象学の根本諸問題』第一部で諸々の存在論的テーゼが提示されるごとに、その提示を補完する形で行われた。その箇所を読めば、取り上げられる一連の問題全てに存在論的差異が含まれていることがはっきりと確認できる。だが、その含まれ方は問題ごとにかなり異なっており、そのつど存在論的差異の新たな姿が露わにされるのである。

　1／まず最初に、知覚の志向的意味の分析を通して、「単に術語の上ではなく、事象に基づいて、**存在者の被発見性とその存在者の存在の開示性**」（*GA* 24, 102）を区別すべきであることが示される。このように「被発見性において発見された存在者と、開示性において開示された存在との区別を把握する可能性」（*ibid*.）は、われわれの考えでは、存在論的差異の第一の現象学的形態と呼ぶべきものであって、ハイデガーがただちに付言しているとおり、そこから他の諸形態が呼び出されるのである（*GA* 24, 107）。

　2／事実、第二のテーゼを提示する箇所を少しでも読めば、1／の作業で存在論的差異の問題が片付いてしまったわけではないことが分かる。もっとも、典型的なスコラ存在論の主張に基づいてそのように言うのではない。ここでは本質（*essentia*）／現実存在（*existentia*）という区別が問題になっているのであるが、スコラ存在論ならば、この区別自体を存在論的に根本的なものと考えるであろう。それに対して、ハイデガーにとっては、次の事柄を見てとることの方が大切である。すなわち、「実在性（*realitas*）ないし本質と現実存在との区別は存在論的差異と重なるのではなく、存在論的差異をなす二つの項のうちの一方に属すべきものである」（*GA* 24, 109）。つまり、次のようなことになる。

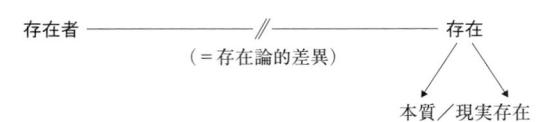

```
存在者 ———————————— // ———————————— 存在
           （＝存在論的差異）            ↙   ↘
                                    本質／現実存在
```

それゆえ、本質／現実存在という区別の裏には存在の根本分節化という根本問題が隠れているのであって、この根本問題は、もっぱら「存在論的差異という根本的な問いを背景として」（*GA* 24, 110）浮かび上がってくるものである。逆から言えば、本質／現実存在という区別に結びつけられた場合に、存在論的差異は明確になると同時に複雑化してくることになる。スアレスのように、有

限な存在と無限な存在との区別こそがあらゆる存在論的区別の内でもっとも根本的なものだと主張するとしても（GA 24, 115），この区別もまた，存在論的差異を無効にするのではなく，それを前提とするものであると言わねばならない。こうして，存在論的差異は別の意味でより根源的なものであることが明らかとなるのである。[36]

中世においては，またすでにアリストテレスにおいても，「現実存在への問いと本質性への問いは，創造する，制作するという意味で現実化することへと方向づけられている」（GA 24, 138）。この発見が，第二のテーゼの意味に関する長い現象学的議論の重心であった。そのような議論を経て，存在論的差異は新たな形態（第二の現象学的形態）をまとって登場する。というのも，古代，および中世の存在論が教えるところとは違って，「あるかどうか［an sit ?］」「何であるか［quid sit ?］」ということだけが，存在者の存在を問う可能性の全てではないことは明らかだからである。というのも，〈誰であるか〉という問い，そもそも制作の存在論という地平を超えるこの問いを介してのみ十全な仕方で接近できる存在者が，少なくとも一つあるからである。すなわち現存在という存在者である（GA 24, 170）。

3／ハイデガーの考えでは，この「誰であるか」という新たな要素を導入することによって，本質／現実存在の区別は「存在者と存在との区別に関する一つの特有な問いにすぎない」（GA 24, 170）ことが示されたのであった。それによって，存在論の問題は第三の方向へと向けられることになる。それは，「**存在の可能的多様性**」と同時に「**存在一般の概念の統一性**」（ibid.）を問うという方向である。この問いかけに史的な意味で対応するのは，デカルト以降，思考スルモノと延長シテイルモノとの対立によって支配されている近代哲学である。実際，〈誰であるか〉と問う者は，一つの主観を定立することになるのではないか。そして，主観性の地位をけっして他に還元できないものとして解放したという点に，近代哲学の根本的な貢献があるのではないか。たしかにそのとおりである！　だが，『現象学の根本諸問題』でも，ハイデガーは，われわれがすでに何度も言及した例の確信，すなわち，存在論的には「近代哲学においては何も変わらなかった（in der neueren Philosophie alles beim alten blieb）」（GA 24, 175）という確信を繰り返すばかりである。主観から出発することで，近代哲学が問いの方向を完全に転換させたことは否定すべくもないが，この転換は，存在論的に見ればまったく転換ではない。それは単に，古代と中

世の存在論がなお用いられているからというだけでなく，近代哲学という思考が，主観の地位についての問いを基礎的存在論の問いとして立てることができないからでもある。こうして厳しい判決がギロチンの刃のように下される。「近代哲学の哲学的転換は，存在論的に原理的に見るならば，まったく何の転換でもなかったのである」(GA 24, 175)。

　ここでもまた，主な証人の役目を負わされるのがカントであることに注目すべきである。実際，ハイデガーは，主観の問題のカントによる定式化を超越論的人格性・心理学的人格性・道徳的人格性という三つの観点から検討することによって，自分の判定を強化できると考えている。だがそれだけではなく，時間の問題の場合とまったく同じ役割を演じさせることによって，カントを証人から味方へと変えることができると考えるのである。実際，カントの問題圏を検討していくと，主たる帰結として次のことが分かってくる。それは，カントがもっとも現象学的で存在論的な姿で現れてくるのは，そのことがもっとも期待できないように思われる場面，すなわち道徳的人格性の規定においてだということである (GA 24, 185)。カントが主観の存在を存在論的に，したがって現象学的に規定しているのは，この場面だけである。「道徳的な自己意識は，人格を本来的に，人格がそうであるところのものにおいて性格づける」(GA 24, 186) ということを示すのが，尊敬という現象である。この現象は，ハイデガーにとって，「われわれがカントから得ている，道徳性の現象についてのもっとも輝かしい現象学的分析」(GA 24, 189) である。この分析を現象学的に反復することによって，思いがけない可能性が見えてくる。それは，「**尊敬という道徳感情において，存在している自我として存在的に顕わにされる自己を存在論的に規定する**」(GA 24, 194) という可能性である。というのも，この感情は，「人間の実存が自らにとって顕わになるような本来的様態であって，しかも単に確認し知識として取得するという意味ではなく，尊敬の内で私が自己であるという仕方，すなわち私が**行為する**という仕方で実存がそれ自身に顕わになるような様態」(*ibid*.) だからである。

　こうして，『現象学の根本諸問題』によって，『存在と時間』の第64節で仕上げられた自己性の問題に重要な補足が加えられることになる。すなわち，自己性は気遣いだけではなく，責任（尊敬）とも併せて考えられねばならないのである。とはいえ，カントのもっとも貴重な獲得物である尊敬を「現象学的批判」へと委ねなければならないということは，ハイデガーには疑う余地のない

第三章　基礎的存在論とその主題——存在論的差異　545

事柄である。というのも，〔カントによる〕「道徳的人格の存在論的な諸規定」は，「道徳的人格の存在様式に対する存在論的な根本の問いを回避」している（GA 24, 199）からである。カントは——カントだけが——自己性の存在論的地位を解明する営みが根を下ろすべき地点を手に入れたのであるが，けっしてその問題自体を解決したわけではなかった。「自我を道徳的人格として解釈することからは，自我の存在様式に関するいかなる本来的な解明も得られないのである」（GA 24, 201）。それゆえ，カントにもまた怠り（Versäumnis）という概念を適用せざるをえない。すでに見たように，この概念は，フッサールによる志向性の問題の扱いに対して 1925 年に適用されていたものである。したがって，自己性の存在論的地位の問題に対するカントの状況は，志向性の問題に対するフッサールの状況とまったく同じであることになる。「カントは，彼以前の誰よりも人格性の存在論的構造へと肉迫したが，……人格の存在様式への問いを表明的に立てるまでには至っていないのである」（GA 24, 218）。

　以上の否定的・消極的な確認は，さらにカントがなお制作の存在論の地平に絡めとられているという事実を証示することによって裏打ちされている（GA 24, 211）。だが，これが現象学的批判の最後の言葉ではありえないことは明らかである。この批判は現象学的であろうとするものであり，ということは肯定的・積極的であろうとするものである。これをさらに「現存在それ自身が存在論的に適切に規定されうる道についての表明的な省察」（GA 24, 218）によって補完しなければならない。批判によって示されたのは，思考スルモノと延長シテイルモノとの区別は，近代哲学にとってどれほど重要なものであっても，「制作されてあるという意味における**存在の平均的概念**」（GA 24, 219）によって支配されているということである。このことは，ハイデガーにとって，この区別が現存在の存在論によって否定されるどころか，むしろいっそう深刻化せざるをえないものであることを意味する。現存在の存在論は，制作された存在という平均的概念と，客観についても主観についてもその存在論的地位の理解を妨げている主観-客観関係という二重の差し錠を爆破するのであるが，それによって，思考スルモノと延長シテイルモノという区別はいっそう深刻化するのである。この障害を乗り越える道はただ一つ，「現存在にとって実存するとは何を意味するのか」という問いを真剣に立てることである。それは，肯定的・積極的に言えば，「自らを関わらせることが主観の存在の体制それ自身に属している」（GA 24, 223-224）のだと認めること，言い換えれば，実存する

ことは「とりわけ自らを関わらせつつ存在者のもとに存在すること」（GA 24, 224）を意味するのだと認めることである。

　世界内存在を含む自己理解の志向的構造を明らかにすることによって，単に近代へと戻るのではなく，近代哲学における転換をさらに転換させることが可能になる。「現存在の存在体制は，自己意識の助けを借りて規定することのできないものであって，逆に，十分に明確化された実存の構造に基づいて，自己理解の諸可能性を説明しなければならない」（GA 24, 247）。このような言い方で，ハイデガーは，近代の主観哲学を長々と論じた末に，主観についての近代的な問題設定を転換しなければならないと主張するのである。そこから生じる第一の帰結は，すでに注意を促しておいたように，思考スルモノと延長シテイルモノの差異が解消されるどころかさらに深刻化し，それ自体が存在論的差異の一面と化すということである。「現存在の存在体制と自然の存在体制との存在論的な区別は，明らかに大きすぎるので，さしあたっては，二つの存在の仕方は比較できないし，存在一般の統一的概念から規定することもできないように思われるほどである。**実存**と**目前存在**の相違に比べれば，伝統的存在論における神の存在の諸規定と人間の存在のそれとの相違などたいしたことはない。というのも，これら二つの存在者〔神と人間〕は，なお目前的なものとして概念把握されているからである」（GA 24, 250）。

　神の存在の無限性と人間の存在の有限性とを隔てる底知れぬ差異と比べることによって，ここで問題となる差異はこの上なく強力に表現されることになる。このような「問題の深刻化」については，以下の二つの点を指摘しておく必要がある。

——実存とまったく同様に，目前性も多様な仕方で言われるということを忘れないようにすべきである。ハイデガーは，あえて自然の存在論の方向へと進むことはなかったように見えるが，それでも以下の言明は心に留めておきたい。「非現存在的な存在者の存在は，さらに豊かで錯綜した構造をもっており，それゆえに目前的なものの物連関としての通常の性格づけを越え出るのである」（GA 24, 249）。
——他方で，このような差異の激化を背景としてはじめて，「さまざまな存在の仕方の可能的な多様性との連関において，存在概念の統一性をどのように捉えればよいのか」（GA 24, 250）という問いがリアルなものとなる。

その場合には，存在理解の可能性に賭けてみるしかない。存在理解というのは，人間であれ神であれ，精神的存在者であれ自然的存在者であれ，全ての存在者を包含するものであって，まさしくそれゆえに「さしあたって無差異」である。このような「存在の無差異」は存在者に関する日常的な理解において暴露されるものであるが，それによって，われわれは存在論的差異の第四の形態——いわばそのもっとも匿名的で隠蔽された面——を発見することになる。実際，無差異なる存在理解があることを示すだけでは十分ではない。というのも，その場合には存在論的差異を無効化するだけになりかねないからである。さらに，存在理解が「つねに**差異化しうる**」（*GA* 24, 250）ものであることを示さねばならない。無差異を背景としてこのような差異化が浮かび上がる場が，繫辞にほかならない。

4／繫辞はその多義性によって，思考にとって一種の「浮動するシニフィアン」となる。ハイデガーにとって，この多義性は差異化した存在理解を脅かすものではない。むしろそれによって，「**存在者の存在の，つまりは存在理解一般の，それ自身において多重化した構造**」（*GA* 24, 291）が真の意味で保証されるのである。もちろんこういったことが意味をもつのは，公共的な言語的意味に先立つ「内心の言葉」のようなものが現存在に内属していることを認める場合のみである。それは存在理解が分節される最初の場となるのである。その場合にはじめて，次のように言うことができる。「繫辞の無差異は欠陥ではなく，ただあらゆる言明の二次的性格を特徴づけるものにすぎない。命題における《である》には，このようにその意味を無規定にしておくことがいわば許されている。なぜなら，この《である》は語り出されたものとして，自らを語り出す現存在から発しており，この現存在は，《である》において意味されている存在をすでにあれこれと理解しているからである。《である》は，命題において語り出されていることに**先立って**，すでに事実的な理解においてその差異化を被っているのである」（*GA* 24, 301）。さらに次のようにも言われている。「ロゴスの提示機能においてすでに遂行されている《である》の意味の差異化は，伝達としての言明においては無規定のままでありうる。なぜなら，**提示**そのものは，**存在者が暴露されていることを前提し，それとともに存在理解の差異化を前提としているからである**」（*GA* 24, 302）。これと同様に，繫辞が語り出すことのできる（語り出すとは限らないが）真であることは，言明の志向的

意味に属するものである。

　以上のようにして，ハイデガーにとっては，存在論の四つの根本問題は相互依存の関係にあって，「存在論の根本問題設定の全体をなす諸問題」（*GA* 24, 321）であることが確認される。まさしくそれは，志向性と超越の関係という問題がこれら四つの問題にそのつど違った仕方で含まれていたのと同じ事情である。

第3節　基礎的存在論とメタ存在論——方向転換

　締めくくりとして，存在論的差異の地位の複雑さについて先に第二の仮説として述べておいたものを一瞥しておこう。それは，〔存在論的差異によって〕基礎的存在論が「メタ存在論」へと開かれる，という仮説である。この変化は，「基礎的存在論の理念と機能とを特徴づけること」と題された『論理学の形而上学的な始元諸根拠』の重要な一節（*GA* 26, 196-202）で告げられている。そこでハイデガーは，基礎的存在論が将来の存在論のための単なる予備学ではありえず，存在論自体の基礎であることをもう一度想起させた後で，基礎的存在論に三つの課題を割り当てている。すなわち，(1) 現存在を時間性として解釈すること（『存在と時間』の公刊部に対応），(2) 存在問題の時的な提示（未公刊の第一部第三篇に当てられた課題であり，少なくともそれに着手し始めているのが『現象学の根本諸問題』である），そして最後に (3)「この問題設定の自己理解を展開すること，その課題と限界，反転（*Umschlag*）」というかなり意外な課題である。

　この一節は，実存の有限性に関する省察として読めるものであって，ほとんど悲劇的ともいえるようなトーンで語られている。他の全ての活動の場合と同じく，哲学の活動にも実存の有限性が刻みこまれている。有限性という傷に面する時，哲学者は二重の誘惑に出会うであろう。当然のことながら，安易さに誘惑されて，時代精神（*Zeitgeist*）の一時的な関心に誘導されるということがある。哲学において，時代精神は「ひと」に相当する機能を果たすのである。だが，より手の込んだ誘惑として，難解さに誘惑されるということがある。それは，中心的で根源的なものであると認められた問題設定を絶対化し，それを「永遠の課題」（*GA* 26, 198）へと変形してしまうということである。基礎的存在論が，中心的で根源的な問題設定と見なされるものであることは明らかである。「哲学の有限性は，哲学が限界に突き当たり，それ以上先に進めないこと

にあるのではなく，哲学がその中心的な問題設定の簡素さの内に，そのつど新しい覚醒を要請するような豊かさを宿しているということにある」(*GA* 26, 198)。各人にその人に応じた誘惑がある。存在論の問いをその特徴である普遍性と徹底性とともに引き受ける者にとって，本当の意味での誘惑とは，誤った絶対化によって次のことが認められなくなることである。「これらは中心的な問題ではあるが，まさしくそうであるがゆえに，それらの本質性においてはけっして唯一の問題ではない。言い換えれば，基礎的存在論は形而上学の概念を汲み尽くすものではないのである」(*GA* 26, 199)。

本書の解釈の試みにとっても結論として使えそうなこの言明は，まさしくハイデガーが「転回」という言葉を口にせざるをえなくなる最初の地点を示している。「まさに存在者がすでに〈現〉の内にあることによってのみ存在は与えられるのだから，基礎的存在論の中には潜在的に，何らかの根源的な形而上学的変更への傾向が潜んでいる。それは，存在がその完全な問題設定において理解される場合にはじめて可能になる」(*GA* 26, 199)。これは驚くべき急変，まさに絵に描いたような急変である。これまでの探究の基礎的な性格に異議を唱えて，それを単なる予備学に切り下げてしまおうというのではない。にもかかわらず，突如として，もはや基礎的存在論は究極的なものではないかのように事が進むのである。この急変をどう解すればよいのであろうか。

解釈学の有力な規則に従って，まずは語彙上のデータに注意を向ける必要がある。実際，「転回」を語る語彙として，打ち返し（*Zurückschlagen*），変更（*Verwandlung*），反転（*Umschlag*）の三つがある。この三つの語は何を言おうとするものであろうか。

a) 存在から存在者へ——打ち返し

「打ち返し（*Zurückschlagen*）」という語彙は，『存在と時間』の最初と最後で出てきていた。すなわち，〔『存在と時間』という〕一種の解釈学的大円環の両端に当たる第7節と第83節である。鍵となる二つの文章を思い出しておこう。まずは第7節の文章である。「哲学とは，現存在の解釈学から出発する普遍的な現象学的存在論であり，この現存在の解釈学は，**実存の分析論として**，あらゆる哲学的な問いの導きの糸の端を，その問いが湧き出てまたそこへ打ち返すところへと結びつけておいたのである」(*SZ*, §7, 38)。『存在と時間』の最終節では，この文章が引用された後で，次のように述べられている。「もちろんこ

のテーゼも，ドグマと見なされてはならず，なお《包み隠されている》原則的な問題の定式化として見なされねばならない。すなわち，存在論は**存在論的に**根拠づけられるのか，あるいはそのためにも何らかの**存在的な基礎**が必要なのか，さらにはいかなる存在者が基礎づけの役割を引き受けなければならないのか，という問いのことである」（*SZ*, 436）。

b) 変更（*die Verwandlung*）

後期マールブルク講義は，『存在と時間』ではまだ「包み隠されていた（enveloppé）」問題を（ほとんど写真の意味で）「展開＝現像（développement）」することを最初に試みたものとして読むことができる。だが，あたかもこの現像（すなわち存在論的差異の遂行（*Vollzug*））が，問題設定の変更（*Verwandlung*）であるかのように事が進むのである。とはいえこの変更によって，存在者から存在への移行を可能にした還元が問いに付されるということはありえない。そうではなく，適切に理解された還元，すなわち実行サレタ働キニオケル（*in actu exercitu*）存在論的差異によってはじめて，存在から存在者への帰還が可能になるというのである。

c) 反転（*Umschlag*）

以上のことから，「存在者をその全体においてテーマとするような独特な問題設定の必要性」（*GA* 26, 199）が生じてくる。この新たな問題設定を指し示すためにハイデガーが選ぶのが，メ・タ・存・在・論・という奇妙な名称である。メタ存在論とは，基礎的存在論を通してのみ垣間見られる形而上学にとっての約束の地のようなものである。これは，転回（*Kehre*）という含意をもつメタボレー（μεταβολή）というギリシャ語から造られた術語である（*GA* 26, 201）。さて，基礎的存在論から形而上学的存在者論（ontique）へのこのような転回は，最終的には時的な分析論によって要請されるものである。「徹底化と普遍化に動かされることによって，存在論をその内に潜在している反転（*Umschlag*）へともたらすことが重要である。そこにおいて，転回運動が遂行され，メタ存在論への反転に至るのである」（*GA* 26, 201）。

これらの綱領めいた宣言によって，ハイデガーが実存者から逃れて実存の方向へと向かったことを急に後悔したとでもいうかのように，悔い改めとしての方向転換が告げられていると想像するならば間違いであろう。それでも，次に

引用する文章に含まれている約束と予告には強い印象を受けざるをえない。約束とは，「メタ存在論的-実存的な問いの領域にこそ実存の形而上学の圏域もある（ここでようやく倫理の問いが立てられる）」（GA 26, 199）ということ，予告とは，メタ存在論が，存在者をその全体において考慮するものでありつつも，存在者の普遍学という意味での総計的な存在者論と混同できないものだということである。したがって，メタ存在論とは，存在者の存在を理解したいという欲望に駆り立てられて存在論の中を冒険して回った後で，再び存在者たちとそれらを互いに区別する存在的差異という慣れ親しんだ土地に戻ってくるといったことではない。「メタ存在論は，ただ徹底的な存在論的問題設定という根拠にもとづき，この問題設定のパースペクティブにおいて，この問題設定と一体になってのみ可能なものである」（GA 26, 200）。基礎的存在論とメタ存在論とが一体となってこそ，形而上学の概念が形づくられるのである（GA 26, 202）。そして，このような総合を行うと，ハイデガーはまたもや変更という語をもち出して，おそらく彼の約束の内でもっとも野心的かつ曖昧な約束であると思われる事柄をほのめかす。すなわち，存在論的差異の両面を反映する〔基礎的存在論とメタ存在論という〕これら二つの相補的な見地が総合されるということは，講義の冒頭から「第一哲学」および「神学」として提示されてきた「哲学自身の唯一の根本問題」にもたらされる変更を表している，というのである。そして，謎めいた言い方でこう付け加える。「これは単に存在論的差異をそのつど（*jeweilige*）具体化すること，すなわち存在理解の遂行を具体化することにすぎない。言い換えれば，哲学とは，実存の形而上学的本質の中心的かつ総体的な具体化なのである」（*ibid.*）。

第四章　時間性から存在の時的解釈へ
――アプリオリの問題

　ハイデガーは『時間概念の歴史への序説』第7節で「アプリオリの根源的な意味」を簡潔に述べているが，そこで主要な地位を占めるのは，プラトンとカントという二つの固有名詞である（GA 20, 99-103）。この二人は，一つの中心的なテーゼへとはっきりと従属させられている。そのテーゼとは，現象学的に解されたアプリオリとは，ふるまいの名称ではなく存在の名称だというものである。この綱領的なテーゼの意味は，『存在と時間』を経て明確になっている。アプリオリの真の名称が根源的時間性であることは，もはや確認済みである。まさにこの重大な発見によって，プラトンとカントについて再考できるようになる。そうして，「哲学とはアプリオリを主題とするものであって，《経験的な事実》そのものを主題とするのではない」（SZ, 229）という『存在と時間』第44節の主張が確認されるのである。

　ただし，根源的時間性という概念によってプラトンとカントを出会わせることができるというのは，自明なことではない。そのためには，この二人に対して，「著者を本人が自らを理解した以上に理解しなければならない」という解釈学の格率[*41]を適用する必要がある。この格率は，哲学においてはおそらく他の分野の場合以上に重要になってくるのである。1927／28年冬学期の講義『カントの純粋理性批判の現象学的解釈』の口火を切る予備的考察は，全面的にこの格率の支配下にある。「《よりよく理解する》というのは，どのような解釈でも，本当の解釈ならば必ず哲学的な闘争を含んでいなければならないことを表現するための言い回しである」（GA 25, 4）。この言明は，1924年の講義『プラトン『ソピステス』』の冒頭に見られる同様の定式にも反響している。そこでハイデガーは，「解釈者は明瞭なものから不明瞭なものへと向かわねばならない」という解釈学の古い格率を引用した後，アリストテレスがプラトン自身よりもよくプラトンを理解したことを理由として，アリストテレスから出発してプラトンを読むことを提案する。その上で，次のように付け加える。「というのも，理解するという問題に関しては概して，後続者はつねに先行者の自己理解よりもよくその先行者を理解すると言うべきだからである。まさしくこの

点に，創造的研究の基本要素，すなわち創造的研究は決定的には自己自身を理解しないという要素が存するのである」(GA 19, 11)。

『存在と時間』を経て，プラトンとカントを我が物とするための条件はいっそう明確になった。というのも，『存在と時間』の問題設定との連関においてこそ，彼らの思想を彼ら自身よりもよく理解することができるからである。

第1節 プラトンによる「アプリオリ」の発見に関する現象学的解釈

すでに講義『プラトン『ソピステス』』において，ハイデガーは形相的な認識とアプリオリの問題とを結びつけていた。運動（kinêsis）と静止（stasis）とを一緒ニ考エル（syllabein）ことができるためには，それらの自明の意味から目ヲソラス（apidein）ことができるのでなければならない。『ソピステス』でプラトンが提示している問答の歩みには，「一緒ニ考エル」ことと「目ヲソラス」ことという二つの構造的契機が含まれている。ハイデガーは，後の方の表現を「外へ目をやりつつ後を追うこと（heraussehendes Nachgehen）」(GA 19, 493) ないしは「外へ目をやること（Heraussehen）」(GA 19, 494) と言い換えて，それこそが今日で言う「形相的直観」（本質考察（Wesensbetrachtung））や「アプリオリの認識」であることを明確にしている。そうした文脈で，ハイデガーはこの種の認識がアポリアを含むものではないことを強調する。アプリオリを発見するためには，可視的なものに対して目を閉じる必要などまったくない。それどころか，「所与のものから外へと目をやり，その外に見えてきたものの後を追うこと（Heraussehen aus dem Vorgegebenen und dem Herausgesehenen nachgehen）」(ibid.) が必要なのである。また，魂がその内在性から解放されなければ，超越的なものであるアプリオリに到達できないというわけでもない。それはカントの認識論の誤った適用による擬似問題である (GA 19, 495)。「この形相的認識は存在という一般的な問題に，すなわちいかにしてそもそも何か或るものが他のものよりも以前にありうるのか，この特殊な先行秩序（Vorordnung）は何を意味するのかという問いに関連している」(GA 19, 495) ということ，この点を認めることが肝心であって，それを可能にしたのが現象学なのである。とはいえ，ハイデガーによれば，ギリシャ人たちには，自らの発見の意味を考えねばならない理由はまったくなかった。なぜなら，彼らは最初から，存在者と存在とのこのような連関全体を現在において展開されるがままにしていたからである。ということは，アプリオリが基礎存

在論的な問題として認められるのは、ひとえに時間性の問題を真剣に受けとる時のみだということである。

『存在と時間』の直後に、ハイデガーはプラトンによるアプリオリの発見を現象学的に解釈してみせている（GA 24, 463-464）。『現象学の根本諸問題』のこの箇所と驚くほど類似したテキストが『論理学の形而上学的な始元諸根拠』にも見られるが、この現象学的解釈においては、プラトンの二つの中心主題が捉え直されている。すなわち、『国家』の実有ノ彼方へ（ἐπέκεινα τῆς οὐσίας）（GA 24, 399-405；GA 26, 237-238）という主題と、『パイドン』や『パイドロス』の想起（ἀνάμνησις）という主題（GA 24, 464-465；GA 26, 186-187）である。

　a）「われわれが求めているもの、それは実有ノ彼方である」（GA 24, 404）
　上の二つの主題は、ともに「存在理解一般の可能性の条件」（GA 24, 389）としての時間性の問いに支配されている。「可能性の条件」とは「アプリオリ」のことであり、その逆もまた真である。だが、今問題になっているのは、可能性の条件の方である。したがって、『存在と時間』ではほんの素描にとどまっていた事柄が問題になってくる。それは、『存在と時間』第31節で導入され、第68節で時間性との関連から深められた（SZ, 336-339）実存論的な理解概念によって、いかにして存在理解という語の厳密な意味がよりよく理解されうるようになるのか、という問いである。つまりそれは、実存論的な理解の根本構造（自らを理解する現存在を可能性の地平へと企投させるような企投的構造）は、はたして存在それ自身の理解にも同様に当てはまるのかどうか、という問題である。こうして、「存在企投」という言い方をしてもよいのかどうかを考えてみなければならなくなる。「存在企投」とは、「企投として存在者を存在から理解するだけでなく、存在それ自身が理解される限りにおいて、存在そのものをも何らかの仕方で企投してしまっている」（GA 24, 396）ような「理解すること」なのであるが、そのようなものを語ってもよいのかどうかが問題になるのである。

　この問いに対して、ハイデガーは、存在理解の企投的構造を認めねばならない、とはっきり答えている。「存在が理解されるのは、ただ存在が存在の側で何か或るものの方へと企投されている限りにおいてである」（GA 24, 396）。だが、この「何か或るもの」とは何であるのか。もちろん答えがどうなるかは見

当がつく．すなわち，根源的時間性，というよりむしろ，先に定義した意味での時性（*Temporalität*）（*GA* 24, 397）が，この企投の地平となるはずである．事実，ハイデガーは急いでこの答えをうち出している．だがそれは，もっぱらこの答えが学としての存在論に関する通常の観念を揺るがす度外れな面をもつことを強調するためである．

　実際，この答えは，理解の基礎という面から見ても，また同時に理解の地平という面から見ても，存在の概念的な——その意味で「対象的」な——理解をはみ出しているように思われる．学としての存在論を組み立てることができるとすれば，もっぱらそれは存在論以前の存在理解という「先立って与えられているもの（*Vorgabe*）」（*GA* 24, 398）に依拠してのことであろう．またこの存在論を完遂できるとすれば，ただあえて「存在を超えて問う」（*GA* 24, 399）場合のみであろう．だが，こうした問いかけが，「どこにも至ることのない道」であったり理性の道の踏み外しであったりするのではないということを，どのようにして確証すればよいのであろうか．ここでハイデガーは，この困難な賭けが正当なものであることを確証してくれる同志として，まさしくプラトンを見出すのである．だがそれは，プラトンをプラトン自身に背反させるためでしかない．プラトンのいう存在の彼方と，ハイデガーのいう存在の彼方は，まるっきり異なったものである．ハイデガーにとって，プラトン的な善のイデアが存在の究極的な理解可能性の地平となることはありえないであろう[40]（*GA* 24, 405）．存在論の可能性の条件は，「善論（agathologie）」ではなく「時論（chronologie）」であって，すでに見たように，「存在時（ontochronie）」としてのみ適切に理解されるものなのである．

　時間性があらゆる存在理解の究極的な可能性の条件であるとすれば，存在論的差異そのもの（ここにもアプリオリの問題が包み込まれている）を「時的に解釈する」必要が出てくる（*GA* 24, 406）．すでに見たように，このようなラディカルな意味で，まさに存在理解が企投される地平として理解された時間性は，時性（*Temporalität*）（*GA* 24, 414）と呼ぶべきものである．この時性に存在そのものを構成する超越の反響が聞き取られるやいなや，エペケイナ〔彼方へ〕という言い方をしなければならなくなる（*GA* 24, 425）．この意味で，まさしく時性によって，超越と志向性との原理的な繋がりが保証されるのである．「時間性とは，その脱自的‐地平的な統一において，エペケイナ〔ἐπέκεινα〔彼方へ〕〕の，すなわち現存在それ自身を構成する超越の，可能性の根本条件

である」(GA 24, 436)。このことは，さらに次のように要約されている。「時間性一般は，それに基づいて現存在の超越が可能となるような，脱自的で地平的な自己企投そのものである。この超越の内に，現存在の根本体制，世界内存在，あるいは気遣いが根づいている。この根本体制が志向性を可能にするのである」(GA 24, 444)。

b)　「源泉の超力 (Übermacht der Quelle)」

　現象学的かつ実存論的に理解されたエペケイナ〔彼方へ〕によって，われわれは理解の企投的構造へと連れ戻されたのであるが，その場合，理解の実存論的概念には，現実的なものに対する可能的なものの優位というテーゼが含まれていることをも見落としてはならない (SZ, 145)。このテーゼは，いわば源泉において，根源的時間性に対しても妥当するはずである。「根源としての時性は，必然的に，そこから発源してくるようなすべてのものよりも豊かである」(GA 24, 438)。それゆえ，ハイデガーが「源泉の超力＝優位」(GA 24, 438) という言い方によって導入してくるイメージは，けっして単純素朴なものではない。まさしくこの「イメージ」によって，アプリオリの真の本質が明かされ，存在論的差異が時熟の運動として理解できるようになる。「存在と存在者の区別は，時間性の時熟において時熟させられている」(GA 24, 454)。上でわれわれは，存在論の可能性の条件として，前もって与えられているものへの依拠と存在を超えた「地平」への企投の二つを挙げたが，それは存在論的差異にも当てはまることである。存在論的差異は，現存在の実存そのものの内にいつもすでに潜在的な状態で現存しており，根源的時間性の内に刻み込まれている。そうでないとしたら，それは存在論的な射程をもたない概念的な区別にすぎなくなってしまうであろう。この意味でもまた，存在論を構成する根本作用とは存在の「対象化 (Vergegenständlichung)」であると言わねばならない。この「対象化」は，諸々の存在的な学が実行する対象化とはまったく違っている。存在とはけっして「対象」とはならないものであって，その「対象化」とは，「存在の理解可能性の地平に対する存在の企投」(GA 24, 459) を前提とする事柄である。それゆえ，「あらゆる存在論的命題は時的な命題である」(GA 24, 460) と，つまりアプリオリな命題である (GA 24, 461) と言わねばならない。こうして「存在の時性」は，アプリオリのもっとも秘められた核心へと導くものとなる。アプリオリをこのように解するならば，単に年代的な一切の先

行性よりもさらに「古い」起源,「あらゆる可能化の源泉(Quelle aller Ermöglichungen)」(GA 24, 463) であるような「起源」を考えないわけにはいかない。ここにアプリオリの時的な解釈の逆説性がある。

> コラム㊽　あらゆる可能化の源泉としてのアプリオリ
> 　存在者に対するあらゆるふるまいは,すでに存在を理解している。しかも,時にそういうこともあるといったことではなく,存在は必ず先行的に(先駆的に)理解されていなくてはならないのである。存在者に対してふるまうことが可能であるためには,何らかの先行的な存在理解が必要である。さらにこの存在理解が可能であるためには,時間への先行的な企投が必要である。しかし,このようにそのつど先行する諸条件を要求することを規制しているものは何なのか。それは現存在の根本体制としての時間性そのものである。時間性がその地平的-脱自的な本質に基づいて,存在理解と存在者に対するふるまいとを同時に可能にしているがゆえに,可能にするものも可能にすることも,つまりカント的な意味における諸可能性も,その特有の連関において「時間的(zeitlich)」,すなわち時的(temporal)なのである。根源的に可能にするもの,可能性そのものの根源が時間であるがゆえに,時間そのものは端的にもっとも先なるものとして時熟する。どのようなあり方の,どのような〈より先〉が可能であったとしても,そのすべての〈より先〉よりも時間は先にある。というのも,時間は〈より先〉一般の根本条件だからである。また,時間がつねに〔何かを〕可能にすること(可能性)そのものの源泉としてもっとも先なるものであるがゆえに,あらゆる可能性としての可能性は,その可能にするという機能において〈より先〉という性格を,つまりアプリオリという性格を帯びるのである。もっとも,時間があらゆる〈より先〉の,あらゆるアプリオリな基礎づけの秩序の可能性であるという意味においてもっとも先なるものであるとしても,そこから時間は存在的に第一の存在者であるという結論が出てくるわけではない。また,時間はつねに,永遠にあるということにもならない。時間はそもそも存在者と呼ばれてはならないのだが,そのことを完全に度外視したとしても,やはりそうである。(GA 24, 462-463)

存在は存在者に「先行」する。存在がわれわれに先立っているというのは,単に認識の順序においてのこと(認識ニオイテヨリ先ナルモノ(πρότερον γνώσει))ではなく,存在の秩序においてのこと(本性上ヨリ先ナルモノ(πρότερον φύσει))でもあって,それゆえ「存在論的に問うことはすべてアプリオリを問うことであり,《アプリオリ》を規定することである」(GA 26, 184)。

時間は永続性ないしは絶えざる現在性という存在の規定の内にひそかに含まれていたのであったが，同様に，アプリオリという概念の内にも時間がひそかに含まれている。これまでの哲学は，そのような先行性の存在論的——あるいは「メタ存在論的」——な地位の解明に一度たりとも成功しなかった。この先行性を，論理的－認識論的なものや単に存在的なものへと還元することはできない。というのも，そうした次元では，不確かな第一の存在者へと向かう無限遡行が生じてくるからである（GA 26, 185）。こうして，存在論的な意味で解されたアプリオリは存在論的差異を前提することが明らかになる。実際，「存在は存在者ではなく」「存在が把捉されることは，存在者を把捉することの次元の中にはない」（GA 26, 185）のであって，そのように言える場合にのみ，アプリオリの問題が時間と存在との根源的な関係という根本問題へと連れ戻されるのである。「存在と時間，これこそが根本問題である」（GA 26, 186）。

　プラトンが想起の教説において垣間見ていたのは，まさしくそのような可能性であろう。ただしプラトンは，魂の先在という神話によって，こうした可能性を包み隠してしまった。実有ノ彼方へという主題は洞窟の神話から生じてくるものであり，想起という主題は魂の先在という神話に依拠している。どちらについても「脱神話化」が必要である。それによって，どちらの神話も根底的には次のことを言おうとしていることが理解できる。「存在は〈より先〉という性格をもつ。さしあたりたいていは存在者しか知らない人間は，この性格を忘却してしまっている。縛り付けられた洞窟の住人たちを洞窟から解放すること，光へと向きを変えることは，忘却から〈より先〉の想起へと自らを連れ戻すことにほかならない。この連れ戻しにこそ，存在そのものの理解を可能にすることが含まれているのである」（GA 24, 465）。この「形而上学的想起」（GA 26, 186）の番人となるのが，まさしく現存在なのである。

第2節　超越論的な学としての存在論（カント）

　おそらく，さらに一歩進んで，プラトンにおいて洞窟の神話と魂の神話が同じことを述べているというだけではなく，アプリオリの問題については，プラトンとカントも結局は同じことを述べているのだと主張すべきであろう。1927／28年冬学期のマールブルク講義『カントの純粋理性批判の現象学的解釈』を支えているのは，まさしくそのような確信であると思われる。この講義では，プラトンとカントの本質的な近さが繰り返し強調されている。「プラト

ンが何らかの仕方ですでに発見していたことをはじめて判明に見てとった」（*GA* 25, 45）のは，ほかならぬカントであった。なぜなら，カントこそが「存在者の基礎にはその存在の諸原理があるというプラトンの問題をまったく明晰に再び看取した」（*GA* 25, 46）からである。逆から言えば，カントの問題設定（特に超越論的統覚の時間的地位）をもっともよく解明してくれるのは，まさしくプラトンの洞窟の比喩なのである（*GA* 25, 398）。アプリオリという問題の立て方におけるプラトンとカントのこの本質的な近さを公準として，この講義を区切る諸々の大きな解釈仮説――それらは同時に決断でもある――が出てきている。それらの仮説は，それぞれはっきりと分かる形でいくらかの暴力を含んでいるが，それは，現象学的解釈が，「いわばカント自身が言った以上のことをカントに言わせ」（*GA* 25, 67），絶えず「全体の過剰な照明」（*GA* 25, 93）を実行しなければならないものだからである。この過剰な照明が，「カントが言いたかったこと，それどころかカントが言うべきであったことさえをも狙う」（*GA* 25, 338）ように強いるのである。

a）超越論的なものと存在論的なもの

ハイデガーはカントを，「存在論の概念を明らかにし，そうすることで形而上学というこの概念を新たに把握」（*GA* 25, 15）しようとした最初の思想家として高く評価している。超越論的哲学の一般的問題，すなわちアプリオリな総合判断の可能性の条件という問題が，存在者に関する一切の存在的認識に先立つ存在理解の問題と同じものであるということは，ハイデガーには疑う余地のないことである。カント的なアプリオリの問題が哲学の根本問題となりうるのは，ひとえに「存在者に関わってゆくふるまいを越えて，そのようなふるまいよりも前に，またそのようなふるまいに対して，われわれは存在や存在体制のようなものを理解している」（*GA* 25, 23）からである。だとすれば，「アプリオリな総合判断はいかにして可能か」というカントの問いが真に了解できるものとなるのは，ハイデガー的に次のように言い直すことによってのみであることが分かる。「学における存在者の対象化すべてが根拠とするような，存在者の存在論以前の，ないしは表明的に存在論的な存在理解は，いかにして可能であるか」（*GA* 25, 51-52）。

さらに，存在者の存在の理解とアプリオリな総合的認識を同一視することによって，「コペルニクス的転回」を了解するための手がかりが得られることに

なる。「コペルニクス的転回」が意味するのは、「存在者についての存在的認識は、前もってすでに存在論的認識へと方向づけられていなければならない」(GA 25, 56) ということにほかならない。それゆえ、コペルニクス的転回とは、「客観性」の信奉者たちが告発したがるような主観主義的な意味のものではありえまい。「コペルニクス的転回は、現実的に存在するものを主観的表象に解消するどころか、まず第一に対象それ自身への接近の可能性を明らかにする」(ibid.)。したがって、「超越論的哲学」という表現自体も、「《存在論》を表す別の名称、問題の別の定式化」(GA 25, 58) にほかならない。当然ハイデガーは、『純粋理性批判』を単なる「自然諸科学の認識理論」(GA 25, 66) ——あるいは認識論——に、ましてや単なる数学的自然科学の認識論 (GA 25, 66) と一緒にしてしまうような態度を厳しく拒絶することになる。

b) カントの「現象学的解釈」

　ハイデガーは、フッサールの目で『純粋理性批判』を読み直している。これは講義の最後でハイデガー自身が認めていることである。すなわち、フッサール現象学を背景にしてこの著作を読み直してみると、「目から鱗が落ちた」ようであり、そうしてカントは、ハイデガー自身の探究の道を「本質的に確証してくれる人」となった (GA 25, 431)、というのである。このようにカントを現象学的に解釈することによって、ハイデガーは、「『批判』の方法とは、その根本態度において見るなら、われわれがフッサール以来、現象学的方法として理解し、遂行し、それまでよりもいっそうラディカルに根拠づけるに至ったものである」(GA 25, 71)、ということに賭けている。この解釈は、『純粋理性批判』に関する三つの誤解——形而上学的誤解（フィヒテ）、認識論的誤解（コーヘン）、心理学的誤解——と戦うものであった (GA 25, 73)。アプリオリな総合的認識の可能性という問題を扱う際にどのような内容と方法を適用するかという点でカントには不確定な部分があるが、にもかかわらず、カントが「現象学的に見る力」(GA 25, 324) を現にもっていることを認めねばならない。そうでなければ、『純粋理性批判』の現象学的解釈という企ては不可能になってしまうであろう。この解釈は、一つの長い闘いとして読めるものである。それは、直観＝能与という等式 (GA 25, 392) をまったくラディカルな形で正当化するための闘いであった。

c) 直観と能与 —— 統与（*Syndosis*）

　『純粋理性批判』をもっぱら認識論的に読む場合には，超越論的感性論は前批判期の残滓としか見なされないのであるが，こうした読み方に逆らって，超越論的感性論を超越論的哲学という計画全体へと送り返さねばならない。これが解釈上重大な意味をもつ第一の決定であるが，このことはアプリオリの問題とどのように関係するのであろうか。答えは自明であると思われる。すなわち，アプリオリな総合的認識における直観の役割を明らかにすることが超越論的感性論の根本課題であったのだから，さらに，直観がアプリオリであるといえるための厳密な条件を問うことによって，アプリオリな総合的認識の地位を正確に検討することが必要になるのである。

　いかなる思考も例外なく，それゆえアプリオリな総合的認識もまた直観に奉仕するものである。このカントの原理に対して，ハイデガーはどこまでも忠実であろうとする。そうして，「存在論的認識の根底にあって，すべての哲学的思考が目指しているような直観とは何であるのか」という問いが，「すべてのカント主義者にとってきわめて宿命的な問い」として立てられるのである。この問いに対するハイデガーの答えは，「存在論的認識を**直観**として構成しているものは時間である」（*GA* 25, 84）というテーゼに帰着する。まさしくこの答えに支えを与えようとするのが，『純粋理性批判』の現象学的解釈なのである。

　現象学者にとって，直観とは能与のことである。すなわち直観するとは，「何ものかをあるがままの有体的なものとして自らに与えさせること」であり，「存在者を直接的に出会わせること」である（*GA* 25, 85）。人間の認識作用における能与の秘密は，感覚器官の内にではなく，むしろ感性の内に，要するに触発の内に求めるべきである。こうして，超越論的感性論の基盤には有限性＝触発という等式がなければならないことになる（*GA* 25, 87）。思考も感性もともに直観と関わるが，その関わりはそれぞれ固有の様態をとっている。まさしくこのような条件のもとでのみ，次のことを問題にすることができる。それは，直観に「独立した力」としての「権利」（*GA* 25, 91）を付与して「認識の統一性を理解する」（*GA* 25, 92）ためには，思考と感性という二つの幹をもっとも秘められた共通の根拠である構想力へと結びつけることが必要になるのではないか，そして「その根とは根元的にその本質において把握された**時間**にほかならない」（*GA* 25, 93）ことを示さねばならないのではないか，という問いである。

コラム㊾　あらゆる認識は直観である
　ここ〔『純粋理性批判』A 19, B 33〕で言われているのは次のようなことである。認識一般とは対象への関係である。しかも認識作用の内には，さまざまな仕方で対象へと関係する多様な働きが，たがいに属しあい，秩序づけあいながら含まれている。なかでも，あらゆる関係が**目的**として目指す（abzwecken）ような，そのような対象への関係は**直観**である。カントはいっそう明快に言う，「あらゆる思考」は「**手段**〔媒介〕」でしかない，あらゆる思考は直観に**奉仕する**立場にある，あらゆる思考は対象を直観する作用に基づいており，直観作用において近づきうるものとなったものを解釈（*Auslegung*）し，規定するのに奉仕するだけであると。今後，カントと哲学的に対決する際には，つねにこの命題をいわば頭に叩き込んでおく必要がある。
　もしあらゆる認識作用一般が第一に直観であり，また対象へと関係する直観以外の可能的な様式がすべて直観に奉仕するものであるとしたら，そこには以下のような含意がある。すなわち，アプリオリな総合的認識もまた第一に直観であること。存在論的認識，すなわち哲学的認識もまた，いやとりわけそうした認識こそが，根源的・究極的に直観であること——もっとも，それがどのような意味での直観であるかということこそが『批判』の中心的問題であるのだが。
　現代においては，現象学的研究の創始者フッサールが，この認識一般の，とりわけ哲学的認識のこの本質的な特徴をカントとは独立に再発見した。このように現象学は認識作用の**直観性格**を根本的に捉えたのであるが，まさにこのことに対して現代の哲学は抵抗している。しかし，現象学に対抗してカントを引き合いに出そうとしても，そのような試みはみな『批判』の最初の一文を読むだけで原理的に躓いてしまうだろう。認識が思考でもあるというのは，古代から否定されたことはない。しかし，あらゆる思考が直観に基づいており，直観に奉仕しているということ，またどのようにしてそうなのかということは，中心的な問題でありながら，哲学的な認識を解釈する際にはいつでも繰り返し抜け落ちてしまったのである。現象学の根本動向は，一つには〔認識の直観性格についての〕こうした理念を堅持することにある。
　『批判』の中心的な問題——アプリオリな総合的認識はいかにして可能であるのか——は，いっそう明確な仕方で定式化できる。すなわち，存在論的な認識作用の根底にあり，すべての哲学的思考が目的として目指しているような直観とはどのようなものか。すべてのカント主義者にとって決定的なこの問いに対し，カントは，その趣旨だけを言うなら，次のように答える。すなわち，**直観**としての**存在論的認識**を構成するのは**時間**であると。どういうことであろうか。また，時間はいかなる意味で直観であるのか。あるいは——カントよりもさらに根本へと遡って言うならば——時間はいかなる意味であらゆる直観，あらゆる認識一般の

可能性の条件ですらあるのか。これは困難な問いであるが，また刺激的な問いでもある。(GA 25, 83-84)

　以上引用した見解が，ハイデガーによる『純粋理性批判』解釈の全体によって粘り強く目指されるものである。まず最初に，アプリオリな総合的認識には「基礎づける直観」，すなわち特定のタイプの総合を可能にする直観が必要であることを認めねばならない。ハイデガーは，広く流布している誤解に対抗して，「現象はもの自身である」(GA 25, 99) ことを強調している。「現象」とは，経験的直観の対象になりうる全てのもののことである。だとすれば，どのような直観の内にも，感覚において与えられる多様以上のものがあることを認めねばならない (GA 25, 103-104)。というのも，「多様がそこで秩序づけられて出会われる当の関係は感覚ではない」(GA 25, 104) からである。したがって，経験的直観は，可能性の条件として何らかのアプリオリを前提とする。だが，このアプリオリはどのような性質のものであろうか。ハイデガーは，マールブルク学派の解釈に対抗して，それが思考のアプリオリ（カテゴリー）ではなく，直観それ自身のアプリオリな形式（空間と時間）であることを示そうとする (GA 25, 122)。

　アプリオリな直観とは，能与として考えるべきものである。それゆえ，「直観の形式」と「形式的直観」を混同しないようにする必要がある (GA 25, 132)。直観のアプリオリな形式としての空間と時間によって遂行される全体化〔多様を一つの全体へとまとめる営み〕の根源性を際立たせるために，ハイデガーは統－与（Syn-dosis）という表現を導入する。この表現は，超越論的感性論の現象学的解釈全体の要となるものであって，「空間と時間の純粋な多様を先行的に統一しつつ共に与えること」を意味する (GA 25, 135, cf.265)。この構造は，概念（カテゴリー）を生み出す悟性によって可能となる総合には還元できないものであって，このような根源の構造が認められてはじめて，その後に決定的な問いを立てることができるようになる。それは，これほどに異なる二つの「統一」を結びつける第三の「総合」の特殊な性質はどのようなものであるか，という問いである。

　超越論的感性論の現象学的解釈において重要な論点となるのは，アプリオリな直観作用の二重の能力の分析によって，なぜ「空間に対する時間の特別な優位」が一挙に明示されるのかを説明することである。これは『存在と時間』第

70節で確証された優位性であって，それによって「時間が超越論的な，つまり存在論的な問題設定の根本部分としてつねに繰り返し現れてくる」(*GA* 25, 111) ことになるのである。今しがた引用した「先行的に共に与えること」という表現が示唆することに反しているように見えるかもしれないが，一種の公準として主張すべきであるのは，時間とは「あらゆる現象一般のアプリオリな形式的条件」であって，その限りにおいて，きわめて厳密な意味で空間よりもいっそうアプリオリなものだということである (*GA* 25, 111)。時間はより根源的に主観に帰属するものでありながら，例外なくすべての現象の形式となる。この矛盾を，カントは時間を自己触発として規定することによって調停することができた。ハイデガーによれば，このようにして，カントは「時間のもっともラディカルな理解，彼以前にも彼以後にも到達されることのなかった理解」(*GA* 25, 151) を獲得することができたのである。カントが得たこの成果を基礎とすることによって，ハイデガーは，「時間概念のいっそう根源的な説明」(*GA* 25, 152) という自分自身の企てへと乗り出すことができる。ハイデガーは，あらゆる存在論的命題は時的な命題であると，あるいはもっとカント的な言い方で「アプリオリな総合判断は超越論的時間規定である」(*GA* 25, 162) と主張する。このテーゼの正当性は，カント自身によって確証されるのである。

d) 論理学と存在論

以上のことから，超越論的感性論を読んでハイデガーの目から鱗が落ちたということの意味については，さしあたり理解することができた。だが，超越論的論理学，とりわけ概念の分析論において，またもやハイデガーの目から鱗が落ちたのであって，これについても検討しなければならない。そこで注意を引くのが，アプリオリの第二の姿，すなわち判断する能力としての思考という次元で見せる姿である。思考作用としての判断する能力によって保証される統合機能（総合機能）は，先に触れた統与とはまったく違う性質をもっている。加えて，一般論理学が対象に関係する方法と，超越論的論理学が対象に関係する仕方とを区別しなければならない。こうした条件のもとでのみ，「超越論的」という概念がそれに固有の存在論的な資格を得ることになる。「超越論的認識とは，存在理解の可能性，存在論以前の存在理解の可能性を探究するような認識なのであり，このような探究が存在論の課題である。**超越論的認識とは，存**

第四章　時間性から存在の時的解釈へ——アプリオリの問題　　565

在論的認識なのである。すなわち，存在者の存在体制のアプリオリな認識なのである。超越論的認識が存在論的認識であるからこそ，カントは超越論的哲学を存在論と同一視することができるのである」(*GA* 25, 186)。さらに結論として次のように言われる。「超越論的とは，その方法においてアプリオリな認識の仕方であり，その対象という観点からは存在論的認識を，すなわち存在者の存在体制のアプリオリな認識を主題とするような認識の仕方である」(*GA* 25, 187)。

　だが，カントはやはり数世紀来の伝統の犠牲者であって，このように規定された存在論的認識を，論理学の束縛から真の意味で解き放つことはできなかったと思われる。カントは，「たしかに中心的な存在論的問題設定を見てとっているが，それを論理学の課題に巻き込んでしまっているのである」(*GA* 25, 215)。そのことをもっとも如実に示すのが，カント自身が認めるように，「超越論的演繹」という観念にいろいろ不明瞭な点が含まれているということである。現象学的解釈は，とりわけ概念の分析論と原則の分析論との区分というような，分析論の外面的な建築術に惑わされてはならない (*GA* 25, 198)。このような区分は，ハイデガーにとっては「超越論的論理学に関するあらゆる誤解の源」(*GA* 25, 209) である。現象学的解釈は，カントがなしえ，またなそうとした以上に，一般純粋論理学に属する「論理学的」問題と，超越論的論理学が扱う「存在論的」問題とをしっかりと区別しなければならない。これは，論理学と存在論との関係をさらに明確にしなければならないということでもある (*GA* 25, 205)。結局のところ，超越論的論理学は，もはや論理学の問いを扱うのではなく，「それとは何か全く違ったもの」(*GA* 25, 212) に関わらねばならないのである。

　新カント派は，超越論的論理学を「根源の論理学（Ursprungslogik）」と言い表している。彼らは自分で何を言っているか分かっていないのであるが，それでもこの術語を用いる以上は，「純粋な悟性原則の根源を純粋直観から，……カテゴリーの根源を時間から」(*GA* 25, 211) 考えねばならない，と我知らず言ってしまっているのである。戦いを挑むべき相手は，対象に関わる悟性を「それよりも《いっそうアプリオリ的》である」(*GA* 25, 247) とされる純粋に論理的な悟性へと従属させるような立場，すなわち，「思考を直観よりもいっそう根源的にアプリオリなもの」と見なし，「逆に直観——すなわち時間——を思考よりもいっそうアプリオリなものと見なすこと」(*ibid.*) を妨げるよう

な立場である。ここで再び主張されるのは，時間が還元不可能な優位をもつということである。これは，まず最初に超越論的感性論の次元で主張されたことであり，そこでは自己触発としての時間の空間に対する優位が問題になっていた。今や，この根本的に現象学的なテーゼから，唯一可能な帰結を引き出さねばならない。その帰結とは，思考そのものが直観へと差し向けられ，そうして直観に基礎づけられるということである。「純粋な思考作用そのものの様態でもある統合の機能は──アプリオリに**直観**へと関連づけられたものとして──その本質に従って**時間**へと関連づけられ，時間の上に基礎づけられるものでなければならない」(*GA* 25, 253)。

　十二個の判断形式を枚挙する例のカテゴリー表は，**論理的**な表ではなく，**超越論的**な表 (*GA* 25, 259) として，つまり結局は存在論的な表として読むべきものである。カントを新カント派による非難から守るためには，こうしたやり方を取るほかないのである。ハイデガーの考えでは，「いかなる地平から判断表は……理解されるべきなのか」(*GA* 25, 262) という問いに決着をつけるのが，分析論の第1章第3節である。そこでカントは，「総合」を総題として三つの問題を同時に扱っている。すなわち，論理的な結合機能における総合，直観の特殊な統一としての「総合」(先に統与と呼ばれていたもの)，最後にこれら二つの可能的な結合という問題である。実際，まさしくこの最後の総合において，カントは直観にも思考にも還元できず，能与と作用を結びつける根源的な総合を発見するのである。ただし，カントはこれがどれほど重要な発見であるかを把握できていない。ここで問題になっているのは，もちろん集め取る (com-préhensive) 認識の究極的源泉としての構想力である。カントは構想力について適切な基礎存在論的解釈を行うことはできなかったが (*GA* 25, 280)，少なくとも，構想力が時間に関連づけられねばならないことは見抜いていた。というのも，構想力とは「純粋な時間的多様の想像的統合」(*GA* 25, 282)，あるいは「想像的に統合された時間」(*GA* 25, 283) だからである。このような超越論的レベルでは，構想力は，直観と思考の逆説的な中間項というばかりでなく，アプリオリな総合的認識の第三の源泉としても，つまり直観と思考の根とも見なしうることは明らかである。構想力をこのような資格で捉える場合にのみ，存在論的認識の真の性質を理解することができる。この認識は，存在者についての存在的ないし学的な認識とは異なっているのである。

e) 現存在の超越とアプリオリ――超越論的統覚の時間的解釈

ハイデガーは，カントの分析において「途方もない素朴さ」(*GA* 25, 303) と見える点を乗り越えていくのであるが，この乗り越えがとくに際立つのは，超越論的演繹の現象学的な解釈においてである。カントは根本的に道を踏み誤ってしまったのであるが，それは偶然ではない。いかにして純粋概念が時間の純粋な想像的総合に基礎づけられるのかを問うべきところを，カントは「思考の本質に逆らい，思考の〔直観に〕奉仕するという立場に逆らう」(*GA* 25, 313) のである。というわけで，直観の現象学的本質を見誤ると，その影響が必ず超越とアプリオリの概念へと及んでくるようになっていると思われる。超越論的演繹の現象学的解釈に固有の課題は，超越論的演繹と超越の問題との密接な結びつきを考察することである。この超越の問題を，カントは少なくとも垣間見てはいたのであるが，現存在の超越という根本現象を見てとることはできなかった (*GA* 25, 315)。これは「主観の超越論的体制についてのアプリオリな現象学」(*GA* 25, 332) であって，純粋直観，純粋構想力，純粋思考の構造的かつ機能的な関連を記述しようと努めるものである。ここでは，把捉・再生・再認という三重の総合を考察しなければならない。経験論的な観点からは，この三つの様態を区別するだけですませてもよいが，現象学的かつ超越論的な観点に立てば，「三つの総合の全てを根源的に摑まれた超越論的構想力の中へと捉え返す」(*GA* 25, 342-343) のでなければならない。

現象学的な観点からは，これら三つの総合の一つ一つについて，それらがどのような意味で時間を前提しているのかを示さねばならない。把捉を構成するのは多様を多様として呈示する直観であるが，これについてはそれほど大きな問題はない。というのも，把捉とは「今へと方向づけられることに基づいて多くのものが通覧され，取り集められるような統合の様態」(*GA* 25, 345-346) だからである。把捉は次いで再生を参照させる。すなわち，今へと関わることができるのと同じ資格で，「もはや今ではない」に関わることができるのであって，この二つの作用によって，純粋直観としての時間が成り立つのである (*GA* 25, 354)。だが，再認の総合に時間への本質的な関係を割り当てるのは，把捉や再生の場合よりも困難である。カント自身はそれに失敗した (*GA* 25, 356)。再認の総合は「同定の総合」(*GA* 25, 363) なのであるが，ただし事後的な形で遂行できるものではなく，反対にいつもすでに生じてしまっているはずのものである。同定はいつもすでに先取りされているはずのものであって，

それゆえ再認の総合とは，本当は「予認の総合」と呼ぶべきものなのである。このように理解するならば，再認は時間と本質的な関わりをもつことになる。「再認とは本質的に予認であり，時間への基本的な関係性をもっている」(GA 25, 373)。

だが，これらの三つの総合は，いかなる意味で，区別されつつも時間の統一の内にそれらの統一の根拠を見出すのであろうか (GA 25, 364)。さらにこの点を問わねばならない。それによって，カント自身ができなかったことをしなければならなくなる。つまり，超越論的統覚を時間的な形で，脱自として解釈するのである (GA 25, 390)。カントは超越論的統覚を全面的に脱時間化するのであるが，それに対して，ハイデガーは「主観はその根源的自己性において時間性そのものである」(GA 25, 394) と主張して，超越論的統覚を全面的に再時間化する。ここで予認の総合が中心的な役割を果たすことになる。この総合は，主観の自己同定を直接指し示すものだからである。三つの総合の脱自的統一についての時間的な解釈を，われわれは以下のように図示することができる。

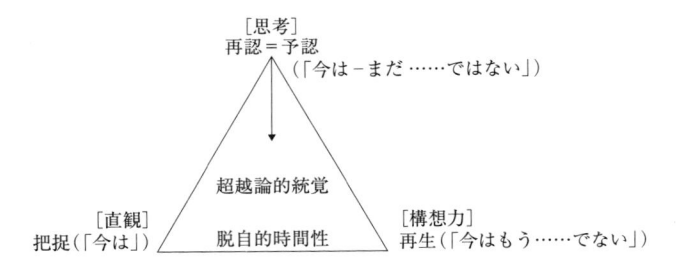

```
              ［思考］
            再認＝予認
         (「今は-まだ……ではない」)
                │
                ▼
           超越論的統覚
 ［直観］      脱自的時間性      ［構想力］
把捉(「今は」)              再生(「今はもう……でない」)
```

f) 形像的総合——根源的時間性と超越論的産出的構想力

以上のような総合の内的可能性を問い尋ねることが，カントの現象学的解釈における最後の一歩となる。この問いに対する答えとなるのが図式作用の教説である。超越論的統覚それ自身は脱自としてのみ思考できるものだというのが本当であれば，結局何が超越論的統覚そのものを可能にしているのか，と問わねばならなくなる。この問いによって，構想力があらためて見出されることになるのであるが，ただしここで問題になるのは，もはや再生的構想力ではなく，形像的総合という意味での産出的構想力である。まさしくこの構想力によって，

後形成（Nachbilden），模造（Abbilden），前形成（Vorbilden）という三重の意味における形象化の全体が可能になるのである。それゆえ，根源的時間性と呼ぶに値するのは産出的構想力のみである（GA 25, 418）。この意味で，根源的時間性それ自身を図示しようとするならば，上の図表に以下のように補足すればよい。

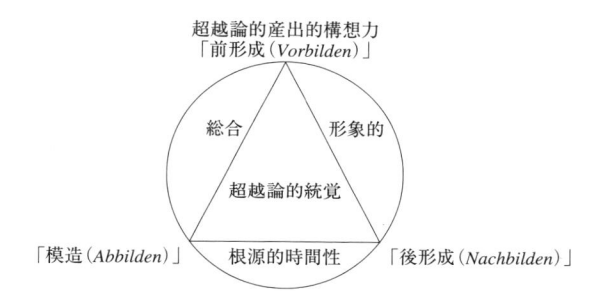

```
          超越論的産出的構想力
          「前形成（Vorbilden）」
              △
        総合  ╱ ╲  形象的
           ╱   ╲
          ╱超越論的統覚╲
         ╱_____╲
  「模造（Abbilden）」 根源的時間性 「後形成（Nachbilden）」
```

　このように解すれば，構想力の産出的総合は，「あらゆる現象の純粋形式としての時間の総合」（GA 25, 420）であることになる。この総合によってのみ，アプリオリな総合判断とは「純粋な時間的命題」であり，「超越論的時間規定」（GA 25, 427）であるということの意味が理解されるのである。こうしてわれわれは，「存在論的認識の可能性を根元的に根拠づける根源的な領域」（GA 25, 431）に達する。現象学によってカント自身が理解したよりもさらによく理解されたカントは，存在論的命題全体の時的性格に関する哲学史上最大の証人なのである。存在の普遍性と時間の根元性を共に考える（GA 25, 427）という『存在と時間』の課題それ自体を，カントはその裏側から描き出しているのである。

第五章 「『存在と時間』という問題」
（最初の自己解釈）

　すでに一般的序論で指示しておいたように，「存在と時間」——書物の名であると同時に問題設定の名としての——についての一つの解釈の試みである本書を締めくくるにあたって，『存在と時間』の自己解釈（これは終生継続される仕事であるが）にはじめて手をつけようとしている時期のハイデガー自身に語らせてみることにしよう。ここでわれわれが注意を向ける資料は驚くべきものである。それは，『論理学の形而上学的な始元諸根拠』の第 10 節であり，まさしく「超越の問題，および存在と時間の問題」と題されている箇所である（*GA* 26, 171–195）。『存在と時間』を出版してから 1 年もしないうちに，ハイデガーは，この本の望ましい読み方をほとんど規範のような形で確定しなければならないと感じて，十二箇条の「導入的命題」（「テーゼ」とも呼ばれる）を提示したのである。この事実だけでもすでに十分注目に値するが，それらのテーゼをさらに立ち入って検討するならば，その内容はさらに注目すべきものであることが分かる。

　この第 10 節は，警告めいた調子で始まっている。すなわち，実存論的分析論は人間学や倫理学を構築しようとするのではなく，もっぱら存在論を目指すものだということがあらためて思い起こされるのである。しかし他方で，分析論はあくまで準備的なものであって，「現存在の形而上学」（*GA* 26, 171）の中心を占めるものではないとされる。この言明は，注意を引くと同時に謎めいたものである。一方では，ハイデガーは「現存在の分析論としての基礎的存在論」（*ibid.*）という言い方をしており，基礎的存在論と現存在の分析論は同じものであるように見える。だが他方で，分析論はまったく準備的な性格のものでしかなく，まだ「現存在の形而上学」ではないのである。とくに『カントと形而上学の問題』などを読むと，ハイデガー本人は必ずしもこのような留保を尊重しているわけではないことが分かるのだが，それでも，この「現存在の形而上学」とはいったい何であるのかを問わないわけにはいかない。この問いにどう答えるにせよ，ハイデガーの言明は，一貫して「形而上学」という語を避けてきた本書の慎重な態度を補足的に正当化してくれるものである。

第五章　「『存在と時間』という問題」(最初の自己解釈)　571

　だがこれは，十二個の導入的命題からなるハイデガーの自己解釈が用意して
くれているさまざまな驚きのうちの一つにすぎない。ハイデガー自身が指示し
ているように，これらのテーゼは二つの系列に分割できる。第一の系列は最初
の十箇条からなり，分析論の枠内で取り上げられた主要テーマに関して，それ
らの扱い方を明確化しようとして主題別に解釈を提示している。第二の系列は
残り二つのテーゼからなっており，分析論に固有の様式とでも呼べそうなもの
を提示している。
　第一の系列は，二つの下位グループに分けることができる。第一の下位グル
ープは前半五つのテーゼからなっているが，そのキーワードとなるのが「中立
的」という形容詞，あるいは「中立性」という名詞である。ハイデガーの自己
解釈によれば，分析論には五つの姿の中立性を認めねばならない。
　1／全ての起点となり，全ての支えとなるのは，人間概念とは異なる現存在
の概念それ自体に本質的な中立性である。これが中立性の第一の姿であり，
「人間学に対する中立性」と名づけることができる。というのも，科学的であ
れ，神学的であれ，また哲学的でさえあっても，人間学というものは全て，す
でに人間についての一定の理念をとり入れているからである。だが，この中立
性の逆説的なありように留意しなければならない。すなわち，現存在に対して
要請される中立性は，いかなる特殊な人間学的見地をも含んでいないからこそ，
排除によって得られる中立性，あるいは無差別の中立性ではありえないのであ
る。実際，現存在とはその実存において自らの存在が問題となっているような
存在者のことであって，この中立性は，そのような現存在の定義を破棄し「中
立化〔無化〕する」ものではありえないであろう。それゆえ，この中立性から
は逆説的な結論が引き出されてくる。すなわち，現存在とは，「それ自身にと
って，自分自身の存在する仕方が何らかの特定の意味において無関心的ではな
い（*ungleichgültig*）」（*GA* 26, 171）存在者を指す名称なのである。
　2／中立性の第二の相は，第一の相に劣らず驚くべきものである。現存在と
いう存在者についての解釈は，「あらゆる事実的な具体性に先立って」，すなわ
ちあらゆる種類の人間学に先立って実行されねばならない，と主張した直後に，
ハイデガーは「この中立性はまた，現存在がいずれの性でもないことを意味し
ている」（*GA* 26, 172）と言うのである。実存論的分析論は何らかの仕方で性
的な差異を「中立化」せざるをえないということ，これが中立性の第二の相と
なる。乱暴に言えば，現存在は，現存在である限り性をもたないのである。

嘲笑したり，疑念を向けたりする前に，この驚くべき命題の意味を理解しようと努めねばならない。文脈からすると，これは以下のような意味である。なるほど，性の差異は人間学的に，心理学的に，場合によっては形而上学的にさえ重要であるかもしれない。だが，現存在とはその実存において自らの存在そのものが問題となるものであり，存在理解の場となるものであるという点では，男性の存在者も女性の存在者も同じである。これと逆のことを主張するならば，基礎的存在論自体が男性的だとか女性的だとかいうようなばかげた話になってしまうであろう。それゆえ，性の差異というのは実存論的分析論が扱える主題ではないのである。[41]

だが，この中立性についても，ハイデガーはその意味を明確にしなければならないと考える。性の中立性とは，けっして性の無差別ということではないのである。「しかし，こうした性の欠如は，空虚で中身がないものの無差別ではないし，無差別的な存在的無の弱々しい否定性でもない。中立性における現存在は，無差別的に誰でもなく誰でもある，というのではない。それは，本質の根源的な積極性と威力なのである」（GA 26, 172）。おそらくこの第二の命題によって，躓きが軽くなるどころか，かえって重くなってしまうだけであろう。なぜならその場合には，ここでもちだされる根源的な威力が，まさしく実存的のレベルでどのように証示されるのかを問わねばならなくなるからである。

3／中立性とは抽象性ということでもない。現存在をより具体的な人間学的規定から抽象された概念と見なすことはできないのであって，まさしくそれが，現存在という術語の主たる利点の一つなのである。したがって，現存在の中立性には，あらゆる具体的で事実的な規定がそれらの根源における形で含まれている。この第三のテーゼは，『存在と時間』の主張を確認するものにすぎない。『存在と時間』では，実存論的分析論によって遂行される存在論的な基礎づけ作業を，より具体的な人間学の方向へと継続してゆく可能性が提起されていたのである。

4／現存在はあれこれの具体的で事実的な実存者とはけっして混同できない。現存在の「実在性」は，ただ可能性や可能性の条件という言い方でのみ画定できるものであって，その意味で，現存在とは「いかなる実存することにおいても湧き出し，実存を内的に可能にするような内的可能性の源泉」である（GA 26, 172）。これが，現存在の中立性の第四の相を表すテーゼである。つまり，「分析論は，つねにただ現存在においてのみ，実存する者たちの現存在につい

て語るのであって，諸々の実存の現存在に向かって語るのではない」（GA 26, 172）のである。この文では二つの言語ゲームが対照されている。すなわち，指示的言述という言語ゲームと，「メッセージ」を発する者が行う勧告の言語ゲームである。そして，実存論的分析論が「メッセージ」を発しようとすることはけっしてないのである。この禁止は，おそらく分析論の「イデオロギー的中立性」と名づけてもよいものであろう。分析論は，「あらゆる予言，あらゆる世界観の宣布に先立つものである」（GA 26, 172）。まさしくその点において，「生の哲学」の信奉者たちは分析論を非難するのであって，彼らは，分析論の概念性は十分に「生に近い」ものではないのではないか，と疑っているのである。

　ここでもまた，哲学を一つの世界観と混同し，哲学者を霊的指導の使命を負った尊師と化すような見解が一徹なまでに拒絶されている。だが，この命題が，宗教的あるいは非宗教的な世界観を標的にしているだけでなく，他の注目すべき相をも含んでいることに目を留めておこう。それは，実存論的分析論には「知恵の言述」がまったく存在しないということである。聖書における「知恵の書」や老子が伝える哲学以前の伝統的な知恵であれ，将来の形而上学によって促進される来るべき知恵であれ，とにかく知恵の言述は一切見当たらないのである。

　5／中立性の最後の相は「人間の形而上学的孤立化」である。これは，『存在と時間』の第40節において，不安という根本情態性によって通路づけられる「実存論的独我論」として見出されていたものである。ここでもやはり，孤立化とはけっして存在的な孤独のことではないのであって，他人と付き合うことができない性格障害者や人間嫌いのエゴイズムとは何の関係もない。現存在の形而上学的孤立化は，無関心による孤独ではない。というのも，「現存在が自らの実存において自分自身に属しているという事実」は，他人とのあらゆる出会いや付き合いの可能性の条件だからである。

　6／形而上学的孤立化という主題は，その後に続く五つのテーゼの共通分母のようなものとなっている。以下の五つのテーゼは，それぞれいわば孤立化のより特殊な側面を掘り下げていくのである。第六のテーゼもそのようなものであって，このテーゼは，目下辿っているハイデガーの自己解釈においてもとりわけ長大なものとなっている。ここで論じられているのは自己の身体の地位であるが，それが『存在と時間』の分析で扱われていないことが厄介な問題のも

とになることは，これまで指摘してきたとおりである。第六のテーゼにおいて，身体性の次元，より正確に言えば，性化された身体性の次元があらためて浮上してくる。ゆえに，現存在が中立的だというのは，身体をもたないという意味ではありえないことになるだろう。真に問題となるのは，現存在を特徴づける自己自身への帰属には身体的な媒介が含まれているのかどうかであり，また含まれているとしたらいかなる意味でそう言えるのか，ということである。

　この問いを『カントの純粋理性批判の現象学的解釈』で「根本的で方法的な問い」として提示されているものへと連関づけるならば，その全ての奥行きがくっきりと浮かび上がってくる。「以下の問いにおいて哲学一般の可能性が決定される。すなわち，問題設定そのものの地盤を感性の内に置く場合に，哲学そのものを根拠づけることは可能であるか，という問いである」(*GA* 25, 397)。この根本的な問いに対するハイデガーの態度は，プラトンやカントとまったく同様に「主知主義的」なものである。「すべての概念的な暴露や照明は，必然的にまず，そもそも概念的なものそれ自身が生きているような領分の内に，広義の合理的なるものの内に，超越論的統覚の内に，理性の自由の領域の内に，あるいはわれわれの言い方では，現存在の実存の内に根を下ろしているのでなければならない」(*ibid.*)。つまり，プラトン的に言うならば，「……現存在という洞窟は，またその中にあるすべての影なるものや儚いものでさえもが，光の中でのみ摑み取ることができる」(*ibid.*, 398)のである。ただし，この把握の「正当な核心」(*ibid.*, 399)は，それ自体時間性の方へと移されねばならないであろうが。

　これと同じように，ハイデガーは自己解釈を進める中で，経験的で事実的なレベルと，（実存論的分析論に固有なものである）可能性の諸条件のレベルとの区別に最大限の注意を払っている。どんな実存者も身体を備えており，その身体は実存者の行くところどこにでもついてくるものだというのは，常識からして明らかなことである。そして，この身体に性別があるということは，誰一人として否定しようとは思わない事実であろう。だが，現存在を身体の物質性と一緒くたにするのではなく，むしろ身体性および性別の可能性の条件と見なさねばならない。より正確に言えば，「現存在一般は，身体性への，それとともに性別への事実的な分散（*Zerstreuung*）にとっての内的可能性を宿している」(*GA* 26, 173)。すでに見たように，実存論的分析論では身体性や性別が話題になることはほとんどなかったのであるが，仮にそういった事柄を語ってい

たとすれば，分散，散乱（Zersplitterung），さらには分裂（Zerspaltung）といった言い回しをもち出すしかなかったであろう。

　この奇妙な語彙は何に由来するのであろうか。ハイデガー自身，こうした語彙が危険をはらんでいることを認めているが，それでも使わざるをえないようである。「現存在は，事実的なものとしてはそのつどとりわけ一つの身体へと散乱しており，それと同時にとりわけそのつど特定の性別へと分裂している」（GA 26, 173）。このような言い方をすると，オルフェウス教神話におけるグノーシス的な古代幻想を目覚めさせてしまうように見える。つまり，魂は身体の内へと失墜したのであり，魂が求める解放が死によってもたらされない限り，魂は身体に囚われたままである，というような神話である。だが，実存論的分析論は，身体への軽侮，さらには身体への憎悪に基づいたこうした人間論的表象にお墨付きを与えようとするのではない。ここでハイデガーが問題としているのは，むしろ「ライプニッツ的な」問題である。現存在は，その「形而上学的孤立化」によって，たしかにライプニッツ的なモナドに類似している。だとすれば，現存在はどのようにして内的な多様性を含みうるのかということが，きわめてリアルな問題になってくる。もちろん，両性具有神話のような仕方でこの多様性を思い描くことはできない。そうした神話では，原初の人間が男性と女性へと分割され，この二つの性の存在者はひたすら失われた統一を再び見出すことを願うのである。

　いずれにせよ，現存在そのものに含まれる「多様化（Vermannigfaltigung）」は，身体性と関係をもつ事柄である。実際ハイデガーは，「身体性が多様化にとって一つの組織化要素を表している（die Vermannigfaltigung... für die die Leiblichkeit einen Organisationsfaktor darstellt）」（GA 26, 173）と明言している。これ以上に曖昧な言い方をするのは難しい。身体性が現存在の内的多様性にとって一つの「組織化要素」だというのはどのような意味であろうか。他にもそうした要素があるというのであろうか。この多様化において，性的差異はどのような役割を果たすのであろうか。ハイデガーは，自分が問題にしているのは諸規定の形式的な多数性に過ぎないものではなく，「存在そのものに属する」（ibid.）多様性だと言うのであるが，この言明によって事はいっそう複雑になってくる。あたかも，二つの多様性をうまく組み合わせることが求められているかのようである。一方には，アリストテレスの言明「存在ハ多様ニ語ラレル（ειναι πολλαχως λέγεται）」によって指示されるような，存在の多様性がある。

すでに見たように，この存在の番人となるのが気遣いであり，おそらくその源泉となると思われるのが根源的時間性であった。そして他方には，性的な身体性をその「組織化要素」の一つとするような多様性があるのである。

こうしてわれわれは，またしても「気遣いの時間性」か「肉体の分析論」かというフランクの二者択一へと直行することになる。ハイデガーがどちらを選ぶかは明白であろう。つまり，時間性に宿される存在の根源的散布（*Streuung*）によってのみ，現存在の分散（*Zerstreuung*）の場である身体性や性別が理解できるのである。こうして，現存在をその全体において規定するという特権を身体性や性別に認めてはならない理由が分かってくる。身体性や性別というのは，せいぜい分散の現象全体の一つの次元ないし側面でしかないのである。同じ現象の他の現れとしては，歴史的伸張や実存論的空間性といったものがある。

身体性と性別の地位に関する以上の指摘は暗示的で謎めいたものであるが，それらは問題点を告示してくれるものとみなしておくべきである。身体性の洗練された現象学などというのは，明らかにそれらの指摘からは得られないものであって，そういったものを引き出そうとしてはならないのである。実際ハイデガーは，1972年3月に，ボスの挑発的な質問に対して，サルトルの非難を考慮に入れながら次のように答えていた。「身体的なものというのはもっとも難しい事柄であって，当時の私は，まだあまり多くを語ることができなかった[42]」。

したがって，こうしたいくつかの暗示によって，身体性の現象をとりたてて分析していないという『存在と時間』の空白が埋められるというわけではない。むしろそれらは，将来仕上げるべき問いの枠組についての素描でしかない。ここで問題となるのは，ひとえにそのような枠組を認めるかどうか，すなわち，気遣いを真の番人とする存在の多様性が，本質的に身体的多様性（性的差異を含む）に対して超越論的に優位に立つことを認めるかどうかである。加えて，これを言うと問題がいっそう難しくなるのであるが，次の点も指摘しないわけにはいかない。すなわち，後のハイデガーは，身体性と性別の意味を述べるためにここで用いられているのとまさに同じ語彙を，存在論的差異の展開を言い表すために用いることになるのである。

7／事実的な散乱や分裂の可能性の条件となる超越論的分散というのは，実を言えば，すでに『存在と時間』において，「被投性」という別の名で特定されていたものである。逆に言えば，この新たな問題に関連づけられることで，

被投性は『存在と時間』ではまだ掘り起こされていなかったまったく新たな姿を露わにするのではなかろうか。

8／それを確証すると思われるのが次のテーゼである。「その本質に従って何かあるものの内へと投げられ，捉えられている者のみが，そのあるものによって担われ，包まれることができる」（GA 26, 174）。ここでもやはり，経験的事実性のレベルと可能性の諸条件のレベルとを混同してはならない。経験的態度としての投げることは，言うまでもなく「担う」「捕らえる」等のその他の態度と対立するものである。だが，実存論的分析論の枠内で定義された意味での被投性は，そういった他の様相に対立しているだけでなく，それらを可能にするものでもある。例えば，自分は何か神話的な本性のものに「担われている」という原始人の感情と，あまりにも明敏になったために，そういった力が自分をとり巻いて守ってくれることはないと知っているファウスト的現代人の孤立とを対立させるなどといったことは，実存論的分析論から見ればばかげたことである。たしかに原始的現存在は，担われてあるという感情が含意する存在様態を「意識していない」であろうが，そのように「意識しない」ことは，投げられ，捉えられていること（Befangenheit）につねに属する特質である。この意味で現代人は，少なくとも一実存者として把握された場合には，原始人よりも明敏でも意識的でもないのである。「絶対的に担われてあることの単純さと《気遣いなさ》とが現存在に入り込んでくる」（GA 26, 174）とハイデガーは言っている。それはいつ，どのような条件のもとで起こることであるのか。この点については，ハイデガーの自己解釈は何も述べていない。

9／現存在の「本質的に被投的な分散」と「現存在との共存在（Mitsein mit Dasein）」（GA 26, 174）との関係についての規定は，以上のことに劣らず逆説的である。性的な結びつきにおいて表現されるような「この類的な協同努力と類的な合一（dieses gattungshafte Zusammenstreben und die gattungshafte Einigung）」（GA 26, 175）は，現存在の形而上学的孤立化を反駁するどころか，それを自らの可能性の条件として前提している。身体性も，性別も，「我－汝」関係という意味での他性も，このような超越論的地位を占めることはできないようなのである。

10／同様に，共存在は自由を前提とする。自由とは，自己自身であることの可能性，自己を規定する能力のことであって，これこそが現存在の形而上学的孤立化の核心をなしていると思われる。「形而上学的に孤立化された現存在の

形而上学的な根本本質は，自由を中心としている」（*GA* 26, 175）。それゆえ，この自由という概念を存在論的・形而上学的な意味でさらに明確化しなければならない。

　以上の十個のテーゼは，現存在の分析論の中心となる主題や内容をそれぞれ要約したものであったが，さらにハイデガーは，分析論の遂行，すなわちその様式に関わる事柄として，二つのテーゼを補足している。

　11／実存論的分析論は，自由を主題とするだけではなく，「存在体制そのものの自由な企投においてのみ獲得されうる」（*GA* 26, 175）ものである限りにおいて，自由の行使としても理解されることを求めるものである。ここにおいて，『存在と時間』の第二篇全体を導いていた「全体性（*Ganzheit*）」という主要語が再浮上してくる。「企投の方向は，全体としての現存在と，その全体性の根本諸規定とに向かう」（*GA* 26, 176）。実存的観点から言えば，不可避の実存論的独我論（形而上学的な孤立化と中立性）に適した態度は，「企投している者自身の極端に実存的な投入（*Einsatz*）」（*ibid*.）なのである。

　このようなきわめて特殊な意味で，実存論的分析論は「自己投入＝アンガジュマンの哲学（*philosophie engagée*）」であるが，アンガジュマンと言っても，有限性と事実性への鋭い感覚のゆえに，特殊イデオロギー的な立場を取ることは一切認められない。分析論は「そのつど可能な全体に奉仕して」（*GA* 26, 176）いるのであって，まさしくそれゆえに，あれこれの特殊な大義のための戦いを含意することはないのである。このような表現には，すでに1913年の博士論文で結論として用いられていた言い回しからの遠い反響が認められる。ハイデガーの哲学観からして，ハイデガーが尊師や精神的指導者のようにふるまうことは禁じられるのである。だが，『存在と時間』の企図そのものに「実存的な導き，しかも間接的な導き」（*ibid*.）が含まれているのではないかという問いは，なお開かれた問いであり続ける。「実存的な導き，しかも間接的な導き」というのは，なんとも謎めいた言い回しであるが，それでもやはり，教育者の務めに関するハイデガーの実に高尚な考えを反映している。その考えは，当時の書簡における数多くの証言から確かめることができる。

　12／「様式に関わる」最後のテーゼは，現存在を構成している諸現象の分析に具体性を要求するものである。そこに誤解の危険が伴うことは避けられない。例えば，不安が何であるかを理解するには不安であらねばならない，気遣いの本質を理解するには気遣っていなければならない，[44] といった思い込みである。

つまりそれは，ハイデガーの哲学概念を支持するためには「ハイデガーの弟子」でなければならない，という誤解である。ハイデガーがとくに言及しているのは，存在の意味への問いへの極度の投入は，「極端に個人主義的でラディカルな無神論」（GA 26, 177）と組み合わされるほかはない，というような錯覚（Schein）である。存在の意味への問いを新たに練り上げようとするハイデガーの企てにここまで付き従ってきた読者は，次のような教訓も心に留めておくべきかもしれない。それは，熱烈な「ハイデガー主義者」であるからといって，ハイデガーの企ての諸々の争点と限界を一番よく理解できるとは限らない，ということである。

原　注

歴史的序論

（1）　Jean Greisch, *Ontologie et temporalité 1: Temps et langage,* Paris, Association André-Robert, 1985.

（2）　参照：Otto Pöggeler, *Der Denkweg Martin Heideggers,* Pfullingen, Neske, 1990（3. erweiterte Aufl.）.（第一版の仏訳：*La pensée de Martin Heidegger. Un cheminement vers l'être,* trad. par Marianna Simon, Paris, Aubier, 1967.）〔第一版の邦訳：『ハイデッガーの根本問題——ハイデッガーの思惟の道』，溝口宏平・大橋良介訳，晃洋書房，1979 年。〕

（3）　Thomas Sheehan, "Heidegger's Early Years", in *Heidegger. The Man and the Thinker,* New York, Precedent, 1981.

（4）　参照：Karl Lehmann, „Metaphysik. Transzendentalphilosophie und Phänomenologie in den ersten Shriften Martin Heideggers（1912-1916)", in *Philosophisches Jahrbuch,* No. 71（1963-1964), p. 331-357.

（5）　Dieter Thomä, *Die Zeit des Selbst und die Zeit danach. Zur Kritik der Textgeschichte Martin Heideggers 1910-1976,* Frankfurt, Suhrkamp, 1990.

（6）　*Ibid.,* p. 18.

（7）　*Ibid.,* p. 19.

（8）　*Ibid.,* p. 20.

（9）　Hugo Ott, *Martin Heidegger. Unterwegs zu seiner Biographie,* Frankurt/New York, Campus, 1988.（仏訳：*Martin Heidegger. Eléments pour une biographie,* trad. par J. M. Belœil, Paris, Payot, 1990.）〔邦訳：フーゴ・オット『マルティン・ハイデガー——伝記への途上で』，北川東子他訳，未来社，1995 年。〕

（10）　この時期のハイデガーは，「形而上学」という術語に対してためらいを感じており，それを公言してもいたのであるが，ロベール・ブリザールはこのことの意味を少なく見積もりすぎているように思われる。とくに「形而上学の再登場」という言い方は，1919 年から 1928 年の時期については不適当であると思われる。参照：Robert Brisart, *La phénoménologie de Marbourg, ou la résurgence métaphysique chez Heidegger à l'époque de «Sein und Zeit»,* Bruxelles, Facultés Saint-Louis, 1991.

（11）　*Grundprobleme der Phänomenologie*（1919-1920），*GA* 58.

（12）　*Die Grundprobleme der Phänomenologie, GA* 24.（仏訳：*Les problèmes fondamentaux de la phénoménologie,* trad. par Jean-François Courtine, Paris, Gallimard, 1985.）

（13）　参照：Otto Pöggeler, *Der Denkweg Martin Heideggers,* op. cit., p. 350-364.

（14）　„Vom Geheimnis des Glockenturms", in *GA* 13, 113-116.

（15）　この「由来の信仰」期のハイデガーの思索展開に関する伝記的分析については，参照：Hugo Ott, *Martin Heidegger. Unterwegs zu seiner Biographie,* op. cit., p. 45-119. オットは「由来の信仰との対決」をハイデガーの思索展開の本質的な要因と見なしている。

(16) 参照：Theodore Kisiel, „War der frühe Heidegger tatsächlich ein »Christlicher Theologie«?", in Annemarie Gethmann-Siefert（ed.）, *Philosophie und Poesie*（Festschrift O. Pöggeler）, t. 2, Stuttgart, Frommann-Holzboog, 1988, p. 59 s.

(17) *Ibid.,* p. 35.

(18) Franz Brentano, *Von der mannigfachen Bedeutung des Seienden nach Aristoteles,* Freiburg, Herder, 1862.（仏訳：*Aristote. Les significations de l'être,* trad. par P. David, Paris, Vrin, 1992.）

(19) 参照：Richard Schaeffler, „Der Modernismus-Streit als Herausforderung an das philosophisch-theologische Gespräch heute", in *Theologie und Philosophie,* 55, 1980, p. 514–534 ; Thomas Sheehan, "Heidegger's Early Years", in *Heidegger. The Man and the Thinker,* op. cit., p. 5 ; Hugo Ott, *Martin Heidegger. Unterwegs zu seiner Biographie,* op. cit., p. 62–66.

(20) Franz Brentano, *Von der Klassifikation der psychischen Phänomene,* Leibzig, Duncker & Humblot, 1911, p. 165. ハイデガー自身学位論文の中でこの表現を引用している（*GA* 1, 63–64）。

(21) Dieter Thomä, *Die Zeit des Selbst und die Zeit danach. Zur Kritik der Textgeschichte Martin Heideggers 1910–1976,* op. cit., p. 45.

(22) 1914年6月19日付の手紙。参照：Hugo Ott, *Martin Heidegger. Unterwegs zu seiner Biographie,* op. cit., p. 83.

(23) 1917年10月8日付のナトルプ宛の手紙。

(24) 1919年1月9日付の手紙。参照：Hugo Ott, *Martin Heidegger. Unterwegs zu seiner Biographie,* op. cit., p. 106.

(25) Dieter Thomä, *Die Zeit des Selbst und die Zeit danach. Zur Kritik der Textgeschichte Martin Heideggers 1910–1976,* op. cit., p. 54.

(26) *Die Kategorien- und Bedeutungslehre des Duns Scotus*（*GA* 1, 131–354）.（仏訳：*Traité des catégories et de la signification chez Duns Scot,* trad. par F. Gaboriau, Paris, Gallimard, 1970.）なお、ハイデガーがドゥンス・スコトゥスのものと見なしていた論考（*De modis significandi*）は、マルティン・グラプマン（Martin Grabman）の研究によって実はエアフルトのトマスのものであったことが分かっている。

(27) この立候補の顚末と第一次世界大戦終了までのハイデガーの初期の教育活動については、参照：Hugo Ott, *Martin Heidegger. Unterwegs zu seiner Biographie,* op. cit., p. 90–105.

(28) *GA* 1, 218. このテーゼは数ページ先であらためて主張されている（*GA* 1, 230–231）。

(29) ハイデガーは一本の木に実った二つの果実というスコトゥスの例（「一本ノ木ニ実ル二ツノ果実ハケッシテ天ニ対シテ同ジ視角ヲモタナイ（Duo poma in una arbore numquam habent eundem aspectum ad coelum）」）を引いている（*GA* 1, 253）。コノモノ性が時間性の類義語であることを付け加えるならば、1919年から登場する事実性の概念の生成にあたって、このスコトゥスの中心概念が不可欠な道標となったのではないか、と問うことも許されるであろう。

(30) ここで問題となる類比は属性付与による類比であって、それによって一と多とが絡みあわされるのである（*GA* 1, 257）。

(31) 「妥当するものの内で生きることによってのみ、私は現実存在するものについて知

る（*Nur indem ich im Geltenden lebe, weiß ich um Existierendes*）」（*GA* 1, 280）。

（32） Carl Friedrich Gethmann, in *Dilthey Jahrbuch* 4（1986-1987），p. 35.

（33） Martin Heidegger, *Zur Bestimmung der Philosophie*, 1: *Die Idee der Philosophie und das Weltanschauungsproblem*; 2: *Phänomenologie und transzendentale Wertphilosophie, GA* 56/57, 13-78.

（34） この最初の講義の解釈については，参照：Theodore Kisiel, „Das Kriegsnotsemester 1919: Heidegger's Durchbruch zur hermeneutischen Phänomenologie", in *Philosophisches Jahrbuch*, 99, 1992, p. 105-122.

（35） Martin Heidegger, *Phänomenologische Interpretationen zu Aristoteles. Einführung in die phänomenologische Forschung, GA* 61, 11-78.

（36） Gilles Deleuze et Felix Guattari, *Qu'est-ce que la philosophie ?*, Paris, Ed. de Minuit, 1991.〔邦訳：ジル・ドゥルーズ，フェリックス・ガタリ『哲学とは何か』，財津理訳，河出書房新社，1997 年。〕

（37） 「現象学は自然科学よりも学問的な学問である。とりわけ，学問を根源的な知という意味で，すなわちサンスクリット語のwit（見る）の意味で捉える場合にはそのようになる」（*Zoll. Sem.* 265）。〔邦訳：メダルト・ボス編『ツォリコーン・ゼミナール』，木村敏・村本詔司訳，みすず書房，1991 年，289 頁。〕

（38） 参照：Rudolf Adam Makreel, „Heideggers ursprüngliche Auslegung der Faktizität des Lebens : Diahermeneutik als Aufbau und Abbau der geschichtlichen Welt", in D. Papenfuss u. O. Pöggeler（edd.），*Zur philosophischen Aktualität Heideggers*, Bd. 2: Im Gespräch der Zeit, Frankfurt, V. Klostermann, 1990, p. 163-178.

（39） ナトルプの実践哲学との関係については，以下の論考を参照のこと。Christoph von Wolzogen, „»Es gibt«. Heidegger und Natorps »praktische Philosophie«", in Annemarie Gethmann-Siefert u. O. Pöggeler（edd.），*Heidegger und die praktische Philosophie*, Frankfurt, Suhrkamp, 1988, p. 313-337.

（40） 環境世界（Umwelt）と世界（Welt）の区別は，フォン゠ユクスキュル（Von Uexküll）とヘルムート・プレスナー（Helmuth Plessner）の研究において大きな役割を果たしているが，ここではハイデガーはそのような区別をしていないと思われる。この区別を哲学的に仕上げていく作業については，スタニスラス・ブルトンの諸研究が参考になる。一例として，次の著作を挙げる。Stanislas Breton, *Du Principe*, Paris, Aubier Montaigne : Ed. du Cerf : Delachaux et Niestlé, 1972, p. 1-20.

（41） この点については，すでに挙げたキジール（Kisiel）とマクレール（Makreel）の研究に加えて，*Dilthey Jahrbuch*，4（1986-1987）に研究文献が集められている。事実性の概念自体については，とくに Theodore Kisiel, „Das Entstehen des Begriffsfeldes »Faktizität« im Frühwerk Heideggers", in *Dilthey Jahrbuch*, 4, p. 91-120 を参照のこと。この時期のハイデガーにおける解釈学の概念については，Christoph Jamme, „Heideggers frühe Begründung der Hermeneutik" in *Dilthey Jahrbuch*, 4, p. 72-90，および Jean Grondin, „Heideggers Faktizität als ontologische Destruktion und Ideologiekritik. Zur Aktualität der Hermeneutik Heideggers", in D. Pappenfuss u. O. Pöggeler（edd.），*Zur philosophieschen Aktualität der Hermeneutik Heideggers*, Bd. 2, op. cit., p. 163-178 を参照のこと。事実性の概念に含まれるアウグスティヌス的なモチーフ

については，アガンベンの次の研究によって強調されている。Giorgio Agamben, « La passion de la facticité », in *Heidegger. Questions ouvertes,* Paris, Collège international de philosophie, Ed. Osiris, 1988, p. 63-84.

(42) この区別はすでに「カール・ヤスパースについての論評」で登場している。「自己とはその自己世界的，共世界的，環境世界的な諸関連においてそれ自身であるものであって，その際，それらの経験の諸方向の意味とは，最終的には，自己世界に結びつけられた歴史的な意味である」(*GA* 9, 35)。同様の趣旨のことが *GA* 58, 33 でも言われている。

(43) 続いてこう言われている。「まずはこの経験を土台にして，汝の究極的でもっとも十全なる自己経験の上に，自己認識の営みを立てよ」(*GA* 58, 61)。

(44) この重要資料は，長らく失われたものと考えられていたが，今では独仏対訳版で読むことができる。*Interprétations phénoménologiques d'Aristote,* trad. par Jean-François Courtine, Mauvezin, TER, 1992.〔原文の初出は，„Phänomenologische Interpretationen zu Aristoteles", *Dilthey Jahrbuch,* 6, Vandenhoeck & Ruprecht, 1989.〔邦訳：「アリストテレスの現象学的解釈——解釈学的状況の提示」，高田珠樹訳，『思想』No. 813, 1992 年 3 月，岩波書店，4-41 頁。〕〕

(45) 参照：Jean-Luc Marion, «L'*ego* et le *Dasein*», in *Réduction et donation,* Paris, PUF, p. 119-161.〔邦訳：ジャン゠リュック・マリオン『還元と贈与』，芦田宏直他訳，行路社，1994 年，105-147 頁。〕

(46) *Ibid.,* p. 121.〔邦訳：『還元と贈与』，107 頁。〕

(47) *Ibid.,* p. 155.〔邦訳：『還元と贈与』，141 頁。〕

(48) *Ibid.,* p. 124.〔邦訳：『還元と贈与』，110 頁。〕

(49) Edmund Husserl, *Erste Philosophie（1923-1924）,* Husserliana Bd. 7, 8, Den Haag, M. Nijhoff, 1956.（仏訳：*Philosophie première（1923-1924）,* t. I–II, trad. par A. Kelkel, Paris, PUF, 1970.)

(50) Martin Heidegger, *Der Begriff der Zeit,* M. Niemeyer, Tübingen, 1989.〔その後 *GA* 64 に収録された。〕（仏訳：« Le concept du temps », trad. par M. Haar et M. Launay, in *Cahiers de L'Herne Martin Heidegger,* Paris, Ed. Livre de poche, 1986, p. 27-37.)

(51) 参照：Edmund Husserl, *Logische Untersuchungen, Zweiter Band,* Husserliana Bd. 19, Den Haag, M. Nijhoff, 1984, V. Über intentionale Erlebnisse und ihre „Inhalte", §1-8.〔邦訳：エドムント・フッサール『論理学研究3』，立松弘孝他訳，みすず書房，1974 年，第五研究「志向的体験とその『内容』」，とくに第 1 節から第 8 節（137-310 頁）。〕

(52) 参照：Edmund Husserl, *Ideen zu einer reinen Phänomenologie, Erstes Buch,* Husserliana Bd. 3-1, Den Haag, M. Nijhoff, 1950, §36.〔邦訳：エトムント・フッサール『イデーン I–i』，渡辺二郎訳，みすず書房，1979 年，159-161 頁。〕

(53) *Ibid.,* p. 65.〔邦訳：『イデーン I–i』，160 頁。〕

(54) Paul Ricœur, *Idées directrices pour une phenomenologie,* Paris, Gallimard, 1950, p. 117, note 3.〔リクールによる『イデーン I』の仏訳における訳注。〕

(55) 現象学をフランスに導入したのが『フッサール現象学における直観理論』と題されたレヴィナスの学位論文であったことを思い出しておこう。Emmanuel Lévinas, *La théorie de l'intuition dans la phénoménologie de Husserl,* Paris, Alcan, 1930.〔邦訳：エマニュエル・レヴィ

ナス『フッサール現象学の直観理論』，佐藤真理人他訳，法政大学出版局，1991年。〕

(56) とくに Edmund Husserl, *Ideen zu einer reinen Phänomenologie, Erstes Buch*, op. cit., §18-26. を参照のこと。〔邦訳：『イデーン I-i』，99-124頁。〕

(57) *Ibid.*, op. cit., §18, p. 33.〔邦訳：『イデーン I-i』，99-100頁。〕

(58) *Ibid.*, §18, p. 34.〔邦訳：『イデーン I-i』，101頁。〕

(59) *Ibid.*, §24.〔邦訳：『イデーン I-i』，117-118頁。〕

(60) *Ibid.*, §19, p. 35.〔邦訳：『イデーン I-i』，103頁。〕

(61) *Ibid*.〔邦訳：『イデーン I-i』，103頁。〕

(62) *Ibid.*, §20, p. 37.〔邦訳：『イデーン I-i』，106頁。〕

(63) *Ibid.*, §19, p. 36.〔邦訳：『イデーン I-i』，105頁。〕

(64) *Ibid.*, §24, p. 43-44.〔邦訳：『イデーン I-i』，117-118頁。〕

(65) *Ibid.*, §20, p. 38.〔邦訳：『イデーン I-i』，108頁。〕

(66) 参照：Edmund Husserl, *Logische Untersuchungen, Zweiter Band*, op. cit., VI. Elemente einer Phänomenologischen Aufklärung der Erkenntnis, Sechstes Kapitel: Sinnliche und kategoriale Anschauungen.〔邦訳：『論理学研究4』，立松弘孝訳，みすず書房，1976年，第六研究「認識の現象学的解明の諸要素」，とくに第二篇第六章「感性的直観と範疇的直観」(152-190頁)。〕

(67) 参照：Edmund Husserl, *Logische Untersuchungen, Zweiter Band*, op. cit., II, §26, p. 175 s.〔邦訳：『論理学研究2』，立松弘孝他訳，みすず書房，1970年，190-191頁〕。このような拡張の必要性は第六研究の序論ですでに再肯定されている。「一般的には，カテゴリー的作用の直観的および想像的な充実は，感性的作用に**基礎**づけられている。だが，単なる感性だけでカテゴリー的志向を，より正確に言えばカテゴリー的形式を内包する志向を充実することはできない。むしろそのような志向の充実は，つねにカテゴリー的作用によって形式化された感性において行われる。それゆえ，このことと関連して，**直観と知覚**というもともと感性的なものと解されていたこれらの概念は不可避的に拡張されねばならないのであって，それによってカテゴリー的直観，とりわけ**普遍的直観**という言い方が許容されるようになるのである」(p. 541)。〔邦訳：『論理学研究4』，19頁。〕

(68) Edmund Husserl, *Logische Untersuchungen, Zweiter Band*, op. cit., VI, Erster Abschnitt, Fünftes Kapitel: Das Ideal der Adäquation. Evidenz und Wahrheit, p. 647.〔邦訳：『論理学研究4』，第六研究，第一篇第五章「理想的な一致。明証と真理」，140頁。〕

(69) *Ibid.*, p. 645-656.〔邦訳：『論理学研究4』，137-149頁。〕

(70) *Ibid.*, p. 648.〔邦訳：『論理学研究4』，140頁。〕

(71) *Ibid.*, p. 649.〔邦訳：『論理学研究4』，141頁。〕

(72) Jean-Luc Marion, *Réduction et donation*, op. cit., chap. 1: « La percée et l'élargissement », p. 11-63.〔邦訳：『還元と贈与』，第一章「突破と拡大」，5-54頁。〕

(73) Jacques Derrida, *La voix et le phénomène*, Paris, PUF, 1967, p. 117.〔邦訳：『声と現象』，高橋允昭訳，理想社，1970年，199頁。〕

(74) *Ibid.*, p. 104.〔邦訳：『声と現象』，176頁。〕

(75) Jean-Luc Marion, *Réduction et donation*, op. cit., p. 48-57.〔邦訳：『還元と贈与』，39-48頁。〕

(76)　*Ibid.* p. 53.〔邦訳：『還元と贈与』, 44頁。〕

(77)　*Ibid.,* p. 55-56.〔邦訳：『還元と贈与』, 46頁。〕

(78)　Edmund Husserl, *Logische Untersuchungen, Zweiter Band,* op. cit., VI, §43, p. 666.〔邦訳：『論理学研究4』, 162頁。〕

(79)　Christian Morgenstern, *Gesammelte Werke in einem Band,* München, R. Piper, 1984, p. 289-290.

(80)　Edmund Husserl, *Logische Untersuchungen, Zweiter Band,* op. cit., VI, §47 : Forsetzung. Charakteristik der sinnlichen Wahrnehmung als »schlichte« Wahrnehmung, p. 676-681.〔邦訳：『論理学研究4』, 第六研究, 第47節「承前。感性的知覚は《端的な》知覚として性格づけられる」(172-177頁)。〕

(81)　*Ibid.,* §46, p. 675.〔邦訳：『論理学研究4』, 171頁。〕

(82)　*Ibid.,* §50, p. 688.〔邦訳：『論理学研究4』, 184頁。〕

(83)　*Ibid.,* §51.〔邦訳：『論理学研究4』, 185-187頁。〕

(84)　*Ibid.,* §52. この節の題名は「普遍的直観の中で構成される普遍的対象（Allgemeine Gegenstände sich konstituierend in allgemeinen Anschauungen）」〔邦訳：『論理学研究4』, 187-190頁。〕このテーゼは『イデーンⅠ』で詳しく論じられることになる。

(85)　Edmund Husserl, *Logische Untersuchungen, Zweiter Band,* op. cit., VI, §52, p. 691.〔邦訳：『論理学研究4』, 187頁。〕

(86)　Sanctus Bonaventura, *Itinerarium mentis ad Deum,* V, 3.〔邦訳：長倉久子『ボナヴェントゥラ『魂の神への道程』注解』, 創文社, 1993年, 61-62頁。〕この文章はブライクによっても引用されている。Carl Braig, *Die Grundzüge der Philosophie: Abriß der Ontologie,* Freiburg i. B., Herder, 1896, p. V s.

(87)　参照：Edmund Husserl, *Ideen zu einer reinen Phänomenologie, Erstes Buch,* op. cit., §42.〔邦訳：『イデーンⅠ-i』, 181頁。〕

(88)　*Ibid.,* p. 77.〔邦訳：『イデーンⅠ-i』, 182頁。〕

(89)　Jean-Luc Marion, *Réduction et donation,* op. cit., chap. 2 : « L'étant et le phénomène », p. 65-118.〔邦訳：『還元と贈与』, 第二章「存在者と現象」, 55-103頁。〕タミニョーによる論及も参照のこと。Jacques Taminiaux, *Lectures de l'ontologie fondamentale. Essais sur Heidegger,* Grenoble, Jérôme Millon, 1989, chap. I : « D'une idée de la phénoménologie à l'autre », p. 19-88.

(90)　Edmund Husserl, *Ideen III,* Beilage I, §6, Husserliana, Bd. 5, Den Haag, M. Nijhoff, p. 123.

(91)　Jean-Luc Marion, *Réduction et donation,* op. cit., p. 67.〔邦訳：『還元と贈与』, 57頁。〕

(92)　*Ibid.,* p. 70.〔邦訳：『還元と贈与』, 60頁。〕

(93)　この問題のさらに突っこんだ分析としては以下の諸研究を参照のこと。Jean-François Courtine, *Heidegger et la phénoménologie,* Paris, Vrin, 1990 ; F. Volpi et al.（éd.）, *Heidegger et l'idée de la phénoménologie,* La Haye, Nijhoff, 1988.

(94)　Martin Heidegger, *Der Begriff der Zeit,* op. cit.

(95)　ダストゥールの次の著作は、この問題に対する優れた全般的序論を提示している。Françoise Dastur, *Heidegger et la question du temps,* Paris, PUF, 1990.

第Ⅰ部　存在の問いと現存在分析

（1）　Michael Gelven, *A commentary on Heidegger's Being and Time. A section-by-section Interpretation,* New York, Harper & Row, 1970.〔邦訳：マイケル・ゲルヴェン『ハイデッガー『存在と時間』註解』，長谷川西涯訳，ちくま学芸文庫，2000 年。〕さらに以前の注釈として，Albert Chapelle, *L'ontologie phénoménologique de Heidegger. Un commentaire de « Sein und Zeit »,* Paris, Ed. universitaires, 1962 がある。第一篇のみの注釈だが，もっと最近のものとしては，Hubert L. Dreyfus, *Being-in-the-World. A Commentary on Heidegger's "Being and Time",* Division I, Cambridge Mass. / London, The MIT Press, 1991〔邦訳：ヒューバート・L・ドレイファス『世界内存在——『存在と時間』における日常性の解釈学』，門脇俊介・榊原哲也他訳，産業図書，2000 年〕がある。

（2）　Friedrich Wilhelm von Herrmann, *Hermeneutische Phänomenologie des Daseins. Eine Erläuterung von »Sein und Zeit«,* Bd. 1: *Einleitung: die Exposition der Frage nach dem Sinn von Sein,* Frankfurt, V. Klostermann, 1987.

（3）　*Ibid.,* p. XIV.

（4）　*Ibid.,* p. XI.

（5）　*Ibid.,* p. XIII.

（6）　まず最初に言及すべきであるのは，ベームとド＝ヴァーレンによる部分訳（第 1 節から 44 節まで）（*L'être et le temps,* trad. par Rudolph Boehm et Alphonse de Waelhens, Paris, Gallimard, 1964）と，アンリ・コルバンが 1937 年に出した部分訳（第 46 節から 53 節，第 72 節から 76 節）である（これは『形而上学とは何か』と題されたハイデガーの著作選集に収録された（*Qu'est-ce que la métaphysique ? : suivi d'extraits sur « L'Etre et le temps » et d'une conférence sur Hölderlin,* trad. par Henry Corbin, Paris, Gallimard, 1938））。これらに加えて二種類の完全訳が出ている。まずはマルティノーの「非売品」訳（*Être et Temps,* trad. par Emmanuel Martineau, Ed. Authentica, 1985）であり，次いでヴザンの公認訳（*Être et Temps,* trad. par François Vezin, Paris, Gallimard, 1986）である。

（7）　『存在と時間』の序言と序論に関して，ジョン・サリスがきわめて刺激的な読みを提示している。参照：John Sallis, *Delimitations: Phenomenology and the end of metaphysics,* Bllomington, Indiana Unversity Press, 1986.

（8）　『ソピステス』244 a。〔邦訳：『プラトン全集 3』，藤沢令夫訳，岩波書店，1976 年，86 頁。〕『存在と時間』期のハイデガーにおいてプラトンへの言及が占める位置と役割，およびそこにハイデガーが賭けている事柄については，次の論考を参照のこと。Jean-François Courtine, « Le platonisme de Heidegger », in *Heidegger et la phénoménologie,* op. cit., p. 126-158.

（9）　後半部を『ソピステス』解釈（242 b-250 e）にあてている 1924 年の講義では，存在に関する古今のテーゼが長々と議論されている（*GA* 19, 435-499）。そこでハイデガーは，古代の存在論の代表者たちの内で，パルメニデスだけが存在的なもの（l'ontique）を超えて厳密な意味での存在論的なもの（l'ontologique）へと至ることに成功した，と明言している。

（10）　ハイデガー思想における交差の役割については，次の論考を参照のこと。Jean-François Mattéi, « Le chiasme heideggérien ou la mise à l'écart de la philosophie », in Dominique Janicauld et Jean-François Mattéi (éds.), *La métaphysique à la limite,* Paris, PUF, 1983, p. 49-162.

(11)　参照：Friedrich Wilhelm von Herrmann, *Hermeneutische Phänomenologie des Daseins.* op. cit., p. 54.

(12)　このような存在の問いへの適用に関しては，すでに『ソピステス』講義の中で簡単に触れられている（*GA* 19, 448）。

(13)　〔「物語(ミュートス)を語ってはならない」という〕この禁止の歴史的な重要性は，もう一人の偉大な弁証法哲学者であるヘーゲルの言明によって確認される。『大論理学』第二巻「概念一般について」の冒頭で，ヘーゲルは次のように書いている。「哲学は生起するものについての語りであってはならず，生起するものの内で何が真であるかについての認識でなければならない。そして，さらに哲学は，語りにおいては単に生起する出来事として現れるものを，真なるものから概念把握しなければならない」（*Wissenschaft der Logik,* II, Hamburg, Felix Meiner, 1969, p. 226）。〔邦訳：『ヘーゲル全集8』「大論理学（下）」，武市健人訳，岩波書店，1961 年，21-22 頁。〕

(14)　*GA* 25, §2, 17-39. この一節は『存在と時間』第 3 節を注釈し解明するものとして読むことができる。『現象学の根本諸問題』における心理学の地位に関する論及も参照のこと（*GA* 24, 69-76）。

(15)　Thomas Kuhn, *The structure of scientific revolutions,* Chicago, University of Chicago Press, 1962. 〔邦訳：トーマス・クーン『科学革命の構造』，中山茂訳，みすず書房，1971 年。〕

(16)　この修正の重要性については，次の著作を参照のこと。Friedrich Wilhelm von Herrmann, *Hermeneutische Phänomenologie des Daseins,* op. cit., p. 86.

(17)　以上列挙した人名については，次を参照のこと。*GA* 20, §1, 4-6.

(18)　歴史学については，ブローデルが『歴史論集』で展開する議論を参照すれば十分であろう（Fernand Braudel, *Écrits sur l'histoire,* Paris, Flammarion, 1994）。

(19)　新カント派の『純粋理性批判』の読み方に対するハイデガーの批判については，とくに『カントの純粋理性批判の現象学的解釈』第三節（*GA* 25, 40-76）を参照のこと。

(20)　プラトン『国家』第 7 部（533 bsq.）。〔邦訳：『プラトン全集 11』，藤沢令夫訳，1976 年，539 頁。〕この箇所は『現象学の根本諸問題』でも引用されている（*GA* 24, 73）。

(21)　Friedrich Wilhelm von Herrmann, *Hermeneutische Phänomenologie des Daseins,* op. cit., p. 106.

(22)　この警告は何よりもヤスパースの「実存哲学（Existenzphilosophie）」に向けられたものである。ヤスパースはキェルケゴールと並んで「実存哲学」という呼び名がふさわしい唯一の哲学者である。ハイデガーとキェルケゴール，ヤスパースの葛藤的関係については，1949 年のシェリング講義の第 8 節から 11 節で詳しく説明されている（*GA* 49, 17-74）。この重要な資料には後ほど〔本書第Ⅲ部〕また立ち戻るつもりである。

(23)　この格言がカール・ラーナーの認識形而上学において重要な役割を果たしていることを想起しておこう（Karl Rahner, *Geist in Welt,* München, Kösel, 1957）。

(24)　Gilles Deleuze / Félix Guattari, *Qu'est-ce que la philosophie ?*, op. cit., p. 32-41. 〔邦訳：『哲学とは何か』，53-88 頁。〕

(25)　*Ibid.,* p. 32.

(26)　とくに *GA* 61, 117-130 を参照のこと。なかでも次の定式を挙げておこう。「生は自

らの世界によって，自らの世界とともにそれ自身に反照している，つまり，生は気遣う生としてそれ自身に反照している（*Das Leben ist durch seine Welt und mit ihr an ihm selbst reluzent, d.h. reluzent auf es als sorgendes Leben*）」（*GA* 61, 119）。

（27）　ビンスヴァンガーの「現存在分析」に対するハイデガーのかなり葛藤をはらんだ関係については，とくにメダルド・ボスによって出版された『ツォリコーン・ゼミナール』の以下の箇所を参照のこと。*Zoll. Sem.* 147-157, 162-164, 236-242.〔邦訳：『ツォリコーン・ゼミナール』，（既出再掲不要）161-172, 177-179, 257-265 頁。〕また，次の二つの著作も参照されたい。Alphonse de Waelhens, *La psychose. Essai d'interprétation analytique et existentiale,* Paris-Louvain, Nauwelaerts, 1972.〔邦訳：アルフォンス・ド゠ヴァーレン『精神病』，塚本嘉壽・橋本由美子訳，みすず書房，1994 年。〕; Henry Maldiney, *Penser l'homme et la folie. A la lumière de l'analyse existentielle et de l'analyse du destin,* Grenoble, Jérôme Millon, 1991.

（28）　このような観点をとるものとしては，次の著作を参照のこと。Rémi Brague, *Aristote et la question du monde,* Paris, PUF, 1988.

（29）　この著作が形而上学の歴史において果たした基本的な役割については，次の論考を参照のこと。Jean-François Courtine, *Suarez et le système de la métaphysique,* Paris, PUF, 1990.

（30）　ハイデガーの影響下でデカルトの存在論と形而上学をさらに詳しく分析したものとして，ジャン゠リュック・マリオンの次の諸著作を参照のこと。Jean-Luc Marion, *Sur l'ontologie grise de Descartes. Science cartésienne et savoir aristotélicien dans les Regulae,* Paris, Vrin, 1975 ; *Sur la théologie blanche de Descartes. Ananlogie, création des vérités éternelles et fondement,* Paris, PUF, 1981 ; *Sur le prisme métaphysique de Descartes,* Paris, PUF, 1986.

（31）　「解体」という語彙──および観念──がすでに 1922 年に登場していることを頭に入れておこう。この語彙は，とくに「ナトルプ報告」で中心的な地位を占めている。そこでは，「解体的遡行（*abbauender Rückgang*）」（„Phänomenologische Interpretationen zu Aristoteles", op. cit., p. 249）〔邦訳：マルティン・ハイデッガー「アリストテレスの現象学的解釈──解釈学的状況の提示」，19 頁〕と「現象学的解体」（*Ibid.*, p. 251）〔邦訳：21 頁〕の必要性が喚起されているのである。次のような定式は，『存在と時間』の第 6 節で言われていることの核心をすでに先取りしている。「解体とは，むしろ現在がそれ自身の根本動性において自らと出会わざるをえないような本来の道であり，しかもそこでは，それ（現在）自身がどこまで気遣って根本経験のラディカルな諸可能性を我がものとし，解釈しようとしているかということが，絶えざる問いとして歴史の中から現在に対して湧き出してくるような形で，現在は自分自身と出会うのである」（*Ibid.*, p. 249）。〔邦訳：19 頁。〕

（32）　ギリシャ的伝統への関係をこのように「解釈学的」に規定するという観点では，次の論集が参考になる。Barbara Cassin（éd.），*Nos Grecs et leurs modernes. Les stratégies contemporaines d'appropriation de l'Antiquité,* Paris, Seuil, 1992.

（33）　Immanuel Kant, *Kritik der reinen Vernunft,* B 180 s.

（34）　とくに第 26 節（*GA* 25, 403-431）を参照。カントにおける時間の問題系については，次の諸著作を参照のこと。Gottfried Martin, *Immanuel Kant. Ontologie und Wissenschaftstheorie,* Köln, Kölner Universitätsverlag, 1958.〔邦訳：G. マルチン『カント──存在論と科学論』，門脇卓爾訳，岩波書店，1962 年〕; Paul Ricœur, *Temps et récit III : Le temps raconté,* Paris, Seuil, 1985, p. 68-89.〔邦訳：ポール・リクール『時間と物語Ⅲ──物語られる

時間』，久米博訳，新曜社，1990 年，69-105 頁。〕; Jean-François Courtine, « Kant et le temps », in *Heidegger et la phénoménologie*, op. cit., p. 107-127.

(35)　この Gemüt〔心性〕というドイツ語は，カントが多様な認識能力をもつ主観を指し示すために用いた表現である。(von Hermann, op. cit., p. 254)。『第二省察』のデカルトは，「思考スルモノ，アルイハ精神，アルイハ心（*res cogitans sive mens, sive animus*）」という言い方をしている〔邦訳：デカルト「省察」，井上庄七・森啓訳，中公世界の名著 27『デカルト』所収，中央公論社，1978 年，247 頁。〕

(36)　*GA* 31, 62 s も参照のこと。

(37)　プラトンの弁証法のアリストテレスによる乗り越えについては，*GA* 19 での諸分析を参照のこと。

(38)　Friedrich Wilhelm von Herrmann, op. cit., p. 402-403.

(39)　現象学と精神分析の間の葛藤をはらんだ関係については，次を参照のこと。Paul Ricœur, *De l'interprétation. Essai sur Freud,* Paris, Seuil, 1965.〔邦訳：ポール・リクール『フロイトを読む』，久米博訳，新曜社，1982 年。〕

(40)　ここで念頭に置かねばならないのは，とくにリッカートの次の論文である。Heinrich Rickert, „Die Methode der Philosophie und das Unmittelbare. Eine Problemstellung", in *Logos* XII（1923-1924），p. 235-280. 参照：Friedrich Wilhelm von Herrmann, op. cit., p. 296, 304.

(41)　この分析の第一部は，ハイデガー自身によって「名称的でありかつ顕わにするものであるという，レゲインの根本構造の解明」と題されている（*GA* 19, 583）。

(42)　アリストテレス『命題論』，17-a, 1-5.〔邦訳：『アリストテレス全集 1』「カテゴリー論；命題論」，山本光雄訳，岩波書店，1971 年，89 頁。〕

(43)　「なぜなら，真と偽とはまさしく結合と分離のうちに存するからである」（『命題論』，16 a, 12）〔邦訳：『アリストテレス全集 1』，85 頁。〕

(44)　参照：Edmund Husserl, *Erfahrung und Urteil,* Hamburg, Felix Meiner, 1972, §6-10, p. 18-44.〔エドムント・フッサール『経験と判断』，長谷川宏訳，河出書房新社，1999 年，19-38 頁。〕

(45)　この二つの観念は，直接フッサールから借りてきたものである。参照：Friedrich Wilhelm von Herrmann, op. cit., p. 338.

(46)　*GA* 63『オントロギー（事実性の解釈学）』，とりわけ第 3 節「事実性の自己解釈としての解釈学」，および「事実性の解釈学という現象学的な道」と題された第 2 部全体（とくに第 14-15 節）を参照。なかでも以下の主張は心に留めておこう。「**哲学の対象としての存在の存在性格には，自己 - 隠蔽と自己 - 覆蔵という仕方において**——しかも付随的にではなく，その存在性格からしてそのように——**存在するということが属しているということ，**このことが今や明らかになったとすれば，現象というカテゴリーは真に重大なものとなる。存在を現象にもたらすという課題が，ここでは徹底して現象学的となるのである」（*GA* 63, 76）。

(47)　参照：Friedrich Wilhelm von Herrmann, op. cit., p. 368-369, 372.

(48)　ガダマーは多少なりともこのような解釈であり，またジャン・グロンダンの次の著作もそうである。Jean Grondin, *Einführung in die philosophische Hermeneutik*, Darmstadt, Wissenschaftliche Buchgesellschaft, 1991, p. 120. ただし，ハイデガーの解釈学に関して素晴らし

い紹介を行うことによって (p. 119-127)、かえってグロンダンは自らの主張の妥当性をずいぶん切り下げてしまっている。
　(49)　とくに次を参照：Jean-Luc Nancy, *Le partage des voix,* Paris, Galilée, 1982, p. 21-49.
　(50)　この問題については次も参照のこと。*GA* 26, §9-13.
　(51)　この箇所は、「現存在の根本体制の基礎的諸構造の獲得」と題された『時間概念の歴史への序説』第 18 節の論述を捉え直して展開したものである。
　(52)　各私性 (*Jemeinigkeit*) のうちには、「そのつど私のものである」という時間的な含意をも聞きとるべきである。この含意を表現するのが *Jeweiligkeit*〔各時性〕という概念である (参照：*GA* 20, §18, 204-207)。この概念は、すでに事実性の解釈学で登場している (参照：*GA* 63, §6, 29-33)。
　(53)　これは実存論的分析論全体にとって決定的に重要な言明である。その点については、*GA* 49, 34-75 を参照のこと。
　(54)　参考までに、『形而上学』E 巻から基準となる一節を引用しておこう。「端的に言われる存在はさまざまな仕方で語られる。すなわち、その一つは付帯的な意味での存在であり、他の一つは真としての存在と偽としての非存在であったが、これらのほかにも述語の諸形態、例えば**実体、性質、量、場所、時**、その他そのような諸形態がある。さらにこれら全てと並んで、**潜勢的な存在と現勢的な存在**がある」(『形而上学』E 巻、第二章、1026 a 33)。〔邦訳：『アリストテレス全集 12』、出隆訳、岩波書店、1968 年、196 頁。〕参照：Pierre Aubenque, *Le problème de l'être chez Aristote,* Paris, PUF, ⁴1977, p. 163-206.
　(55)　*GA* 33, 17 におけるハイデガーの図表を参照。
　(56)　参照：Pierre Aubenque, op. cit., p. 184-186.
　(57)　参照：Pierre Aubenque, op. cit., p. 191-198.「存在の意味のそれぞれの内に実体（ウーシア）が見出されるのであって、実体（ウーシア）の内に存在の他の意味が見出されるのではない」(p. 194)。
　(58)　参照：Marlène Zarader, *La dette impensée. Heidegger et l'héritage hébraïque,* Paris, Seuil, 1990.〔邦訳：マルレーヌ・ザラデル『ハイデガーとヘブライの遺産——思考されざる債務』、合田正人訳、法政大学出版局、1995 年。〕この著作の諸テーゼを分析したものとして、次の拙論を参照されたい：Jean Greisch, « Europa ipocritica », in G. Ferretti (ed.), *Filosofia e teologia nel futuro dell'Europa,* Genova, Marietti, 1992, p. 63-96.
　(59)　*GA* 63, p. 21-33 (「事実性という理念と『人間』概念」と題された章)。
　(60)　*GA* 63, 24. ハイデガーが批判の標的にしているのは、論文「人間の理念について」の第一版 (Leibzig, 1915) である。参照：Max Scheler, *Gesammelte Werke,* Berne, Francke, 1955, p. 173-199.
　(61)　トートナウベルクでレーヴィットに宛てて書かれた 1927 年 8 月 20 日付手紙 („Drei Briefe Martin Heideggers an Karl Löwith", *in Zur philosophischen Aktualität Heideggers,* Bd. 2 : *Im Gespräch der Zeit,* op. cit., p. 27-39.) には、精神分析に対するハイデガーの態度について、二つの示唆的な叙述が含まれている。レーヴィットとベッカーは事実性の解釈学を精神分析へと無理に近づけようとしているのではないかと疑って、ハイデガーはこう告白する。「以前から、私は精神分析にはほとんど興味がありません。なぜなら、**原理的に哲学的な点から見て**、精神分析は哲学の中心問題に十分な関わりをもつものではないと思われるか

らです」(p. 38)。それゆえハイデガーは，哲学と精神分析をできるだけ明確に境界づけようとする。「次の問いがなお残るでしょう。はたして，〈哲学すること〉に関する精神分析，すなわち事実的な〈哲学すること〉の存在的－心理学的な説明は，それだけですでに哲学になるのでしょうか，それとも，精神分析的な問いがそもそも意味をもつためには，哲学は何か別のものであり，また別のものでなければならないのでしょうか」(p. 37)。

(62) Clifford Geertz, *The Interpretation of Cultures,* New York, Basic Books, 1973.〔邦訳：クリフォード・ギアーツ『文化の解釈学』，吉田禎吾他訳，岩波書店，1987年。〕

(63) Dennis Tedlock, *The Spoken Word and the Work of Interpretation,* Philadelphia, University of Pennsylvanis Press, 1983.

(64) Maurice Leenhardt, *Do kamo. La personne et le mythe dans le monde mélanésien,* Paris, Gallimard, 1971.〔邦訳：モーリス・レーナルト『ド・カモ——メラネシア世界の人格と神話』，坂井信三訳，せりか書房，1990年。〕

(65) Ernst Cassirer, *Philosophie der symbolischen Formen,* tome: *Das mythische Denken,* Berlin, Bruno Cassirer, 1925.〔邦訳：エルンスト・カッシーラー『シンボル形式の哲学』，第二巻『神話的思考』，木田元訳，岩波書店，1991年。〕

(66) *GA* 20, § 19, 210-215 も参照。

(67) 参照：Henri Maldiney « La dimension du contact au regard du vivant et de l'existant. De l'esthétique-sensible à l'esthétique-artistique », in *Penser l'homme et la folie,* op. cit., p. 189-221. ここで行われている分析は，全て以下のテーゼによって動かされている。「すでに接触において，衝動的なものと実存的なものとの差異が現れており，人間が問題になるところでは，この差異によって接触の真の意味が照らし出される」(p. 199)。接触という現象については，以下の論集も参照のこと。Jacques Schotte（éd.）, *Le contact,* Bruxelles, de Boek-Wesmael, 1990.

(68) Paul Ricœur, *Soi-même comme un autre,* Paris, Seuil, 1990, p. 31.〔邦訳：『他者のような自己自身』，久米博訳，法政大学出版局，1996年，24頁。〕

(69) *GA* 56/57, 70-73. まさしくこの文脈で，ハイデガーは「それは世界する（*Es Weltet*）」(p. 73) という表現を用いる（ガダマーはしばしばこの表現を引用している）。この定式が「それは価値となる（*Es wertet*）」と対置されていることに目を留めておこう。それゆえ，最初にむきだしの実際性（factualité）からなる世界があって，それに主体が「価値の基軸となる」さまざまな意義を植えつける，というのではないのである。*GA* 20, § 21a, 226-229 も参照。

(70) ハイデガーにとっては，「世界の世界性は，むしろ独特の仕事世界の内に基礎づけられている」（*GA* 20, 263）。ここからハイデガーの「プラグマティズム」がアーレントの分析と異なる点が見てとられる。主著『人間の条件』(Hannah Arendt, *The human condition*, Chicago, University of Chicago Press, 1958)〔邦訳：ハンナ・アレント『人間の条件』，志水速雄訳，ちくま学芸文庫，1994年。〕で，アーレントは実践哲学を構成する三つのカテゴリーを慎重に区別している。すなわち，労働，仕事，活動である。仕事のカテゴリーについては，この著作の第四章を参照のこと。

(71) 『存在と時間』の英語訳では，手許性は ready-to-hand または readiness-to-hand と訳されている。この語は目前性の訳語である presence-at-hand と組になっている。

(72) 参照：*GA* 20, 257-259, 269-271.

(73) 参照：*GA* 20, 252-257, 272-283.
(74) 参照：Charles Sanders Peirce, *Ecrits sur le signe,* rassemblés, trad. et commentés par Gérard Deledelle, Paris, Seuil, 1978.
(75) この二つのアプローチの区別については，論文「言語の記号学」(『一般言語学の諸問題2』所収)におけるエミール・バンヴェニストの優れた分析を参照のこと。Émile Benveniste, *Problèmes de linguistique générale II,* Paris, Gallimard, 1978, p. 43-66. この二つのアプローチについては，以下の拙論で紹介しているので参照されたい。Jean Greisch, *Être et Langage I. Le Temps des fondations,* Paris, Association André-Robert, 1988, p. 124-146.
(76) ハイデガーは，『時間概念の歴史への序説』において，意味理論の分野で権威をもち，それに通じていることが前提となるような理論的仕事を列挙している。そこでは当然フッサールの『論理学研究』(とくに「表現と意義」と題された第一研究)が挙げられているのであるが，加えて普遍的記号学 (caractéristique universelle) に関するライプニッツの研究，象徴に関するオズヴァルト・シュペングラーの論考，カッシーラーの『シンボル形式の哲学』も挙げられている (*GA* 20, 276-277)。
(77) 参照：*GA* 20, 285-292.
(78) とくに，言語と道具箱の比較で有名な第11節-第14節を参照のこと。
(79) 参照：Claude Lévi-Strauss, « Introduction à Marcel Mauss », in *Sociologie et anthropologie,* Paris, PUF, 1978, p. IX-LII. これについては，以下の拙論で注釈しているので参照されたい。Jean Greisch, *Être et Langage I. Le Temps des fondations,* op. cit., p. 43-47.
(80) ここでもまた，有意義性を盲目な自然本性に接ぎ木されるような「価値」とみなしてはならない (*GA* 20, 274)。
(81) 「打ち明けて言えば，この表現は最上のものではない。だが私は，これまで数年来，他の表現を見出せなかった。とくにこの現象がまさしく言葉の意味や語りと内的に連関している限りにおいて，言葉の意味という意味での意義としてわれわれが特徴づけるものとこの現象との本質的な連関を表すような表現を，見出すことはできなかったのである」(*GA* 20, 275)。
(82) こうした関連づけは，『時間概念の歴史への序説』ではより詳しく展開されている。「理解が世界および自己自身との現存在の第一次的な存在関係であるがゆえにのみ，史的認識や釈義におけるような独自な理解，独自な理解形成および理解習得といったものがありうる」(*GA* 20, 286)。
(83) 「実体」と「関数 (機能)」というこの有名な対立関係への批判としては，*GA* 20, 272-273を参照のこと。ハイデガーは，このような区別の重要性を認めながらも，現象学的に不適切なものとして拒否する。なぜなら，この区別は，科学的な自然概念への客観主義的な還元に基づいて成立するものだからである。
(84) 〔デカルトの世界概念に関する〕この分析は，すでに『時間概念の歴史への序説』の第20節 (*GA* 20, 231-251) で素描されていたものであるが，そこではさらにライプニッツとカントの方向へといくつか興味深い論述がなされている。
(85) René Descartes, *Principia* I, 51, A. T., t. VIII, p. 24.〔邦訳：デカルト「哲学の原理」，井上庄七・水野和久訳，中公世界の名著27『デカルト』所収，354頁。〕
(86) 参照：Bruno Pinchard, *Métaphysique et sémantique. Autour de Cajetan. Etude et traduc-*

tion du « De nominum analogia », Paris, Vrin, 1987.

(87) デカルトの存在論の諸前提に関する詳細な分析としては，ジャン゠リュック・マリオンの次の著作を参照のこと：Jean-Luc Marion, *Sur l'ontologie grise de Descartes,* op. cit.

(88) René Descartes, *Principia* II, 4, A. T., t. VIII, p. 42〔邦訳：デカルト「哲学の原理」，中公世界の名著 27『デカルト』所収，371-372 頁。〕

(89) Didier Franck, *Heidegger et le problème de l'espace,* Paris, Ed. de Minuit, 1986, chap. IV : « Le toucher et la vie », p. 57-64. 同じ問題に関して，次の二つの論考をも参照のこと。Jacques Derrida, « La main de Heidegger », in *Psychè. Inventions de l'autre,* Paris, Ed. Galilée, 1987, p. 415-451〔邦訳：「ハイデガーの手（ゲシュレヒトⅡ）」，藤本一勇訳，『現代思想』1999 年 5 月臨時増刊号「ハイデガーの思想」，青土社，126-147 頁。〕; Jean-François Courtine, « Donner / Prendre : la main », in *Heidegger et la phénoménologie,* op. cit., p. 283-303.

(90) 『存在と時間』の第 22 節-第 24 節で展開される分析は，すでに『時間概念の歴史への序説』の第 25 節で素描されている（*GA* 20, 306-325）。

(91) 参照：*GA* 20, 308-312.

(92) 参照：*GA* 20, 312-322.

(93) 参照：Wilhelm Dilthey, *Der Aufbau der geschichtlichen Welt in den Geisteswissenschaften,*（M. Riedel, Ed.）, Frankfurt, Suhrkamp, 1981, p. 256-257.「木を植えた場所，椅子を並べた部屋は，いずれもわれわれにはごく小さい時から理解できるものになっている。なぜなら，人間的な目的を設定し，秩序を与え，価値を定めることによって，どんな場所にも，部屋の中のどんな対象にも，それぞれの位置が指定されているからである」。〔邦訳：ヴィルヘルム・ディルタイ『精神諸科学における歴史的世界の構築』，尾形良助訳，以文社，1981 年，179 頁。〕

(94) Immanuel Kant, „Was heißt : sich im Denken orientieren?", *Kant's gesammelte Schriften.* Herausgegeben von der Königlich Preußischen Akademie der Wissenschaften, Band VIII.〔邦訳：「思考の方向を定めるとはどういうことか」，円谷裕二訳，『カント全集 13』，2002 年，岩波書店，67-87 頁。〕

(95) とくに以下の箇所を参照：*Zoll. Sem.* 101-118, 121-122, 243-250.

(96) Didier Franck, *Heidegger et le problème de l'espace,* op. cit., p. 14.

(97) *Ibid.,* p. 35.

(98) ライプニッツによるこれらの定義については，『時間概念の歴史への序説』で論述が展開されている（*GA* 20, 322-325）。

(99) 幾何学の起源に関するフッサールの研究を思い起こしておこう（Edmund Husserl, „Vom Ursprung der Geometrie", in *Husserliana* Bd. 6, Den Haag, M. Nijoff, 1954, Beilage III.〔邦訳：エドムント・フッサール『幾何学の起源』，田島節夫他訳，青土社，1976 年。〕同じ文脈で，オスカー・ベッカーの諸著作にも言及しておくべきである（ハイデガー自身そうしている（*GA* 20, 324））。

(100) P. F. Strawson, *Individuals,* London Methuen and Co., 1959.（仏訳：*Les individus,* trad. par A. Shalon et P. Drong, Paris, Ed. du Seuil, 1973.）〔邦訳：P. F. ストローソン『個体と主語』，中村秀吉訳，みすず書房，1978 年。〕

(101) Paul Ricœur, *Soi-même comme un autre,* op. cit., p. 28.〔邦訳：『他者のような自己自

身』，20 頁。〕

（102）　*Ibid.,* p. 76.〔邦訳：前掲書，79 頁。〕

（103）　*Ibid.,* p. 32 ; 362.〔邦訳：前掲書，25 頁，386 頁。〕

（104）　*Ibid.,* p. 359.〔邦訳：前掲書，383 頁。〕まさしくこの文脈においてこそ，ハイデガーの事実性の解釈学とアリストテレスの実践哲学とのつながりを想起すべきである。参照：Franco Volpi, « *Dasein comme praxis* : l'assimilation de la radicalisation heideggérienne de la philosophie pratique d'Aristote », in *Heidegger et l'idée de la phénoménologie,* op. cit., p. 1–42; Jacques Taminiaux, « Poiesis et praxis dans l'articulation de l'ontologie fondamentale », *ibid.,* p. 107–126.

（105）　参照：Michel Henry, « Philosophie et subjectivité », in *L'univers philosophique,* t. I (1989), p. 46–56.

（106）　この表現の意味については，以下を参照のこと。Paul Ricœur, *Soi-même comme un autre,* op. cit., p. 15.〔邦訳：『他者のような自己自身』，6 頁。〕「自己の解釈学はコギトの弁明とその解任とから等しく距離をおくものである」という言明は，明らかにハイデガーによる自己性の問題の取り扱いにも当てはまる。

（107）　参照：*GA* 20, 326–335.

（108）　リクールは，倫理的指向を特徴づける際にこの概念を採用している。その指向は，「よき生を，他者とともに他者のために，正しい諸制度において目指す」と定式化される。Paul Ricœur, *Soi-même comme un autre,* op. cit., p. 221–226.〔邦訳：『他者のような自己自身』，212–248 頁。〕

（109）　もちろんこの概念は，政治的な意味での「寛容（tolérance）」概念とは何の関係もない。この態度を例示するとすれば，自分の子どもに対して権威を振るうことのできない親を引き合いにだせるかもしれない。それは「親をやめること」だと言えよう。

（110）　Wilhelm Dilthey, *Der Aufbau der geschichtlichen Welt in den Geisteswissenschaften,* op. cit., p. 252–267.〔邦訳：『精神諸科学における歴史的世界の構築』，174–194 頁。〕この文脈で，ディルタイは「投げ入れ（*Hineinversetzen*）」，「追構成（*Nachbilden*）」，「追体験（*Nacherleben*）」という有名な三つ組概念を導入している（p. 263–267〔邦訳：185–189 頁〕）。

（111）　Edith Stein, *Zum Problem der Einfühlung,* München, Kaffke, 1980.

（112）　参照：*GA* 20, 335–345.

（113）　Paul Ricœur, *Soi-même comme un autre,* op. cit., p. 146–149.〔邦訳：156–160 頁。〕

（114）　Michael Theunissen, *Der Andere, Studien zur Sozialontologie der Gegenwart,* Berlin, de Gruyter, 1977. この著作は，かなりドイツ中心的なものではあるが，現代の対話主義的立場の主要なものを見事に総覧している。

（115）　*Ibid.,* p. 156–186.

（116）　Alfred Schütz, *Der sinnhafte Aufbau der sozialen Welt,* Wien, J. Spinger, 1932.〔邦訳：アルフレッド・シュッツ『社会的世界の意味構成』，佐藤嘉一訳，木鐸社，1982 年。〕これに加えて，死後に出版された以下の著作も参照のこと：Alfred Schütz, Th. Luckmann, *Strukturen der Lebenswelt,* Bd. I–II, Frankfurt, Suhrkamp, 1979.

（117）　参照：Jürgen Habermas, *Theorie des kommunikativen Handelns,* Frankfurt, Suhrkamp, 1981, Bd. 2: Zur Kritik der funktionalistischen Vernunft, Kap. VI, »Zweite Zwischenbetrachtung:

System und Lebenswelt«, p. 171-294.〔邦訳：ユルゲン・ハーバーマス『コミュニケイション的行為の理論（下）』，丸山高司他訳，未来社，1985 年，9-129 頁。〕

（118）　上に挙げたトイニッセンの著作に，レーヴィットの立場の適切な要約が見出せる (p. 413-438)。トイニッセン自身のハイデガー評価も，レーヴィットとビンスヴァンガーの系列に属するものであって，ハイデガーによる共存在の記述が，対話論的関係のための余地を一切残していないことを非難している (p. 163)。

（119）　Karl Löwith, *Das Individuum in der Rolle des Mitmenschen,* München, Drei Masken Verlag, 1928, p. 41.〔邦訳：レーヴィット『人間存在の倫理』，佐々木一義訳，理想社，1967 年，39 頁。〕

（120）　*Ibid.,* p. 54-56.

（121）　*Ibid.,* p. 81.

（122）　*Ibid.,* p. 79-82.

（123）　Ludwig Binswanger, *Grundformen und Erkenntnis menschlichen Daseins,* München/Basel, ³1962. この著作の紹介としてはトイニッセンの前掲書を参照 (p. 439-475)。

（124）　*Ibid.,* p. 16.

（125）　*Ibid.,* p. 52.

（126）　*Ibid.,* p. 382.

（127）　この論文は現在では次の論集に再録されている：Emmanuel Lévinas, *Entre nous. Essai sur le penser à l'autre,* Paris, Grasset, 1991, p. 13-24.〔邦訳：エマニュエル・レヴィナス『われわれのあいだで』，合田正人他訳，法政大学出版局，1993 年，5-19 頁。〕

（128）　*Ibid.,* p. 14.〔邦訳：5 頁。〕

（129）　*Ibid.,* p. 17.〔邦訳：10 頁。〕

（130）　*Ibid.,* p. 18.〔邦訳：11 頁。〕

（131）　*Ibid.,* p. 18.〔邦訳：12 頁。〕

（132）　*Ibid.,* p. 21.〔邦訳：16 頁。〕

（133）　*Ibid.,* p. 23.〔邦訳：18 頁。〕

（134）　*Ibid.,* p. 24.〔邦訳：19 頁。〕

（135）　この観念については次の著作を参照のこと：Emmanuel Lévinas, *Autrement qu'être ou au-delà de l'essence,* La Haye, Nijhoff, 1974, chap. IV, « Substitution », p. 125-166.〔邦訳：エマニュエル・レヴィナス『存在の彼方』，合田正人訳，講談社学術文庫，1999 年，第四章「身代わり」，232-298 頁。〕

（136）　参照：Ludwig Wittgenstein, *Philosophische Untersuchungen* (G. E. M. Anscombe & R. Rhees (Ed.), Philosophical Investigations, Oxford, Basil Blachwell Mott, 1953), § 65, p. 31.〔邦訳：ウィトゲンシュタイン『哲学探究』第一部第 65 節，藤本隆志訳，大修館書店，1976 年，68-69 頁。〕

（137）　こうした問題に関してはとりわけ，以下の研究におけるいくつかの貴重な考察を参照のこと。Jean-Pierre Charcosset, « Notes sur la Stimmung », in *Exercices de la patience,* 3/4 (1982), p. 49-63. シャルコッセは，Henri Maldiney, *Regard, parole, espace,* Lausanne, L'Age d'Homme, 1973 における考察，ならびに Michel Haar, « La pensée et le moi chez Heidegger. Les dons et les épreuves de l'Etre », in *Revue de métaphysique et de morale,* 1975 (n. 4) p. 456-

483 を参照すべきと記している。また，次の研究を参照してもよい。Marc Froment-Meurice, « Long est le temps », in *L'humeur et son changement, Nouvelle Revue de psychanalyse, 32* (automne 1985), p. 185-205.

(138) Michel Haar, art. cité, p. 466.

(139) 参照：Henri Maldiney, *Regard, parole, espace,* op. cit., p. 93.

(140) ボルノウの名著『気分の本質』(Otto Friedrich Bollnow, *Das Wesen der Stimmungen,* Frankfurt, V. Klostermann, 1968) を参照。〔邦訳：オットー・フリードリッヒ・ボルノウ『気分の本質』，藤縄千艸訳，筑摩書房，1973 年。〕

(141) Stimmung と Befindlichkeit とを結びつけることができるのは，フランス語では「そこに (y)」というこの特異な小辞だけである，というジャン＝ピエール・シャルコッセの指摘は，まさに当を得たものである (Jean-Pierre Charcosset, art. cité, p. 60)。

(142) 1966 年にツォリコーンの精神医学者たちから心身相関的現象としてのストレスについて尋ねたられたとき，ハイデガーは，その現象をまさにここで述べられているような意味で解釈すべきではないか，と答えている。参照：*Zoll. Sem.* op.cit., p. 179-183.〔邦訳：『ツォリコーン・ゼミナール』，194-199 頁。〕

(143) Leo Spitzer, *Classical and Christian Ideas of World Harmoney. Prolegomena to an Interpretation of the Word "Stimmung",* Baltimore, John Hopkins Press, 1963. この著書の要諦となる部分が〔仏訳され〕，次に示す論文として転載されている。参照：« Résonances. A propos du mot *Stimmung* », trad. par Cornélius Heim, in *Nouvelle Revue de psychanalyse,* nº 32, p. 239-255.

(144) Edmund Husserl, *Logische Untersuchungen, Zweiter Band,* op. cit., V, § 13-15.〔邦訳：『論理学研究 3』，175-195 頁。〕

(145) とりわけ，Michel Henry, *Généalogie de la psychanalyse ou le commencement perdu,* Paris, PUF, 1989〔邦訳：ミシェル・アンリ『精神分析の系譜——失われた始原』，山形頼洋他訳，法政大学出版局，1993 年〕，および Jean-Luc Marion, *Questions cartésiennes,* chap. V : « Le cogito s'affecte-t-il ? », Paris, Vrin, 1990, p. 153-188 を参照のこと。

(146) 参照：*GA* 20, 391-400. ここで，ハイデガーは自らの分析が，特に『修辞学』(B 5, 1382 a 20-1383b 11) における恐れに関する「アリストテレスの定義をつねに参照している」(*GA* 20, 394) と明言している。

(147) とりわけ，講義録『形而上学の根本諸概念』(*GA* 29/30, 89-250) の第一部における退屈に関する非常に長い分析に言及しておくべきだろう。その注釈としては，次を参照のこと。Marc Froment-Meurice, art. cité.

(148) 参照：Hans Jonas, *Das Prinzip Verantwortung: Versuch einer Ethik für die technologische Zivilisation,* Frankfurt, Insel, 1979, p. 300-302. (仏訳：Hans Jonas, *Le principe responsabilité. Une éthique pour la civilization technologique,* trad. par J. Greisch, Paris, Ed. du Cerf, 1990, p. 391.)〔邦訳：ハンス・ヨナス『責任という原理』，東信堂，2000 年，385-388 頁。〕

(149) この問題については，次を参照のこと。Richard Kearney, *Poétique du possible. Phénoménologie herméneutique de la figuration,* Paris, Ed. Beauchesne, 1984. とりわけ，chap. VI : « L'être et le possible », p. 117-134.

(150) Paul Celan, *GW,* II, p. 76.〔邦訳：『パウル・ツェラン全詩集 II』，中村朝子訳，青

土社，1992 年，127-128 頁。〕

(151) GA 20, 359-360 において同様の分析の概略が示されており，GA 21, 143-153 でさらにページを割いて詳述されている。

(152) 翻訳にまつわる諸問題については，リクールの次の論文における考察を参照のこと：Paul Ricœur, « Interprétation » in Lecture 2 : La contrée des philosophes, Paris, Ed. du Seuil, 1992, p. 451-456.

(153) Ludwig Wittgenstein, Philosophische Untersuchungen, II, xi, op. cit, P. 193-229（仏訳：Ludwig Wittgenstein, Investigations philosophiques, trad. par P. Klossowski, Paris, Gallimard, Ed. Tel, p. 325-352.）〔邦訳：『哲学探究』，383-457 頁。〕

(154) 精神病者が身体について抱くイメージに関するパンコー（Gisela Pankow）の研究を参照のこと。

(155) 理解と解釈いう二つの用語がもつこうした方法論的意味については，次の研究において見事に明らかにされている。Carl-Friedrich Gethmann, Verstehen und Auslegung. Das Methodenproblem in der Philosophie Martin Heideggers, Bonn, Bouvier, 1974.

(156) Johann Martin Chladenius, Einleitung zur richtigen Auslegung vernünftiger Reden und Schriften (1742), mit einer Einleitung von Lutz Geldsetzer, Düsseldorf, Stern-Verlag Janssen & Co., 1969 (Instrumenta Philosophica, 5).

(157) 意味というカテゴリーのカントの用法については，次を参照のこと。Eric Weil, « Sens et fait », in Problèmes kantiens, Paris, Vrin, 1970, p. 63-107.

(158) 参照：Hans-Georg Gadamer, „Vom Zirkel des Verstehens" (1959), in Gesammelte Werke 2, Tübingen, Mohr, 1968, p. 57-65.〔邦訳：「理解の循環について──哲学的解釈学」，竹市明弘訳，ガーダマー・アーペル他，竹市明弘編『哲学の変貌──現代ドイツ哲学』所収，岩波書店，1984 年，163-183 頁。〕

(159) 参照：Thomas Sheehan, "Hermeneia and Apophansis : The Early Heidegger on Aristotle", in F. Volpi et al.(éds.), Heidegger et l'idée de la phénoménologie, op. cit., p. 67-80.

(160) こうした分析の概略はすでに次に示されている。GA 19, §26, 179-188 ; GA 21, 153-161.

(161) 「『言語ゲーム』という言葉は…，言語を話すということが活動ないし生活形式の一部であることをはっきりさせてくれるのでなくてはならない」Ludwig Wittegenstein, Philosophische Untersuchungen, §23.〔邦訳：『哲学探究』第 23 節，32 頁〕。論理学と解釈学との接合については，次の諸研究を参照のこと。Hans Lipps, Untersuchungen zur hermeneutischen Logik, Frankfurt, V. Klostermann, 1938 ; Die Verbindlichkeit der Sprache. Arbeiten zur Sprache und Logik, Frankfurt, V. Klostermann, 1944.

(162) 参照：GA 24, §16-18, 252-320.

(163) 参照：GA 20, 361-376.

(164) とりわけ，次を参照のこと。Emile Benveniste, Problèmes de lingustique générale, I, Paris, Gallimard, 1966, chap. X : « Les niveaux de l'analyse lingustique », p. 119-131.〔邦訳：エミール・バンヴェニスト『一般言語学の諸問題──言語活動と人間的経験』，10「言語分析のレベル」，岸本通夫監訳，みすず書房，1983年，129-142 頁。〕この章は，次のような言葉で締めくくられている。「ラングが形をなし，まとまりを得るのは，文において現動化され

る話においてである。ここから言語（langage）は始まるのである。古典の文句をまねて，次のように言うことができよう。はじめに話の中になかったものが，ラングの中にあることはない，と」(p. 131)〔邦訳：142 頁〕。

（165）「自らの存在自身において有意義化しつつ在るがゆえに，現存在は諸々の意義の内で生き，また，諸々の意義として自らを語り出すことができるのである」（*GA* 21, 151）。まさしくこれが，言語という現象に対する全ての実存論的なアプローチを支配する公理であって，その点において，このアプローチは単なる言語学的なアプローチとは異なっている。

（166）こうした要請はすでに *GA* 19, 594 で述べられている。

（167）「音声が意義を獲得するのではなく，逆に，意義が音声において表現されるのである」（*GA* 20, 287, cf. SZ 161）。こうした発言は当然，先に引用した *GA* 21, 151 の一節と連関づけるべきものである。

（168）John Langshaw Austin, *How to do things with words,* New York, Oxford University Press, 1965.（仏訳：*Quand dire, c'est faire,* trad. par Gilles Lane, Paris, Ed. du Seuil, 1970.）〔邦訳：J-L. オースティン『言語と行為』，坂本百大訳，大修館書店，1978 年。〕

（169）John Searle, *Speech acts. An essay in the philosophy of language,* Cambridge University Press, 1969.（仏訳：*Les actes de langage. Essais de philosophie du langage,* trad. par H. Pauchard, Paris, Hermann, 1972.）〔邦訳：J. R. サール『言語行為――言語哲学への試論』，坂本百大・土屋俊訳，勁草書房，1986 年。〕

（170）Friedrich Hölderlin, „In lieblichen Bläue blühet...", in *Sämtliche Werke II,* Stuttgart, Kohlhammer, 1969, p. 372 s.

（171）参照：Roman Jakobson, *Essais de linguistique générale,* Paris, Ed. du Seuil, p. 213-220.〔邦訳：ローマン・ヤコブソン『一般言語学』，田村すず子他訳，みすず書房，1973 年，183-194 頁。〕

（172）参照：*GA* 20, 365-368.

（173）参照：ヘラクレイトス，断片一，50。〔邦訳：『ソクラテス以前哲学者断片集　別冊』，内山勝利他訳，岩波書店，1998年，33頁，44 頁。〕

（174）「聞いても理解しない」ということは，以下の福音書における寓話の中心テーマである。参照：「マタイによる福音書」13，8-16，「ルカによる福音書」10，23-24，「マルコによる福音書」4, 10-12。これらは「イザヤ書」6, 9-10 を踏まえた箇所である。

（175）参照：*GA* 39, 68-72.

（176）とりわけ，次を参照のこと。Jean-François Courtine, « La voix étrangère de l'ami. Appel et/ou dialogue », in *Heidegger et la phénoménologie,* op. cit., p. 327-354.

（177）参照：Paul Ricœur, *Soi-même comme un autre,* op. cit., p. 213-220.〔邦訳：『他者のような自己自身』，234-242 頁。〕

（178）参照：*GA* 20, 368-373.

（179）「マルコによる福音書」15, 1-5。

（180）参照 Oswald Ducrot, *Dire et ne pas dire. Principes de sématique linguistique,* Paris, Hermann, 1972.

（181）参照：*GA* 20, 376-378.

（182）Piera Castoriadis-Aulagnier, *La violence de l'interprétation : du pictogramme à l'énoncé,*

Paris, PUF, 1975.

（183）　ハイデガーがこの文脈において，「抑圧（Verdrängung）」という概念を用いていないことに注意しよう。空話はむしろ「逸脱（Abdrängung）」を行うのであって，この逸脱が，実存論的分析の次元でフロイトのいう抑圧に対応する機能を果たしている。「頽落」が最初に示す姿は，「現存在が自己自身から逸脱すること（Abdrängung des Daseins von ihm selbst）」（GA 20, 378）なのである。

（184）　参照：GA 20, 378-384.

（185）　理論的好奇心がもつ文化的な重要性に関しては，次の重要な著作を参照のこと。Hans Blumenberg, *Der Prozeß der theoretischen Neugierde,* Frankfurt, Suhrkamp, 1980. この著作は，*Die Legitimität der Neuzeit* と題された三部作の第二巻にあたるものである。〔邦訳：ハンス・ブルーメンベルク『理論的好奇心に対する審判のプロセス』，忽那敬三訳，法政大学出版局，2001年。〕

（186）　「すべての人間は生まれつき見ることを欲する。その証拠としては，感覚への愛好が挙げられる。というのは，感覚はその効用を抜きにしても，感覚することそれ自らのゆえに愛好されるものだからである。しかし，ことにそのうちでももっとも愛好されるのは，視覚的感覚である」（『形而上学』A 1, 980 a 21）。〔邦訳：『アリストテレス全集12』，3頁。〕

（187）　Nicolas Born, *Die Fälschung,* Reinbek bei Hamburg, Rowohlt Taschenbuch Verlag, 1984. これはレバノン戦争を舞台とした小説で，それまで唯一の生きる理由としてきた好奇心を，ある日問いに付さざるをえなくなった男の冒険譚である。こうしたテーマがよく映画の題材になるのは，偶然であろうか。

（188）　参照：GA 20, 384-388.

（189）　参照：GA 20, 388-391.

（190）　参照：GA 61, 131-155.

（191）　参照：GA 61, 140.

（192）　『時間概念の歴史への序説』では，この渦というモチーフが曖昧さの分析の際にもち出されている。「〈ひと〉における現存在はいわばある渦の中で動いている。渦は現存在を〈ひと〉の中に巻き込み（hineinwirbelt），その際，現存在を絶えず事柄およびそれ自身から引き離し，渦として絶えざる逸脱（Abdrängung）へと引き入れるのである」（GA 20, 388）。

（193）　こうした分析の概要については，次を参照のこと。GA 20, 400-406.

（194）　Jean Laplanche, *L'angoisse,* Paris, PUF, 1980, p. 39.

（195）　*Ibid.,* p. 232.

（196）　*Ibid.,* p. 233.

（197）　*Ibid.*

（198）　さらに詳しい説明が必要なら，Jean Laplanche の全著作を参照すること。不安に関するフロイトの考え方は，フロイト自身によって『精神分析入門』の第25講（*Vorlesungen zur Einführung in die Psychoanalyse,* Gesammelte Werke, Bd. 11, Frankfurt, S. Fischer, 1944 p. 407-415）および第32講（*Neue Folge der Vorlesungen zur Einführung in die Psychoanalyse, Gesammelte Werke* Bd. 15, Frankfurt, S. Fischer, 1944, p. 87-118）で総括的に述べられている。〔邦訳：『フロイト著作集1』，「精神分析入門（正・続）」，懸田克躬・高橋義孝訳，人文書院，1971年，第25講323-339頁，第32講452-476頁。〕

(199) これは，フライブルク大学で1929年にハイデガーが口頭で行った就任講演である。このテキストは後に，いくつかの前書きと後書きを加えられている。

(200) ディディエ・フランクの考えでは，不安の身体的次元にほとんど関心が向けられないのは，まさしく肉体が無視されているからである。参照：Didier Franck, *Heidegger et le problème de l'espace,* op. cit., p. 70-78.

(201) Sigmund Freud, „Das Unheimliche", in *GW* 12, p. 227-268.（仏訳：Sigmund Freud, *L'Inquiétante étrangeté et autres essais,* trad. par Bertrand Féron, Paris, Gallimard, 1985.）〔邦訳：「無気味なもの」『フロイト著作集3』「文化・芸術論」所収，髙橋義孝他訳，人文書院，1969年，327-357頁。〕

(202) この感情に関する次の非常に長い分析を参照のこと。*GA* 29/30, 99-250.

(203) 参照：*GA* 65, 33-36.

(204) 参照：*GA* 20, 406-417.

(205) 『時間概念の歴史への序説』においてハイデガーは，気遣いというこの概念が彼にとって重要なものとなって「すでに7年になる」（*GA* 20, 418）と述べている。これは，アウグスティヌスの人間学の存在論的根拠に関する探究という文脈でなされた発言である。この年数からすると1920年ということになるが，これは，ハイデガーが1920年に開いた作業場が，『存在と時間』の出版に至るまで本質的に継続していたとするわれわれの最初の仮説を立証するものである。

(206) リクールは，自己評価という倫理的概念の解釈学的解釈の結果，自己自身としての他なるものと他なるものとしての自己自身とは等価であるとみなしている。参照：Paul Ricœur, *Soi-même come un autre,* op. cit., p. 226.〔邦訳：『他者のような自己自身』，247-248頁。〕

(207) 参照：Didier Franck, *Heidegger et le problème de l'espace,* op. cit., p. 71.

(208) とりわけ，*La symbolique du mal*〔邦訳：『悪の象徴系』，第一部『悪のシンボリズム』，植島啓司他訳，渓声社，1977年，第二部『悪の神話』，一戸とおる他訳，渓声社，1980年〕におけるリクールの取り組みを参照のこと。

(209) 例えば，Mario Bunge, *Treatise on Basic Philosophy,* Vol. 3 : *Ontology : the furniture of the World,* Dordrecht/Boston, Reidel, 1977で用いられている用語の定義を参照のこと。存在問題に対する様々な分析哲学的アプローチに関する大まかな概要については，次を参照のこと。Denis Zaslawsky, *Analyse de l'être : essai de philosophie analytique,* Paris, Ed. de Minuit, 1982.

(210) 唯名論の存在論に関しては，次の透徹した分析を参照のこと。Pierre Alféri, *Guillaume d'Ockham, le singulier,* Paris, Ed. de Minuit, 1989.

(211) Heinrich Rombach, *Substanz, System, Struktur,* t. I, München, K. Alber, 1964, p. 94.〔邦訳：ハインリッヒ・ロムバッハ『実体・体系・構造』，酒井潔訳，ミネルヴァ書房，1999年，104頁。〕

(212) 「〔諸事象の〕自体所与性の原初的様相は知覚である」（E. Husserl, *Formale und transzendentale Logik,* Husserliana, Bd.17, Den Haag, M. Nijhoff, 1974, §59, p. 166.）これについての議論は，次を参照のこと。Didier Franck, *Chair et corps. Sur la phénoménologie de Husserl,* Paris, Ed. de Minuit, 1981, p. 15-28.

（213）『時間概念の歴史への序説』の中でハイデガーは，シェーラーがすでに7年前から抵抗という現象に関して分析を行っていたと主張していることを長々と紹介した上で，自分もそうであったことを強調している。言い換えれば，ハイデガーがシェーラーに依拠しているのではないかと考える必要は全くないということである。逆に，彼らの親近性は，二人とも同じ源泉に依拠しているということから説明できる。つまり，ディルタイという源泉である（GA 20, 303）。

（214） GA 21, *Logik. Die Frage nach der Wahrheit*, p. 127-195. また，もっと簡潔な作業がすでに以下の箇所で行われている。GA 19, 181-188.

（215） Edmund Husserl, *Logische Untersuchungen I*, op. cit, p. 221-222. 〔邦訳：『論理学研究1』，241-242頁。〕

（216） こうしたことは現代の多くの理論家たちによってなされていることである。L. Bruno Puntel がその著書で行った詳細な調査を参照のこと。*Wahrheitstheorien in der Neueren Philosophie. Eine kritisch-systematische Darstellung,* Darmstadt, Wissenschaftliche Buchegesellschaft, 1978.

（217） Edmund Husserl, *Logische Untersuchungen, Zweiter Band,* op. cit, VI, p. 645-656. 〔邦訳：『論理学研究4』，137-149頁。〕

（218） さらに後の，1942年/43年の冬学期の講義で，ハイデガーはこれを「〈真理〉という〔名の〕女神」（GA 54, 1-24）とはっきりと呼ぶことになる。この講義に関するさらに詳細な分析については，私の次の研究「〈真理〉という名の女神，あるいはもっとも長い忘却にまつわる物語」を参照のこと。この研究は，近刊予定の次の著書に再録される。Jean Greisch, *L'Etre, l'Autre, l'Etranger. L'herméneutique dans la métaphysique,* Paris, Vrin.

（219） 参照：Ernst Tugendhat, *Der Wahrheitsbegriff bei Husserl und Heidegger,* Berlin, de Gruyter, 1967.

（220） オットー・ペゲラーが *Der Denkweg Martin Heideggers,* op. cit., p. 38-39〔邦訳：『ハイデッガーの根本問題——ハイデッガーの思惟の道』，39-40頁〕で指摘しているように，ハイデガー自身は，「アウグスティヌスと新プラトン主義」と題された1921年の冬学期の講義〔全集第60巻『宗教的生の現象学』（*Phänomenologie des religiösen Lebens, GA* 60）に所収〕で，この区別について考えていた。

（221） GA 21, 89-196.

（222） このような選択を行う戦略的重要性を，ピエール・オーバンクは慧眼にも見逃すことはなかった。オーバンクによれば，ブレンターノは，命題を真理性と虚偽性の場とするアリストテレスのこれらのテキストを特権的に扱っているが，ハイデガーはこの点に関して，ブレンターノに真っ向から反対の立場に立っているのである。参照：Pierre Aubenque, *Le problème de l'être chez Aristote,* op. cit., p. 183-170.

（223）「真または偽は，〔次のようなものである，すなわち〕，（i）接触し主張すること，これが真である（「主張」とは「肯定」と同義ではないのだから）。そして，（ii）無知であるとは接触していないことである。〔なぜ偽ではなく無知と言うかといえば，〕実際のところ，およそ事物のなにであるかについては，誤るということはありえず，ありうるのはその属性においてにすぎない。そして，これと同様のことは，非複合的な諸々の実体についても言える。というのは，これらについても誤ることはありえないからである」（アリストテレス

『形而上学』1051 b 20〔邦訳:『アリストテレス全集12』, 318頁〕)。

(224)「話は真理（ἀληθές）の第一かつ唯一の担い手だというわけではない。それは, そこで真理（ἀληθές）が出現しうるような何ものかではあるが, 必ずしもそうなるというわけではない。ロゴスは真理を語ること（ἀληθεύειν）がその故郷に安らい, 根差してあるような場所ではないのである」(GA 19, 182)。

(225) 同様の分析は次にもある。GA 24, 311-316 .

(226) GA 21, §11-14, 27-195.

(227) GA 21, §15, 197-207.

(228) GA 21, §16, 208-219.

第Ⅱ部 「現存在」と時間性

(1) 同じような橋渡しの考察 (Übergangsbetrachtung) (GA 20, 424) が, 『時間概念の歴史への序説』の第33節にすでに見出される (GA 20, 424-431)。

(2) 『存在と時間』の第二篇について本書でわれわれが試みようとしている解釈は, ヒューバート・L・ドレイファスの解釈とは正反対の賭けに基づいている, ということを言っておく必要があるだろうか。ドレイファスは, この第二部を, 「実存主義的」思考への退行であり, また整合的に読み解くことのできない晦渋な文章であるとして, 彼の注解から除外しているのである。H. Dreyfus, *Being-in-the-World. A Commentary,* op. cit., p. VII-VIII.〔邦訳:『世界内存在——『存在と時間』における日常性の解釈学』, 5-6頁。〕

(3) Paul Ricœur, *Temps et récit III: le temps raconté,* op. cit., p. 93.〔邦訳:『時間と物語Ⅲ』, 110頁。〕この本の第1部第3章 (p. 90-143〔邦訳107-161頁〕) には, 『存在と時間』第二篇の全般にわたる解釈が含まれている。本書でわれわれは, しばしばこの解釈を参照することになるであろう。

(4) *Ibid.,* p. 93.〔邦訳:『時間と物語Ⅲ』, 110頁。〕

(5) この問題の枠組を見事に提示したものとして, 次を参照のこと。Jean-François Courtine, *Heidegger et la phénoménologie,* op. cit., p. 305-318.

(6) Paul Ricœur, *Temps et récit III,* op. cit., p. 94-95.〔邦訳:『時間と物語Ⅲ』, 111-112頁。〕

(7) Michel Haar, *Heidegger et l'essence de l'homme,* Grenoble, Jérôme Millon, 1990, p. 14. このような言い方で要約されている批判的問いかけがとくに標的にしているのは, 死への存在, 良心の声, 覚悟性といった現象である。

(8) Emmanuel Lévinas, *Totalité et Infini,* La Haye, Nijhoff, 1961, p. 208-213.〔邦訳:エマニュエル・レヴィナス『全体性と無限』, 合田正人訳, 国文社, 1989年, 357-365頁。〕

(9) さらにミシェル・アールにならって次のように問うことができる。つまり, あくまで現存在を自らを可能化するものと見なしたために, ハイデガーは, 現存在に破壊や衰弱といった陰鬱な相貌を見てとることができなくなってしまったのではないか, と。参照 : Michel Haar, *Heidegger et l'essence de l'homme,* op. cit., p. 30.

(10) エリザベス・キューブラ゠ロスとその学派の仕事を参照。

(11) 参照 : Louis-Vincent Thomas, *Anthropologie de la mort,* Paris, Payot, 1975.

(12) 参照 : Ferdinand Alquié, *Le désir d'éternité,* Paris, PUF, ^{9}1983.

（13） Michel Haar, op. cit., p. 39.
（14） とりわけ『パイドン』64 a 4-6〔邦訳：『プラトン全集 1』，松永雄二訳，1975 年，岩波書店，176-177 頁〕を参照のこと。このモチーフは，何度もフィンクによって注釈されてきた。とくに以下の著作でフィンクが提示している死の現象の解釈は，ハイデガーの解釈と突き合わせる値打ちのあるものである。参照：Eugen Fink, *Grundphänomene des menschlichen Daseins,* Freiburg / München, K. Alber, 1979, p. 98-215.
（15） 確実性というこの問題に関しては，次を参照のこと。Jean-François Courtine, *Heidegger et la phénoménologie,* op. cit., p. 306-311.
（16） 参照：Hannah Arendt, *The human condition,* op. cit., p. 9.（仏訳：*Condition de l'homme moderne,* trad. par Georges Fradier, Paris, Calmann-Lévy, 1983, p. 43.）〔邦訳：『人間の条件』，21 頁。〕アーレントにとって，「生まれること」とは根本的なカテゴリーであり，労働，仕事，行為という活動的生（*vita activa*）の三つのカテゴリーを下支えするものである。だが，この三つのうちで「生まれること」にもっとも近いのは行為のカテゴリーである。これをアーレントは政治的思考の中心的カテゴリーと見なし，つねに死の問題にとりつかれている形而上学的思考にそのような政治的思考を対置させている。
（17） 『論理学研究』第二巻の第一研究を思い出しておくのは無駄ではあるまい。そこでは，あらゆる伝達（*Kundgabe*）の可能性の外にある，孤独な心的生活における表現の可能性が議論されているのであるが，そこでフッサールが見出すただ一つの例が，「おまえは失敗したのだ」という良心の声なのである。参照：Edmund Husserl, *Logische Untersuchungen,* II-1, op. cit., §8, p. 36.〔邦訳：『論理学研究 2』，45-47 頁。〕
（18） 「自己の解釈学」において，リクールは自己性の存在論的地位を規定するために，肉体，他人，良心という三つの契機を含む他者性との弁証法的関係を提示している（Paul Ricœur, *Soi-même comme un autre,* op. cit., p. 367-369〔邦訳：『他者のような自己自身』，390-393 頁〕）。この文脈で，リクールは良心（*Gewissen*）に関するハイデガーの分析を解釈しているのであるが（p. 401-409），これについては後ほど触れるつもりである。
（19） この文脈において，フロイトの「鼠男」症例で現れる負債＝責めのカテゴリーが果たす重要な役割が思い出されるであろう。この強迫神経症の有名な症例は，月並みな金銭的負債である「3 クローネ 80」が，この上なく錯綜した実存論的意義を担いうるということをよく示している。
（20） Paul Ricœur, *Soi-même comme un autre,* op. cit., p. 404.〔邦訳：『他者のような自己自身』，431 頁。〕
（21） *Ibid.*, p. 405.〔邦訳：前掲書，432 頁。〕
（22） この文脈で，リクールが「過ちうる人間」の人間学において提出した，哲学によって規定できる〈過誤の可能性〉の概念と，もはや哲学が直接支配できない意志の経験論に属する過誤の概念との関係について思い起こしてもよいだろう。参照：Paul Ricœur, *Philosophie de la volonté,* t. 2: *Finitude et Culpabilité,* livre I : *L'homme faillible,* Paris, Aubier, ²1988, p. 20-162.〔邦訳：ポール・リクール『人間　この過ちやすきもの　有限性と有罪性』，久重忠夫訳，以文社，1978 年。〕
（23） ここにレヴィナスの反撃が介入する。1951 年の有名な論文「存在論は根源的か」（«L'ontologie est-elle fondamentale ?»）がそれである。この論文は，『全体性と無限』への

諸発展を萌芽的に含んでいる。参照：Emmanuel Lévinas, *Entre nous. Essai sur le penser-à-l'autre,* op. cit., p. 13-24.〔邦訳：エマニュエル・レヴィナス『われわれのあいだで』，合田正人他訳，法政大学出版局，1993 年，5-19 頁。〕この核心的な問題をめぐるレヴィナス-ハイデガー論争を分析したものとして，次の拙論を参照されたい。Jean Greisch, « Ethique et ontologie : quelques considérations hypocritiques », in J. Greisch / J. Rolland（éds.）, *Emmanuel Lévinas : l'éthique comme philosophe première,* Paris, Ed. du Cerf, 1993, p. 15-45.

（24） Paul Ricœur, *Soi-même comme un autre,* op. cit., p. 403.〔邦訳：『他者のような自己自身』，430 頁。〕

（25） リクールが『時間と物語III』（p. 203-227〔邦訳：253-286 頁〕）で提案したように，歴史的過去の実在を責め＝負債という言葉で記述することに同意するならば，責めという観念についてまた別の使用法がありうると考えることができる。「語りの筋立ての支配者を，過去の人間達の記憶への奉仕者と化す責め＝負債の謎めいた性格」（*ibid.*, p. 227〔邦訳：275 頁〕）に当たるようなものが，はたしてハイデガー的な歴史性概念のうちに見出されるであろうか。これについては後ほどまた問題にしたい。

（26） Paul Ricœur, *Soi-même comme un autre,* op. cit., p. 351.〔邦訳：『他者のような自己自身』，375 頁。〕リクールは，多くの点でハイデガー的な証し概念をとり入れているが，疑いに強調点を置くことによって，自らをハイデガーから区別している。疑いは，忠実な影のようにいつも証しに伴っており，「疑いは証しに内属する」（*ibid.*, p. 351）と言わねばならないほどである。この「証しと疑いとの間のある種の不安な均衡」（*ibid.*）というのは，まさしく考察を要する事柄である。

（27） Paul Ricœur, *Temps et récit III,* op. cit. p. 97.〔邦訳：『時間と物語III』，114 頁。〕

（28） *Ibid.*, p. 99.〔邦訳：前掲書，116 頁。〕

（29） *Ibid.*, p. 101.〔邦訳：前掲書，118 頁。〕

（30） すでに 1919/20 年の講義『現象学の根本問題』のなかで，ハイデガーは「状況」の観念を「自己世界」の弁別特徴として導入していたことを想起しておこう（GA 58, 62-63）。

（31） 意志の哲学という枠組の中でリクールが行っている習慣の分析については，以下を参照のこと：Paul Ricœur, *Philosophie de la Volonté,* t. I : *Le volontaire et l'involontaire,* Paris, Aubier, ²1988, p. 264-290.〔邦訳：ポール・リクール『意志的なものと非意志的なもの II．行動すること』，滝浦静雄他訳，紀伊国屋書店，1995 年，485-531 頁。〕

（32） 参照：Hannah Arendt, *The human condition,* op. cit, chap. V : Action.〔邦訳：『人間の条件』，第五章「活動」。〕ここでもう一度，ジャック・タミニョーが，大体においてこのアーレント的な観点からハイデガーの基礎的存在論を読み直していることを思い出しておこう。（参照：Jacques Taminiaux, *Lectures de l'ontologie fondamentale,* op. cit.）また同じ著者による次の著作も参照のこと。*La fille de Thrace et le penseur professionel,* Paris, Payot, 1992. この著作は，ハイデガーとアーレントを組織的に突き合わせようという試みである。同じ文脈で，リクールの「自己の解釈学」が，人間的行為の類比的統一性に関する反省との連関で形成されていることに注目しておこう。ただしその場合，ハイデガーの「気遣い」概念を行為の概念と置き換えることがどのようにして正当化できるのか，という点が問題になる。

（33） この困難に関しては，次を参照のこと。Paul Ricœur, *Soi-même comme un autre,* op. cit., p. 359.〔邦訳：『他者のような自己自身』，383 頁。〕

(34) ここで挙げられた批判的な問いは、大体においてアールの問いと一致する（Michel Haar, *Heidegger et l'essence de l'homme,* op. cit., p. 45-54）。とくに、一切の道徳的格率および定言命法を拒否するということには本当に「異論の余地のない現象学的明証」（p. 46）があるのかという問い、および責めに特有の間主観的な次元が消去されているという指摘（p. 49）に関してはそうである。結局問題となるのは、当該の現象を純粋に自己論的（autologique）に規定するのか、それとも異他論的（hétérologique）に規定するのか、という選択である。良心がいかなる特定の命令をも与えないかのように議論を進める（p. 53）ことによって、道徳的行為の観念自体が大幅に担保されるのである。

(35) リクールは、言葉の作業の重要性を強く説いている。しばしばそれは、「欠けている言葉を補おうとするほとんど絶望的な戦い」（Paul Ricœur, *Soi-même comme un autre,* op. cit., p. 94, n.1〔邦訳：『他者のような自己自身』、163頁〕）という形をとる。

(36) この観念については、次を参照のこと。Paul Ricœur, « Le péché originel. Etude de signification » in : *Le conflit des interprétations,* Paris, Ed. du Seuil, 1969, p. 265-283.

(37) Paul Ricœur, *Finitude et culpabilité* 2. *La symbolique du mal,* Paris, Aubier, 1960. op. cit., p. 163-488.〔邦訳：『悪の神話』〕; « La symbolique de mal interprétée », in : *Le conflit des interprétations*, op. cit, p. 265-371.

(38) これは、マイスター・エックハルトの神秘主義的な言語において重要な役割を果たす術語であって、後にハイデガーは『言葉への途上』（*Unterwegs zur Sprache, GA* 12）でこの語を再び用いることになる。目下の文脈では、この語が軽蔑的な意味で用いられているのは明らかである。

(39) Fr. D. E. Schleiermacher, *Hermeneutik,* nach den Handschriften neu herausgegeben und eingeleitet von Heinz Kimmerle, Heidelberg, Carl Winter Universitätsverlag, 1974, p. 82. (仏訳 : « Abrégé de l'herméneutique de 1819 », in : F. D. E. Schleiermacher, *Herméneutique,* trad. par Christian Berner, Paris, Ed. du Cerf, 1987, p. 123.)

(40) 「《私は》と言う」という複合的現象についてより詳しく分析するために、言表行為と発話者との関係へと語用論的に迫ることが有益であるのは、説明するまでもあるまい。この点について、『他としての自己自身』の第二研究「言表と話す主体：語用論的アプローチ」において、リクールが貴重な指摘を行っている。参照：*Soi-même comme un autre,* op. cit., p. 55-72.〔邦訳：『他者のような自己自身』、53-74頁。〕

(41) ハイデガーのカント解釈において、その導きの糸となり、重心となるのは、カントの超越論的構想力論をはっきりと時間的な方向に解釈するということである。この解釈は『カントと形而上学の問題』で完成されるのであるが、それが最初にスケッチされたのは、マールブルクでの『論理学』講義の第22節-第36節においてである（*GA* 21, 269-408）。

(42) Paul Ricœur, *Soi-même comme un autre,* op. cit., p. 140-150.〔邦訳：『他者のような自己自身』、149-160頁。〕

(43) 『存在と時間』の第65節の内容を簡単にスケッチしたものが、マールブルクでの『論理学』講義の第18節「気遣いの時性」に見出される（*GA* 21, 234-244, § 18. *Die Temporalität der Sorge*）。ここでハイデガーは、「現象学的クロノロギー」という理念と直接結びつけながら、「気遣いの時間的分析」が必要であることを主張している（p. 244）。この分析の目的は、時間現象そのものに刻み込まれた「時間性格（*Zeitcharaktere*）」——時間疇（*Tempo*-

ralien) と名づけられる (p. 243)——をとりだすことである。同じ問題が，この講義の第 37 節で再度とり上げられている。その節の表題は「現存在の実存疇としての時間。時間性と気遣い構造。現在化としての言明 (*Zeit als Existenzial des Daseins. Zeitlichkeit und Sorgestruktur. Die Aussage als Gegenwärtigen*)」(*GA* 21, 409-415) となっている。

(44) Paul Ricœur, *Temps et récit III*, op. cit., p. 102.〔邦訳：『時間と物語Ⅲ』，119 頁。〕

(45) *Ibid.*, p. 103.〔邦訳：前掲書，120 頁。〕

(46) Edmund Husserl, *Vorlesungen zur Phänomenologie des inneren Zeitbewußtseins*, herausgegeben von Martin Heidegger, in *Jahrbuch für Philosophie und phänomenologische Forschung*, Bd. 9, 1928, p. 367-498.〔現在ではフッサリアーナ第 10 巻に収録されている：*Zur Phänomenologie des inneren Zeitbewusstseins (1893-1917)*, Husserliana Bd. X, Den Haag, Martinus Nijhoff, 1966, p. 1-134. 邦訳：E.フッサール『内的時間意識の現象学』，立松弘孝訳，みすず書房，1967 年。〕この講義は 1928 年にハイデガーの手で編集されたものであって，言うまでもなく，この著作を知ることによっても，ハイデガーの探究の独自性をよりよく評価することができる。この問題については，以下を参照のこと。Paul Ricœur, *Temps et récit III*, op. cit., p. 37-67.〔邦訳：『時間と物語Ⅲ』，39-69 頁。〕

(47) Paul Ricœur, *Temps et récit III*, op. cit., p. 104.〔邦訳：『時間と物語Ⅲ』，121 頁。〕

(48) G. W. F. Hegel, *Wissenschaft der Logik*, t. II, Darmstadt, F. Meiner, p. 3.〔邦訳：『ヘーゲル全集 7』「大論理学（中）」，武市健人訳，岩波書店，1960 年，3 頁。〕

(49) このテーゼが『告白』第 11 巻で果たす役割については，次を参照のこと。Paul Ricœur, *Temps et récit III*, op. cit., p. 19-53.〔邦訳：『時間と物語Ⅲ』，7-55 頁。〕

(50) Paul Ricœur, *Temps et récit III*, op. cit., p. 104.〔邦訳：『時間と物語Ⅲ』，121 頁。〕

(51) 参照：Gustave Guillaume, *Temps et verbe*, Paris, Champion, 1970.

(52) この問いに関しては，次の論考を参照のこと。Henry Maldiney, « Le verbe et le temps », in *Aître de la langue et demeures de la pensée*, Lausanne, L'Âge d'homme, 1975, p. 5-50.

(53) デリダにならって，次のように問うことができよう。生き生きとした現在という事実そのものが，ある差異化の運動によって横切られているのではないか，だとすれば，この運動自体の地位を規定することが必要なのではないか，と。参照：Jacques Derrida, *La voix et le phénomène*, chap. V: « Le signe et le clin d'œil », op. cit., p. 67-77.〔邦訳：『声と現象』，第五章「記号とまばたき」，115-132 頁。〕

(54) さらに次のようにも言われている。「《時間が在る》のではなく，**現存在が時間としてその存在を時熟するのである** (*Nicht : Zeit ist, sondern : Dasein zeitigt qua zeit sein Sein*)」(*GA* 20, 442)

(55) この転回の決定的重要性を証示する主要な文書は，ハイデガー全集の第 65 巻として公刊された *Beiträge zur Philosophie : vom Ereignis*〔邦訳：『哲学への寄与論稿——性起から（性起について）』〕である。詳しくは，まもなく出版される拙著 (*L'Etre, l'Autre, l'Etranger. L' herméneutique dans la métaphysique*, op. cit.) を参照していただきたい〔現時点では未刊〕。すでにマールブルクでの『論理学』講義で，ハイデガーは聴講者達に対して，「現存在の時間性の内に〔存している〕より根源的に時間的な諸可能性の時間性」(*GA* 21, 415) を捉えようとする自らの試みによって，伝統的論理学および伝統的形而上学は限界へと追い詰められるであろう，と予告していた。まずは論理学における限界への移行が次のように論じられ

ている。「論理学は哲学的諸学科のなかでもっとも不完全である。そして論理学が前進しうるのはただ，論理学がその主題となる諸現象の根本諸構造を，現存在のふるまいとしての論理的なものの第一次的な存在諸構造を，現存在そのものの時間性を省察するときにのみなのである」(*ibid*.)。

(56) これについての分析としては，次を参照のこと。Paul Ricœur, *Temps et récit III*, op. cit., p. 34-41.〔邦訳：『時間と物語Ⅲ』，25-32 頁。〕

(57) 参照：Edmund Husserl, *Zur Phänomenologie des inneren Zeitbewußtseins*, Husserliana, Bd. 9, op.cit., § 10, p. 28.〔邦訳：『内的時間意識の現象学』，第 10 節，39 頁。〕ならびに次に挙げるリクールの注釈を参照のこと。Paul Ricœur, *Temps et récit III*, op. cit., p. 47-48.〔邦訳：『時間と物語Ⅲ』，48 頁。〕

(58) これは，すでに指摘したように，1924 年の講演『時間の概念』で初めて定式化された問題であるが，それはハイデガーの後の仕事の全てにわたって問われる事柄である。近刊予定の拙著 *L'Etre, l'Autre, l'Etranger. L' herméneutique dans la métaphysique*, op. cit. 所収の論文« L'eschatologie de l'être et le dieu du temps »において，この問題に関係するハイデガーのテキストの一覧を作成し，注釈を加えておいた。

(59) 参照：Françoise Dastur, *Heidegger et la question du temps*, op. cit., p. 67-73.

(60) Paul Ricœur, *Temps et récit III*, op. cit., p. 100.〔邦訳：『時間と物語Ⅲ』，117 頁。〕

(61) 参照：Michel Haar, *Heidegger et l'essence de l'homme*, op. cit., p. 58.

(62) *Ibid.*, p. 55-92.

(63) *Ibid.*, p. 58.

(64) *Ibid.*, p. 59.

(65) *Ibid.*, p. 58.

(66) 「覚悟性が時間性を可能にするのではなく，時間性の方が，その《自発的》構造において覚悟性を可能にするのである」(*Ibid.*, p. 59)。

(67) *Ibid.*, p. 62.

(68) *Ibid.*, p. 72.

(69) 参照：Didier Franck, *Heidegger et le problème de l'espace*, op. cit., p. 109.

(70) Ernst Bloch, *Das Prinzip Hoffnung*, Frankfurt, Suhrkamp, Bd. 1, 1959, p. 79.〔邦訳：エルンスト・ブロッホ『希望の原理』第一巻，山下肇訳，白水社，1982 年，107 頁。〕

(71) *Ibid.*, p. 123-128.〔邦訳：156-161 頁。〕

(72) ハイデガーの実存論的分析論の方向性にもっと忠実な形で希望を解釈する試みとしては，次の著作を参照のこと。Jean-Yves Lacoste, *Note sur le temps. Essai sur les raisons de la mémoire et de l'espérance*, Paris, PUF, 1990.

(73) この問いは，1929 年 / 30 年の講義『形而上学の根本諸問題』の第 58 節から第 61 節 (*GA* 29/30, 344-388) にかけて，じっくりと再検討されることになる。

(74) Didier Franck, *Heidegger et le problème de l'éspace*, op. cit., p. 111.

(75) *Ibid.*, p. 111.

(76) *Ibid.*, p. 112.

(77) *Ibid.*, p. 113.

(78) とりわけ，次を参照のこと。Emile Benveniste, *Problèmes de linguistique générale II*,

chap. 4 : Le langage et l'expérience humaine, Paris, Gallimard, 1974, p. 67-78.

（79）この区別の意味については，以下の論考を参照のこと。Paul Ricœur, *Soi-même comme un autre,* op. cit., p. 180-186.〔邦訳：『他者のような自己自身』，196-203頁。〕

（80）より深く理解するためには，*Metaphysische Anfangsgründe der Logik im Ausgang von Leibniz,* § 12, »Transzendenz und Zeitlichkeit (nihil originarium)«, *GA* 26, 252-273 を参照のこと。

（81）*GA* 21, 269-415.

（82）*Kritik der reinen Vernunft,* B 180-181.〔邦訳：『カント全集第4巻』「純粋理性批判（上）」，有福孝岳訳，岩波書店，2001年，204頁。〕

（83）*GA* 21, 357-408.

（84）地平の概念については，とくに *GA* 26, 269-270 を参照のこと。

（85）とくに *GA* 65, 371-388 を参照のこと。

（86）Martin Heidegger, *Zur Sache des Denkens*, Tübingen, Niemezer, 1969, p. 24.〔邦訳：ハイデッガー『思索の事柄へ』，辻村公一，ハルトムート・ブフナー訳，筑摩書房，1973年，46頁。〕

（87）Didier Franck, *Heidegger et le problème de l'espace,* op. cit., p. 14.

（88）*Ibid.,* p. 97.

（89）*Ibid.,* p. 39.

（90）*Ibid.,* p. 39，また，次の論考を参照のこと。G. Wiedemann, *Zeitlichkeit kontra Leiblichkeit. Eine Kontroverse mit Martin Heidegger,* Frankfurt, P. Lang, 1984.

（91）例えば，Bernhart Waldenfels, „Alltag als Schmelztiegel der Rationalität", in *Der Stachel des Fremden,* Frankfurt, Suhrkamp, 1990, p. 189-203.

（92）参照：Wilhelm Dilthey, *Der Aufbau der geschichtlichen Welt in den Geisteswissenschaften*, op. cit., p. 239-251.〔邦訳：『精神諸科学における歴史的世界の構築』，162-173頁。〕Zusammenhang という概念の翻訳の問題については，Sylvie Mesure による翻訳の中の注記を参照のこと。Dilthey, *L'édification du monde historique dans les sciences de l'esprit, Œuvres* 3, trad., présentation et notes par Sylvie Mesure, Paris, Ed. du Cerf, 1988, p. 26. そこでは，この概念の翻訳は「ディルタイの著作の翻訳全てが背負う真の十字架」であると言われている。

（93）Paul Ricœur, *Temps et récit III,* op. cit., p. 108.〔邦訳：『時間と物語Ⅲ』，125-126頁。〕

（94）Hannah Arendt, *The Human Condition,* op. cit., p. 181-188.〔邦訳：『人間の条件』，294-304頁。〕

（95）「物語的自己同一性」という概念は，そもそも『時間と物語』第三巻の後書きで「ひ弱な新芽」のようなものとして導入されたものであるが，この概念については，『他者としての自己自身』の第五研究と第六研究で詳論されている。Paul Ricœur, *Soi-même comme un autre,* op. cit., p. 137-198.〔邦訳：『他者のような自己自身』，147-217頁。〕

（96）参照：Paul Ricœur, *Temps et récit III,* op. cit., p. 108.〔邦訳：『時間と物語Ⅲ』，126頁。〕

（97）1919年/20年の『現象学の根本問題』は，この時期にすでに自己省察（Selbstbesinnung）の概念の最初の試みがなされていることを証示している。この概念はおそらくディルタイの解釈学のもっとも中心的な概念であろう。参照：*GA* 58, 56-58.

（98）この区別の意味については次の論考を参照のこと。Paul Ricœur, *Temps et récit I,* op.

cit., p. 137-138.〔邦訳：『時間と物語Ⅰ』，165-166 頁。〕

(99) Paul Ricœur, *Temps et récit III*, op. cit., p. 109-110.〔邦訳：『時間と物語Ⅲ』，127 頁。〕

(100) 歴史をめぐる当時の論争との関係についての詳細な分析は，次の論考を参照のこと。Jeffrey A. Barash, *Martin Heidegger and the Problem of Historical Meaning,* Dordrecht, M. Nijhoff, 1988.

(101) Paul Ricœur, *Temps et récit III*, op. cit., p. 313-332.〔邦訳：『時間と物語Ⅲ』，395-414 頁。〕

(102) Hans-Georg Gadamer, *Wahrheit und Methode, GW* 1, p. 305-311.（仏訳：*Vérité et méthode,* trad. par Étienne Sacre et Paul Ricœur, Paris, Ed. du Seuil, 1976, p. 185 sq.）

(103) Reinhard Koselleck, *Vergangene Zukunft. Zur Semantik geschichtlicher Zeiten*, Frankfurt, Suhrkamp, 1979.

(104) とくに伝統性(traditionnalité)，諸伝統(traditions)，伝統そのもの(la tradition) という三つの語の間にリクールが立てた啓発的な区別については，以下を参照のこと。*Temps et récit III,* op. cit., p. 318-325.〔邦訳：『時間と物語Ⅲ』，399-406 頁。〕

(105) Hans-Georg Gadamer, *Wahrheit und Methode, GW* 1, op. cit., p. 169-174.（仏訳：*Vérité et méthode,* op. cit., p. 94-97.）〔邦訳：『真理と方法』，轡田收他訳，法政大学出版局，1986 年，241-248 頁。〕

(106) リクールが言うように，曖昧さの原因は，「死への存在というもっとも根本的な主題が，無用心に共同体という問題領域へとスライドさせられること」(*Temps et récit III,* p. 112〔邦訳：『時間と物語Ⅲ』，168 頁〕)にあると私は考える。このようにして，「あらゆる誤用に対して無防備な，英雄的・悲劇的な政治哲学」が確立されてしまうのである（*ibid.,* p. 112-113〔邦訳：前掲書，168 頁〕)。

(107) とりわけ次の論考を参照のこと。Wilhelm Dilthey, „Über das Studium der Geschichte der Wissenschaften vom Menschen, der Gesellschaft und dem Staat", in *Gesammelte Schriften V,* p. 36-41.

(108) Karl Mannheim, „Das Problem der Generationen", in *Kölner Vierteljahrshefte für Soziologie VII*（1928），p. 157-185, p. 309-330.〔邦訳：マンハイム「世代の問題」，鈴木広訳，『マンハイム全集 3』「社会学の課題」所収，潮出版社，1976 年。〕マンハイムは，ハイデガーの歴運の概念をすでに参照している（p. 164, n. 2）〔邦訳：159 頁〕。

(109) Alfred Schütz, *The Phenomenology of the Social World,* translated by George Walsh and Frederick Lehnert, Evanston, Northwestern Universitz Press, 1967, chap. IV: "The Structure of the Social World : The Realm of Directly Experienced Social Reality, the Realm of Contemporaries, and the Realm of Predecessors", p. 139-214.〔邦訳：アルフレッド・シュッツ『社会的世界の意味構成――ヴェーバー社会学の現象学的分析』，佐藤嘉一訳，木鐸社，1982 年，第四章「社会的世界の構造分析――社会的直接世界・同時世界・前世界」，193-299 頁。〕

(110) 参照：Paul Ricœur, *Temps et récit III,* op. cit., p. 160-171.〔邦訳：『時間と物語Ⅲ』，197-206 頁。〕

(111) この概念が存在の問題の定式化のときに最初から重要であったことを思い起こそう。しかし，その実存論的地位は，ここに至って初めて明確になりえたのである。

(112) リクールの考えでは，伸張と反復というハイデガーの対概念は，「アウグスティヌ

スにおける分散（distentio）と集中（intentio）の弁証法にまさしく一致する」ものである（*Temps et récit III*, op. cit., p. 113〔邦訳：『時間と物語Ⅲ』，130頁〕）。

（113）「エフェソの信徒への手紙」6, 10-17で長々と展開されている霊的な戦いのイメージを参照せよ。

（114）それとは逆に，自然に対して人間が取るさまざまな態度の「歴史」は，そこに含めるべきである。例えば次の研究を参照のこと。Ruth et Dieter Groh, *Weltbild und Naturaneignung. Zur Kulturgeschichte der Natur*, Frankfurt, Suhrkamp, 1991.

（115）„Phänomenologische Interpretationen zu Aristoteles," op. cit., p. 264-267.〔邦訳：「アリストテレスの現象学的解釈——解釈学的状況の提示」，34-39頁。〕

（116）過ぎ去った世代に対する謝意を込めた負債というこのモチーフについては，次の論考を参照のこと。Paul Ricœur, *Temps et récit III*, op. cit., p. 203-227.〔邦訳：『時間と物語Ⅲ』，253-275頁。〕「筋立ての主人を，過去の人々の記憶の僕としてしまう負債の神秘的な性格」（*ibid.*, p. 227〔邦訳：『時間と物語Ⅲ』，275頁〕）については，後ほどまた問題にしなければなるまい。さしあたりは，次のように問うておくだけにしよう。あくまで自己自身に対して忠実であろうとするのは覚悟性と結びついた態度であるが，これによって，ハイデガーにおける主体は「筋立ての主人」〔でしかないもの〕になってしまわないであろうか。

（117）とりわけ，この概念に対する辛辣な批判を行っている次の箇所を参照のこと。*GA* 65, 129-135.

（118）参照：Paul Ricœur, *Temps et récit III*, op. cit., p. 171-183.〔邦訳：『時間と物語Ⅲ』，206-221頁。〕リクールにとって，歴史性に関するハイデガーの分析の主たる弱点は，まさしく痕跡の問題系を排除しているということである（*ibid.*, p. 117〔邦訳：『時間と物語Ⅲ』，134頁〕）。

（119）リクールによる突っ込んだ分析を参照のこと。*Temps et récit I*, op. cit., 2ᵉ partie, p. 247-313.〔邦訳：『時間と物語Ⅰ』，305-390頁。〕

（120）参照：Paul Ricœur, *Temps et récit III*, op. cit., p. 114-119.〔邦訳：『時間と物語Ⅲ』，132-136頁。〕

（121）参照：C. G. Hempel, "The Function of General Law in History", in *The Journal of Philosophy*, 39 (1942), p. 35-48. この論文は，次の論集に再録されている：P. Gardiner (ed.), *Theories of History*, New York, The Free Press, 1955, p. 344-356.

（122）Hans-Georg Gadamer, *Wahrheit und Methode*, GW 1, p. 207-216.

（123）歴史主義のアポリアについての透徹した分析として，次の論考を参照のこと。Hans-Georg Gadamer, *Wahrheit und Methode*, GW 1, p. 201-222.

（124）Eric Weil, *Logique de la philosophie*, Paris, Vrin, 1967, chap. XII, p. 263-281.

（125）参照：Eugen Fink, *Grundfragen der antiken Philosophie*, Würzburg, Königshausen-Neumann, 1985, p. 1-18. この主題については，以下の拙論も参照されたい：Jean Greisch, « Poème de l'histoire. Un modèle herméneutique de l'histoire de la philosophie et de la théologie », in J-P. Jossua et N-J. Sed (éds), *Interpréter. mélanges offerts à Claude Geffré*, Paris, Cerf, 1992, p. 143-172.

（126）Michel Foucault, « Nietzsche, la généalogie, l'histoire », in *Hommage à Jean Hyppolite*, Paris, PUF, 1971, p. 145-171.〔邦訳：ミシェル・フーコー「ニーチェ，系譜学，歴史」，『ミ

シェル・フーコー思考集成4 規範／社会：1971-1973』所収，伊藤晃他訳，筑摩書房，1999年，8-38頁。〕以下の拙論も参照されたい。Jean Greisch, « Penser l'histoire après Hegel et Nietzsche. L'herméneutique philosophique face au défi de la déconstruction », in *L'institution de l'histoire*. 1 : *Fiction, ordre, origine,* Paris, Cerf-CERIT, 1989, p. 137-160.

(127) 参照：Paul Ricœur, *Temps et récit III,* op. cit., p. 339-346.〔邦訳：『時間と物語Ⅲ』，422-429頁。〕

(128) このイニシアティヴという概念については，リクールの次の論考も参照のこと。Paul Ricœur, *Du texte à l'action. Essais d'herméneutique, II,* Paris, Ed. du Seuil, 1989, p. 261-277.

(129) Paul Ricœur, *Temps et récit III,* op. cit., p. 115.〔邦訳：『時間と物語Ⅲ』，132頁。〕

(130) Paul Ricœur, *Temps et récit III,* op. cit., p. 118.〔邦訳：『時間と物語Ⅲ』，136頁。〕

(131) その歴史的背景については，次の論考を参照のこと。Peter Hünermann, *Der Durchbruch geschichtlichen Denkens im 19. Jahrhundert,* Freiburg, Herder, 1967, p. 133-370. 次のことを指摘しておくことは，無益ではないであろう。ヨハン・ギュスタヴ・ドロイゼンの『歴史学』は，歴史叙述の解釈学的な捉え方を形成する上で方法論的にもっとも大きな寄与を果たした著作であるが，ハイデガーの分析においては，この著作は何の役割も果たしていないようである。

(132) 参照：*GA* 59, 43-86. F. ローディ（F. Rodi）は，1925年にハイデガーがディルタイを扱ったカッセルでの講演に注意を喚起している。この講演は，これまで研究者たちからは事実上無視されてきたものである。参照：*Dilthey-Jahrbuch,* 4（1987）, p. 161-179.

(133) この章に関する批判的分析としては，次を参照のこと。Paul Ricœur, *Temps et récit III,* op. cit., p. 119-128.〔邦訳：『時間と物語Ⅲ』，136-145頁。〕

(134) この根本的なアポリアについては，次を参照のこと。Paul Ricœur, *Temps et récit III,* op. cit., p. 19-36.〔邦訳：『時間と物語Ⅲ』，15-30頁。〕

(135) Paul Ricœur, *Temps et récit III,* op. cit., p. 95.〔邦訳：『時間と物語Ⅲ』，112頁。〕

(136) *GA* 21, § 15-37, 197-416.

(137) *GA* 21, § 22-36, 269-408.

(138) *GA* 21, § 20, 251-262.

(139) *GA* 21, § 21, 263-268.

(140) *GA* 24, § 19, 324-388.

(141) *GA* 24, 336-361.

(142) *GA* 24, 362-388.

(143) *GA* 26, 203-280.

(144) 参照：Paul Ricœur, *Temps et récit III,* op. cit., p. 184-202.〔邦訳：『時間と物語Ⅲ』，229-251頁。〕

(145) Paul Ricœur, *Temps et récit III,* op. cit., p. 185.〔邦訳：『時間と物語Ⅲ』，231頁。〕

(146) *GA* 24, 363-369.

(147) Paul Ricœur, *Temps et récit III,* op. cit., p. 122.〔邦訳：『時間と物語Ⅲ』，139頁。〕

(148) 巻き込まれること（*Verstrickt*）というこの語は，ヴィルヘルム・シャップにおいて根本的な意義をもつものである。シャップは，自らの人生が辿る歴史の内にしばしば抜き難い仕方で捉えられるという主体のあり方を分析している（Wilhelm Schapp, *In Geschichten*

verstrickt : zum Sein von Mensch und Ding, Frankfurt/Main : V. Klostermann, 1985（仏訳：Empêtrés dans des histoires. L'être de l'homme et de la chose, trad. par Jean Greisch, Paris, Ed. du Cerf, 1992）。他方，ハイデガーにとっては，これは明らかに軽蔑的な含みのある語であり，単に周辺的な意味しかもっていない。

（149）暦の時間（temps calendaire）という概念をめぐる言語学的なアプローチについては，次の文献を参照のこと。Emile Benveniste, Problèmes de linguistique générale II, op. cit., p. 71-73. バンヴェニストは暦の時間を，物理的時間と陳述的時間との中間に位置する「第三の時間」としている。

（150）同じ分析が GA 24, 370-372 でも取り上げられている。

（151）Paul Ricœur, Temps et récit III, op. cit., p. 123.〔邦訳：『時間と物語Ⅲ』，140 頁。〕

（152）この問題については，次の拙論を参照されたい：Jean Greisch « Zeitgehöft et Anwesen. La dia-chronie du poème », in Martine Broda （éd.）, Contre-Jour. Études sur Paul Celan, Paris, Cerf, 1986, p. 167-183. 同様に，次の論考も参照のこと：Jacques Derrida, Schibboleth. Pour Paul Celan, Paris, Ed. Galilée, 1986.〔邦訳：ジャック・デリダ『シボレート――パウル・ツェランのために』，飯吉光夫・小林康夫・守中高明訳，岩波書店，1990 年。〕

（153）Paul Ricœur, Temps et récit III, op. cit., p. 124.〔邦訳：『時間と物語Ⅲ』，141 頁。〕

（154）GA 24, 372-373.

（155）ここでの問いの見地においては，とりわけ『時間と物語Ⅱ――統合形象化された時間』（Temps et récit II. Le temps configuré）と題された第二巻が関係してくるであろう。

（156）Gilles Deleuze, Cinéma 1. L'image-mouvement, Paris, Ed. de Minuit, 1983; Cinéma 2. L'image-temps, ibid., 1985.〔邦訳：ジル・ドゥルーズ『シネマ 2　時間イメージ』，宇野邦一他訳，法政大学出版局，2006 年。〕

（157）「自らに時間を与える」あるいは「贈与された時間」といった表現が現れていることに気付くであろう。この問題に関しては，ジャック・デリダの最近の次の研究を参照のこと。Jacques Derrida, Donner le temps. 1 : La fausse monnaie, Paris, Galilée, 1991. この研究は，われわれがここで検討している諸節の受容史に属するものである。

（158）同様の分析が GA 24, 369-370 でも再び取り上げられている。

（159）これは，リクールが『時間と物語』の第三巻で行う分析を念頭に置く場合，見逃してはならない点である。リクールは，その全分析にわたって，現在を内包しない「世界時間」と現在を伴う時間である「現象学的時間」と対比させている（とくに Paul Ricœur, Temps et récit III, op. cit., p. 136〔邦訳：『時間と物語Ⅲ』，153 頁〕を参照のこと）。

（160）GA 24, 369-374.

（161）Emmanuel Lévinas, Le temps et l'autre, Paris, PUF, 1983.〔邦訳：エマニュエル・レヴィナス『時間と他者』，原田佳彦訳，法政大学出版局，1986 年。〕この著作が最初に出版されたのは 1948 年である。

（162）Ibid., p. 64.

（163）Ibid., p. 68-69.

（164）Didier Franck, Chair et corps. Sur la phénoménologie de Husserl, op. cit., chap. XVI-XVII, p. 172-194.

（165）Ibid., p. 172.

(166) *Ibid.,* p. 193.

(167) *Ibid.,* p. 173.

(168) *Ibid.,* p. 190-191.

(169) *Ibid.,* p. 193.

(170) Paul Ricœur, *Temps et récit III,* op. cit., p. 125. 〔邦訳:『時間と物語Ⅲ』, 142 頁。〕

(171) アリストテレス『自然学』219 b 2. 〔邦訳:『アリストテレス全集第 3 巻』「自然学」, 出隆他訳, 岩波書店, 1968 年, 170 頁。〕このテキストとその背景の分析に関しては, 次の諸論考を参照のこと。Paul F. Conen, *Die Zeittheorie des Aristoteles,* München, C. H. Beck, 1964 ; Victor Goldschmidt, *Temps physique et temps tragique chez Aristote,* Paris, Vrin, 1982 ; Paul Ricœur, *Temps et récit III,* op. cit., p. 22-36 〔邦訳:『時間と物語Ⅲ』, 18-30 頁〕; Joseph Moreau, *L'espace et le temps selon Aristote,* Padoue, 1965 ; Rémi Brague, *Du temps chez Platon et Aristote,* Paris, PUF, 1982, p. 97-170.

(172) *GA* 24, 327-362. 参照 : Emmanuel Martineau, « Conception vulgaire et conception aristotélicienne du temps. Note sur les Grundprobleme der Phänomenologie de Heidegger », in *Archives de philosophie,* janvier-mars 1980, p. 99-120.

(173) こうした歴史的仮説に対する批判的留保については, 次の論考を参照のこと。Paul Ricœur, *Temps et récit III,* op. cit., p. 132. 〔邦訳:『時間と物語Ⅲ』, 149 頁。〕

(174) 参照 : *GA* 24, 348-353.

(175) Paul Ricœur, *Temps et récit III,* op. cit., p. 128. 〔邦訳:『時間と物語Ⅲ』, 146 頁。〕

(176) 「その作者 [世界の作者] は永遠性の動く模像のようなものを作ることに熱心になって, 天空を整えながら, 唯一かつ不動の永遠性から, 数の法則に従って進展する永遠の像を作ったのである。それをわれわれは時間と呼んでいる」 (『ティマイオス』37 d 〔邦訳:『プラトン全集 12』, 種山恭子他訳, 岩波書店, 1975 年, 47 頁〕)。このプラトンの有名な一説の解釈の問題については, 次の論考を参照のこと。Rémi Brague, Pour en finir avec « le temps, image mobile de l'éternité », in *Du temps chez Platon et Aristote, op.* cit., p. 11-71.

(177) Paul Ricœur, *Temps et récit III,* op. cit., p. 129. 〔邦訳:『時間と物語Ⅲ』, 146 頁。〕

(178) *Ibid.* 〔邦訳:前掲書, 147 頁。〕

(179) *Ibid.,* p. 131-144. 〔邦訳:前掲書, 148-161 頁。〕

(180) *Ibid.,* p. 131. 〔邦訳:前掲書, 148 頁。〕

(181) *Ibid.,* p. 133. 〔邦訳:前掲書, 150 頁〕, リクールが脚注に挙げている次の著作も参照のこと。Hans Reichenbach, *Philosophie der Raum-Zeit-Lehre,* Berlin, 1928 ; Adolf Grünbaum, *Philosophical Problems of Space and Time,* Dordrecht, Reidel, ^{2}1977; Stephen Toulmin / June Goodfield, *The Discovery of Time,* Chicago, University Press, 1982 ; Hervé Barreau, *La construction de la notion de temps,* Strasbourg, ULP, 1985.

(182) Paul Ricœur, *Temps et récit III,* op. cit., p. 133. 〔邦訳:『時間と物語Ⅲ』, 150 頁。〕

(183) *Ibid.,* p. 137. 〔邦訳:前掲書, 154-161 頁。〕

(184) 四つの要素からなるこの論理的アポリア性のより詳細な分析については, 以下の論考を参照のこと。Paul Ricœur, *Temps et récit III,* op. cit., p. 138-144. 〔邦訳:『時間と物語Ⅲ』, 154-161 頁。〕

(185) アリストテレス『自然学』223 a 21-22. 〔邦訳:『アリストテレス全集 3』, 186 頁。〕

この問題については以下の論考を参照のこと。*GA* 24, 359-361, Paul Ricœur, *Temps et récit III,* op. cit., p. 25-27.〔邦訳：『時間と物語Ⅲ』，21-22 頁。〕

（186） リクールがヘーゲルに対する自らの立場を形容するのに用いた表現を，われわれはここでハイデガーに当てはめている。参照：Paul Ricœur, *Temps et récit III,* op. cit., p. 280-299.〔邦訳：『時間と物語Ⅲ』，355-379 頁。〕

（187） これから見るように，『存在と時間』の第 82 節の解釈のための主要な資料となるのは，『論理学』第 20-21 節（*GA* 21, 251-269）ですでに先取りされている分析である。

（188） *Enzyklopädie*, §258, Zusatz.〔邦訳：『ヘーゲル全集 2』「自然哲学（上）」，加藤尚武訳，岩波書店，1998 年，58 頁。〕

（189） *Enzyklopädie*, §259, Zusatz.〔邦訳：前掲書，63 頁。〕

（190） *GA* 32, 143-145.

（191） ハイデガーがヘーゲルを正当に評価しているかどうかについては，次の論考を参照のこと。Denise Souche Dagues, « Une exégèse heideggérienne : le temps chez Hegel d'après le §82 de *Sein und Zeit* », in *Revue de métaphysique et de morale,* janvier-mars 1979, p. 101-119.

（192） Jacques Derrida, « *Ousia et grammè.* Note sur une note de *Sein und Zeit* », in *Marges. De la philosophie,* Paris, Ed. Minuit, 1972, p. 31-78.〔邦訳：ジャック・デリダ「ウーシアとグランメー」，『哲学の余白（上）』所収，高橋允昭・藤本一勇訳，法政大学出版局，2007 年，77-136 頁。〕

（193） *GA* 21, 263-269.

（194） Henri Bergson, *Essai sur les données immédiates de la conscience,* p. 68.〔邦訳：ベルクソン『意識に直接与えられたものについての試論』，合田正人他訳，ちくま文庫，2002 年，106 頁。〕

（195） 先に引用した *GA* 32 の一節を参照のこと。

（196） 再度，*GA* 21 における明らかにより論争的な調子に注目しておこう。そこでハイデガーは，「詐取（Erschleichung）」（p. 259），「弁証法の魅惑」というような言い方をしている。そして，「そのような混乱の中でそこに深い意味を見出してしまう人々もいる」（p. 260）と言うのである。

（197） 根拠（Grund）と根拠づけ（Begründung）をめぐるこの問題系は，〔『存在と時間』の〕直後の時期のいくつかのテキストで，とりわけライプニッツを参照しながら著しく深められることになる。

第Ⅲ部　時間と存在——存在論的差異の発明

（1） Jean-François Courtine, *Heidegger et la phénoménologie,* op. cit., p. 161.

（2） 『哲学への寄与論稿——性起から（性起について）』〔*Beiträge zur Philosophie（Vom Ereignis）*: *GA* 65〕は，根源的時間性，覚悟性，現存在，死への存在，等々といった『存在と時間』におけるいくつかの主要概念を再び作業場に据える驚くべき実例を提供している。10 年後にハイデガーは，ツォリコーンの精神科医たちに現象学の基礎原理を手ほどきするため，『存在と時間』を一種のマニュアルとして使用することになる。

（3） また，次のような正確な情報も付け加えておこう。まさしくカール・ヤスパースによる『実存哲学』の出版（1931 年）を受けて，ハイデガーは「『存在と時間』の問いを取り

巻く思考の語彙から実存という術語を削除する」(*GA* 49, 54) ことに決めたのである。このために，例えば内存性（*Inständigkeit*）のような，いっそう適切な代用語を探す必要が出てきたわけである。

(4) Jean-François Courtine, *Heidegger et la phénoménologie,* op. cit., p. 187–189.

(5) この講義は当初，1927 年 7 月 8 日にチュービンゲンの福音主義神学サークルを前にして行われ，その後，1928 年 2 月 14 日にマールブルクで繰り返されたものである。テキストはまず，ハイデガー 80 歳記念の折りにフランス語訳が *Archives de philosophie* の第 32 巻 (1969)，355–415 頁に掲載された。ドイツ語版は 1970 年に出版されたが，そこには「ルドルフ・ブルトマンに捧げる，1923 年から 1928 年にかけてマールブルクで交わされた友情の思い出に」という献辞があった (*Phänomenologie und Theologie*, Frankfurt, V. Klostermann, 1970, p. 11–33, cf. *GA* 9, 45–67)。頁づけは『全集』の第 9 巻に合わせている。

(6) Dominique Janicaud, *Le tournant théologique de la phénoménologie française,* Combas, Ed. de l'Eclat, 1991.〔邦訳：ドミニク・ジャニコー『現代フランス現象学——その神学的転回』，北村晋・本郷均・阿部文彦訳，文化書房博文社，1994 年。〕

(7) この立場を分かりやすく説明するために，『覚書集』の中からウィトゲンシュタインのアフォリズムを引用しておこう。「神を信じる者が，まわりを見まわして，《ここに見えるものは，どこから来たのだろう》とか《これらはみんな，どこから》とたずねても，（因果論的な）説明などいっさい聞きたくないのである。質問のポイントは，そう質問することによって自分の気持ちを表現することなのだ。つまりすべての説明にたいして，ひとつの態度を表明しているわけである。——では，その態度は，彼の人生においてどんなふうに示されるのだろうか。」「それは，ある事柄を深刻に考えるのだが，ある一点を越えると深刻には考えなくなり，《ほかのことのほうが，もっと深刻だ》と断言する，という態度である。」「たとえば，ある人がこう言う。《誰それがあの仕事をやりとげずに死んでしまったのは，とても深刻なことだ。けれども別の意味では，そんなこと，全く問題ではない》。この場合，《もっと深い意味では》という言葉が使われる。」「じつは私には言いたいことがある。つまり，ここで問題なのは，口にされた**言葉**とか，そのときに考えられた事柄ではなくて，その言葉がさまざまな生活の場で生みだす差異なのだ。二人の人がそれぞれ《私は神を信じる》と言うとき，どのようにして私は，それがおなじ意味だとわかるのだろうか。三人いたとしても，全く同じことが言える。ある一定の言葉やフレーズの使用を強要して，ほかの言葉やフレーズを追放するような神学では，何一つ明らかにはならない（カール・バルト）。そういう神学は，言いたいことはあるのだが，表現の仕方がわからないので，いわば言葉をふりまわしているのだ。言葉に意味をあたえるのは，**実地の使用**である。」(Ludwig Wittgenstein, *Vermischte Bemerkungen-Remarques mêlées*, Mauvezin, TER, 1984, p. 105–106.〔邦訳：L. ヴィトゲンシュタイン『反哲学的断章』，丘沢静也訳，青土社，1988 年，224–225 頁。改訂新訳，1999 年，229–230 頁。〕)

(8) 次のことを思い起こしておきたい。ハイデガーからすれば，思想史においてキェルケゴールが占めている独特の位置——彼がニーチェやヘルダーリンと共有している特異性 (*GA* 65, 204)——は，キェルケゴールが形而上学にも神学にも属していないという事実から説明される。「キェルケゴールは一人の《宗教思想家》である。つまり，彼は神学者でも《キリスト教哲学者》（似非概念（*Unbegriff*））でもない。キェルケゴールは，どんなキリス

ト教神学者よりも神学的であるし，どんな形而上学者よりも非哲学的である。彼はまた同時に，ドイツ観念論とロマン主義の世界に，新約聖書とルターの世界に生きていた。——キェルケゴールの著述様式には，偽名，教化的著作，学問的著作，詩的著作といったものがある。ある強い意味において——彼の態度及び思考法によって——それは比類のないものである。キェルケゴールは彼自身の内に留めておくべきである。神学者も哲学者も，彼を自分たちの歴史の内に引き入れることはできない。」(GA 49, 19)

（9） 参照：Friedrich Schleiermacher, *Kurze Darstellung des theologischen Studiums zum Behuf einleitender Vorlesungen,* Darmstadt, Wissenschaftliche Buchgesellschaft, 1973.

（10） 少なくともこの点において，ハンス・ウルス・フォン゠バルタザールが『栄光と十字架』第一巻の中で展開している立場とハイデガーの立場は，大いに視点が一致している (Hans Urs von Balthasar, *Herrlichkeit: eine theologische Ästhetik*. 1, *Schau der Gestalt,* Johannes Verlag, 1961)。

（11） 「ローマの信徒への手紙」6, 20-23。

（12） 「コリントの信徒への手紙　第一」1, 27-28。

（13） この問題を同じく扱ったものとして次の論文を参照のこと。Rudolf Bernet, « Transcendance et intentionnlité : Heidegger et Husserl sur les prolégomènes d'une ontologie phénoménologique », in F. Volpi et al.(éds), *Heidegger et l'idée de la phénoménologie,* op. cit., p. 195-216.

（14） アリストテレスにとって，知恵の究極形態とは，「いかなる異質な効用にも」干渉されずに「それ自身にとっての目的である」（『形而上学』A, 2, 982 b 25-30〔邦訳：『アリストテレス全集12』，10頁〕）ような知恵である。その場合，こうした目的は「あらゆる生成と運動の原因〔物事の生成や運動のすべてが目指すところの終わり〕であるような善」（『形而上学』A, 983 a 31〔邦訳：前掲書，13頁〕）と特別な関係を保っている。1924年のハイデガーはこれを次のように注釈している。「この最後の何故に（*Weshalb*），すなわち最後の趣旨（*Worumwillen*），何ノタメニ（οὗἕνεκα）は，目的（τέλος）としてつねに一つの善（ἀγαθόν）なのである」(*GA* 19, 122)。アリストテレスは目的因としての善を四原因の内に数え入れることで初めて善の根本理解を獲得した。この善は，仕上がった存在（*Fertigsein*）の地位をもつような存在者の存在の規定に対応しているものなのである。善を一つの「価値」とすることは誤解である。ハイデガーにとって，その真の意味は次のような図式によって定義される (*GA* 19, 123)。

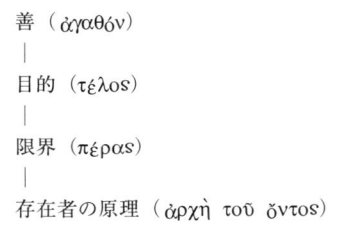

　　善（ἀγαθόν）
　　｜
　　目的（τέλος）
　　｜
　　限界（πέρας）
　　｜
　　存在者の原理（ἀρχὴ τοῦ ὄντος）

（15） Ludwig Witgtenstein, *Tractatus logico-philosophicus,* 5. 641, G. E. M. Anscombe & R. Rhess (ed.), Routeledge & Kegan Paul Ltd., 1961, p. 116-118.〔邦訳：ウィトゲンシュタイン

『論理哲学論考』5・641, 野矢茂樹訳, 岩波文庫, 2003 年, 118 頁。〕

(16) 『形而上学』Z, 1, 1028 b 2 以下。〔邦訳：『アリストテレス全集 12』, 206 頁。〕

(17) この問題群の総括的提示としては, 下記著作のとりわけ 164-207 頁を参照。Marion Heinz, *Zeitlichkeit und Temporalität im Frühwerk Martin Heideggers. Die Konstitution der Existenz und die Grundlegung einer temporalen Ontologie,* Würzburg/Amsterdam, Königshausen & Neumann, 1982.

(18) ハイデガーによる還元概念の使用に関しては, クルティーヌの基礎的研究を参照のこと。Jean-François Courtine, « Réduction phénoménologique-transcendantale et différence ontico-ontologique », in *Heidegger et la phénoménologie,* op. cit., p. 207-247. ハイデガーには還元がないとする人々（ビーメルやラントグレーベ）と, 世界内存在の分析論は本質的に還元を前提しているとする人々（メルロ゠ポンティなど）との古くからの対立を, クルティーヌは乗り越えようと試みる。彼は諸々の文献を入念に精査した上で,「超越論的な現象学的還元は, 確かに方法としての現象学の本質部分であって, これが『存在と時間』には欠けているのだと全く単純に主張すること」(p. 244) はできないと結論している。そうして彼は次のように断言する。すなわち,「一連の規則的変形」(p. 245) を行うことによって,「『存在と時間』の企ては, フッサールの現象学的‐超越論的還元の徹底性に……基づくことになる」(p. 244) のであって,「還元の原理へのこうした忠誠のみが……ハイデガーが自らの作業について終始《現象学》という表題を保持していたことを正当化してくれるのである」(p. 244-245)。

(19) 最後に次の点を思い起こしておきたい。20 年代初頭のテキスト群にはじめて解体のモチーフが出現して以来, 解体が現象学的な意味しかもちえないということは, ハイデガーにとって明白である。同様にまた, 事象そのものとの接触という現象学的格率が解体という身振りを要請するのである。『カール・ヤスパース『世界観の心理学』への論評』の特に明示的な一節が示唆しているとおりである。「哲学にとって考慮される《事象そのもの》へ行く道は遠い。したがって, 本質洞察に関して近ごろ多くの現象学者が豊かに示している気前のよさは全く疑わしい事態であり, そこで唱道されている《打ち解けた様子》や《没頭ぶり》とうまく調和しそうにない。哲学の事象への接近方向でさえもがわれわれには覆われたままであり, ラディカルな解体と建て直しが必要であるかもしれない。また, われわれ自身がそれで《ある》ような歴史との本来的な対決, 哲学することそのものという意味において同時に遂行される対決が必要なのかもしれない」(GA 9, 5)。とりわけ, 全集 59 巻『直観と表現の現象学』(*GA* 59, 29-41) を参照すること。

(20) Jean-François Courtine, *Heidegger et la phénoménologie,* op. cit., p. 230.

(21) 参照：Jean-Luc Marion, *Réduction et donation. Recherches sur Husserl, Heidegger et la phénoménologie,* chap. 4 : « Question de l'être ou différence ontologique », p. 163-210, p. 164.〔邦訳：『還元と贈与』, 149-194 頁, 150 頁。〕

(22) *Ibid.,* p. 181.〔邦訳：前掲書, 166 頁。〕

(23) *Ibid.,* p. 174.〔邦訳：前掲書, 160 頁。〕

(24) *Ibid.,* p. 182.〔邦訳：前掲書, 167 頁。〕

(25) *Ibid.,* p. 185.〔邦訳：前掲書, 169-170 頁。〕

(26) *Ibid.,* p. 191.〔邦訳：前掲書, 176 頁。〕

(27) *Ibid.*, p. 193.〔邦訳：前掲書，177 頁。〕
(28) *Ibid.*, p. 203.〔邦訳：前掲書，187 頁。〕
(29) *Ibid.*, p. 197.〔邦訳：前掲書，182 頁。〕
(30) Max Müller, *Existenzphilosophie im geistigen Leben der Gegenwart,* Heidelberg, F. H. Kerle, 1964, p. 66–67.〔邦訳：マックス・ミュラー『実存哲学と新形而上学』，大橋良介訳，創文社，1974 年，71-72 頁。〕
(31) Jean-Luc Marion, *Réduction et donation,* op. cit., p. 197.〔邦訳：『還元と贈与』，182 頁。〕
(32) *Ibid*.〔邦訳：前掲書，329 頁〔注 52〕。〕
(33) *Ibid.*, p. 198.〔邦訳：前掲書，183 頁。〕
(34) *Ibid.*, p. 200.〔邦訳：前掲書，185 頁。〕「それ〔現存在〕は存在論的差異という様態で**存在する**。なぜなら，現存在は，存在的に言って存在論的に異なったものだからである」(p. 201〔186 頁〕)。
(35) *Ibid.*, p. 198.〔邦訳：前掲書，183 頁。〕
(36) まさしくこの場にこそ，ジルソンとハイデガーとの間に起こることのなかった議論が介入してくるのだろう。参照：Jean-François Courtine, « Différence métaphysique et différence ontologique. (A propos d'un débat Gilson-Heidegger qui n'a pas eu lieu) », in *Heidegger et la phénoménologie,* op. cit., p. 33–53.
(37) プラトン『国家』509 b。〔邦訳：『プラトン全集 11』，483 頁。〕
(38) プラトン『パイドン』72 e, 5 以下。〔邦訳：『プラトン全集 1』，206 頁。〕
(39) プラトン『パイドロス』249 b 5 c–6。〔邦訳：『プラトン全集 5』，藤沢令夫訳，岩波書店，1974 年，187-188 頁。〕
(40) プラトン的な善への批判は後の講義において継続される。とりわけ，1931/32 年冬学期講義『真理の本質について』での長大な議論を参照のこと（GA 34, 95–116）。
(41) この問いに関しては，次の論文を参照。Jacques Derrida, « Geschlecht, Différence sexuelle, différence ontologique », in *Psyché. Inventions de l'autre,* Paris, Galilée, 1987, p. 395–414.〔邦訳：「Geschlecht——性的差異，存在論的差異」，高橋允昭訳，『理想』，1985 年 7 月・10 月号。〕
(42) *Zoll. Sem.* 292.〔邦訳：『ツォリコーン・ゼミナール』，320 頁。〕ここでは，そうした無能力の実例として，『カントの純粋理性批判の現象学的解釈』から，1928 年の自己解釈とはっきりと共鳴しあっている言明を引用しておこう。「身体性から精神の事実的可能性への影響がどれほどまで認められようとも，少なくとも，例えば胃液の機能をもちだして人間の解釈であると公言するようなことがまだ成功していない限りは，十分に用心深くあるためには，人間についての概念的認識としての哲学的認識は，つねに精神を中心とせねばならないであろう」（GA 25, 399）。
(43) 「我 – 汝関係は，それ自身ですでに超越の関係であるのではなく，むしろ現存在の超越の内に基礎づけられている。我 – 汝関係そのものが第一次的に世界の可能的発見を構成すると考えるのは誤っている。我 – 汝関係はまさしく世界の発見を不可能にすることがある。例えば，怨恨という我 – 汝関係は，私が他者の世界を見ることを妨げることがある。我 – 汝関係の心理学的・精神分析学的な問題はよく論じられているが，現存在一般の基礎的存在論

に根拠をもたないのであれば，哲学的基礎づけを欠くものである」（GA 25, 315–316）。

(44) 1941年の自己解釈において，これらの誤解が容赦なく皮肉たっぷりに紹介されている箇所を参照せよ（GA 49, 30–35）。

仏語訳注（ハイデガーの術語の仏語訳に関する議論）

第Ⅰ部

(i) 〔89頁〕 この語をマルティノーは simple information〔単なる情報〕と訳しているが，それでは弱すぎる。ヴザンの simple question pour voir〔問うてみるだけ〕の方が適当である。

(ii) 〔93頁〕 roh の訳語は grossier〔粗野な・マルティノー訳〕よりも rudimentaire〔未精製の〕の方がよい〔ヴザン訳は en gros〕。

(iii) 〔98頁〕 ちなみにマルティノーもヴザンもこの語を apparaître〔現出〕と訳しているが，avoir lieu ないしは occurence〔所在〕の方がよいであろう。

(iv) 〔99頁〕 マルティノーはこの語を ouverture〔開示性〕と訳しているが，もちろんこの訳語の方が ouvertude〔開態〕というヴザンの奇妙な造語よりもよい。

(v) 〔109頁〕 この語をマルティノーは être-temporel〔時的であること〕と訳しているが，ジャン＝フランソワ・クルティーヌに従って temporellité〔時性〕と訳すことができる。

(vi) 〔112頁〕 ヴザンの décaper de ses revêtements〔外装を引きはがす〕の方が，débarrasser les alluvions〔堆積土を取り除く〕というマルティノーのより自由な訳よりも原文に近い。

(vii) 〔127頁〕 *Jemeinigkeit, Vorhandenheit, Eigentlichkeit / Uneigentlichkeit* に関しては，マルティノーはそれぞれを mienneté〔私のものであること〕, être-sous-la-main〔手の支配下にあること〕, authenticité / inauthenticité〔真正性／非真正性〕と訳し，ヴザンは être-à-chaque-fois-mien〔そのつど私のものであること〕, être-là-devant〔現に前にあること〕, propreté / impropreté〔固有性／非固有性〕と訳している。

(viii) 〔130頁〕 *Eigentlichkeit* と *Uneigentlichkeit* を authenticité / inauthenticité と訳すとこの種の誤解を引き起こしかねないのであるが，それでもこの訳を保持する方がよいであろう。

(ix) 〔131頁〕 〔*Durchschnittlichkeit*〔平均性〕を médiocrité と訳した場合〔マルティノー〕に生じる〕道学者風の軽蔑という感じを避けるために，ヴザンは «être-dans-la-moyenne»〔平均的であること〕と訳している。

(x) 〔160頁〕 *Angewiesenheit* の訳語として，マルティノーは，「有意義性」とはっきりと結びついた assignation〔付与・指定〕という強い語をもち出してくる。ヴザンはもっと弱い訳語 être-relié〔結び付けられていること〕を選択している。

(xi) 〔170頁〕 *Entfernung* と *Ausrichtung* を，マルティノーは éloignement〔隔たり〕と orientation〔方向づけ〕，ヴザンは déloignement〔隔たりを脱すること〕と aiguillage〔方針決定〕と訳している。

(xii) 〔172頁〕 ヴザンがこの語を aiguillage〔方針決定〕と訳したのはそのためである。

(xiii) 〔184頁〕 これは，ハイデガー自身が示しているように，社会扶助制度を指すドイ

ツの公式の行政用語である。ベームとド゠ヴァーレンスがそれを assistance〔扶助〕と翻訳しているのはそのためであろうが，マルティノーの sollicitude〔顧慮〕という訳語の方が優れているのは確かである。

(xiv)〔185頁〕　この語をマルティノーは indiscrétion〔無遠慮〕と，ヴザンはより正確に absence d'égards〔敬意のなさ〕と訳している。

(xv)〔200頁〕　ヴザンはこの語を disposibilité〔自在さ〕と訳している〔affection というグレーシュの訳はマルティノーに従っている〕。

(xvi)〔211頁〕　ヴザンはこの語を nocivité〔有害性〕と訳しているが，その方が importunité〔執拗さ〕というマルティノーの訳よりも適切であると思われる。

(xvii)〔213頁〕　マルティノーは intimidation〔脅し〕と訳している。

(xviii)〔219頁〕　ヴザンは，*echt* と *unecht* を vrai〔真〕と faux〔偽〕とあまりにも簡単に訳している。マルティノーの訳に反対するならば，authentique〔真正の〕と inauthentique〔真正でない〕と訳してもよかったかもしれない。これらは，*echt* と *unecht* というドイツ語の通常の意味にかなり合っているものだからである。

(xix)〔220頁〕　マルティノーはこの語を translucidité〔透明性〕と訳している。

(xx)〔223頁〕　〈…として (*als*)〉を，マルティノーは comme と訳し，ヴザンは en tant que と訳しているが．どちらの訳でも構わない。

(xxi)〔225頁〕　ヴザンはこの三語を acquis〔既得〕，visée〔指向〕，saisie〔捕捉〕と訳している。

(xxii)〔231頁〕　ヴザンの訳の方がマルティノーの訳よりもよい。*abkünftig* が意味しているのは dérivé〔派生的〕（ヴザン）ということであって，mode second〔二次的様相〕（マルティノー）ではないからである。

(xxiii)〔233頁〕　第34節のタイトルには，*Rede* と *Sprache* という二つの用語が登場する。これらをどのように訳したらよいのであろうか。どんな翻訳でも，ハイデガーのテキストのみならず，問われている現象についての特定の理解を前提としている。次の二つのフランス語訳を見ただけでも，すぐにそうした問題に気づかされる。

	Rede	*Sprache*
マルティノー訳	Parler〔話すこと〕	Parole〔発話〕
ヴザン訳	Parole〔パロール〕	Langue〔ラング〕

このテキストに等しく現れる *Sagen* と *Sprechen* という用語をここに加えると，状況はさらに複雑になる。マルティノーがそれぞれを dire〔言うこと〕と parler〔話すこと〕と訳しているのは正しい。だがそうすると，*Rede* と *Sprechen* の違いがなくなってしまう。ヴザンはそれぞれを dire〔言うこと〕と langue parlée〔話される言葉〕と訳している。私自身の案は，*Rede* を discours〔話〕，*Sprache* を langage〔言語〕，*Sagen* を dire〔言うこと〕，*Sprechen* を parler〔話すこと〕と訳してはどうかというものである。この選択の妥当性は，これから行っていく第34節の解釈によって検証されていくであろう。

(xxiv)〔234頁〕　この文の意味はただちにはっきりと理解できるものではない。そのことは次のような訳の違いにも表れている。「意義に語が結びつけられるのである。しかしそ

れは，語という物が意義を与えられるということではない（Aux significations des mots s'attachent, ce qui ne veut pourtant pas dire que des choses-mots soient pourvues de significations）」（マルティノー訳）。「意義に語が接木されるのである。けっして事物的な語に意義が後から付け加えられるのではない（Aux significations viennent se greffer des mots. Jamais des mots-choses ne se voient assortis après coup de significations）」（ヴザン訳）。ヴザンの訳の方が原文に忠実で，原文に暗に含まれている着想をよく表現していると私は思う。

（xxv）〔236頁〕 *Hören* と *Schweigen* を，マルティノーはそれぞれ entendre〔聞くこと〕と faire silence〔沈黙すること〕，ヴザンは l'écoute〔聴くこと〕と le silence〔沈黙〕と訳している。

（xxvi）〔245頁〕 私としては，*Schweigen* を，faire silence〔沈黙すること〕（マルティノー）や silence〔沈黙〕（ヴザン）と訳すよりも，taire〔黙すること〕と訳した方がよいと思う。

（xxvii）〔245頁〕 私はこれを仮に capacité de faire silence〔沈黙する能力〕と訳してはどうかと思う。ヴザンは美しくこう訳している。「こうして，守られた沈黙が現れ，《空話》の口を封じるのである（Alors éclate le silence-gardé et il cloue le bec au « on dit »）」〔*SZ* 165〕。

（xxviii）〔246頁〕 *Gerede* とは bavardage〔おしゃべり〕（マルティノー）ということであろうか。そうだとすれば，どのような意味においてであろうか。「空話」という概念を表すものとして，ドイツ語には別に *Geschwätz*（papotage〔おしゃべり〕）というきわめて軽蔑的な意味の語がある。だが，*Gerede* は単なる *Geschwätz* ではないのであって，これを「おしゃべり」と訳した場合，この区別が消され，第35節の冒頭での警告〔「*Gerede* という表現は，ここでは軽蔑的な意味で用いているわけではない」〕を無意味化してしまう恐れがある。*Gerede* とは積極的な現象であって，それゆえ軽蔑的な意味で解されてはならないのである。では，ヴザンのように on-dit〔噂話〕と訳すべきであろうか。この訳語はそれ自体としてはより好ましいが，限定的になりすぎる恐れがある。

（xxix）〔248頁〕 この語をマルティノーは littérature〔空論〕と訳し，ヴザンは *Gerede* を on-dit〔噂話〕と訳したのと対応させて，もっと巧みに c'est écrit〔書かれてしまったこと〔仕方のないこと〕〕と訳している。私としては，bavardage〔空話〕と対をなすように，あえて scribouillage〔雑記〕と訳してみようと思う。

（xxx）〔253頁〕 ヴザンはこの三語（*Unverweilen, Zerstreuung, Aufenthaltslosigkeit*）を instabilité〔落ち着きのなさ〕，dispersion〔気が散ること〕，bougeotte〔所在なさ〕と訳すが，これは実に素晴らしいアイディアであるように思われる。

（xxxi）〔253頁〕 *Aufenthaltslosigkeit* をまさに文字通り訳せば，incapacité de séjour〔滞留できないという無能力〕ということになるであろうが，マルティノーはこの表現を *Unverweilen*〔落ち着きのなさ〕の訳語として用いてしまっている。

（xxxii）〔253頁〕 この *Vermeintlichkeit* という語〔グレーシュはマルティノーにならって semblant〔ふり〕と訳している〕を，ヴザンは prétention〔思い入れ〕と訳している。

（xxxiii）〔256頁〕 これはきわめて訳しにくい用語であって，échéance〔……の手に落ちること〕というマルティノーの訳語も，dévalement〔急落〕というヴザンの訳語も十分なものとは言えない。もっともマルティノーは，自分は déchéance〔頽落〕という慣用の訳語に長らくとらわれていた，と打ち明けつつ，この訳語を「不可避だが凡庸な」ものであると評

している。私はこの凡庸な訳語に甘んじる方がよいだろうと考える。上の二つの訳語は，これを改良するどころか，改悪になってしまっている。「……の手に落ちること＝猶予期限」という用語は役所的・法律的な含みのある用語であり，これを実存論的次元にもち込むのは困難である。「急落」などというのは，高山の登山者に委ねておいた方がよい言葉である。というわけで，諦めて déchéance という「慣用の」術語を保持することにしたい。

（xxxiv）〔258頁〕 この箇所を，ヴザンはできる限り文字通りに訳そうとして，「現存在は自己自身から自己自身へと堕落し（chute），非本来的な日常性の空虚さと無益さの中へとはまり込む」（SZ 178）とする。マルティノーは，おそらく「深淵（précipice）」からの連想であろうが，précipitation〔沈降〕と訳している。「堕罪（chute）」という神学的概念と混同される恐れがあるとしても，文字通りに訳す方がよいであろう。Dégradation〔堕落〕という訳語も考えられるかもしれないが，この訳語は道徳臭があるのに加えて，件の根こぎの極限化につきものの渦（Wirbel）的な性格を表現してくれない。

（xxxv）〔260頁〕 この語をマルティノーは totalité〔総体性〕，ヴザンは entièreté〔全部性〕と訳している。私としては intégralité〔全体性〕という訳を提案したい。

（xxxvi）〔264頁〕 マルティノーとヴザンはともに，この語を non-significativité〔無意義性〕と訳している。実際，これは第18節で触れた有意義性（Bedeutsamkeit）の反対概念である。

（xxxvii）〔265頁〕 ヴザンの singuralise〔単独化する〕に対して，マルティノーは isole〔孤独化する〕と訳している。

（xxxviii）〔266頁〕 Unheimlichkeit の訳語として，マルティノーは étrang(èr)eté〔異邦性〕を選んでいる。ヴザンは étrangeté〔異質性〕を選ぶが，これはむしろ Fremdheit という用語に対応するものであり，動揺させると同時に不安定にするという不気味さの特殊な情念的特色を無視してしまう恐れがある。

（xxxix）〔288頁〕 en fin de compte〔結局は〕というマルティノーの訳では弱すぎる。

第Ⅱ部

（i）〔316頁〕 ここではヴザンの仏訳「終わりが現存在を待ち，現存在をうかがっている（La fin attend le *Dasein*, elle le guette.）」の方が，マルティノーの仏訳「終わりは現存在に先－行する（la fin pré-cède le *Dasein*.）」よりも正当であるといえる。この事態に対応するものしてハイデガーは *Bevorstand* という名詞を選んでいるが，それは *Ausstand*〔未済〕とのつながりを目立たせるためである。*Bevorstand* の訳語は，マルティノーでは précédence〔先行〕，ヴザンでは imminence〔切迫〕となっている。

（ii）〔317頁〕 この表現をマルティノーが se pré-cède lui-même〔自分自身に先-行する〕と訳すのに対して，ヴザンは a rendez-vous avec lui-même〔自分自身と待ち合わせる〕と訳している。

（iii）〔321頁〕 この表現をマルティノーは devancement dans la possibilité〔可能性への先駆〕と訳すが，ヴザンはやや軍隊調に marche d'avance dans la possibilité〔可能性への前進〕と訳している。

（iv）〔321頁〕 これをマルティノーは fixer du regard un sens〔視線で意味を捉える〕と訳すが，ヴザンは béate contemplation d'un sens〔目を見開いて意味を観想すること〕と訳して

いる。こうなると，ほとんど「意味を前にして大きく口を開けていること」となりかねない。

　(v)〔331 頁〕　ヴザンの仏訳 L'appel provient de moi, tout en me tombant dessus. による。

　(vi)〔331 頁〕〔(v) の箇所と同じ『存在と時間』の原文についての〕マルティノーの仏訳 L'appel est adressé à moi depuis moi-même en me dépassant. による〔訳者注記〕。

　(vii)〔338 頁〕　この非性（Nichtigkeit）という語を，ヴザンは la négative〔否定〕と訳している。〔マルティノーは nullité〔無性〕と訳し，グレーシュもそれに従っているが，本訳書ではドイツ語原文でのニュアンスに合わせて一貫して「非性」と訳した。〕

　(viii)〔344 頁〕　この語をマルティノーは réticence〔黙秘〕，ヴザンは garder-silence〔沈黙を保つこと〕と訳している。

　(ix)〔350 頁〕　ここではヴザンの penser jusqu'au bout〔終わりまで考え抜く〕という訳の方が，マルティノーの penser en dernière instance〔最終次元で考える〕よりも適切である。

　(x)〔351 頁〕　soudure〔溶接〕というヴザンの訳が正確である。〔マルティノーは単に connexion〔結合〕と訳している。〕

　(xi)〔379 頁〕　ヴザンはこの語を attendance〔待つこと〕と訳し（この訳は intendance〔執事〕を連想させる），マルティノーは s'attendre〔期待すること〕と訳している。後者の訳語は，注意の観念——これは目下の文脈とはおよそ関係がない——と混同される恐れもあるが，それでもこの訳語を保持する方がよかろう。というのも，ハイデガー自身が，Gewärtigen は Erwarten〔期待すること〕がとる具体的な様相の可能性の条件であると強調しているからである。

　(xii)〔382 頁〕　ramener à〔……へと引き戻す〕というヴザンの直訳の方が，reporter vers〔……へと関係させる〕というマルティノーの訳よりも適切であろう。

　(xiii)〔385 頁〕　このことによって，情態性（Befindlichkeit）を affection（触発，刺激）と仏訳したことが事後的に正当化される。

　(xiv)〔385 頁〕　ヴザンの訳による（cela reste un problème à part.）。これはマルティノーの訳「そこにいくつかの残された問いがある（Ce sont là des problèmes qui demeurent）」よりもいっそう厳密である。

　(xv)〔386 頁〕　マルティノーはこれを「自分自身のわなにかかった現在化」と訳している。

　(xvi)〔389 頁〕　Umgang の仏訳語としては，マルティノーによる訳語 usage〔使用〕よりも，ヴザンによる commerce〔交渉・交易〕の方が好ましいように思われる。commerce というフランス語が，まるで小切手を換金するように，さまざまな使い方に転換される語だと分かる点が重要である。「交渉」は生産，操作，委任に「換金」されるし，そしてもちろん，もしもの場合には，手許にあるものを対象にできる「取引」に「換金」される。

　(xvii)〔392 頁〕　〔ここで manque〔欠落〕と訳出した〕Vermissen という語をマルティノーは regret〔後悔〕という語で訳しているが，この訳はあまりに心理的かつ情緒的である。ヴザンは constater l'absence〔欠如を認めること〕と訳している。

　(xviii)〔395 頁〕　〔ここで désenchaînement（鎖を解くこと）と訳出した Entschränkung〔境界撤去〕という語を〕ヴザンは décloisonnement（障壁の撤去）という語で訳している。マルティノーによる dé-limitation〔境界 - 画定〕よりはよい訳である。

　(xix)〔407 頁〕　この Geschehen（Geschehen des Daseins）（SZ 375）をいかに翻訳すべき

だろうか。マルティノーは provenance〔出来・由来・起源〕という語で，ヴザンは少しばかり冒険心をもって aventure〔出来事・冒険〕と訳している。われわれはマルティノーの訳語を採用しておく。ついでに他に提案されている訳語を記しておけば，historial〔歴史的なもの〕（コルバン），être-historial〔歴史的であること〕（シモン），devenir-hisitorial〔歴史的になること〕（クルティーヌ）といったものがあり，これらを挙げることで，*Geschehen* の訳語一覧が完成されるだけでなく，この語を訳出することの難しさがよく分かる。

（xx）〔418 頁〕〔ここで destinée〔歴運〕と訳出した〕*Geschick* という語は，フランス語に翻訳するのが難しい。マルティノーは co-destin〔共 - 運命〕，ヴザンは destin commun〔共同運命〕という訳語を充てている。

（xxi）〔419 頁〕 ドイツ語の *Held*〔英雄〕は，単数形であり，マルティノー訳のように複数形にはなっていない。

（xxii）〔420 頁〕 *kämpfende Nachfolge*〔闘争的な従順〕という表現をどう訳せばよいかをあらためて考えてみよう。ヴザンは choix libre pour prendre la relève au combat et pour reprendre le flambeau〔戦闘を交替し任務を受け継ぐことへの自由な選択〕と訳している。そのように訳するなら，反復とはまるで軍隊の行進のようなものになり，愛国歌『ラインの守り』が聞こえてきそうである。マルティノーは poursuite du combat〔戦いの継続〕と訳しているが，これはドイツ語の *Nachfolge* という語の含蓄のある意味を正しく表していない。どちらも，「軍事的」な意味合いの翻訳になっているのは，英雄的な同一化のイメージに誘発されているように思われる。

（xxiii）〔420 頁〕 ヴザンは *Widerruf* という語を〔グレーシュと同様に〕révocation〔撤回〕と訳し，この語の対立的な意味を正確に伝えているが，マルティノーの rappel〔呼び戻し，喚起，反復〕という訳は，誤解を招くおそれがある。

（xxiv）〔425 頁〕〔ここで continuité〔連続性〕と訳出した〕*Ständigkeit* という語は，ヴザンにならって constance〔恒常性〕とも訳しうる。〔グレーシュは，原書 356 ページで〔本訳書 406 ページ〕この語を maintien〔保持〕と訳してもいる。訳注 29 を参照のこと。〕

（xxv）〔427 頁〕〔日常用語ではなく〕専門用語としての *Historie* についても，どう訳すかという問題が生じてくる。enquête historique〔歴史調査〕というマルティノーの訳が限定的すぎるのはたしかであって，études historiques〔歴史研究〕というヴザンの訳の方が好ましい。historiographie〔歴史叙述〕という訳も考えられるだろう。われわれが提案するのは，science historique〔歴史学〕と訳すことである。なぜなら，明らかにこの節は，この歴史学という特殊の事例に，第三節で明らかにされた領域的存在論と基礎的存在論との間の区別を適用するように促しているからである。

（xxvi）〔428 頁〕〔ここでマルティノー訳に従って ouverture〔開示〕と訳出した〕*Erschließung* という語を，ヴザンは détection〔探知，発見〕と訳している。ならば accès〔通路〕と訳してもよかろう。

（xxvii）〔431 頁〕 このようにして，われわれは少々自由な，とはいえハイデガーの思想を裏切ることのない訳文を提示しておくことにする〔グレーシュは « Des époques sans historiens de métier n'en sont pas pour autant des époques anhistoriques » と訳している〕。マルティノーは〔もっと原文に沿って〕« Tel époque, sous prétexte qu'elle est an-historique, n'est point comme telle déjà aussi "an-historiale" »〔「このような時代は，それが非歴史学的だからといっ

て，それ自身すでに《非歴史的》だというわけでは全くない」と訳している。

（xxviii）〔432 頁〕〔ここで conservation révérencieuse〔畏敬を込めた保存〕と訳出した〕verehrende Bewahrung という表現を，マルティノーは préservation honorifique〔敬意を表しての保護〕，ヴザンは rendre hommage〔敬意を払う〕と訳している。

（xxix）〔445 頁〕 Erstrecktheit という語は，量的な面を強調するか，質的な面を強調するかによって，extension〔延張〕とも étirement〔伸張性〕とも訳されるだろう。〔マルティノーは être-é-tendu〔延び広がっていること〕と訳している。〕

（xxx）〔446 頁〕 J.–F. クルティーヌは，この Gespanntheit という語を écartement〔開け広げること〕と訳している。

（xxxi）〔446 頁〕 zusammenbringen というドイツ語の表現を，〔マルティノーに倣って〕reconstruire〔復元する〕と訳することを私は推奨する。もちろん，ヴザンの reconstituer〔再構成する〕という訳も採りうるものである。

（xxxii）〔447 頁〕〔ここで non-cohésion〔非一貫性〕と訳出した〕Unzusammen という語を，マルティノーは incohérence〔一貫性のなさ〕，ヴザンは désassemblage〔ばらばらなこと〕と訳している。

（xxxiii）〔446 頁〕〔ここでマルティノーに倣って morcellement〔細分化〕と訳出した〕Zerstrückelung という語を，ヴザンは dislocation〔分解〕と訳している。

（xxxiv）〔476 頁〕 マルティノーとヴザンは Begründung を justification〔正当化〕と訳しているが，私はこの語を fondation〔創立・設立・基礎・土台〕と訳すことを提案する。というのも，『存在と時間』の第二篇で行われているのは，全ての意味を与える源泉を同定するという意味での基礎づけだからである。

訳　注

歴史的序論

＊1　この同名の二つの講義を区別するために，以後，GA 58 を『現象学の根本問題』，GA 24 を『現象学の根本諸問題』と訳し分けておく。

＊2　フリードリヒ・ヴィルヘルム・フェルスターの著作『権威と自由』についてのハイデガーの書評からの引用。ドイツカトリックアカデミカー連盟の雑誌『アカデミカー』1910 年 5 月号に掲載された。(同頁下の引用も同じ) 参照：Hugo Otto, *Martin Heidegger*, p. 63–64. 〔邦訳 87–88 頁。〕

＊3　父ヤコブの葬式の後の夜にフロイトが見た夢。『夢判断』で報告されている。

＊4　Blaise Pascal, *Pensées et Opuscules*, éd. Brunschvicg, Nr. 382.〔パスカル『パンセ』，ブランシュヴィック版，382。〕

＊5　Christian Morgenstern (1871-1914)：ドイツの詩人，不気味かつ不思議なユーモアを帯びた詩を得意とする。詩集『絞首台の歌 (*Galgenlieder*)』が有名。

＊6　ここで言及されているのは，ハイデガーがリチャードソンにその著作の序言として寄せた書簡である。参照：William J. Richardson S. J., *Heidegger. Through Phenomenology to Thought,* The Hague, M. Nijhoff, 1963, p. VIII–XXIII.

＊7　「現れないものの現象学」の原語は *eine Phänomenologie des Unscheinbaren* で，1973 年の「ツェーリンゲンでのゼミナール」の記録の中に登場する言葉である (GA 15, 399)。フランスの現象学では，とりわけアンリやマリオン以降，現象「以前」へと遡行するという仕方で現象学の徹底化を図ろうとする者たちにとって，この語がキャッチフレーズのような役割を果たしてきた。グレーシュもそのあたりの事情を意識して，本書の随所でこの語に引っ掛けた言い回しを用いている。

＊8　二つの引用の原文は，Eugen Fink (hrg.), *Phänomenologie-lebendig oder tot? : Zum 30. Todesjahr Edmund Husserls,* Karlsruhe : Badenia, 1969, p. 47.

第 I 部

＊9　マルティノー訳が「非公認」訳，ヴザン訳が「公認」訳と呼ばれているのは，『存在と時間』のフランス語訳をめぐる複雑な経緯による。1927 年に『存在と時間』が出版されてから半世紀を経ても，その間ハイデガーの哲学はフランスの哲学界に多大な影響を与えてきたにもかかわらず，この著作の完全なフランス語訳は出版されていなかった。この状況を憂慮したマルティノーは，1980 年，ジャン＝フランソワ・クルティーヌとともに完訳の構想を立て，ガリマール社にもちかけた。しかし，生前のハイデガーと親密な関係をもち，ガリマール社のハイデガー翻訳計画を主導していたジャン・ボーフレは，最終的に『存在と時間』の訳者としてヴザンを指名した。にもかかわらず，ヴザンの翻訳はなかなか出ず，業を煮やしたマルティノーは，単独で翻訳を作成し，1985 年，その原稿を私費で印刷・製本して，研究者約 2000 人に配布した。これを受けて，ヴザンの側も翻訳を進めて，1987 年に

ガリマール社から刊行した。しかし，原書を傍らに置いた「二か国語での読書」を前提とし，造語を多く用いたヴザンの訳書は，とくにハイデガーに詳しい大学人たちの不評を買った。マルティノーのヴザンに対する挑発的な態度もあって，事態は翻訳論争と派閥対立の入り交じった紛糾したものとなり，その影響は長く続いた。リクール，デリダ，ラクー゠ラバルト，アールらをはじめとして，フランスでハイデガーを論じる著名な人物の多くが，『存在と時間』の仏訳を引く際にマルティノーの「海賊版」を用いているのは，そのような事情による。その意味で，マルティノー版を重視しながらも，要所要所でヴザン版との突き合わせを行い，個別の訳語ごとに優劣を判定しようとする本書のグレーシュのような態度は，むしろ例外的であるとさえ言える。この事件に関するさらに詳しい叙述としては，以下の著作を参照のこと。Dominique Janicaud, *Heidegger en France, I. Récit*, Paris, Albin Michel, 2001, chap. 9: La lettre et l'esprit.

＊10　ドゥルーズとガタリが『哲学とは何か』(Gilles Deleuze / Felix Guattari, *Qu'est-ce que la philosophie ?*, op. cit.) で用いている術語で，概念以前の「内在平面」と概念との中間にあって，両者の間を行き来するおぼろげな存在，と説明されている。

＊11　この表現は，いうまでもなくサルトルの「人間は自由の刑に処せられている (L'homme est condamné à la liberté)」をもじったものである。

＊12　テルトリアヌス『護教論』第17章第16節の有名な言葉「おお，生まれながらにキリスト教に属する魂の証言よ (*O testimonium animae naturaliter Christianae*)」を踏まえている。参照：Tertullianus, *Apologeticum*（鈴木一郎訳『護教論』，教文館，1987年）。

＊13　*Auslegung* と *Interpretation* の訳し分けは議論を呼ぶところであるが，『存在と時間』に関しては，*Auslegung* は解釈，*Interpretation* を解釈(インテルプレタツィオン)と訳しておいた。『存在と時間』の議論の枠内では，後者を「研究解釈」と訳した方が分かりやすいのであるが，グレーシュがこれをしばしばフランス語の interprétation（きわめて広い意味での解釈作業を指す）と連関づけて論じていることを勘案して，このような措置を取った。*Auslegung* を解明，*Interpretation* を解釈とすることも考えたが，それでは *Auslegung* と *Explikation* の意味上の位相差が見えにくくなる恐れがあるので，採用しなかった。

＊14　Raymond Devos (1922–)：ベルギー生まれのフランスのユーモリスト，俳優。超絶的な言葉遊びを駆使した独白芸で知られる。

＊15　*anitas* というエックハルトの術語をこのように訳したのは，田島照久に倣ったものである。参照：田島照久『マイスター・エックハルト研究――思惟のトリアーデ構造 esse・creatio・generatio 論』，創文社，1996年。

＊16　Henri Mardiney (1912–)：ハイデガーの現存在分析と運命分析とを結びつけて，狂気に関するユニークな現象学的考察を展開したフランスの現象学者。芸術に関する考察も数多い。主著『人間と狂気を考える』(*Penser l'homme et la folie*, Grenoble, J. Millon, 1991)。

＊17　Caspar David Friedrich (1774–1840.)：ロマン主義絵画を代表するドイツの画家。宗教的含意をもつ風景画によって知られている。

＊18　*GA* 20, 348 には，直接この引用文に対応する表現は見出されない。

＊19　*Lichtung* という語そのものは，すでに *SZ* 133 で出てきている。

＊20　「理解と説明の弁証法」を標榜するリクールが，自らの解釈学的哲学を特徴づけるために1970年代以降繰り返し用いてきた言い回し。そこには，理解と説明の二分法に立つ

ディルタイや，その延長上にとどまり真理と説明の二分法を脱することができないガダマーと区別して，自らの立場を明示しようという意図が込められている。

＊21　ここでは，オースティンの『言語と行為（*How to do things with words*）』の仏訳の題名 *Quand dire, c'est faire*（「言う時には行う」というほどの意味）が意識されていると思われる。J. L. Austin, *Quand dire, c'est faire,* trad. par Gilles Lane, Paris, Seuil, 1970.

＊22　technicien と polytechnicien との言葉遊び。polytechnicien とは，もともと技術将校の養成機関で，現在では国家の指導者層を養成する大学校である理工科大学校（école polytechnique）の生徒のこと。

＊23　Hans Egon Holthusen, *Der unbehauste Mensch*: *Motive und Probleme in der moderne Literatur,* München, Piper, 1951.

第Ⅱ部

＊24　「心性史」とは，フランス歴史学の「アナール学派」が創始した歴史記述のスタイルであり，政治的事件や思想の伝播などの意識的・自発的な活動のみならず，文献には残らない社会心理の歴史をも探り出すことによって，「全体史」を捉え出そうとする企てである。ここでグレーシュが念頭に置いているのは，死に対する人間の態度の心性史的な研究を手がけたフィリップ・アリエスの仕事であると思われる。

＊25　グレーシュはここで，リクールの著作の題名『諸解釈の葛藤』（Paul Ricœur, *Le conflit des interprétations,* Paris, Seuil, 1965.）を暗示させている。

＊26　「意志の経験論」という名称は，リクールがその「意志の哲学」の構想においてその一部を指す表題として用いたものである。通常は『悪の象徴系』という著作がそれに相当するとされている。

＊27　フランソワ・ド・マレルブの詩『エク・サン・プロヴァンスの貴族，デュ・ペリエ氏への慰め　彼の娘の死にあたって』の一節。

＊28　『福音書』とあるのはアーレントの誤りで，正しい出典は「イザヤ書」9-5。

＊29　グレーシュは，マルティノー訳に倣って *Ständigkeit* を maintien（維持・保持）と訳しているが，われわれは「恒続性」と訳しておく。ちなみにマルティノーは *Ständigkeit* を constance（恒常性）とも訳しており，この訳語もグレーシュは容認している。仏語訳註 xxiv も参照されたい。

＊30　ここでグレーシュは，ヴザンと同様に *geschichtlich* を historique と訳している。しかし，他の多くの箇所では *geschichtlich* と *historisch* の区別を保持するために，マルティノーに倣って前者を historial，後者を historique と訳している。さらにまた，*Geschichite* と *Historie* とがともに histoire と仏訳されることもあいまって，historique がどちらをさすのかあいまいにならざるを得ない場合もある。こうしたことを勘案して，われわれは historial は「歴史的」と訳出するが，historique については，*geschichitlisch* の意味での使用されていると解される場合は「歴史的」，*historisch* の意味に理解される場合は「歴史学的」ないしは「史的」と訳し分けることを試みる。

＊31　9世紀の前半に古ザクセン語で著された宗教叙事詩。ゲルマン英雄叙事詩の伝統を継承しているといわれる。

＊32　グレーシュはこれを『存在と時間』原書398頁からの引用としているが，該当の表

現は見当たらない。

＊33　エティエンヌ・シャティリエ監督・脚本による同名のフランス映画が，1988年からフランスで1年以上ものロングラン・ヒットを記録した。

＊34　フランスで1978年以来使用されていた生活情報映像システム。インターネットの普及とともに衰退した。

＊35　周知のように，「顔（visage）」はレヴィナスにおける中心概念の一つであって，絶対的他者は「顔」として現れる，と説かれる。

＊36　フランス語原文ではcompterという語が使われているが，これはrechnenというドイツ語の仏訳である。どちらの語も，「算出する，見積もる，計算（考慮）に入れる」等々の多様な意味をもっているが，ここでは，ハイデガーが時間に関わる表現として mit etwas rechnen（～を考慮に入れる）を検討していることを勘案して，「考慮に入れる」と訳出しておく。

＊37　ここでグレーシュが念頭においているのは，カッサンが編者となった次の論集である：Barbara Cassin（Ed），*Nos Grecs et leurs modernes. Les stratégies contemporaines d'appropriation de l'Antiquité,* Paris, Seuil, 1992.

第Ⅲ部

＊38　「*fides qua*」とは，*fides qua creditur*（それによって信じられるところの信仰）の略で，「神によって啓示されたと信じる事柄を実際に信じること」を意味する。対して「*fides quae*」とは，*fides quae creditur*（信じられた当の信仰）の略で，「神の啓示が示す信仰の内容」を意味する。（ドナルド・K. マッキム『キリスト教神学用語辞典』，高柳俊一・熊澤義宣・古屋安雄監修，日本キリスト教団出版局，2002年，361頁）。前者は「主体的信仰」，後者は「客観的信仰」と訳されることもあるが，本訳書では前者を「信ジル行為トシテノ信仰」とし，後者を「信ジラレル内容トシテノ信仰」とした。この二つの信仰の区別は，アウグスティヌスの『三位一体論』にまで遡ることができる（参照：『アウグスティヌス著作集28』「三位一体」第13巻第2章，泉治典訳，教文館，2004年，363頁）。

＊39　「信仰ノ分析（*analysis fidei*）」とは，ローマ・カトリック神学の用語で信仰を神学的に検討することを意味する（前掲『キリスト教神学用語辞典』，22頁）。

＊40　18世紀の解釈学では，「知解スルコトノ精妙サ（*subtilitas intelligendi*）」，すなわち「理解すること（*Verstehen*）」と「説明スルコトノ精妙サ（*subtilitas explicandi*）」，すなわち「解釈すること（*Auslegen*）」とが区別されていた。さらに敬虔主義において，第三の分肢として「応用スルコトノ精妙サ（*subtilitas applicandi*）」，すなわち「適用すること（*Anwenden*）」が付け加えられた。ガダマーの『真理と方法』によると，これら「精妙サ」の三契機は，「理解の遂行様式をなす」べきものであり，「意のままにできる方法」というよりはむしろ「精神の特殊な精緻さを要する能力」として解されていたという（Hans-Georg Gadamer, *Gesammelte Werke* Bd. 1：*Hermeneutik* I［*Wahrheit und Methode: Grundzüge einer philosophischen Hermeneutik*］, J. C. B. Mohr, 1990, S.312）。この点に関して，日本語で読めるものとしては，『ガーダマーとの対話——解釈学・美学・実践哲学』（巻田悦郎訳，未来社，1995年，11-12頁）を参照。

＊41　「著者を本人が自らを理解した以上に理解しなければならない」という解釈学の格

率は，カントの『純粋理性批判』（A 314 頁，B 370 頁）に発して，F・シュレーゲル（雑誌『アテネーウム（*Athenäum*）』第一巻，1798 年）によって取り上げられ，シュライアーマッハー（『解釈学（*Hermeneutik*）』）に引き継がれたものである（参照：シュライエルマッハー『解釈学の構想』，久野昭・天野雅郎訳，以文社，1984 年，79 頁）。

「コラム」出典一覧

1. ハイデガーの幼児期の思い出——「鐘楼の秘密」
   Martin Heidegger, *Aus der Erfahrung des Denkens*, GA 13, p. 115-116.
   〔邦訳:『思惟の経験から』,東専一郎他訳,創文社,1994 年,151 頁。〕
2. 「取りて読め」——ハイデガーが「哲学への召命」を語るさまざまなテクスト
   テキスト1　Martin Heidegger, *Unterwegs zur Sprache*, GA 12, p. 88.
   　　　　　〔邦訳:『言葉への途上』,亀山健吉他訳,創文社,1996 年,105 頁。〕
   テキスト2　Martin Heidegger, *Zollikoner Seminare*, Medard Boss (ed.), Frankfurt, V. Klostermann, 1987, p. 155.
   　　　　　〔邦訳:『ツォリコーン・ゼミナール』,木村敏他訳,みすず書房,1991 年,170 頁。〕
   テキスト3　Martin Heidegger, *Seminare*, GA 15, p. 386.
   　　　　　〔邦訳:『四つのゼミナール』,大橋良介他訳,創文社,1985 年,114 頁。〕
   テキスト4　Martin Heidegger, *Frühe Schriften*, GA 1, p. 56.
   　　　　　〔邦訳:『初期論文集』,岡村信孝他訳,創文社,1996 年,56 頁。〕
   テキスト5　Martin Heidegger, «Mein Weg in die Phaenomenologie», in *Zur Sache des Denkens*, Tübingen, M. Niemeyer, p. 81.
   　　　　　〔邦訳:『思索の事柄へ』,辻村公一訳,理想社,1960 年,141-142 頁。〕
3. ハイデガーが受けた影響
   Martin Heidegger, *Ontologie. Hermeneutik und Faktizität*, GA 63, p. 5-6.
   〔邦訳:『オントロギー（事実性の解釈学）』,篠憲二他訳,創文社,1992 年,7-8 頁。〕
4. 事実的生——「実在的」実在との実在的な出会い
   Martin Heidegger, *Grundprobleme der Phänomenologie*, GA 58, p. 103-104.
5. 哲学者の事実的自我——ある博士課程学生への手紙
   Martin Heidegger, Brief an Karl Löwith, 19. 08. 1921. In D. Papenfuss u. O. Pöggeler (Ed.), *Zur philosophischen Aktualität Heideggers*, Bd. 2: Im Gespräch der Zeit, Frankfurt, V. Klostermann, 1990, p. 28-29.
6. 思索者の場所
   Martin Heidegger, *Aus der Erfahrung des Denkens*, GA 13, p. 9-10.
   〔邦訳:『思惟の経験から』,15-16 頁〕
7. 一切の認識は直観に奉仕する
   Martin Heidegger, *Phänomenologische Interpretation von Kants Kritik der reinen Vernunft*, GA 25, p. 83.
   〔邦訳:『カントの純粋理性批判の現象学的解釈』,石井誠士他訳,創文社,1997 年,89-90 頁。〕
8. 存在の意味への問いに対して地盤を用意すること
   Martin Heidegger, *Platon : Sophistes*, GA 19, p. 447-448.

9. 基礎危機，あるいは諸学が再び夢を見始めるとき
    Martin Heidegger, *Die Grundprobleme der Phänomenologie*, GA 24, p. 75.
    〔邦訳：『現象学の根本諸問題』，溝口競一訳，創文社，2001 年，75-76 頁。〕
10. 「古い存在論」を解体しなければならない
    Heidegger-Jaspaers Briefwechsel, Frankfurt, 1990, p. 27.
    〔邦訳：『ハイデッガー＝ヤスパース往復書簡』，渡辺二郎訳，名古屋大学出版会，1994 年，23-24 頁。〕
11. 現象学の形式的観念とその具体的実現
    Martin Heidegger, *Platon : Sophistes*, GA 19, p. 586-587.
12. あるフランス人ユーモリストが見た各私性――「こんなことが起こるのは私だけ」
    Raymond Devos, «Ca n'arrive qu'à moi»
13. 環境世界としての「駅」
    Francis Ponge, «La gare», in *Le grand recueil. Pièce,* Paris, Gallimard, 1961, p. 77-79.
14. 世界に関する徹底的に非現象学的な分析
    Ludwig Wittgenstein, *Tractatus Logico-Philosophicus,* London, Routeledge and Kegan Paul, 1963.
    〔邦訳：『論理哲学論考』，野矢茂樹訳，岩波文庫，2003 年。13-14 頁。〕
15. 道具
    Francis Ponge, «L'ustensile», in *Le grand recueil. Méthodes,* Paris, Gallimard, 1961, p. 218-219.
    〔邦訳：『フランシス・ポンジュ詩集』，阿部良雄編・訳，小沢書店，1996 年，79-81 頁。〕
16. スーツケース
    Francis Ponge, «La valise», in *Le grand recueil. Pièce,* op. cit., p. 101.
17. 第一性質と第二性質――蜜蠟
    René Descartes, *Meditationes de Prima Philosophia,* Oeuvres complètes éditées par Adam et Tannery, Vol. VII, J. Vrin.
    〔邦訳：デカルト「省察」，井上庄七他訳，中公世界の名著 27 『デカルト』所収，250-251 頁。〕
18. 自己と他者
    Martin Heidegger, *Logik. Die Frage nach der Wahrheit*, GA 21, p. 235-236.
    〔邦訳：『論理学――真性への問い』，佐々木亮他訳，創文社，1989 年，251-252 頁。〕
19. 他者の顔――文脈なき意味作用
    Emmanuel Lévinas, *Ethique et infini,* Paris, Fayard, 1982, p. 90-91.
    〔邦訳：エマニュエル・レヴィナス『倫理と無限　フィリップ・ネモとの対話』，原田佳彦訳，朝日出版社，1985 年，117-118 頁。〕
20. 触発されて-あること――「中間の地」
    Reiner Maria Rilke, *Tagebücher aus der Frühzeit,* Frankfurt, Insel, 1956.
    〔邦訳：ライナー・マリア・リルケ『ヴォルプスヴェーデ日記』，『リルケ全集第 9 巻』「日記」，城真一・上村弘雄訳，河出書房新社，1991 年，407-409 頁。〕

21. 感情——悲しみ
    Martin Heidegger, *Die Grundbegriffe der Metaphysik. Welt-Endlichkeit-Einsamkeit*, GA 29/30, p. 99-100.
    〔邦訳:『形而上学の根本諸概念——世界・有限性・孤独』,川原栄峰他訳,創文社,1998年,109-110頁。〕
22. 接近としての恐れ
    Aristotelis Ars Rhetorica, II, 5, 1382 a.
    〔邦訳 :「弁論術」,『アリストテレス全集第1巻』所収,山本光雄訳,岩波書店,1971年。〕
23. 現実感覚と可能感覚
    Robert Musil, *Gesammelte Werke* 1, *Der Mann ohne Eigenschaften*, Hamburg, Rowohlt Taschenbuch, 1970, p. 16-17.
    〔邦訳:ロベルト・ムージル『特性のない男』,高橋義孝・圓子修平訳,新潮社,1964年,12-13頁。〕
24. 「……として見ること」
    Ludwig Wittgenstein, *Philosophische Untersuchungen* G. E. M. Anscombe&R.Rhees(ed.), Philosophical Investigations, Oxford, Basil Blachwell Mott, 1953, II, xi, p. 213-214.
    〔邦訳:ルードウィッヒ・ウィトゲンシュタイン『哲学探究』,藤本隆志訳,大修館書店,1976年,425-426頁。〕
25. 言語という現象
    Martin Heidegger, Logik. *Die Frage nach der Wahrheit, GA* 21, p. 151.
    〔邦訳:『論理学——真性への問い』,161-162頁。〕
26. 言語の起源に関する問いをどのように立てたらよいのか——その(誤った)答えの概要
    Jean Jacques Rousseau, Essai sur l'origine des languse, Paris, A.G. Nizet, 1969, p. 41-43.
    〔邦訳 : ジャン・ジャック・ルソー『言語起源論』,小林善彦訳,現代思潮社,1976年,19-22頁。〕
27. 代弁と初期暴力
    Piera Aulagnier, *La violence de l'interprétation,* p. 36.
28. 曖昧な明証と厳密な明証
    Edmund Husserl, *Logische Untersuchungen, Zweiter Band,* Husserliana Bd. 19, Den Haag, M. Nijhoff, 1984, p.651.
    〔邦訳:エドムント・フッサール『論理学研究4』,立松弘孝訳,みすず書房,1976年,143-144頁。〕
29. 輝く真理と咎める真理
    Saint Augustin, *Les confessions,* X, xxiii, 33-34, Ed. Bibliothèque augustinienne, t. 14, p. 202-204.
    〔邦訳:アウグスティヌス『告白(下)』,服部英次郎訳,岩波文庫,1976年,45-47頁。〕
30. 論理学的真理から存在論的真理へ
    Aristotelis Metaphysica, vol. Θ, 1051 a 34-b 7.
    〔邦訳:アリストテレス『形而上学(下)』,出隆訳,岩波文庫,1961年,47-48頁。〕

31. 身代わりの不可能——ラ゠ボエシーの臨終の証人としてのモンテーニュ
    Montaigne, «Que Monsieur le conseiller de Montaigne escrit à Monseigneur de Montaigne son père, concernant quelques particularitez qu'il remarqua en la maladie & mort de feu monsieur de la Boetie», in *Oeuvre complètes de Montaigne,* Bibliothéque de la Pléiade, Gallimard, 1962, p. 1358-1360.
    〔邦訳:『モンテーニュ全集第 4』巻「旅日記・書簡」, 関根秀雄訳, 白水社, 1958 年, 316-318 頁。〕
32. 頭の中の声。呼びかけのメタ心理学的説明
    Siegmund Freud, *Gessammelte Werke X* : *Werke aus den Jahren 1913-1917,* p. 162-163.
    〔邦訳:フロイト「ナルシシズム入門」,『フロイト著作集第 5 巻』「性欲論・症例研究」, 人文書院, 1969 年, 127 頁。〕
33. 時間そのものの現出をどのように語るか。
    Edmund Husserl, *Zur Phänomenologie des inneren Zeitbewusstseins* (*1893-1917*), Husserliana Band X, Den Haag, M. Nijhoff, 1966, §36.
    〔邦訳:エドモント・フッサール『内的時間意識の現象学』, 立松弘孝訳, みすず書房, 1967 年, 第 36 節, 98-99 頁。〕
34. 脱自的時間性の先行形態——三重の現在
    Saint Augustin, *Les confessions,* XI, xx, 33-34, Ed. Bibliothèque augustinienne, t. 14, p. 312.
    〔邦訳:アウグスティヌス『告白(下)』, 123 頁。〕
35. 生の連関
    テキスト 1　Wilhelm Dilthey, *Der Aufbau der geschichtlichen Welt in den Geisteswissenschaften,* (M. Riedel, éd.), Frankfurt, Suhrkamp, 1981, p. 250-251.
    〔邦訳:ヴィルヘルム・ディルタイ『精神科学における歴史的世界の構成』, 尾形良助訳, 以文社, 1981 年, 172-173 頁。〕
    テキスト 2　*Ibid*., p. 291.
    〔邦訳:同上, 215 頁。〕
36. さらに見出されるべき実存疇——生まれること
    Hannah Arendt, *The Human Condition,* Chicago, University of Chicago Press, 1958, p. 246-247.
    〔邦訳:ハンナ・アレント『人間の条件』, 志水速雄訳, ちくま学芸文庫, 1994 年, 384-386 頁。〕
37. 過ぎ去った環境世界——ギリシャ世界
    G. W. F. Hegel, *Phänomenologie des Geistes,* hrsg. von Olfgang Bonsiepen und Reinhard Heede, Hamburg, F. Meiner 1980, S. 401-402.
    〔邦訳:ヘーゲル『精神の現象学』下巻, 金子武蔵訳, 岩波書店, 1979 年, 1090-1091 頁。〕
38. 第一次的に歴史的なものと第二次的に歴史的なもの——洗礼盤
    Thomas Mann, *Der Zauberberg,* Frankfurt am Main, Fischer Bücherei, 1967, (2 vol.), Erster Band, p. 26.
    〔邦訳:『トーマス・マン全集第 3 巻』「魔の山」, 高橋義孝他訳, 新潮社, 1972 年, 32-33 頁。〕

39. 時間的伸張——質的現象
    Reiner Maria Rilke, Sämtliche Werke, Bd. 2, Frankfurt, Insel, 1956.
    〔邦訳：ライナー・マリア・リルケ『ドゥイノの悲歌』，手塚富雄訳，岩波文庫，1957年，12-13 頁。リルケのこの詩の翻訳に当たっては，手塚訳に手を加えずにそのまま借用した。〕
40. 公開的時間——一つの共通な時間
    Martin Heidegger, *Die Grundprobleme der Phänomenologie*, GA 24, p. 373.
    〔邦訳：『現象学の根本諸問題』，382-383 頁。〕
41. 適切な時と不適切な時——有意義性としての時間内部性
    『聖書』新共同訳，「コヘレトの言葉」3, 1-8。
42. 時間的有意義性と他性——「時間とは他者である」
    Emmanuel Lévinas, *Totalité et infini. Essai sur l'extériorité,* La haye, Nijhoff, 41971, p. 259-261.
    〔邦訳：エマニュエル・レヴィナス『全体性と無限』，合田正人訳，国文社，1989 年，437-439 頁。〕
43. 空間を時間として考えるのか，空間を時間から考えるのか——明確な二者択一
    Martin Heidegger, *Logik. Die Frage nach der Wahrheit,* GA 21, p. 256-257.
    〔邦訳：『論理学——真性への問い』，272-273 頁。〕
44. 『存在と時間』——一冊の「書物」と一つの「必然」
    Martin Heidegger, *Die Metaphysik des deutschen Idealismus*（Schelling）, GA 49, p. 26-27.
45. 「意図して二面的な仕事」：神学的な要求に直面した哲学者
    Martin Heidegger, Elisabeth Blochmann: Briefwechsel, 1918-1969, Joachim W. Storck (hrg.), Marbach am Neckar——Deutsche Schillergesellschaft, 1989, p. 24-26.
46. 現存在には窓はいらない
    Martin Heidegger, *Die Grundprobleme der Phänomenologie,* GA 24, p. 427.
    〔邦訳：『現象学の根本諸問題』，434-435 頁。〕
47. 存在論的差異の「担い手」としての現存在
    Martin Heidegger, *Die Grundprobleme der Phänomenologie,* GA 24, p. 454-455.
    〔邦訳：『現象学の根本諸問題』，460-461 頁。〕
48. あらゆる可能化の源泉としてのアプリオリ
    Martin Heidegger, *Die Grundprobleme der Phänomenologie,* GA 24, p. 462-463.
    〔邦訳：『現象学の根本諸問題』，468-469 頁。〕
49. あらゆる認識は直観である
    Martin Heidegger, *Phänomenologische Interpretation von Kants Kritik der reinen Vernunft, GA* 25, p. 83-84.
    〔邦訳：『カントの純粋理性批判の現象学的解釈』，89-90 頁。〕

解　説

　本書は，Jean Greisch, *Ontologie et temporalité. Esquisse d'une interprétation intégrale de* Sein und Zeit, Paris, PUF, coll. Epiméthée, 1994. の全訳である。著者のジャン・グレーシュは，フランスやドイツでは，ハイデガー，ガダマー，リクール，レヴィナス，アンリといった現象学・解釈学系統の現代哲学の研究，および彼独自の宗教哲学の研究によって広く知られているが，わが国では，ガダマーとデリダの論争を伝えるものとして有名な論集『テクストと解釈』(轡田収訳，産業図書，1990 年) に収録された論文が訳されているだけで，その業績はほとんど知られていないと言ってよい。総じてグレーシュの著作の持ち味は，圧倒的な博識と柔軟な思考力に裏打ちされた目配りの良さ，アイディアの豊かさにある。本書にしても，彼独自の哲学的立場を前面に押し立てるようなことはせず，『存在と時間』を始めとするハイデガーのテキストの「注釈」というスタイルを謙虚に守っている。だが，そのような慎み深い手つきでさまざまな立場を論じながら，その議論の整理を通して新たな角度から問題を照らし出すことによって自分自身の立場を間接的に告げるというのが，この著者のいつものやり方である。その意味で，本書がもつ意義と魅力は，見かけ以上にグレーシュ自身の哲学的経歴や問題関心のありかと密接に結びついている。それゆえ，この解説では，グレーシュについての紹介を行いつつ，それを通してこの注釈書の特徴を浮かび上がらせることを試みてみたい。

　グレーシュは，1942 年にルクセンブルク大公国のクーリッシュで生まれた。彼がフランス語とドイツ語の完全なバイリンガルとして両国の哲学界で自在に活動しているのは，この両大国の狭間で巧みに生き延びて豊かで安定した国家を築いてきたこの小国の出身であることと大きく関わっている。少年期からカトリックの神学校で学び，1965 年にオーストリアのインスブルック大学の神学部に進んだ。ここでは，その前年まで世界的に有名なカトリック神学者のカール・ラーナーが教鞭をとっていたことから，ラーナーがハイデガーの影響下で作り上げた「超越論的神学」が大きな影響力をもっていた。そのような雰囲気の中で，神学や聖書学，そして哲学を学んだことが，グレーシュにとって，

ハイデガーの思想に触れた最初の経験であった。

しかし，グレーシュは徐々に哲学への関心を強めていき，ガダマーの『真理と方法』の精密な読解にとりかかる一方で，フランスに拠点を移して哲学研究に転身することを考え始めた。そうして彼は，1969年からパリカトリック学院の哲学部に籍を置くことになった。かつてはネオトミズムの支配下にあったこの哲学部は，おりしもメルロ゠ポンティやシェリングの研究で有名なティリエットや，グレーシュの師となったスタニスラス・ブルトンらが，現象学等の現代哲学を大きく取り入れた清新な思索によって新風を吹き込んでいた時期であった。そのような環境の下で，グレーシュもハイデガーや解釈学的哲学，現象学についての研究を進めていった。同時に彼は，当時リクールが自ら所長を務めるパリのフッサール文庫で行っていたゼミに足繁く通い，現象学や解釈学に関心を寄せる研究者たちの拠点となっていたこの場所で，ハイデガーに関する初めての本格的な研究発表を行った。この発表はリクールから高い評価を受け，それをもとにして書かれた論考は，リクールの『生きた隠喩』の第八研究（邦訳の圧縮版では第六研究）でも引用されて，そこでの論述に少なからぬ影響を与えた。この時期から始まったリクールとの関係は，年を経るにつれてますます深くなっていった（ちなみにグレーシュはリクールの『他者としての自己自身』の独訳者でもある）。リクールは終生，グレーシュを自分の思想の最良の理解者として遇することになる。

さて，グレーシュは1973年にパリカトリック学院哲学部の助手に抜擢され，ほどなくして正規の教員として採用された。以後，フランスの哲学界ではかなり特殊なポジションを占めるこの機関で教鞭をとりながらも，とくに1980年代以降，リクールはもとより，アンリやマリオン，ジャン゠ルイ・クレティアン等，いわゆる「フランス現象学の神学的転回」の立役者たちと連携を取ってさまざまな活動を行い，フランスの現代哲学研究における重要人物の一人と目されるようになった。有名なスリジーのコロックで，リクール，レヴィナス，アンリ，ジャン・ラドリエールを扱った四回にわたってオーガナイザーを務めたといえば，その手腕の程が知られよう。ハイデガー研究においても，1987年に『幸いなる言葉——マルティン・ハイデガー，物と言葉の間で』，2000年に『生命の木と知恵の木——ハイデガー的解釈学の現象学的な根』を刊行するとともに，"Revue des sciences philosophiques et theologiques" の誌上で，ドイツでハイデガー全集の新たな巻が出るごとに詳細な紹介と批評を行うという作

業を続けてきた。この労苦の多い仕事は，ややもするとテキストの細部の正確な理解よりも解釈の独自性を競い合うような方向に流れがちなフランスのハイデガー研究に対して，その弱点を補い別の研究スタイルを示唆するという重要な役割を果たしてきたと言える。さらに，「バイリンガル」哲学者としてグレーシュが関わった翻訳についても言及しておくと，先に述べたリクールの独訳以外に，ハンス・ヨナスの『責任という原理』の仏訳，ヴィルヘルム・シャップの『物語（歴史）に巻き込まれて』の仏訳などが挙げられる。また，そのような目に見える形ではなくても，仏独両国語が飛び交うコロックやセミナーでは，自ら司会兼通訳を買って出，二つの言葉の間を見事に橋渡しするグレーシュの姿がたびたび見られた。

グレーシュの代表的な著作としては，以下のものがある。

 Herméneutique et grammatologie, Paris, CNRS, 1977.

 L'Âge herméneutique de la raison, Paris, Cerf, 1985.

 La parole heureuse. Martin Heidegger entre les choses et les mots, Paris, Beauchesne, 1987.

 Hermeneutik und Metaphysik. Eine Problemgeschichte, München, W.Fink, 1993.

 Ontologie et temporalité. Esquisse d'une interprétation intégrale de Sein und Zeit, Paris, PUF, 1994.（本訳書）

 L'Arbre de vie et l'Arbre du savoir. Les racines phénoménologiques de l'herméneutique heideggérienne, Paris, Cerf, 2000.

 Le Cogito herméneutique. L'herméneutique philosophique et l'héritage cartésien, Paris, J.Vrin, 2001.

 Paul Ricœur. L'itinérance du sens, Grenoble, J.Millon, 2001.

 Le Buisson ardent et les Lumières de la raison. L'invention de la philosophie de la religion; t. I: *Héritiers et héritages du XXe siècle,* Paris, Cerf, 2002; t. II: *Les Approches phénoménologiques et analytiques,* Paris, Cerf, 2002; t. III: *Vers un paradigme herméneutique,* Paris, Cerf, 2004.

 Entendre d'une oreille. Les enjeux philosohiques de l'herméneutique biblique, Paris, Bayard, 2006.

さて，以上述べたようなグレーシュの経歴とその哲学研究の特徴を念頭に置

くならば，ここで訳出した『『存在と時間』講義』が，その控え目な書き振りにもかかわらず，たしかにこの著者にしか書けないユニークなものであることが分かる。

1／まず第一に目に付くのは，『存在と時間』の統合的解釈を目指した注釈書として，あくまでハイデガーが考えた事柄の正確な解説を提示するという態度を保ちながらも，問題となる事柄を多様な分野の多様な考察へと結び付けようとする姿勢である。レヴィナス，リクール，デリダ，マリオン，フランクら現代フランスの代表的な哲学者たちによるハイデガー解釈が随所で引き合いに出されるのは当然としても，主題に応じて，関連する哲学史的・神学的な議論を手堅く紹介するかと思えば，ウィトゲンシュタインやドゥルーズなどのハイデガーとは肌合いの違う哲学との共通性を指摘してみたり，ハイデガーの記述の例証となりうる事柄を文学や精神分析のテキストから当意即妙に抜き出してきたりする。そういった叙述の中には，いささか軽すぎるような印象を与えるものもないではないが，読者を自らの思索空間に引き込まずにはいないハイデガーのテキストに対して，このようにある種の軽みをもって臨み，ハイデガー的圏域の外部へと開かれた風通しのよい読み方を試みることは，ハイデガーを過大にも過小にも評価しないためには不可欠な作業である。少なくともそうした作業のためのアイディア集として，この著作は類例のないものであり，優れた意義を持っていると思われる。

2／とはいえ，グレーシュは単にハイデガーを相対化しようとするのではない。このようなアプローチを動機づけているのは，『存在と時間』という著作を正しく理解するためには，その生成現場でありこの著作の「挫折」後もけっして閉じられることのなかった「存在と時間という〈作業場〉」へと置き戻して考えなければならないという，ハイデガー研究者としてのグレーシュの見識である。彼が『存在と時間』の注釈であるこの著作に「歴史的序論」を付しているばかりか，全編を通して初期フライブルク講義とマールブルク講義を参照しながら注釈作業を進めているのは，そのような理由による。この点において，グレーシュの立場が，ハイデガー全集の刊行が進むにつれてドイツやイタリア，アメリカ，そして日本でもますます盛んになりつつある生成史的なハイデガー研究と親縁性をもつことは明らかである。実際，フランスで独特の展開を見せてきたハイデガー研究を見事にサーベイする一方で，フランス的な言説に閉じこもらずに，ドイツのトーメ，アメリカのキジール，イタリアのヴォルピ等々，

代表的な生成史的研究の成果を巧みに取り入れていることが，本書の論述を風通しのよいものにしている一因であると思われる。

ただし，グレーシュのこのような姿勢は，単なる文献学的な関心から来るものではない。続々と刊行される全集を追いかけて，ハイデガーの言説の変化を一年ごと，あるいは一学期ごとに跡付けするようなタイプの研究とは，グレーシュは自覚的に一線を画している。彼が初期フライブルク講義やマールブルク講義に関心を持つのは，この時期のハイデガーの思索の中に固有の意義を認めるからでもある。すなわち，そこにはハイデガー自身は十分に生かすことができなかったが，「解釈学的現象学」の現代的な可能性に直結するような豊かなアイディアが埋もれていると考えるのである。このことを念頭に置いて本書を読めば，何気ない評言でしかないように見える叙述の中にも，意外に面白い着想が隠れているのが見えてくるであろう。とくに，リクールの解釈学的哲学とハイデガーとの突き合わせを試みている箇所は，注目に値するものである。

3／さらにこの著作の特質として指摘しなければならないのは，バイリンガルの哲学者の著作らしく，ハイデガー研究がその独特の術語の翻訳と不可分であることをはっきりと自覚して，既存の諸訳語を吟味しつつ適当な訳語を選択するという作業を注釈の作業と絡めて行っている点である。訳注でも言及したように，フランスでは『存在と時間』の翻訳に関する論争が，付帯的な事情と結びついて泥仕合のようになってしまったという経緯があり，その点でもグレーシュのこのような仕事は貴重な意義を持つものであると言える。ただし，本訳書では，フランス語の訳語選択について議論されている箇所は，本文から切り離して巻末に「仏語訳注」としてまとめるという処置をとった。それは，日本語で論述を追っているときにそうした類の議論にぶつかると，かえって理解の流れが中断される恐れがあると考えてのことである。しかし，もともと本文のどこに置かれていた議論であるかは明記しているので，とくにフランス語を解する読者には，元の位置に戻して読んでもらえば，興味深い発見があるかもしれない。

4／もとは神学の学生であり，パリカトリック学院の教授であると同時に神父でもあるという著者の経歴から，ハイデガーとキリスト教との関係についての立ち入った論述を期待してこの著作を読むならば，肩透かしを食ったように感じるかもしれない。もちろん，キリスト教信仰や神学に対するハイデガーの関係が問題にならざるをえない箇所での論述はさすがに冴えているし，『存在

と時間』刊行直後の講演「現象学と神学」をわざわざ取り上げた第Ⅲ部の「間奏」部の考察も非常に行き届いたものである。だが，そういった箇所でも，目的はあくまでハイデガーのテキストの注釈に置かれており，ハイデガーの立場に対してグレーシュ自身が感じている不充足感は，短いコメントの形で暗示的に表現されるのみである。ただ，そうした表現を拾い集めてみると，それらが現代において「宗教哲学」が突き当たらざるをえない諸問題へと凝集するのが見てとれる。この点に興味を持つ読者は，2004年に完結した全三巻の大作『燃える柴と理性の光——宗教哲学の発明』，とくに第三巻の長大なハイデガー論に当たることを勧めておきたい。

　最後に本訳書の成立過程について簡単に述べておこう。本書の訳出は，1992年から1994年の最初の留学で研究指導を受けて以来，グレーシュ教授と交流を持っていた杉村が発案したものである。「序言」にもあるように，この著作のもとになったのは，1991/92年度に教授がパリカトリック学院で行った講義であるが，1994年に出た本書を一読して，教授の講義の充実振りがよく表れた良書であるという確信をもった。グレーシュ教授の講義は，どのような主題を扱う場合でも，ゆったりとした語り口で，事柄のさまざまな側面とそれへのさまざまな立場や分野からのアプローチとを次々と紹介しながら，滔々と流れる大河のように進んでいく。とはいえ，けっして衒学的な重苦しさを帯びることはなく，時々黒板に描かれる特徴的な図表（本書でもしばしば登場する）にも助けられて，論述は明快さを失うことはない。そこに独創的な哲学を探し求めるならば，いささか物足りなく感じられることもありえよう。だが，とある講義で，グレーシュ教授は自らを historien de la philosophie contemporaine と称していたことがある。まさしく「現代哲学の歴史家＝語り部（historien）」として，彼が卓越した才能の持ち主であることは間違いない。そのような才能によって書かれた『存在と時間』の注釈書は，ハイデガーの専門家はもとより，現代哲学に関心を寄せる多くの人々にこの難解な著作へのさまざまな通路を与えるという点で，既存のハイデガー論にはない独自の意義をもつのではなかろうか。そのように考えて，本書の翻訳を思い立った次第である。

　翻訳作業は，京都大学宗教学研究室出身の中堅・若手研究者六名が共同で行った。杉村が歴史的序論と第Ⅰ部の第4節まで，関根が第5節から27節，鶴が第28節から44節，川口が第Ⅱ部の第45節から68節，重松が第69節から

83 節，伊原木が第Ⅲ部を担当し，その後松本がハイデガーの専門家の立場から全原稿を検討した。また，「コラム」のうちでハイデガーのテキストを材料としたものは松本が訳出した。その上で，原稿全体の文章および体裁の最終的な統一を杉村が行った。明快さと軽やかさを生命線とする著作であるので，訳文を読みやすいものにすることには心血を注いだつもりである。だが，ハイデガーの用いる言葉がそのような「読みやすさ」に徹底的に抵抗するものであることは確かであって，細心の注意を払ったつもりであるが，思わぬところで歪曲しているかもしれない。また，ドイツ語からフランス語への「翻訳」がたえず問題になる著作を日本語に訳すというのは，想像以上に大変な作業であった。ハイデガーの著作をはじめとして，グレーシュが引用しているフランス語以外のテキストは，できる限り原語版を参照して訳出するように努めたが，そうなると，同時に三つの言語に関わりながら作業をしなければならないわけである。正直に言って，この複雑な仕事を全て首尾よく成し遂げることができたかどうかは定かではない。また哲学以外の引用テキストの訳出についても，理解の行き届かないところがあるかもしれない。読者諸賢のご指摘を待つばかりである。

　最後になったが，このような大部の著作の刊行を快く引き受けて下さった法政大学出版局編集部の平川俊彦編集長と，編集および校正の過程で数々の有益な助言を与えて下さった藤田信行氏に，心から感謝を申し上げる。

2007 年 3 月 25 日　　　　　　　訳者を代表して　　　杉村靖彦

人名索引

ア行

アインシュタイン（Einstein, Albert）94
アウグスティヌス（Augustinus）47, 76, 131, 134, 145, 200, 251, 268, 275, 290, 291, 347, 368, 369, 370, 371, 380, 439, 442, 452, 461, 466, 467, 514, 530, 583, 601, 611, 634–635
アブラハム・サンタ・クララ（Abraham a Santa Clara）7
アガンベン（Agamben, Giorgio）584
アーペル（Apel, Karl-Otto）344
アラン（Alain）516
アリストテレス（Aristoteles）3–4, 8–10, 12–13, 25, 29, 32, 35, 47–48, 53–54, 73, 84, 87, 95, 108, 111–112, 114–116, 119, 120, 126, 131–132, 209, 212, 232, 240, 243, 251, 253, 281, 283, 284, 287, 292, 293–295, 424, 439, 440, 446, 452, 460–462, 466–468, 470, 485, 486, 509, 525, 529, 534, 552, 575, 589–591, 595, 597, 600, 602–603, 611, 614–615, 617, 634
アール（Haar, Michel）200, 304, 603, 606
アルキエ（Alquier, Ferdinand）
アーレント、ハンナ（Arendt, Hannah）17, 190, 324, 348, 405, 406, 592, 604–605, 624, 635
アンリ、ミシェル（Henry, Michel）123, 180, 597
イェーガー（Jäger, Werner）509
イエス‐キリスト（Jésus-Christ）245, 314, 408, 420
ウィトゲンシュタイン（Wittgenstein, Ludwig）36, 56, 146–147, 155, 156, 171, 197, 217, 223, 231, 237, 259, 391, 422, 430, 496, 497, 531, 596, 616, 617, 634
ヴィンデルバント（Windelband, Wilhelm）18, 20–21
ヴェイユ（Weil, Eric）431
ウェーバー（Weber, Max）191, 498
ヴォルフ（Wolf, Christian）404
ヴザン（Vezin, François）112
ヴスト（Wust, Peter）87
ウンガー（Unger, Rudolf）94
エアフルトのトマス（Thomas von Erfurt）582
エックハルト（Meister Echhart）129, 606, 628
オーヴァーベック（Overbeck, Frank）500, 501, 507
オースティン（Austin, John-Langshaw）240–241, 599, 629
オット（Otto, Hugo）4, 8, 51, 581
オートルクールのニコラウス（Nicolas d'Autrecourt）278
オラニェ（Aulagnier, Piera）247

カ行

カッサン（Cassin, Barbara）473, 630
カッシーラ（Cassier, Ernst）136, 160, 532, 592, 593
ガダマー（Gadamer, Hans-Georg）8, 17, 35, 82, 411, 414, 430, 590, 592, 630
ガタリ（Guattari, Felix）583, 628
カーノ（Cano, Melchior）507
ガーフィンケル（Garfinkel, Harold）191
カルヴァン（Calvin, John）134
カルナップ（Carnap, Rudolf）95
カント（Kant, Immanuel）21, 32, 35–36, 49, 60, 64, 95, 100, 111–116, 118, 173, 174, 227, 230, 279, 284, 342, 360–262, 396–397, 440, 467, 470, 484, 485, 492, 529, 537, 544, 545, 552, 553, 568, 569, 574, 589, 590, 593, 606, 609, 631, 632
ギアーツ（Geertz, Cliford）136
キェルケゴール（Kierkegaard, Sören）29, 42, 47, 268, 347, 380, 419, 485, 500, 501, 507, 588, 616, 617
キューブラー・ロス（Kübler-Ross, Elisabeth）603
キュルペ（Külpe, Oswald）24
クライン（Klein, Melanie）333
クラデニウス（Chladenius, Johann Martin）225
グラブマン（Grabman, Martin）582
グリム兄弟（Brüder Grimm）213
クルティーヌ（Courtine, Jean-François）481,

483, 618, , 620, 625, 626, 627
グレーバー（Gröber, Conrad）　4, 8, 9
クレブス（Krebs, Engelbert）　11
グロンダン（Grondin, Jean）　590, 591
クーン（Kuhn, Thomas）　93, 588
ゲルプ（Gelb, Adhémar）　314
ゲルヴェン（Gelven, Michel）　81, 587
ゴクレニウス（Goclenius, Rudolf）　84
コゼレック（Koselleck, Reinhard）　412
コーヘン（Cohen, Hermann）　21, 505, 506
コルバン（Corbin, Henri）　587, 625
コロンブス（Colombo, Cristoforo）　112

サ行

ザラデール（Zarader, Marlène）　591
サリス（Sallis, John）　576, 587
サール（Searle, John）　240, 599
サルトル（Sartre, Jean-Paul）　173, 384, 576
シャティリエ（Chatiliez, Etienne）　630
シャルコッセ（Charcosset, Jean-Pierre）　596, 597
ジェイムズ（James, William）　53
シェークスピア（Shakespeare, William）　183
シェーラー（Scheller, Max）　5, 42, 45, 71, 73, 133–134, 281, 489, 509, 528, 533, 602
シェリング（Schelling, Friedrich-Wilhelm-Joseph）　259, 481, 482, 534, 588
シーハン（Sheehan, Thomas）　3
シャップ（Schapp, Wilhelm）　612
ジャニコー（Janicaud, Dominique）　490
シュタイン（Stein, Edith）　45, 186
シュッツ（Schütz, Alfred）　191, 419, 595, 610
シュペーマン（Spemann, Hans）　94
シュペングラー（Spengler, Osward）　593
シュピツァー（Spitzer, Leo）　202
シュライアーマッハー（Schleiermacher, Friedrich-Daniel-Ernst）　8, 359, 509, 631
シュレーゲル（Schlegel, Friedrich）　16
ジルソン（Gilson, Etienne）　619
ジンメル（Simmel, Georg）　24, 408
スアレス（Suarez, Francisco）　112, 509, 542
ストローソン（Strawson, Peter）　176
ソクラテス（Socrates）　251
ソシュール（Saussure, Ferdinand）　155, 158, 233–235
ゾンディ（Szondi, Leopold）　140

タ行

ダストゥール（Dastur, Françoise）　76, 586
タミニョー（Taminiaux, Jacques）　586, 605
ダリ（Dali, Salbador）　265
ツヴィンクリ（Zwingli, Huldrych）　134
ツェラン（Celan, Paul）　218, 444, 597
ツキディデス（Thukydides）　126
ディルタイ（Dilthey, Wilhelm）　17, 21, 22, 28, 36, 45, 53, 54, 94, 125, 133, 172, 186, 214, 244, 276, 279, 281, 403, 405, 407, 409, 411, 412, 419, 421, 433, 434, 446, 594, 595, 609, 612, 635
ティリッヒ（Tillich, Paul）　485, 499
デカルト（Descartes, René）　50, 56, 72, 112, 114, 115, 133, 162, 167, 179, 183, 207, 254, 275, 278, 293, 319, 322, 354, 361, 537, 543, 589–590, 593
テドロック（Tedlock, Denis）　136
テルトリアヌス（Tertullianus）　103, 628
デリダ（Derrida, Jacques）　62–63, 112, 472, 607, 613, 615, 628
トイニッセン（Theunissen, Michael）　191, 596
ド・ヴァーレン（De Walhens, Alphonse）　587, 589
トゥーゲントハット（Tugendhat, Ernst）　289
ドゥルーズ（Deleuze, Gilles）　104, 274, 447, 512, 583, 613
ドゥンス・スコトゥス（Duns-Scotus, Johannes）　11, 13, 14, 582
ド・セルトー（De Certeau, Michel）　432
ドボス（Devos, Raymond）　129
トマス・アクィナス（Thomas Aquinas）　115, 116, 134, 286
トーメ（Thomä, Dieter）　4, 6, 8, 10, 11, 13
ドリーシュ（Driesch, Hans）　24, 94
ドレイファス（Dreyfus, Hubert）　587
トレルチ（Troeltsch, Ernst）　498, 508–510
ドロイセン（Droysen, Johann Gustav）　612

ナ行

ナトルプ（Natorp, Paul）　30, 48, 424, 486, 520, 582, 583
ニーチェ（Nietzsche, Friedrich）　22, 36, 42, 226, 254–255, 431, 432, 500, 616

ニュートン（Newton, Issac） 295,
ニューマン（Newman, John-Henry） 506
ノヴァーリス（Novalis） 16

ハ行

パウロ（St.Paul） 134, 420
バシュラール（Bachelard, Gaston） 93
パース（Peirce, Charles-Sanders） 155, 161
パスカル（Pascal, Blaise） 46, 145, 253, 296, 627
ハーバーマス（Habermas, Jürgen） 191, 344, 381, 596
バルタザール（von Balthasar, Hans-Urs） 617
バルト（Barth, Karl） 94, 616
ハルトマン（Hartmann, Nikolai） 215
ハルナック（von Harnack, Adolf） 498
パルメニデス（Parmenides） 18, 83, 103, 251, 283, 289, 293, 455, 521, 587
バンヴェニスト（Benveniste, Emile） 233, 237, 593, 598, 613
パンコー（Pankow, Gisela） 598
ヒュギヌス（Hyginus, C.Julius） 275
ビーメル（Biemel, Walter） 618
ヒルベルト（Hilbert, David） 94
ビンスヴァンガー（Binswanger, Ludwig） 106, 192, 193, 589
フィヒテ（Fichte, Johann Gottlieb） 18, 20, 21, 560
フィンク（Fink, Eugen） 432, 604
フォイエルバッハ（Feuerbach, Ludwig） 192
フォン－ヘルマン（von Hermann, Friedlich-Wilhelm） 81, 115
フォン－ランケ（von Ranke, Leopold） 430, 431, 434
フーコー（Foucault, Michel） 269, 432, 612
フッサール（Husserl, Edmund） 9–13, 16–17, 28–29, 31, 44, 50, 51, 53–55, 58–66, 68, 70–74, 77, 95, 105, 118, 125–126, 133, 151, 179, 183, 191, 205, 278, 280, 283–286, 288, 316, 365, 366, 371, 395, 442, 457, 485, 526, 528, 539, 540, 560, 562, 584, 590, 594, 604, 607, 634
仏陀（Boudda） 319
ブーバー（Buber, Martin） 192, 194
ブライク（Braig, Carl） 8, 69, 586

ブラウエル（Brouwer） 94
プラトン（Platon） 18, 27, 32, 73, 75, 83–84, 87, 91, 107, 111, 115, 116, 119, 126, 232, 235, 238, 253, 284, 463, 534, 552–555, 558, 559, 574, 590, 604, 614, 619
フランソワ・ド・マレルブ（François de Malherbe） 629
フランク（Franck, Didier） 165, 173, 270, 400, 407, 457, 576, 601
ブリザール（Brisart, Robert） 581
フリードリヒ（Friedrich, Casper David） 201
プルジワラ（Przywara, Erich） 10
ブルトマン（Bultmann, Rudolf） 94, 485–486, 616
ブルトン（Breton, Stanislas） 583
ブルーメンベルク（Blumenberg, Hans） 600
フレーゲ（Frege, Ludwig-Gottlob） 296
プレスナー（Plessner, Helmut） 583
ブレンターノ（Brentano, Franz） 8–10, 21, 53–55, 95, 602
フロイト（Freud, Sigmund） 205, 221, 254–255, 261, 264, 266–267, 270, 331, 333, 334, 335, 342, 600, 601, 604, 627, 635
プロティノス（Plotinus） 75, 461
ブローデル（Braudel, Ferdinand） 588
ブロッホ（Bloch, Ernst） 385, 608
ブロッホマン（Blochmann, Elisabeth） 490, 493
フンボルト（Humboldt, Wilhelm） 183
ペゲラー（Pöggeler, Otto） 3, 6, 483
ヘーゲル（Hegel, Georg-Wilhelm-Friedrich） 16, 32, 77, 111, 112, 197, 251, 293, 414, 416, 429, 439, 440, 467–474, 493, 508, 588, 615, 635
ベッカー（Becker, Otto） 17, 42, 361, 367, 368, 372, 591, 594
ベーム（Boehm, Rudolf） 587, 621
ヘラクレイトス（Heraclitus） 243, 248, 287
ベルクソン（Bergson, Henri） 36, 53, 108, 133, 437, 440, 447, 456, 461, 469, 473, 474, 528, 615
ヘルダーリン（Hölderlin, Friedrich） 241, 243, 616
ヘンペル（Hempel, Carl-Gustav） 429
ボエティウス（Boethius） 293
ボス（Boss, Medard） 576, 583, 589

ホッブズ（Hobbes, Thomas） 404
ボナヴェントゥラ（Bonaventura） 69, 586
ホフマン（Hoffmann, Ernst-Theodore-Amadeus） 267
ボーフレ（Beaufret, Jean） 539, 627
ホルクハイマー（Horkheimer, Max） 17
ボルノウ（Bollnow, Otto-Friedlich） 597
ポンジュ（Ponge, Francis） 143, 149–150, 154, 633

マ行

マルディネ（Mardiney, Henry） 140
マリオン（Marion, Jean-Luc） 50, 62, 63, 74, 122, 123, 539, 540, 584, 589, 594
マルクス（Marx, Karl） 255, 258
マルセル（Marcel, Gabriel） 306
マルチン（Martin, Gottfried） 589
マルティノー（Martineau, Emmanuel） 82, 620–626, 629
マン（Mann, Thomas） 415, 635
マンハイム（Mannheim, Karl） 419, 610
ミッシュ（Misch, Georg） 11
ミュラー（Müller, Max） 540, 541, 619
ムージル（Musil, Robert） 216, 254
メルロ゠ポンティ（Merleau-Ponty, Maurice） 173, 618
メッサー（Messer, August） 24
モルゲンシュテルン（Morgenstern, Christian） 64, 67
モンテーニュ（Montaigne, Michel） 307, 308, 635

ヤ行

ヤコブソン（Jacobson, Roman） 242, 599
ヤスパース（Jaspers, Karl） 24, 26, 49, 481, 584, 588, 615, 618, 633
ユクスキュル（von Uexküll, Jakob Johann） 94, 583
ヨナス（Jonas, Hans） 17, 212, 485, 597
ヨルク伯（York von Wartenburg） 94, 433–435

ラ行

ライプニッツ（Leibniz, Gottfried Wilhelm） 174, 279, 404, 440, 470, 484, 523, 524, 533, 584, 596, 603–605, 630, 633, 636
ライル（Ryle, Gilbert） 82
ラクー゠ラバルト（Lacoue-Labarthe, Philippe） 628
ラスク（Lask, Emil） 13, 16, 21, 29
ラーナー（Rahner, Karl） 588
ラ・フォンテーヌ（La Fontaine, Jean） 275
ラ・ボエシー（La-Boetie） 307–308
ランドグレーベ（Landgrebe, Ludwig） 618
リクール（Ricoeur, Paul） 47, 82, 178, 179, 190, 230, 237, 243, 269, 304, 338, 347, 349, 363, 405, 411, 419, 432, 439, 443, 447, 462, 466, 467, 515, 584, 589, 590, 595, 598, 601, 604–606, 610–613, 615, 628, 629
リッカート（Rickert, Heinrich） 2–13, 17–19, 21, 22, 28, 56, 74, 95, 408, 520, 590
リッター（Ritter, Joachim） 17
リップス（Lipps, Thodor） 186
リルケ（Rilke, Reiner Maria） 204, 310, 445, 465, 481, 633, 636
ルソー（Rousseau, Jean-Jacques） 238, 239, 634
ルター（Luther, Martin） 29, 47, 49, 134, 268, 485
レヴィ゠ストロース（Lévi゠Strauss, Claude） 136, 159
レーヴィット（Löwith, Karl） 17, 43, 191, 192, 267, 591, 596
レヴィナス（Lévinas, Emmanuel） 30, 39, 82, 123, 159, 193–195, 243, 244, 308, 311, 455, 457
レーナルト（Leenhardt, Maurice） 136, 592
レーマン（Lehmann, Karl） 4
ローゼンツヴァイク（Rosenzweig, Franz） 251
ロディ（Rodi, Frithjof） 612
ロッツェ（Lotze, Rudolf-Hermann） 230
ロマン（Romain, Jules） 117
ロムバッハ（Rombach, Heinrich） 601

ワ行

ワイルド（Wilde, Oskar） 402
ワイル（Weyl, Hermann） 94

事項索引

〔ア行〕

曖昧さ	ambiguïté	Zweideutigkeit	199, 253–255, 260, 289, 318, 329, 600
証し	attestation	Bezeugung	303, 324, 326, 334, 340, 343, 345, 354, 515, 615
明け開かれ	éclaircie	Gelichtenheit	220, 389, 443
明け開け	clairière	Lichtung	198, 220, 250
アポファンシス	apophansis		229–232, 240, 290, 291, 526
ある〔それが与える〕	il y a	Es gibt	33, 34, 295–297, 448, 451
意味	sens	Sinn	12–15, 32, 34, 40, 46, 84, 86, 197, 198, 210, 213, 215, 224, 226–227, 229–231, 235, 241, 243, 244, 247, 264, 277, 280, 281, 286, 288, 289, 291, 321, 335, 364, 369, 370, 389, 391, 392, 394–396, 400–403, 406, 412
内容――	teneur de sens	Gehaltsinn	32, 33, 37, 46
連関――	sens référentiel	Bezugssinn	14, 32, 33, 37, 46
遂行――	sens de l'effectuation	Vollzugsinn	32, 33.37, 46, 49
存在の――	sens de l'être	Sinn von Sein	3, 49, 62, 71–73, 83, 84, 86, 88, 90, 91, 96, 104, 107, 108, 110, 114–116, 123, 125, 127, 128, 163, 196, 210, 229, 234, 235, 238–240, 244–246, 251, 252, 264, 266, 267, 270, 284, 288, 296, 403, 432, 477, 580, 591, 632
意義	signification	Bedeutsamkeit	12–16, 19, 30, 38, 61–63, 196, 210, 229, 234, 235, 238–240, 244–246, 251–252, 264, 266, 267, 270, 284, 288, 296, 444, 592, 593, 598, 622
打ち返し	rebondissement	Zurückschlagen	550
運命	destin	Schicksal	414, 418–421, 423, 425, 426, 429, 430, 448, 456
永続性	permanence	Beharrlichkeit	164, 178, 397, 559
臆病	intimidation	Furchtsamkeit	210, 213, 621
怠り	ratage	Versäumnis	52, 53, 71–73, 112, 114, 523, 546
落ち着きのなさ	instabilité	Unverweilen	252, 253, 622
思い込み	semblant	Vermeintlichkeit	253, 622

〔カ行〕

開示性	ouverture	Erschlossenheit	198, 214, 220, 305, 345, 347, 378, 398, 444, 448, 543, 620
解釈	explicitation/ interprétation	Auslegung	31, 44, 46, 70, 74, 104, 108, 113, 115, 124, 125, 148, 161, 171, 199, 209, 222, 232, 234, 235, 237, 246–250, 302, 315, 340, 357, 358, 443, 444, 471, 485, 486, 489, 563, 598
解釈 （インテルプレタツィオン）	interprétation	Interpretation	25, 74, 95, 103, 104, 124, 130, 133, 144, 146, 157, 164, 179, 210, 221, 228, 302, 315, 340, 350, 356, 367, 361, 373, 377, 382, 393, 409, 425, 461, 470, 472, 476, 477
解釈学	herméneutique	Hermeneutik	1, 3, 5, 41, 44–46, 48–50, 70, 74, 82, 105, 106, 109, 115, 124, 130, 134, 161, 166, 170, 172, 176, 178, 180, 182, 185, 187, 188, 191, 209, 221, 224, 225, 227, 228, 232, 236, 250, 257, 316, 326, 347, 350, 351, 356, 358, 362, 363, 366, 403, 409, 411, 412, 432, 434, 476, 486, 506, 550, 553, 583, 584, 587, 590, 591, 595, 598, 601, 603–605, 609, 611, 612
各私性	mienneté	Jemeinigkeit	127, 129, 130, 138, 177, 183, 191, 267, 308, 620
覚悟性	résolution	Entschlossenheit	267, 343, 345, 346–352, 354–355, 358, 363, 365, 367, 369, 375, 380, 383, 384, 387, 418, 419, 421, 424, 425, 447, 448, 503, 518, 603, 608, 611, 615
確実性〔確信〕	certitude	Gewißheit	319, 322, 323, 354, 355, 604
可能性	possibilité	Möglichkeit	207, 208, 210, 215–210, 221–222, 226–228, 237, 238, 240–241, 243, 244, 250, 252–256, 262, 265, 267, 268, 271, 272, 276, 278, 283, 289, 294–295, 297, 316–319, 321, 322, 324, 326, 330, 332, 338, 339, 343, 353, 354, 360, 365, 390, 392, 396, 397, 402, 403, 408, 417–419, 421, 425, 486, 491, 494–495, 503, 516, 531, 532, 543–545, 547, 548, 555, 556, 558, 560, 561, 564, 565, 569, 573–575, 578, 589, 604, 607, 619,

事項索引 651

			623
神	Dieu	Gott	203–204, 216, 275, 278, 283, 286, 294, 414, 466, 485–487, 489, 497, 501, 502, 509, 512, 513, 515, 547, 548, 602, 630
環境世界	monde environnant	Umwelt	7, 34, 35, 37, 38, 46, 57, 142, 143, 146–150, 152, 154–158, 162, 166–169, 174–176, 181, 182, 184, 191–193, 200, 207, 213, 221, 222, 226, 227, 237, 264, 265, 383, 389–391, 394, 395, 412–416, 422, 439, 583, 584, 633, 635
還元	réduction	Reduktion	316, 395, 502, 536–538, 551, 584, 586, 618, 619
寛大視	générosité	Nachsicht	184
聞き入る	audition	Horchen	243, 244
聞き従う	obéissance	Gehorchen	243, 244
既在性	l'avoir-été	Gewesenheit	368, 379, 380, 385, 387, 398, 433, 441
帰趣	tournure	Bewandtnis	159, 160, 168, 174, 181, 390, 391, 393, 422, 451, 453, 454
帰趣化	laisser-retourner	Bewendenlassen	390, 391
偽装	dissimulation	Verstellung	123, 254
基礎危機	crise de fondements	Grundlagekrise	94, 97, 485, 498, 495, 509, 518
帰属性	appartenance	Zugehörigkeit	244
基礎づけ	fondation	Grundlegung	94, 96, 116, 151, 156, 174, 191, 390, 394, 403, 405, 428, 431, 434, 476, 477, 511, 516, 517, 551, 558, 573
期待	attente	Erwartung	392
気遣い	souci	Sorge	38, 46, 77, 141, 142, 144, 151–153, 156, 168, 178, 184, 188, 192, 196, 205, 254, 260, 268–277, 281, 282, 286, 287, 301, 303–305, 317, 324, 331, 338, 351, 356, 358–360, 362, 364, 365, 368, 374, 387, 399, 400, 403, 405–407, 409, 422, 432, 439–441, 519, 545, 557, 576, 577, 579, 601, 605–607
企投	projet	Entwurf	94, 193, 217–219, 221, 222, 226, 227, 255, 265, 289, 304, 320, 344, 348, 358, 364, 395, 403, 428, 441, 495, 529, 530, 533, 537, 555, 557, 558, 579
気分	tonalité	Stimmung	200–202, 205–208, 214, 235, 317,

			382, 384, 385, 402, 597
脅威	menace	Bedrohlichkeit	210, 211, 205–208, 214, 235
境界撤去	dé-limitation	Entschränkung	395, 624
驚愕	effroi	Erschreken	210, 213
共存在	être-avec	Mitsein	177, 180–187, 191, 192, 195, 207, 240–21, 262–264, 310, 329, 332, 345, 413, 418, 421, 441, 448, 458, 463, 578, 596
仰天	épouvante	Entsetzen	210, 213
挙示	mise en évidence	Aufzeigung	230, 231
距離をとること	é(‐)loignement	Ent(‐)fernung	169–172, 620
均等化	nivellement	Einebnung	189
空開	aménagement	Einräumung	174, 183
空話	bavardage	Gerede	199, 245–250, 253–255, 260, 289, 318, 329, 332, 344, 600, 622
			77, 533
クロノス	chronos		77, 296, 396, 399, 606
クロノロギー	chronologie	Chrologie	5, 11, 15, 29, 36, 63, 268, 310, 315,
形而上学	métaphysique	Metaphysik	316, 342, 396, 429, 468, 483, 491, 509, 512, 532, 550–552, 560, 571, 574, 581, 587, 589, 591, 597.600, 603, 604, 606–609, 616, 619
決断	décision	Entscheidung	346, 347, 373, 425
欠落	manque	Vermissen	392, 406, 624
懸隔性	distancement	Abständigkeit	189
現在化	présentifier/ présentification	Gegenwärtigen	153, 295, 368, 380, 383, 386, 392, 394, 395, 400, 441–444, 452, 458–460, 426, 431, 432, 607, 623
現在性	présence	Anwesenheit	115, 559, 295
現存在	Dasein		37, 43, 45, 52, 86, 92, 98, 99, 101–103, 196–198, 200, 204, 207–210, 212–214, 216–220, 224, 227, 228, 233–237, 239, 243, 244, 250–255, 257–259, 260–262, 264–271, 273–277, 279, 280, 288, 289, 295–297, 301, 305–307, 309–314, 317–320, 322, 324, 326–332, 334, 335, 337–340, 342, 343, 345–350, 352–360, 362, 364–368, 370, 371, 373–377, 380, 382, 389, 392, 395–400, 401, 403, 405, 406, 487, 491, 492, 495, 500, 503, 504, 513, 514, 517, 519, 520, 522–531, 533, 536, 540, 541, 543, 545–547, 549, 554–556, 558,

			567, 570–578, 587, 589, 591, 597, 600, 603, 607, 608, 615, 619, 620, 623, 636
原存在	estre	Seyn	7, 482
言明	énoncé	Aussage	120, 199, 224, 228–233, 235, 240, 241, 284, 286, 291, 292, 295, 394, 524, 525, 547, 548, 607
好奇心	curiosité	Neugier	199, 250–254, 260, 289, 329, 386, 387, 600
恒久性	continuité-perma-nenc	Stetigkeit	463
公共性〔公開性〕	publicité	Öffentlichkeit	189, 190, 329, 344, 432, 448, 449, 454, 458, 463
交渉	commerce	Umgang	207, 389, 624
構想力	imagination	Einbildungskraft	396, 397, 561, 566–569, 606
構築	constructione	Konstruktion	316, 419, 494, 536–538
考慮〔勘定〕に入れる	compter	rechnen	437–439, 442, 446, 448, 450–453, 457, 458
顧慮	sollicitude	Fürsorge	184, 185, 187, 188, 192, 269, 323, 337, 345, 346, 620, 621
顧視	respect/égard pour autrui	Rücksicht	184, 220
顧視欠如	indiscrétion	Rücksichtslosigkeit	185, 621
悟性分別	entendement	Verständigkeit	359
根拠づけ	fondation	Begründung	495, 615, 626

〔サ行〕

差し向けられていること	assignation	Angewissenheit	160, 161
錯覚	illusion	Versehen	255
雑記	scribouillage	Geschreibe	248, 622
散布	multiplicité	Streuung	577
散乱	éclatement	Zerspitterung	575, 577
時間－活動－空間		Zeit-Spiel-Raum	
時間性	temporalité	Zeitlichkeit	75, 85, 86, 107, 108, 113, 173, 254, 274, 301, 304, 350, 351, 364–376, 378, 379, 381, 387, 389, 390, 394, 396–401, 403, 409, 410, 488, 522, 526, 530, 533, 535, 538, 541, 548, 552, 554, 568, 574, 582, 603, 607–609
根源的――	temporalité originaire	ursprüngliche Zeitlichkeit	76, 365, 372, 373, 375, 376, 370, 396, 398, 409, 410, 431, 438–441, 455, 457, 531–533, 535, 536, 552, 555, 556, 569, 576, 615
脱自的――	temporalité ekstatique	ekstatische Zeitlichkeit	371, 378, 389, 390, 392, 394, 395, 398, 400, 402, 419, 519, 531, 568

本来的———	temporalité authentique	eigentliche Zeitlichkeit	376, 419, 421, 448, 475
非本来的———	temporalité inauthentique	uneigentliche Zeitlichkeit	
時間內部性	intratemporalité	Innerzeitlichkeit	375, 380, 402, 410, 437, 438, 440–442, 444, 445, 447–449, 636
志向性	intentionnalité	Intentionalität	53–55, 57, 59, 68, 70, 71, 77, 202, 205, 207, 218, 269, 395, 428, 484, 519–524, 526–528, 545, 555, 556
自己性	ipséité	Selbstheit	138, 178, 180, 181, 190, 212, 257, 262, 360–364, 374, 460, 530, 533, 544, 545, 568, 595, 604
実際性	factualité	Tatsächlichkeit	206, 218, 259, 592
指示	renvoi	Verweisung	150, 154, 155, 157, 158, 160–162, 167, 168, 181, 518, 531
事実性	facticité	Faktizität	1, 3, 5, 10, 16, 17, 41, 43–45, 48, 49, 50, 109, 134, 140, 182, 192, 205, 206, 209, 217, 219, 220, 257, 259, 268, 270, 271, 297, 304, 316, 346, 429, 437, 486, 487, 577, 578, 582, 583, 590, 591, 595
時熟	temporalisation	Zeitigung	304, 351, 370, 371, 373, 379, 382, 384, 386, 390, 397, 398, 407, 408, 410, 423, 430, 439, 448, 451, 457, 500, 501, 531, 532, 541, 556, 607
時性	temporellité	Temporalität	109, 114, 469, 470, 535, 555, 556, 606, 620
実存	existence	Existenz	49, 100, 106, 125, 127–131, 138, 140, 144, 145, 170, 176, 178, 185, 187, 190, 197, 201, 202, 205–207, 212, 213, 218, 221, 222, 241, 243, 246, 259, 268, 272, 289, 290, 297, 301, 306, 315, 316, 319, 320, 322, 324, 331, 357, 363, 365, 370, 389–391, 393–396, 399–402, 491, 492, 500–504, 506, 507, 509, 513, 514, 516–518, 531, 542, 544–546, 548–551, 556, 571–574, 588, 592, 603, 616, 619
———的	existentiel	existenziel	100, 106, 128, 201, 215, 216, 253, 257, 264, 273, 274, 279, 291, 304, 314–316, 320, 324, 326, 346, 349, 351, 352, 354, 355, 358, 360, 385–386, 401, 419, 424, 429, 430, 487, 489, 503, 514, 515

――疇	existential	Existenzial	127, 131, 132, 140, 168–169, 173, 189, 197, 198, 200, 210, 225, 226, 230, 234, 237, 257, 267, 276, 326, 343, 373, 407, 450, 518, 530, 578, 572, 607, 635
――論的	existential	existenzial	40, 131, 140, 141, 160, 166, 167, 170–173, 176, 181, 189, 196–198, 200, 201, 205, 206, 208–210, 213, 216, 217, 219, 220, 224, 226–229, 231, 233–246, 250–253, 255–259, 260, 261, 264–270, 272–277, 283, 286, 288–292, 295–297, 301–306, 311, 313, 314, 316, 317, 319, 320, 322, 324, 326, 328, 331, 332, 335, 337, 338, 340, 342, 343, 346, 347, 350–353, 355, 357–360, 362, 367–370, 373, 377, 378, 382, 386, 389–391, 393–396, 399–402, 481, 489, 495, 503, 513–518, 529, 533, 535, 554, 556, 576, 578, 599, 600, 604, 610, 623
死への存在	être-pour-la-mort	Sein zum Tode	303, 317, 319–324, 379, 406, 418, 421, 441, 464, 603, 610, 615
趣旨	l'en-vue-de	Worumwillen	529, 617
瞬間	clin d'oeil	Augenblick	370, 380, 386, 421, 447
性起	événement	Ereignis	4, 34, 370, 400, 607, 615
証言	témoignage	Zeugnis	324, 501, 515
証示	légitimation	Ausweisung	119, 122, 285, 286
情態性	affection	Befindlichkeit	198–202, 205–210, 213, 214, 217, 229, 234, 235, 239, 241, 245–246, 250, 253, 255, 260–262, 265–267, 309, 317, 327, 328, 343, 344, 348, 377, 382, 385, 386, 621
衝動	impulsion	Drang	239, 271, 272, 278, 590
将来	avenir	Zukunft	367, 368, 370, 371, 378, 379, 383, 384, 387, 420, 421, 430, 441, 446, 447, 455–457, 462, 465, 466
省慮		Besinnung	177
所在なさ	agitation/bougeotte	Aufenthaltslosigkeit	253, 386, 622
自-立性	maintien de soi	Selbst-ständigkeit	362, 363
信仰心（をもつこと）	fidélité	Gläubigkeit	506, 518
伸張	extension	Erstreckung	403, 405–407, 576, 611, 635
――性	étirement	Erstrecktheit/Gespanntheit	402, 444–446, 448, 450, 454, 458, 463, 626
生起	provenance	Geschehen	407, 411, 413, 418, 421–425, 428,

			501, 625
性向	penchant	Hang	271, 272
世界	monde	Welt	37, 38, 104, 110, 115, 139, 140–144, 146–148, 150–154, 160–167, 169, 173–177, 179–183, 186, 189, 191, 193, 196–197, 201, 202, 207, 209, 210, 213, 214, 219–221, 226–250, 252, 254, 257–259, 262–267, 271, 276–282, 345, 356, 377, 389, 392, 395–396, 398, 399, 403–405, 407–409, 526, 529–532, 583, 589, 592, 593, 619, 620
——進入	entrée-au-monde	Welteingang	530–533
——内部的	intramondain	innerweltlich	167, 172, 184, 185, 263, 289, 291, 383
共——	monde commun	Mitwelt	38, 46, 181, 182, 184, 192, 584
自己——	monde du soi	Selbstwelt	38, 46, 47, 182, 192, 584, 605
仕事——	monde de l'ouvrage	Werkwelt	148, 153, 390, 592
世界内存在	être-au-monde	In-der-Welt-sein	138, 139, 141, 143, 144, 146, 154, 160, 162, 164, 166, 169, 171, 174–177, 180, 181, 229, 236, 239, 243, 257, 258, 260, 263, 265–267, 269, 274, 278, 279, 282, 309, 330, 358, 361, 362, 373, 377, 389, 390, 396, 398, 423, 424, 437, 438, 453, 454, 463, 587, 603, 618
切迫	imminence	Bevorstand	316, 623
絶命	décéder	Ableben	314
責め	dette	Schuld	327, 334–336, 338, 341–343, 349, 403, 516, 604–606
——ある存在	être-en-dette	Schuldigsein	337–339, 341, 344, 352, 353, 367
先行構造	pré-structure	Vor-struktur	226, 228
先行視	pré-vision	Vorsicht	225, 227, 229, 231, 302, 621
先行把握	pré-acquisition	Vorgriff	302, 621
先行保持	anti-cipation	Vorhabe	302, 621
先駆	devancement	Vorlauf	321, 322, 35, 352, 355, 363, 365, 367, 379, 417, 623
戰慄	horreur	Grauen	210, 213
疎外	aliénation	Entfremdung	257, 258, 431, 448
存在可能	pouvoir-être	Seinkönnen	213, 215, 217, 219, 234, 243, 250, 254, 255, 258, 263, 265, 271, 303, 311, 317, 321, 322, 324, 327, 333, 334, 340, 344, 347, 349, 354, 355, 380, 382, 383, 419
自己——	pouvoir-être-soi-	Selbstseinkönnen	262, 265, 326, 343, 362

事項索引　657

存在時	ontochronie	Ontochronie	75, 78, 471, 472, 555
存在体制	constitution d'être	Seinsverfassung	119, 405, 427, 435, 545, 546, 559, 565, 578
存在忘却	oubli de l'être	Seinsvergessenheit	
存在免責	prise en charge	Seinsentlassung	189
存在論	ontologie	Ontologie	1, 4–5, 12, 17, 48–50, 68–75, 78, 83, 84, 86, 87, 90, 97, 101, 104, 108–116, 123–125, 127, 129, 132, 137, 144, 146, 147, 164, 191, 197, 198, 200–202, 205, 209, 212, 213, 215, 216, 220, 221, 224, 227, 229, 233, 235, 236, 241, 242, 244, 246, 249, 252, 255–256, 260, 265–284, 286, 287, 289, 292–297, 314, 338, 347, 353, 362, 393, 409, 410, 424, 428, 433, 436, 462, 468, 471, 472, 476, 516–519, 529, 535, 537–539, 542–544, 546, 547, 549–552, 556, 557, 559–561, 565, 566, 571, 587, 589, 590, 594, 601, 604, 619, 633
基礎的――	ontologie fondamentale	Fundamentalontologie	3, 6, 43, 96, 101–103, 108, 115, 125, 132, 164, 270, 283, 315–316, 342, 375, 440, 462, 472, 476, 477, 534–536, 541, 544, 548–551, 570, 572, 605, 619, 625
存在論的差異	différence ontologique	ontologisches Unterschied	78, 88, 284, 297, 535, 537–543, 546–548, 550, 551, 555, 558, 615, 619, 636

〔タ行〕

頽落	déchéance	Verfallen	198, 199, 246, 256–260, 262, 268, 272, 289, 316, 327, 377, 385, 386, 450, 474, 600, 622
滞留	séjour	Aufenthalt	145, 622
脱自	extase	Extase	304, 366, 368, 371, 373, 376, 379, 380, 383, 385, 387, 394, 396, 398, 442, 569
――的統一	unité extatique	extatische Einheit	381, 387, 390, 392, 396, 460, 463, 555, 568
奪取（されていること）	hébétude/obnubilation	Benommenheit	144, 177
端緒	point de départ	Ansatz	483
誕生（生まれること）	naissance	Gebürtigkeit	324, 402, 403, 405–408, 421, 425, 503, 513

（同上の「même」は存在論の上に位置）

超溢的なもの	Excès	das Überschwängliche	488, 528, 528
超越	transcendance	Transzendenz	126, 134, 135, 315, 377, 389, 395, 396, 398, 399, 487, 489, 512, 519–533, 548, 555, 556, 567, 570, 609, 619
聴従性	soummision	Hörigkeit	244
超力	surpuissance	Übermacht	418, 488, 489, 556
直観	intuition	Anschauung	31, 45, 57–67, 151–153, 157–159, 166, 169, 220, 221, 251, 279, 287, 393, 395, 396, 484, 534, 553, 560–563, 565, 568, 584–586, 618, 632, 636
伝達（分かち合い）	partage	Mitteilung	230, 231, 233, 234, 241, 242, 248, 250, 394, 398, 423, 439, 418, 502
手許性	être-à-la-portée de la main	Zuhandenheit	282, 375, 394, 398, 423, 439, 592
墜落	chute	Sturz	40, 623
転落する（自らに背く）	trahir de soi	abfallen	257, 258
同一性	mêmeté	Selbigkeit	162, 163, 179, 190, 223, 284, 286, 405, 609
透見性	translucidité	Durchsichtigkeit	220, 221, 354, 506, 510, 621
等根源性	co-originarité	Gleichursprünglichkeit	197, 214, 228, 230, 234, 260, 267, 289
動性	mobilité	Bewegtheit	39, 40, 45, 257, 258, 424
統与	*syndosis*		561, 563, 564, 566
突破	percée	Durchbruch	52, 54, 63
問いかけられているもの	le demandé	Befragtes	89, 91
問いただされるもの	l'interrogé	Erfragtes	89, 91
道具	ustensile	Zeug	148–150, 152–158, 160, 167, 169, 171, 172, 174–176, 181, 196, 231, 235, 389–394, 413, 415, 416, 423, 439, 440, 633
──性	ustensilité	Zeughaftigkeit	148, 157, 169, 390
逃避	fuite	Flucht	204, 206, 207, 261–262, 271, 464
投入	engagement	Einsatz	255, 265, 578, 579
問われているもの	le questionné	Gefragtes	89, 91

〔ナ行〕

| 内存在 | être-à | In-sein | 139, 140, 171, 196, 197, 227, 241, 246, 256, 266, 289, 437 |
| 日常性 | quotidienneté | Alltäglichkeit | 106, 107, 130, 131, 135, 179, 180, 198, 199, 209, 246, 248, 251, 255, 318–320, 326, 373, 374, 377, 401–403, 409, 424, 437, 439, 587, 603 |

〔ハ行〕

把持	conservation	Behalten	390, 460
配慮	préoccupation	Besorgen	141, 142, 144, 148, 154, 156, 168, 171, 172, 183, 184, 187, 193, 207, 237, 240, 252, 264, 269, 272, 309, 319, 323, 329, 382, 383, 389–394, 422, 434, 440–442, 448–452
派生	dérivation	Abkünftigkeit	197, 213, 228–232, 262–263, 271, 291, 292, 410, 416, 438, 440, 460, 462, 465, 466
発見する	découvrir	entdecken	212, 227, 235, 249, 262, 265, 266, 279, 281, 286–288, 291, 294, 295, 437, 448, 451, 452, 474, 522
話	discours	Rede	120, 161, 198, 199, 229, 233–235, 237–242, 245, 248, 291, 327, 343, 377, 387, 410, 441, 603, 621
反照	réflection	Rückstrahlung	105, 177, 589
反転	virage	Umschlag	548–550
反復	répétition	Wiederholung	355, 380, 383, 419–421, 429–431, 441, 611
非性	nullité	Nichtigkeit	337, 338, 624
日付可能性	databilité	Datierbarkeit	442–445, 448, 454, 458, 462, 463
ひと	l'on	das Mann	176, 177, 188, 190, 255, 258, 259, 262, 266, 329, 348, 362, 401, 426, 448, 464, 548, 600
被投性	être-jeté	Geworfenheit	99, 205–207, 217, 255, 256, 259, 289, 325, 338, 348, 383, 384, 398, 417, 425, 441, 451, 576
不安	angoisse	Angst	204, 210, 260–268, 275, 425, 573, 578, 601
不気味さ	étrang(èr)eté	Unheimlichkeit	250, 266, 267
ふるまい	comportement	Verhalten	28, 45, 57, 89, 93, 98, 141, 268, 389, 521, 523, 525, 535, 541, 552, 557, 559
分析論	analytique	Analytik	400, 440, 457, 476, 514, 564–566, 571–573, 576, 578, 618
現存在の――	analytique du Dasein	Daseinanalytik	277, 400, 440, 457, 476
実存論的――	analytique existentielle	Existenziale Analytik	1–2, 100–103, 106, 107, 126, 127, 130–133, 135–137, 173, 178–180, 193, 196–198, 202, 206, 210, 226–228, 232, 242, 256, 259–261, 267–269, 272, 273, 275–277, 288, 301, 302, 314, 315, 316, 325, 331, 332, 338, 340, 341, 348, 351, 356–359,

			364, 377, 403, 406, 413, 419, 429, 474, 475, 489, 501, 512, 514, 517, 518, 524, 535, 536, 570–575, 577, 578, 591, 608
分裂	clivage	Zerspaltung	439, 575, 576
平均性	médiocrité	Durchschnittlichkeit	130, 131, 189, 620
変換	conversion	Umstellung	93, 495, 502, 503
変更	transformation	Verwandlung	549–551
返照	reluisance	Reluzenz	40, 105, 177
忘却	oubli	Vergessenheit	87, 110, 111, 135, 173, 287, 391, 442, 502
方面	contrée	Gegend	168, 169, 172, 174, 400
没交渉性	absoluité	Unbezüglichkeit	41, 264
崩落	ruinance	Ruinanz	

〔マ行〕

目配り	circonspection	Umsicht	151, 154, 156, 157, 160, 172, 183–185, 193, 212, 220, 222, 231, 232, 251–252, 394, 395
未済	excédent	Ausstand	406, 623
見過ごし	tolérance	Nachsehen	186
自らに先立ってあること	être-en-avant-de-soi	Sich-vorweg-sein	269, 296, 519
無力	impuissance	Ohnmacht	418
目前性	être-sous-la-main	Vorhandenheit	127, 129, 140, 152, 153, 159, 164, 166, 168–170, 179, 190, 215, 227, 232, 236, 280, 282, 292, 394, 395, 398, 406, 423, 436, 439, 497, 525, 540, 546, 592, 620
目前的なもの	un sous-là-main	Vorhandenes	267, 291–292, 294, 423, 436, 458, 470, 521, 522, 530, 546
黙すること	taire	Schweigen	236, 242, 245, 622
黙秘	capacité de faire silence	Verschwiegenheit	245, 622, 624
問題性	problématicité	Fraglichkeit	27, 45, 295

〔ヤ行〕

有意義性	significativité	Bedeutsamkeit	37, 38, 158–162, 174, 181, 185, 194, 195, 214, 226, 238, 239, 277, 280, 282, 390, 394, 422, 451–458, 462, 593, 620, 623, 636
有体性	réalité corporelle/incarnation	Leibhaftigkeit	58, 151, 278, 280–282
呼び起こし	con-vocation	Aufruf	330
呼びかけ	ad-vocation	Anruf	330

呼び声	appel	Ruf	245, 328, 332, 334, 335, 344, 420, 624
呼び出し，呼び戻すこと	rappel pro-vocant	vorrufender Ruckruf	344

〔ラ行〕

理解	compréhension	Verstehen	32, 45, 46, 48, 77, 85, 88, 90, 92, 99, 102, 103, 125, 138, 157, 160, 161, 185, 187, 191, 193, 194, 198–199, 213–215, 217–229, 231, 234–235, 237–239, 241, 243–246, 248–251, 253–256, 258, 260–262, 265, 274, 276, 277, 280, 282, 292, 293, 297, 390, 394, 397, 403, 407, 411, 412, 417, 419, 424, 430, 435, 488, 492, 502, 503, 506, 509, 514, 522, 523, 525, 529, 535, 536, 538, 541, 546–548, 551, 552, 554–559, 564, 572, 593, 598, 599, 617, 628
隷従	assujetissement	Botmässigkeit	185, 189, 195, 529
歴運	destiné	Geschick	109, 625
歴史性	historialité	Geschichtlichkeit	95, 402, 403, 406, 408–411, 413, 416, 417, 419, 420, 427, 428, 499, 501, 508, 531, 605, 611

〔ワ行〕

歪曲	distorsion	Verdrehung	254

『存在と時間』講義 ―― 統合的解釈の試み

2007年9月20日　初版第1刷発行
2014年5月15日　　第2刷発行

著　者　ジャン・グレーシュ
訳　者　杉村靖彦／松本直樹／重松
　　　　健人／関根小織／鶴　真一
　　　　／伊原木大祐／川口茂雄
発行所　一般財団法人　法政大学出版局
〒102-0071　東京都千代田区富士見2-17-1
電話 03(5214)5540／振替 00160-6-95814
製版・印刷／三和印刷
製本／誠製本
Ⓒ 2007
Printed in Japan

ISBN 978-4-588-15049-4

著者

ジャン・グレーシュ（Jean Greisch）
1942年ルクセンブルクのクーリッシュで生まれる．ルクセンブルクの大神学校，オーストリアのインスブルック大学の神学部で学んだ後，パリカトリック学院で哲学を学ぶ．1973年から同学院で教鞭をとり，1985年から2006年まで教授を務める．また，1986年以来，フランス国立科学研究センター（CNRS）研究員としてパリ・フッサール文庫に所属している．リクールやハイデガーを始めとする，現象学由来の現代仏独哲学の広範な研究で知られる．有名なスリジーのコロキウムでリクール，レヴィナス，アンリの3回にわたって組織責任者を務めるなど，フランス哲学界で重要な役割を果たしてきた．主著としては，本訳書と同系列のハイデガー・解釈学的現象学の研究書以外に，リクール研究の大著『ポール・リクール――意味の道程』（2001），宗教哲学の歴史と現状に関する総合の書『燃える柴と理性の光――宗教哲学の発明』全3巻（2000-2004）がある．グレーシュは2007年9月に来日，東京・京都で講演を行っている．

訳者

杉村靖彦（すぎむら やすひこ）
1965年生．京都大学文学研究科准教授．宗教哲学，現代フランス哲学．著書：『ポール・リクールの思想――意味の探索』（創文社），共編書 *Philosophie japonaise. Le néant, le monde et le corps*（J. Vrin）．

松本直樹（まつもと なおき）
1966年生．同志社女子大学非常勤講師．ハイデガー哲学，西田哲学．論文：「死はいつかの出来事であるか――ハイデガー『存在と時間』における「無規定性」の概念について」（『宗教哲学研究』第24号）他．

重松健人（しげまつ たけひと）
1966年生．関西学院大学非常勤講師．現代フランス思想．著書：『言語と「期待」』（関西学院大学出版会）他．

関根小織（せきね さおり）
1971年生．青山学院大学総合文化政策学部准教授．現代フランス哲学・現象学．著書：『レヴィナスと現れないものの現象学――フッサール・ハイデガー・デリダと共に反して』（晃洋書房）他．

鶴　真一（つる しんいち）
1972年生．大阪教育大学非常勤講師．現代フランス哲学．論文：「レヴィナスにおける超越と倫理」（『宗教哲学研究』第26号）他．

伊原木大祐（いばらぎ だいすけ）
1975年生．北九州市立大学基盤教育センター准教授．現代フランス哲学．著書：『レヴィナス　犠牲の身体』（創文社）他．

川口茂雄（かわぐち しげお）
1976年生．青山学院大学非常勤講師．19-20世紀フランス・ドイツ哲学．著書：『表象とアルシーヴの解釈学――リクールと『記憶，歴史，忘却』』（京都大学学術出版会）他．